Kursbuch Religion 5/6

2000

Arbeitsbuch für den Religionsunterricht

im 5./6. Schuljahr

Lehrerhandbuch

Erarbeitet von Katja Baur, Dieter Petri,
Eberhard Röhm, Hartmut Rupp und Jörg Thierfelder
Unter Mitarbeit von Horst-Dieter Dymke, Elvira Feil-Götz,
Susanne Gehrung, Walter Gronbach, Katrin Haas, Jürgen Heuschele,
Karin Hopf, Christine Mencke und Eva Schmieder.

Calwer Verlag
Stuttgart
Verlag Moritz Diesterweg
Frankfurt am Main

ISBN 3-7668-3491-6 (Calwer)
ISBN 3-425-00808-0 (Diesterweg)

Illustrationen und Zeichnungen (wo nicht anders vermerkt): Cora Fischer, Karlsruhe;
Angelika Guckes, Leinfelden-Echterdingen; Karin Sauerbier, Stuttgart; Rolf Wertz, Ulm
Umschlaggestaltung: Thomas Bahr GRAFIK, Mainz
Satz: Utesch Satztechnik GmbH, Hamburg
Druck: Weihert-Druck, Darmstadt
Bindung: C. Fikentscher, Darmstadt
Printed in Germany

Inhalt

Abkürzungen

AV	Audiovisuell
EA	Einzelarbeit
EG	Evangelisches Gesangbuch
GA	Gruppenarbeit
GL	Gotteslob (Kath. Gesangbuch)
HA	Hausaufgabe
HE	Hefteintrag
KB	Kursbuch Religion 5/6 (Schülerband)
L.	Lehrerinnen und Lehrer
LHB	Lehrerhandbuch KB 5/6 (Querverweis innerhalb des Buches)
LJ	Liederbuch für die Jugend
PA	Partnerarbeit
RU	Religionsunterricht
Sch.	Schülerinnen und Schüler
TA	Tafelanschrieb
UE	Unterrichtseinheit
UG	Unterrichtsgespräch

Einführung

1. „Kursbuch Religion 5/6" – Grundlegung

Mit „Kursbuch Religion 5/6" liegt eine neue Generation des seit 1976 in der Bundesrepublik im Gebrauch befindlichen Unterrichtswerks für den RU der Sekundarstufe I vor. Es knüpft an die bewährte Tradition von Kursbuch Religion 5/6, 7/8 und 9/10 (seit 1995 gibt es auch ein Kursbuch 11+) an. „Kursbuch Religion 5/6" setzt zugleich auch neue Akzente, indem es auf die gewandelte pädagogisch-didaktische Situation und die entsprechend veränderten Lehrpläne eingeht.

Das neue Schulbuch will wie die Vorgänger bei der Erfahrung, Deutung und Bewältigung des Lebens Hilfe leisten. Es bringt die Sch. in die spannungsvolle Beziehung zwischen ihrer Erfahrungswelt und der biblisch-christlichen Tradition. Beide, im Buch aufeinander bezogene Brennpunkte interpretieren sich gegenseitig: Die Erfahrungswelt der Sch. kann von der christlichen Tradition her gedeutet werden, wie auch die gegenwärtigen Erfahrungen der Sch. neue Zugänge zur biblischen Botschaft eröffnen.

Die zunehmende Pluralisierung im religiösen Bereich verlangt inhaltlich neue Akzente. So wird im vorliegenden Band dem Dialog mit Judentum und Islam größere Beachtung geschenkt. „Ökumenisches Lernen" ist angesagt, z. B. in der UE „Kinder in aller Welt". Die Sch. sollen im RU christlich-religiöse Erfahrungen machen können; so macht das Buch Angebote für Stilleübungen, Feste, Feiern und Gottesdienste wie überhaupt zur Gestaltung gemeinschaftlichen Lebens im Schullalltag.

In didaktisch-methodischer Hinsicht setzt „Kursbuch Religion 5/6" auf das handlungsorientierte Lernen und bietet auf jeder Seite Impulse für Schülertätigkeiten an. Die große Zahl an Anregungen dürfen freilich weder L. noch die Sch. abschrecken und sollen keineswegs lückenlos „behandelt" werden. Die Sch. sollen vielmehr je nach Interessenlage frei auswählen können. Darüber hinaus wurde die bisherige narrative Ausrichtung der Kursbücher noch verstärkt und durch ganzheitliche, spielerische, musikalische und kreative Angebote ergänzt.

In sechs Kapiteln werden die Themen der Lehrpläne für die Schuljahre 5 und 6 der verschiedenen Bundesländer (vgl. die Lehrplanübersicht, Einführung, Ziffer 6) entfaltet:

- Wir leben miteinander (Feiern, Kinder, Gebote, Wahrheit sagen)
- Die Erde ist voll deiner Güter (Menschen und Tiere, der Garten Gottes, Schöpfungsgeschichten)
- Gott ist für uns da (Abraham, Mose, Menschen erfahren Gott, die hebräische Bibel)
- Bilder und Vorbilder (Symbole, David, Rut)
- Jesus begegnen (Jesus aus Nazareth, Gleichnisse Jesu, Nachfolge, die Entstehung des Neuen Testaments)
- Wir glauben nicht für uns allein (Kirche zum Mitmachen, die ersten Christen, Christen in unserem Land, Juden – Christen – Muslime)

Mit diesem in 23 UE gegliederten Angebot können Jugendliche in den Klassen 5/6 auf eine ihnen gemäße Weise

- religiös-ethische Orientierung erfahren für das Zusammenleben in Schule und Familie;
- Achtung im Umgang mit der Natur und ihren Geschöpfen gewinnen;
- Einblick in die christliche Symbolwelt erhalten, ohne den christlicher Glaube nur schwer verständlich ist;
- biblischen Gestalten des Alten und Neuen Testaments begegnen, die für sie in unterschiedlichen Lebenslagen bedeutsam sein können;
- die Vielfalt religiöser Traditionen, der sie alltäglich begegnen, verstehen lernen.

2. Zur Arbeit mit „Kursbuch Religion 5/6"

Mit „Kursbuch Religion 5/6" sollen L. und die Sch. in großer Freiheit umgehen. Die Reihenfolge der zu behandelnden UE kann gemeinsam abgesprochen werden. Dabei empfiehlt es sich, nicht schon am Anfang des Schuljahrs alles genau festzulegen. Gut wäre es freilich, den Sch. so früh wie möglich den Umfang des gültigen Lehrplans vorzustellen, damit sie sich bewusst werden, wo die Grenzen ihrer Wahlfreiheit verlaufen.

Jede UE ist auf mögliche Ergänzungen angelegt, auf die teilweise schon bei den nachfolgenden didaktisch-methodischen Hinweisen aufmerksam gemacht wird; noch reizvoller kann das Aufsuchen von Querverbindungen innerhalb vom „Kursbuch Religion 5/6" selbst sein. So lassen sich z. B. zum Thema Taufe (UE „Symbole") auf anderen Seiten noch weitere Texte und Bilder finden. Ähnliches gilt für die Verknüpfungen der im Buch an den verschiedensten Stellen zu findenden biblischen Texte und Geschichten mit den UE „Ein Erinnerungsbuch entsteht: Die hebräische Bibel" und „Das Neue Testament entsteht".

Durch die Vorgabe von Impulsen auf jeder Seite von „Kursbuch Religion 5/6" ist L. keineswegs die Unterrichtsvorbereitung abgenommen. Die Klassensituation kann andere Impulse als sinnvoll erweisen. Darum sollte L. immer wieder darauf hinweisen, dass alle Impulse als freie Angebote gemeint sind.

Bibeltexte werden gelegentlich auch wörtlich zitiert, wie z. B. innerhalb der UE „Gott ist für uns da". Im Allgemeinen wird jedoch vorausgesetzt, dass die Sch. ab Klasse 5 mit der Vollbibel umgehen können und eine solche ihnen zur Verfügung steht. Es ist fatal, wenn die Sch. im Unterricht nur noch Kurzzitaten und isolierten Bibelteilen begegnen.

„Kursbuch Religion 5/6" muss nicht nur ein Buch für die Sch. sein. Warum sollten L. nicht auch Eltern für das „Kursbuch" interessieren? Dies könnte bei einem Elternabend geschehen in der Hoffnung, dass es anschließend zu fruchtbaren Gesprächen zwischen Eltern und Kindern über die Themen des RU kommt.

3. Der Aufbau des Lehrerhandbuchs

Das LHB besteht im wesentlichen aus zwei Hauptteilen: Der Kommentierung der in sechs Kapitel gegliederten 23 UE und der anschließenden Sammlung von zugeordneten Materialien (zitiert als M 1, M 2 usw.).

Der Kommentarteil ist nach einem gleichbleibenden Schema aufgebaut:

0. Einführung
Jedem Kapitel ist eine Einführung und die Erläuterung des Titelbildes mit methodisch-didaktischen Hinweisen vorangestellt.

1. Zielsetzung, Aufbau und Probleme
Der Einführung folgt die Erläuterung der zugrunde gelegten Intentionen und des Aufbaus der einzelnen Kapitel entsprechend der Seitenabfolge im Schülerband. Die Probleme, die sich bei der unterrichtlichen Behandlung ergeben, können theologischer Art sein; entsprechend findet der Leser eine Kurzinformation mit Literaturverweis. Oder sie beziehen sich auf das vermutete religiöse Vorverständnis der Sch. und die damit gestellte grundsätzliche methodisch-didaktische Umsetzungsaufgabe.

2. Didaktisch-methodische Hinweise
Dieser Abschnitt nimmt den größten Umfang innerhalb des Kommentarteils ein. Die einzelnen Überschriften sind wortgleich mit den entsprechenden Randtiteln im Schülerbuch. Sie können sich auf eine Doppelseite oder auf eine einzelne Schülerbuchseite beziehen. Zusammen mit den auf dem Rand notierten entsprechenden Seitenzahlen des Schülerbuches ist eine rasche Orientierung gewährleistet.
Im Anschluss an die Seitenüberschrift wird die betreffende Seite/Doppelseite beschrieben. Unter der nachfolgenden Überschrift „Mögliches Vorgehen" werden einzelne Unterrichtsschritte dargestellt, die insgesamt auch wieder nur Anregungen sein können, aus denen frei auszuwählen ist.
Innerhalb dieses Teiles finden sich neben den Hinweisen auf Materialien (M 1, M 2 usw.) gelegentlich auch kleinere Texte und Skizzen für TA, Kopiervorlagen u.ä.

3. Alternative Verlaufsplanung
Die kurzen Hinweise auf alternative Verlaufsplanungen machen darauf aufmerksam, wie wenig L. sich durch den Aufbau des Buches sklavisch binden lassen sollten.

4. Empfohlene Literatur und Medien
Es werden wenige wichtige Bücher und AV-Medien genannt und charakterisiert, die für die Vorbereitung und Durchführung des Unterrichts von Bedeutung sind. Außerdem gibt es Hinweise auf Bücher, die die Sch. im Zusammenhang der UE lesen können.
Die sonst zitierte Literatur ist im Literaturverzeichnis am Ende des LHB zu finden.

5. Materialien
Die zur entsprechenden UE erarbeiteten kopierfähigen Materialien (zusätzliche Arbeitsblätter, Texte und Bilder) werden nach Nummer und Titel aufgelistet. Sie finden sich im Anschluss an den Kommentarteil in numerischer Reihenfolge.

4. Zur Methodenvielfalt

Die Benutzer des LHB werden auf eine Vielzahl methodischer Vorschläge stoßen, die erfahrene L. inzwischen im Unterricht praktizieren. An einigen Stellen werden bestimmte Methoden mehr oder weniger ausführlich erläutert:
Backen: zu KB S. 155, Ergänzung
Bildbetrachtung: zu KB. S. 68, 1. Schritt; zu KB S. 78/79, Titelbild; zu KB S. 128/129, 4. Schritt; zu KB S. 131, 1. Schritt
Eglifiguren: zu KB S. 114/115, 2. Schritt
Entscheidungsspiel (Doppeln): zu KB S. 57, 1. Schritt; zu KB S. 131, 2. Schritt; zu KB 138/139, 3. Schritt; zu KB S. 189/181, 4. Schritt
Erdfarben: zu KB S. 112, 1. Schritt
Folienfilm: zu KB S. 118/119, 2. Schritt
Hörspiel: zu KB S. 189/190
Leporello: zu KB S. 168-175
Musikalische Inszenierung: zu KB S. 76, 1. Schritt
Musizieren, meditatives: zu KB S. 114/115, 4. Schritt und Ergänzung
Overheadprojektor: zu KB S. 184/185, 1. Schritt
Phantasiereise: zu KB S. 71, 1. Schritt; zu KB S. 118/119, Ergänzung
Projekte außerhalb der Schule (Erkundigungen): zu KB S. 178/179, 2. Schritt; zu KB S. 202/203, Alternative Verlaufsplanung, 1. Schritt
Quartett: zu KB S. 161, Zusammenfassung
Rollenspiel: zu KB S. 211
Rose von Jericho: zu KB S. 54/55, 3. Schritt; zu KB S. 118/119, Ergänzung
Salböl: zu KB 116/117, Ergänzung
Schreibmeditation: zu KB S. 194, 1. Schritt
Spiegeln: zu KB S. 128/129, 3. Schritt
Standbild: zu KB S. 120/121, 3. Schritt
Tauferinnerungsfeier: zu KB 118/119, Ergänzung
Wahrnehmungsübung: zu KB S. 122/123, 2. Schritt

5. Erläuterung zum Umschlagbild

Das Bild auf der ersten Umschlagseite hat den Titel „Treno partorito dal sole" („Zug aus der Sonne geboren"). Es wurde etwa 1924 von Fortunato Depero (geb. 1892 in Fondo in Trentino, gest. 1960 in Roverto in Italien) geschaffen. Depero, der u.a. durch Auftragsarbeiten des Industriellen Davide Campari bekannt wurde (Werbegrafiken für das berühmte Getränk), wird den italienischen Futuristen, genauer der „mechanischen" Phase der Futuristen zugerechnet. Die sich als Hüter der Moderne verstehenden futuristischen Künstler waren fasziniert vom Zeitalter der Industrie, der Mechanik, der Technologie. Nach ihren Manifesten suchten sie in ihren Kunstwerken die „Schwingungen des Universums" in der klaren Form und Präzision der Maschine Ausdruck zu verleihen (vgl. Caramel, Italiens Moderne, S. 27-30; 148-155; 355).
Die märchenhaft farbenfrohe Darstellung der Schöpfung (Sonne, Wolken, Vögel, Pflanzen, ein Pelikan mit einem Fisch im Schnabel, Felder und Wälder) im Bild „Treno partorito dal sole" wird den Sch. der Klassen 5/6 entgegenkommen, insbesondere in der Einfachheit der Darstellung, bei der nur wenige plastische Elemente hervorgehoben sind. Der in einem großen Bogen das ganze Bild füllende Zug, so könnte man subjektiv deuten, stellt die Lebensreise dar oder auch das Schuljahr, für das den Sch. im Fach Religionslehre ein „Kursbuch" in die Hand gegeben wird. Nicht zufällig ergibt sich, dass in Kapitel „Die Erde ist voll deiner Güter" die Schöpfung als „Lebens"raum entfaltet wird.
Menschen einer postmodernen Zeit werden freilich der Maschinenromantik der Futuristen auch kritisch gegenüberstehen. Schon der Titel des Bildes ist für uns heute eine Provokation. Die damit verbundene Problematik lässt sich im Unterricht im Vergleich des Bildes von Fortunato Depero mit der Karikatur von Martial Leiter (KB S. 59) und den zu dieser Seite entworfenen Materialien M 26 bis M 28 („Alte/neue Landschaft") im Unterricht aufgreifen.

6. Zuordnung von Lehrplänen Evangelische Religionslehre zu Kursbuch Religion 5/6

Kursbuch 5/6		GY BaWü 1994	RS BaWü 1994	GY Bay 1991	RS NRW 1996	GY NRW 1996
Wir leben miteinander	Miteinander leben – miteinander feiern	5.5.WP Ich – Du – Wir 5.6.1.WP Miteinander 6.8.2.W Gottesdienst	5.5.WP Ich – Du – Wir 5.6.1.WP Miteinander 6.8.2.W Gottesdienst	5.2. Christentum im Erlebnisraum der Sch. 6.1. Leben in der Gruppe 6.2. Feste und Feiern im Kirchenjahr		
	Kinder in aller Welt	5.7.W Kinder hier und anderswo	5.7.W Kinder hier und anderswo			4. Als Ebenbild Gottes handeln
	Spielregeln des Lebens	5.6.1. Miteinander leben – Miteinander feiern	5.5.W Miteinander neu anfangen: Ich – Du – Wir	5.5. Gestaltung des eigenen Lebensbereiches		
	Immer die Wahrheit sagen?!					
Die Erde ist voll deiner Güter	Menschen und Tiere	5.1.2.WP (Fth) Wir sind Gottes Geschöpfe: Menschen – Tiere – Pflanzen	5.1.P (Fth) Miteinander in Gottes Schöpfung: Menschen – Tiere – Pflanzen		Schöpfung und Verantwortung	4. In der Schöpfung mit der Schöpfung leben Jahw. und Priest. Schöpfungserzählung
	Leben im Garten Gottes	6.1.W Am Anfang schuf Gott Himmel und Erde	6.1.W Am Anfang schuf Gott Himmel und Erde	5.1. Schöpfungsglaube: Gottes Fürsorge und des Menschen Verantwortung für die Welt	dto.	dto.
	Geschichten vom Anfang	6.1.W	6.1.W		dto.	dto.
	Geschaffen an sieben Tagen	6.1.W	6.1.W		dto.	dto.
Gott ist für uns da	Abraham	6.2.W Geschwistergeschichten	6.2.W Geschwistergeschichten	5.4. Der Glaube an Gott in der Bibel und im Leben der Sch.	Gottes Bund mit Israel: Vätergeschichten	8. Wege nach Jerusalem 1. Gott suchen – Gott erfahren: Abraham, Mose, Jakob; 6. Aus Hoffnung leben
	Mose	5.3.W Gott verspricht: Ich bin für euch da	5.3.W Gott verspricht: Ich bin für euch da		Gottes Bund mit Israel: Exodus	
	Menschen erfahren Gott	6.3.1.P Du hörst mein Weinen 6.3.2.W Wir haben Angst	6.3.P Du hörst mein Weinen – Menschen erfahren Gott		Gottesfrage	
	Die hebräische Bibel	5.8.1.P Die Bibel – Bücher des Glaubens	5.8.1.P Die Bibel – Bücher des Glaubens	5.2. Christentum im Erlebnisbereich	Die Bibel	
Bilder und Vorbilder	Symbole	5.8.2.W (Fth) Symbole: Sprache des Glaubens	5.8.2.W (Fth) Symbole: Sprache des Glaubens			
	David: Ein Vorbild?	5.2.W Erzähleinheit: David	5.2.1.P David: Ist Gott im Leben dabei?	5.3. Alttestamentliche Königsgeschichten		3. Wirklichkeit deuten – prophetisch reden und handeln
	Rut: Fremde brauchen Schutz und Hilfe	5.2.W Erzähleinheit: Rut	5.2.2.W Rut: Die Fremde 6.5. W.(FTh) Was uns am Fremden reizt	6.5. Zusammenleben mit Minderheiten		
Jesus begegnen	Jesus kommt aus Nazareth	5.4.W Jesus kommt aus Nazaret	5.4.W Jesus kommt aus Nazaret	6.4. Umwelt Jesu – jüdische Frömmigkeit	Zeit und Umwelt Jesu	2. Jesus und seiner Botschaft begegnen – Christus erkennen
	Gleichnisse Jesu	6.4.P Gleichnisse – Fenster zu Gottes neuer Welt	6.4.P Gleichnisse – Fenster zu Gottes neuer Welt	6.4. Jesus von Nazareth und seine Botschaft	Jesus und die Barmherzigkeit Gottes	2. Jesus und seiner Botschaft begegnen
	Menschen folgen Jesus nach				In der Nachfolge Jesu	Diakonie
	Das Neue Testament entsteht	5.8.1.P Die Bibel – Bücher des Glaubens	5.8.1.P Die Bibel – Bücher des Glaubens	5.2. Christentum im Erlebnisbereich der Schüler	Die Bibel Paulus	
Wir glauben nicht für uns allein	Kirche zum Mitmachen	5.8.3.W Kirche zum Mitmachen	5.8.4.W (FTh) Kirche zum Mitmachen	5.2. Christentum		7. Kirche als Gemeinschaft erfahren, um Kirche streiten 6. Aus Hoffnung leben: Die ersten Gemeinden – Gemeinde heute
	Die ersten Christen		6.9.W Wie die ersten Christen lebten		Die Urgemeinde	
	Christen in unserem Land	6.8.1.P Christen leben in Konfessionen	6.8.1.P Wir glauben nicht für uns allein	5.2. Christentum		
	Juden, Christen und Muslime				Juden und Christen Der Islam	8. Wege nach Jerusalem

Kursbuch 5/6	Niedersachsen Orientierungsstufe 1992	Hessen Realschule 1987	Rheinland- Pfalz Orientierungsstufe 1978	Sachsen Realschule und Gymnasium 1992	Schleswig-Holstein 5/6 Entwurf 1995	Thüringen Realschule und Gymnasium 1993
Miteinander leben – miteinander feiern		Miteinander leben	Jeder möchte Freunde haben	W 1: Feste W 4: Zum Leben brauchen wir die anderen	TB 1: Der Einzelne und die Gemeinschaft	2. Gemeinsam geht es besser 6. Feste im Kirchenjahr
Kinder in aller Welt						1. Ich fühle mich nicht viel wert – ich bin etwas wert
Spielregeln des Lebens			Kein kann immer tun, was er will	W 3: Gebote und Regeln	(Ich suche meinen Platz in der Gesellschaft)	
Immer die Wahrheit sagen?!	Lüge und Wahrheit	Muss man immer die Wahrheit sagen?		W 4: Wahrheit und Lüge		
Menschen und Tiere	Schöpfung	Von Gott geschaffen	Unsere Welt ist schön – sie kann jedoch schöner werden	W 9: Unsere Verantwortung für die Schöpfung P 4: Das Bekenntnis zum Schöpfer	TB 2: Unsere Welt – unsere Umwelt: Schöpfungsgabe und Aufgabe – Das Leben ist uns gegeben	
Leben im Garten Gottes	Schöpfung	dto.	dto.	dto.	dto.	
Geschichten vom Anfang	Schöpfung	dto.	dto.	dto.	dto.	Geschichten vom Anfang
Geschaffen an sieben Tagen	Schöpfung	dto.	dto.	dto.	dto.	
Abraham	Erfahrungen mit Gott		Das Volk Israel hat eine lange Geschichte mit Gott	P 3: Erfahrung und Glaube im AT	TB 3: Die Frage nach Gott: Menschen erfahren, dass Gott sie begleitet 6. Ich habe Träume	13. Vätergeschichten
Mose	Erfahrungen mit Gott	Aufbruch in die Freiheit	dto.	P 6: Gott führt in die Freiheit		9. Monotheismus in Israel 14. Der Weg in die Freiheit
Menschen erfahren Gott	Erfahrungen mit Gott/Angst und Geborgenheit	Angewiesen und angenommen (Beten: Bitten – Danken)	Wir erfahren Gott in unserem Leben	P 5: Was Menschen bewegt, nach Gott zu fragen		
Die hebräische Bibel	Einführung in die Bibel		Die Bibel hat eine lange Geschichte			15. Im Anfang 23. Die Bibel 24. Die Tora
Symbole	Symbole – Ausdrucksformen des Glaubens				TB 3: Ich lebe mit Symbolen 6. Ich habe Träume	20. Symbole
David: Ein Vorbild?	David	Vom Räuberhauptmann zum König (David)				16. David
Rut: Fremde brauchen Schutz und Hilfe	(Fremder und Nächster)			(W 5: Vorurteile schaden dir und mir) (W 7: Mit Ausländern leben)		
Jesus kommt aus Nazareth	Jesus Christus		Jesus lebte in Palästina	W 2: Land und Leute zur Zeit Jesu P 8: Was Jesus sagt, das tut er auch: Jesu Wirken – seine Botschaft	3. Wer war Jesus? 5. Woher stammt Jesus?	
Gleichnisse Jesu	Jesus Christus	Wie Jesus erzählt (Gleichnisse)	Jesus hat etwas zu sagen	W 8: Gleichnisse		11. Visionen von einer neuen Welt
Menschen folgen Jesu nach	Jesus Christus	Weil Menschen Menschen brauchen – (Diakonie)	(Menschen erfahren Leid und Not)		4. Menschen brauchen Menschen	5. Diakonie
Das Neue Testament entsteht	Einführung in die Bibel		Die Bibel hat eine lange Geschichte	P 2: Die Bibel		15. Im Anfang 20: Die Bibel
Kirche zum Mitmachen						3. Unsere Kirche – Gemeinde und ihre Gruppen
Die ersten Christen		Sie waren einmütig zusammen		P 7: Wie das Christentum entstand	TB 4: Leben – Gestaltung und Kirche Christliche Lebensgestaltung	10. Das Christentum setzt sich durch
Christen in unserem Land	Gemeinsam Glauben in versch. Kirchen	Gemeinsamer Ursprung – getrennte Wege	Christen gehören verschiedenen Konfesssionen an		dto.	
Juden, Christen und Muslime	Meine Religion – deine Religion	Ein Volk erinnert sich			TB 5: Anders leben – anders glauben	7. Judentum 8. Muslime 24. Die Tora

Wir leben miteinander

Einführung

Beides gehört zum Menschsein, das Leben als Einzelner und das Leben in Gemeinschaft. Ohne andere Menschen kann der Mensch nicht aufwachsen. Das „Es ist nicht gut, dass der Mensch allein sei" (1. Mose 2,18) gilt nicht nur für die Gemeinschaft zwischen Mann und Frau, sondern generell: Der Mensch braucht die Gemeinschaft mit anderen Menschen. Leben als Einzelner und Leben in Gemeinschaft sind zwei Pole unseres Menschseins. Der Mensch verkümmert, wenn er sich extrem auf sich selbst zurückzieht oder ganz in der Gemeinschaft aufgeht. Ein gutes Anschauungsbeispiel hierfür sind die Psalmen. Es gibt Psalmen des Einzelnen, in denen der Einzelne in Lob und Klage sich Gott zuwendet, und es gibt Psalmen des Volkes, in denen die Israeliten ihre Klage und ihr Lob in Gemeinschaft vor Gott bringen.

Das Kapitel „Wir leben miteinander" stellt vor allem den Gemeinschaftsaspekt des menschlichen Lebens heraus. Wie Sch. miteinander leben sollen, muss heute verstärkt eingeübt werden. In Zeiten, in denen die Familien noch größer waren, erlebte der Einzelne von Geburt an die Gemeinschaft. Heute wachsen viele Kinder mit ihren Eltern als Einzelkinder auf oder sie sind gar Einzelkind in einer Single-Familie. Sie müssen in Kindergarten und Schule erst lernen, was Leben in der Gemeinschaft heißt.

Das Thema ist besonders in den Klassen 5/6 wichtig, weil die Sch. sich in den weiterführenden Schulen erst neu orientieren müssen. Auf diese Situation geht die UE „Miteinander leben – miteinander feiern" ein. Sie sollte daher möglichst am Anfang des 5. Schuljahrs behandelt werden.

„Wir leben miteinander" gilt aber in einer zunehmend enger zusammenrückenden Welt auch im globalen Sinn. Die UE „Kinder in aller Welt" behandelt das Leben von Kindern hier und anderswo und zeigt Gemeinsamkeiten und Unterschiede. Kinder *hier* erhalten die Möglichkeit, sich in das Leben fremder Menschen *dort* einzufühlen.

Keine Gemeinschaft kann existieren ohne Vereinbarungen, Gebote und Verbote. Darauf geht die UE „Spielregeln des Lebens" ein.

Auch die UE „Immer die Wahrheit sagen?!" hat die Gemeinschaft zum Thema. Gemeinschaft lebt von der Wahrheit. Wo Lüge herrscht, wird die Gemeinschaft zerstört.

Die Themen aller vier UE sind in den Lehrplänen für die Klassen 5/6 der meisten Bundesländer vorgesehen, durchgängig in den Bundesländern Baden-Württemberg, Sachsen und Schleswig-Holstein.

Titelbild

Das Eröffnungsbild lebt von drei Elementen. Im Hintergrund ist ein fließendes Gewässer angedeutet. Nicht eine Welle, sondern viele Wellen bilden den Fluss, ein Symbol für die Notwendigkeit von Gemeinschaft. Der Kanon „Lasst uns miteinander" bringt eine wichtige Ausdrucksform von Gemeinschaft zum Klingen: das gemeinsame Singen. Für Christen gehört zum Singen immer auch das Lob Gottes, das das Danken mit einschließt.

Ein Bild von tiefer Symbolik hat der schwäbische Priester und Maler Sieger Köder gemalt. Es trägt den Titel „Das Mahl" und zeigt das Mahl des auferstandenen Christus mit seinen Jüngern (vgl. Johannes 21,12 f.). Christus bricht das Brot, wie er es schon zu seinen Lebzeiten bei vielen Mahlzeiten getan hat. Seine Hände sind mit den Wundmalen gezeichnet. Es ist der Auferstandene, der in anderer und neuer Weise unter seinen Jüngern anwesend ist. Mit diesem Bild deutet der Künstler an: Die Hände des Gekreuzigten reichen das Brot, das Menschen zum Leben brauchen.

Auffallend ist die Jüngerschar um den Tisch. Man sieht Schwarzafrikaner, Chinesen, Lateinamerikaner, Männer und Frauen. Sie, die sonst oft getrennt sind und einander mit Vorurteilen begegnen, sind hier vereint am Tisch des Herrn. Er ist es, der aus dieser bunt zusammengewürfelten Schar eine weltweite Gemeinschaft der Kirche macht. Mit anderen Worten: Das „Wir leben miteinander" ist tief verankert in Jesu Handeln beim Abendmahl.

Im linken oberen Teil des Bildes erkennt man einen Schwarzen und einen Indio. Die verletzte Hand des Indio empfängt ein Stück Brot. Der Mund der beiden ist staunend geöffnet. Danken sie für das, was sie zum Leben brauchen?

Darunter: ein Liebespaar in zärtlicher Zuwendung. Er schenkt ihr einen Strauß roter Rosen als Zeichen der Zuneigung, die so nötig zum Leben ist wie das Brot.

Rechts oben sehen wir eine Frau – ist es Maria aus Magdala? –, die sich zärtlich an den Arm Jesu schmiegt.

Darunter eine asiatische Frau, an ihrer rechten Seite ein schwarzes Kind. Die Blicke von beiden richten sich erwartungsvoll auf den, der das Brot gibt. Er vermag den Hunger zu stillen – körperlich und seelisch. Die linke Hand der Frau ruht auf der Schulter eines Schwarzen. Er sieht aus wie einer, der lange Entbehrungen auf sich nehmen musste. Inbrünstig, andächtig, fast betend, führt er ein gefülltes Glas zum Mund. Durst wird gestillt, Durst nach Leben.

Auf dem Tisch sieht man Brot und Wein, die Abendmahlsgaben, reichlich Früchte, Reis, Brote, einen Krug Wasser, einen Fisch – alles, was Menschen zum Leben brauchen.

Die Schale mit Reis ist das Brot der Menschen aus dem Fernen Osten. Der Fisch erinnert an die Fische im Speisungswunder Matthäus 14,13 ff. und an Johannes 21,1 ff.; doch der Fisch ist für die ersten Christen auch ein Christussymbol.

Im Becher Wein spiegelt sich das Gesicht dessen, der das Brot reicht. Wir haben diesen Jesu – wie auch Gott – nie direkt, nur im Spiegelbild, in seinem Ebenbild, in seinem Wort, im Mitmenschen, d. h. „wie in einem Spiegel" (vgl. 1. Korinther 13,12-13). ER ist die Mitte des Bildes, ER will die Mitte unseres Leben sein. ER, der von sich sagt: „ICH BIN DAS BROT DES LEBENS" (vgl. KB S. 121). Menschen brauchen Brot – Brot für den Leib, Brot für die Seele.

Das Bild von Sieger Köder ist ein Ausschnitt aus dem Misereor-Hungertuch 1996 und steht zusammen mit einem Meditationsheft als Overheadfolie zur Verfügung (Misereor-Hungertuch 1996 „Hoffnung den Ausgegrenzten", 6 Farbfolien mit Meditationsheft. Bezug: Misereor, Mozartstraße 9, 52064 Aachen).

Mögliches Vorgehen zum Titelbild

Fraglos sticht den Sch. auf den beiden Titelseiten das Mahlbild von Sieger Köder in die Augen. Darum sollte mit der Bildbetrachtung begonnen werden.

- Die Sch. werden aufgefordert, Einzelheiten zu entdecken: die Menschen, die Dinge auf dem Tisch und die beiden Hände mit den Wundmalen. L. kann dann fragen, wodurch diese unterschiedlichen Menschen zur Gemeinschaft werden. Sie/Er kann an Johannes 21 und das Abendmahl erinnern. Für die Konzentration der Sch. ist es sinnvoll, das Bild als Folie einzusetzen.
- Das Bild eignet sich auch sehr gut zur Gestaltung einer Meditation im Klassenverband oder in einem Gottesdienst. Will man das Thema „Brot des Lebens" vertiefen, kann man dazu die Geschichte von der Bibel im Brotteig verwenden. L. erzählt die Geschichte:

Die Bibel im Brotlaib

Zur Zeit des Stalinismus gab es in der Sowjetunion das immer wieder: Menschen verschwanden in Gefängnissen und in Lagern in Sibirien, weil bei ihnen eine Bibel gefunden wurde. Es ist verbürgt, dass viele Bauern auf dem Lande ihre Bibel – gut eingewickelt – im Misthaufen vergraben hatten; und wenn es ungefährlich war, holten sie sie heraus, um in ihr zu lesen. Sie gingen das Risiko ein, weil das Wort der Bibel für sie Brot des Lebens war, so wichtig zum Leben wie Brot.
Folgende Geschichte wird erzählt:
Eine Familie abends. Die Mutter knetet den Brotteig; der Vater heizt den großen alten Backofen an, in dem das Brot gebacken wird. Die Großmutter in der Ecke des Zimmers liest den Kindern aus der Bibel vor.
Da kommt ein Junge aus der Nachbarschaft gelaufen. Er ist ganz aufgeregt. Ein paar Männer sind ins Dorf gekommen – wahrscheinlich vom KGB. Sie gehen in die Häuser, ein paar Menschen haben sie schon verhaftet.
Aufregung in der Stube! Wohin mit der Bibel?
Die Großmutter bleibt ganz ruhig. Sie steht auf und geht mit der Bibel zum Brotteig. Sie wickelt die Bibel in eine Zeitung und umgibt sie mit Brotteig. Dann schiebt sie den Laib Brot in den Backofen.
Es klopft an der Tür. Die Männer kommen herein. Sie schauen sich um, suchen. –
Habt ihr eine Bibel im Haus? – Schweigen – Kopfschütteln. Nachdem die Männer nichts gefunden haben, gehen sie wieder. Die Mutter bringt die Kinder zu Bett.
Am nächsten Morgen beim Frühstück: Das ganze Haus duftet nach dem frisch gebackenen Brot.
Die Großmutter nimmt den Laib und schneidet ihn auseinander. Unversehrt liegt die Bibel vor ihnen: Brot des Lebens.

- Nach dem Erzählen der Geschichte bricht L. das mitgebrachte Brot, in das eine Bibel eingebacken ist: die Bibel – das Brot des Lebens.
  Zum Technischen: Es empfiehlt sich, eine kleine Bibel in Backpapier einzuschlagen. Sinnvoll ist es, vorher zu testen, ob sie die Backtemperatur von 180-200 Grad verträgt.
  Diese Geschichte kann auch bei der UE „Symbole: Das Brot", KB S. 120/121 eingesetzt werden.
- Der Kanon verdeutlicht die Gemeinschaft der Christen. Ob die Sch. die Symbolik des Flusses verstehen können? Hilfreich kann sein, dass die Sch. gefragt werden, was die Darstellung des Flusses mit der Gemeinschaft von Menschen zu tun hat.

Miteinander leben – miteinander feiern

1. Zielsetzung, Aufbau und Probleme

Die Ziele der vorliegenden UE sind:
- miteinander vertraut werden und Gemeinschaft erleben;
- sich seiner Ängste angesichts der neuen Situation in der 5. Klasse (neue Mitsch., neue L., neue Fächer usw.) bewusst werden und erfahren, dass man nicht allein ist;
- erleben, dass man Gott seine Sorgen im Gebet anvertrauen kann;
- sich den Wert der Freundschaft bewusst machen;
- verschiedene Anfangsrituale für den RU kennen lernen und darüber entscheiden, welche praktiziert werden sollen;
- eine Feier im RU gemeinsam gestalten;
- christliche Feste im Kirchenjahr kennen lernen und erleben;
- mit den Elementen eines Gottesdienstes bekannt werden und selbst solche Elemente gestalten.

Die UE ist folgendermaßen aufgebaut: KB S. 12 - 15 sollen die Fünftklässler in ihrer neuen Situation „abgeholt" werden (Kennenlernen, Ängste, Freundschaft). Anschließend wird die gemeinsame liturgische Gestaltung des RU thematisiert (KB S. 16/17). Am Ende stehen die Themen „Kirchenjahr" und „Gottesdienst", die den RU über sich hinaus in die Kirchengemeinde verweisen (KB S. 18/19).
Da heute nur noch wenige Sch. christlich sozialisiert sind, dürften sich Probleme bei den letztgenannten Themen „Kirchenjahr" und „Gottesdienst" ergeben. Hier ist es deshalb besonders wichtig, über die kognitive Vermittlung hinaus auch Erfahrungslernen zu ermöglichen und z. B. einen Schulgottesdienst zu gestalten.
Die Unterrichtsmaterialien und -vorschläge wollen keine Gemeinschaftsideologie aufzwingen. Sie sollen daher je nach Klassensituation eher spielerisch eingesetzt werden, sodass die Sch. mit ihrer Hilfe die neue Situation mit einer veränderten Mitschülerschaft als Chance und Bereicherung verstehen können. Der indirekte Weg, die eigenen Erfahrungen mithilfe von Geschichten anzusprechen, führt zu Beginn des 5. Schuljahrs gewiss weiter als die direkte Frage nach der eigenen Befindlichkeit.

2. Didaktisch-methodische Hinweise

KB S. 12/13 Wer bist du?

Die fiktiven Personen Christina und Anna begleiten die Sch. im KB S. 12, KB S. 14 und KB S. 16 und stellen eine Identifikationshilfe dar.

Mögliches Vorgehen

1. Schritt

Die Sch. lesen den Brief von Anna an Christina. Der letzte Satz enthält eine Aufforderung an die Sch.: Sie schreiben einen Antwortbrief an Anna und denken sich so in die Rolle von Christina hinein. Auf diese Weise können sie ihre eigene Befindlichkeit Christina in die Feder diktieren, ohne sofort allzu viel von sich selbst preisgeben zu müssen. Dieses Medium ist erfahrungsgemäß gut geeignet, dass die Sch. am Anfang der Klasse 5 ihre eigenen Gefühle formulieren.

2. Schritt

Im Sitzkreis lesen einige Sch. (freiwillig!) ihre Briefe vor. Je nach Situation der Klasse wird man die einzelnen Äußerungen für sich stehen lassen oder in einem UG aufarbeiten.

3. Schritt

Bearbeitung von Impuls 1 im KB S. 12. Die Fragen können von jeder/jedem Sch. schriftlich beantwortet werden. Anschließend tauschen die Sch. ihre Ergebnisse aus.

4. Schritt

Kennenlernspiele KB S. 13: Diese Spiele können in einer oder mehreren Spielstunden gespielt oder immer wieder in das Unterrichtsgeschehen der ersten Wochen des neuen Schuljahrs integriert werden.

KB S. 14 Aller Anfang ist schwer

Der einleitende Text führt die Geschichte von Christina weiter. Er schildert kurz, wie sich Christina in der neuen Stadt und der neuen Schule fühlt. Der Text setzt bei der Erfahrung der Sch. an: Die neue Situation erzeugt einerseits gespannte Erwartung auf das Neue, andererseits sind solche Situationen bei Sch. der Klasse 5 immer auch mit Ängsten verbunden. Diese Ängste greift sowohl die Liedzeile „Nichts soll dich ängsten" (vollständiger Text LJ Nr. 410) als auch das Bild „Schutzengel" auf.

Bild Schutzengel von Beate Heinen

– Das Bild (entstanden 1984) ist dem Buch von E. Domay (Engel, S. 142) entnommen. Der unsichtbare Schutzengel umhüllt das Kind. Damit greift das Bild eine der verbreitetsten Engelvorstellungen auf, das Bild vom Schutzengel. Im Alten wie im Neuen Testament ist der Engelglaube selbstverständlicher Bestandteil der Rede von Gott. Engel haben jedoch weder in der protestantischen Theologie noch in Predigt oder Seelsorge jemals eine große Rolle gespielt. Tradiert wurde der Engelglaube vielmehr durch die schöngeistige Literatur, durch Lyrik, bildende Kunst, Film und Musik – allesamt Bereiche, die von konkreten Vorstellungen und Bildern leben. Nicht wegzudenken sind die Geistwesen Engel aus der Anthroposophie; dort hat man eine ausgebaute Engellehre und Engelhierarchie entwickelt. In letzter Zeit erleben Engelvorstellungen einen Boom, vor allem bei weltanschaulichen Richtungen, die sich im weiteren Sinne dem New-Age, der Esoterik oder dem modernen Spiritismus zuordnen lassen.
– Altes und Neues Testament gehen ganz selbstverständlich von der Existenz von Engeln aus, entwickeln aber keine reflektierte Engellehre (Angelogie). Beide Bücher stimmen in ihren Aussagen über die Engel im Wesentlichen überein. In Hebräer 1,14 heißt es über die Engel: „Sind sie nicht allesamt dienstbare

Geister, ausgesandt zum Dienst um derer willen, die das Heil ererben sollen?" Diese Aussage enthält eine doppelte Erkenntnis:

(1) Sie sind Geister. Sie gehören nicht zur materiellen Welt, sondern zur geistigen, zur himmlischen. Sie können daher auch nur mit dem geistigen Auge erkannt werden.

(2) Die Engel sind dienstbare Geister, ausgesandt zum Dienst. D. h., sie haben einen Auftrag und dieser Auftrag lautet: den Menschen dienen. Sie sind ausschließlich durch ihren Auftrag definiert, sie sind nichts aus sich selber. Das bedeutet: Engel sind Geschöpfe Gottes. Eine Anbetung der Engel ist aus biblischer Sicht nicht möglich, es wäre Götzendienst.

– Der Auftraggeber ist Gott; das Ziel des Auftrags der Mensch. Insofern sind sie Bindeglied zwischen Gott und Mensch. Diese Funktion des Bindeglieds wird in dem zitierten Vers aus dem Hebräerbrief noch deutlicher, wenn man den griechischen Urtext heranzieht: Dort stehen für das Wort, das Luther mit „Dienst" übersetzt, zwei Begriffe:

(1) Dienstbare Geister: griechisch „Leiturgia" (vgl. Liturgie = Gottesdienst). Sie dienen also Gott im Singen, Beten, in der Anbetung, dem Lobpreis. Die Engel stehen also vor Gott.

(2) Dienst um derentwillen, die das Heil ererben sollen. Griechisch „Diakonia" meint den Dienst am Menschen. Die Engel stehen also zugleich zum Menschen.

– Das Bild vom Schutzengel war zur Zeit Jesu eine verbreitete Vorstellung. Im Neuen Testament wird dieses Bild jedoch direkt nur an einer Stelle erwähnt: In Matthäus 18,10 - 12 heißt es: „Seht zu, dass ihr nicht einen von diesen Kleinen verachtet. Denn ich sage euch: Ihre Engel im Himmel sehen allezeit das Angesicht meines Vaters im Himmel. Was meint ihr? Wenn ein Mensch hundert Schafe hätte und eins unter ihnen sich verirrte: lässt er nicht die neunundneunzig auf den Bergen, geht hin und sucht das verirrte?"

Jesus wandelt die volkstümliche Vorstellung bemerkenswert ab. Die volkstümliche Vorstellung besagt: Jedes Kind wird von seinem Schutzengel begleitet. Sein Schutzengel ist ihm nahe und behütet und beschützt es vor Gefahr. Jesus dagegen sagt: Die Schutzengel der Kleinen (auch: der Armen) haben das Vorrecht, Gottes Angesicht zu schauen. Der Schutz der Kinder besteht darin, dass sie über ihren Engel in Verbindung mit Gott stehen. Deutlich ist dabei, dass der Schutz nicht vom Engel ausgeht, sondern von Gott. Der Schutzengel bedeutet die Konkretisierung des Schutzes, den Gott uns bietet. Auch wenn es in der Bibel nur diese eine Stelle gibt, in der direkt vom Schutzengel geredet wird, so finden sich jedoch viele Stellen, in denen sinngemäß von Engeln gesprochen wird, die den Menschen beschützen bzw. ihn begleiten (vgl. z. B. Psalm 34,8 und Psalm 91,11).

Mögliches Vorgehen

Die Impulse im KB S. 14 zeigen mehrere Möglichkeiten des Umgangs mit der Geschichte und dem Bild:

1. Schritt

- Bild Schutzengel: Die Aufgabe von Impuls 1 im KB S. 14, die Umrisslinien des Bildes abzuzeichnen und sich selbst in das Bild einzuzeichnen, gibt die Möglichkeit, dass Sch. sich selbst als vom Schutzengel behütetes Kind verstehen können (Kopiervorlage M 1).
- Neben der Möglichkeit, sich selbst in das Bild einzuzeichnen, können die Sch. auch die Umgebung der Bildmitte neu gestalten durch Situationen und/oder Orte, an denen sie sich einen Schutzengel wünschen oder bei denen sie einen Schutzengel verspürt haben. Sie können auch andere Kinder oder Erwachsene in den Schutzengel einmalen, die diesen ihrer Meinung nach dringend brauchen könnten.
- Im UG können die Sch. von eigenen Erfahrungen mit Engeln (s. o.) erzählen.

2. Schritt

Beschäftigung mit der Geschichte von Christina (KB S. 14, Impuls 2): Die Frage, was Christina noch alles passieren könnte, soll dazu helfen, dass die Sch. auf indirekte Weise ihre eigenen Erfahrungen einbringen können.

3. Schritt

KB S. 14, Impuls 3 regt an, Sorgenkärtchen anzufertigen und dazu eine kleine Meditation zu gestalten. Zu den von den Sch. vorgelesenen Sorgen wird jeweils die Liedstrophe gesungen.
Falls sich die Sch. scheuen, von ihren persönlichen Ängsten zu berichten, ist es sinnvoll, nur die Sorgen von Christina aufschreiben zu lassen. Statt der vorgeschlagenen Liedzeile können auch folgende Lieder eingesetzt werden:

- „Bewahre uns Gott, behüte uns Gott" (EG Nr. 171; LJ Nr. 117);
- „Lieber Gott, ich danke Dir, dass Du bei mir bist" (LJ Nr. 588).

Ergänzungen

Die Elemente des 3. Schrittes eignen sich auch gut für die Gestaltung eines Schülergottesdienstes oder einer Feier im Klassenverband. Dabei bietet sich als Abschluss eine moderne Fassung von Psalm 121 an:

Psalm 121

Einer:	Ich hebe meine Augen auf zu den Bergen.
Alle:	Woher kommt Hilfe?
Einer:	Meine Hilfe kommt von Gott,
Alle:	der Himmel und Erde gemacht hat.
Einer:	Er wird dich nicht fallen lassen.
Alle:	Der dich behütet, schläft nicht.
Einer:	Er gibt auf dich acht.
Alle:	Er sorgt auch für dich
Einer:	Er ist dein Schatten.
Alle:	In ihm kannst du dich geborgen wissen.
Einer:	Gott behüte dich vor allem Bösen.
Alle:	Er behüte deine Seele.
Einer:	Was immer du tust: Gott schütze dich
Alle:	vom Anfang bis zum Ende, jetzt und in aller Zukunft. Amen.

(Aus: Kirchentagzeitung 1993)

KB S. 15 Freunde

Bild und Geschichte haben einen gemeinsamen Inhalt: Oft zeigen (behinderte) Menschen, denen wir nichts zutrauen, erstaunliche Fähigkeiten. Der Originalschluss der Geschichte KB S. 15 lautet: *„Aber", sagte er endlich, „wenn du meinst, dass der Josef dümmer ist als ich, dann ist es doch gut für Josef, dass er mich hat, nicht wahr?"*

Mögliches Vorgehen

1. Schritt

Bildbetrachtung: Die Sch. geben dem Bild eine Bildunterschrift. In dieser Bildunterschrift kann die intensive Zuwendung des Rollstuhlfahrers zu dem Hund seinen Ausdruck finden. Das Bild kann dazu anregen, dass die Sch. von eigenen Erfahrungen mit Behinderten erzählen. Im UG kann herausgearbeitet werden, was Behinderte können. Die Erfahrung zeigt, dass Sch. der Klasse 5 oft ein sehr gutes Gespür dafür haben, dass Behinderte über Fähigkeiten verfügen, die bei anderen Menschen manchmal verkümmert sind. Oft wird genannt, dass sie sehr unbefangen ihre Gefühle zeigen.

2. Schritt

Die Sch. schreiben oder erzählen ein mögliches Ende der Geschichte (KB S.15, Impuls 1). Den Originalschluss der Geschichte wird man erst dann einbringen, wenn die Sch. ihre eigenen Vorschläge zum Ende der Geschichte gemacht haben.

3. Schritt

Die Geschichte und das Bild geben dazu Anlass, über eigene Fähigkeiten und die Fähigkeiten anderer Menschen nachzudenken. Hierzu ist es erfahrungsgemäß eine gute Hilfe, wenn die Sch. auf Kärtchen schreiben, was die Freundin oder der Freund gut kann (KB S.15, Impuls 2).
Statt der Kärtchen kann L. den Sch. auch ein Arbeitsblatt (M 2) geben. In die Mitte des Blattes wird ein Bild der Freundin oder des Freundes geklebt. Bei den Sternen wird eingetragen, was sie/er gut kann.

KB S.16 Wie fangen wir an?

Ziel vom KB S.16/17 ist es, dass die Sch. das Thema „Miteinander leben – miteinander feiern" ganzheitlich erfahren. Die vielen unterschiedlichen Anregungen und Elemente zur Gestaltung eines Stundenanfangs und einer Feier sollen diese Erfahrung ermöglichen.

Mögliches Vorgehen

1. Schritt

Die Sch. lesen die verschiedenen Vorschläge für den Beginn des RU und bringen aus der eigenen Erfahrung der Grundschulzeit weitere Vorschläge ein.

2. Schritt

Die Sch. nehmen den Vorschlag von Frau Epple auf und überlegen, wie sie im RU ihre Stunden beginnen wollen.

3. Schritt

Geklärt wird, wer den Stundenbeginn jeweils vorbereitet. Hierfür gibt es verschiedene Möglichkeiten:
- L. gestaltet den Stundenanfang.
- Mehrere Sch. bereiten jeweils zusammen einen Anfang vor.
- Ein gemeinsamer Ordner mit verschiedenen Möglichkeiten zur Gestaltung des Unterrichtsbeginns wird angelegt. Die Sch. können dann frei auswählen.

4. Schritt

Nach einigen Wochen, als sich Frau Epple und ihre Sch. schon recht gut kennen, bringt die L. eine neue Idee in den RU ein:

Eine Phantasiereise: Miteinander sein

Wenn wir an Menschen denken, die uns mögen, fühlen wir uns sicher und geborgen. Diese Gedanken kannst du bei der Phantasiereise jetzt erleben.
Setze dich ganz entspannt hin ... Du kannst dich auch hinlegen ... Schließe die Augen. Mach es dir noch bequemer ... Dein Atem geht ruhig und gleichmäßig ... Beim Ausatmen spürst du, wie sich die Spannung löst ...
Stell dir vor, du sitzt allein vor einem Feuer ... Du blickst in die Flammen, beobachtest die Farben des Feuers ... Du hörst das Knistern des Holzes ... Ein wenig Rauch steigt auf, du riechst den Rauch ... Du spürst die Wärme auf deiner Haut ... Es ist angenehm so vor dem Feuer zu sitzen ..., entspannend ..., ruhig.
Vielleicht fühlst du dich auch etwas einsam ... Alleine ... In deiner Phantasie kannst du dir eine Person an das Feuer einladen, jemanden, den du gerne magst ... Die Person kommt ... Sie setzt sich zu dir ... Du kannst auch noch andere Menschen einladen. Es kommt noch einer ... und noch einer ... Sie sitzen um das Feuer ... und du fühlst dich bei ihnen wohl ... Du bist froh, dass du nicht allein bist ..., dass es Menschen gibt, die dich mögen, die du gern hast.
Da kommt eine Person, die du nicht so gern hast ... Ein Erwachsener oder ein Kind ... Vielleicht hast du Streit mit dieser Person ... Du bist vielleicht ärgerlich auf diese oder auf ihn ... Du sagst der Person, was dich stört, was dich an ihr ärgert ... Der andere/die andere sagt etwas zu dir ... Du kannst die Person jetzt ein wenig besser verstehen, vielleicht ihr sogar verzeihen ...
Die Person bittet euch nun, auch in den Kreis um das Feuer eintreten zu können ... Du stimmst zu ... Die Person setzt sich zu euch ... Ihr blickt alle in das Feuer ...
Langsam gehst du weg vom Feuer und diesem Kreis, kehrst zurück hierher ... Du bewegst deine Finger ... Du atmest etwas tiefer ... aus ... und ein. Du dehnst und räkelst dich ... Du öffnest die Augen. Und fühlst dich frisch und ausgeruht, als wärst du gerade aufgewacht.

(Nach: Teml, Helga/Teml, Hubert, Komm mit zum Regenbogen, Linz 1994)

KB S.17 Wir sitzen alle im selben Boot

Das Bild KB S.17 ist eine mittelalterliche Buchmalerei aus der Zeit um 1000 n.Chr. (Evangeliar der Hitda von Meschede). Es stellt die Sturmstillung Jesu (Markus 4,35-41) dar. Das Schiff, in dem sich zwölf Menschen zusammendrängen, ist auch ein Symbol für die Kirche. Es ist in der Form eines dämonischen Drachen gestaltet, der in die Tiefe hinabstrebt. Damit wird angedeutet, dass die Kirche in der Welt davon bedroht ist, von den antichristlichen Mächten verschlungen zu werden. Allein Christus kann in dieser Situation die Rettung bringen.

Mögliches Vorgehen

1. Schritt

Mithilfe des Arbeitsblattes, das das Schiff KB S.17 in Umrissen zeigt (M 3), wird die Malaufgabe in Angriff genommen: Anstelle der Jünger soll die Klasse in das Schiff eingezeichnet werden. Jeder kann auch ein Foto von sich einkleben (KB S.17, Impuls 1).

2. Schritt

Die Sch. bilden ein Boot. Eine/Einer ist der Mastbaum, die anderen die Bootsbesatzung. Durch entsprechende Bewegungen spielen sie z. B. einen Sturm. Dabei ahmen die Sch. die Geräusche eines Gewitterregens u.ä. nach. L. steht im Kreis vor einer/einem Sch. und reibt ihre/seine beiden Hände gegeneinander. Die/Der Sch. ahmt dies nach und gibt den Impuls an die/den neben ihr/ihm stehenden Sch. weiter. Eine/Ein Sch. nach der/dem anderen reiht sich in Bewegung und Geräusch ein. Alle Sch. setzen das Händereiben fort, während L. sich in die Mitte des Kreises stellt und zu einem neuen Impuls ansetzt. Sie/Er schnippt mit den Fingern und schaut die Sch. nacheinander an. Beim Blickkontakt übernimmt ein Sch. nach dem anderen die neue Bewegung. Bei der nächsten Runde klatschen sich in derselben Weise und Reihenfolge zuerst L., dann die Sch. nacheinander auf die Oberschenkel. Der Höhepunkt des „Gewitterregens" ist erreicht, wenn alle Sch. mit den Füßen auf den Boden stampfen (KB S. 17, Impuls 2 und 3).
Zuerst raschelte der Wind in den Blättern, der Regen setzte ein und wurde immer heftiger. Zuletzt tobt das Gewitter. Langsam legt sich der Sturm, das Stampfen hört langsam auf, das Schenkelklopfen ebbt ab, bald schnippen nur noch die Finger und zum Schluss wird auch das Blätterrauschen immer leiser, bis nichts mehr zu hören ist (nach: Prutzmann, Klassenzimmer).

3. Schritt

Die Sch. sprechen im UG über Empfindungen während der Bootsfahrt (KB S. 17, Impuls 4). Sie überlegen, welche Interessen, Hoffnungen und Befürchtungen ihnen gemeinsam sind. Diese Gemeinsamkeiten schreiben sie auf die leeren Zeilen rings um das Boot (M 3).

4. Schritt

Die Sch. arbeiten an der Metapher „Sturm" und unterhalten sich über „stürmische" Erfahrungen daheim und in der Schule (KB S. 17, Impuls 5).

5. Schritt

Die Sch. singen das Lied „Ein Schiff, das sich Gemeinde nennt" (LJ Nr. 376; EG in einzelnen Regionalteilen; KB S. 17, Impuls 6).

6. Schritt

Im Anschluss daran kann das Originalbild vom Seesturm aus der mittelalterlichen Buchmalerei (KB S. 17) betrachtet werden. Es ist sinnvoll, den Sch. eine farbige Reproduktion dieses Bildes zu zeigen (Dia oder Folie, in: Jörg Zink, Dia-Bücherei Christliche Kunst, Verlag am Eschbach). Der Sturm wird hier weniger durch die Wellen als durch das geblähte Segel visualisiert. Das Bild lebt vom Gegensatz zwischen dem, der schläft, und den anderen, die aufgeregt nach vorne schauen. Die Sch. können dazu die Seesturmgeschichte aus Markus 4,35-41 heranziehen. U. U. kann man die Aussage dieser Geschichte dann noch einmal in Beziehung zu den „Stürmen" zu Hause und in der Schule setzen.

7. Schritt

Den Abschluss bildet die vorgeschlagene Feier (KB S. 17, Impuls 7). Das Wort „Gottesdienst" wird hier nicht verwendet, obwohl die Feier wesentliche gottesdienstliche Elemente enthält.

KB S. 18 Das Kirchenjahr

KB S. 18 zeigt das Kirchenjahr in der üblichen Form eines Kreises, in den die wichtigsten Zeiten und Feste des Kirchenjahrs eingetragen sind (vgl. dazu Hanisch u.a., Den Glauben feiern. Feste im Kirchenjahr, Schüler- und Lehrerband):

- In der Mitte des Kreises findet sich das Christuszeichen, bestehend aus den griechischen (Anfangs-)Buchstaben X (= CH) und P (= R): Christus.
- In einem weiteren Kreis sind wichtige (nicht alle!) Festtage der verschiedenen Festzeiten aufgeführt.
- Der nächste Kreis zeigt die Festzeiten des Kirchenjahres.
- Es folgen die Farben, die zu den verschiedenen Festzeiten in der Kirche (z. B. bei den Paramenten) Verwendung finden.
- Der äußere Kreis bietet zu den verschiedenen Festzeiten und zu einigen Festen Symbole, die die Bedeutung des jeweiligen Festes veranschaulichen.

Die Feste des Kirchenjahrs

Beginn des Kirchenjahrs: Advent
Das Kirchenjahr beginnt mit den vier Adventssonntagen, die allerdings nicht von Anfang an in der christlichen Kirche gefeiert wurden (im Westen erst ab dem 11. Jh.). Die Themen der vier Adventssonntage sind: 1. Advent: das Kommen Jesu, die Ankunft des Retters (vgl. Matthäus 21,1 - 9); 2. Advent: das zweite Kommen Jesu, seine Wiederkunft zum Gericht (vgl. Lukas 21,25 - 33); 3. Advent: Johannes der Täufer, der Vorläufer Jesu (Matthäus 11,1 - 11); 4. Advent: die Mutter Jesu (Lukas 1,46 - 55). Symbol für Advent sind die vier Kerzen: Mit dem Kommen Jesu erscheint das Licht der Welt (vgl. Johannes 8,12).

Weihnacht
Die Adventssonntage führen auf Weihnachten, das Fest der Geburt Jesu, hin. Das Weihnachtsgeschehen wird dargestellt durch Krippe und Kreuz. Das Kreuz steht für die Erniedrigung Jesu, die bei der Geburt ihren Anfang nimmt: „Er ist auf Erden kommen arm" (EG Nr. 23,6; LJ Nr. 30,6).

Erscheinungsfest
Für das Erscheinungsfest (Epiphanias) am 6. Januar ist der Name „Heilige Drei Könige" geläufiger. Es geht allerdings bei diesem Fest nicht um das „Erscheinen" der „Drei Weisen aus dem Morgenland", sondern um das Erscheinen Christi auf Erden, um die Menschwerdung Christi. Das Erscheinungsfest ist älter als Weihnachten und Advent. Noch heute feiert die Ostkirche die Geburt Jesu am 6. Januar. Symbol für Epiphanias ist der strahlende Morgenstern (vgl. Offenbarung 22,16). Mit Matthäus 2,2 („Wir haben seinen Stern gesehen im Morgenland") ist die Verbindung von Epiphanias (Jesus der aufstrahlende Stern) mit dem Fest der „Heiligen Drei Könige" gegeben.

Passionszeit
In die Passionszeit fällt der Weltgebetstag (der Frauen). An jedem ersten Freitag im März findet dieser Weltgebetstag statt, an dem inzwischen auch Männer teilnehmen. Christen beten weltweit für ein bestimmtes Land, aus dem auch die Liturgie für diesen Tag kommt. Der Weltgebetstag macht deutlich, dass Christen sich als Teil der weltweiten Christenheit (Ökumene) verstehen. Das Symbol des Weltgebetstags kommt aus Irland.

Dieses Zeichen symbolisiert die Welt im Gebet:

Die vier Ecken streben wie Pfeile auf den Mittelpunkt zu. Sie weisen darauf hin, dass wir aus allen Richtungen auf unsere gemeinsame Mitte zum Gebet zusammenkommen.

Jedes Viertel stilisiert die Figur einer Beterin.

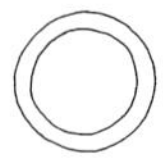

Der Kreis, der uns alle verbindet, bedeutet die Welt, in der wir gemeinsam unterwegs sind. Dieser Kreis ist im Original grün; die Farbe Grün steht hier für Gott, den Heiligen Geist und für Irland.

Aus diesen Elementen setzen sich die irischen Kreuze zusammen, denen man in Irland überall begegnet.

Karwoche
Für die Karwoche stehen drei Symbole. Der Palmzweig steht für Palmsonntag. An diesem Tag wird der Einzug Jesu in Jerusalem gefeiert (Hosianna dem Sohn Davids!, Matthäus 21,9), dem aber alsbald das „Kreuzige ihn!" folgt.
Brot und Weinkelch stehen für die Einsetzung des Abendmahls an Gründonnerstag. Der Gründonnerstag trägt diesen Namen seit dem 12. Jh., der Feiertag als solcher wurde jedoch schon in der alten Kirche begangen. Die Bedeutung des deutschen Namens ist unklar. Wahrscheinlich kommt der Name „grün" vom mittelhochdeutschen *gronan* (= greinen = weinen; engl.: *to groan*). In der orthodoxen und römisch-katholischen Kirche gehören zum Gründonnerstag die Wiederannahme der Büßer, die Weihe des heiligen Öls und die Fußwaschung.
Die Dornenkrone steht für den Karfreitag; der Karfreitag hat seinen Namen vom althochdeutschen „kara" = Wehklage.

Ostern
Das Kreuz auf dem offenen Grab steht für den Ostersonntag: Christus hat den Tod besiegt (Matthäus 28). Ostern ist das erste Fest, das die Christen feierten. Mit der Erfahrung „Jesus ist auferstanden" beginnt die Sammlung der christlichen Gemeinde. Vom Ostersonntag, dem ersten Tag der Woche, leitet sich der christliche Sonntag, der Herrentag, ab. Die ersten Gemeinden kamen am Sabbatabend zusammen, um mit Gebeten und Erzählungen aus dem Leben Jesu von Nazareth den ersten Tag der Woche zu erwarten, an dem sie die Nachricht von seiner Auferstehung erhalten hatten.
Ostern fiel ursprünglich mit dem jüdischen Passahfest (Pessachfest) zusammen. Ein innerer Zusammenhang besteht darin, dass im Johannesevangelium Jesus als das Passahlamm bezeichnet wird (Johannes 1,29):
Jesus wird vor dem Passahfest gekreuzigt. Am 1. Tag der Woche (= erster Tag der Passahwoche) findet die Auferstehung statt. Das Passahfest, das Fest der Befreiung, heißt auf deutsch Überschreitungsfest (= schlechte Wiedergabe des hebr. Pessach = Vorübergehen; engl.: *passover*). Der Würgengel, der die ägyptische Erstgeburt tötete, ging an den Häusern der Israeliten vorüber. Sie hatten die Türpfosten mit dem Blut des geschlachteten Passahlammes bestrichen. Daran erkannte der Engel Gottes die Israeliten und fügte ihnen kein Unheil zu. So brachte der Tod des Passahlammes, sein Blut, Leben für die Israeliten. Jesu letztes Mahl, das Abendmahl, war mit großer Wahrscheinlichkeit ein Sedermahl. Jesus stirbt nach dem Johannesevangelium zu der Stunde, da die Passahlämmer geschlachtet werden (also am Rüsttag = Freitagnachmittag). Er ist das Passahlamm, das für die Menschen stirbt. Sein Tod bedeutet für die Glaubenden Leben. Ein wichtiger Hinweis für diese Deutung besteht darin, dass Jesus kein Bein gebrochen wird (Johannes 19,33). Das Johannesevangelium zitiert dazu 2. Mose 12,46: „Ihr sollt ihm kein Bein zerbrechen" (Johannes 19,36).

Himmelfahrt
Als Symbol für Himmelfahrt steht ein Kreuz über der Weltkugel. Himmelfahrt bedeutet nicht, dass Christus in den Tiefen des Weltraums verschwunden ist, sondern, dass er die Herrschaft angetreten hat. Im Glaubensbekenntnis wird das durch das „Sitzen zur Rechten Gottes" ausgedrückt. Am schönsten wird die Bedeutung von Himmelfahrt im Christushymnus Philipper 2 beschrieben: „Darum hat ihn auch Gott erhöht und hat ihm den Namen gegeben, der über alle Namen ist, dass in dem Namen Jesu sich beugen sollen aller derer Knie, die im Himmel und auf Erden und unter der Erde sind, und alle Zungen bekennen sollen, dass Jesus Christus der Herr ist, zur Ehre Gottes, des Vaters" (Philipper 2,9-11).

Pfingsten
50 Tage nach Ostern feiert die Kirche das Pfingstfest. Der Name kommt von Pentekoste (= 50). Die Bedeutung geht auf das Erlebnis der Jünger zurück, die am jüdischen Wochenfest (Schawuot) die Gegenwart Jesu in ihrer Gemeinde in der Form des Heiligen Geistes erfahren haben. Pfingsten kann von daher als der Geburtstag der Kirche bezeichnet werden (vgl. dazu KB S. 186).
Das Symbol der Taube steht für den Geist Gottes, den Johannes der Täufer „wie eine Taube" auf Jesus herabkommen sah (Matthäus 3,16).

Trinitatis
Den Abschluss der Pfingstzeit bildet der Dreieinigkeitssonntag, mit dem der längste Abschnitt des Kirchenjahres (1., 2., 3. usw. Sonntag nach Trinitatis) eingeleitet wird. Das Dreieinigkeitsfest ist wohl jenes kirchliche Fest, das für die breite Gemeinde am wenigsten Bedeutung hat. Der Ursprung dieses Festes ist unklar, erst im späten Mittelalter setzt sich dieser Sonntag als ein fester Bestandteil des Kirchenjahres durch.
Das Dreieck symbolisiert die Dreieinigkeit. Im Dreieck selbst stehen die drei ersten (griechischen) Buchstaben des Jesusnamens: J, H (= Ä), S. Man kann diese Buchstaben auch als die (lateinischen) Anfangsbuchstaben der drei Wort deuten: Jesus hominum salvator (= Jesus, der Menschen Heiland).
In die Zeit nach Trinitatis fallen das Erntedankfest (Symbol: Ähre und Brotlaib), das Reformationsfest am 31. Oktober (Symbol: aufgeschlagene Bibel), der Martinstag, die Friedensdekade, der Buß- und Bettag und der Totensonntag oder Ewigkeitssonntag, der letzte Sonntag des Kirchenjahres (Symbol: Kreuz auf Grabplatte).
Großer Beliebtheit erfreut sich in jüngster Zeit auch in evangelischen Kreisen der Martinstag. Dieser Tag erinnert an Bischof Martin von Tours, der seinen Besitz mit Bedürftigen teilte. Von daher ist das Thema dieses Tages vorgegeben: Teilen wie Jesus – teilen wie Martin! (Vgl. zur Martinslegende M 90.)

Mögliches Vorgehen

1. Schritt

Die Sch. stellen einen großen Kirchenjahreskalender her, den sie in ihrem Klassen- oder Religionszimmer aufhängen können. Die Symbole werden sukzessive im Laufe des Jahres eingezeichnet. Die genauen Daten der großen Feste werden eingetragen. Weitere Feste können vermerkt werden, z. B. das Stadtfest in der betreffenden Gemeinde oder auch die Geburtstage der einzelnen Sch. (KB S. 18, Impuls 1).

2. Schritt

Im Zusammenhang mit dem Eintrag im Kirchenjahreskalender wird dann ins Heft ein Kurztext zum jeweiligen Fest, zu seinem Inhalt evtl. auch zu seinen Bräuchen eingetragen (KB S. 18, Impuls 2).

3. Schritt

Die Sch. erzählen von Festen in der Familie und der Schule. Wichtig ist, dass die Sch. erzählen können, was ihnen gefallen hat und was nicht. Wenn z. B. in der Familie eine Hochzeit stattfindet, wird es für die Sch. darauf ankommen, ob sie wirklich einbezogen oder ob sie im Kreis der Erwachsenen nur geduldete Gäste sind (KB S. 18, Impuls 3).

4. Schritt

Zu jedem Fest oder jeder Festzeit kann ein „Altartisch" oder ein Plakat gestaltet werden. In der Adventszeit wird man Kranz und Licht einsetzen. Zum Erntedankfest kann man wie in der Kirche einen Tisch mit Erntegaben aufstellen. Man kann mit den Sch. besprechen, wem die Erntegaben dann geschenkt werden könnten. Zusätzlich zu dem Tisch kann ein entsprechend gestaltetes Plakat das Verständnis des Festes vertiefen (KB S. 18, Impuls 4).

KB S. 19 Wir feiern einen Schulgottesdienst

Den Abschluss der UE „Miteinander leben – miteinander feiern" bilden ein Bericht und ein Brief zu einem Schulgottesdienst. Die Seite hat den Aufforderungscharakter, einen ähnlichen Schulgottesdienst zu gestalten.
Der hier beschriebene Schulgottesdienst hat tatsächlich so stattgefunden. Für die Kleinen *und* die Großen war er ganz wichtig. Die Fünftklässler fühlen sich in einer Schule oft als diejenigen, die von allen anderen nicht ganz ernst genommen werden. Und den „Großen" gehen die „Kleinen" oft auf die Nerven. Bei diesem Experiment wurden die „Großen" in ihrer Rolle als Ältere, die schon „weiter" sind als die „Kleinen", ebenso ernst genommen wie die „Kleinen", die sich dadurch ernst genommen fühlten, dass ihnen ihre Anfragen ehrlich beantwortet wurden. Eine solcher Vorgang kann ein guter Beitrag zur Verbesserung der Schulkultur sein.

Mögliches Vorgehen

1. Schritt

Die Sch. lesen die Geschichte „Ein Briefwechsel im Weihnachtsgottesdienst". Man kann sie mit verteilten Rollen vorlesen. L. kann die Geschichte auch auf einer Kassette mitbringen. Die Frage „Warum war Monika so begeistert?" (KB S. 19, Impuls 1) kann zum Auslöser werden für ein Gespräch zum Thema, wie sich die Fünftklässler in einer großen Schule fühlen.

2. Schritt

Die Sch. finden die gottesdienstlichen Elemente in der Geschichte wie Lied, Gebet, Schriftlesung usw. heraus (KB S. 19, Impuls 2).

3. Schritt

Im Anschluss daran werden im UG die wichtigsten Elemente eines Gottesdienstes erarbeitet. Zur Ergebnissicherung kann L. ein nach nebenstehendem Muster gestaltetes Arbeitsblatt herstellen.

3. Alternative Verlaufsplanung

- Man kann diese UE auch damit beginnen, dass man einen Schulgottesdienst entsprechend den Vorschlägen KB S. 19 plant. Leichter zu planen und durchzuführen ist ein solcher Gottesdienst für die Klassen 5-7, d. h., wenn er zusammen mit einer höheren Klasse gestaltet wird.
- Eine weitere Möglichkeit besteht darin, mit dem Kirchenjahr (KB S. 18) oder mit der Frage der Gestaltung des Unterrichtsbeginns (KB S. 16) einzusetzen.

4. Empfohlene Literatur und Medien

Hanisch, Helmut u.a., Den Glauben feiern. Feste im Kirchenjahr, Frankfurt/Leipzig 1994 (Diesterweg/Evang. Verlagsanstalt)
Prutzmann, Priscilla u.a., Das freundliche Klassenzimmer für einen kleinen Planeten (zu beziehen über: Fördergemeinschaft Friedensarbeit und Gewaltlosigkeit e.V.; Scharnhorststr. 6, 50733 Köln)
Teml, Helga/Teml, Hubert, Komm mit zum Regenbogen, Phantasiereisen für Kinder und Jugendliche, Linz, 4. Aufl. 1994 (Veritas)

5. Materialien

M 1 Schutzengel
M 2 Was mein Freund/meine Freundin gut kann
M 3 Wir sitzen alle im selben Boot

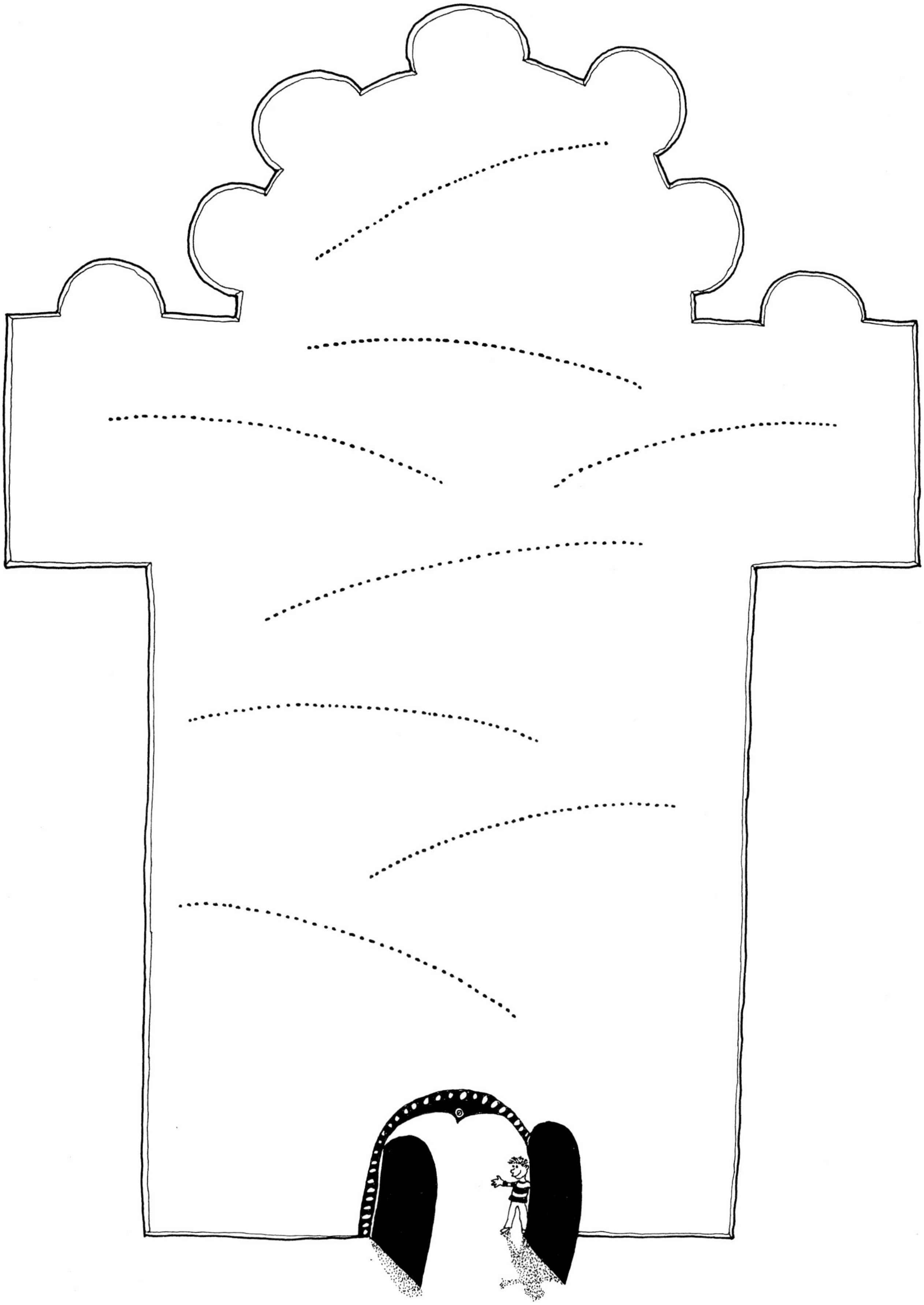

❍ Tragt die wichtigsten Teile eines Gottesdienstes in den Grundriss dieser Kirche ein. Verwendet bunte Farben!

Kinder in aller Welt

1. Zielsetzung, Aufbau und Probleme

Ziel der UE ist es, dass die Sch. ihre eigene Situation als Kinder bedenken und Einblick bekommen in die Situation von Kindern in anderen Ländern. Sie sollen außerdem Jesu besondere Zuwendung zu den Kindern wie auch die von den UN formulierten Rechte der Kinder kennen lernen. Die UE bekämpft insofern eingefleischte Klischees, als sie nicht die gute Situation von Kindern bei uns der schlechten in anderen Ländern gegenüberstellt. Freilich möchte sie die Situation der Kinder in der Dritten Welt auch nicht idealisieren. Sie möchte die Kinder vielmehr einfühlsam machen für das Leben von Kindern in anderen Situationen.

Der Aufbau der UE:
- KB S. 20/21 bietet Materialien zur Beantwortung der Frage: Wer bin ich?
- KB S. 22-25 stellt die unterschiedlichen Situationen von Kindern bei uns, in Sarajewo und in Afrika dar.
- Im KB S. 26/27 wird über besondere Fähigkeiten von Kindern berichtet und von ihren Rechten erzählt.

2. Didaktisch-methodische Hinweise

KB S. 20/21 Luftballon mit Kinderwünschen/Wer bin ich?

Auf den beiden Auftaktseiten der UE „Kinder in aller Welt – Wer bin ich?" sind Bilder eines Luftballonstarts mit Kinderwünschen, ein Wochenplan sowie Buttons, die von Sch. der gleichen Altersstufe gestaltet wurden, abgedruckt. Alle Vorschläge auf dieser Doppelseite zielen darauf ab, die Sch. bei ihren Hoffnungen und möglichen Befürchtungen, die sich zu Beginn des Besuchs einer neuen Schulart einstellen können, abzuholen.

Dadurch, dass die Sch. sich zu Beginn der UE zunächst einmal mit ihren Wünschen befassen, werden sie für die Beschäftigung mit Kindern anderer Länder sensibilisiert.

Mögliches Vorgehen

1. Schritt

Falls die UE zu Beginn von Klasse 5 behandelt wird, empfiehlt es sich, zum gegenseitigen Kennenlernen zuerst mit der Betrachtung der Buttons zu beginnen. Die Buttons im KB haben dabei impulsgebende Funktion und helfen, sich mit der Situation anderer Kinder auseinanderzusetzen, da sie Einblick in Hobbys, Lieblingsgegenstände, Aussehen, politische Einstellung, typische Verhaltensweisen sowie in den Umgang von Sch. der gleichen Altersstufe geben.

2. Schritt

Die Sch. stellen entsprechend dem Impuls 3 im KB S. 21 mithilfe des bereitgestellten Materials (Tonpapier, Zirkel, Klebeband, Filzschreiber o.ä.) Buttons mit ihrem „Markenzeichen" her. Sollte es sich um eine zurückhaltende Klasse handeln, können vorher Ideen an der Tafel gesammelt werden.

3. Schritt

Die Buttons werden im Sitzkreis vorgestellt. Nach der „Veröffentlichungsphase" können die Buttons zu einem „Buttonmobile" oder einem Buttonplakat der Religionsgruppe zusammengefügt werden, das die Sch. während einiger Wochen im Klassenzimmer begleitet. Die Buttons können anschließend auf die Religionshefte geklebt werden.

Als alternative Vorstellungsmedien anstelle der Buttons eignen sich „Bildfriese", z. B. unter dem Titel „Was mir in meinem Leben wichtig ist", oder die Identifikation mit ausgewählten Helden/Comicfiguren, die in DIN-A4-Format bereitgestellt werden müssten (vgl. die UE „Helden – Ich wäre gerne wie!", Lehrplan Baden-Württemberg, Klasse 6). Dieser Impuls betont den Wunsch bzw. Traumaspekt der Sch. stärker. Er eignet sich besonders dann, wenn die Sch. sich bereits kennen.

4. Schritt

– Bearbeitung des Wochenplans entsprechend dem Impuls 1 im KB S. 21 oben. Die Sch. betrachten den Wochenplan und sammeln im UG (TA) einige Ideen, wie der Wochenplan von Sch. einer 5. Klasse aussieht. Dann wählen sie in PA einen bestimmten Tag aus und legen einen gemeinsamen Tagesplan für diesen Tag im Heft an. Dadurch wird ein intensiveres Kennenlernen der Sch. untereinander ermöglicht. Gemeinsam mit der Gesamtgruppe kann dann ein Wochenplan der Klasse angefertigt werden. Hierzu kann der Wochenplan (M 4) eingesetzt werden.

– Der Impuls 2 im KB S. 21 oben ist als Alternative zum Impuls 1 gedacht. Die Gestaltung einer Klassenzeitung ist recht zeitaufwendig, hat aber den Vorteil, dass die Sch. sich sehr gut überlegen müssen, was ihnen Spaß macht und was sie gut können. Die Gestaltung der Klassenzeitung kann den Unterricht begleiten. Nach ihrer Fertigstellung dient sie dann als Unterrichtsmaterial. Erfahrungsgemäß stößt die Besprechung einer solchen Klassenzeitung auf großes Interesse bei den Sch., weil sie sich selbst darin wiederfinden. Die Klassenzeitung kann auch als Wandzeitung gestaltet werden. Dies hat zwei Vorteile: (1) Es entfällt das Vervielfältigungsverfahren. (2) Die Klasse hat die Wandzeitung immer vor Augen.

5. Schritt

– Bei einem Luftballonwettbewerb wird über das Medium Luftballon die Kontaktaufnahme zu fremden Kindern erleichtert. Der Überraschungsmoment wirkt auf die Sch. motivierend.

– Erweist sich die Durchführung eines Luftballonwettbewerbs aus technischen Gründen als zu aufwendig, kann an seiner Stelle auch die Besprechung der Kinderwünsche, die KB S. 20 in die Luftballons eingetragen sind, treten.

– Der leere Luftballon regt dazu an, einen eigenen Wunsch zu formulieren. Man kann den Sch. dazu leere „Luftballons" aus Tonpapier geben, in die sie ihre Wünsche in EA oder in PA eintragen. Die gesammelten „Wunschballons" werden dann zu einem Luftballonplakat zusammengefügt. Zur Gestaltung dieses Plakats kann man auch ein Foto der Religionsgruppe verwenden, die diese Wunschballons „starten" lässt.

– Weniger aufwendig ist es, den Sch. diese Seite als Arbeitsblatt mit leeren Luftballons zu kopieren und sie ihre eigenen Wünsche eintragen zu lassen, die anschließend der Klasse vorgestellt werden.

– Falls der Aufwand nicht gescheut wird, ist es auch möglich, dass die Sch. den eigenen Wunsch illustrieren und in Gruppen oder bei einer kleinen Klasse auch klassenweise Wunschbilderbücher in Form von Leporellos herstellen, die am Elternabend oder in den Schaukästen der Schule ausgestellt werden.

– Alternativ besteht auch die Möglichkeit, dass die Sch. aus bereitgestellten Kinderbildern ein Bild in EA auswählen (vgl. auch M 19) und in ausgeteilte Sprechblasen den Wunsch „ihres" Kindes eintragen. Dieser Vorschlag hat den Vorteil, dass die Sch. dadurch lernen, sich in Kinder, denen ihre Kindheit durch Armut, mangelnde Schulbildung, zerrüttete Familienverhältnisse, Krieg sehr geschmälert wurde, hineinzuversetzen und empathiefähig zu werden. Die fotokopierten Kinderbilder mit den Sprechblasen der Sch. können einen Teil der Wandzeitung (s.o.) bilden.

– Anstatt die Sch. Wünsche formulieren zu lassen, ist es ebenso möglich, Kindergebete zu besprechen bzw. eigene Gebete schreiben zu lassen. Das Arbeitsblatt M 5 erleichtert es den Sch., ein Gebet zu formulieren. Dieses Vorgehen kann dabei gut mit KB S. 23 kombiniert werden. Das Lied „Sieben Leben möcht ich haben" (Schneider, Sieben Leben, Nr. 26), das zu Beginn der UE gelernt werden kann, kann in dieser Unterrichtsphase ebenfalls methodisch genutzt werden. So können die Sch. z. B. ein „Wunschleben" beschreiben und illustrieren.

Ergänzungen

Will man in der ersten Unterrichtsphase weniger den Kennenlernaspekt betonen, sondern stärker auf den Aspekt eingehen, wie die Sch. Traum und Wirklichkeit in Einklang bringen können, kann mit anonymen Motivkärtchen gearbeitet werden. Alle Sch. erhalten zwei vorbereitete Kärtchen, je eines mit einem lachenden Gesicht (Smiley) und eines mit einem weinenden Gesicht, in das sie entsprechend eintragen: „Was gefällt mir in meinem Leben gut?" – „Was macht mich traurig in meinem Leben?"

L. sammelt dann die anonymen Kärtchen ein und liest sie ruhig und kommentarlos im Sitzkreis vor. Im behutsamen Gespräch stellen die Sch. fest, dass Schönes und Trauriges zu ihrem Leben gehört und halten diese Erkenntnis als Merksatz im Heft fest. Am Ende der Stunde erhalten die Sch. ihre Kärtchen zurück, die unter diesen Satz ins Heft geklebt werden. Dazu kann auch ein Bild (Kreis mit zwei Hälften), in dem auf der einen Seite etwas Schönes, auf der anderen Seite etwas Trauriges dargestellt wird, gemalt werden.

KB S. 22/23 Ich wünschte, ich hätte Flügel/Halte zu mir, guter Gott

Auf der Doppelseite 22/23 geht es um die Situation von Kindern in unserem Land, der ein extremes Kinderschicksal während des bosnischen Bürgerkrieges gegenübergestellt wird (KB S. 25 bietet noch ein weiteres Kinderschicksal aus einem Land der sogenannten Dritten Welt).

KB S. 22 bringt einen stark gekürzten Tagebuchauszug von Zlata, einem bosnischen Mädchen, das von 1991 - 1993 mit ihrer Familie und mit Freunden den Bürgerkrieg in Sarajewo erlebte, sowie eine bildhafte Darstellung einer Schülerin aus Bosnien zum gleichen Thema. Auch wenn inzwischen im ehemaligen Jugoslawien wichtige Fortschritte im Friedensprozess erzielt sind, so ist dieses Kinderschicksal aus zwei Gründen nach wie vor aktuell: Noch sind im ehemaligen Jugoslawien auf lange Zeit die Auswirkungen des schlimmen Bürgerkrieges zu spüren und es gibt in vielen Teilen der Welt immer wieder Kriege, unter denen ganz besonders Kinder zu leiden haben.

KB S. 23 sind sieben Situationen von Kindern aus dem Lebensbereich der Sch. um ein Gebet (LJ, S. 549) herum gruppiert. Bei den bildhaften Darstellungen handelt es sich um Kinder, die miteinander Ball spielen, vor dem Computer oder vor den Hausaufgaben sitzen, allein krank im Bett liegen, sich gegenseitig anbrüllen, für sich konzentriert ein Wehr durch einen Fluss bauen oder in der Clique zusammen etwas unternehmen. Deutlich wird bei diesen unterschiedlichen Darstellungen, dass Kinder, wenn sie alleine sind, einsam sein können, sich aber auch einer Sache, die sie gerne tun, konzentriert widmen können. Genauso verhält es sich in einer Gemeinschaft. Es kann Spaß machen, etwas mit Freunden zu unternehmen, es kann dabei aber auch zu Konflikten und Streit kommen.

Mögliches Vorgehen

1. Schritt

Man sollte den Erfahrungshorizont der Sch. berücksichtigen und darum mit KB S. 23 vor KB S. 22 beginnen. Die Sch. wählen sich – entsprechend dem Impuls 1, KB S. 23 – exemplarisch ein Bild aus, zu dem sie in EA eine Geschichte schreiben. Will man alle oder möglichst viele Sch. einer Klasse zum Zug kommen lassen, so wird dieser Arbeitsschritt relativ viel Zeit in Anspruch nehmen. Das Aufschreiben hat hier gegenüber dem sofortigen Erzählen eines Erlebnisses oder einer Geschichte den Vorteil, dass die Sch. sich mehr konzentrieren müssen und jene Sch., die langsamer sind, von den Erzählungen anderer Sch. unbeeinflusst *ihre* Geschichte vortragen können.

2. Schritt

Die Sch. stellen sich gegenseitig ihre Geschichte vor. Um die Spannung in der Auswertungsphase zu erhöhen, raten die Sch., welches Bild mit der jeweils vorgetragenen Geschichte gemeint ist. Sch., denen es schwer fällt, spontan loszuschreiben, kann der Impuls 2 im KB S. 23 helfen, in dem ein gewisses Ziel einer Geschichte vorgegeben ist.

3. Schritt

Die Sch. können auch aufgefordert werden, bis zur nächsten Stunde in Illustrierten nach Kinderbildern zu suchen und diese in den Unterricht mitzubringen. In GA kann eine Kinder-Collage hergestellt werden. Wenn man diese Unterrichtsphase bereits mit der nächsten Seite verbinden (KB S. 24: Kindersegnung) und die biblische Geschichte auf diese Weise aktualisieren will, empfiehlt es sich, in der Mitte der Collage Platz für ein Jesusbild oder für ein Kreuz-Symbol zu lassen!

Passend zu dieser Seite des KB kann das Lied „Ich möcht', dass einer mit mir geht" (LJ Nr. 137) gelernt werden.

4. Schritt

Das Gebet „Halte zu mir, guter Gott" (KB S. 23) soll im UG mit den Bildern verbunden werden. Es wird abschnittsweise besprochen und zugeordnet. Dabei kann auch folgendermaßen mit dem Gebet umgegangen werden: Entsprechend dem Impuls 3 im KB S. 23 können die Sch. Bewegungen zu diesem Ge-

bet erfinden und vielleicht auch ein Lied daraus machen. Es kann aber auch umgestaltet werden, indem die Sch. ein Arbeitsblatt erhalten (M 6), in das jeweils nur einzelne Gebetszeilen eingetragen sind, z. B. „Halte zu mir,/guter Gott./Halt die Hände über mich./Wo ich geh' und steh', spür ich dich./Gibt es Ärger oder Streit/weiß ich doch .../... alles sag ich dir./Du hältst zu mir ..."
In den Zwischenräumen schreiben die Sch. die Gebetszeilen weiter und verfassen damit ein eigenes Gebet. Die Sch. singen schließlich das selbst geschriebene oder das Originallied (LJ, S. 549).

5. Schritt

Zum Kriegsbild (KB S. 22) kann L. den Sch. im Vorfeld der Unterrichtsstunde den Auftrag erteilen, Bilder von kriegerischen Handlungen mitzubringen. Die Sch. vergleichen bei einem UG das mitgebrachte Bild mit dem Bild aus dem KB.

6. Schritt

Eine zweite Möglichkeit, dieses Bildmedium einzusetzen, bietet sich in Verbindung mit dem Tagebucheintrag und dem Impuls 1 im KB S. 22 an: In GA wird ein Plakat oder Flugblatt mit Forderungen von Kindern aus Kriegsgebieten gestaltet.

7. Schritt

Zur Hinführung auf den Tagebucheintrag Zlatas werden die Sch. aufgefordert, einen kurzen eigenen Tagebucheintrag zu verfassen, der freiwillig vorgelesen werden kann. Anschließend lesen sie zusammen die Tagebucheinträge Zlatas und vergleichen ihre eigenen Einträge damit.

Ergänzungen

– In Verbindung mit KB S. 25 („Reiche arme Kinder") als GA: L. stellt zusätzlich zu den beiden Fallbeispielen Zlata (KB S. 22) und Bewire (KB S. 25) weitere Kinderschicksale hier und anderswo vor: Maren (ein krebskrankes Mädchen aus der Tübinger Kinderklinik, KB S. 99), Mateo (ein 10-jähriger Schuhputzer aus Lima/Peru; vgl. Fricke-Finkenburg, Kinder) oder noch andere Fälle zur Kinderarbeit in der Dritten Welt (Fricke-Finkenburg, Kinder). Die Sch. erhalten den Arbeitsauftrag, sich in Gruppen je eines der Kinderschicksale auszuwählen und mithilfe des dazugehörigen Textes zu informieren und zu überlegen, was man Praktisches tun könnte. Ziel der GA ist, den anderen Mitsch. in der anschließenden Veröffentlichungsphase seinen jeweiligen Fall vorzustellen. Bei der praktischen Arbeit handelt es sich um kleine Projekte, die im Rahmen von 1 - 2 Unterrichtsstunden durchführbar sind.
– Vorschläge dazu sind, z. B. dem kranken Mädchen einen Brief zu schreiben oder sich Spiele für Maren zu überlegen, ein Plakat mit Forderungen von Kindern aus Kriegsgebieten (s. KB S. 22, Impuls 1) zu gestalten, ein kleines Rollenspiel zur Geschichte von dem Schuhputzerjungen Mateo zu verfassen (z. B. Mateo stiehlt einem Touristen die Kamera, wird gefasst und muss sich vor Gericht verantworten).
– Denkbar ist auch, einfaches Kinderspielzeug herzustellen (Bastelvorlagen für Musikinstrumente liegen als M 7 vor).
– Soll aus den Kleinprojekten eine Ausstellung für die Schule entstehen, so sollten die Gruppen jeweils ein Gruppenplakat gestalten, auf dem die wichtigsten Informationen über ihren Fall dargestellt und die praktischen Gruppenergebnisse ausgestellt werden.

In einem Projekt, das über den Fachunterricht hinausgeht, könnte in Zusammenarbeit mit der Techniklehrerin bzw. dem Techniklehrer verschiedenes Kinderspielzeug aus Müll hergestellt und zugunsten von Kindern aus der „Dritten Welt" oder aus Kriegsgebieten verkauft werden. Dieses gemeinsame Großprojekt aller Gruppen bietet sich für den Schluss der UE bzw. fächerübergreifend auch parallel dazu an und entspricht damit der Intention der Lehrplans „Wie können wir Kindern in der Dritten Welt helfen?".

KB S. 24 Christus und die Kinder (Emil Nolde)

Die Doppelseite 24/25 lebt von der Spannung zwischen dem Bild „Christus und die Kinder" von Emil Nolde mit der dort dargestellten biblischen Geschichte von der Kindersegnung (Markus 10,13 - 16) und der Schilderung des Falles von Bewire, einem 12-jährigen afrikanischen Jungen.
Beim Bild von Emil Nolde (Öl, 1910) fällt der Unterschied zwischen der linken dunklen und der rechten hellen Bildhälfte ins Auge. Jesus, der in der Mitte steht, wendet sich den Kindern zu. Diese vermitteln durch die hell gehaltenen Farben und ihre Gesichtszüge einen fröhlichen Eindruck. Die Szene ist sehr lebensnah gestaltete: Jesus hat sich heruntergebeugt, er hält das Kind, das seine Arme um seinen Hals geschlungen hat, in die Höhe. Gegenüber der heiteren rechten Hälfte wenden sich die Jünger auf der in dunkleren Farben gehaltenen linken Bildhälfte von Jesus und den Kindern ab oder schauen kritisch auf Jesu Tun.

Mögliches Vorgehen

1. Schritt

Da das sehr farbintensive Bild von Nolde als erstes ins Auge fällt, empfiehlt es sich, mit der Besprechung dieses Bildes zu beginnen. Für den Einstieg mit dem Bildmedium ist es sinnvoll, sich eine Farbfolie von dem Bild herzustellen. Mithilfe des Abdeckverfahrens wird das Bild sukzessive erschlossen.
Zuerst werden die Jünger auf der linken Bildseite gezeigt. Die Sch. werden aufgefordert, bei der Bildbeschreibung besonders auf Mimik und Gestik zu achten: Was steht hinter dem Körperausdruck der Männer? Eine Sch.gruppe stellt die Haltung und den Ausdruck der Männer in einem Standbild nach. Diese Methode und ihre Auswertung ermöglicht es den Sch., der Situation der biblischen Geschichte näher zu kommen.
Anschließend wird kommentarlos die Kindergruppe auf der rechten Bildseite ohne Jesus aufgelegt, sodass zwischen den Männern und den Kindern eine Trennung bestehen bleibt. Im UG erkennen die Sch., dass sich die erwachsenen Männer über die Kinder geärgert haben könnten. Aus dem eigenen Erfahrungsbereich können sie Gründe aufzählen, die zu diesem Ärger geführt haben.
Nach dieser Spekulationsphase wird den Sch. die Geschichte von der Kindersegnung aus Markus 10,13 - 16 bis zur Reaktion der Jünger erzählt. Einen geeigneten Erzählvorschlag, der den Sch. die Identifikation erleichtert, bietet die Erzählung von Wilfried Pioch (Pioch, Kinderbibel, S. 124): Zwei jüdische Mädchen erleben das Geschehen der Kindersegnung. Die Sch. werden aufgefordert, über den weiteren Verlauf der Geschichte zu mutmaßen. Zur Veranschaulichung kann die Geschichte (bis zur Jüngerreaktion) auch durch spielbereite Sch. in ein sponta-

nes Rollenspiel umgesetzt werden. Im Anschluss daran wird die Geschichte weiter erzählt bzw. gelesen und die Sch. mit der biblischen Lösung konfrontiert.

2. Schritt

Die Folie wird durch die Person Jesu ergänzt. In Standbildern – nun zum gesamten Bild – kann die Geschichte mit den Sch. nachgestellt werden, wobei die Sch. auch ihre Rollen wechseln sollten (s. KB S. 24, Impuls 3).

3. Schritt

L. erstellt ein Arbeitsblatt (Schwarzweiß-Kopie des Nolde-Bildes aus KB S. 24); die Gestalt Jesu bleibt ausgespart. Die Sch. tragen in dieses Arbeitsblatt bei den Jüngern und Kindern ihre Gedanken in Denk- oder Sprechblasen ein und malen Jesus in das unvollständige Arbeitsblatt hinein. Sein Satz „Lasst die Kinder zu mir kommen!" wird als Überschrift auf dem Arbeitsblatt ergänzt und farblich hervorgehoben.

4. Schritt

Die Collage mit den Kinderfotos von Kindern hier und anderswo (KB S. 22/23 und KB S. 25) kann nun fertiggestellt werden. In die Mitte wird eine geeignete Jesusdarstellung geklebt.

KB S. 25 Reiche arme Kinder

In KB S. 25 erfahren die Sch. in Text und Bild, wie Bewire, ein 12-jähriger afrikanischer Junge, sich sein Spielzeug aus Altmaterialien selbst herstellt. Der Fall zeigt, wie Kinder trotz schlimmer Lebensumstände Hoffnung haben können.
Die beiden Bild- und Textmedien können entweder in Kombination mit KB S. 22 in GA eingesetzt werden (s. dort) oder auch im Rahmen eines Projekts der gesamten Unterrichtsgruppe am Ende der UE eingebracht werden. Die Seite kann aber auch im Anschluss an die Kindersegnung Jesu besprochen werden.

Mögliches Vorgehen

1. Schritt

Die Sch. erzählen davon, welches Spielzeug sie selbst, ihre Geschwister oder Freunde haben. Sie bringen ihr Lieblingsspielzeug mit und erzählen dazu etwas.

2. Schritt

Die Sch. lesen die Geschichte. Im UG wird erhoben, welchen „Wert" Spielzeug hat.

3. Schritt

Die für die Sch. dieser Altersstufe möglicherweise verwirrende Überschrift „Reiche arme Kinder" kann zu einem fruchtbaren UG anregen. L. schreibt dazu diese Überschrift an die Tafel. Die Form einer Schreibmeditation gibt erfahrungsgemäß ausreichend Stoff für ein UG. Die Sch. tragen kommentarlos ihre Ideen zu dieser Behauptung unter den genannten Titel in ihr Heft ein.

4. Schritt

Die Überschrift kann dazu anregen, eine Geschichte aus dem Lebensbereich der Kinder unter dem Thema „Arme reiche Kinder" zu schreiben oder zu erzählen.

Zu dem Vorschlag, Kinderspielzeug herzustellen (KB S. 25, Impuls 1), s.o. zu KB S. 22/23, Ergänzungen sowie M 7.

KB S. 26 Was Kinder können

Die Texte stärken die Sch., in ihrem Erfahrungsbereich Verhalten im Sinne Jesu zu entdecken. In den Fallbeispielen wird von zwei Mädchen erzählt, die für ihre Familie etwas besonders gut gemacht haben.

Mögliches Vorgehen

1. Schritt

L. legt zu Beginn der Unterrichtsstunde die Folie mit einem Gedicht von Susanne Kilian „Kindsein ist süß?" (M 8) auf. In ihm werden Ermahnungen von Erwachsenen gegenüber Kindern aufgezählt. Die Sch. werden aufgefordert, ihre Meinung zu diesen „Sprüchen" im UG zu äußern und nach weiteren ähnlichen Sprüchen zu suchen (TA).

2. Schritt

In der anschließenden PA erhalten die Sch. die Aufgabe, zwei der im Gedicht genannten oder selbst gefundenen Erwachsenensprüche über Kinder auszuwählen und auf zwei gleichfarbige Plakatstreifen zu schreiben. Auf zwei andersfarbigen Plakatstreifen tragen sie ein, was Kinder Erwachsenen auf solche Sprüche antworten könnten.

3. Schritt

Die Pappstreifen werden in zwei Spalten an die Tafel geheftet und mit passenden Überschriften versehen. Die Sch. überlegen sich im UG Gründe für solche Meinungen Erwachsener gegenüber Kindern. Welche Aussprüche sind berechtigt, welche unberechtigt? Sie bewerten nun die in der PA gefundenen Antworten und finden Beispiele für das, was Kinder wirklich gut können. Diese Beispiele können als TA oder auf Folie festgehalten und ins Heft übertragen werden.

4. Schritt

Lektüre der beiden Texte KB S. 26 „Da hat sogar mein Vater gestaunt!" und „Eine Geburtstagsüberraschung". Mithilfe dieser Texte werden die von den Sch. gesammelten Beispiele vertieft. In PA bereiten die Sch. kleine Rollenspiele zum zweiten Fallbeispiel vor, die vorgespielt werden (s. KB S. 26, Impuls 2). Als HA erhalten die Sch. die Aufgabe, ein eigenes Beispiel aufzuschreiben, wo sie oder andere Kinder etwas besonders gut gekonnt haben (KB S. 26, Impuls 1).

KB S. 27 Kinder haben Rechte

Auf dieser Seite finden sich die zehn Kinderrechte der Vereinten Nationen von 1959 sowie ein Foto mit acht rennenden Kindern.

Mögliches Vorgehen

1. Schritt

Das Foto mit den rennenden Kindern wird von der bzw. dem L. als Schwarzweiß-Kopie hochkopiert und an die Tafel gehängt bzw. als Folie an die Wand projiziert. Den Sch. wird nun die Methode der Schreibmeditation („Stummer Dialog") erklärt und sie werden aufgefordert, kommentarlos und nacheinander ihre Ideen/Eindrücke zu der dargestellten Situation um das Foto herum zu schreiben.

2. Schritt

Auswertung der Schreibmeditation im UG. Dabei sollte das UG in die Richtung gehen, dass die Sch. sich darüber Gedanken machen, was Kinder alles brauchen.

Alternativ kann dazu auch das Lied von Bettina Wegener „Sind so kleine Hände" (M 9) eingesetzt werden. Als Gestaltungsvorschlag bietet sich an, dass die Sch. in PA oder GA eine Glückwunschkarte aus Tonpapier für ein neugeborenes Kind herstellen und mit ihren Wünschen für sein Leben beschriften. Diese werden den anderen Sch. vorgestellt.

3. Schritt

Die Sch. erhalten den Auftrag, in PA oder GA fünf Rechte, die Kinder ihrer Meinung nach haben sollten, zu formulieren. Sie erfahren dann, dass es bereits solche Kinderrechte gibt. Nach gemeinsamer Lektüre dieser Rechte vergleichen sie diese mit den von ihnen gefundenen. Falls die Mehrheit der Klasse mit den Kinderrechten der Vereinten Nationen sprachliche Schwierigkeiten hat, können diese von den Sch. in ihre Worte gefasst werden oder Erklärungen zu den einzelnen Rechten formuliert werden, die damit beginnen „Mit Kindern darf man nicht …".

Eine Rechtepyramide, die jeder Sch. für sich wie auch die Klasse gemeinsam herstellt, dient der Vertiefung:

Rechtepyramide

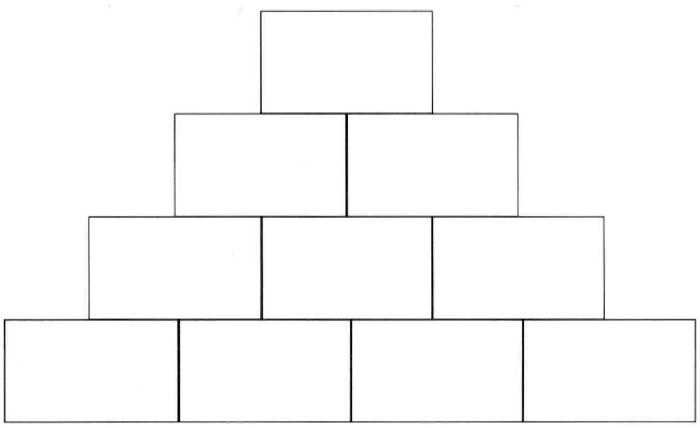

- Überlege: Wie wichtig sind für dich die einzelnen Kinderrechte?
- Trage die Rechte nach deiner Rangfolge in die Pyramide ein! Das Kinderrecht, das du für am wichtigsten hältst, steht an der Spitze der Pyramide.
- Erstellt eine Kinderrechtepyramide für eure ganze Klasse. Ihr könnt diese Pyramide auch aus Kartons gestalten und im Klassenzimmer aufbauen.

Ergänzungen

Die Impulse im KB S. 27 bieten weitere Gestaltungsideen, die teilweise auch auf vorige Unterrichtsschritte Bezug nehmen (s. KB S. 27, Impuls 3 und 4). Falls zu KB S. 22 - 25 noch keine Collage (Umsetzung s. dort) hergestellt wurde, kann diese als Abschluss der UE zu den Kinderrechten gestaltet werden (s. KB S. 27, Impuls 1).

3. Alternative Verlaufsplanung

Die UE kann auch in der Reihenfolge KB S. 26/27, KB S. 24/25 und KB S. 20 - 23 unterrichtet werden.

4. Empfohlene Literatur und Medien

Fricke-Finkenburg, Renate (Hg.), Kinder in der Dritten Welt, Lesehefte Welt- und Umweltkunde, Stuttgart 1994 (Klett). (Dieses Heft enthält vielfältige Geschichten und Gestaltungsvorschläge zum Thema Kinder in der Dritten Welt.)

Pioch, Wilfried, Die neue Kinderbibel, Hamburg/Würzburg, 4. Aufl. 1993 (Rauhes Haus/Echter). (Dieses Buch bietet neben eindrücklichen Bildern gute Nacherzählungen biblischer Geschichten und will dazu anleiten, mit Kindern von Gott zu reden.)

Schneider, Martin Gotthard, Sieben Leben möcht ich haben, Freiburg/Lahr 1975 (Christophorus/Kaufmann)

5. Materialien

M 4 Mein Tages- und Wochenplan
M 5 Arbeitsblatt: Lieber Gott
M 6 Arbeitsblatt: Halte zu mir, guter Gott
M 7 Bastelanleitung für Musikinstrumente
M 8 Kindsein ist süß?
M 9 Sind so kleine Hände

Spielregeln des Lebens

1. Zielsetzung, Aufbau und Probleme

Durch die UE „Spielregeln des Lebens" sollen die Sch. behutsam und lebensnah mit den Zehn Geboten der Bibel in Berührung kommen und sie als sinnvoll und hilfreich für ihr eigenes, persönliches Leben annehmen können. So ist es wichtig, dass L. die Bedeutung der Zehn Gebote für uns heute herausstellt und gezeigt wird, dass diese Lebensregeln nichts an Relevanz und innerer Plausibilität eingebüßt haben.

Die Zehn Gebote, die Gott seinem Volk als Zeichen der Verbundenheit geschenkt hat, stellen eine Bereicherung für uns Menschen dar. Sie helfen, unser Leben vor Gott und das Zusammenleben mit anderen Menschen zu meistern. Die Gebote sind zum Leben gegeben. Das zu betonen ist wichtig, weil Kinder in der 5./6. Jahrgangsstufe Gebote und Regeln häufig als Einschränkung empfinden, die ihren Freiheitsdrang begrenzen. Oberstes Lernziel ist es deshalb nicht, den Sch. alle Gebote gleichermaßen zu vermitteln, sondern es soll in erster Linie darum gehen, den grundsätzlichen Sinn und Zweck dieser Gebote zu erkennen und anzuerkennen.

Ein weiteres Ziel des Kapitels besteht darin, die Sch. durch das Nachdenken über Regeln und Gebote zwangsläufig auch über persönliche Regeln und Grenzen, somit über die eigene Freiheit und Gebundenheit reflektieren zu lassen. Ehe Einzelgebote behandelt werden, wird L. deshalb den Sch. die Zielrichtung der Gebote im Ganzen näher bringen.

So geht es im KB S. 28/29 neben dem Erkennen des Sinns und der Hilfe von Geboten und Regeln für das Leben (Lebensdienlichkeit) um die Frage, was in unserer Gesellschaft gilt, welche Verhaltensweisen und Maßstäbe anerkannt sind. Ziel ist es, neben der Behandlung der Zehn Gebote überhaupt zu fragen, was an Verhalten erstrebenswert ist, was „geboten" ist.

In einem zweiten Schritt (KB S. 30/31) werden die Zehn Gebote in ihrem biblischen Kontext als Gesamtheit vorgestellt. Danach werden drei Gebote, die die Kinder in ihrer Lebenswelt am ehesten erreichen, exemplarisch behandelt.

In einem letzten Schritt (KB S. 35) geht es um den Zusammenhang zwischen Jesus und den Zehn Geboten. Es wird deutlich werden, dass auch Jesus die Gebote prinzipiell einhielt, ihre Einhaltung jedoch davon abhängig machte, ob sie dem Menschen tatsächlich zum Leben dienen.

2. Didaktisch-methodische Hinweise

KB S. 28/29 Was gilt?

Durch KB S. 28/29 sollen die Sch. für das Thema der UE sensibilisiert werden. Schon der Name der UE „Spielregeln des Lebens" zeigt, dass es nicht nur um die Zehn Gebote als solche geht. Vielmehr soll auch oder gerade gezeigt werden, in welchem Zusammenhang die Zehn Gebote mit uns stehen, die wir hier und heute leben. Verbots- und Gebotsschilder, wie sie uns täglich zu Dutzenden begegnen, sollen die Sch. in das Thema einführen.

Es geht allerdings nicht nur um einfache Regeln des Zusammenlebens, sondern KB S. 29 nimmt menschliche Verhaltensweisen und das Zueinander von Menschen in den Blick. Das Foto zeigt eine Ansammlung vieler Menschen. Es könnte sich z. B. um eine Fangemeinde handeln. Dies lässt sich aus den gleichgerichteten Blicken und dem interessierten Gesichtsausdruck bei fast allen Personen schließen. Auf den ersten Blick besteht darin die einzige Verbindung zwischen diesen Menschen. Doch auf den zweiten Blick erkennt man z. B. zwei Köpfe, die einander zugewandt sind. Daran zeigt sich, dass sich auch in dieser auf den ersten Blick so homogenen Masse durchaus verschiedene Menschen befinden, mit nicht nur unterschiedlichen Charakteren, sondern auch mit verschiedenen Wertorientierungen und Maßstäben. Der eine ist gerecht, der nächste zurückhaltend, der dritte treu und verantwortungsbewusst usw. Der Vorschlag, die Verhaltensweisen zu einer Hitliste der Klasse zu ordnen, trägt dazu bei, dass die Sch. sich mit diesen Verhaltensweisen auseinandersetzen und überlegen müssen, was denn z. B. „cool sein" bedeutet bzw. ob sie diese Verhaltensweise überhaupt gut finden.

Mögliches Vorgehen

1. Schritt

Als möglicher Einstieg kann L. ein Spiel, z. B. das Kartenspiel „Mau Mau", initiieren, jedoch ohne vorher die Spielregeln abzustimmen. Da dieses Spiel landauf, landab in vielen verschiedenen Variationen gespielt wird, kommt es sicher sehr schnell zu Unstimmigkeiten zwischen den Spielern; sie werden von sich aus nach Spielregeln verlangen.

2. Schritt

Die Sch. betrachten die Schilder KB S. 28. Sie werden einige Beispiele als provozierend empfinden. Warum z. B. sollte man einen Rasen im Park nicht betreten dürfen, obwohl er doch förmlich zum Spielen einlädt? (Vgl. KB S. 28, Impuls 1.)

Im Klassengespräch kann erarbeitet werden, dass für unser Zusammenleben Regeln unerlässlich sind. Ganz konkret können die Sch. sich nun Spielregeln für ihr Zusammenleben in der Klasse überlegen (KB S. 28, Impuls 2).

3. Schritt

Die kurze Geschichte „Im Schwimmbad", in der es um die sture Einhaltung eines Gebotes geht, kann zeigen, dass nicht alle Gebote und Verbote in jedem Zusammenhang sinnvoll sind. Diese Erkenntnis nimmt in gewisser Weise die auf der letzten Seite der UE aufgeworfene Frage vorweg, wie Jesus die Zehn Gebote verstand.

Im Schwimmbad

Letzte Woche erlebte ich im Schwimmbad folgende Geschichte: Der Bademeister schrie auf einen glatzköpfigen Mann ein, der verständnislos den Kopf schüttelte. Nach einigem Hin und Her brüllte der Bademeister: „So geht es nicht, hiermit sind Sie des Schwimmbades verwiesen."

„Oh weia", dachte ich, „was hat der arme Mann bloß angestellt? Der sieht doch eigentlich ganz nett aus, gar nicht wie ein Verbrecher."

Plötzlich dämmerte es mir. Mein Blick war auf ein großes

Schild gefallen: „Alle Badegäste haben während des Badens Badekappen zu tragen!"
Der Mann war mir vorhin schon einmal aufgefallen, als er im Becken umherschwamm.

Die Sch. können zu folgenden Fragen Stellung nehmen:
- Kannst du dir den Grund des Rauswurfs aus dem Schwimmbad erklären?
- Hältst du in diesem Fall das Gebot „Alle Badegäste haben während des Badens Badekappen zu tragen" für sinnvoll?
- Schreibe dem Bademeister einen Brief, wie du die Situation beurteilst. Begründe deine Meinung.

4. Schritt

Die Hitliste zu KB S. 29 kann folgendermaßen relativ unkompliziert erstellt werden: L. schreibt alle 15 oder mehr Begriffe auf kleine Kartons und lässt die Sch. mit je 4 Klebepunkten die wichtigsten auswählen (s. KB S. 29, Impuls 3). Vor allem der Vergleich mit den Hitlisten anderer Klassen(stufen) hat sich als sehr anregend erwiesen (KB S. 29, Impuls 4).

KB S. 30/31 Ein Bund mit Gott/ Die Zehn Gebote

Hier werden die biblischen Quellen der UE beleuchtet. Für das Volk Israel sind die Zehn Gebote, die Gott Mose auf steinernen Tafeln auf dem Berg Sinai übergab, Zeichen des Bundes, den Gott mit seinem Volk geschlossen hat. Der Inhalt dieses Bundes ist Gottes Geschenk der Freiheit an sein Volk.
Das Bild aus einem israelischen Kinderbuch zeigt die feierliche Prozession, in der an Simchat Tora (Tora-Freudenfest) sämtliche Torarollen einer Synagoge siebenmal um das Lesepult herumgetragen werden. Das Fest Simchat Tora findet am letzten Tag des Laubhüttenfestes (Oktober) statt. Es erinnert an die Gabe der Tora am Sinai und beendet den einjährigen Zyklus der Toralesungen.
Die Leitfragen und das fröhliche Bild (die Menschen tanzen, lachen, musizieren, sie klatschen in die Hände, schwenken Fahnen, alle sind beisammen, Alte und Junge, Kinder und Greise) verdeutlichen, dass diese Gebote Gottes nicht einengen, sondern befreien wollen. Deshalb freut sich Israel über diese Gabe. Dieser Einstieg in die Beschäftigung mit den Einzelgeboten eröffnet eine neue Perspektive: Die Zehn Gebote sind nicht einengend und bedrückend, sondern befreiend und Anlass zur Freude.
Im KB S. 31 werden die Zehn Gebote in der Übersetzung Martin Luthers vorgestellt.
Psalm 1 im KB S. 31 thematisiert nochmals das Gesetz als Grund zur Freude. Das im Psalm verwendete Bild vom Baum am Wasser zeigt: Die Gebote helfen zum Leben.

Mögliches Vorgehen

1. Schritt

Als Einstieg kann man „Zehn Gebote" als stummen Impuls an die Tafel schreiben und dann die Vorstellungen und das Vorwissen der Kinder zusammentragen und auswerten.

2. Schritt

Betrachtung des Bildes. Die Sch. tragen ihre Beobachtungen im UG zusammen. L. informiert über Simchat Tora.

3. Schritt

Lesen der Zehn Gebote (KB S. 31).
Um die Zehn Gebote nicht nur ortlos im Schulbuch vorzufinden, kann man sie auch an ihrem Platz im AT aufsuchen. Zur Motivierung kann man den Einstieg über ein Bibelquiz wählen, dessen Ergebnis das Auffinden der Stelle 2. Mose 20,1-17 ist.

Bibelquiz
Schreibe die Ergebnisse von 1 bis 6 hintereinander auf.
(1) Notiere die Zahl, die in diesem Vers vorkommt: 1. Mose 1,8.
(2) Durch wen ist das Gesetz gegeben? Notiere den Namen: Johannes 1,17.
(3) Wie viele Silberstücke war Josef wert? Notiere die Zahl: 1.Mose 37,28.
(4) Welches Zahlwort kommt in diesem Vers vor? Römer 3,30.
(5) Wie heißt das erste Wort der letzten Zeile von Psalm 110,1?
(6) Wie lange lebte Jakob in Ägypten? 1. Mose 47,28.

Lösung: (1) 2; (2) Mose; (3) 20 (Silberstücke); (4) 1; (5) bis; (6) 17 (Jahre) (= 2. Mose 20,1-17).

4. Schritt

Vergleich der beiden Tafeln (KB S. 31).
Es folgt die Frage, was diese Stelle mit unseren Lebensregeln zu tun hat. Die Sch. können versuchen, aus dem biblischen Text die Anzahl der Gebote zu ermitteln. Kurz eingegangen werden soll auch auf die unterschiedlichen Sichtweisen der Gebote, der sogenannten ersten und zweiten Tafel. Die erste Tafel behandelt das Verhältnis zwischen Gott und den Menschen, während die zweite Tafel das Zusammenleben der Menschen untereinander regelt.
Die Sch. können diese Unterschiede entsprechend KB S. 31, Impuls 1 in EA oder GA herausfinden.

5. Schritt

Entsprechend dem Impuls 2 im KB S. 31 bringen die Sch. in EA die Zehn Gebote nach ihrer Wichtigkeit in eine neue Reihenfolge. Aus den Einzelergebnissen kann man entsprechend der Hitliste (s.o.) eine Klassenreihenfolge der Zehn Gebote erheben. Der Vergleich mit den selbst gefundenen Lebensregeln (s. KB S. 28, Impuls 2) löst erfahrungsgemäß ein reges UG aus.

6. Schritt

Der Impuls 3 im KB S. 31 zu den Zehn Geboten soll helfen, dass die Sch. die Zehn Gebote auf ihr Leben beziehen.

7. Schritt

Zur Gestaltung von Psalm 1: Vorgehen entsprechend den Impulsen im KB. Das Arbeitsblatt M 10 kann bei der Erarbeitung von Psalm 1 helfen.
M 11 (Zeichnung von E.M. Lilien) bietet eine Vorlage, die zur Gestaltung eines Schmuckblattes mit Psalm 1 dienen kann.

KB S. 32 Das erste Gebot

KB S. 32-35 beleuchten exemplarisch einzelne Gebote des Dekalogs sowie das Liebesgebot.
„Ich bin der HERR, dein Gott... Du sollst keine anderen Götter haben neben mir."

Der Bezug auf den einen und einzigen Gott schließt den Bezug zu etwas anderem, das auch letztgültige Bedeutung haben könnte, aus. Dieser Gedanke soll hier am Beispiel der Geschichte „Der Wunsch der Wünsche!“ von Nortrud Boge-Erli deutlich werden (aus: Conrad u.a., Erzählbuch zum Glauben, Bd. 2; dort weitere schülernahe Geschichten).
Luthers Auslegung des ersten Gebots ist immer noch aktuell. Das Augenmerk wird dabei besonders darauf gelegt, die Formel „Ich bin dein Gott, du sollst keine anderen Götter haben neben mir“ zu „übersetzen“.
Das erste Gebot wird damit greifbarer. Der Ich-Bezug „Woran du dein Herz hängst ...“ wird von Luther besonders betont. Dadurch kann eine Übersetzung in die Lebenswelt der Sch. geleistet werden.
Bei der Bearbeitung dieser Thematik muss beachtet werden, dass nicht alles, woran unser Herz hängt, Vergötzung bedeutet, d.h. gegen das erste Gebot verstößt. Immer wieder neu steht L. vor der Aufgabe zu zeigen, dass hier nur der letztgültige Bezug auf etwas, das „Daranhängen“ an etwas, gemeint ist.
Gleichzeitig ergibt sich die Schwierigkeit, wie die Unterscheidung zwischen Liebgewordenem und Gewohntem und eine vertrauende Beziehung auf Gott greifbar und verstehbar gemacht werden kann. Es bietet sich an, die Beziehung auf Gott als eine stärkende und tragende Vertrauensbeziehung zu beschreiben. Gott ist der, der mir in Angst und Not Vertrauen und Liebe schenkt. Dabei wird freilich das lutherische Beziehungsschema zwischen Begehren („das Herz daran hängen“) und Gott aufgebrochen und verlassen. Das ist aber nicht zu vermeiden, wenn die Gottesbeziehung aus der Bezogenheit auf das Ich herausgelöst werden soll.

Mögliches Vorgehen

1. Schritt

Die Sch. diskutieren Luthers Aussage „Woran du dein Herz hängst ...“. Sie überlegen den Zusammenhang mit dem ersten Gebot.

2. Schritt

Zur Veranschaulichung von Luthers Satz wird die Geschichte „Der Wunsch der Wünsche!“ (KB S. 32) gelesen. Im UG wird erhoben, was diese Geschichte mit dem ersten Gebot zu tun hat (KB S. 32, Impuls 2). Diese Überlegungen bereiten den Boden dafür, dass die Sch. die Geschichte zu Ende schreiben können.

3. Schritt

Die Sch. erfinden *ihren* Schluss der Geschichte. Hierbei ist es wichtig, die jeweilige persönliche Lösung der einzelnen Sch. gelten zu lassen (KB S. 32, Impuls 1).

4. Schritt

L. liest das Ende der Geschichte im Original vor. Im UG werden die unterschiedlichen Lösungen erörtert.

Das Ende der Geschichte im Original

Ja, eigentlich hing schon eher das ganze Kind an den Gewehren und die Gewehre und Pistolen knallten und ratterten und machten so viel Lärm, dass Flori sein Mondauto bat: „Flieg schnell wieder zurück, ich möchte weg hier. Ich will nach Hause!“
„Nichts da“, sagte das Mondauto, „du wolltest mich haben und du bekommst mich. Dort hinten, siehst du, ist dein durchsichtiges Haus. Dein Zimmer ist noch frei. Halte dich fest, wir landen, damit du immer mit mir spielen kannst!“
„Nein!“, rief Flori und hielt sich die Augen zu.
„He, Flori, träumst du mit offenen Augen?“ Seine Mutter legte ihm die Hand auf die Schulter. „Trenn dich mal von deinem Mondauto, du weißt ja, den Wunsch kann ich dir wirklicht nicht erfüllen.“
„Brauchst du auch nicht, Mutti“, Florian atmete tief durch, „du, ich hab mir gerade etwas ganz Komisches ausgedacht, eine Geschichte, die war fast wirklich, als ob ich sie erlebt hätte.“
„Erzähl sie mir unterwegs“, bat seine Mutter und gab ihm den Weckmann, den sie ihm aus der Bäckerei mitgebracht hatte.
Während sie nach Hause gingen, erzählte Florian von den einsamen Kindern, die an ihrem Spielzeug hingen. Er erklärte ihr auch, wie er in die Stadt mit den durchsichtigen Häusern gekommen war, durch das Mondauto nämlich, seinen Wunsch der Wünsche.
„Das ist ja eine tolle Geschichte“, sagte seine Mutter und küsste ihn auf die Backe. „Aber eigentlich sind wir Erwachsenen da noch viel schlimmer dran. Hast du nicht in die anderen Räume der Häuser geschaut?“ Flori schüttelte den Kopf.
„Tja“, sagte seine Mutter, „dann muss ich mir mal überlegen, woran ich so besonders hänge, bei uns Erwachsenen ist das schwieriger. Manche von uns hängen an ihrem Beruf, oder –“
„An ihrem Haus vielleicht, du Mutti, wie das aussehen würde, wenn einer echt an seinem Haus dranhinge!“
„Aber so ungefähr ist es ja in Wirklichkeit, auch wenn man es nicht von außen sehen kann.“
So lachten beide und der Mutter fiel noch etwas ein: „Es gibt da so einen Satz, warte, vielleicht bekomme ich ihn noch zusammen, ich glaube er stammt von Martin Luther, wenn ich nicht irre, und er heißt: Woran du dein Herz hängst, das ist in Wahrheit dein Gott.“
„Woran du dein Herz hängst? Ja, klar, versteh ich“, sagte Florian und biss in seinen Weckmann. „Aber meins hängt nicht mehr an dem Mondauto, Mutti. Weißt du, ich bin richtig froh darüber!“
Und Florian hüpfte, dass die Bücher in seiner Schultasche mithüpften.

KB S. 33 Das vierte Gebot

2. Mose 20,12: „Du sollst deinen Vater und deine Mutter ehren.“ Die sozialgeschichtliche Bibelauslegung hat darauf aufmerksam gemacht, dass der ursprüngliche Sinn des vierten Gebotes darin besteht, dass erwachsene Kinder für ihre Eltern sorgen. In der heutigen Situation, in der der Anteil der älteren Menschen in der Gesellschaft überproportional steigt, gewinnt dieses ursprüngliche Verständnis des vierten Gebots neue Aktualität. Dem trägt die Geschichte von Elfriede Becker Rechnung. Sie thematisiert das Problem der Übersiedlung des Großvaters ins Altersheim. Der Enkel, dessen Bezugsperson der Großvater ist, wird vor vollendete Tatsachen gestellt.
Keinesfalls soll es hier jedoch darum gehen, oftmals sinnvolle Altersheimaufenthalte von älteren Menschen zu verteufeln, sondern es soll eine Sensibilität dafür geweckt werden, dass alte Menschen irgendwann unserer Hilfe bedürfen und das Blatt sich

„umwendet". Was die Eltern vormals, als wir klein und hilflos waren, für uns gewesen sind, das sollen wir irgendwann, wenn die Zeit gekommen ist, für die Eltern sein. Ob das nun ein Zimmer in der eigenen Wohnung oder regelmäßige Besuche im Altersheim sind, hängt ganz von der jeweiligen Situation ab. Das Bild von E.O. Plauen unterstreicht diesen Gedanken.
In diesem Zusammenhang ist auch über die heutzutage meist der Vergangenheit angehörende Großfamilie zu sprechen und das Problem des Zusammenlebens verschiedener Generationen auf engstem Raum im Vergleich zu einem Zwei- oder Drei-Personenhaushalt. Darauf weist die Fotografie einer Familie um 1930 hin.
Ein weiterer Aspekt des vierten Gebots ist das *aktuelle* Verhältnis der Sch. zu ihren Eltern. Was heißt „Du sollst Vater und Mutter ehren"? Hierher gehört die Geschichte von Jo Pestum, „Das vierte Gebot in Schönschrift" (in: Steinwede, Neues Vorlesebuch Religion, S. 29 f.). Es ist sicher nicht möglich, alle Konflikte zwischen Sch. und Eltern, die normal und auch wichtig für den Ablösungsprozess sind, anzusprechen. Es wäre jedoch schön, wenn es gelänge, die Sch. auch einmal auf die Bedürfnisse der Eltern aufmerksam zu machen.

Mögliches Vorgehen

1. Schritt

Die Sch. bringen Fotografien ihrer Familien (Familienfest usw.) mit und vergleichen sie mit der Fotografie der Familie um 1930: Eltern und sieben Kinder (KB S. 33, Impuls 3).
Die Sch. werden den Unterschied in der Größe der Familien leicht entdecken. L. weist darauf hin, dass es früher in den Familien üblich war, dass jemand von den (zahlreichen) Kindern die alten Eltern bei sich aufnahm oder bei ihnen wohnte. Die Sch. berichten von Erfahrungen in ihrer Familie. Dabei wird es immer Beispiele geben, dass die Ordnungen von früher durchaus auch heute noch ihre Geltung haben.

2. Schritt

Lesen der Geschichte „Kein Platz für Opa". Was könnte Oliver tun (KB S. 33, Impuls 1)?

3. Schritt

UG über die Frage, ob das vierte Gebot heute noch Gültigkeit hat (KB S. 33, Impuls 2). L. gibt zusätzliche Informationen zur Situation der Großfamilie im alten Israel (vgl. Crüsemann, Bewahrung der Freiheit).

4. Schritt

UG über die Frage, welche Bedeutung das vierte Gebot für das Verhältnis der Sch. zu ihren Eltern hat. Hier kann die Geschichte von Jo Pestum „Das vierte Gebot in Schönschrift" helfen (in: Steinwede, Neues Vorlesebuch Religion, S. 29 f.).
- L. liest die Geschichte vor. Es folgen ein stiller Impuls und ein freies UG über diese Geschichte. Der Arbeitsauftrag kann lauten: Schreibt auf, wie ihr zu dem Gebot steht „Du sollst Vater und Mutter ehren".
- L. liest Zettel (anonym) vor und versucht gemeinsam mit der Klasse die Ergebnisse rubrizierend zu erfassen, z. B. „Blödsinn, kein Verhältnis zu diesem Gebot"; „Ich liebe meine Eltern"; „Ich finde meine Eltern nett, aber sie haben blöde Ansichten"; „Zu meinen Eltern habe ich kein Verhältnis" usw.

KB S. 34 Das dritte Gebot

„Gedenke des Sabbattages, dass du ihn heiligest." Im Rahmen der Behandlung des dritten Gebots geht es zunächst gar nicht um uns, sondern um den Sabbat der Juden.
Mit der Behandlung des jüdischen Sabbats wird erreicht, dass die Sch. erst einmal dafür sensibilisiert werden, dass der Sabbat oder Sonntag auch eine andere Bedeutung haben kann als z. B. auszuschlafen oder sportlich aktiv zu sein. Dieser Gedanke wird durch die Fabel verdeutlicht und vertieft: Jedes Tier beschreibt, was Sonntag für es persönlich bedeutet. Der Sonntag kommt durch den letzten Satz der Fabel nicht nur in den Blick als Gelegenheit oder Freiraum zur Befriedigung der eigenen Bedürfnisse. Der Sonntag ist vielmehr die von Gott geschenkte freie Zeit, die den Menschen dazu dienen kann, sich auf sich selbst und sein „Herkommen", seinen Letztbezug auf Gott, zu besinnen.

Mögliches Vorgehen

1. Schritt

Die Sch. erhalten als HA den Arbeitsauftrag, sich zu erkundigen, was am Sabbat erlaubt ist und was nicht. Die Sch. können z. B. im Lexikon nachschlagen oder ihre Eltern fragen (KB S. 34, Impuls 1).

2. Schritt

Lesen der Geschichte „Der Sabbat". In den in Medienstellen ausleihbaren Judentumskoffern finden sich die erwähnten Gegenstände, die am Sabbat eine Rolle spielen. Vgl. auch das Rezept für ein Sabbatbrot (M 66).

3. Schritt

Will man die Frage, was am Sabbat verboten und erlaubt ist, vertiefen, so kann man dazu die Geschichte „Die Sache mit dem Parka" heranziehen (Conrad u.a., Erzählbuch zum Glauben, Die Zehn Gebote, S. 90 ff.).

4. Schritt

L. schreibt den Satz „Die Tiere machen es auch nicht anders als die Menschen" an die Tafel. Die Sch. lesen allein für sich die Geschichte „Der Sonntag" durch und äußern sich dazu.

5. Schritt

Die Sch. formulieren die gemeinsame Hauptaussage für die Geschichten „Der Sabbat" und „Der Sonntag" (KB S. 34, Impuls 3).

6. Schritt

Die Frage, wie denn die Großeltern der Sch. Sonntag gefeiert haben (KB S. 34, Impuls 4), spielt auf den traditionellen Kirchgang an. Hier wäre eine fruchtbare Diskussion über Sinn oder Unsinn des sonntäglichen Kirchgangs als eines möglichen Teils der Gestaltung eines Sonntags denkbar.

KB S. 35 Das wichtigste Gebot

Die letzte Seite der UE soll am Beispiel Jesu verdeutlichen, dass die Zehn Gebote für den Menschen als Hilfe für das Zusammenleben der Menschen untereinander und das Verhältnis des Menschen zu Gott da sind. Die Geschichte „Helfen ist wichtiger als Gebote einhalten" (M 12) kann diesen Gedanken weiter vertiefen.

Mögliches Vorgehen

1. Schritt

Zahlenrätsel (M 13): Dieses Zahlenrätsel soll das Unterrichtsgeschehen auflockern. Zunächst liest L. den Abschnitt Matthäus 22,35-38 vor:

Und einer von ihnen, ein Schriftgelehrter, versuchte ihn und fragte: Meister, welches ist das höchste Gebot im Gesetz? Jesus aber antwortete ihm: „Du sollst den Herrn, deinen Gott, lieben von ganzem Herzen, von ganzer Seele und von ganzem Gemüt" (5. Mose 6,5). Dies ist das höchste und größte Gebot.

Der folgende Satz „Du sollst deinen Nächsten lieben wie dich selbst" ist bewusst weggelassen. Dieser Satz ist das Ergebnis des Zahlenrätsels (M 13), das die Sch. jetzt bearbeiten.

2. Schritt

Die Sch. finden mithilfe der beiden ersten Impulse im KB S. 35 heraus, dass Jesu Antwort in Matthäus 22,36-40 auch auf die Zehn Gebote bezogen ist. Jesus fasst mit ihr die beiden Tafeln der Gebote zusammen.

3. Schritt

Zur Verdeutlichung des Zusammenhangs zwischen Jesu Aussage und den Geboten formulieren die Sch. „Wenn-dann-Sätze". Beispiele:

- Für die erste Tafel (Verhältnis Gott/Mensch): Wenn ich Gott liebe, dann möchte ich ihn nicht durch andere Götter herabsetzen ...
- Für die zweite Tafel (Verhältnis zwischen Menschen): Wenn ich meinen Nächsten liebe, dann kann ich auch meine Eltern ehren ...

4. Schritt

Die Sch. lesen Markus 3,1-6 und überprüfen die angebotenen Ansichten zum Verhalten Jesu (KB S. 35, Impuls 3). Es wird deutlich werden, dass Jesus in Einzelfällen nicht dabei stehen bleibt, die Gebote lediglich zu verschärfen. Augenscheinlich übertritt er die Gebote, wo sie bzw. ihre Auslegung dem Sinn der Gebote, nämlich zum Leben zu helfen, im Wege stehen. An dieser Stelle sollte L. herausstellen, dass es bei diesen Beispielen von Übertretungen nicht darum geht, Schlamperei und Willkür zu stärken, sondern dass Gott uns diese „Spielregeln des Lebens" für uns, zur Erleichterung des Miteinanders zwischen Gott und den Menschen und den Menschen untereinander, gegeben hat.

5. Schritt

Die beiden letzten Impulse im KB S. 35 und das Bild von Otto Dix weisen auf den im 4. Schritt dargestellten Sachverhalt hin: Das Einhalten eines Gebotes entspricht dann dem Willen Gottes, wenn es zum Leben hilft.

Ergänzungen

Als Abschluss der UE kann das zusammenfassende Rätsel (M 14) Verwendung finden.
Der Lösungssatz fasst noch einmal das Anliegen zusammen. Die Buchstaben in den bezifferten Kästchen werden fortlaufend unten eingesetzt.

Lösungen zum Rätsel M 14

(1) Wem händigte Gott die steinernen Tafeln, auf denen die Gebote geschrieben waren, aus? Mose
(2) Wie heißt der Berg, wo dies geschah? Sinai
(3) Aus welchem Land mussten die Israeliten damals fliehen? Ägypten
(4) Wo zogen sie lange Zeit umher? Wüste
(5) Wie heißt der jüdische Sonntag? Sabbat
(6) Aus welchem Material bestanden die Tafeln, die Mose von Gott erhielt? Stein
(7) Die Juden nennen ihr Gotteshaus? Synagoge
(8) Wie heißt das Gefäß, das mit wohlriechenden Kräutern, die den herrlichen Duft des Sabbats die ganze Woche über bewahren sollen, gefüllt ist? Besamimbüchse
(9) Wie begrüßt man sich im Sabbatgottesdienst? Schabbat Schalom
(10) Wie viele Gebote hat Gott uns gegeben? Zehn
Der Lösungssatz lautet: ANGEBOTE ZUM LEBEN

3. Alternative Verlaufsplanung

– Das Bild aus dem israelischen Kinderbuch (KB S. 30) lässt sich auch sinnvoll nach der Behandlung der Einzelgebote einsetzen. Denn nun lässt sich die Freude der Menschen auf dem Bild mit wirklichem Inhalt füllen.
– Es kann auch sinnvoll sein, die Seite über Jesus vor der Behandlung der Einzelgebote zu besprechen, da in diesem Fall dort schon der Leitgedanke dieser Seite mitberücksichtigt werden kann. Im Rahmen der Einzelbehandlung der Gebote kann die Dienlichkeit der Gebote für den Menschen immer mitgedacht und -gesehen werden.

4. Empfohlene Literatur und Medien

Conrad, Elfriede u.a., Erzählbuch zum Glauben, Bd. 2, Die Zehn Gebote, Zürich/Lahr 1983 (Benziger/Kaufmann). (In diesem Erzählbuch finden sich zu allen Geboten schülernahe Geschichten.)
Crüsemann, Frank, Bewahrung der Freiheit, Das Thema des Dekalogs in sozialgeschichtlicher Perspektive, Gütersloh 1993 (Gütersloher Verlagshaus). (Crüsemann wendet die Erkenntnisse der sozialgeschichtlichen Bibelexegese auf den Dekalog an und kommt zu überraschenden Einsichten.)
Ryssel, Ingrid, Helfen ist wichtiger als Gebote einhalten, in: Gerts, Wolfgang, u.a. (Hg.): Religion spielen und erzählen, Gütersloh 1992, S. 48 (Gütersloher Verlagshaus)
Steinwede, Dietrich, Neues Vorlesebuch Religion, Bd. 1, Lahr 1996 (Kaufmann). (Enthält eine reiche Auswahl von im Unterricht bewährten Geschichten u.a. die Geschichte von Jo Pestum, Das vierte Gebot in Schönschrift.)

5. Materialien

M 10 Arbeitsblatt: Psalm 1
M 11 Schmuckblatt von E.M. Lilien zu Psalm 1
M 12 Helfen ist wichtiger als Gebote einhalten
M 13 Zahlenrätsel
M 14 Rätsel: Die Zehn Gebote

Immer die Wahrheit sagen?!

1. Zielsetzung, Aufbau und Probleme

Die Sch. sollen anhand der vorliegenden UE verstehen, dass Lüge gemeinschaftszerstörend ist, weil sie das gegenseitige Vertrauen untergräbt, Wahrheit aber gemeinschaftsförderlich, weil sie Vertrauen ermöglicht. So geht es also nicht um Lüge und Wahrheit an sich, sondern um das menschliche Miteinander. Das Problem von Wahrheit und Lüge stellt sich im Beziehungsfeld von Ich – Du – Wir. Dies kommt auch im achten Gebot zum Ausdruck. In der Kurzform „Du sollst nicht lügen" wird das wirkliche Anliegen des Gebots verkürzt, nämlich das Zusammenleben zu ermöglichen und einen vertrauensvollen Raum für die Menschen zu schaffen, in dem sich jeder auf sicherem Boden bewegen und entfalten kann. Worte können sehr verschiedene Dinge bewirken. Sie können beschützen und Mut machen; sie können aber auch verletzen und blamieren. Wahrheit und Wahrhaftigkeit sind mehr als Worte. Es geht um Begegnungen, bei denen die Person, deren Ansichten, Haltungen und Einstellungen mit in das Geschehen einbezogen sind. Grundlage hierfür ist das offene Bekenntnis, das Einstehen für Sachen und Personen, das Übernehmen von Verantwortung füreinander.

Solche vertrauensvollen menschlichen Beziehungen, die auf Wahrhaftigkeit beruhen, sind – darauf macht das achte Gebot aufmerksam – gottgewollt. Gott ist der Garant unserer menschlichen Beziehungen.

Die Sch. nehmen freilich bei Erwachsenen einen tiefen Bruch wahr: Auf der einen Seite hören sie von ihren Eltern ständig, dass sie die Wahrheit sagen sollen. Auf der anderen Seite sehen sie, dass es die Erwachsenen oft nicht so genau mit der Wahrheit nehmen, wenn es ihren Interessen und Zielen hinderlich ist. Ja, sie merken, dass Unwahrheiten und Lügen zum alltäglichen Leben gehören wie das tägliche Brot. Ihre täglichen Erfahrungen mit Lüge und Unwahrheiten scheinen die Devise zu bestätigen: Wer nicht lügt, der kommt nicht weit, der ist schlicht dumm und selber schuld.

Bei diesen Erfahrungen setzt die UE ein (KB S. 36/37). Der biblische Beitrag zum Thema (achtes Gebot und Jesu Handeln als Interpretation des achten Gebots) wird im KB S. 38/39 entfaltet. An einem Gerücht wird deutlich, wie sehr die Lüge menschliche Beziehungen vergiften kann (KB S. 40/41). Am Schluss der UE werden Kriterien für rechtes Reden über andere vorgestellt (KB S. 42) und Situationen bedacht, wo die Wahrheit auf dem Spiel steht (KB S. 43).

2. Didaktisch-methodische Hinweise

KB S. 36/37 ? oder !/In der Zwickmühle

Auf diesen beiden Seiten wird das Problem Wahrheit und Lüge aus dem Blickwinkel der Sch. entfaltet.

Die Karikaturen und Spruchweisheiten KB S. 36 geben Erfahrungen wieder, die in bestimmten Situationen gemacht werden können. Sie sind keinesfalls allgemeingültig, auch wenn einige Formulierungen den Eindruck der Allgemeingültigkeit erwecken. So gibt es z. B. genügend Beispiele dafür, dass der Satz „Der Ehrliche ist immer der Dumme" zutrifft; andererseits bewahrheitet sich der Gegen-Satz „Ehrlich währt am längsten" durchaus auch in der Wirklichkeit.

In der Zwickmühle: Die Geschichte von Ursula Wölfel soll die Sch. motivieren, das Thema „Lügen" anzugehen. Zugleich aber führt sie mitten in die Problematik hinein: Wie sieht die Erziehung der Kinder zum rechten Umgang mit der Wahrheit eigentlich aus? Die Geschichte – sie kann auch als Einstieg behandelt werden – macht Auswirkungen des Lügens anschaulich. Der Schluss der Geschichte bei Ursula Wölfel lautet:

> Es sagt: „Ich weiß nicht."
> Die Frau ist beruhigt. Wenn das Kind nichts davon weiß, hatte der Wagen bestimmt keinen Unfall. So etwas vergisst doch keiner.
> Die Mutter kommt zurück.
> Die Frau geht ans Fenster und sieht zu, wie der Vater das Auto hinausfährt. Sie möchte nun lieber gleich hinuntergehen und keine Zigarette mehr rauchen. Den Vertrag nimmt sie mit, den kann sie auch auf der Straße unterschreiben.
> Sie verabschiedet sich von der Mutter und dem Kind und geht.
> Die Mutter will wissen, worüber die Frau vorhin mit dem Kind gesprochen hat.
> Die Frau hat gefragt, ob das Auto keinen Unfall hatte.
> Und das Kind hat ihr alles erzählt? Ist die Frau deshalb so schnell weggegangen?
> Das Kind hat gesagt, es wüsste nichts.
> Nun lobt die Mutter das Kind. Das war die beste Antwort.
> Der Vater kommt wieder. Er ist vergnügt. Sie sind die alte Kiste los, hier ist der Vertrag, unterschrieben. Und hier ist das Geld.
> Die Mutter erzählt ihm, wie gescheit das Kind war. Eigentlich hätte es eine Belohnung verdient. Wenn die Rechenaufgaben fertig sind, darf es draußen spielen.
> Das meint auch der Vater. Er hat nichts dagegen, wenn das Kind sofort nach draußen geht. Es kann heute Abend weiterrechnen.
> Das Kind hat doch wieder gelogen? Es hat der Frau nicht die Wahrheit gesagt. Es weiß, dass der Wagen einen Unfall hatte. Und die Eltern haben auch nicht die Wahrheit gesagt. Es ist etwas anderes, das versteht das Kind noch nicht.
>
> *(Aus: Ursula Wölfel, Du wärst der Pienek, S. 134 f.)*

Mögliches Vorgehen

1. Schritt

Die Sch. betrachten die Karikaturen und lesen die Sätze; sie versehen gemäß KB S. 36, Impuls 1 die Aussagen mit „!" und „?".

2. Schritt

Die Ergebnisse werden verglichen. Die Sch. erzählen eine erlebte oder erfundene Geschichte (KB S. 36, Impuls 2).

Auch wenn die Sch. eine erfundene Geschichte erzählen, so fließen erfahrungsgemäß in diese Geschichte die eigenen Erfahrungen der Sch. ein.

Deutlich werden kann: Ausrufezeichen und Fragezeichen werden je nach dem eigenen Erfahrungshintergrund vergeben. Ein mögliches Ergebnis wäre: Bei allen Aussagen sind „?" und „!" berechtigt. Am deutlichsten wird dies bei den Sätzen, die zum selben Sachverhalt jeweils das Gegenteil aussagen, wie z. B. „Lügen haben kurze Beine" und „Der Ehrliche ist immer der Dumme".

3. Schritt

Die Sch. schreiben zu der Geschichte einen Schluss oder spielen die Geschichte und führen sie im Spiel zu Ende (KB S. 37, Impuls 1).

Die Erzählung von Ursula Wölfel eignet sich sehr gut zum Spielen. Sie ist bewusst zurückhaltend formuliert, um der Phantasie der Sch. genügend Raum zu lassen. „Mit Absicht sind die Spielgeschichten ohne wörtliche Rede, ohne Dialoge erzählt. Die Spieler sollen sich nicht auf bestimmte Redewendungen festgelegt fühlen, sondern frei und auf ihre Weise Ausdruck und Sprachform finden" (Wölfel, Pienek, S. 11).

4. Schritt

Die verschiedenen „Ergebnisse" werden im UG erörtert.
Folgende Lösungen – die auch bei der Erprobung von Sch. vorgebracht wurden – sind denkbar:

- Das Kind sagt ja. Aufgrund der Erfahrungen mit der Rechenarbeit hat es Angst vor Strafe, wenn es wieder nicht die Wahrheit sagt. Es will jeden Konflikt vermeiden, was aber erst recht zum Konflikt mit den Eltern führt.
- Das Kind belügt die Frau. Die Frau hat später wegen des Schadens einen Unfall. Den Eltern schlägt jetzt das Gewissen. Oder: Es gibt ein gerichtliches Nachspiel.
- Das Kind lügt und bekommt von den Eltern eine Belohnung.
- Das Kind sagt: „Ich weiß nicht." Daraufhin fragt die Frau die Eltern. Sie bringen ihre vorbereitete Ausrede vor, um den Unfall zu verbergen.
- Das Kind schweigt. Die Frau lässt den Wagen in einer Werkstatt überprüfen. Der Schaden wird entdeckt. Die Frau kauft den Wagen nicht oder zahlt weniger.

In der Regel wurde von den Sch. betont, dass das Kind aus Angst lügt. Eine Sch. meinte: „Ich lüge immer, wenn ich Angst habe."

Mithilfe folgender Arbeitsfragen können Gründe und Folgen der Lügen in der Geschichte erhoben werden:

- Warum wird gelogen?
- Wie wirken sich die Lügen aus?

Die Ergebnisse können im folgenden TA festgehalten werden (mögliche Ergebnisse sind eingetragen):

	Gründe	Folgen
Kind	Angst, Misstrauen	Misstrauen Unsicherheit Gestörtes Verhältnis zu den Eltern
Vater	Finanzieller Vorteil	Unfall des Käufers Gestörtes Verhältnis zwischen Eltern und Kind
Mutter	Frieden in der Familie Unterstützung des Mannes	Unehrlichkeit Gestörtes Verhältnis zum Mann und zum Kind

5. Schritt

Ganz andere Gründe für das Lügen zeigt die Erzählung „Ein Freund der Regierung" von Siegfried Lenz auf (M 15). Lenz geht es um das Thema der Wahrheit unter der Gewaltherrschaft. Ein Bauer beantwortet Journalisten gegenüber alle Fragen im Sinne seiner Regierung, steckt aber dann einem der Journalisten einen in Papier verpackten ausgeschlagenen Zahn zu.

KB S. 38 Das achte Gebot

Interessanterweise gibt es bei den Zehn Geboten kein Gebot „Du sollst nicht lügen". Die Formulierung der Zehn Gebote „Du sollst kein falsch Zeugnis reden ..." zeigt, dass es hier um das Vertrauensverhältnis zum Mitmenschen geht. Das Anliegen des achten Gebots ist es, die Ehre des Menschen zu schützen. Wer diesen Schutzmantel zerstört, bricht Gottes Gebot und zerstört die Gemeinschaft. Im Zusammenhang der UE kommt es vor allem auf Luthers Erklärung des achten Gebots an, die zu positivem Tun auffordert. Dabei sind Wahrheit und Lüge nicht nur auf den verbalen Bereich beschränkt. Auch verlogenes Tun verbaut den Weg zum Leben. Deshalb ermuntert Luther dazu, den Nächsten in Schutz zu nehmen („und alles zum Besten" zu kehren). Die Wahrheit kann Lebensmöglichkeiten eröffnen und zur Freiheit führen (vgl. Johannes 8,32: „Die Wahrheit wird euch frei machen"; Johannes 14,6: „Ich bin der Weg und die Wahrheit und das Leben"). Daraus ergibt sich: Nicht allein das ausgesprochene Wort ist bestimmend, sondern die gesamte Situation.

- *Karikatur:* Die Karikatur zeigt einerseits, dass das Einhalten der Gebote, speziell des achten Gebots, oft als Last empfunden wird, die man nur mühsam vorwärts bewegen kann; andererseits zeigt sie, dass die Gebote den Weg nach vorne, den Weg zum Leben, weisen (Pfeil).
- *Was Worte alles können:* Die aufgeführten Verben und die dazugehörenden Zeichnungen zeigen, was Worte im Verhältnis zum Mitmenschen an Positivem und Negativem bewirken können.

Mögliches Vorgehen

1. Schritt

Was Worte alles können: Die Sch. finden weitere Verben. Zur Verdeutlichung der genannten Tätigkeiten helfen die Hintergrundzeichnungen (M 16). Im UG oder in GA können die Sch. zu den Verben bildhafte Darstellungen suchen. Folgender TA und/oder HE kann dabei entstehen:

Verben	bildhafte Darstellung
vergiften	Giftbecher, Spritze
verletzen	Dolch, Keule
anspornen	Peitsche
beschützen	Dach, Schirm, Hut, Hände
Mut machen	stützende, tragende Hände

Die bildhaften Darstellungen können gezeichnet oder aus der Vorlage M 16 („Was Worte alles können") ausgeschnitten werden.

2. Schritt

Das achte Gebot: Von den Auswirkungen der Worte können die Sch. leicht zum achten Gebot und seiner Auslegung durch Mar-

tin Luther und den beiden Spruchweisheiten gelangen. KB S. 38, Impuls 1, Situationen im Blick auf Martin Luthers Erklärung und den beiden Spruchweisheiten zu finden, zielt darauf ab, Luthers Erklärung und die beiden Spruchweisheiten in konkreten Lebenssituationen zu verankern: Was bedeutet z. B. „alles zum Besten kehren", wenn es um die Frage geht, ob man einem Todkranken die Wahrheit über seinen Zustand sagen soll?
Oder: Sage ich die Wahrheit, wenn ich einen Mitsch. verpetze?

3. Schritt

Die Karikatur: Die Sch. werden aufgefordert zu äußern, was ihnen zur Karikatur von I. Steiger einfällt.
Mögliches Ergebnis: Die Karikatur enthält zwei Aspekte: Zum einen ist es eine schwere Aufgabe, die Last der Gebote und speziell des achten Gebotes zu schleppen. Zum anderen enthalten die Gebote immer etwas Vorwärtsweisendes; sie zeigen den rechten Weg, den Weg zum Leben. Die Sch. können diese beiden Aspekte in ihre Sprache übersetzen: Es ist manchmal schwer, das Gebot zu befolgen. Andererseits kann man mit der Wahrheit oft weiterkommen. Und eben dies wird auch durch die Figur des Königs unterstrichen: Er geht den „Königsweg", d. h. den rechten Weg.

KB S. 39 Jesus und die Ehebrecherin

– Der expressionistische Maler *Emil Nolde* (1867 - 1956) lebte von 1937 an in seinem Haus in Seebüll (Schleswig-Holstein). Im 3. Reich erhielt er als „entarteter Künstler" Malverbot.
Bereits im Jahre 1911 schuf er eine Reihe von Bildern zur Bibel. In leuchtenden Farben und mithilfe der Körperhaltung zeigt er das Innerste der von ihm gemalten Personen. Im vorliegenden Bild „Die Sünderin" (1926) wird Jesu Verhalten gegenüber Zöllnern und Sündern ins Bild gesetzt. Das Bild ist voller Spannungen, die durch Farben und Formen ausgedrückt werden. Den hellen, leuchtenden Farben um die Person Jesu stehen dunklere Farbtöne bei seinen Gegnern gegenüber. Ihre vernichtenden Blicke werden kontrastiert durch Jesu liebende Blicke, mit denen er sich der Frau zuwendet; diese Haltung wird unterstützt durch seine haltenden Hände. Der Blick der Frau ist – fast wie in Trance – auf Jesus gerichtet. Hilfesuchend streckt die Frau ihre Hand aus (vgl. ein weiteres Bild von Emil Nolde KB S. 24).
– *Johannes 8,1 - 11:* Jesus sagt und tut hier die Wahrheit. An der Tat der Frau wird nichts beschönigt, ihre Verfehlung wird beim Namen genannt. Aber Jesus stellt die Liebe über das Gesetz – es fordert bei Ehebruch die Todesstrafe – und dessen Einhaltung. Jesu Wort „So verdamme ich dich auch nicht; geh hin und sündige hinfort nicht mehr" (Vers 11) vergibt der Frau die Schuld und schafft einen neuen Anfang. Frei von der Sünde und damit von der Anklage des Gesetzes wird sie in ein neues Leben entlassen. (Zur Haltung der Gegner Jesu im Blick auf das Gesetz vgl. LHB: Mögliches Vorgehen zu KB S. 24.)

Mögliches Vorgehen
1. Schritt

Man kann die Seite entsprechend der Reihenfolge der im KB aufgeführten Impulse behandeln und zunächst die Geschichte Johannes 8,1 - 11 lesen lassen.

2. Schritt (Alternative)

Denkbar ist es aber auch, mit der Bildbetrachtung zu beginnen. In diesem Falle ist es hilfreich, das Bild als Farbfolie zu zeigen, ohne anzugeben, welche biblische Szene hier dargestellt ist. Der Inhalt des Bildes, vor allem die Haltung der abgebildeten Personen, kann dadurch verstärkt werden, dass die Personen als Standbilder dargestellt werden: Jesus, die Frau, zwei Gegner.

KB S. 40/41 Das Gerücht

Die Geschichte „Ihr Mann ist doch ein Mörder" zeigt zusammen mit der Lithographie von A. Paul Weber, dass es oft unmöglich ist, den Schaden, den ein ausgestreutes Gerücht angerichtet hat, wieder gutzumachen. Dies wird in der Geschichte „Ein Gleichnis" (M 17) besonders anschaulich.

Mögliches Vorgehen
1. Schritt

Die Sch. betrachten das Bild von A. Paul Weber „Das Gerücht". Mit seiner hässlichen Fratze schlängelt es sich in großer Eile an den Fenstern der Menschen vorbei. Mit seinen großen, steil aufgestellten Ohren nimmt es alles bereitwillig auf und streut das Gehörte aus. Die auseinanderstiebenden Federn, die es hinterlässt, zeigen an, dass die Folgen eines Gerüchts nicht mehr kontrollierbar sind.
Die Sch. lesen zur Interpretation des Bildes die Geschichte von den Federn, die sich nicht mehr einsammeln lassen (M 17).

2. Schritt

- Die Geschichte „Ihr Mann ist doch ein Mörder" wird entsprechend den KB S. 41 abgedruckten Impulsen besprochen.
- Die Geschichte „Gerüchte – Tratsch – Klatsch" bietet eine Alternative zu der im Buch abgedruckten Geschichte (M 18).

KB S. 42/43 Die drei Siebe/Rund um die Uhr wird die Wahrheit gesucht

Die Inhalte der beiden Seiten ermutigen dazu, es mit der Wahrheit zu wagen. Die Geschichte vom weisen Sokrates lässt sich mit den Spruchweisheiten KB S. 38 verbinden. Sie kann auch dort eingesetzt werden.

Mögliches Vorgehen
1. Schritt

Die Sch. „schütteln" die Geschichten KB S. 36 - 42 durch die drei Siebe „Wahrheit", „Güte", „Notwendigkeit". Die Geschichte von Sokrates wird zuerst gelesen. Anschließend lösen die Sch. die Aufgabe entsprechend KB S. 42, Impuls 1 in PA.
Mit der Geschichte vom Sieb kann die UE auch eröffnet werden.

2. Schritt

Die Sch. lesen die kurzen Situationsschilderungen KB S. 43 und bewerten je eine in PA. Weitere Entscheidungssituationen werden gefunden und erzählt (KB S. 43, Impuls 1).

3. Schritt

Obwohl die kleine Geschichte „Wer sagt die Wahrheit?" bereits die Lösung vorstellt, wird die Überprüfung der gemachten Aussage zu heftigen Diskussionen führen (KB S. 43, Impuls 2). Man kann den Sch. aber auch bei geschlossenem Buch die Lösung der ursprünglichen Geschichte suchen lassen. Erfahrungsgemäß führt dies ebenfalls zu heftigen Diskussionen.

Die ursprüngliche Geschichte lautet:

Welcher Weg führt zum Ziel?
Statt eines Wegweisers stehen an der Weggabelung zwei Araber: einer, der immer die Wahrheit sagt; ein zweiter, der immer lügt. Wie kann ein Nomade, der die Oase erreichen will und nicht weiß, welcher der beiden Araber der Lügner ist, mit nur einer einzigen Frage erfahren, welcher Weg zum Ziel führt?
Hinweis: Die beiden Araber kennen sich und wissen, wie der andere jeweils antworten wird. Nutze dieses Wissen aus!

Auflösung „Wer sagt die Wahrheit?"
Die einzige Frage, die der Nomade stellen muss: Wenn ich deinen Freund fragen würde, ob dieser Weg zur Oase führt, welche Antwort würde er mir geben?
Annahme 1: Dieser Weg ist der richtige, dann antwortet der Wahrheitsliebende: „Nein", denn er gibt an, was der Lügner sagen würde;
der Lügner: „Nein", denn er lügt ja, sein Freund hätte doch „Ja" gesagt.
Annahme 2: Dieser Weg ist der falsche, dann antwortet der Wahrheitsliebende: „Ja", weil er die Meinung des Lügners mitteilt;
der Lügner: „Ja", denn als Lügner gibt er die wahre Meinung seines Freundes falsch wieder.

(Aus: Ziegert, So bunt ist unser Glaube, S. 132 f.)

4. Schritt

Den Abschluss der UE bildet ein Spiel: „Wer sagt die Wahrheit?" Das Experiment zeigt erfahrungsgemäß, dass die Sch. das dauernde Lügen nicht lange durchhalten (KB S. 43, Impuls 3).

3. Alternative Verlaufsplanung

KB S. 38/39 „Das achte Gebot/Jesus und die Ehebrecherin" kann auch im Zusammenhang der UE „Spielregeln des Lebens" (KB S. 28-35) als viertes Beispiel für eines der zehn Gebote behandelt werden. Dieses Beispiel kann in besonderer Weise verdeutlichen, dass die Gebote dem Menschen zum Leben gegeben sind.

4. Empfohlene Literatur und Medien

Bonhoeffer, Dietrich, Ethik, München, 3. Aufl. 1956; S. 283 - 290, Was heißt die Wahrheit sagen? (Kaiser). (Hier wird umfassend auf das Thema Wahrheit eingegangen.)
Jentsch, Werner u.a. (Hg.), Evangelischer Erwachsenenkatechismus, Gütersloh 1975, S. 790 ff., Was heißt die Wahrheit sagen? (Gütersloher Verlagshaus)
Wölfel, Ursula, Du wärst der Pienek, Spielgeschichten, Spielentwürfe, Spielideen, Mülheim a.d. Ruhr 1973, S. 134 f. (Anrich)
Ziegert, Alexander, So bunt ist unser Glaube, Leipzig 1982 (St. Benno)

5. Materialien

M 15 Ein Freund der Regierung
M 16 Was Worte alles können
M 17 Ein Gleichnis
M 18 Gerüchte – Tratsch – Klatsch

Die Erde ist voll deiner Güter

Einführung

Die Kapitelüberschrift „Die Erde ist voll deiner Güter" ist dem Psalter entnommen (Psalm 104,24). Das Lob des Schöpfers ist eine der großen Grundmelodien dieses „Gesangbuchs" Israels und der Christenheit. Mit dieser Überschrift wird ein Thema positiv besetzt, das für viele Menschen heute fast nur negative Assoziationen weckt – die Schöpfung. Tagtäglich überfallen uns Nachrichten über Umweltverschmutzung, das sich vergrößernde Ozonloch usw. Und schon die Sch. in der Grundschule plagen apokalyptische Ängste davor, dass der Mensch seine eigenen Lebensgrundlagen zerstört.
Diese Ängste beruhen auf realen Ereignissen und Bedrohungen und müssen sehr ernst genommen werden. Doch solche Ängste können uns auch lähmen. So hebt das Kapitel das Lob der Schöpfung hervor, das uns frei macht, uns im Dienst des Schöpfers im „Bebauen und Bewahren" (1. Mose 2,15) zu üben. Mit der Betonung des Schöpfungsglaubens wollen heutige Theologen einer Verkürzung der Theologie wehren. Claus Westermann drückt es so aus: „Wenn die Theologie und die Verkündigung der Kirche es nur mit dem Heil zu tun hat, wenn das Handeln Gottes an den Menschen auf die Sündenvergebung oder Rechtfertigung beschränkt wird, dann folgt daraus, dass der Mensch es nur in diesem Zusammenhang mit Gott zu tun hat." Andere Bereiche, auch der, den wir mit Schöpfung bezeichnen, hätten dann mit ihm nichts zu tun. Westermann sieht darin den Grund, dass viele Menschen nichts mehr mit Gott anfangen können. „Die Entscheidung fällt bei der Frage, ob Gott es mit unserer ganzen Wirklichkeit zu tun hat oder nicht, ob er der Schöpfer ist oder nicht" (Westermann, Schöpfung, S. 12 f.).
Ein Grund für die intensive Bearbeitung der Schöpfungsthematik liegt aber auch darin, dass die Sch. der Klassen 5/6 gerade für dieses Thema ganz besonders ansprechbar sind. Sehr viele Sch. diesen Alters zeigen großes Interesse an (Haus-)Tieren und Pflanzen. Sie sind stark sensibilisiert für die Bedrohungen der Schöpfung. Auch die Frage nach der Entstehung der unbelebten und belebten Welt stößt bei ihnen auf großes Interesse. Die Lehrpläne aller Bundesländer ohne Ausnahme sehen darum für die Klassen 5/6 das Thema Schöpfung in der einen oder anderen Form vor.
„Die Erde ist voll deiner Güte" entfaltet die Schöpfungsthematik in vierfacher Weise:
(1) Am Verhältnis von Menschen und Tieren wird das Miteinander in der Schöpfung angesprochen (UE „Miteinander in der Schöpfung: Menschen und Tiere"). In 1. Mose 1 und Psalm 8 wird die besondere Verantwortung des Menschen für die Schöpfung im besonderen auf die Tiere bezogen. Tiere spielen im Leben der 11/12-Jährigen eine ganz wichtige Rolle. Das Meerschweinchen und der Hamster können gerade für die Kinder zu Partnern werden, denen man alles sagen kann.
(2) Die UE „Leben im Garten Gottes" zeigt, was nötig ist, damit Gottes Schöpfung bebaut und bewahrt wird. Dabei sind stärker die Pflanzen – auch sie Mitgeschöpfe des Menschen – im Blick.
(3) Die UE „Geschichten vom Anfang" machen deutlich, dass hinter den in allen Religionen und Kulturen erzählten Schöpfungsmythen nicht die intellektuelle Frage nach dem Anfang der Welt steht, sondern „die Frage des bedrohten Menschen nach dem Anfang als dem Grund und Halt des Existierens in der Gegenwart". Diese Frage „ist der ganzen Menschheit gemein, sie begegnet durch alle Rassen, Kulturen, Religionen hindurch und sie gehört zum Menschsein" (Westermann, Schöpfung, S. 27). Auch hinter den biblischen Schöpfungserzählungen steht nicht so sehr die Frage, wie Welt und Mensch entstanden sind, sondern die Frage, worauf ich mich in der bedrohten Welt verlassen kann.
(4) Das heißt freilich nicht, dass die wissenschaftliche Frage nach der Entstehung von Welt und Mensch ausgeklammert werden könnte oder sollte. Gerade im Alter von 11 und 12 Jahren werden die Sch. durch Sachbücher und Fernsehen dazu angeregt, sich mit diesen Themen zu beschäftigen, wie es in der UE „Geschaffen an sieben Tagen" versucht wird. Was angesichts der wissenschaftlichen Welterklärung die biblische Rede von Gott dem Schöpfer sagen will, muss hier entfaltet werden. Im Hintergrund geht es darum, von jenem leidigen Gegeneinander von Glaube und Naturwissenschaft, aber auch von einem folgenlosen Nebeneinander wegzukommen, hin zum Miteinander von Glaube und Naturwissenschaft.

Titelbild

Das vierteilige „Schöpfungsfenster" ist das erste von fünf Glasfenstern zur Genesis, die der in Zürich lebende und wirkende israelische Künstler Dan Rubinstein für die Eingangshalle des Misgav Ladach Hospitals in Jerusalem geschaffen hat. Dieses Krankenhaus – eine Geburtsklinik – wurde 1854 gegründet (vgl. auch zum Folgenden Rubinstein, Genesis, S. 28, 60 - 68). Der Name Misgav Ladach ist ein Zitat aus Psalm 9,10 und bedeutet „Zufluchtsort für Bedürftige". Obwohl eine jüdische Klinik, stand sie von Anfang an allen Menschen offen, unabhängig von ihrer Religion oder Herkunft, unabhängig auch von ihrem sozialen Stand und Einkommen. Dieser Verpflichtung ist die Klinik bis heute treu geblieben: „Juden, Christen und Muslime teilen Zimmer und Erlebnisse." Genesis – Schöpfung –, das war für Dan Rubinstein das angemessene Thema für die Glasfenster in der Misgav Ladach Klinik, in der täglich neues Leben entsteht und erhalten wird, Schöpfung im Kleinen.
Dan Rubinstein steht in der Tradition der jüdischen Kabbala. Für ihn erschließen die hebräischen Buchstaben und Worte – vor allem mit ihrem Zahlenwert – über den Wortsinn hinaus eine Tiefendimension, die durch den Laut eines Buchstabens bei weitem nicht ausgeschöpft wird. Neben dem Laut, den ein Buchstabe vermittelt, gibt es drei weitere Aspekte jedes hebräischen Konsonanten:
(1) die *Form* des Buchstabens ist keine zufällige, sie hat eine spezifische Bedeutung;
(2) jeder Buchstabe hat einen *Namen*, der seinerseits bedeutungstragend ist;
(3) jeder Buchstabe entspricht einem Zahlenwert.

Am Beispiel des ersten Buchstabens der Tora (1. Mose 1,1), dem ב (= B), sei dies gezeigt:
(1) Das ב (von rechts nach links gelesen) hat nur eine Öffnung,

der Buchstabe weist nach vorne, in die Zukunft, die Vergangenheit bleibt verschlossen. Die uralte Frage, was vor der Schöpfung war, kann vom Menschen nicht erfasst werden.
(2) Der hebräische Buchstabe ב (= Bet) bedeutet Haus. Gemeint ist damit auch der Körper, der den Geist beherbergt. Der erste Buchstabe der Tora symbolisiert also „gleichsam die Welt, in der das Leben angesiedelt ist".
(3) ב ist der zweite Buchstabe im hebräischen Alphabet, entspricht also dem Zahlenwert 2. Er steht für „Dualität und Polarität". Der erste Buchstabe von 1. Mose weist damit für Dan Rubinstein auf die Welt der Gegensätze hin: „Himmel und Erde, gut und böse, Tag und Nacht, Mann und Frau" werden mit diesem ersten Buchstaben der Bibel angesprochen. Dieser Konsonant ב, der die Lippen explosionsartig verlässt, ist für Dan Rubinstein der „Urknall, die weltliche Manifestation des Geistigen".
Das gelbe ב steht innerhalb eines weißen Kreises: „Der Urknall der Schöpfung lässt einen Wirbelwind entstehen, dessen Ursprung innerhalb eines weißen Kreises liegt. Inmitten dieses Kreises sehen wir einen gelben Buchstaben, das Bet. Weiß symbolisiert die geistige Welt, während Farbe die materielle Welt verkörpert." Das Bet ist also der Beginn der Materie, von Gott in die Welt entlassen.
Die Bilder sind von rechts nach links zu „lesen". Das vierteilige Fenster zeigt die sechs Tage der Schöpfung. Über die ersten beiden Fenster zieht sich das hebräische Wort בראשית (= Bereschit), das erste Wort der Bibel, hin: „Im Anfang" (vgl. zum hebräisch geschriebenen Wort Bereschit KB S. 108 und die entsprechende Erläuterung hierzu im LHB).
Während Bild 1 den Urknall zeigt – alles ist noch ungeordnet –, beginnt in Bild 2 eine gewisse Ordnung zu entstehen: Die - Wasser – in Bild 1 noch ungeschieden – werden geschieden in die Wasser über der Feste und die Wasser unter der Feste. Die Erde, das Trockene (gelblich-grün-braune Farbe), wird sichtbar. Ein Granatapfelbaum, durch die Trennung zwischen Fenster 2 und 3 der Länge nach gespalten, stellt den Baum des Lebens (Bild 2) und den Baum der Erkenntnis (Bild 3) dar.
In Bild 3 sind die Sonne, die Fische (Bewohner der Gewässer) und die Vögel (Bewohner des Himmels) zu sehen. Bild 4 zeigt die Gestirne und die Welt voller Bäume und Tiere. Die Erschaffung des Menschen in der zweiten Hälfte des sechsten Tages wird im zweiten Fenster dargestellt.
Zu beachten ist in der Gesamtheit der vier Bilder der Schwung, der im ersten Fenster, ausgehend vom ב des ersten Tages, sich bis zum sechsten Tag (Gestirne, Tiere) im vierten Bild hinzieht. Bewusst sind der Darstellung von Dan Rubinstein, das 1. Mose 1 ins Bild setzt, Worte aus Psalm 104 zugeordnet. Damit soll gezeigt werden: Die Bilder drücken aus, was die Worte von Psalm 104 auf ihre Weise zur Sprache bringen: Gott ist zu loben für den Reichtum und die Ordnung der Schöpfung.

Mögliches Vorgehen zum Titelbild

Die Sch. lesen die Verse von Psalm 104,1-24 und nennen die dort genannten Schöpfungswerke. Diese könne sie anschließend in Dan Rubinsteins Glasfenstern wieder entdecken. Ähnlich kann auch mit 1. Mose 1 verfahren werden.
Je nach Situation der Klasse kann man auch mit einer Bildbetrachtung einsteigen und von da aus zum Text übergehen. Dann können die Überschriften des Kapitels und der vier UE gelesen werden. Es könnte sein, dass die Sch. schon erste Fragen stellen. Stimmt die Kapitelüberschrift angesichts des Hungers in der Welt? Ist die Welt wirklich in sieben Tagen erschaffen worden? Das sind Fragen, die im Zusammenhang der UE geklärt werden können. (Zur Entzifferung der hebräischen Buchstaben vgl. KB S. 108.)

Miteinander in der Schöpfung: Menschen und Tiere

1. Zielsetzung, Aufbau und Probleme

Im Mittelpunkt der UE steht die priesterschriftliche Schöpfungsgeschichte 1. Mose 1. Mit der Aussage, Ziel der Schöpfunsgeschichte in 1. Mose 1 sei der Mensch als Krone der Schöpfung, hat man den Herrschaftsanspruch des Menschen über die gesamte Schöpfung gerechtfertigt; Auftrag des Menschen sei es, sich die Erde untertan zu machen. Konsequent weiterverfolgt mit den heutigen technischen Mitteln kann das zu den bekannten Erscheinungen führen: Raubbau an der Natur. Dazu ist zu sagen:

(1) Ziel der Schöpfung ist in 1. Mose 1 nicht der Mensch, sondern der siebte Schöpfungstag, der Ruhetag: „Und so vollendete Gott am siebenten Tage seine Werke, die er machte, und ruhte am siebenten Tage von allen seinen Werken, die er gemacht hatte. Und Gott segnete den siebenten Tag und heiligte ihn, weil er an ihm ruhte von allen seinen Werken, die Gott geschaffen und gemacht hatte" (1. Mose 2,2 f.).

Der Sabbat, der Ruhetag, ist im Judentum auch ein Vorblick auf das vollendete Reich Gottes, ein Symbol für den Frieden zwischen den Menschen und ein Symbol für den Frieden mit der Natur. So ist das eigentliche Ziel der Schöpfung der Friede zwischen Mensch und Natur.

(2) Der Mensch ist allerdings schon aus der übrigen Schöpfung herausgehoben. Er ist Ebenbild Gottes. Diese Ebenbildlichkeit besteht nicht in einer besonderen Charaktereigenschaft des Menschen, sondern darin, dass er von Gott als sein eigentliches Gegenüber erschaffen wurde. Zwar gilt der Segen auch den Tieren, aber dennoch ist der Mensch der Ansprechpartner Gottes, mit dem Gott Gemeinschaft halten, mit dem er reden will.

(3) Der Auftrag des Menschen schließt seinen Herrschaftsauftrag über die Schöpfung ein: Der Mensch wird gesegnet und erhält den Herrschaftsauftrag, der häufig im Sinne einer rein auf den Nutzen des Menschen ausgerichteten Herrschaft verstanden wird. Demgegenüber ist zu bemerken:

– Dieser Herrschaftsauftrag darf nicht von dem Segen gelöst werden, sondern ist Bestandteil dieses Segens. Das „Herrschen" muss also als ein Teil des segensreichen Wirkens Gottes gesehen werden. Der Mensch ist beauftragt, sozusagen als Vertreter Gottes segensreich gegenüber der Schöpfung zu wirken. Wo aus dem segensreichen Wirken ein Zerstören wird, hat der Mensch den Auftrag Gottes verfehlt.

– Herrschaft ist in Analogie zur antiken Königsherrschaft zu verstehen. Der König war Mittler des göttlichen Segens an sein Volk. Wenn er den Segen nicht vermitteln konnte, wenn er Unheil vom Volk nicht abwenden konnte, dann hatte er seine Herrschaft verwirkt. Die Herrschaft eines Königs ist also dazu da, dem Volk Heil und Wohl zu schaffen. Für den Herrschaftsauftrag des Menschen bedeutet dies: Auftrag des Menschen ist die Fürsorge für die Natur ganz im Sinne des 2. Schöpfungsberichts: bebauen und bewahren.

– Gerhard Liedke zeigt auf, dass in 1. Mose 1 immer zunächst die Lebensräume und dann die dazugehörenden Tiere geschaffen werden: der Himmel für die Vögel, das Wasser für die Fische usw. Mensch und Landtiere haben als einzige Lebewesen einen gemeinsamen Lebensraum. Damit ist die Möglichkeit des Konflikts gegeben. Allerdings hat Gott Vorkehrungen getroffen, damit es nicht zum Ausbruch eines möglichen Konflikts kommen muss: Mensch und Landtiere bekommen unterschiedliche Nahrung zugewiesen. Die Landtiere fressen „Gras und Kräuter", also wildwachsende Pflanzen. Der Mensch erhält als Nahrung die Kulturpflanzen.

Der Herrschaftsauftrag des Menschen ist also in erster Linie die Ermächtigung zum Ackerbau. Dabei sind Mensch und Tiere ausschließlich als Vegetarier gedacht; das ändert sich mit der Erneuerung des Herrschaftsauftrags nach der Sintflut. Wenn es nun – trotz der Aufteilung der Nahrung – zum Konflikt kommt, soll der Mensch entscheiden; sein Herrschaftsauftrag ist also eine Art Schiedsrichterrolle (vgl. Liedke, Im Bauch des Fisches, S. 14).

– Und schließlich: Die Situation heute hat sich grundlegend gegenüber der Zeit Israels gewandelt. Für die Menschen damals war die Natur *auch* Bedrohung; ihrer Herr zu werden war nötig zum Überleben. Heute hat der Mensch die technischen Möglichkeiten, die Natur so auszubeuten, dass er sie zerstören kann. Wenn es damals zum Überleben nötig war, die Natur zu beherrschen, so ist heute zum Überleben nötig, die Schöpfung zu schonen, zu bewahren.

– Zum Herrschaftsauftrag über die Tiere: Nach Westermann hat der Mensch die Herrschaft über die Welt an seinem Verhältnis zu den Tieren gelernt: „Es hat einmal einen Kampf auf Tod und Leben zwischen Mensch und Tier gegeben, aber er endete nicht mit der Ausrottung der Tiere, sondern im Zusammenleben mit ihnen. In diesem Zusammenhang lernte der Mensch, was Herrschaft ist. Sie bedeutete einerseits, dass nach wie vor Tiere getötet werden mussten, damit der Mensch leben kann. Es bedeutete aber gleichzeitig, dass der Mensch in eine neue Beziehung zu den Tieren trat, die er zähmte. In diesem neuen Verhältnis zu den Tieren erfuhr der Mensch eine neue Möglichkeit seines Menschseins: Das Tier ließ sich lenken, die Stimme des Menschen reichte zu den Tieren hinüber, das Tier gehorchte; es gab darüber hinaus die Möglichkeit eines Vertrauensverhältnisses zwischen Mensch und Tier; das Tier erwies dem Menschen Treue, es konnte den Menschen beschützen, warnen, retten. So konnte das Verhalten des Menschen zu den Tieren die für sein Verhalten zur Welt bestimmende Verhaltensweise werden; im Beherrschen der Tiere war das personale Element am stärksten beteiligt. Im Beherrschen der Tiere kann der Mensch am ehesten menschlich bleiben. Gerade dies aber ist verloren gegangen, als das Beherrschen der Erde hinüberwechselte auf das Beherrschen der anorganischen Naturkräfte. Nicht dass das Beherrschen der anorganischen Kräfte dem der Lebewesen gleich sein könnte; dennoch wäre es möglich, beim Beherrschen der anorganischen Kräfte nicht zu vergessen, was der Mensch beim Beherrschen der Tiere gelernt hat. Es ist doch ein Unterschied, der für die Zukunft der Menschheit von lebenswichtiger Bedeutung ist, ob der Mensch die Kräfte der Natur ausbeutet wie ein Räuber, dem es gleich ist, was er bei seinem Raubbau hinterlässt, oder wie ein königlicher Herr, der sich für das Ganze und die Zukunft des Ganzen verantwortlich weiß und bei jedem neuen Gewinn dafür sorgt, dass das Ganze heil bleibt" (Westermann, Schöpfung, S. 79).

Die vorliegende UE hat das Verhältnis zwischen Mensch und

Tier im Blick. Ausgangspunkt sind dabei die Erfahrungen der Sch., die in diesem Alter eine große Nähe zu Tieren empfinden. Diese Nähe äußert sich häufig im Wunsch nach einem Haustier. Deshalb wird in der vorliegenden UE schwerpunktmäßig der verantwortliche Umgang mit Haustieren thematisiert.
Den Abschluss der UE bildet das Thema der Gottesebenbildlichkeit des Menschen. Menschen und Tiere werden in 1. Mose 1 von Gott gesegnet; aber nur der Mensch wird als Ebenbild Gottes geschaffen. Mit dem beiden zugesprochenen Segen erhalten Tiere und Menschen ein gemeinsames Lebensrecht auf der Erde. Mit dem Zuspruch der Gottesebenbildlichkeit wird die besondere Würde und Verantwortung des Menschen in der Schöpfung Gottes angesprochen.

2. Didaktisch-methodische Hinweise

KB S. 46/47 Kinder in der Zoohandlung/Frau Bergers Katze

KB S. 46/47 wie auch KB S. 48/49 haben den Umgang des Menschen mit den Tieren zum Thema. Die Fotografie KB S. 46 zeigt Kinder in einer Zoohandlung, wie sie ihre Wunschtiere betrachten. Das Bild greift die Beobachtung auf, dass Sch. in dieser Klassenstufe sehr gerne vor Schaufenstern von Zoohandlungen stehen bleiben. Außerdem lesen Sch. in diesem Alter sehr häufig Tierbücher und Tierzeitschriften. Das Bild regt dazu an, von eigenen Erfahrungen mit Haustieren zu erzählen. Die Sch. können Tierbücher und -zeitschriften in den Unterricht mitbringen.

Mögliches Vorgehen

1. Schritt

Die Sch. betrachten das Bild, suchen eine Bildunterschrift und erzählen von ihren Haustieren (KB S. 46, Impuls 1). Man kann auch ohne Betrachten des Bildes sofort mit dem 2. Schritt einsteigen.

2. Schritt

Als vertiefendes Medium zu dem Bild kann die Geschichte „Pit bekommt einen Hund" (Steinwede/Ruprecht, Vorlesebuch Religion, Bd. 2, S. 14 ff.) vorgelesen werden. Sie nimmt die Erfahrungen der Sch. auf, dass sich Eltern häufig dem Wunsch der Kinder nach einem Haustier widersetzen. Die Geschichte zeigt die Bedeutung der Tiere als Wunschpartner der Sch. dieser Altersstufe.

3. Schritt

Bearbeitung der Impulse im KB S. 46. Die „Expertengruppen" werden nach den Tierwünschen der Sch. zusammengestellt.
Zur Gestaltung der Schautafel: Jede Gruppe erhält einen DIN-A3-Bogen und ein DIN-A4-Blatt. Auf dem DIN-A4-Blatt formulieren die Sch. die Ratschläge entsprechend den im KB S. 46, Impuls 3 aufgelisteten Fragen und Anregungen. Dieses Blatt wird Teil einer Collage auf dem DIN-A3-Bogen, die mit Zeichnungen und Ausschnitten aus Zeitschriften, Fotos des eigenen Tieres u.ä. gestaltet wird. Statt eines Plakates kann auch ein kleines Heft als „Haustierratgeber" angefertigt werden.
Eine Alternativgruppe kann KB S. 46, Impuls 4 „Welche frei lebenden Tiere habt ihr schon einmal beobachtet? Sammelt Bilder und erzählt davon" bearbeiten und eine entsprechende Collage gestalten.

4. Schritt

Die Gruppen stellen ihre Ergebnisse vor.

5. Schritt

Lesen der Geschichte KB S. 47 „Frau Bergers Katze", Bearbeitung der dazugehörenden Impulse. Zum Impuls 1 „Schreibt auf, was Frau Berger den Kindern erzählt" hier ein möglicher Schluss der Geschichte:

„Im Laufe der nächsten Wochen freundete ich mich sogar mit Oma Berger an. Oft war ich bei ihr im Garten und wir unterhielten uns bei einer Tasse Schokolade.
Sie erzählte, dass das Leben nach dem Tod ihres Mannes eintönig und einsam für sie geworden war. Da war niemand mehr gewesen, für den es sich zu leben gelohnt hätte. Für wen sollte sie den Haushalt und sich selber in Ordnung halten? Aber dann war das Kätzchen zu ihr gekommen und mit ihm ein lebendiges Wesen, das jeden Morgen seine Milch und etwas zum Fressen verlangte. Nun musste sie wieder regelmäßig aufstehen, um das Kätzchen zu versorgen. Aber der kleine Tiger wollte nicht nur sein Fressen, sondern er wollte auch auf den Arm genommen und gestreichelt werden.
Und sie erzählte, dass sie mit ihrer Katze auch Gespräche führte. Natürlich antwortete der kleine Tiger nicht mit verständlichen Worten, aber sie hatte den Eindruck, dass er vieles von dem, was sie sagte, wortlos verstand. Und so war mit der kleinen Katze etwas in ihr Leben getreten, für das sich wieder zu leben lohnte."

6. Schritt

Zu KB S. 47, Impuls 2 „Wem können Tiere helfen? Wie können Tiere helfen?" kann die Notiz „Gesünder mit Heimtieren" gelesen und besprochen werden:

Gesünder mit Heimtieren
Nicht nur Hunde, auch Katzen, Wellensittiche und sogar Aquarienfische helfen mit, dass Kranke körperliche und psychische Beschwerden schneller überwinden, dass alte Menschen ihr Leben wieder als lebenswert betrachten. Heimtiere als Therapiehelfer sind in den USA, in Australien, England und Schweden seit Jahren im Einsatz. Vor allem bei Langzeitpatienten, bei Personen mit schweren Depressionen, bei Epileptikern, aber auch bei alten Menschen mit Alzheimerkrankheit und bei autistischen Kindern wirken Hunde, Katzen, Kaninchen oder Ziervögel Wunder.
Zahlreiche Studien belegen darüber hinaus, dass sich Tiere auch vorbeugend einsetzen lassen. Heimtierhalter sind nämlich eindeutig seltener krank. Die Gründe liegen auf der Hand: Heimtiere lassen die Sorgen des Alltags vergessen, sind geduldige und stets präsente Zuhörer, fordern zum Spiel und zum Spaziergang an frischer Luft auf. Sittiche oder Meerschweinchen fördern bei Kindern Verantwortungsgefühl und Selbstvertrauen und selbst das kleinste Aquarium im Büro eines Managers sorgt bereits für stressfreiere Stunden.

(Aus: Das Tier, Nr. 7/1994)

7. Schritt

Mithilfe des Bildes und des Bibeltextes 1. Mose 2,18-23 („Es ist nicht gut, dass der Mensch allein sei ...") können die Sch. von eigenen Erfahrungen erzählen: Der Mensch braucht andere Menschen. Tiere sind zwar geduldige Zuhörer und können den Menschen in schwierigen Situationen helfen, die Sorgen zu vergessen. Sie können ihn aber nicht trösten, ihm keine Ratschläge geben und ihn nicht kritisieren (KB S. 47, Impuls 3).

KB S. 48/49 Waldis Herrchen/Tiere gehen auf die Straße

Die beiden Seiten wollen auf den verantwortlichen Umgang mit Tieren aufmerksam machen.
Regelmäßig in der Ferienzeit häufen sich die Berichte über ausgesetzte Tiere. Insofern sind die Warnungen, die zu Weihnachten von Tierschutzverbänden ausgesprochen werden, den Kindern keine Tiere zu kaufen, berechtigt. Allerdings kann man die Kinder nicht einseitig zu Schuldigen erklären. Entscheidend ist die Frage, ob genügend Raum und Zeit für die Betreuung eines Haustieres zur Verfügung stehen. An diesem Punkt setzt die Geschichte von Waldis Herrchen an.

Mögliches Vorgehen

1. Schritt

Die Geschichte wird gelesen und entsprechend den Impulsen (KB S. 48) bearbeitet. Es müssen aber nicht alle Impulse bearbeitet werden. Statt ein Tierheim zu besuchen, kann auch ein Mitarbeiter eines Tierheims in den Unterricht eingeladen werden.

2. Schritt

Für die vorgeschlagene Tierdemo (KB S. 49, Impuls 1) können sich die Sch. auch verkleiden. Wird das Thema im Rahmen von Projekttagen behandelt, so kann die Tierdemo den übrigen Sch. vorgeführt werden. Das Rufen der Parolen kann durch entsprechende Tierlaute untermalt werden.
Die angeführten Bibelverse können auch frei formuliert werden. Die folgende Tabelle zeigt Möglichkeiten auf. Erfahrungsgemäß sind die Sch. im Formulieren der Slogans sehr kreativ:

Bibelvers	Mögliche Slogans
Psalm 147,7-9: Singt dem HERRN ein Danklied und lobt unsern Gott mit Harfen, der den Himmel mit Wolken bedeckt und Regen gibt auf Erden; der Gras auf den Bergen wachsen lässt, der dem Vieh sein Futter gibt, den jungen Raben, die zu ihm rufen.	Rinder: Wehrt der Zerstörung der Almen. Skifahrer lasst uns unseren Lebensraum: Denn Gott will, dass wir genügend Nahrung haben. Vögel: Erhaltet genug Bäume, damit wir für unsere Jungen Nester bauen können. Gott will, dass wir leben.
Jona 4,11: ... und mich sollte nicht jammern Ninive, eine so große Stadt, in der mehr als hundertundzwanzigtausend Menschen sind, die nicht wissen, was rechts oder links ist, dazu auch viele Tiere?	Tauben: Wir protestieren gegen die Fütterung mit Gift. Gott hat Ninive wegen der Tiere verschont!
Psalm 148,7-10: Lobet den HERRN auf Erden, ihr großen Fische und alle Tiefen des Meeres, Feuer, Hagel, Schnee und Nebel, Sturmwinde, die sein Wort ausrichten, ihr Berge und alle Hügel, fruchttragende Bäume und alle Zedern.	Fische: Vergiftet unsere Flüsse nicht, damit wir weiter Gott loben können.
Sprüche 6,6: Geh hin zur Ameise, du Fauler, sieh an ihr Tun und lerne von ihr!	Ameisen: Zerstört nicht mutwillig unsere Behausungen, wir haben lange dafür gearbeitet.
2. Mose 23,5: Wenn du den Esel deines Widersachers unter seiner Last liegen siehst, so lass ihn ja nicht im Stich, sondern hilf mit ihm zusammen dem Tiere auf.	Esel: Gegen die Vernichtung durch zu viel Arbeit!
1. Mose 1,20-22: Und Gott sprach: Es wimmle das Wasser von lebendigem Getier und Vögel sollen fliegen auf Erden unter der Feste des Himmels. Und Gott schuf große Walfische und alles Getier, das da lebt und webt, davon das Wasser wimmelt, ein jedes nach seiner Art, und alle gefiederten Vögel, einen jeden nach seiner Art. Und Gott sah, dass es gut war. Und Gott segnete sie und sprach: Seid fruchtbar und mehret euch und erfüllet das Wasser im Meer und die Vögel sollen sich mehren auf Erden.	Robben: Wehret der Abschlachtung unserer Kinder. Sie sind von Gott gesegnet.
Psalm 36,7: Deine Gerechtigkeit steht wie die Berge Gottes und dein Recht wie die große Tiefe. HERR, du hilfst Menschen und Tieren.	Hühner: Sperrt uns nicht so eng zusammen! Gott ist der Gott der Menschen und Tiere.
2.Mose 20,10: Aber am siebenten Tage ist der Sabbat des HERRN, deines Gottes. Da sollst du keine Arbeit tun, auch nicht dein Sohn, deine Tochter, dein Knecht, deine Magd, dein Vieh, auch nicht dein Fremdling, der in deiner Stadt lebt.	Milchkühe: Gegen zu große Milchproduktion! Auch für uns ist der Sonntag da!
Psalm 104,10-11: Du lässest Wasser in den Tälern quellen, dass sie zwischen den Bergen dahinfließen, dass alle Tiere des Feldes trinken und das Wild seinen Durst lösche.	Igel (Frösche, Rehe): Schont Wiesen und Bäche! Gott hat sie für uns erschaffen.

KB S. 50 Und Gott schuf den Menschen nach seinem Bilde

1. Mose 1,27: „Und Gott schuf den Menschen zu seinem Bilde, zum Bilde Gottes schuf er ihn; und schuf sie als Mann und Weib." Den Segen teilt der Mensch nach 1. Mose 1 mit den Tieren. Seine besondere Stellung wird durch die Gottesebenbildlichkeit ausgedrückt. Gottesebenbildlichkeit wird dort erlebt, wo ich spüre: ich bin für andere Menschen wichtig, ich bin wie sie ein Ebenbild Gottes. Ich werde in meiner Andersartigkeit und Besonderheit akzeptiert. So, wie ich bin.
Die fünf Kinder stehen für die fünf Erdteile (ohne Antarktis). Sie machen aufmerksam, dass alle Menschen, unabhängig von ihrer Religion, ihrer Herkunft oder ihrer Hautfarbe Ebenbild Gottes sind. Auf diesen Sachverhalt weist auch das Lied „Es ist niemand zu groß, es ist niemand zu klein" (M 20) hin.

Mögliches Vorgehen

1. Schritt

In arbeitsteiliger GA erheben die Sch. mithilfe von Sachbüchern Informationen über die Lebensumstände von Kindern in den verschiedenen Kontinenten. Für die Gruppenberichte werden die Kinderbilder auf eine Weltkarte geheftet.

2. Schritt

Als Material für die Gruppen eignen sich auch Geschichten aus dem Vorlesebuch Ökumene (Beck u.a., Vorlesebuch Ökumene). Statt nur von den Kindern zu erzählen, können die Sch. auch fiktive Briefe an diese Kinder schreiben, in denen zum Ausdruck kommt, dass man sich für den Anderen trotz seiner Besonderheit interessiert. Im Folgenden werden Geschichten aus vier Erdteilen genannt (Nr. im Vorlesebuch Ökumene):
– *Europa:* Geschichte Nr. 11: Osternacht, eine wunderbare Nacht. Ein evangelischer Junge ist von der Osternachtfeier in einer katholischen Kirche beeindruckt.
Möglicher Briefinhalt: Erzählung von Begegnung mit Menschen einer anderen Konfession oder Religion.
– *Sri Lanka:* Geschichte Nr. 156: Weihnachten in Sri Lanka. Vier buddhistische Jungen erleben zusammen mit einer Besucherin aus Europa das Weihnachtsfest.
Möglicher Briefinhalt: Gemeinsame Freude beim Feiern von Festen.
– *Japan:* Geschichte Nr. 166: Unter Gottes Führung braucht man sich keine Sorgen zu machen.
Ein japanischer Junge verliert am japanischen Knabenfest seine Kindergruppe und findet jemanden, der ihm weiterhilft. Er sagt: „Unter Gottes Führung braucht man sich keine Sorgen zu machen."
Möglicher Briefinhalt: Ängste werden durch Begegnung mit anderen Menschen überwunden.
– *Lateinamerika:* Geschichte Nr. 125: Eslyn kommt zur Schule. In einer Schulklasse in Trinidad erlebt ein indisches Mädchen, dass es ausgeschlossen wird. Ein Junge geht auf Eslyn zu.
Möglicher Briefinhalt: Ich erfahre, dass jemand zu mir hält, obwohl alle gegen mich sind.
– *Afrika:* Geschichte Nr. 97: Akua erzählt von Tante Aba. Ein älteres afrikanisches Ehepaar erlebt während einer schweren Krankheit die Zuwendung hilfsbereiter Menschen.
Möglicher Briefinhalt: In einer schweren Situation stehen mir Menschen bei.

3. Schritt (Alternativ)

Als Alternative zu dem vorgeschlagenen Vorgehen kann das Blatt „So wohnen Kinder in anderen Ländern" (M 19) eingesetzt werden (auf DIN-A3-Format hochvergrößern!).
Die Sch. ordnen die Kurzberichte über die Wohnverhältnisse von Kindern in anderen Ländern den Erdteilen auf der Weltkarte zu. Zu beachten: Die Karte ist nach der Petersperspektive gezeichnet und gibt die wahren Größenverhältnisse wieder. Viele unserer Karten sind aus der Perspektive der Bewohner der Nordhalbkugel gesehen und maßstabsmäßig verzerrt.
Auch anhand dieses Arbeitsblattes können die Sch. an die Kinder Briefe schreiben und darin erzählen, wie sie selber wohnen. Man kann mit der Vorlage auch ein großes Plakat gestalten, das im Klassenzimmer aufgehängt wird.

4. Schritt

Gestaltung eines Plakates mit Bildern und Texten zum Thema „Ich bin wichtig" (KB S. 50, Impuls 3). Dargestellt werden können Personen, für die man wichtig ist, ebenso Tätigkeiten, für die man gebraucht wird, aber auch das Spielen mit anderen. Ziel der Collage soll sein aufzuzeigen, dass ich gebraucht werde, aber auch, dass ich andere Menschen brauche.
Die Sch. singen das Lied „Es ist niemand zu groß, es ist niemand zu klein" (M 20).

Ergänzungen

Vorlesegeschichten zum Thema „Kinder aus aller Welt erzählen, wie sie leben und wie sie glauben":
- Schwikart, Gott hat viele Namen (berücksichtigt sind alle großen Weltreligionen und die indianische Religion sowie eine afrikanische Religion; mit vielen Bildern);
- Tworuschka, Die Weltreligionen Kindern erklärt (berücksichtigt sind Judentum, Christentum, Islam, Hinduismus, Buddhismus).

KB S. 51 Was ist der Mensch?

1. Schritt

Zusammensetzen des Textpuzzles. (Die obere Hälfte von KB S. 51 vorher vergrößert kopieren, sodass die Sch. die Puzzleteile ausschneiden können.) Gestaltung als Schmuckblatt (KB S. 51, Impuls 1).

2. Schritt

Betrachten der Geburtsanzeige für ein behindertes Kind. Im UG erzählen die Sch. über eigene Erfahrungen mit Behinderten. Auf dem Bild unten ist Andreas ganz vorne rechts zu sehen. Er darf die Engelschar beim Weihnachtsspiel anführen.
Ziel ist es zu erkennen, dass alle Menschen – unabhängig von ihrer Begabung und ihren Fähigkeiten – Ebenbild Gottes sind oder anders ausgedrückt: wichtig sind.

KB S. 52/53 Das Geheimnis der Eulen/Das Schöpfungsfenster

Ziel dieser beiden Seiten ist es, dass die Sch. die Welt bewusst als Gottes Schöpfung wahrnehmen und sie mit den Augen Gottes zu sehen lernen. Der Text KB S. 52 ist eine sehr

gekürzte Fassung des Bilderbuchs „Eulenglück“ von Celestino Piatti. In dieser Geschichte stehen sich die Hühner und die beiden Eulen gegenüber. Die Hühner verlieren sich im Streit um die alltäglichen Probleme und Unzulänglichkeiten. Die Eulen strahlen demgegenüber Ruhe und Zufriedenheit aus. Ihr Geheimnis: Sie sehen in der Welt eine Schatztruhe voll kleiner Wunder. Dazu braucht es „wache Augen, ein feines Gehör und ein offenes Herz“. Die Hühner können dieses Geheimnis nicht verstehen.
Im Kirchenfenster KB S. 53 mit sieben Teilen, das von Sch. für das vorliegende Buch gemalt wurde, sind die sieben Schöpfungstage zu sehen. Die Bilder sollen anregen, mit den Sch. dasselbe auf eigenständige Weise nachzuvollziehen, um zu erfahren, wie man (mit den Augen der Eulen) die Welt als Gottes Schöpfung sehen kann.

Mögliches Vorgehen

1. Schritt

Lesen und besprechen der Geschichte entsprechend KB S. 52, Impuls 1. Wenn Zeit und Interesse vorhanden ist, kann auch das Bilderbuch selbst gelesen werden. Die Bilder können als Farbfolien gezeigt werden.

2. Schritt

Nach dem Sammeln von Gegenständen aus der „Schatzkiste der Natur“ (KB S. 52, Impuls 1) erzählen die Sch. zu ihrem Gegenstand eine Phantasiegeschichte. Dadurch wird das „Sehen mit anderen Augen“ eingeübt.

3. Schritt

Der Impuls 1 im KB S. 53 dient dem vertieften Sehen der Welt als Schöpfung Gottes. Die Aufgabe kann aber auch an anderer Stelle der Behandlung der Schöpfung stehen. Die Gestaltung eines Schöpfungsfensters ist als Abschluss der UE gedacht. Jedem Fenster wird ein Schöpfungstag zugeordnet. Die einzelnen Bilder werden auf Transparentpapier gemalt, sodass sie wie Glasfenster durchscheinend sind. Die Sch. erhalten vier Vorlagen für ein Kirchenfenster, aus denen sie eines auswählen können; sie sind von Sch. einer 5. Klasse entworfen worden (M 21). Steht mehr Zeit zur Verfügung, können die Sch. eigene phantasievolle Fensterformen entwerfen.
Bei der Gestaltung eines Schöpfungsfensters in GA fertigt eine Gruppe entweder ein ganzes Fenster oder jeweils nur eine Fensterscheibe für einen bestimmten Schöpfungstag an, die dann zu einem großen Fenster zusammengesetzt werden. Das Schöpfungsfenster wird dann am Fenster des Klassenzimmers aufgehängt.

3. Alternative Verlaufsplanung

Vgl. dazu den Vorschlag bei der UE „Geschichten vom Anfang“.

4. Empfohlene Literatur und Medien

Beck, Susanne u.a. (Hg.), Vorlesebuch Ökumene, Geschichten vom Glauben und Leben der Christen in aller Welt, Lahr 1991 (Kaufmann). (In diesem Vorlesebuch finden sich viele geeignete Geschichten aus aller Welt, die die Situation von Christen in ihrem Land zeigen.)
Ev. Missionswerk im Bereich der BRD (Hg.), Wie leben Kinder anderswo? Unterrichtsmaterial für die Grundschule, Hamburg o.J. (EMW, Mittelweg 143, 20148 Hamburg)
Liedke, Gerhard, Im Bauch des Fisches, Ökologische Theologie, Stuttgart, 2. Aufl. 1981 (Kreuz). (Liedke gewinnt durch die Einbeziehung der Umweltthematik ganz neue Einsichten in die biblische Urgeschichte 1. Mose 1-11. Er zeigt u.a. die ökologische Struktur von 1. Mose 1 auf.)
Piatti, Celestino, Eulenglück, Zürich/Hamburg 1993 (Nord-Süd). (Der Text „Das Geheimnis der Eulen“ in KB S. 52 basiert auf diesem Bilderbuch. Insbesondere die Bilder dieses Buches eignen sich dazu, sie mit den Sch. zusammen anzuschauen.)
Rad, Gerhard von, Das Erste Buch Mose, Genesis, ATD 2/4, Göttingen, 11. Aufl. 1981 (Vandenhoeck & Ruprecht). (Ausführliche Exegese der beiden ersten Schöpfungsgeschichten.)
Rubinstein, Dan, Genesis, Glasfenster, Zürich 1995 (edition eden). (Das Buch zeigt in hochwertigen Abbildungen und einfühlsamen Texten den Entstehungsprozess der fünf Glasfenster zur Genesis im Misgav Ladach Hospital in Jerusalem. Der in Zürich lebende israelische Künstler Dan Rubinstein steht in der Tradition der jüdischen Kabbala.)
Schwikart, Georg, Gott hat viele Namen, Kinder aus aller Welt erzählen von ihrem Glauben, Düsseldorf 1996 (Patmos). (Berücksichtigt sind all großen Weltreligionen und die indianische Religion sowie eine afrikanische Religion; mit vielen Bildern.)
Steinwede, Dietrich/Ruprecht, Sabine (Hg.): Vorlesebuch Religion, Bd. 2, Lahr/Göttingen/Zürich und Köln/Zürich 1973 (Kaufmann/Vandenhoeck & Ruprecht/Benziger/TVZ). (In diesem Vorlesebuch findet sich auf S. 14 ff. die Geschichte „Pit bekommt einen Hund“ von Herbert Heckmann. Die Geschichte erzählt, wie Pit trotz des Widerstands des Vaters schließlich doch mit „Struwwelpaul“ seinen Hund bekommt.)
Tworuschka, Monika/Tworuschka, Udo, Die Weltreligionen Kindern erklärt: Wie andere leben – was andere glauben, Gütersloh 1996 (Gütersloher Verlagshaus). (Berücksichtigt sind Judentum, Christentum, Islam, Hinduismus, Buddhismus. Illustriert.)
Westermann, Claus, Schöpfung, Themen der Theologie, Bd. 12, Stuttgart, 2. Aufl. 1976 (Kreuz). (Claus Westermann legt die beiden Schöpfungsgeschichten in 1. Mose 1 und 2 im Blick auf heutige Fragestellungen aus.)

5. Materialien

M 19 So wohnen Kinder in anderen Ländern
M 20 Es ist niemand zu groß, es ist niemand zu klein
M 21 Schöpfungsfenster – vier Vorlagen

Leben im Garten Gottes

1. Zielsetzung, Aufbau und Probleme

Den Hintergrund dieser UE bildet die jahwistische Schöpfungsgeschichte 1. Mose 2. Es soll einerseits deutlich werden, dass der Mensch Teil der Natur ist, und er andererseits die Natur so verändern darf, dass sie zu einem Lebensraum wird, in dem er leben kann. Wir erleben unsere Umwelt nie als natürliche Umwelt, sondern immer schon als Kulturlandschaft, d. h. als vom Menschen gestaltete Natur. Der Veränderung und Nutzung der Natur durch den Menschen sind allerdings dort Grenzen gesetzt, wo diese Veränderungen zu einer Zerstörung der natürlichen Lebensgrundlagen führen.
Die Sch. diesen Alters haben ein großes Interesse an der Erhaltung ihrer Umwelt. Doch tragen auch sie – wie wir alle – durch ihren Lebensstil zur Bedrohung dieser Umwelt bei. So gleichen die Sch. in vielem dem Verhalten von Erwachsenen: Oft bleiben die vielen guten Vorschläge – wenn es um die Realisierung geht – im Verbalen stecken. Menschen erleben Natur heute häufig nur noch medial vermittelt. Angesichts dieser Beobachtung ist es wichtig, Natur nicht nur ins Klassenzimmer hereinzuholen, sondern auch in die Natur hinauszugehen.

- Die UE beginnt mit einer Doppelseite, die die lebensspendende Kraft des Wassers in der Wüste, in Anklang an 1. Mose 2, zum Thema hat: Wasser lässt die Pflanzen wachsen.
- Dieses Wachstum wird konkretisiert am Beispiel des Baumes.
- Die Aufgabe des Menschen, den Garten zu bebauen und zu bewahren, wird am Thema „Auto" konkretisiert.
- Den Abschluss der UE bildet die Anleitung zu einem Fest, in dem die Früchte der Bäume im Mittelpunkt stehen.

2. Didaktisch-methodische Hinweise

KB S. 54/55 Die Wüste trägt Frucht

Die beiden Seiten nehmen mit dem Thema Wüste und Fruchtbarmachung der Wüste Bezug auf 1. Mose 2,4b ff.: „Es war zu der Zeit, da Gott der HERR Erde und Himmel machte. Und alle die Sträucher auf dem Felde waren noch nicht auf Erden und all das Kraut auf dem Felde war noch nicht gewachsen; denn Gott der HERR hatte noch nicht regnen lassen auf Erden und kein Mensch war da, der das Land bebaute; aber ein Nebel stieg auf von der Erde und feuchtete alles Land."
Der Bericht von Michael Evenari zeigt an einem Beispiel, wie Menschen die Wüste bewässern, um dort leben zu können. Das Interessante an dem Bericht ist, dass hier jahrtausendealte Methoden angewendet werden.

Mögliches Vorgehen

Die Aufgabe, mit den Sch. einen Garten Eden zu gestalten (KB S. 54, Impuls 1), benötigt mehrere Unterrichtsstunden. Ziel dieser Gestaltungsaufgabe ist es zu zeigen: Wir dürfen unsere Umwelt umgestalten, sie aber nicht zerstören.
Zur Gestaltung des Garten Eden sollten den Sch. folgende Materialien bereitgestellt werden:

- Erde (Garten- oder Blumenerde; Blumenerde hat den Vorteil, dass sie leichter zu handhaben ist);
- Zweige, Rindenstücke, Wurzeln, Moos;
- evtl. kleine Steine, Muscheln, Schneckenhäuser;
- Knetmasse für Tiere, Pflanzen und Menschen;
- evtl. Holzbausteine;
- Papier.

Sinnvoll ist es, die „Gärten" in Deckeln von großen Kartons anzulegen; sie lassen sich leichter transportieren. Als erster Arbeitsschritt kann das Material auch von den Sch. selbst gesammelt werden; dies ist allerdings zeitaufwendiger.

1. Schritt

Zu dem Bericht von Evenari sammeln die Sch. weitere Berichte über die Bewässerung von Wüsten. Ebenso Gegenbeispiele, die zeigen, wie fruchtbare Landschaften z. B. durch Überweidung zu Wüsten werden.

Modell der Wüstenbewässerung, wie sie schon in der Antike betrieben wurde

Quer liegende Mauern unterteilen das Wüstental in Terrassen.

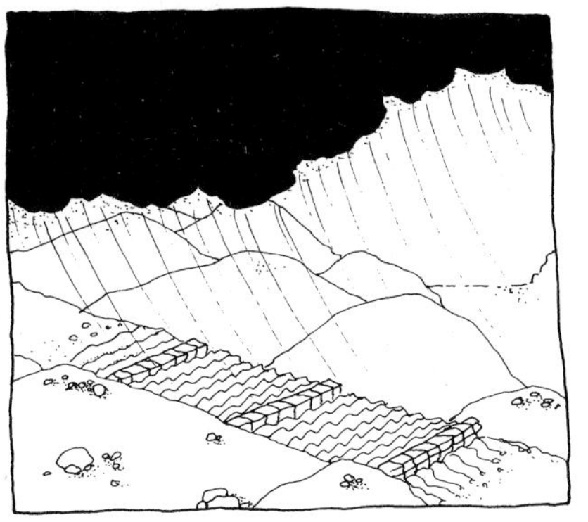

Das in Regenzeiten abfließende Wasser wird von den Mauern gestaut und versickert im Boden. Zusätzlich wird Wasser aus den benachbarten Tälern über Kanäle auf die Terrassen geleitet.

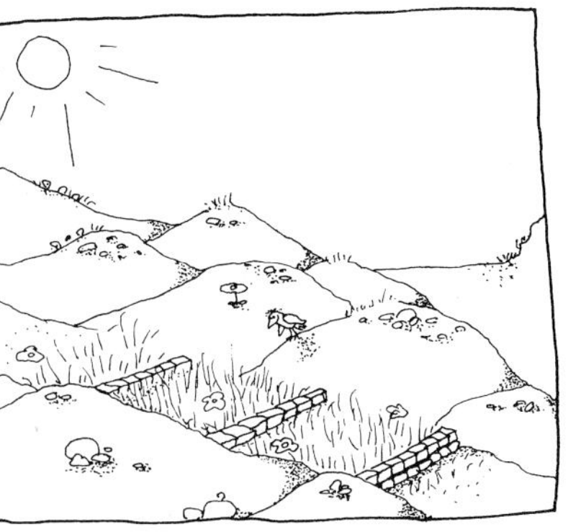

Nun ist auch während der Trockenzeit Landwirtschaft auf den Terrassen möglich.

2. Schritt

Für die Beschriftung des Regentropfenmobiles (KB S. 55, Impuls 2) können folgende Wassersprüche aus der Bibel vorgeschlagen werden:

- „Er weidet mich auf einer grünen Aue und führet mich zum frischen Wasser" (Psalm 23,2).
- „Du suchst das Land heim und bewässerst es und machst es sehr reich; Gottes Brünnlein hat Wasser die Fülle. Du lässest ihr Getreide gut geraten; denn so baust du das Land" (Psalm 65,10).
- „Du lässest Wasser in den Tälern quellen, dass sie zwischen den Bergen dahinfließen" (Psalm 104,10).

Mithilfe einer Konkordanz können weitere „Wasserbibelstellen" gesucht werden.

Die Rose von Jericho

Die Rose von Jericho stammt aus tropischen, wasserarmen Gebieten Vorderasiens und Afrikas. Sie ist sehr widerstandsfähig und anspruchslos. In der Trockenzeit schließt sie sich zu einem unscheinbaren Büschel, dessen Wurzeln absterben und die somit vom Wind weitergetragen werden kann. Kommt sie mit Wasser in Berührung, entfaltet sie sich und wird wieder grün. Dieser Vorgang ist beliebig oft wiederholbar.

Aufgrund dieser „wundersamen" Eigenschaften wird sie bei Beduinen und Eingeborenen als Naturwunder mit Heilkräften angesehen. Sie ist auch eines der ältesten Auferstehungssymbole der jüdisch-christlichen Zeit (2./3. Jh.), denn letztendlich siegt das Leben über den Tod.

Legt man die Rose von Jericho in eine Schale mit heißem Wasser, so entfaltet sie sich nach kurzer Zeit und wird grün. Derselbe Vorgang ist auch mit kaltem Wasser möglich, allerdings dauert es dann entsprechend länger. Lässt man sie trocknen, schließt sie sich wieder und vertrocknet.

Erhältlich ist die Rose von Jericho in Markthallen von Großstädten und Gartengroßmärkten (Preis ca. 5,00 DM).

3. Schritt

Möglicher Umgang mit der Rose von Jericho:

– Im Stuhlkreis (mit meditativer Musik im Hintergrund) wird die Rose von Jericho nach einer kurzen Einführung herumgereicht, jede/jeder Sch. darf sie befühlen, an ihr riechen, sie anschauen. Dann wird die Rose in der Mitte des Kreises in eine Schale gelegt, über die jede/jeder Sch. heißes Wasser gießen darf. Gemeinsam wird beobachtet, wie sie sich entfaltet und grün wird. Im anschließenden UG werden die Eindrücke der Sch. besprochen.

– Wahlweise ist auch die folgende Übung aus der Kräfteschulung (nach Hans Kuhn-Schädler) durchführbar: Die Sch. sitzen im Stuhlkreis, meditative Hintergrundmusik begleitet die ganze Übung. L. zeigt die Rose von Jericho und gibt eine kurze Einführung. Bevor die Rose weitergegeben wird, stellt L. die Frage „Wann fühlt ihr euch so vertrocknet und leer, wie jetzt diese Rose aussieht?" und gibt eine persönliche Antwort darauf (Beispiel: „Ich fühle mich so vertrocknet und leer, wenn ich mit jemanden Streit habe; wenn mir jemand weh getan hat; wenn ich schlecht geschlafen habe ..."). Wird die Rose im Kreis weitergereicht, darf sie jede/jeder befühlen, riechen, anschauen. Wer von den Sch. möchte, bringt einen Beitrag ein (Freiwilligkeit!), ansonsten gibt sie/er die Rose nach dem Betrachten einfach weiter. Der erste Teil der Übung ist abgeschlossen, wenn die Rose wieder bei der/dem L. ankommt.

Im zweiten Durchgang werden eine Schale und ein Krug heißes Wasser in die Mitte gestellt. Die Rose wird in die leere Schale gelegt. Der L. stellt die Frage: „Was hat mir im Leben besonders gut getan?" Während er wieder eine persönliche Antwort formuliert (Beispiel: „Als mich jemand getröstet hat; als mich jemand umarmt hat; als mir jemand zugehört hat ..."), gießt er einen Schluck heißes Wasser über die Jerichorose. Die Übung wird nun wieder im Kreis weitergeführt. Sch. können entweder persönliche Antworten geben oder auch nur Wasser über die Rose gießen.

– Als Alternative zu den eigenen Beiträgen kann an dieser Stelle auch aus den gesammelten Wassersprüchen ein Vers zitiert werden.

– Die Übung wird fortgeführt, bis alle Sch. etwas Wasser über die Jerichorose gegossen haben.

– Zum Abschluss geht L. nochmals in die Mitte, gießt den Rest des Wassers über die Rose mit den Worten: „Zum Leben gehören Trauer und Freude; dem Leben hat aber unsere zweite Runde gehört. Wenn ihr die Rose von Jericho betrachtet, seht ihr, dass das Leben letztendlich gesiegt hat."

– Schließlich kann noch ein Liedvers gesungen werden. Auf ein inhaltliches Gespräch über die Übung sollte verzichtet werden. Es ist denkbar, sich über die Gefühle während und nach der Übung auszutauschen.

KB S. 56 HERR, wie sind deine Werke so groß und viel

Gemeinsames Thema vom KB S. 56/57 ist der Baum, der Baum als Ökosystem, und die Frage, ob und in welchem Umfang Bäume Häusern weichen müssen. Bäume sind die größten, bestangepassten und ältesten Lebewesen. Der wohl älteste lebende Organismus der Erde ist ein Mammutbaum in Nevada, dessen Alter man auf 4900 Jahre schätzt.
Dass Bäume schon immer einen großen Symbolwert hatten, liegt daran, dass im Baum, vor allem dann, wenn er im Winter seine Blätter verloren hat, Leben und Tod, Werden und Vergehen anschaulich werden.
Es ist darum verständlich, dass sich das Motiv des Lebensbaumes in fast allen Kulturen findet. Bäume werden erlebt als Personen, als Quelle und Symbol des Lebens. Im Baum offenbart sich Leben.
Der Baum gilt in verschiedenen Religionen als Enthüller der Wahrheit. Er ist Wohnung der Götter, die aus ihm zu den Menschen sprechen. In dieser Traditionslinie stehen auch der brennende Dornbusch, aus dem heraus Mose die Stimme Gottes vernimmt (vgl. KB S. 91), und die Eiche im Hain von Mamre, unter der Abraham eine Offenbarung Gottes empfängt.
Aber auch der Baum der Erkenntnis des Guten und des Bösen gehört in diesen Zusammenhang. Dadurch, dass die Menschen von der Frucht des Baumes essen, gewinnen sie Erkenntnis. Auch dieser Baum ist Enthüller der Wahrheit. Möglicherweise gehen der Baum der Erkenntnis und der Baum des Lebens traditionsgeschichtlich auf die gleiche Wurzel zurück. Deutlich ist auf jeden Fall, dass zwischen beiden ein innerer Zusammenhang besteht. In der mittelalterlichen Kunst erscheinen beide Bäume häufig als Motiv. Dabei ist der Baum sowohl Symbol des Todes, der die Folge des Essens vom Baum der Erkenntnis ist, als auch Symbol des Lebens. In der christlichen Kunst werden diese beiden Motivstränge weiterentwickelt bis hin zum Kreuz, das oft als neuer Lebensbaum dargestellt wird.

Mögliches Vorgehen

1. Schritt

Der in Baumform gedruckte Text versucht, die Zusammenhänge des Ökosystems Baum aufzuzeigen. Zu empfehlen ist ein Lerngang zusammen mit der Biologielehrerin bzw. dem Biologielehrer. So können die im Bild aufgezeigten Zusammenhänge in der Natur entdeckt werden.

2. Schritt

Für die Gestaltung eines Plakates dient der Textbaum „Ich bin eine Buche“ (KB S. 56) ohne Bildunterlage (M 22). Die Sch. gestalten das Plakat ähnlich wie im KB durch Zeichnungen und/oder durch eingeklebte Bilder aus Zeitschriften (KB S. 56, Impuls 1).

3. Schritt

Will man in das Thema Baum tiefer einsteigen, empfiehlt sich die Gestaltung eines Baumbuches mithilfe von Bildern und Texten. Anregend dazu ist das Buch von Gerda Gollwitzer, „Botschaft der Bäume“.

4. Schritt

Eine andere Möglichkeit besteht in der Verwendung von Bildern und Texten, in denen Baum und Mensch verglichen werden, wie das Bild „Baum und Mensch“ aus dem Compendium Anatomicum nova methodo institutum (M 23) oder ein Text aus den Upanishaden:

> Dem Baume gleich, dem Fürsten des Waldes,
> Gewiss, ihm gleich ist der Mensch.
> Seine Haare entsprechen den Blättern,
> Der Außenrinde gleicht die Haut.
> Es strömt das Blut aus seiner Haut
> Wie aus der Rinde des Baumes der Saft.
> Aus dem Verwundeten fließt Blut
> Wie Saft aus einem Baum,
> Den man verletzt.
> Dem Holze vergleichbar ist das Fleisch,
> So wie dem Bast die starke Sehne.
> Die Knochen sind das Innenholz,
> Das Mark vergleicht dem Marke sich.
>
> Upanishaden

5. Schritt

Die Sch. können selbst Baumbilder suchen und dazu entsprechende Texte formulieren. Ein Beispiel hierfür ist die Körpermeditation Baum (M 24). Die Sch. können sich so in einen Baum hineinfühlen und zugleich ein Gefühl für den eigenen Körper entwickeln.

6. Schritt

Das Thema Baum eignet sich auch sehr gut zur Gestaltung eines Schülergottesdienstes, z. B. unter dem Thema „Mein Freund der Baum“. Die Sch. können mithilfe verschiedener Liederbücher Lieder zum Thema Baum zusammenstellen. Das bekannte Lied von Alexandra, „Mein Freund der Baum“, findet sich in Fontäne Nr. 184 (vgl. auch den fächerübergreifenden Unterrichtsvorschlag „Die Botschaft des Baumes“ von Kalusche/Petri/Simon, in: entwurf 2/91, S. 46 ff.).
Sch. hatten beispielsweise für einen Gottesdienst zu entsprechenden Baumbildern Texte formuliert, in denen jeweils einer Beschreibung eines Baumes eine Gebetsbitte folgte. Hier ein Beispiel:

> Imponierend dieser Baum!
> Freistehend mit entfalteter Krone.
> Seine Krone gewährt Schatten,
> in seinen Ästen können Vögel ihre Nester bauen.
> Wer wollte nicht so sein?
> Stark und unabhängig, unerschütterlich.
> Sich entfalten können nach allen Seiten.
> Herr wir danken dir, dass du uns Kräfte gibst,
> sodass wir uns entfalten können.
> Hilf, dass wir unsere Kräfte nicht zum Schaden anderer
> einsetzen.

KB S. 57 Und wo sollen wir wohnen?

Mögliches Vorgehen

1. Schritt

Die Sch. spielen die Szene KB S. 57, die sich bei Familie Tross ereignet hat, als Entscheidungsspiel, wobei die Methode des Doppelns angewendet werden kann (KB S. 57, Impuls 1).
Die Methode des Entscheidungsspiels (Doppeln) ist eine Form des Rollenspiels, das erfahrungsgemäß auch in darin ungeübten Klassen leicht durchführbar ist, sofern eine klare Alternative zur Entscheidung steht. Beim Spiel sitzen drei Personen auf Stühlen nebeneinander. Eine Person trägt die Argumente „PRO", die andere die Argumente „CONTRA" vor. Die Person in der Mitte ist das „ICH", das zum Schluss die Argumente abwägt und endgültig über das Handeln entscheidet: „Soll ich ... oder soll ich nicht? – Ich entscheide mich für ..."
Die Methode des „Doppelns" hat den Vorteil, dass sehr viele Sch. einer Lerngruppe einbezogen werden können. Die Sch., die ein Argument vorbringen möchten, stellen sich hinter eine der drei Person (PRO, CONTRA oder ICH) und tragen ein entsprechendes Argument vor. Sie „doppeln" die einzelnen Person auf den Stühlen.
Das Entscheidungsspiel wird dadurch vorbereitet, dass die Sch. in EA, PA oder GA Pro- und/oder Contra-Argumente sammeln, die sie dann beim Spiel vortragen. Eine vereinfachte Form des Entscheidungsspiels besteht darin, dass die entsprechenden Argumente – auf Kärtchen geschrieben – in Pro- und Contraspalten an die Tafel geheftet werden (vgl. dazu: Bubenheimer, Spielen und Bubenheimer, Spielformen).

2. Schritt

Nach dem Spiel wird der Zeitungsbericht „Lieber Bäume als ein dicker Batzen Geld" (M 25) vorgelesen. Dies führt zur Fortsetzung der Diskussion.

3. Schritt

Singen des Liedes „Gott gab uns Atem". Das Lied eignet sich als Begleitlied für die ganze UE wie für KB S. 60/61 (Das Neujahrsfest der Bäume).

KB S. 58/59 Bebauen ... / ... und bewahren

Die beiden Seiten zeigen die Ambivalenz des menschlichen Fortschritts am Beispiel Rad/Auto. Die Erfindung des Rades und des Autos brachte für den Menschen entscheidende Erleichterungen. Doch die rasant zunehmende Motorisierung führte auch zu fast unbewältigbaren Umweltproblemen.

Mögliches Vorgehen

1. Schritt

Alles dreht sich ums Rad. Die aufgeführten Daten geben die wichtigsten Stationen der Entwicklung des Rades wieder. (Eine ausführliche Übersicht über diese Entwicklung findet sich in GEO WISSEN 1991, Verkehr, Mobilität, S. 118 ff.: Vom Holzrad zur Rakete.)
Die Sch. können auf einem Zeitstrahl die Entwicklung darstellen und mithilfe eigener Zeichnungen oder Kopien aus Sachbüchern ein Schaubild für das Klassenzimmer gestalten.

2. Schritt

Der erste Autofernfahrer der Welt: Eine Frau. Schon die Überschrift kann Anlass zur Diskussion sein.
Das Streitgespräch zwischen Pforzheimer Bürgern (KB S. 58, Impuls 1) führt die Sch. in die Problematik der Motorisierung ein. Der Umstand, dass die Sch. sich gedanklich in das Jahr 1888 zurückversetzen und von dort aus nach vorne blicken müssen, gibt diesem Streitgespräch seinen spielerischen Reiz.
Der Impuls 2 im KB S. 58 „Bebauen ist mehr, als den Boden zu bearbeiten" weist darauf hin, dass dem Auftrag, „den Boden zu bebauen", d. h. die Natur zu nutzen, durch die heutigen technischen Möglichkeiten kaum Grenzen gesetzt sind. Diese Möglichkeit enthält Chancen und Gefahren (vgl. auch KB S. 58, Impuls 4).

3. Schritt

Die Sch. geben der Karikatur KB S. 59 einen Titel (KB S. 59, Impuls 1). Dieser wird oben auf ein DIN-A3-Blatt geschrieben. Die Karikatur wird in die Mitte des Blattes geklebt. Die Sch. schreiben auf den so entstandenen Rand ihre Vorschläge, die sie durch Bilder anschaulich machen können (KB S. 59, Impuls 2). Man kann auch in GA ein noch größeres Plakat gestalten.
Dieser Arbeitsschritt kann auch zusammen mit dem folgenden Schritt in arbeitsteiliger GA gestaltet werden.

4. Schritt

Die Impulse im KB S. 59 unten können in arbeitsteiliger GA (zusammen mit den Impulsen im KB S. 59 oben) behandelt werden. Als Material, wie Umsteigen vom Auto auf das Fahrrad die Umwelt schont, kann das Schaubild KB S. 59 dienen:

Wenn 20 % der Autofahrer einer westdeutschen Stadt mit 100 000 Einwohnern auf das Fahrrad umsteigen, gibt es eine Einsparung von:

20,5 %	versiegelter Verkehrsfläche
34,5 %	Kraftstoff
34,7 %	Sauerstoffverbrauch
36,1 %	verseuchte Luft

Die eingesparten volkswirtschaftlichen Kosten belaufen sich auf insgesamt 19,3 Mill. DM im Jahr.

Die Sch. können sich bei örtlichen Umweltorganisationen ähnliches Vergleichsmaterial besorgen. In jeder größeren Stadt werden bei längerfristigen Verkehrsplanungen derartige Ökostudien erstellt.

5. Schritt

Die Ergebnisse der Arbeitsgruppen werden vorgestellt und im UG erörtert.

Ergänzungen

Zur Vertiefung der Umweltproblematik dienen das Puzzle bzw. die Folien „Alte/neue Landschaft" (M 26-28). Es soll eine „heile" Landschaft und dieselbe nach dem Bau einer Autobahn gezeigt werden. Die Sch. erhalten das Puzzleblatt (M 26). Nach dem Ausschneiden und Zusammensetzen folgt das UG. Von den beiden Bildern (M 27 und M 28) lassen sich Folien ziehen, die man aufeinander legen kann. L. kann auch die Aufgabe stellen, in das Bild von der „heilen" Landschaft eine Autobahn einzuzeichnen.

Die Karikatur KB S. 59 kann verglichen werden mit dem Bild von Fortunato Depero auf der ersten Umschlagseite (näheres s. Einführung Ziffer 5). Dabei sollte herausgestellt werden, dass es eine Zeit gab, in der Futuristen einer Maschinenromantik verfallen waren. Das Bild erinnert ohne Zweifel daran, dass z. B. ein ICE-Zug durchaus eine ästhetische Note hat. Im Übrigen ist unter ökologischen Gesichtspunkten dem Zug vor dem Auto heute immer noch der Vorzug zu geben.

KB S. 60/61 Das Neujahrsfest der Bäume

Den Abschluss der Schöpfungseinheit bildet die gemeinsame Feier eines Festes: das Neuhjahrsfest der Bäume, hebräisch Tu B'Schewat (15. Tag des Schewat). Das nichtbiblische Fest ist in Israel kein offizieller Feiertag. Hintergrund des Festes ist das Gebot, die Früchte von neu gepflanzten Bäumen erst im 5. Jahr zu essen (3. Mose 19,23 - 25). Am diesem Neujahrsfest werden in Israel Bäume gepflanzt. In bestimmten Kreisen in Israel hat sich die Tradition herausgebildet, diesen Tag nach einer bestimmten Ordnung (Seder) zu feiern. Auf eine solche Ordnung nimmt KB S. 60/61 Bezug.

Mögliches Vorgehen

Aufgabe der Sch. ist es, aus den auf den beiden Seiten gebotenen Materialien eine Festordnung zusammenzustellen (KB S. 60, Impuls 1), sodass das Neujahrsfest der Bäume im Klassenzimmer gemeinsam gefeiert werden kann. L. stellt die ausführliche Festordnung zur Verfügung (M 29).

3. Alternative Verlaufsplanung

Man kann mit dem gemeinsam gefeierten Fest beginnen (KB S. 60/61). Es folgt dann die Behandlung der Umweltproblematik mithilfe von KB S. 58/59 und KB S. 57. Daran schließt sich KB S. 56 (Ökosystem Baum) an. Den Abschluss der UE bildet die Gestaltung des Gartens Eden (KB S. 54/55).

4. Empfohlene Literatur und Medien

(vgl. dazu auch die Angaben zu „Miteinander in der Schöpfung: Menschen und Tiere")

Bubenheimer, Ulrich, Spielen im Religionsunterricht, Unterrichtsprojekt und U-Mitschaufilm, in: entwurf 2/81, Stuttgart 1981, S. 6 - 25

Bubenheimer, Ulrich, Spielformen, in: Adam, Gottfried/Lachmannn, Rainer (Hg.), Methodisches Kompendium für den Religionsunterricht, Göttingen 1993 (Vandenhoeck & Ruprecht)

GEO WISSEN 1991, Verkehr, Mobilität, S. 118 ff. (Gutes Material zur Gestaltung von Plakaten u.ä.)

Gollwitzer, Gerda, Botschaft der Bäume – gestern – heute – morgen?, Köln, 2. Aufl. 1985 (DuMont). (Dieses Buch bietet eine reiche Auswahl an Bildern und Texten zum Thema.)

Kalusche, Dietmar/Petri, Dieter/Simon, Karlheinz, Die Botschaft des Baumes, in: entwurf 2/91, S. 46 - 56. (Der Beitrag enthält Vorschläge und konkrete Materialien für fächerverbindendes Arbeiten zum Thema Baum für die Fächer Biologie, Kunst und Religion.)

5. Materialien

M 22 Ich bin eine Buche
M 23 Baum und Mensch
M 24 Körpermeditation Baum
M 25 Lieber Bäume als ein dicker Batzen Geld – ein Zeitungsbericht
M 26 Zwei Landschaften (Puzzle)
M 27 Folienvorlage: Alte Landschaft
M 28 Folienvorlage: Neue Landschaft
M 29 Festordnung: Neujahrsfest der Bäume

Geschichten vom Anfang

1. Zielsetzung, Aufbau und Probleme

Geschichten vom Anfang werden in allen Kulturkreisen erzählt. Andere Völker, auch solche, mit denen Israel historisch und kulturell überhaupt nichts zu tun hatte, erzählen von der Urzeit und der Entstehung des Lebens. Offenbar ist es so, „dass in den Erzählungen von der Urzeit etwas den Menschen Gemeinsames vorliegt". Man kann sagen, „dass das Reden von Schöpfer und Schöpfung im Zusammenhang der Urzeitmythen ursprünglich das Reden des bedrohten Menschen in einer bedrohten Welt war. Die Schöpfungsmythen hatten einmal die Funktion der Welterhaltung und der Daseinssicherung" (Westermann, Schöpfung, S. 22 f.).
Dabei bringen die Völker jeweils ihre eigenen Erfahrungen ein: In den Geschichten spiegeln sich die sozio-kulturellen Verhältnisse der jeweiligen Kultur. Die Geschichten zeigen, wie die einzelnen Völker die Natur erleben. Sie zeigen in je spezieller Weise, dass hinter der Natur und dem Leben des Menschen eine höhere Macht steht, die dem Leben des Menschen und der ganzen Schöpfung Sinn gibt.
Bei der Behandlung dieser Geschichten können die Sch. entdecken, dass, bei aller Verschiedenheit der Sicht der Welt, hinter diesen Geschichten die alten, immer gleichen Fragen der Menschheit stehen: Wem verdankt sich der Mensch, wozu lebt der Mensch?
Die Geschichten machen in ihren Übereinstimmungen und Unterschieden deutlich, dass es bei Geschichten vom Anfang um mehr als um äußere Abläufe geht. Die Frage nach der tieferen Wahrheit solcher Geschichten ist auch für die Behandlung der biblischen Schöpfungsgeschichten wichtig. Allerdings erfordert diese Fragestellung bei den Sch. ein gewisses Vermögen, metaphorisches Reden als solches zu verstehen.
Es wird darauf ankommen, dass die Sch. in die Lage versetzt werden, diesen Transfer zu leisten. Von daher ist es sinnvoll, diese Geschichten erst in der Klasse 6 zu behandeln.

2. Didaktisch-methodische Hinweise

KB S. 62 Gott schuf die Sonne, die Sterne, den Mond

Das Lied „Gott schuf die Sonne" drückt die Freude des Menschen darüber aus, dass Gott alles so gut geschaffen hat. Diese Freude kommt insbesondere im Refrain zum Ausdruck: Wir dürfen in dieser schönen Welt, die uns Gott gegeben hat, leben. In der ersten Strophe wird die unbelebte Natur angesprochen. In der zweiten Strophe die Tiere und der Mensch. Der Auftrag des Menschen, seine Verantwortung für die Schöpfung, bilden das Thema der dritten Strophe, wobei dieses Thema bereits in der zweiten Strophe anklingt.

Mögliches Vorgehen

1. Schritt

Es sind mehrere methodische Wege zur Erschließung des Liedes denkbar: Man kann den Rhythmus des Liedes beim Singen mit Klatschen oder Rhythmusinstrumenten unterstreichen. Dadurch wird erlebbar, dass die Freude den ganzen Menschen erfasst. Sinnvoll ist, z. B. die Pausen des Refrain mit jeweils drei Klatschschlägen zu „füllen".

2. Schritt

Die Sch. können zu den einzelnen Liedstrophen Plakate gestalten (entweder eine Collage anfertigen oder ein Bild malen). Bei der Besprechung der Bilder ist eine mögliche Leitfrage: Wo kommt Gott in dem Bild (Collage) vor? Wie könnte man Gottes Schöpfungshandeln darstellen? Interessanterweise stellen viele Sch. dieses „*Hand*"eln dar, indem sie – ganz ähnlich wie in vielen mittelalterlichen Bildern – Gottes Hand zeichnen.

3. Schritt

Zur dritten Strophe kann man die Sch. ihre eigene Hand in Umrissen zeichnen lassen. In die Finger schreiben sie, was sie zur Erhaltung der Schöpfung tun können. Damit wird der wichtige Zusammenhang zwischen Gottes Handeln und dem menschlichen Handeln deutlich.
Die zu dem Lied gezeichnete geöffnete Hand, aus der die Schöpfung herauswächst, soll Gottes „Handeln" veranschaulichen: In seiner Hand wächst die Welt (zur Hand als uraltem Symbol für Gottes Handeln vgl. KB S. 76, Impuls 2).

KB S. 63 - 69 Geschichten vom Anfang

Im KB S. 63 - 69 werden Geschichten vom Anfang aus Babylonien, Finnland, den Philippinen und Israel wiedergegeben.

Mögliches Vorgehen (Sammelimpuls)

- Ihr könnt die drei Geschichten im KB S. 63 - 67 miteinander vergleichen. Überlegt: Wie hängen die Geschichten mit den Ländern zusammen, in denen sie erzählt werden? Was kommt in allen Geschichten vor? Welcher Platz wird Menschen, Tieren und Pflanzen zugeteilt?
- Alle Geschichten sind Geschichten gegen die Angst vor dem Chaos. Sucht andere „Geschichten vom Anfang".

Folgende Tabelle kann beim Vergleich der einzelnen Geschichten helfen:

	Zusammenhang mit dem Ursprungsland	Welche Rolle spielen Pflanzen und Tiere?	Welche Aufgabe hat der Mensch?	Wie wird die Beziehung Schöpfer/ Mensch beschrieben?	Welche Ängste stehen hinter der Geschichte?
Babylonien	Im Kampf der Götter stellt sich die Frage: Wer siegt und ermöglicht Leben? Diese Frage spiegelt die Erfahrung mit dem Wasser im Zweistromland wider: Wasser wird als Bedrohung, aber auch als Lebensspender erfahren.	Sie spielen keine Rolle.	Er baut zur Ehre des Gottes Marduk die Stadt Babylon.	Der Mensch ist dankbar gegenüber Marduk.	Die Kräfte der Natur (Wasser) bedrohen den Menschen.
Finnland	Die Dunkelheit hat nicht die letztendliche Macht. Das Polarlicht weist auf das wiederkehrende Licht hin.	Sie werden vom Sänger erschaffen, um die Erde zu verschönern.	Der Mensch spielt keine aktive Rolle.	Sie werden geschaffen, als es Zeit wurde.	Die Dunkelheit bedroht den Menschen.
Philippinen	In der Schönheit der Welt entsteht der Mensch aus dem Teig des Hauptnahrungsmittels (Mais).	Sie sind dazu da, um den Menschen zu erfreuen.	Die Menschen sollen einander und die Götter lieben. Sie sollen sich an der Schönheit der Welt erfreuen, das Böse meiden und auf der Erde herrschen.	Die Götter blicken die Menschen liebevoll an. Indem die Menschen die Schönheit der Welt betrachten, werden sie ihre Liebe zu Tuglay und Tuglibon erleben.	Die Menschen haben Angst, hässlich und unbeweglich zu sein.
1. Mose 1	Das Wasser wird – wenn es außer Kontrolle gerät – als Bedrohung empfunden.	Die Menschen werden von Gott durch sein Wort geschaffen. Die Menschen sind zur „Herrschaft" über Tiere und Pflanzen, berufen; sie sollen fruchtbar sein.	Die Menschen werden als Bild Gottes geschaffen; sie werden gesegnet.	Angst vor Unordnung und Chaos.	Frage: Wer ist für die Schöpfung verantwortlich – Gott oder andere Götter?
1. Mose 2	Fruchtbare Oasen ermöglichen Leben; Wasser ist lebensnotwendig.	Pflanzen dienen als Nahrung des Menschen; Tiere werden als Gegenüber des Menschen geschaffen.	Der Mensch soll den Garten bebauen und bewahren. Er gibt den Tieren ihre Namen.	Gott sorgt für den Menschen; ER gibt ihnen alles, was sie brauchen.	Der Mensch lebt in der Angst, dass es nicht genug Wasser gibt, sodass er nicht genug zu essen hat.

KB S. 63 Die Babylonier erzählten

Der Text fasst kurz den Babylonischen Schöpfungsmythos zusammen, wie er im Enumaelisch („Als droben ...") überliefert ist. In den Personen der Götter sind die bedrohlichen Mächte der Natur dargestellt (z. B. Tiamat = Salzwasserozean), die gebändigt werden. Marduk kämpft gegen die Chaosmächte, die alles zu verschlingen drohen. Es gelingt ihm unter Aufbietung aller Kräfte und Mächte, einen geregelten Wechsel zwischen Feuchtigkeit und Trockenheit herzustellen. Die Welt, die er baut, ist für die Natur gleichsam ein schützendes Haus. In diesem Kampf ist ausgedrückt, was die Menschen im Kampf gegen die sie oft bedrohenden Kräfte der Natur erleben: Die zerstörenden Kräfte können gebändigt und dem Menschen nutzbar gemacht werden. In diesem Sinne ist das Wasser für die Babylonier eine bedrohliche und gleichzeitig eine lebensspendende Kraft: Die Wasserfluten können die Lebensgrundlagen des Menschen zerstören; Wasser ist andererseits – wenn es gebändigt ist – Lebensspender.
In der babylonischen Geschichte ist zugleich das damalige Weltbild abgebildet: Aus dem Leib der Tiamat wird das Himmelsgewölbe (1. Mose 1: die Feste) gebildet, mit dessen Hilfe die Wassermassen zurückgehalten werden.
Der babylonische Schöpfungsmythos vom siegreichen Kampf Marduks gegen die Chaosmächte wurde in Babylonien jedes Frühjahr in einem großen Fest gefeiert. In einer Prozession schleppte Marduk die besiegte Tiamat davon. Der Sieg Marduks gegen die Chaosmächte war gleichzeitig auch das Vorbild für den Sieg der Babylonier über die feindlichen Völker. Die Götter(bilder) dieser Völker, die Marduk besiegt hatte, wurden in der Prozession mitgeführt.
Die biblische Erzählung von der Schöpfung in 1. Mose 1 weist viele Parallelen, zugleich aber auch auffallende Unterschiede zum babylonischen Schöpfungsmythos auf. Die Wasser, über denen der Geist Gottes schwebt (V. 2), heißen im Hebräischen „tehom"; dies ist der Singular von Tiamat. Die Feste (das Firmament), das die Wassermassen zurückhält, entspricht dem als Himmelsgewölbe verwendeten Leib der Tiamat. Die wichtigsten Unterschiede zum babylonischen Mythos sind darin zu sehen, dass Gott in 1. Mose 1 nicht wie Marduk unter Aufbietung aller Kräfte und Hilfsmittel die Welt erschafft, sondern mit großer Leichtigkeit, indem er spricht „Es werde!". Dass dem

Schreiber von 1. Mose 1 (im babylonischen Exil) der babylonische Mythos vertraut war, sieht man u.a. daran, dass er sehr abfällig von den Gestirnen redet, die in der babylonischen Religion Götter repräsentieren: Sie haben nach 1. Mose 1 eine dienende Funktion (sie „scheiden Tag und Nacht und geben Zeichen, Zeiten, Tage und Jahre", V. 14) und werden von Gott kurzerhand an das Himmelsgewölbe geheftet.
Das Bild ist ein Ausschnitt aus der 2.25 Meter hohen Dioritstele, auf der das Gesetzbuch des Hammurapi mit über 250 Gesetzen abgebildet ist; das Original dieser Stele befindet sich heute im Louvre. Der babylonische Herrscher Hammurapi erhält aus der Hand seines Gottes das Gesetzbuch. Wesentlicher Inhalt der Gesetze ist: Maßstab des rechten Lebens vor Gott ist die Achtung des Rechtes des Mitmenschen. Hammurapi regierte wahrscheinlich von 1793 - 1750 v. Chr. in Babylonien. Auf religiösem Gebiet machte er den babylonischen Stadtgott Marduk zum Haupt des Pantheons.

Mögliches Vorgehen

Erfahrungsgemäß haben die Sch. Schwierigkeiten, die Zusammenhänge zwischen den erwähnten Götterpersonen zu erfassen. Deshalb werden in KB S. 63 diese am Rand kurz charakterisiert. Zur Erschließung der Geschichte kann man die Sch. die Szenen der Geschichte auf einen Filmstreifen zeichnen lassen. Das Folgende als Kopiervorlage:

KB S. 64/65 In Finnland erzählt man

Die Geschichte vom himmlischen Schmied und dem Sänger stammt aus Finnland: Drei Götter – sie sind Brüder – leben in der Tiefe des unendlichen Himmels: Wanna issa, der Älteste, Wäjnämöjne, der Sänger, und Ilmarine, der Schmied. Der Älteste lässt die Erde entstehen, während seine beiden Brüder schlafen. Als sie erwachen, können sie nichts von der Erde sehen, denn sie ist wüst und liegt ganz im Dunkeln. Der Schmied schmiedet das Himmelsgewölbe, die Sterne, den Mond und zuletzt die Sonne, die die Erde mit ihren warmen Strahlen überflutet. Der Sänger ergreift seine Harfe und singt das Lied von der Schöpfung. Dann springt er, begleitet von Scharen von Vögeln, auf die Erde. Durch die Berührung mit seinen Füßen sprießen die Pflanzen hervor. Alles duftet und singt. Aber noch fehlt der Mensch. Der Mensch und die Tiere werden von dem Ältesten erschaffen.

Mögliches Vorgehen

Verklanglichung (KB S. 65, Impuls 1-3): Um die Geschichte als Klanggeschichte aufzuarbeiten, ist es hilfreich, sich zusammen mit den Sch. unterschiedliche Musikinstrumente, ihre Klangfarben und die damit assoziierten Stimmungen vertraut zu machen. Einfache Hörübungen können angeschlossen werden, z. B. Töne in unterschiedliche Lautstärke (Wer hört wie gut? Wer hört am besten?), Töne aus verschiedenen Richtungen im Raum erraten (bei geschlossenen Augen hören, woher der Ton kommt), Tonhöhen raten (Welcher Ton ist höher? Welcher Ton ist tiefer?), den eigenen Namen mit Tönen gestalten.

Die Geschichte vom himmlischen Schmied und Sänger kann in sieben Abschnitte eingeteilt werden:

1. Abschnitt: Zeile 1 - 14 bis „Aber wie soll das geschehen?";
2. Abschnitt: Zeile 15 - 25 bis „mit einem Blasebalg das Feuer an";
3. Abschnitt: Zeile 26 - 46 bis „der erste helle Tag angebrochen";
4. Abschnitt: Zeile 46 - 51 bis „von den warmen Sonnenstrahlen überflutet wurde";
5. Abschnitt: Zeile 51 - 55 bis „begannen Blumen, Sträucher und Bäume zu wachsen";
6. Abschnitt: Zeile 56 - 68 bis „über die Saiten seiner großen Harfe gleiten";
7. Abschnitt: Zeile 69 - 77 bis Schluss.

Abschnitt 1 und 7 werden ohne instrumentale Begleitung nur gelesen, die anderen Abschnitte auf 5 Gruppen aufgeteilt. Die Gruppen wählen aus den zur Verfügung gestellten oder von ihnen mitgebrachten Musikinstrumenten die passenden Instrumente aus. Sie lesen ihre Abschnitte möglichst laut, suchen dabei Stellen aus, die sich in Töne umsetzen lassen und üben mit ihren gewählten Instrumenten den Abschnitt ein. Beispiele:
Abschnitt 2: Schlafen: „Reibeholz"; Hin- und Herlaufen: dumpfe Trommelschläge;
Abschnitt 3: Schmiedehammer, Amboss: Triangel oder evtl. zwei Hämmer;
Abschnitt 4: Harfe, Gesang: Gitarre und singen;
Abschnitt 5: Vögel, Blumen Sträucher, Bäume wachsen: verschiedene Instrumente.
Der Phantasie sind keine Grenzen gesetzt, auch andere Gegenstände (z. B. Hammer) können als „Musikinstrumente" ver-

wendet werden. Evtl. müssen manche Szenen länger oder noch einmal neu eingeübt werden. Die Proben dauern mindestens eine Unterrichtsstunde, die in einer Aufführung münden können. Entweder lesen die Sch. ihre Abschnitte selber vor oder eine Sprecherin bzw. ein Sprecher. Abschnitt 1 und 7 kann auch L. übernehmen. Spannend ist es, die Aufführung auf Band aufzunehmen und noch einmal anzuhören. Auch Vorstellungen für andere Klassen sind denkbar.

KB S. 66/67 Auf den Philippinen erzählt man

Diese Geschichte erzählt von der Erschaffung der Menschen durch die mächtigen Wesen Tuglay (männlich) und Tuglibon (weiblich). Die Menschen, als Mann und Frau erschaffen, sollen sich an der schönen Welt erfreuen. Tuglay mach sich ans Werk und formt den Menschen aus Maismehl, aber sein Werk misslingt: Seine Menschen haben keine Gelenke. Auch sonst haben seine Menschen einige Fehler. Tuglibon ist entsetzt über die Hässlichkeit der Menschen, aber Tuglay ist mit seinem Werk zufrieden und lehnt es ab, neue Menschen zu schaffen. Tuglibon streut ihrem Mann Maismehl in die Augen, damit er nicht sehen kann, was sie tut. Dann formt sie aus Maismehlteig schöne, gelenkige Menschen. Sie sind dazu bestimmt, sich zu lieben und auf der Welt zu herrschen. Tuglay, von seiner Blindheit befreit, ist zunächst wütend auf seine Frau. Als er aber das gelungene Werk sieht, freut er sich, und Tuglay und Tuglibon lächeln den Menschen zu.

Mögliches Vorgehen

Bei der Herstellung und Gestaltung der Knetfiguren können die Sch. selbst „Schöpfer“ wie Tuglay und Tuglibon werden und die Erfahrungen der beiden beim Formen ihrer Geschöpfe nacherleben. Tuglay formte Menschen, vergaß aber ihnen Gelenke zu geben. Darum werden in die Figuren Zahnstocher eingearbeitet (KB S. 67, Impuls 1). Sie sind starr und unbeweglich; die Augen, Nase und Ohren sind sehr klein. Die Sch. erleben die Steifheit und Unbeweglichkeit der Figuren: Vieles, was Menschen tun, ist für sie nicht möglich (z. B. sitzen, sich hinlegen ohne hinzufallen, sich umarmen, festhalten). Wesentliche menschliche Eigenschaften (gut sehen, hören, riechen) besitzen sie nicht. Ihr Aussehen ähnelt mehr Kriechtieren als Menschen. Anders bei Tuglibon: Ihre Figuren sind geschmeidig, anmutiger und lebensfähiger. Außerdem stattet sie diese auch mit einem Herzen aus.
Im Spiel mit den Figuren können die Sch. die Verschiedenartigkeit der Geschöpfe erleben (KB S. 67, Impuls 2). Sinnvoll erscheint es auch, die Sch. dazu anzuregen, Tuglibons Erschaffung von Menschen mit Herzen in ihren Arbeiten umzusetzen (z. B. durch sich umarmende Figuren oder auch durch Kinder, die Tuglibon bekommt).
Sollte die Arbeit mit Knetfiguren nicht möglich sein, kann die Geschichte auch durch Standbilder dargestellt werden. Dabei können die Sch. jeweils in zwei Gruppen Erbauer und Statuen sein (KB S. 67, Impuls 3).

KB S. 68/69 Am Anfang schuf Gott Himmel und Erde/Und Gott sprach: Es werde Licht!

Zum Abschluss der UE „Geschichten vom Anfang“ werden die beiden Schöpfungsgeschichten aus 1. Mose in unterschiedlicher Weise zur Sprache gebracht. Damit soll gezeigt werden, dass es sich hierbei um „Geschichten vom Anfang“ handelt, in denen sich das Volk Israel seines Standpunktes vergewisserte.
Der Glaube an Gott den Schöpfer steht nicht am Anfang der Glaubensgeschichte Israels. Der Gott des Volkes Israel war in erster Linie ein Gott der Geschichte, wie sich dies im sogenannten israelitischen Glaubensbekenntnis (vgl. 5. Mose 6,20-25) zeigt: Gott hat das Volk aus der Sklaverei in Ägypten befreit. Die Sesshaftwerdung im Lande führte zur Begegnung mit der kanaanäischen Fruchtbarkeitsreligion und zur Notwendigkeit, über Gott als Schöpfer nachzudenken: Auch der Bereich der Natur gehört zum Herrschaftsbereich Jahwes (vgl. dazu auch KB S. 80). Die beiden biblischen Schöpfungserzählungen 1. Mose 1 und 2 sind in unterschiedlichen historischen Situationen entstanden (s. den Vergleich M 32):

- In 1. Mose 1 findet sich der sogenannte priesterschriftliche Schöpfungsbericht, der wahrscheinlich in der Zeit des babylonischen Exils von priesterlichen Kreisen, wohl in Auseinandersetzung mit dem babylonischen Schöpfungsmythos, aufgeschrieben wurde (s. o.).
- In 1. Mose 2,4b ff. findet sich der sogenannte jahwistische Schöpfungsbericht, der wahrscheinlich in der Zeit des Großreiches Davids und Salomos schriftlich fixiert wurde. In ihm spiegelt sich als soziokultureller Hintergrund das halbnomadische Leben der Sippen am Rande der Wüste. Im wasserarmen Land wird Wasser als etwas Nützliches erlebt: Das Wasser schafft Leben (vgl. KB S. 119).

Zum Bild „Schöpfung“ von Thomas Zacharias, KB S. 68:
Das Bild von Thomas Zacharias (geb. 1930, lebt in München, dort Professor für Kunsterziehung und Leiter einer Klasse an der Akademie der bildenden Künste) erschließt sich erst bei längerer Betrachtung. Es lebt von einer Bewegung von unten nach oben, vom Dunkel ins Helle, vom Engen ins Weite, vom unklar Geformten ins klarer Geformte. Aus dem dunklen Blau entwickeln sich zunächst hellere Gebilde, Wirbel, Blasen, die mehr und mehr Farbe und Gestalt annehmen. Die Entwicklung verläuft dynamisch und geht ineinander über, die Farben werden immer heller. Vogel, Schmetterling, Fisch, Säugetier werden erkennbar.
Das anfänglich vorherrschende Dunkel weicht immer mehr zurück, die Bewegung breitet sich nach oben und zur Seite hin aus.
Der obere Teil des Bildes wird von der rotorangenen Figur beherrscht, die sich kontrastreich vom hellen Grün abhebt. Diese Figur ist am leichtesten zu erkennen: der Mensch als „Krone der Schöpfung“, deutlich durch einen hellen Streifen von der übrigen Schöpfung abgehoben.
Die Schöpfung ist damit nicht zu Ende; der Mensch berührt den Rand des Bildes, die Entwicklung geht noch weiter.
Es sind Elemente aus beiden Schöpfungsberichten im Bild zu entdecken. Der Schöpfer selbst ist nicht abgebildet. Eher ist die Entwicklung aus dem „Urknall“ o.ä. im Bild zu erkennen, die Höherentwicklung von Einzellern über Wassertiere bis hin zu den Säugetieren und den Menschen (vgl. KB S. 77).

Mögliches Vorgehen

1. Schritt

Um das Bild von Zacharias zu erschließen, muss man den Sch. Zeit zum Entdecken geben. Eine ruhige und konzentrierte Lernatmosphäre ist daher hilfreich. Vorlautes und zu schnelles „Ich sehe dies und jenes" stört andere Sch. beim entdeckenden Betrachten.

- Denkbare Arbeitsschritte und Impulse (vgl. KB S. 68, Impuls 1-3):
  (1) Betrachtung des Bildes, keine Anweisung, kein Kommentar (etwa 2 Minuten).
  (2) Gespräch über die Farben: Welche Farben sind vorherrschend, welche auffällig, Farben oben und unten im Bild.
  (3) Benennen von entdeckten Elementen, Figuren.
  (4) Gespräch über Bewegung im Bild: Von wo nach wo, warum?
  (5) Welcher Titel würde passen?
- Im weiteren Verlauf der UE werden die beiden Schöpfungsberichte gelesen und bearbeitet. Entweder kann von dort aus dann auf das Bild zurückgegriffen werden, welche Elemente aus 1. Mose 1 und 2 in dem Bild zu entdecken sind, oder man liest jetzt schon die Bibelstellen und vergleicht sie mit dem Bild.
- Um eine Spannung aufzubauen, ist es sinnvoll, das Bild entweder als Folie in der Klasse oder als Einzelkopien (möglichst farbig) zu bearbeiten. Die Punkte 2 - 4 lassen sich auch gut in PA oder GA bearbeiten.
- Wenn die Bibeltexte gleich im Anschluss gelesen werden, bietet sich an, dass eine/ein Sch. (oder L.) die Texte langsam vorliest, während die anderen Sch. aufmerksam das Bild weiter betrachten.

2. Schritt

Das in Gestalt einer Sonne angeordnete Textpuzzle KB S. 69 enthält in ungeordneter Folge Textteile aus den beiden biblischen Schöpfungserzählungen (1. Mose 1 und 2). Beim Zusammensetzen entsteht eine Kurzfassung von 1. Mose 1 und 2, wobei jeweils die Erschaffung des Menschen im Mittelpunkt steht. Die beiden Schöpfungserzählungen sind an unterschiedlichen Schrifttypen zu erkennen.
Die Sch. lesen die Textteile durch und äußern im UG Vermutungen, um was es sich handeln kann (KB S. 69, Impuls 1).

3. Schritt

Die Sch. erhalten entweder die „Textpuzzlesonne" KB S. 69 hochvergrößert oder die Einzelteile zum Textpuzzle „Die zwei biblischen Schöpfungserzählungen" (M 30) in Kopie und setzen die Textteile zu zwei Geschichten wie folgt zusammen:

1. Mose 1

Am Anfang schuf Gott Himmel und Erde. Und die Erde war wüst und leer, und es war finster auf der Tiefe; und der Geist Gottes schwebte auf dem Wasser.
Und Gott sprach: Es werde Licht! Und es ward Licht.
Und Gott sprach: Es werde eine Feste zwischen den Wassern, die da scheide zwischen den Wassern. Und Gott sprach: Es sammle sich das Wasser unter dem Himmel an besondere Orte, dass man das Trockene sehe. Und es geschah so.
Und Gott nannte das Trockene Erde, und die Sammlung der Wasser nannte er Meer.
Und Gott sprach: Es lasse die Erde aufgehen Gras und Kraut.
Und Gott sprach: Es werden Lichter an der Feste des Himmels, die da scheiden Tag und Nacht und seien Lichter an der Feste des Himmels, dass sie scheinen auf die Erde. Und es geschah so.
Und Gott sprach: Es wimmle das Wasser von lebendigem Getier, und Vögel sollen fliegen auf Erden unter der Feste des Himmels.
Und Gott sprach: Die Erde bringe hervor lebendiges Getier, ein jedes nach seiner Art: Vieh, Gewürm und Tiere des Feldes, ein jedes nach seiner Art. Und es geschah so.
Und Gott sprach: Lasset uns Menschen machen, ein Bild, das uns gleich sei, die da herrschen über die Fische im Meer und über die Vögel unter dem Himmel und über das Vieh und über alle Tiere des Feldes und über alles Gewürm, das auf Erden kriecht.
Und Gott schuf den Menschen zu seinem Bilde, zum Bilde Gottes schuf er ihn; und schuf sie als Mann und Weib.
Und Gott segnete sie und sprach zu ihnen: Seid fruchtbar und mehret euch und füllet die Erde und machet sie euch untertan und herrschet über die Fische im Meer und über die Vögel unter dem Himmel und über das Vieh und über alles Getier, das auf Erden kriecht.
Und Gott sah an alles, was er gemacht hatte, und siehe, es war sehr gut.

1. Mose 2

Es war zu der Zeit, da Gott der HERR Erde und Himmel machte. Und alle die Sträucher auf dem Felde waren noch nicht auf Erden, und all das Kraut auf dem Felde war noch nicht gewachsen; denn Gott der HERR hatte noch nicht regnen lassen auf Erden, und kein Mensch war da, der das Land bebaute;
aber ein Nebel stieg auf von der Erde und feuchtete alles Land.
Da machte Gott der HERR den Menschen aus Erde vom Acker und blies ihm den Odem des Lebens in seine Nase. Und so ward der Mensch ein lebendiges Wesen.
Und Gott der HERR pflanzte einen Garten in Eden gegen Osten hin und setzte den Menschen hinein, den er gemacht hatte.
Und Gott der HERR ließ aufwachsen aus der Erde allerlei Bäume, verlockend anzusehen und gut zu essen.
Und es ging aus von Eden ein Strom, den Garten zu bewässern.
Und Gott der HERR nahm den Menschen und setzte ihn in den Garten Eden, dass er ihn bebaute und bewahrte.
Und Gott der HERR sprach: Es ist nicht gut, dass der Mensch allein sei; ich will ihm eine Gehilfin machen, die um ihn sei.
Und Gott der HERR machte aus Erde alle die Tiere auf dem Felde und alle die Vögel unter dem Himmel und brachte sie zu dem Menschen.
Und der Mensch gab einem jeden Vieh und Vogel unter dem Himmel und Tier auf dem Felde seinen Namen; aber für den Menschen ward keine Gehilfin gefunden, die um ihn wäre.
Da ließ Gott der HERR einen tiefen Schlaf fallen auf den Menschen. Und er nahm eine seiner Rippen und schloss die Stelle mit Fleisch.
Und Gott der HERR baute ein Weib aus der Rippe, die er von dem Menschen nahm, und brachte sie zu ihm.
Da sprach der Mensch: Das ist doch Bein von meinem Bein und Fleisch von meinem Fleisch; man wird sie Männin nennen, weil sie vom Manne genommen ist.

4. Schritt

In GA vergleichen die Sch. die beiden Geschichten (KB S. 69, Impuls 2). Man kann auch den vollständigen Text aus 1. Mose 1 und 2 hinzuziehen. Das mögliche Ergebnis finden die Sch. im Arbeitsblatt M 31.

5. Schritt

Ausgehend von markanten Unterschieden in den beiden Schöpfungserzählungen, wie die Sch. sie entdeckt haben, wird im UG der Frage des Entstehungsortes (wasserreiches Gebiet/wasserarmes Gebiet) nachgegangen. L erklärt, dass die beiden Erzählungen zu verschiedenen Zeiten entstanden sind (David-/Salomozeit bzw. babylonisches Exil). Zum Vergleich werden die Fragen aus M 32 herangezogen und die Ergebnisse entsprechend der Tabelle (M 32) als TA und HA festgehalten.

3. Alternative Verlaufsplanung

Man kann auch mit den beiden biblischen Schöpfungsgeschichten einsteigen (Textpuzzle, KB S. 69), dann das Bild KB S. 68 besprechen und anschließend die Schöpfungserzählungen anderer Völker behandeln.

4. Empfohlene Literatur und Medien

(vgl. dazu auch die Angaben zu „Miteinander in der Schöpfung: Menschen und Tiere" und „Leben im Garten Gottes")

Steinwede, Dietrich, Wo die Sonne übernachtet, Schöpfungsmärchen der Völker, Gütersloher Taschenbücher/Siebenstern 880, Gütersloh 1982 (Gütersloher Verlagshaus)

Westermann, Claus, Schöpfung, Themen der Theologie, Band 12, Stuttgart, 2. Aufl. 1976 (Kreuz)

5. Materialien

M 30 Textpuzzle: Die zwei biblischen Schöpfungserzählungen
M 31 Die zwei biblischen Schöpfungserzählungen (Ergebnis des Textpuzzles)
M 32 1. Mose 1 und 2 – ein Vergleich

Geschaffen an sieben Tagen

1. Zielsetzung, Aufbau und Probleme

Die UE erörtert Probleme, die sich für die Sch. aus der Spannung zwischen naturwissenschaftlichem Weltbild und biblischer Sicht ergeben. Sie macht deutlich, dass schon die biblischen Autoren das ihnen verfügbare Wissen über die Weltentstehung in ihre Glaubensaussagen integrierten. Für uns hingegen treten heute Weltentstehung und Schöpfung auseinander.

Die Schwierigkeit für die Sch. besteht darin, dass die biblischen Autoren theologische und „naturwissenschaftliche" Erkenntnisse untrennbar ineinander verwoben haben. Eine weitere Schwierigkeit kann sich daraus ergeben, dass im 5./6. Schuljahr einzelne Sch. noch keinerlei Probleme mit der biblischen Weltsicht haben, andere – angeregt durch Sachbücher und Fernsehsendungen – die naturwissenschaftliche Welterklärung als alleingültig betrachten und nicht bereit sind, sich auf die „veralteten" Aussagen der Bibel einzulassen. Eine besondere Gruppe bilden die Sch., die aus fundamentalistisch geprägten Elternhäusern kommen, die die Wahrheit der Bibel gegen das moderne Weltbild ausspielen.

Die UE beginnt mit dem Grund-Satz im KB S. 70 (Zeile 1-3), der zwischen naturwissenschaftlichen Aussagen und Glaubenswahrheiten unterscheidet. Von vornherein wird hier deutlich, dass es bei den Schöpfungsaussagen der Bibel nicht primär um naturwissenschaftliche Aussagen geht, sondern dass sie das Lob und den Dank gegenüber dem Schöpfer zum Ausdruck bringen.

Das fiktive Interview mit Charles Darwin geht auf die Evolutionstheorie und den möglichen Konflikt mit dem biblischen Schöpfungsglauben ein. Ergänzt wird das Interview durch den Stammbaum des Menschen und die Epochen der Weltentstehung nach heutiger naturwissenschaftlicher Sicht.

Die UE endet mit dem Schöpfungspsalm von Ernesto Cardenal, der moderne wissenschaftliche Erkenntnisse mit dem Lobpreis Gottes des Schöpfers verbindet.

2. Didaktisch-methodische Hinweise

KB S. 70 Schöpfung und/oder Weltentstehung

Hier werden zunächst grundsätzlich Weltentstehung und Schöpfung, Glaubensaussagen und naturwissenschaftliche Aussagen einander gegenübergestellt. Lied und Textpuzzle verweisen auf das Wesentliche biblischer Schöpfungsaussagen, das Lob Gottes.

Mögliches Vorgehen

1. Schritt

Der Einleitungstext kann als Leitfaden durch das ganze Kapitel dienen. In der UE taucht am Rand immer wieder folgender Button auf, der den Sch. erklärt wird:

Der Button will jeweils auffordern, an dieser Stelle die Frage zu erörtern: Werden hier Aussagen über die Schöpfung oder über die Weltentstehung gemacht? Oder kommen gar beide Aspekte zur Sprache?

2. Schritt

Lied „Laudato si": Dieses bei Sch. sehr beliebte Lied drückt das Lob gegenüber Gott, der alles so schön geschaffen hat, aus. Den Sch. macht die Aufgabe, weitere eigene Liedstrophen zu schreiben, großen Spaß (KB S. 70, Impuls 1).

3. Schritt

Statt auf die Psalmverse zurückzugreifen, kann auch ein Spaziergang in die Natur Eindrücke vermitteln und die Sch. zum Dichten von neuen Strophen anregen.

4. Schritt

KB S. 70, Impuls 2 – Dias malen: Sehr gute Ergebnisse wurden damit erzielt, dass die Sch. mit dünnen Filzschreibern auf Transparentpapier Dias gemalt haben. Hierzu wird eine Vorlage angeboten, die es den Sch. erleichtert, das richtige Format zu wählen. Die Sch. bemalen die Transparentpapiere. Diese werden dann in die Diarähmchen gespannt und mit dem Projektor vorgeführt. Es werden so erstaunlich gute Effekte erzielt.

Vorlage für Diarähmchen aus Transparentpapier, die L. für die Sch. kopiert (zu KB S. 70, Mögliches Vorgehen, 4. Schritt):

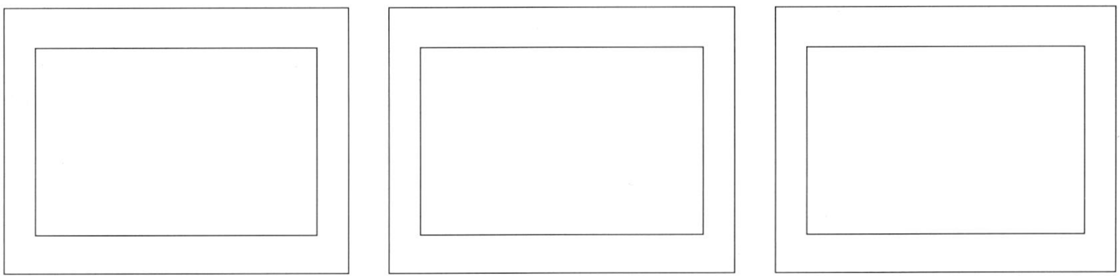

KB S. 71 Die Welt betrachten

Das Satellitenfoto zeigt den Blick von außen auf die Erde. Erst durch die Möglichkeiten, die Welt von außen zu betrachten, hat sich dem Menschen ein völlig neues Bild eröffnet: Er sieht zum ersten Mal die Erde als Kugel, die im Planetensystem ihren festen Platz einnimmt, wie auch auf der Erde die einzelnen Kontinente und die Meere als Ganzes. Letztlich ist es uns aber nur durch den Verstand und nicht durch das Erleben möglich, uns und unseren Platz auf dieser Erde zu begreifen.

1. Schritt

Phantasiereisen geben den Sch. die Möglichkeit, ihre inneren Bilder zum Ausdruck zu bringen. Durch die ruhige, nach innen gerichtete Atmosphäre wird es möglich, sich seiner inneren Bilder bewusst zu werden. Phantasiereisen brauchen ein gewisses Einüben. Manchen Sch. fällt es schwer, ruhig zu sein und die Augen zu schließen. Man sollte in solchen Fällen mit kurzen Übungen, evtl. auch Konzentrationsübungen, beginnen.
Die vorliegende Phantasiereise (KB S. 71, Impuls 1) sollte von der bzw. dem L. in ruhiger Atmosphäre vorgelesen werden. Die Sch. sollten dazu die Bilder im KB S. 71 noch nicht kennen. Sie werden erst bei der späteren Erarbeitung eingesetzt.

2. Schritt

Die Sch. malen, welche Vorstellungen bei ihnen entstanden sind (KB S. 71, Impuls 2). Ihre Arbeiten werden gewisse Anklänge an das Bild (Weltbild) aus der Lutherbibel von 1534 (Cranach-Werkstatt) haben (KB S. 71, Impuls 3). In der Auswertung sollte darauf geachtet werden, dieses „Weltbild der Sinne" nicht gegen das Weltbild der Naturwissenschaften auszuspielen. Es geht um keine Bewertung und Kategorisierung in Früher und Heute. Vielmehr nehmen wir auch heute noch mit unseren Sinnen die Welt als Fläche wahr, über die sich das Firmament spannt. Die Erde bietet uns Lebensmöglichkeiten; der Himmel ist über uns wie eine schützende Glocke, die uns Sicherheit bietet. Es ist das Bild, wie wir in der Welt stehen. (Das Bild aus der Lutherbibel abgedruckt in: entwurf 3/95, S. 80.)

KB S. 72/73 Charles Darwin

In dem fiktiven Interview mit Charles Darwin spiegelt sich der Konflikt der Menschen wider, sich mit der damals revolutionären Entdeckung der Evolution auseinanderzusetzen. Für die Menschen zur Zeit Darwins war es eine Selbstverständlichkeit, dass Menschen und Tiere von Gott in vergangener Zeit so geschaffen wurden, wie sie sind. Man hat die Entstehung der Welt und des Menschen anhand der biblischen Geschichten zurückdatiert (s. auch KB S. 74). Durch Darwins Theorie war die gesamte wohlgeordnete Welt gefährdet und es stand letztlich die Identität des Menschen überhaupt in Frage.
Karikatur: Die Karikatur spielt auf die Frage an: „Unterscheidet sich der Mensch nur durch den menschlichen Kopf vom Affen. Ist er nicht mehr?" In der Karikatur des Affen (KB S. 73) ist Darwins Kopf (KB S. 72) deutlich erkennbar.

Mögliches Vorgehen
1. Schritt

Es ist denkbar, das Interview auf Tonband aufzunehmen und es den Sch. vorzuspielen oder es zumindest in verteilten Rollen vorzutragen. Die beteiligten Sch. sollten das Vorlesen des Textes geübt haben, um den anderen Sch. ein konzentriertes Zuhören zu ermöglichen

2. Schritt

Besprechung der Impulse im KB S. 73: Die Diskussion über „Schöpfung oder Weltentstehung" wird zeigen: Bei Darwin ging es um Weltentstehung. Frage: Wollte Darwin damit die biblische Aussagen ihres Wertes entkleiden?

3. Schritt

Bild und Karikatur von Charles Darwin. Die Sch. erkennen im UG, was der Zeichner mit seiner Karikatur sagen wollte.

KB S. 74 Vor sechstausend Jahren?

– Die Konfrontation von fundamentalistisch missverstandenen biblischen Aussagen mit naturwissenschaftlichen Erkenntnissen soll den Sch. zeigen, was der Sinn der biblischen Aussagen ist: Lob des Schöpfers und nicht Aussagen über das Wie der Weltentstehung.
– Der Ausschnitt aus einer Bibel aus dem Jahr 1870 zeigt die damalige Einstellung vieler Christen. Sie nahmen die biblischen Aussagen über das Alter der Menschen usw. wörtlich und errechneten daraus den Beginn der Welt auf das Jahr 3761 v. Chr. Diese Auffassung gibt es heute noch in fundamentalistischen Kreisen (Kreationismus).
Im Zeitalter der Aufklärung füllten Untersuchungen über die Frage, wie die einzelnen biblischen Zeitangaben in Übereinstimmung zu bringen sind, ganze Bände.
– Der jüdische Kalender zählt bis heute die Jahre nach dem Beginn der biblischen Schöpfung. Danach dauert für die Juden z. B. das Jahr 5757 vom 12. Oktober 1996 bis zum 1. Oktober 1997 unserer Zeitrechnung. (L. sollte sich über den für uns etwas kompliziert anmutenden, von den Mondphasen abhängigen jüdischen Kalender kundig machen. Vgl. Lohrbächer, Was Christen vom Judentum lernen können, S. 83.)
– Der Stammbaum des Menschen: Die aus dem 19. Jahrhundert stammende Karikatur ist für die Sch. schwer als solche zu erkennen, da sie das wiedergibt, was heute Allgemeingut ist, in damaliger Zeit aber absolut anstößig war.

Mögliches Vorgehen
1. Schritt

Betrachten der Karikatur aus dem 19. Jahrhundert. KB S. 74, Impuls 3; UG.

2. Schritt

Text „Der Stammbaum des Menschen": Um die Entwicklung des Menschen zu veranschaulichen, können das Bild „Der Stammbaum des Menschen" (M 33) und das Puzzle „Die Entwicklung des Menschen" (M 34) herangezogen werden. Anhand des Puzzle können vier Entwicklungsstufen des Menschen zusammengesetzt werden: Urmensch, Frühmensch, Altmensch und Jetztmensch.
Die vier Stufen verdeutlichen den Fortschritt des Menschen auf folgenden Gebieten: (1) aufrechter Gang, (2) die Fähigkeit, die Hände zu gebrauchen, (3) die Fähigkeit, weite Strecken zurückzulegen, und (4) die Fähigkeit, mit Werkzeugen eine höhere Prouktivität zu erreichen. Aus dem Stammbaum des

Menschen lässt sich ein Plakat gestalten, in das die aus dem Puzzle zusammengesetzten Menschen eingeklebt werden.

3. Schritt

Lesen des Bibeltextes. Die Sch. können ausrechnen, in welchem Jahr nach (wörtlich verstandener) biblischer Zeitrechnung die Schöpfung „stattfand". Wenn wir bis Oktober 1997 nach jüdischer Zeitrechnung das Jahr 5757 schreiben, dann war das Jahr 3761 v. Chr. das Jahr der Schöpfung. Dieses Rechenbeispiel bildet erfahrungsgemäß einen guten Impuls zu einem UG über die Frage Weltentstehung und/oder Schöpfung, wie sie im KB S. 74, Impuls 1 angesprochen wird.

4. Schritt

KB S. 74, Impuls 2; UG (s. 3. Schritt).

KB S. 75 Es war vor Milliarden von Jahren

Mit der Aussage eines Naturwissenschaftlers wird zugleich die Frage nach seiner Verantwortlichkeit gestellt: Dürfen wir alles, was wir können? Auch den Sch. der 5./6. Klasse ist diese Frage bereits bekannt. Sie begegnet ihnen in der Diskussion, ob gentechnisch veränderte Pflanzen angebaut werden dürfen, und in der Frage, ob Menschen in das Erbgut des Menschen eingreifen dürfen.

Mögliches Vorgehen

1. Schritt

Die Sch. setzen die Texteile, die sie als Kopie erhalten (M 35), in der richtigen Reihenfolge zusammen. Die Texte sind frei nach Steinwede (Schöpfung) formuliert. Die richtige Reihenfolge lautet:

> So begann unsere Welt:
> eine Ur-Explosion
> vor Milliarden von Jahren.

> Alles wurde zusammengewirbelt,
> schmolz zusammen
> aus winzigen Teilchen.

> Irgendwo im All
> gab es riesige Sonnen,
> unzählige Sterne und Planeten.

> Mitten drin:
> Unsere Sonne und unsere Erde,
> ein glühender Planet.

> Milliarden von Jahren
> hat es gedauert,
> bis die Erde erkaltete.

> Zunächst war da nur überall
> Staub, Krater und Steine,
> aber noch kein Leben.

> Es dauerte Millionen von Jahren,
> bis kleinste Lebewesen
> im Wasser sich regten.

> Das Erdreich brachte Pflanzen hervor.
> Tiere und Vögel belebten die Erde.

> Und ganz zuletzt
> wurde der Mensch, so wie er heute ist.

> Er kann aufrecht gehen,
> kann sprechen und denken,
> malen, schreiben und lesen.

Die Sch. können zu diesen Aussagen eine Collage gestalten.

2. Schritt

UG über die Aussage des Naturwissenschaftlers (KB S. 75).

KB S. 76/77 Lobe den Herrn, meine Seele

– Im KB S. 76 sind von 1. Mose 1 nur die Verse 1 bis 11 abgedruckt. Das Textblatt M 36 bietet den vollen Text. In 1. Mose 1 handelt es sich um den sogenannten priesterschriftlichen Schöpfungsbericht, der wahrscheinlich im babylonischen Exil in priesterlichen Kreisen entstanden ist. Eine mögliche Inszenierung von 1. Mose 1 macht erlebbar, dass es hier nicht in erster Linie um wissenschaftliche Aussagen, sondern um das Lob des Schöpfers geht.

Der alte biblische Schöpfungshymnus von 1. Mose 1 und eine moderne Interpretation des Schöpfungsgeschehens durch Ernesto Cardenal stehen sich gegenüber.

– Das Bild im KB S. 76 stammt aus der „Este-Bibel", einer Prachtbibelhandschrift, die vor 1434 für die Familie D'Este in Ferrara (Italien) hergestellt wurde. Der Maler ist nicht bekannt – vielleicht ist es ein Werk von Belbello da Pavia. Die Miniatur gehört zum 5. Schöpfungstag. Ihr liegen genaue Tierstudien zugrunde: Adler, Pfau und Tauben sind zoologisch exakt abgebildet. Links unten sind die am sechsten Tag erschaffenen Landtiere einbezogen. Gott Vater lässt eine Taube fliegen und hält einen Fisch, den er zum Leben erweckt, in der Hand (vgl. Die Schöpfungsgeschichte, Nacherzählt in Bildern aus der Bibliotheca Apostolica Vaticana, S. 24).

– Der nicaraguanische Priester und Schriftsteller Ernesto Cardenal wurde 1925 in Granada (Nicaragua) geboren. Er besuchte eine Jesuitenschule und legte dort auch sein Abitur ab. Im Anschluss daran studierte er Philosophie und Literatur an der Universität von Mexiko. Danach hielt er sich in New York und dann in Europa auf. In dieser Zeit begann in seiner Heimat die Diktatur des Anastasio Somoza. Als Cardenal nach Nicaragua zurückkehrte, schloss er sich der später so genannten Sandinistischen Befreiungsfront an. Zwischen 1956 und 1957 hielt sich Cardenal – er hatte in dieser Zeit eine tiefe Krise durchzu-

machen – in einem amerikanischen Trappistenkloster auf. Schließlich studierte er Theologie und wurde Priester. Zwölf Jahre lang lebte Cardenal zusammen mit Freunden auf der Insel Solentiname und gründete dort eine christliche Kommune. Hier entstanden mehrere dichterische Werke. Bekannt geworden ist sein „Evangelium der Bauern von Solentiname". Die Kommune wurde vom Somoza-Regime bespitzelt. Cardenal bekannte sich nun offen zum Widerstand gegen dieses Regime. Er ging ins Exil, um für den Befreiungskampf zu werben. Nach dem Sieg der Sandinisten über Somoza wurde Cardenal Kultusminister in der neuen Regierung.
Bei seiner „Um"dichtung der Psalmen verband Cardenal die Sprache der Psalmen mit Erfahrungen der Gegenwart. Unter dem Titel „Zerschneide den Stacheldraht, Südamerikanische Psalmen" erschienen diese Dichtungen in deutscher Sprache. Daraus ist der vorliegende Psalm 104 „Wie auf einer Töpferscheibe" entnommen, der im KB in stark gekürzter Fassung abgedruckt ist. Es ist ein Loblied der Schöpfung, ein Schöpfungshymnus. Zu Beginn und am Ende steht der Lobpreis des Schöpfers. Im Mittelteil „übersetzt" Cardenal die Aussagen von Psalm 104 in die Erkenntnisse der modernen Naturwissenschaft.

Mögliches Vorgehen

1. Schritt

Es kann mit KB S. 76, Impuls 1 begonnen werden. Dabei gibt es zwei Möglichkeiten einer Inszenierung von 1. Mose 1 (vgl. M 36):
– Entsprechend der Vorlage werden nur die Aussagen „Und siehe, es war gut ..." und „Da ward aus Morgen und Abend der 3., 4. usw. Tag" durch Instrumente unterstrichen. Beispiel: Nach jedem „Es war gut ..." ertönen Flötentöne; nach jedem Tag ertönen Gongschläge entsprechend der Zahl des Tages. Dieser Vorschlag hat den Vorteil, dass er relativ leicht zu verwirklichen ist und zugleich auch der klare rhythmische Aufbau von 1. Mose 1 zu Gehör kommt.
– Es können zusätzliche Instrumente eingesetzt werden, um die einzelnen Schöpfungswerke hörbar zu machen.

2. Schritt

Die Sch. betrachten das Bild eines unbekannten italienischen Malers aus dem 15. Jahrhundert. Es wird die vollständige Fassung des im KB S. 76 abgedruckten Textes mit den Sch. gelesen (M 36). Die Sch. entdecken die Einzelheiten des Bildes und beschreiben sie. Dem Maler kommt es auf die exakte Genauigkeit an. Er freut sich an dem „Wunder" der Naturschöpfung. Für ihn hat die Hand Gottes eine wichtige Bedeutung (vgl. zum Symbol „Hand", KB S. 116/117).

3. Schritt

Es empfiehlt sich, zunächst den (gekürzten) Psalm von Ernesto Cardenal als Ganzes durch L. oder gut vorlesende Sch. zu Gehör zu bringen. Dann werden unbekannte Begriffe herausgeschrieben und geklärt. Es kann der am Rande angedeutete Zeitstrahl vergrößert und mithilfe von Sachbüchern vervollständigt werden. Der Psalm kann auf Tonband gesprochen und dabei mit Orffschen Instrumenten untermalt werden.
Das UG über den Schöpfungspsalm von Cardenal sollte zeigen, wie hier der Dank an den Schöpfer mit modernen wissenschaftlichen Aussagen verbunden wird.

Ergänzungen

Vorschlag für einen Gottesdienst zum Thema „Die Schöpfungsgeschichte", mit Schöpfungserzählung, vorgetragen mit rhythmischen Instrumenten, in: Rupp u.a., Kunterbunte Pausen, S. 61-72.

3. Alternative Verlaufsplanung

Man kann mit der Verklanglichung von 1. Mose 1 einsteigen.

4. Empfohlene Literatur und Medien

André, Robert/Vogellehner, Dieter, Wir entdecken die Vorzeit, Herders Kinderpanorama, Freiburg 1971 (Herder). (Mit vielen Bildern versehene altersgemäße Darstellung der Entwicklung bis zum Tierreich.)
Rupp, Hartmut/Rendle, Ludwig/Kraft, Gerhard/Hehl, Roland, Kunterbunte Pausen, Ökumenische Schulgottesdienste in der Grundschule, Stuttgart/Mainz 1996 (Quell/Grünewald)
Saville, David/Martin, Josephine, Die Entstehung unserer Erde, München 1992 (Meisinger). (Sechs farbige drehbare Bilder eines Kaleidoskop-Bilderbuchs, das die Entstehung der Erde bis zur Entwicklung des Menschen demonstriert.)
Steinwede, Dietrich, Von der Schöpfung, Ein Sachbilderbuch für Kinder, Lahr/Düsseldorf 1972 (Kaufmann/Patmos). (Dieses Sachbilderbuch bietet schülergemäße Texte und interessante Bilder zum Thema Schöpfung und Weltentstehung.)

5. Materialien

M 33 Der Stammbaum des Menschen
M 34 Die Entwicklung des Menschen – Puzzle
M 35 Es war vor Milliarden von Jahren
M 36 1. Mose 1 als Schöpfungshymnus

Gott ist für uns da

Einführung

Das 3. Kapitel vom KB 5/6 vereinigt unter dem Titel „Gott ist für uns da" vier UE, die in den Lehrplänen fast aller Bundesländer zu den zentralen Themen für die Klassen 5/6 gehören:
(1) Abrahamsgeschichten;
(2) Mosegeschichten;
(3) Klage und Lob im Angesicht Gottes;
(4) Die hebräische Bibel (das Alte Testament).

Mit dem Thema Gott ist nach der EKD-Denkschrift zum RU die zentrale Frage des christlichen RU angesprochen: „Religion bewahrt und beantwortet die Frage nach Gott. Wie in keinem Fach sonst erhalten die Schüler und Schülerinnen im Religionsunterricht die Gelegenheit, über Gott nachzudenken und zu reden. Die angemessene Behandlung dieses ‚Unterrichtsgegenstandes' ist für die Lernenden wie für die Lehrenden die verantwortungsvolle Mitte des Faches" (Kirchenkanzlei, Identität, S. 30).
Der rote Faden durch das Kapitel heißt Gott, konkreter „Jahwe", wie er sich zuerst und vor allem Israel auf dem Weg seiner Geschichte, auf dem Weg immer neuer Befreiung (Exodus), den „Vätern" (und auch Müttern!), wie auch der Mosegeneration offenbart hat (UE „Abraham: Unterwegs im Vertrauen" und „Mose: Unterwegs in die Freiheit"). Der Glaube an ihn, der sich selbst offenbart hat, dessen Name vom Menschen her nicht zu enträtseln ist, verbindet Christen und Juden. Die Glaubenserfahrung der Befreiung – sei es als Gemeinschaft, sei es als Einzelne – kommt zum Ausdruck in Worten der Klage wie in Worten des Dankes und der Freude (UE „Menschen erfahren Gott: Du hörst mein Weinen und mein Lachen").
Die stets sich erneuernde Erinnerung an die Offenbarung Jahwes, die vor 3000 Jahren eingesetzt hat, findet Anhalt und Grund in der Überlieferung durch die hebräische Bibel, dem Alten Testament der Christen; ihr ist die vierte UE („Ein Erinnerungsbuch entsteht: Die hebräische Bibel") gewidmet.

Zum Titelbild „Mose vor dem Dornbusch" von Marc Chagall, KB S. 78/79:

Drei Bilder des Kapitels stammen von Marc Chagall, der wie kein anderer sich dem Thema der Gottesoffenbarung gewidmet hat. Das im Original sehr große Bild mit Mose vor dem brennenden Dornbusch (Öl auf Leinwand, Höhe 195 cm, Breite 312 cm) gehört zur Sammlung „Biblische Botschaft" in Nizza (Bild Nr. 10 der Message Biblique). Der Betrachter wird eigentlich mit einem ganzen Bilderzyklus überrascht, für den es mehrere Vorstudien gibt, u.a. auch eine Radierung (s. KB S. 91).
Die Bildgeschichte läuft – typisch für den Juden Chagall – wie die hebräische Schrift von rechts nach links. Im rechten Teil des Bildes sieht man Mose als Hirten mit Schafen, ganz im Dunkel am rechten unteren Bildrand seinen Bruder Aaron. Die Mitte des Bildes bildet der brennende Dornbusch, darüber erscheint in einem Lichtkreis Jahwe in Gestalt eines Engels. In der linken Bildhälfte sind der Durchzug durch das Schilfmeer und Mose, der auf die Gesetzestafeln am Sinai blickt, abgebildet. Die Farben des Bildes geben Hinweise auf das, was der Künstler mit dem Bild sagen wollte.
Die Farbe Blau (über dem brennenden Dornbusch und bei der Offenbarung der Tora am Sinai) weist auf die Transzendenz Gottes hin. Mit Weiß und Gelb wird das göttliche Licht dargestellt, das sich im Gesicht, den Händen und dem Körper des Mose spiegelt wie auch in der Wolkensäule, die sich zwischen den fliehenden Israeliten und die sie verfolgenden Ägypter stellt. Die Gesichtsfarbe des Mose am Sinai ist ganz in Gelb gehalten; dadurch soll die unmittelbare Nähe zu Gott bei der Übergabe der Gesetzestafeln angedeutet werden. Die Farbe Grün weist auf die Gegenwart Gottes in der ganzen Schöpfung hin (vgl. Goldmann, Bild-Zeichen, Bd. 1, S. 59-63 und Bd. 2, S. 157 f.).

Mögliches Vorgehen

Da die Klammer für das gesamte Kapitel „Gott ist für uns da" der Gottesname (die Gottesfrage) ist, wurde ein Bild des Juden Marc Chagall für die Eröffnungdoppelseite gewählt. Alle Einzelszenen des Bildes können die Sch. auf den folgenden Seiten im KB wiederfinden. Aus diesem Grund empfiehlt es sich, das Kapitel nicht mit der gründlichen Erarbeitung des Bildes zu beginnen, sondern es erst in einer späteren Phase, insbesondere im Vergleich mit dem Bild gleichen Titels KB S. 91 zu besprechen.
Auch wenn die Erschließung des überdimensionalen Bildes Mühe macht, sollte man sich nicht davon abschrecken lassen. Es empfiehlt sich, zur Betrachtung ein Dia zu verwenden (Goldmann, Marc Chagall) oder einen Großbildband (Forestier, Die Großen Gemälde der Biblischen Botschaft) heranzuziehen; das Schulbuchformat zwingt zur extremen Verkleinerung.

Mehrere Vorgehensweisen sind möglich:
(1) Die Sch. betrachten das Bild und notieren ihre Entdeckungen: Personen, Gegenstände, die Umgebung, die Aufteilung der Flächen, hell/dunkel, die Farbgebung. Impuls: Welche Geschichten fallen dazu ein? Was macht am meisten Eindruck? Was ist nicht verständlich? L. geht auf die Fragen der Sch. ein und erläutert Einzelheiten. L. verweist aber auch darauf, dass das Bild die Sch. über mehrere UE begleiten wird. Sie/Er kann darum ausführliche Antworten zurückstellen.
(2) Das Bild wird zum Vergleich mit dem Bild KB S. 91 innerhalb der zweiten UE („Mose: Unterwegs in die Freiheit") herangezogen. Einstieg über Beobachtungen zu den Farben.
(3) Im Zusammenhang mit der dritten UE („Menschen erfahren Gott") wird das Bild unter der Frage eingesetzt: Welche Psalmen können wir einzelnen Personen/Situationen auf dem Bild zuordnen?
(4) Das Bild kann auch zum Abschluss des ganzen Kapitels eingesetzt werden. Zentrale Aussagen: In der Geschichte des Gottesvolkes spielt die Gottesoffenbarung gegenüber Mose in dreifacher Hinsicht eine Rolle: die Offenbarung des Jahwenamens, die Befreiung des Volkes aus Ägypten, die Gabe der Tora.
Denkbar ist auch, dass während der Behandlung des Kapitels im Unterricht an den Wänden des Klassenzimmers eine Kunstausstellung mit themenverwandten Bildern von Chagall veranstaltet wird, wobei sich besonders Schwarzweiß-Radierungen zur Reproduktion eignen (vgl. z. B. Goldmann, Kinder, Bilder 9-17).

Abraham: Unterwegs im Vertrauen

1. Zielsetzung, Aufbau und Probleme

Das Thema Abraham wird in vielen Bundesländern bereits in der Primarstufe angesprochen. Insofern kann mit Vorwissen der Sch. gerechnet werden; insbesondere dürften die Geschichten vom Wegzug Abrahams und vom Warten auf den Sohn („Sara lacht") bekannt sein. In der Sekundarstufe kann der Erzählzyklus unter dem Gesichtspunkt der Glaubenserfahrungen vertieft werden.

Die „Vätergeschichten" des Volkes Israel – es sind auch „Müttergeschichten"! – erzählen von Wanderhirtenstämmen, Kleinviehnomaden, die vor Urzeiten vom Zweistromland (Ur) über das syrische Haran bis ins Land Kanaan gekommen sind. Auch wenn historische Einzelheiten nicht mehr auszumachen sind, so darf man sich Abraham doch wohl vorstellen als Teilnehmer der aramäischen Wanderung vom Zweistromland in Richtung Westen in der Zeit des 15. oder 14. Jh. v. Chr. Jene Halbnomaden wanderten im Zuge des Weidewechsels jedes Frühjahr nach der Regenzeit aus der Steppe in das Kulturland und wieder zurück. Sie waren im äußeren und inneren Sinn ein „wanderndes Gottesvolk". Irgendwann war die Not so groß, dass einige der Stämme weiterziehen mussten und so ins fruchtbare Niltal kamen. Ein einziger Satz genügt im kleinen geschichtlichen Credo, um diesen Sachverhalt und zugleich das Glaubensbewusstsein der Juden für alle Zeiten zu umschreiben: „Mein Vater war ein Aramäer, dem Umkommen nahe, und zog hinab nach Ägypten" (5. Mose 26,5). Bis heute wird dieses Bekenntnis in der Sederliturgie wiederholt. Damit ist gesagt, dass wir es in den Vätergeschichten nicht einfach mit der Frühgeschichte des Volkes Israel, sondern mit fundamentalen Glaubensgeschichten zu tun haben. Im Unterricht wird es darum auch nicht vorrangig um die Klärung der ohnehin komplizierten historischen und geographischen Zusammenhänge gehen, vielmehr um die Herausarbeitung der Glaubensaussagen: Menschen vertrauen auf die Zusage Gottes und gehen ihren Weg (Exodus). Dieser Weg findet in einer langen Geschichte seine Fortsetzung. Im Erinnern daran finden die Nachfahren Abrahams immer neu die Zuversicht, in jeglicher Gefahr als „Kinder Abrahams" von Gott gesegnet zu sein (1. Mose 12,1-3).

Was für Israel gilt, das muss darum auch für den Unterricht gelten: Erinnern bedeutet nicht die Rekonstruktion historischer Daten, wenn auch die Kenntnis der geschichtlichen Vorgänge in einem sehr allgemeinen Sinn wichtig ist. Erinnern kann nicht penible archäologische Lokalisierung heißen, wiewohl der Weg des Gottesvolkes sich in einem bestimmten geographischen Raum abspielt. Die Stationen der Vätergeschichten, die das KB anbietet (Abrahamsegen, Abraham und Lot, Abraham und Sara, Jakob und Esau), sind darum eher exemplarisch zu werten und können ausgewählt oder auch ergänzt und aufgefüllt werden mit dem Vorwissen der Sch. aus früheren Schuljahren.

Die Vätergeschichten haben ihre theologisch notwendige Fortsetzung in den Mosegeschichten (vgl. UE „Mose: Unterwegs in die Freiheit"). Darauf werden die Sch. schon mit der Karte im KB S. 80/81 hingewiesen.

2. Didaktisch-methodische Hinweise

KB S. 80/81 Ein kleines Volk zwischen den Großmächten

Die Karte mit dem „fruchtbaren Halbmond" veranschaulicht das Grenzgebiet zwischen fruchtbarem Weideland und unfruchtbarer Wüste, in dem die Halbnomaden hin und herzogen. Der Zug von Ur bis nach Ägypten und später wieder zurück bis nach Kanaan folgt der Spur des fruchtbaren Halbmonds. Ehe die Israeliten das „Land, da Milch und Honig fließen", erreichen, müssen sie 40 Jahre lang durch die Wüste ziehen.

Um die Glaubensgeschichten anschaulich im Gedächtnis verankern zu können, genügen wenige denkwürdige Stationen wie Ur, Haran, Sichem, Bethel, Hebron, das Schilfmeer und der Mosesberg im Sinai. Je nach Klassensituation kann natürlich auch ein weitergehendes Wissen an historischen und kulturgeschichtlichen Einzelheiten berücksichtigt werden.

Das „Volk Gottes" ging seinen Weg, eingespannt zwischen den beiden Großmächten am Euphrat und Nil. Diese Weltmächte mit je einem eigenen religiösen Hintergrund waren Werkzeuge in der Hand Gottes. Macht und Religion werden veranschaulicht im Tempelturm und in der Pyramide.

Die Urgeschichte bleibt in der für die jüdische Tradition typischen Form des „Erinnerns" gegenwärtig (vgl. z. B. das Erinnern beim Seder, KB S. 92 und KB S. 204/205). Dies muss den Sch. bewusst werden.

Mögliches Vorgehen

1. Schritt

Mit der Folie/Karte „Vorderer Orient" („Der fruchtbare Halbmond", M 37), bei der die Beschriftung entfernt ist, wird das geographische und historische Vorwissen der Sch. erhoben und ergänzt. Die Sch. benennen im UG die Länder Ägypten, Babylonien, Israel/Palästina usw., sie nennen Flüsse und Städte.

2. Schritt

Text KB S. 80 lesen. Welche Geschichten fallen dazu ein (KB S. 80, Impuls 1)? Aufarbeiten des Vorwissens aus der Primarstufe.

3. Schritt

L. erzählt oder liest „Das Versprechen" (Laubi, Geschichten zur Bibel, Bd. 3, S. 14-21) vor. Die Sch. erhalten zuvor für die GA Beobachtungs- bzw. Schreibaufgaben, die anschließend in UG besprochen werden: Familie, Essen, Kleidung, Wohnen, Wegstationen.

4. Schritt

Gestalten der Karte im Heft, als Wandteppich oder auf dem Boden (KB S. 81, Impuls 1). Nachgestalten des Nomadenlebens und der Wanderung mit Knete und anderen Materialien. Bei einer Gestaltung der Karte auf dem Boden können aus Papier oder Stoff Nomadenzelte gebaut werden; zur Kennzeichnung der beiden bestimmenden Kulturen kann für Ägypten eine Pyramide aus Papier, für das Zweistromland ein Tempelturm von Babel gefaltet werden (M 38). Für die Gestaltungsaufgaben bietet Haas, Spiel- und Handlungsideen, S. 12 f. gute Vorschläge.

5. Schritt

Nachspielen der Situation Israels als Volk in der Mitte zwischen zwei Großmächten (KB S. 81, Impuls 2).

Ergänzungen

- Die Sch. legen ein „Erinnerungsbuch" des Volkes Israel an ähnlich dem eigenen Kinderfotoalbum. In diesem werden alle Geschichten aus der hebräischen Bibel, die im Unterricht besprochen werden, festgehalten. Am Ende wird aus der Sammlung dann eine Bibel.
- Schließlich können auch noch Dias gezeigt werden (Zink, Bildwerk zur Bibel, Bilder 82 - 108).

KB S. 82/83 Abraham, zieh fort, zieh fort ... /Streit unter Verwandten

Zum Bild „Semitische Nomaden auf der Wanderung", KB S. 82/83:

Das Bild ist ein Ausschnitt aus der oftmals wiedergegebenen farbigen Wandmalerei im Grab des Chnumhotep bei Beni-Hassan, eines Gaufürsten (Verwaltungsbeamten) der östlichen Wüste Ägyptens. Auch wenn das Bild (insgesamt 49 cm breit), um 1890 v. Chr. entstanden, nicht die Sippe Abrahams darstellt, so ist es doch dazu geeignet, die Ankunft Abrahams und seiner Söhne in Ägypten zu veranschaulichen. Auf dem Gesamtbild sieht man eine aus 37 Personen bestehende Gruppe von „Semiten", die zum Gaufürst kommt und ihm, wie eine Hieroglyphenschrift besagt, Schminke verkaufen will („Zurückgekehrt vom Holen schwarzer Augenfarbe, welche ihm Asiaten gebracht haben. 37 an der Zahl."). Die Ägypter, die den Zug begleiten – zwei sieht man auf dem Bild im KB –, sind an ihren weißen Gewändern zu erkennen. Die Semiten tragen bunte Gewänder (vgl. Josef, 1. Mose 37,23). Die Männer tragen Sandalen und einen bunten Hüftschurz. Die Frauen sind mit höherem Schuhwerk ausgestattet und tragen im langen Haar ein Kopfband sowie lange, buntgewebte Kleider. Das vordere Tier ist ein Steinbock, die beiden anderen sind Lastesel. Sie sind mit Wassersäcken, Zelten und zwei Kindern beladen. Die Männer sind mit Speeren, Knüppeln sowie mit Pfeil und Bogen bewaffnet. Einer trägt eine achtsaitige Leier und einen Ziegenbalg mit Wasser auf dem Rücken (vgl. Wisemann, Zwischen Nil und Euphrat, S. 30 f.; Grollenberg, Bildatlas, S. 38; Keel, Die Welt der altorientalischen Bildsymbolik, S. 205).

Mögliches Vorgehen

1. Schritt

L. erzählt von Abrahams Wohnort, von Sara, seiner Frau, von der Kinderlosigkeit, dem Reichtum und von Gottes Aufforderung, sich auf den Weg zu machen (1. Mose 12,1 - 3); guter Vorlesetext, der auch als Erzählvorlage dienen kann, bei Laubi (Laubi, Geschichten zur Bibel, Bd. 3, S. 16 - 19). Kreative Gestaltung eines Zeltes als Ort einer Szene.

2. Schritt

L. schreibt als stummen Impuls an die Tafel: „Würde es dir etwas ausmachen, Sara, wenn wir Haran verlassen würden?" Er dient als Ausgangspunkt für ein Entscheidungsspiel, bei der die Methode des Doppelns (s. zur Methode des Doppelns: LHB: Didaktisch-methodische Hinweise zu KB S. 57, 1. Schritt) angewendet wird. Die Sch. schreiben ohne vorausgehendes UG zur Vorbereitung des Entscheidungsspiels Bedenken und Hoffnungen auf Pro- und Contra-Kärtchen (KB S. 82, Impuls 1).
In gleicher Weise kann man die Situation für Lot durchspielen: Soll er mitgehen oder dableiben?

3. Schritt

L. erzählt oder liest die Geschichte zu Ende (Laubi, Geschichten zur Bibel, Bd. 3, S. 20).

4. Schritt

Der Weg Abrahams und Saras wird auf der Karte verfolgt. Die Sch. erhalten einen auf die Reisestationen ausgerichteten Text nach Werner Laubi (Laubi, Geschichten zur Bibel, Bd. 3, S. 20; vgl. Abraham und Sara auf dem Weg, M 39).
In der Erzählung, die sich auf 1. Mose 11,21; 12,4 - 13,1; 13,18 bezieht, kommen folgende Orte/Lagerplätze vor: (1) Haran (Mondgott); (2) Ur (im Rückblick); (3) Euphratfluss; (4) See Genezareth, Jordan, Totes Meer (ab hier Kanaan); (5) Sichem (Stadt); (6) Gebirge östlich von Bethel; (7) Südland (Symbol: Kalud-Zelt); (8) Ägypten; (9) Land Kanaan; (10) Mamre/Hebron.
Die Sch. unterstreichen die Stationen und stellen für jede Station ein Symbole her: z. B. Mond für Mondgott in Haran, Nomadenzelt für Südland, Pyramide für Ägypten, Fischerboot für See Genezareth, Baum/Altar für Mamre.

5. Schritt

Lied KB S. 83 („Abraham, Abraham"): Liedtext zur Wiederholung. UG: Inwiefern gilt Abraham Juden, Christen und Muslimen als Vorbild des Glaubens (KB S. 82, Impuls 2)?

6. Schritt

Zum Abschluss der beiden Seiten wird der Streit zwischen Abrahams und Lots Hirten besprochen (KB S. 82, Impuls 4 und 5). Dabei kann die Erzählung „Die Trennung" (Laubi, Geschichten zur Bibel, Bd. 3, S. 23 f.) als Einstieg gewählt werden.
- Lösungen überlegen und spielen;
- Geschichte zu Ende erzählen.

Ergänzungen

- Zur Vertiefung können sich die Sch. in GA Gedanken zu folgender Frage machen: Nehmt an, ihr würdet wie Abraham ausziehen. Was nehmt ihr mit? Bedenkt dabei, dass ihr auf eine lange Reise nur das Wichtigste mitnehmen könnt. Das Ergebnis dieser Überlegungen wird mit der Darstellung im KB S. 82/83 verglichen, um so Übereinstimmungen und Unterschiede zu heute herauszufinden.
- Als Einstieg zu Schritt 1 kann ein Rollenspiel, das die Thematik in die heutige Zeit verlegt, vorbereitet werden:

Einzelne Sch. erhalten Rollenkarten (Vater, Mutter, Tochter, Sohn, zwei Freunde, Großvater, Großmutter, zwei Nachbarn).
Auf der Rollenkarte des Vaters steht: „Du musst deiner Familie mitteilen, dass sie umziehen muss, weil deine Firma dich in ein fremdes Land versetzt hat, das du noch nicht kennst."
Die übrigen Rollenkarten enthalten keine Spielanweisung.
L. übernimmt die Spielleitung und gliedert das Spiel in Szenen.

Die übrigen Sch. erhalten Beobachtungsaufgaben, wobei es sinnvoll ist, die einzelnen Spielerinnen und Spieler und deren Reaktion gesondert von je einem bestimmten Sch. beobachten zu lassen und sich dabei Notizen zu machen.
1. Szene: Der Vater teilt der Familie die Versetzung mit.
2. Szene: Die Kinder teilen ihren Freunden den bevorstehenden Umzug mit.
3. Szene: Die Eltern teilen den Großeltern, die am gleichen Ort wohnen, den Entschluss mit.
4. Szene: Die Mutter erzählt ihren Nachbarinnen von ihrem Weggang.
Im Anschluss an die vier Szenen berichten die Beobachter, was sie gesehen und gehört haben.
Danach erzählen die Betroffenen, wie sie sich gefühlt haben.
Es ist sinnvoll, die Ergebnisse unter den beiden Kategorien „Bedenken" und „Hoffnungen" festzuhalten.

(Nach: Haas, Bibel, S. 13)

- Nach dem Erzählen des ersten Teils der Geschichte (1. Schritt) erhalten die Sch. die Karte vom fruchtbaren Halbmond (M 37). Sie überlegen, welches Land sie anstelle Abrahams wählen würden. Nach dem zweiten Teil der Erzählung bewerten sie die biblische Lösung. War Abrahams Entscheidung richtig?

KB S. 84 Und Sara lacht

1. Mose 18,1 - 15 bietet eine der wunderbarsten archaischen Erzählungen des Jahwisten, deren sprachliche Tiefgründigkeit in der gekürzten Fassung im KB S. 84 nicht voll zum Tragen kommt. Es ist die Geschichte einer Gottesbegegnung. Man mag sich durchaus einen der drei Männer als Jahwe vorstellen. Der Höhepunkt der Geschichte liegt in der Botschaft: „Sollte dem HERRN etwas unmöglich sein?" (1. Mose 18,14).
Es handelt sich um eine Geschichte des sich wandelnden Lachens, was auch methodisch zum Ausdruck gebracht werden kann (vgl. die bewusst vorgenommenen Texterweiterungen in der Nacherzählung KB S. 84). Die Freude über die Erfüllung der Segensverheißung von 1. Mose 12,2 drückt sich zugleich in der Namensgebung „Isaak" („Gott lacht dich an", „er verschafft dir ein Lachen") aus. Um den thematischen Zusammenhang zu wahren, wurde zu 1. Mose 18,1 - 16 als Fortsetzung 1. Mose 21, 1 - 8 hinzugenommen.
Das Bild der alten Frau von E.M. Lilien (eine Fotografie aus der Zeit der Jahrhundertwende!) versucht den biblischen Text mit dem Hinweis, dass Abraham und Sara bereits hochbetagt waren, ernst zu nehmen.

Mögliches Vorgehen

1. Schritt

UG (evtl. anhand von Fallbeispielen) über die Fragen, warum Ehepaare sich heute Kinder wünschen und was Kinderlosigkeit für Ehepaare bedeuten kann. Impuls: Was hat Kinderlosigkeit zu Abrahams Zeiten bedeutet? (Keine Erben, Ausgestoßensein der Frau, Strafe Gottes, kein Segen.)

2. Schritt

Die Bücher der Sch. bleiben geschlossen. L. liest die Geschichte (KB S. 84) bis zum Satz „Im nächsten Jahr komme ich wieder, da wird Sara einen Sohn haben" vor.

3. Schritt

- Die Sch. erhalten das Foto von Sara als Kopie mit Sprechblasen, die sie in EA ausfüllen.
- Alternativ kann man eine Schreibmeditation zur Frage „Was hat Sara gedacht?" durchführen. Hierzu wird das Foto stark vergrößert an die Tafel geheftet. Beim Betrachten des Fotos wird den Sch. bewusst, dass eine Frau ab einem gewissen Alter kein Kind mehr bekommen kann.

4. Schritt

Die Ergebnisse der EA bzw. der Schreibmeditation werden im UG erörtert.

5. Schritt

Der Text im KB S. 84 wird im Dialog gelesen oder gespielt. Eine/Ein Sch. lacht bei den vier kursiv gesetzten Worten jeweils auf unterschiedliche Weise. Wie unterscheidet sich das Lachen (KB S. 84, Impuls 2)?

KB S. 85 Abraham: Lässt Gott mit sich handeln?

Der Erzähler des Zwiegesprächs zwischen Gott und Abraham weiß, dass Sodom untergehen wird. Es gibt für ihn die Kollektivhaftung, nach der Schuldige und Unschuldige in gleicher Weise in Mitleidenschaft gezogen werden, wie dies auch heute noch so ist. Dennoch „handelt" Abraham mit Gott, und zwar mit gutem Grund. Ihn trägt dieselbe „verzweifelte" Hoffnung, die ihn auch an der Zusage seiner Nachkommenschaft festhalten lässt.

Mögliches Vorgehen

1. Schritt

- Als Gesprächsimpuls wird die Zeichnung mit den beiden Denkblasen als Folie aufgelegt. Die Sch. erzählen Geschichten zu den beiden Aussprüchen.
- Alternativ kann eine Schreibmeditation zu den beiden Aussprüchen durchgeführt werden. Die Sch. können sich entscheiden, ob sie den Spruch des Jungen oder den des Mädchens wählen.

2. Schritt

UG über die Sch.äußerungen.

3. Schritt

Die Sch. schreiben ihre Meinung zur Frage „Darf man mit Gott handeln?" (TA) anonym auf Kärtchen, die dann für das UG von der/dem L. vorgelesen werden (KB S. 85, Impuls 2).

4. Schritt

Nach dem Lesen des Textes im KB S. 85 erzählen die Sch. die Geschichte zu Ende (KB S. 85, Impuls 1).

5. Schritt

Anhand der Bibel erzählen die Sch. die Geschichte in verteilten Rollen zu Ende. Im UG vergleichen sie die biblische „Lösung" mit ihrer eigenen.

6. Schritt

UG über die Frage: Was verschafft Abraham die Zuversicht, mit Gott in dieser Weise „handeln" zu dürfen? Vergleich mit dem

Abrahamssegen und der – menschlich gesehen – unwahrscheinlichen Erfüllung.

KB S. 86/87 Eine Geschwistergeschichte: Jakob und Esau

Wie die Abrahamsgeschichten, so sind auch die Jakobsgeschichten ursprünglich Einzelerzählungen, die aber später zu einem Erzählstrang zusammengefasst wurden. Trotz des disparaten ätiologischen Ursprungs gibt es jedoch einen erkennbaren Zusammenhalt durch ein – wenngleich eher verborgenes – theologisches Thema: den „Plan Gottes“, der „paradoxen Bewahrung Jakobs und seine Segnung mit den 12 Söhnen“ (von Rad, ATD 4, S. 275). Nach der Trennung der Zwillingsbrüder und der langen Zeit der Irrwege kommt es am Ende zum Wiedersehen und zur Versöhnung der beiden. Anfang und Ende sind durch die zwei Bildszenen mit den emotionalen Höhepunkten (1. Mose 27,41 und 1. Mose 33,4) markiert, sodass L. und die Sch. ähnlich der biblischen Komposition dem Erzählfluss gut folgen können. Der Weg als solcher ist konstitutiv. Ihn sollen die Sch. nachgestalten und damit nacherleben. Theologisch bedeutsam sind vor allem die beiden Offenbarungsszenen, Jakobs Begegnung mit Jahwe im Traum in Bethel (1. Mose 28,10 - 15) und die Erneuerung des Jakobsegens am Jabbok bei Pnuël (1. Mose 32,30 f.). In beiden Erzählungen offenbart sich Gott als der, der mit Jakob ist. Beide Male wird die Verheißung des Segens für ihn und seine Nachkommen erneuert. Beide Erzählungen spielen in der Nacht, wobei es in 1. Mose 32,32 heißt: „Und als er [Jakob] an Pnuël vorüberkam, ging ihm die Sonne auf.“ Der eigentliche Wendepunkt der Erzählung ist im Gebet in der Nacht zu sehen: „Ich bin zu gering für alle Gnade und Treue … Errette mich.“

Der Jakobzyklus ist eine Geschwistergeschichte. Er gibt Anstoß, eine Klärung für die eigene Rolle im Verhältnis zu Geschwistern, Eltern und Freunden zu finden. Bei Zwillingen ist die Beziehung besonders eng. Die Zwillingsgeschichte von Jakob und Esau kann ermutigen, Benachteiligungen zu entdecken und zu überwinden, Vorrechte aufzugeben und ein gerechtes Miteinander zu suchen. Es wäre falsch, Jakob nur einfach als einen Betrüger darzustellen. Gewiss, Jakob war listig; doch im Verhältnis der beiden Brüder ging es um einen klaren Handel, den Esau nach 1. Mose 25,34 akzeptiert hatte: „So verachtete Esau seine Erstgeburt.“

Die UE zur Jakob-Esau-Geschichte kann im Anschluss an die UE „Abraham: Unterwegs im Vertrauen“ über Gottes Verheißung an Abraham oder auch unabhängig davon behandelt werden.

Mögliches Vorgehen

1. Schritt

Als Einstieg bieten sich drei Möglichkeiten an:

(1) TA: „Pro und contra: Manchmal ist es schwer, Geschwister neben sich zu haben. Manchmal ist es schwer, allein zu sein und keine Geschwister zu haben“ (KB S. 87, Impuls 3).

- Die Sch. erzählen von ihre Erfahrungen. Auswertung evtl. in PA.
- Die Sch. betrachten das Bild von Keith Haring (M 40). Schreibmeditation dazu: Gib dem Bild einen Titel. UG.

(2) Die Sch. versehen das Familienbild (M 41) mit Sprechblasen.

- Einen fiktiven Dialog der Familienmitglieder aufschreiben.
- Die folgende Situation am Mittagstisch nachspielen: Die Tochter beklagt sich, dass sie gegenüber dem Sohn ungerecht behandelt wird oder umgekehrt (vgl. außerdem Dennig u.a., Geschwistergeschichten, S. 63 f.)

(3) 1. Mose 25,24 - 28 erzählen (Gegensätze der Zwillinge Esau und Jakob). Vergleich im TA festhalten.

2. Schritt

- Jakob und Esau: Text KB S. 86 lesen.

3. Schritt

- L. erzählt Fortsetzung der Geschichte (1. Mose 25 und 27) nach Laubi (Laubi, Geschichten zur Bibel, Bd. 3, S. 56 - 59).

4. Schritt

- Reporterspiel: Jede/Jeder Sch. wählt eine der Personen (Rebekka, Isaak, Esau, Jakob) aus und interviewt sie im Hinblick auf die Frage, wer für den Streit verantwortlich ist (Antworten im Ich-Stil). (KB S. 86, Impuls 1.)
- Anschließend werden die Sch. von einem biblischen Reporter (L.) befragt.

5. Schritt

- Vom Streit zur Versöhnung: Die Sch. überlegen sich, was in den Sprechblasen KB S. 86/87 stehen könnte (KB S. 86: „Dafür schlage ich Jakob tot!“ [1. Mose 27,41]; KB S. 87: Esau: Ohne Worte!! [1. Mose 33,4] – Jakob: „Esau! Ich freue mich so, dass du keinen Hass mehr gegen mich hast. Nimm mein Geschenk. – Ich sah dein Gesicht, als sähe ich Gottes Angesicht.“ [1. Mose 33, 10]).
- Die Sch. erhalten entweder die Bildfolge KB S. 86/87 auf DIN-A4-Blätter (Querformat) kopiert zur arbeitsteiligen Bearbeitung des Impulses 1 („Was ist zwischen den Bildszenen geschehen?“) im KB S. 87.
- Oder – was noch besser ist – es wird Jakobs Weg mit Figuren nachgebildet (KB S. 87, Impuls 2), zu denen die Geschichten erzählt werden.
- Der Weg kann auch noch ergänzt werden durch Geschichten aus dem Leben Esaus (1. Mose 32,1 - 5).

6. Schritt

- Jakob rüstet sich zur Begegnung mit Esau: Anfang der Geschichte (1. Mose 32,4 - 9) erzählen.
- Die Sch. überlegen, wie die Geschichte weitergehen könnte.
- Die Sch. verfassen ein Gebet Jakobs vor der Begegnung mit seinem Bruder. Daran anschließend Vergleich mit dem biblischen Text (V. 10 - 13).

7. Schritt

- Begegnung von Jakob und Esau (1. Mose 33) erzählen.
- Welche anderen Möglichkeiten der Sicherung des Friedens gibt es außer mit Geschenken? Die Sch. finden weitere Möglichkeiten, die sie selbst schon praktiziert haben (KB S. 87, Impuls 4).
- Wie ist der Ausgang zu beurteilen, dass jeder Bruder dann doch wieder seinen eigenen Weg geht?

3. Alternative Verlaufsplanung

Statt mit KB S. 80/81 („Ein kleines Volk zwischen den Großmächten“) zu beginnen, kann man auch mit KB S. 82/83

(„Abraham, zieh fort, zieh fort...“) einsetzen. KB S. 80/81 kann den Abschluss der UE über Abraham, aber auch den der UE über Mose bilden.

4. Empfohlene Literatur und Medien

Goldmann, Christoph, Bild-Zeichen bei Marc Chagall, Band 1: Alphabetische Enzyklopädie der Bild-Zeichen; Band 2: Enzyklopädie zu den Bildern der „Biblischen Botschaft“, Göttingen 1995 (Vandenhoeck & Ruprecht)

Goldmann, Christoph, Kinder entdecken Gott mit Chagall, Göttingen/Freiburg i. Br. 1978 (Vandenhoeck & Ruprecht/Christophorus)

Haas, Dieter, Der Bibel anders begegnen, Spiel- und Handlungsideen für Schule und Gemeinde, Lahr 1994 (Kaufmann)

Hoffmann, Ginette/Sethus, Michel, Zur Zeit der Pharaonen, Fellbach 1990 (Kurzgefasstes Bilderbuch für Kinder zur Einführung in die altägyptische Kultur- und Religionsgeschichte.)

Laubi, Werner, Geschichten zur Bibel, Bd. 3: Abraham, Jakob, Josef; Bd. 4: Mose, Mirjam, Aaron, Lahr/Zürich 1985/1994 (Kaufmann/CVK)

Rad, Gerhard von, Das Erste Buch Mose, Genesis, ATD 2/4, Göttingen, 11. Aufl. 1981 (Vandenhoeck & Ruprecht)

Marggraf, Eckhart/Polster, Martin (Hg.), Unterrichtsideen Religion 5. Schuljahr, Stuttgart 1996 (Calwer)

Wisemann, Zwischen Nil und Euphrat, Archäologische Erläuterungen zur Bibel, Wuppertal-Vohwinkel 1959

Zink, Jörg, Bildwerk zur Bibel, Gelnhausen/Freiburg i. Br. 1980 (Burckhardthaus/Laetare)

5. Materialien

M 37 Der fruchtbare Halbmond
M 38 Turm von Babylon
M 39 Abraham und Sara auf dem Weg
M 40 Bild: Liebende im Streit (Keith Haring, 1989)
M 41 Karikatur: Familie

Mose: Unterwegs in die Freiheit

1. Zielsetzung, Aufbau und Probleme

Im Mittelpunkt von 2. Mose stehen zwei Haupterzählungen: die der Befreiung Israels aus Ägypten durch Jahwe (2. Mose 4-13) und die Gotteserscheinung gegenüber Mose mit dem Bundesschluss am Sinai (2. Mose 19). Nimmt man die Erzählungen von der Berufung des Mose (2. Mose 3,14-17), vom wunderbaren Durchzug durchs Schilfmeer (2. Mose 15-16) und von der Übergabe des Dekalogs (2. Mose 20) hinzu, dann hat man die theologische Quintessenz des gesamten Pentateuch vor sich. Das zentrale Thema heißt: Gott verspricht, Gott sagt mit seinem Namen: „Ich bin mit euch", „Ich bin für euch da". Und die Israeliten antworten: „Du hast uns befreit."
Der rote Faden der vorliegenden UE ist die Gottesfrage („Wer ist Gott?"). Die Antwort darauf lässt sich finden in der Erzählung von Moses Berufung und Gottes Offenbarung am Dornbusch sowie in der Erzählung von der Befreiung Israels aus Ägypten mit der Rettung am Schilfmeer. Für den jüdischen Glauben sind diese Ereignisse schlechthin konstitutiv. Jeder fromme Jude erlebt sie jährlich einmal in der Sederfeier nach. Auch wir Christen können in Gottes Befreiungshandeln an Israel Urbilder christlich-jüdischen Lebens entdecken, die uns befähigen, in der Gewissheit der Gottesnähe zu leben, Freiheit und Verantwortung zu wagen, Scheinlösungen zu durchschauen und schwere Lebenssituationen (Wüstenwanderung) zu bestehen.
Für die Vermittlung dieses wichtigen Stoffes im Unterricht der Klassen 5/6 ist es wichtig, einerseits die Erzählungen nacherlebbar zu erschließen und andererseits Verknüpfungen mit anderen Teilthemen innerhalb des KB herzustellen, wie z. B. „Das jüdische Pessachfest", KB S. 204/205 oder „Menschen erfahren Gott", KB S. 94-101.

2. Didaktisch-methodische Hinweise

KB S. 88/89 Eindrücke aus Ägypten

Die Doppelseite bietet Material, um sich in die Situation der Israeliten in Ägypten vor ihrer Befreiung hineindenken zu können:
– KB S. 88: Das Dankgebet an den Nil stammt vermutlich aus der Zeit der 19. Dynastie, der Zeit Ramses II. (1290-1224 v. Chr.), in dem man den Pharao der Bibel sehen kann (Erman, Literatur der Ägypter, S. 193-195). Der Hymnus zusammen mit dem Foto der Nillandschaft bei Assuan gibt eine Vorstellung davon, wie sehr man sich in Ägypten dessen bewusst war und noch ist, dass Leben und Fortschritt vom Wasser abhängen. Interessant ist, wie auch an die indirekte Wirkung des Wassers gedacht wird („das Schiff wird durch seine Kraft gebaut" = ohne Wasser kein Holz für den Schiffsbau). Aus dem im Original sehr langen Epos sind nur wenige Zeilen ausgewählt.
– KB S. 89: Das Bild von zwei Ägyptern, die Weintrauben ernten, illustriert die reichen Ernten in Ägypten.
– KB S. 88: Die Wandmalerei dokumentiert die Sklavenarbeit in Ägypten (vgl. 2. Mose 1,11). Es ist eine Wandmalerei aus Theben (um 1460 v. Chr.), aus dem Grab des Rek-mi-Re, der Wesir von Pharao Thutmosis III war. Das Bild zeigt die Erneuerung der „Werkstatt" des Gottes Amon in Karnak; abgebildet ist nur die linke Hälfte des Bildes. Links schöpfen zwei Sklaven in großen Krügen Wasser aus einem mit Bäumen umstandenen Teich. Ziegel werden aufgeschichtet, um sie an der Sonne zu trocknen. Andere kneten den Lehm, einer trägt den fertigen Lehm in einem großen Korb weg. Zwei formen Ziegel, ein Aufseher mit Stock bewacht sie. Einer richtet eine Mauer auf. Ein anderer trägt Ziegel weg (zum vollständigen Bild vgl. Grollenberg, Bildatlas zur Bibel, S. 46).
– KB S. 89: Foto eines Tempels bei Assuan, vor dem man die aus dem Stein gehauenen Gestalten von Ramses II und seiner Gattin sieht. Der Vergleich mit den Personen am Eingang zum Tempel gibt einen Eindruck von der riesigen Dimension dieses Wunderwerks der Architektur. In Sorge um die Vergänglichkeit des Lebens hofften die, die sich in dieser Form „verewigen" ließen, weiterhin Gottes Antlitz zu schauen und an den regelmäßig, bis in alle Ewigkeit dargebrachten Opfern dieses Tempels teilzuhaben. Man glaubte, dass in den steinernen Statuen die Seele weiterlebte.
– KB S. 89: Grabinschrift (= Bekenntnis des Verstorbenen vor den Totenrichtern in Altägypten): Äußerst verkürzter Auszug aus dem 125. Kapitel des Totenbuches, das in zahlreichen Papyrusrollen aus der Zeit um 1580 bis 1100 v. Chr. entstanden ist (vollständiger Text M 42). Ein solcher Papyrus wurde den Toten mit in die Grabkammer gegeben. Er sollte dem Toten helfen, die Pforten des Todes zu überwinden und so in das „Gefilde des Friedens" zu gelangen. Nach ägyptischer Vorstellung musste der Verstorbene vor einem Gericht, dem der Totengott Osiris oder der Hüter allen Rechts, der Sonnengott Re, vorstand, über seine Taten im Leben und sein religiöses Verhalten Rechenschaft ablegen. Wie Bilder aus Grabkammern zeigen (vgl. Bild „Totengericht mit Herzwaage" auf M 42), stellte man sich vor, dass auf einer Waage die Lebensbeichte des Betreffenden in Form eines Bekenntnisses, also seine Taten, der göttlichen Ordnung gegenübergestellt wurde. Das Urteil hing weder von befangenen Richtern noch vom einseitigen Gedächtnis des Betroffenen ab. Das untrüglich wissende Herz, dem das tatsächlich gelebte Leben bekannt war, gab den Ausschlag für das Urteil, das alsbald vom Gott der Schreib- und Rechenkunst, Thot (mit Ibiskopf), notiert wurde. Osiris wachte darüber, ob es zu einem Freispruch kam. Bei einem Schuldspruch verfiel der Verdammte dem „zweiten Tod". Er versank zurück in den Urbildungsstoff, aus dem ein neues Geschöpf, aber nicht er selbst, als dieselbe Person erschaffen wurde. Auf dem Bild hält die linke Göttergestalt (mit Tierkopf) ein Henkelkreuz in der Hand, sinnbildliches Zeichen für die Verleihung des Lebens. Die Bekenntnisse der Verstorbenen vor den Totenrichtern beherrschten die Ethik des Alltags, da jeder Ägypter im Angesicht des Todes lebte. Wie das Bekenntnis des Verstorbenen auch schon in der Kurzfassung KB S. 89 zeigt, gab es sowohl negative als auch positive Versicherungen (vgl. Gressmann, Altorientalische Texte zum Alten Testament, S. 8-12; Brunner-Traut/Brunner, Osiris, S. 98-104).

Mögliches Vorgehen

1. Schritt

Sofern die UE „Abraham" behandelt wurde, erinnern sich die Sch. daran, dass schon Abraham bei Dürre und Hungersnot mit seinen Herden nach Ägypten, einem der möglichen Fluchtländer, gezogen ist. Wurde diese UE nicht behandelt, kann anhand der Karte im KB S. 80/81 und der entsprechenden Folie (M 37) das Thema Weidewechsel nachgeholt werden.

2. Schritt

In GA lesen die Sch. die Texte und betrachten die Bilder und führen den Impuls 1 im KB S. 89 (schriftlich) aus: Hirten erzählen, was sie über das Leben in Ägypten berichten können.

3. Schritt

Die Ergebnisse werden vorgetragen und im UG besprochen.

Ergänzungen

– Die Sch. bearbeiten in arbeitsteiliger GA folgende Aufgaben:
(1) Bearbeitung des Impulses 1 im KB S. 89: Hirten erzählen, was sie über das Leben in Ägypten berichten können.
(2) Bildbeschreibung: Sklavenarbeit in Ägypten. Die Sch. erhalten das stark vergrößerte Bild vom KB S. 88 mit Sprechblasen versehen als Kopie (gute Kopiervorlage dieses Bildes in: Hanisch, Unterrichtshilfen Grundschule 3/4, S. 8). Sie tragen in die Sprechblasen Gedanken und Empfindungen der Arbeiter ein und fomulieren Bitten und Hoffnungen der Arbeiter als gemeinsames Gebet. Jede/Jeder Sch. formuliert und spricht einen Satz.
Am Abend sitzen die Arbeiter beieinander. Sie erzählen sich, was sie am Tag erlebt haben, was ihre Hoffnungen und Wünsche sind.
(3) Die Sch. erstellen eine Collage über das heutige Ägypten und/oder schreiben einen Werbetext über das Reiseland Ägypten. Hierzu haben sie sich bereits im Vorfeld Prospektmaterial aus Reisebüros besorgt.
(4) Die Religion der Ägypter. Die Sch. bekommen von der bzw. dem L. Material über die Jenseitsvorstellungen der Ägypter bzw. besorgen es sich selbst (vgl. Hoffmann, Ginette/Sethus, Michel, Pharaonen). Die Sch. erhalten einen ausführlicheren Text des Bekenntnisses eines Verstorbenen (M 42). Mithilfe dieses Materials fertigen sie einen Bericht an.
– Die Ergebnisse der GA werden vorgestellt und erörtert.
Zum Abschluss kann das Erarbeitete durch eine Erzählung (Laubi, Geschichten zur Bibel, Bd. 4, S. 31-35) ergänzt werden.

KB S. 90/91 Der Fall Mose/„Ich bin für euch da"

Der Schwergewicht der Doppelseite liegt auf der Gottesoffenbarung vor Mose und der Erklärung des Namens Jahwe. Wie die biblische Geschichte von der Flucht des Mörders Mose nur den Auftakt zur Rahmengeschichte bildet, so kann die kriminalistische Fahndung nach Mose und die fiktive Gerichtsszene auch nur Auftakt zur Beschäftigung mit dem Bild vom brennenden Dornbusch von Marc Chagall sein. Dabei legt sich der Bildvergleich mit der das Kapitel eröffnenden Doppelseite KB S. 78/79 nahe (KB S. 91, Impuls 1), wenn man nicht überhaupt von diesem äußerst beeindruckenden Bild ausgeht.

Die Geschichte von Moses Flucht in die Wüste und der Begegnung mit Gott auf dem Berg ist eine Art Vorwegnahme der Erzählung von des Volkes Wüstenwanderung und der abermaligen Offenbarung Gottes am Sinai. Da diese zweite Offenbarung vor Mose im KB nicht behandelt wird, ruht das Gewicht der Interpretation des Gottesnamens ganz auf KB S. 90/91. Statt langer theologischer Erörterungen wird der Weg der Bildbetrachtung gewählt.

Zum Bild „Gott offenbart sich vor Mose im brennenden Dornstrauch (2. Mose 3, 1-14)" von Marc Chagall, KB S. 91:
Der Maler Marc Chagall hat seit einer Reise nach Palästina/Israel 1930/31 biblische Geschichten dargestellt. Das Bild im KB S. 91 stammt aus dem 1956 in Paris erschienenen Band „Bible" mit 105 Radierungen zur Bibel (Radierung: Verve, Bible 27; Werkverzeichnis Nizza Nr. 283; Goldmann, Kinder, S. 33).
Keiner biblischen Gestalt hat Chagall so viele Bilder gewidmet wie Mose. Drei Themen/Bildelemente beherrschen das sehr einfach gehaltene Bild: (1) der Gottesname/Gott, (2) der Bote/Vermittler (Mose) und (3) das Licht/Schöpfung. Zu (1): Der Gottesname bedeutet Befreiung aus jeglicher Gefangenschaft; Ägypten steht dafür nur als Symbol. Menschen, die in der Nähe dieses Gottes leben, befinden sich in einem Raum der Befreiung. Zu (2): Die Gestalt des Boten Mose deutet darauf hin, dass Jahwe („Ich bin für euch da") Menschen für andere Menschen in Anspruch nimmt. Selbst Menschen wie Mose kann Gott in Dienst nehmen und gebrauchen. Mose liegt auf den Knien, ist klein, zeigt ein ängstlich, zerfurchtes Gesicht, das aber leuchtet, weil es das von Gott ausgehende Licht widerspiegelt. Die Mosegestalt ist hörend. Zu (3): Das dritte Element, Licht, ist für Chagall ein Symbol für Schöpfung, die von Gott ins Leben gerufen wurde und die er ständig erhält. Das Licht ist also mehr als nur Zeichen für ein natürliches Phänomen wie Sonne und Mond, vielmehr ist mit jenem Licht unaufhebbare Hoffnung (ewig brennender Dornbusch) gemeint, für die in anderen Bildern Chagalls der Sabbat und die Sabbatkerze stehen. Es ist das Licht, das in übertragenem Sinn von außen kommt und die Dunkelheit der Menschen erhellt.
Mose ist auf dem vorliegenden Bild von göttlichem Lichtglanz umstrahlt. Auf manchen Gemälden ähnelt jener Glanz zwei aufgesetzten Hörnern. Diese Art der Darstellung findet sich auf Bildern zwischen dem 12. und 16. Jh. Es handelt sich dabei um die Folge eines Übersetzungs- bzw. Punktationsfehlers, der in der Reformationszeit aufgeklärt wurde. Strahlen (Moses Angesicht „strahlt"), hebräisch k-r-n (punktiert „karan"), kann auch als „kärän" gelesen werden und bedeutet dann Horn (vgl. Goldmann, Bild-Zeichen, Bd. 1, S. 97).

Mögliches Vorgehen

1. Schritt

L. knüpft an die Unterdrückungssituation in Ägypten an und schildert die Zuspitzung der Lage für die Israeliten.

2. Schritt

Die Sch. stellen in GA ein Fahndungsplakat für Mose her (evtl. auch als Arbeitsblatt vorgeben) und füllen es anhand der genannten Bibelstellen aus (KB S. 90, Impuls 1).

3. Schritt

Die Sch. spielen die Gerichtsszene (KB S. 90, Impuls 2).

4. Schritt

L.erzählung „Mose begegnet Gott am brennenden Dornbusch" (M 43).

5. Schritt

Bildbetrachtung KB S. 91: Zur Erschließung des Bildes dienen das Puzzle und die Arbeitsblätter „Mose am brennenden Dornbusch" (M 44 - M 46). Die Sch. schneiden die vorgebenen Texte (M 44) aus und kleben sie in die Flammen bzw. Sprechblasen (M 45) ein. Je nach Situation der Klasse können die Sch. auch selbst formulierte Texte in die Flammen bzw. Sprechblasen eintragen.

6. Schritt

Der Jahwename wird erklärt. Vergleich mit dem Kapiteleröffnungsbild von Chagall KB S. 78/79 (Erläuterung s.o. zu KB S. 78/79). Impuls: Wie wird die Gegenwart Gottes im Bild KB S. 78/79 bildnerisch ausgedrückt? Den Sch. wird zugleich der Hinweis gegeben, dass die Juden den Namen Jahwe nicht aussprechen. Es gibt Chagall-Bilder, auf denen Gott nur mit zwei Jod, dem kleinsten Buchstaben des hebräischen Alphabets, angedeutet wird (י).

7. Schritt

Lied „Ich bin, der ich bin" (KB S. 90). Die Sch. gestalten den Gottesnamen im Heft (Unterrichtsideen, S. 109) .

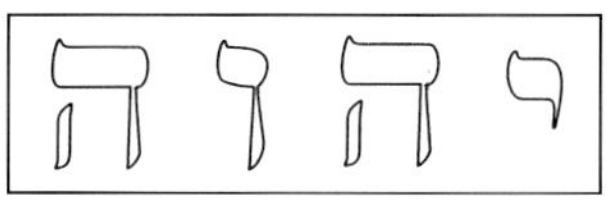

Ich bin für Euch da

(Jahwe in Hebräisch, aus: Unterrichtsideen Religion 5, S. 109)

KB S. 92/93 Flucht und Errettung

Keine Geschichte ist im Judentum so lebendig wie die Geschichte der Befreiung aus Ägypten mit dem abschließenden wunderbaren Durchzug durch das Schilfmeer. Jedes Jahr einmal wird diese Geschichte (auch in vielen nichtreligiösen) jüdischen Familien in der Sederliturgie an Pessach wiederholt. Auch das KB geht auf diese Tradition ein (KB S. 92 und KB S. 204/205). Die sehr verschiedenen medialen Formen im KB S. 92/93 erleichtern es, der Vorstellung entgegenzutreten, als handle es sich nur um ein historisches Ereignis. Besonders die Geschichte vom sechseckigen Segensbecher wie auch das symbolische Bild von Annegert Fuchshuber sind Hilfen zum Erinnern des Geschehens, zur „Vergegenwärtigung" der alten Erzählung.

Mögliches Vorgehen

1. Schritt

Sofern bei der Behandlung vom KB S. 90/91 das Kapitel-Eröffnungsbild von Marc Chagall KB S. 78/79 betrachtet wurde, ist schon vom Durchzug durch das Schilfmeer die Rede gewesen. Daran kann L. anknüpfen. Sie/Er erzählt von der jüdischen Sederfeier, die den Exodus jährlich erinnert. Der Ablauf der Sederfeier wird mehr oder weniger ausführlich anhand des Bildes im KB S. 204/205 besprochen (s. LHB: Erläuterungen zu KB S. 204/205). Impuls: Welche biblischen Geschichten werden beim Seder erinnert?

2. Schritt

Die Sch. lesen die Erzählung vom sechseckigen Segensbecher und tragen ins Heft in eine linke Spalte Besonderheiten (Unverständliches) dazu ein. In die rechte Spalte kommen später Erklärungen. Die Erklärungen werden KB S. 204/205 und evtl. den Arbeitsblättern zum Sedermahl entnommen (M 104 - M 105).

3. Schritt

L. erzählt die Schilfmeergeschichte (2. Mose 14) bis V. 23 (Laubi, Geschichten zur Bibel, Bd. 4, S. 109 - 112).

4. Schritt

Die Sch. betrachten das Bild von Annegert Fuchshuber im KB S. 93. An die Tafel wird eine stark vergößerte Schwarzweiß-Kopie desselben Bildes geheftet. Die Sch. geben den Tieren „Namen", die uns heute bedrohende Gefahren kennzeichen (KB S. 93, Impuls 1). Diese Namen kleben sie auf die Tiere an der Tafel. Die Ereignisse werden ins Heft übertragen.

5. Schritt

L. erzählt die Fortsetzung der Schilfmeergeschichte ab V. 24 bis zum Mirjamlied.

6. Schritt

Jede/Jeder Sch. schreibt eine Dankliedzeile auf ein Kärtchen. Die Dankliedzeile wird vorgelesen und anschließend gegen ein Gefahrenkärtchen an der Tafel ausgetauscht.

7. Schritt

Die Sch. lernen und singen das Mirjamlied KB S. 92. Mit dem Overheadprojektor das Bild von Mirjam aus der Misereor-Hungertuchserie 1996 (Sieger Köder) an die Wand projizieren (vgl. KB S. 107; Folie ist in Folienmappe zum Hungertuch enthalten; Bezugsquelle s. LHB, „Literatur und Medien", S. 73).
Die Sch. gestalten anhand eines Mirjambildes von E.M. Lilien (M 47) und dem Mirjamlied eine Seite im Heft.

8. Schritt

Die Sch. spielen das Bild von Annegert Fuchshuber nach (KB S. 93, Impuls 2). Ein Teil der Klasse bildet die Furt. Sie halten die Gefahrenkärtchen hoch. Der andere Teil der Klasse geht durch die Gasse, hält die Dankkärtchen hoch und singt das Mirjamlied. Das Ganze kann mit Rhythmusinstrumenten begleitet werden.

9. Schritt

Schreibarbeit zur Wiederholung: Die Sch. nehmen die Rolle von Mose, Mirjam, Aaron oder einem überlebenden Ägypter ein und berichten vom Schilfmeerereignis.

Ergänzungen

– Bei dem 1. und 2. Schritt kann auch der Videofilm „Exodus" eingesetzt werden:
Dabei wird zunächst der erste Teil des Filmes (Beginn der Sederfeier) betrachtet. Die Sch. erhalten Beobachtungsaufgaben, deren Beantwortung sie anschließend an der Tafel festhalten.
Danach lesen die Sch. die Erzählung vom sechseckigen Segensbecher und tragen ins Heft in eine linke Spalte Besonderheiten (Unverständliches) dazu ein. In die rechte Spalte kommen spä-

ter Erklärungen. Der Rest des Films wird gezeigt. Die Antworten zu den bisher noch offen gebliebenen Fragen werden in die rechte Spalte des Heftes eingetragen.
– Als weitere Hilfe kann auch das Bild KB S. 204/205 herangezogen werden.

3. Alternative Verlaufsplanung

Sind die Mosegeschichten bereits in der vorhergehenden Klasse behandelt worden, dann bietet es sich an, im Zusammenhang der Besprechung der Sederfeier (KB S. 204/205) zumindest auf die Bilder im KB S. 91 und KB S. 93 sowie auf die Erzählung KB S. 92 einzugehen.

4. Empfohlene Literatur und Medien

Goldmann, Christoph, Bild-Zeichen bei Marc Chagall, Band 1: Alphabetische Enzyklopädie der Bild-Zeichen; Band 2: Enzyklopädie zu den Bildern der „Biblischen Botschaft", Göttingen 1995 (Vandenhoeck & Ruprecht)
Goldmann, Christoph, Kinder entdecken Gott mit Chagall, Göttingen/ Freiburg i. Br. 1978 (Vandenhoeck & Ruprecht/Christophorus)
Hoffmann, Ginette/Sethus, Michel, Zur Zeit der Pharaonen, Fellbach 1990
Laubi, Werner, Geschichten zur Bibel, Bd. 4: Mose, Mirjam, Aaron, Lahr/Zürich 1994 (Kaufmann/CVK)

Videofilm „Begegnung mit der Bibel", Teil 2: Exodus: Auszug aus der Sklaverei, Spieldauer 17'30'', Stuttgart 1993 (Deutsche Bibelgesellschaft [Best. Nr. 6161] mit Begleitheft [ISBN 3-438-06261-5 bzw. -9]). (In den Spielfilm sind Szenen aus der heutigen Zeit [Sederfeier] eingeblendet. Der Film erzählt anschaulich und zugleich zurückhaltend die Geschichte vom Auszug. Das Begleitheft enthält gute Materialien, u.a. ein Arbeitsblatt zur Sederfeier und einen Ablauf der Sederfeier in gekürzter Form.)

5. Materialien

M 42 Bekenntnis des Verstorbenen vor den Totenrichtern in Altägypten
M 43 Mose begegnet Gott am brennenden Dornbusch
M 44 Mose am brennenden Dornbusch (Puzzle)
M 45 Arbeitsblatt I: Mose am brennenden Dornbusch
M 46 Arbeitsblatt II: Mose am brennenden Dornbusch
M 47 Mirjam (Ephraim Mose Lilien)

Menschen erfahren Gott: Du hörst mein Weinen und mein Lachen

1. Zielsetzung, Aufbau und Probleme

Kinder und Erwachsene entdecken in den Psalmen der Bibel Worte der Klage und des Vertrauens, Worte der Angst und gegen die Angst, Worte der Freude, des Lobes und des Dankes. Sie erleben dabei, wie sich Menschen bei Grunderfahrungen des Lebens und in Grenzsituationen an Gott wenden.
In den letzten Jahren wurden die Psalmen für die Religionspädagogik wieder entdeckt als eine Gebetssammlung, die in ihrer elementaren Sprache den menschlichen Grunderfahrungen sehr nahe ist (vgl. Baldermann u.a., Wer hört mein Weinen?). Der Psalter ist ein eindrucksvolles Beispiel für existentielles und elementares Reden über und vor Gott. Nicht philosophisch abstrakt, sondern konkret, persönlich und direkt wird in ihnen von Gott und zu Gott geredet. Psalmworte können darum eine Brücke bilden zwischen der Alltagssprache der Sch. und der biblischen Sprachtradition. Die Sch. können dabei ihre eigenen Gottesbilder und -vorstellungen aussprechen und bedenken oder auch über Schwierigkeiten und Zweifel in diesem Zusammenhang reden.

Die vier Doppelseiten der UE machen die Sch. vertraut
(1) mit Grundsituationen des Lebens;
(2) mit Grundaussagen der Psalmen;
(3) mit einem ganzen Psalm;
(4) mit Liedern und Gebeten, die Anlass geben, über Bilder von Gott zu reden.

In der UE geht es um den Zusammenhang von Alltagswirklichkeit und Sprache einerseits und biblischer Tradition andererseits. Entsprechend ist auf die Befindlichkeit der Sch. zu achten wie auch auf ihr Sprachvermögen in der Erfassung biblischer Stoffe. L. muss davon ausgehen, dass alle Sch. eine Vorstellung von Gott und eine Beziehung zu Gott haben, aber dies nur sehr persönlich ausdrücken können. Es kann nicht darum gehen, „Gott" als „objektiven" Unterrichtsgegenstand zu vermitteln. Die Nähe zur UE über Mose (Jahwe ist auch für Israel nicht einfach verfügbar) ist insofern von Bedeutung. Die persönlichen Gottesvorstellungen und -erfahrungen der Sch., seien sie dogmatisch oder rationalistisch-distanziert formuliert, sind jede für sich ernst zu nehmen. Dies gilt auch für die Sch., die meinen, die Frage nach Gott bereits schon wieder ganz aufgegeben zu haben. Ganz besonders bei der vorliegenden UE kommt es viel auf den Respekt der bzw. des L. vor den Sch. als ernst zu nehmende „theologische" Partner (!) an. Sowohl L. als auch die Sch. sind „mit Gott" unterwegs und müssten um die Vorläufigkeit ihrer Gottesbilder wissen. Dabei sollten beide Gott mehr vertrauen als der eigenen Glaubwürdigkeit und Überredungsgabe. An dem im KB auf S. 99 vorgestellten Kinderschicksal kann bewusst werden, dass Kinder gegenüber Erwachsenen in der Tiefe ihrer Lebenserfahrungen, ihren Ängsten und ihrem Vertrauen auf Gott in nichts nachstehen.
Die vorliegende UE kann sinnvoll verknüpft werden mit anderen UE des KB (vgl. LHB: Didaktisch-methodische Hinweise zu KB S. 92/93: Die Sch. formulieren Angst- und Danksätze für die sich in Gefahr befindenden Israeliten).

2. Didaktisch-methodische Hinweise

KB S. 94/95 Du hörst mein Weinen und mein Lachen/Anna und der liebe Gott

Die Sch. denken und fühlen sich in bestimmte Lebenssituationen hinein und formulieren – verfremdet durch das Medium Brief oder Gedicht – ein Gebet.
Die drei Bilder im KB S. 94 zeigen Grundsituationen menschlichen Lebens:
Die alte Frau steht einsam mit ihrem Gepäckwagen auf einem Bahnsteig, umgeben von vielen Menschen. Wartet sie auf Hilfe?
Das Bild mit den beiden Jugendlichen weist darauf hin, dass Gewalt und Drohungen (geballte Faust, Schlagstock) zwischenmenschliche Beziehungen zerstören können.
Mutter und Tochter sitzen harmonisch nebeneinander, sie freuen sich aneinander. Ob es einen bzw. welchen konkreten Anlass es für ihre Freude gibt, lässt das Bild offen.

Mögliches Vorgehen

1. Schritt

Vorgehen entsprechend den Impulsen im KB S. 94. Man kann sich auf die drei Bilder im KB beschränken. Sinnvoller ist es jedoch, weitere Bilder aus einer Bildkartei zu den Themen Freude, Trauer, Wut usw. den Sch. zur Verfügung zu stellen.

2. Schritt

Die Sch. stellen ihre Ergebnisse vor. Je nach Klassensituation kann L. den Impuls geben: Welche Bilder haben etwas mit Gott zu tun?
In dem Taschenbuch „Anna schreibt an Mister Gott" sind Briefe von Anna an Gott gesammelt. L. liest ein weiteres Beispiel aus dem Buch vor (vgl. Fynn, Anna schreibt an Mister Gott). Impuls: Was meint ihr zu Annas Vorstellungen von Gott?

3. Schritt

Was ich Gott immer schon fragen wollte: Stellt euch vor, Gott selber gäbe auf der Erde eine Audienz. Jede/Jeder, die/der vorgelassen werden will, hat ihr/sein Anliegen vorher in einem Brief festzuhalten. Die Sch. schreiben in EA Briefe an Gott (KB S. 95, Impuls 1). Die Sch. lesen ihre Briefe (im Sitzkreis) vor. L. kann im UG als Impuls weitere Briefe von Anna einbringen.
Falls es die Situation der Klasse erforderlich macht, können die Briefe auch anonym geschrieben und eingesammelt werden. Interessante Auszüge werden von der/dem L. abgeschrieben, vervielfältigt und verteilt. Die Sch. können die Briefe vielleicht schon in Textsorten unterteilen (Klage, Frage, Bitte, Dank, Lob).

4. Schritt

Die Sch. lernen und singen das Lied „Vater im Himmel" (KB S. 95) und dichten weitere Strophen dazu (KB S. 95, Impuls 2).

5. Schritt

UG: Kann Beten helfen (KB S. 95, Impuls 3)?

Ergänzungen

Erzählung „Pucki" von Friedemann Regner (M 48) vorlesen. UG: Was könnte man Gott sagen, wenn man so von Gott enttäuscht ist wie Anna?

KB S. 96/97 Klageworte: Worte der Angst/ Vertrauensworte: Worte gegen die Angst

Gegenstand der folgenden drei Seiten sind die Psalmen. In der Beschäftigung mit diesen sollen die Sch. sehen, wie andere Menschen Angst, Enttäuschung und Leid vor Gott zur Sprache bringen. Sie sollen gleichzeitig erkennen, dass Menschen in ein und demselben Gebet bzw. Lied sowohl Angst als auch Dank und Lob in Worte fassen. Da die Psalmen eine Sprache sprechen, die oft der Sprache der Sch. nahe kommt, kann man den Versuch wagen, die Sch. selbst einen Psalm fomulieren zu lassen.
Schön wäre es, wenn die Sch. die Gelegenheit hätten, Psalmgebete für eine morgendliche Andacht oder den Schülergottesdienst zu formulieren. Auf jeden Fall sollte man auf die biblischen Psalmen bei der Gestaltung des Stundenanfangs nicht verzichten.

Mögliches Vorgehen

1. Schritt

Vorgehen entsprechend den Impulsen in KB S. 96: Die Sch. erhalten Fotos aus einer Bildkartei mit Menschen in ausweglosen und beängstigenden Situationen. Sie können auch ähnliche Bilder aus Zeitungen und Illustrierten aussuchen. Zusätzlich erhalten die Sch. einen Satz Kärtchen, auf die sie die Klageworte (Psalmworte) vom KB S. 96 schreiben. Die Kärtchen können mit Bildern ausgeschmückt werden. Jede/Jeder Sch. (u.U. auch in PA) wählt ein Foto aus der Bildkartei aus und legt ein passendes Kärtchen mit einem Psalmwort zu dem Bild. Es können um ein bestimmtes Bild auch mehrere Kärtchen gelegt werden. Die Sch. können auch eigene Klageworte auf die Kärtchen schreiben.

Weitere Klageworte aus der Bibel

Meinen Verwandten bin ich fremd geworden, selbst meine Brüder kennen mich nicht mehr (Psalm 69,9).
Wie lange sollen mich die Sorgen quälen, der Kummer Tag für Tag an meinem Herzen nagen (Psalm 13,3)?
Für meine Feinde bin ich zur Spottfigur geworden, ein Schreckgespenst für meine Freunde (Psalm 31,12).
Vergessen hat man mich wie einen, der schon lange tot ist (Psalm 31,13).
Ich höre, wie sie über mich tuscheln, von allen Seiten bin ich bedroht (Psalm 31,14).
Falsche Zeugen sagen über mich aus (Psalm 35,11).

2. Schritt

Die Sch. setzen sich im Kreis um die Bilder. Sie sagen einen Satz zu dem von ihnen ausgewählten Bild und lesen als Abschluss jeweils den Text des Kärtchens vor.

3. Schritt

L. stellt den Sch. die andersfarbigen Kärtchen mit Vertrauensworten gegen die Angst (M 49) zur Verfügung. Die Sch. wählen ein Kärtchen, das zu ihrer Szene passt, und legen es zum Bild bzw. zum Klagewort. Es gibt auch leere Kärtchen, auf die die Sch. eigene Formulierungen schreiben können.

Weitere Worte gegen die Angst, Worte des Trostes, aus der Bibel

Ich verlasse mich auf deine Liebe, ich juble über deine Hilfe (Psalm 13,6).
Er steht mir zur Seite, darum fühle ich mich sicher. Ich weiß mich geschützt und geborgen, darum bin ich voll Freude und Dank (Psalm 16,8 f.).
Du zeigst mir den Weg zum Leben. Deine Nähe erfüllt mich mit Freude; aus deiner Hand kommt ewiges Glück (Psalm 16, 11).
Der Herr lebt! Ich will ihn preisen meinen schützenden Fels (Psalm 18,47).
Du stehst für mich ein, Gott! Als ich vor Enge kaum noch atmen konnte, hast du mich in die Freiheit geführt (Psalm 4,2).
Du befreist mich und hilfst mir; darum habe ich keine Angst (Psalm 27,1).
Bei dir bin ich sicher wie in einer Burg; darum zittere ich vor niemand (Psalm 27,1).
Aus dem Abgrund hast du mich heraufgeholt (Psalm 30,2).
Ich stand schon mit einem Fuß im Grab. Doch du hast mir das Leben neu geschenkt (Psalm 30,4).
Du hast mein Klagelied in Freudentanz verwandelt, mir statt des Trauerkleids ein Festgewand gegeben (Psalm 30,12).
Ich bin glücklich, dass du so gut zu mir bist (Psalm 31,8).
Ich fühlte mich wie einer, der im Sumpf versinkt; doch er hat mich herausgezogen und mich auf Felsengrund gestellt (Psalm 40,3).
Du bist bei mir (Psalm 23,4).
Du bist mein Helfer (Psalm 63,8).
Du stützt mich mit deiner mächtigen Hand (Psalm 63,9)
Der dich behütet, schläft nicht (Psalm 121,3).
Von allen Seiten umgibst du mich und hälst deine Hand über mir (Psalm 139,5).
Voll Güte und Erbarmen ist der Herr, voll grenzenloser Liebe und Geduld (Psalm 104,8).
Danket dem Herrn, denn er ist freundlich und seine Güte währet ewiglich (Psalm 118,29).
Gott ist unsere Zuversicht und Stärke, eine Hilfe in den großen Nöten, die uns getroffen haben (Psalm 46,2).

4. Schritt

Aus den Kärtchen kann ein Psalm zusammengestellt werden (KB S. 97, Impuls 2).

KB S. 98/99 Psalm 22: Ich habe Angst/ Endlich wieder zu Hause!

Mit Psalm 22 – in gekürzter Form und teilweise in freier Übersetzung – soll mit den Sch. ein ganzer Psalm besprochen und gebetet werden. Dabei soll, wie in der ganzen UE, sowohl auf Entstehungssituation und Tradition wie auch auf die Nähe der Bildsprache des Psalms zu gegenwärtigen Erfahrungen geachtet werden.
Anhand dieses Psalm lässt sich über den Sitz im Leben reden und damit eine Brücke zur UE (Ein Erinnerungsbuch entsteht: Die hebräische Bibel) schlagen. Eine Querverbindung zu den Worten Jesu am Kreuz liegt nahe (Matthäus 27,35.46).
Das Schicksal von Maren Niebuhr aus dem bekannten Buch Klemm u.a., „Tränen im Regenbogen" (KB S. 99) kann sowohl mit Psalm 22 auf der gegenüberliegenden Seite verknüpft werden als auch mit den Psalmzitaten auf den vorhergehenden Seiten.

Mögliches Vorgehen

1. Schritt

Die Sch. bringen den Psalm mit verschiedenen Sprechern, unterschiedlicher Betonung und Geräuschen zum Klingen (KB S. 98, Impuls 1). Es empfiehlt sich für diesen Zweck, die Buchseite auf das Format DIN-A4 hoch zu vergrößern.

2. Schritt

Nach einem ersten Versuch, den Psalm zum Klingen zu bringen, wird zur weiteren „Verbesserung" des Vortrags der Text näher betrachtet. Die Sch. suchen nach Bildern, wie der Beter und wie Gott in den einzelnen Abschnitten vorgestellt werden (Beter: z. B. Rufer, Wurm, von Feinden umzingelt usw.; Gott: Mutter, Retter usw.). Die Antworten werden auf Zettel geschrieben und in der Anordnung der Psalmabsätze an die Tafel geheftet: linke Spalte „Klage des Beters", rechte Spalte „Anrufung Gottes". Die Sch. überlegen und erzählen, welche Erlebnisse und Geschichten ihnen dazu einfallen (KB S. 98, Impuls 2).

3. Schritt

Die Klasse wird in acht Gruppen eingeteilt. Jede Gruppe versucht in einem Standbild das in den acht Abschnitten jeweils vorgestellte Bild vom Beter bzw. seine Haltung gegenüber Gott darzustellen. (Die Bilder lassen sich natürlich auch auf Plakate oder ins Heft malen.)

4. Schritt

Der Psalm wird noch einmal von zwei Sprecherinnen bzw. Sprechern in verteilten Rollen (linke Spalte/rechte Spalte) vorgelesen. Die Sch. lassen sich Zeit. Nach jedem Abschnitt tritt eine Pause ein, in der das jeweilige Standbild aufgebaut wird und eine kurze Zeit stehen bleibt. Die Gruppen sollten sich im Raum im Kreis so verteilen, dass sie die jeweils agierende Gruppe in völliger Ruhe betrachten können.

5. Schritt

- Die Sch. lesen vom Schicksal Maren Niebuhrs und ihren Brief im Auszug. Besser: L. bringt das Buch Klemm u.a. „Tränen im Regenbogen" mit, liest die ganze Geschichte vor und zeigt die beiden Fotos der Zwillingsschwestern Martina und Maren Niebuhr im Alter von elf und fünfzehn Jahren (Geschichte, S. 125-127; Kurzbiographie, S. 220; Fotos, S. 223; im Buch finden sich noch andere geeignete Briefe und Erzählungen).
- Die Sch. wählen Psalmverse aus den vorhergehenden Seiten aus, die zu Marens Situation passen (KB S. 99, Impuls 1).

Ergänzungen

- Für welche Situation ist der Psalm aufgeschrieben worden („Ich will meinen Brüdern von dir erzählen, in der Gemeinde will ich dich preisen.")?
- Welche Geschichten aus der hebräischen Bibel (AT) fallen den Sch. bei den Psalmversen ein? (Rettung aus Ägypten, Schöpfungsgeschichte.)
- L. zeigt ein Bild des Gekreuzigten, auf dem Jesus zu sehen ist, wie er den letzten Schrei ausstößt (M 50). Frage: Erinnert der Psalm an diese Geschichte („Mein Gott, warum hast du mich verlassen?", Mt 27,46; „Sie losen um meine Kleider", Mt 27,35)?

KB S. 100 Lobworte: Worte der Freude und des Dankes

Die beiden Schlussseiten der UE unterstreichen im Besonderen, dass die Gotteserfahrung sich ganzheitlich – mit allen Sinnen – vollzieht.

Mögliches Vorgehen

Entsprechend den im KB S. 100 formulierten Impulsen.

Ergänzungen

Alternativ zu den im KB vorgeschlagenen Impulsen sind folgende Schritte denkbar:

1. Schritt

Die Sch. sammeln auf einem Lerngang schöne Dinge aus der Natur. Diese werden in die Mitte eines Sitzkreises gelegt. Jede/Jeder Sch. drückt seine Freude über Einzelnes in einem Lob- bzw. Danksatz aus und schreibt diesen auf einen Zettel. Daraus entsteht an der Tafel ein Klassen-Lob-Psalm.
Ebenso kann man im verdunkelten Klassenraum ein Dia von einem Sternenhimmel an die Leinwand projizieren. Gedanken und Gefühle werden auf Zettel geschrieben und zu einem Klassen-Lob-Psalm zusammengestellt.
Die Sch. vergleichen ihren Psalm mit einem biblischen Psalm, z. B. Psalm 8 oder Psalm 104.

2. Schritt

Die Sch. betrachten das Bild von Alfred Finsterer im KB S. 100. Sie geben dem Bild einen Titel. Impuls: Was drückt der Künstler aus? Der Originaltitel lautet: „Ist jemand guten Mutes, der singe Psalmen." L. erzählt, dass manche Rabbiner beim Tora-Freudenfest tatsächlich in der Synagoge so beschwingt tanzen und singen (vgl. Bild vom Tora-Freudenfest, KB S. 30)

4. Schritt

Die Sch. lernen und singen das Lied „Du hast uns deine Welt geschenkt". Sie formulieren weitere Strophen (KB 100, Impuls 3).

KB S. 101 Bilder von Gott

Im Vordergrund der UE stehen Erfahrungen mit Gott, nicht Bilder von Gott. Das biblische Bilderverbot macht uns darauf aufmerksam, dass es bei der Gotteserfahrung nicht um ein vordergründiges „Sehen" geht. Dennoch gehören die Augen und die künstlerische Hand zu unseren Sinnen, mit denen wir Menschen Gott zu erfahren und auch zu beschreiben suchen. Andererseits machen die zurückhaltenden Versuche von Marc Chagall, Jahwe ins Bild zu bringen (vgl. KB S. 78/79 und KB S. 91), nachdenklich. Und schließlich: Auch die Sprache kommt ohne Bilder nicht aus. Das damit angedeutete Problem soll wenigstens am Rande der UE zur Sprache kommen mit dem folgenden Vorschlag.

Mögliches Vorgehen

1. Schritt

L. stellt den Sch. noch einmal die Kärtchen mit den Vertrauensworten zur Verfügung (s.o.). Diese werden in die Mitte, um das Wort GOTT, herumgelegt. In manchen Vertrauensworten stecken Namen für Gott, Bildworte, wie „Fels", „Sonne", „Leuchte". Die Sch. sollen sie herausfinden und mit Farbe kennzeichnen. Übertragung ins Heft.

2. Schritt

Die Sch. erhalten ein Bildblatt mit Zeichnungen von Gott, die aus der Hand von Kindern unterschiedlichen Alters stammen (M 51). L. kann solche Bilder auch in seiner Schule in verschiedenen Klassen herstellen lassen mit dem Hinweis, es handle sich um ein Experiment für die Klassen 5/6. Die Sch. sollen zunächst raten, wie alt die Zeichner jeweils sind, und die Bilder in eine altersmäßige Reihenfolge bringen. Alter und Geschlecht der Zeichnerin bzw. des Zeichners: linke Spalte von oben nach unten: 1. Mädchen, 14 Jahre; 2. Mädchen, 14 Jahre; 3. Junge, 12 Jahre; rechte Spalte von oben nach unten: 1. Mädchen, 10 Jahre; 2. Junge, 11 Jahre; 3. Mädchen, 9 Jahre.
Impuls: Erfindet zu jedem Bild eine kurze Geschichte, was die Maler der Bilder jeweils erlebt haben könnten, wenn sie Gott so und nicht anders gemalt haben.

3. Schritt

Gespräch über die Frage, ob man sich Gott vorstellen kann. Die Beobachtungen beim 3. Schritt werden eingebracht. Der Vergleich mit den beiden Chagallbildern (KB S. 78/79 und KB S. 91) kann herangezogen werden. Die Geschichte „Die Blinden" (M 52) erzählen oder vorlesen, um zu verdeutlichen, dass Gottesbilder wie auch die Gottesbeziehung subjektiv sein müssen.

3. Alternative Verlaufsplanung

Alternativ kann man mit „Bilder von Gott" (KB S. 101) und den ergänzenden Materialien einsteigen. Dieses Vorgehen hat den Vorteil, dass von vorneherein die Gottesvorstellungen der Kinder im Vordergrund stehen und als erstes zur Sprache kommen.

4. Empfohlene Literatur und Medien

Baldermann, Ingo u.a., Wer hört mein Weinen? Kinder entdecken sich selbst in den Psalmen, Neukirchen-Vluyn, 5. Aufl. 1995 (Neukirchener)

Dietz, Walter u.a., Du hörst mein Weinen! Unterrichtsvorschlag Klasse 5/6, in: entwurf, 3/92, S. 51 - 60

Fynn, Anna schreibt an Mister Gott, Bern/München, 18. Aufl. 1993 (Scherz)

Klemm, Michael u.a. (Hg.), Tränen im Regenbogen, Phantastisches und Wirkliches – aufgeschrieben von Mädchen und Jungen der Kinderklinik Tübingen, Tübingen, 5. Aufl. 1991 (Attempto)

5. Materialien

M 48 Pucki
M 49 Vertrauensworte: Worte gegen die Angst
M 50 Bild: Der Gekreuzigte (Robert Hammerstiel)
M 51 Kinder malen Gott
M 52 Die Blinden

Ein Erinnerungsbuch entsteht: Die hebräische Bibel

1. Zielsetzung, Aufbau und Probleme

Das in fast allen Lehrplänen der Klassen 5/6 obligatorische und wichtige Thema „Einführung in die Bibel" ist im KB auf zwei UE verteilt: „Ein Erinnerungsbuch entsteht: Die hebräische Bibel" (KB S. 102-109) und „Das Neue Testament entsteht" (KB S. 168-175). Damit soll gesagt werden: Die oftmals als reine Realienkunde abgehandelten und darum recht beliebten UE dürfen nicht vom inhaltlichen Zusammenhang isoliert werden, in den beide im KB jeweils integriert sind: „Wie erfahren Menschen Gott?" (KB S. 78-109) und „Wie begegnen Menschen Jesus und seiner Botschaft?" (KB S. 142-175). Da sich beide UE ergänzen, ist es L. unbenommen, sie im Unterricht auch zusammen zu behandeln.

Die meisten Sch. begegnen in Klasse 5/6 zum ersten Mal der Bibel im Ganzen. Bisher wurden ihnen nur einzelne Geschichten aus der Bibel erzählt und/oder sie besitzen Bibelauszüge in Gestalt von Kinderbibeln. Insofern ist es wichtig, dass die Sch. jetzt mit der ganzen Bibel umzugehen lernen und sie auch einiges über die Eigenart dieses Buches, über die Entstehung und dessen Aufbau erfahren. Nicht minder wichtig ist die Vermittlung der Erkenntnis, dass die Bibel unter allen Büchern das Buch schlechthin ist: unvergleichlich hinsichtlich Alter, Entstehungsgeschichte, Zahl der Übersetzungen, Auflage, Verbreitung auf der Erde, Bedeutung für die Existenz einzelner Menschen wie auch in ihrer geistesgeschichtlich-kulturellen Bedeutung.

Weit mehr noch als im Christentum ist die hebräische Bibel im Judentum lebendig, dem wir sie ja auch verdanken. Bei religiösen Juden ist sie regelmäßig im Gebrauch – im synagogalen Gottesdienst wie im privaten Studium.

Die Sch. sollen in groben Zügen die Entstehung der hebräischen Bibel nachvollziehen können: Einzelsprüche werden tradiert und erinnert, aus ihnen wachsen Erzählungen, am Ende steht die schriftliche Fixierung und die Sammlung als Buch. Obwohl die Sch. der Klassen 5/6 noch Mühe haben mit historischen Vorstellungen, soll der Vorgang in eine einfache Zeitleiste eingefügt werden. Hinweise auf die hebräische Sprache und das Problem der Übersetzung (Beispiel Luther) runden die UE ab.

Ähnlich wie die UE „Ein Erinnerungsbuch entsteht: Die hebräische Bibel" ist die UE „Das Neue Testament entsteht" (KB S. 168-175) aufgebaut. Auch dort wird ein grober Überblick über den Entstehungsprozess der neutestamentlichen Schriften von den ersten Bekenntnissen zu Jesus über die erste schriftliche Fixierung von Jesusgeschichten, die Entstehung der Briefliteratur und der Evangelien bis hin zum fertigen Neuen Testament gegeben. Wird in der UE „Ein Erinnerungsbuch entsteht: Die hebräische Bibel" Hebräisch als Bibelsprache vorgestellt, so wird in der UE „Das Neue Testament entsteht" Griechisch als Sprache des Neuen Testaments erwähnt.

2. Didaktisch-methodische Hinweise

KB S. 102/103 Erinnern im Judentum

Der Stuttgarter Rabbiner sagte beim Besuch einer evangelischen Schulklasse in der Synagoge einmal humorvoll: „Was ihr Christen Altes Testament nennt, die hebräische Bibel, ist euch ja eigentlich von uns Juden nur geleast." Religiöse Juden haben ein sehr inniges Verhältnis zur Tora. Diesem Buch ist ein eigenes Fest gewidmet, das Tora-Freudenfest (vgl. KB S. 30). Die Torarolle wird mit großer Sorgfalt hergestellt. Sie wird von einem Toraschreiber von Hand auf Leder oder Pergament geschrieben und muss fehlerfrei sein. Die Torarolle ist mit einem (Königs-)Mantel und einer Krone geschmückt und wird in einem kunstvollen Schrein wie eine katholische Monstranz aufbewahrt. Ausgerollt hat sie eine Länge von etwa 30 Metern. Im synagogalen Gottesdienst wird eine der Torarollen bei jedem Morgengebet, am Sabbat und bei den Festen in einem feierlichen Akt aus dem Toraschrein geholt (Hebung). Vom Vorlesepult aus erfolgt dann die Lesung des entsprechenden Wochenabschnitts. Dabei dient ein metallener Finger als Lesehilfe, sodass das Pergament nicht mit der feuchten Hand berührt wird. Bei seiner Mitzwa darf ein junger Jude als besondere Auszeichnung zum ersten Mal aus der Tora im Gottesdienst öffentlich vorlesen.

Die *hebräische Bibel (das Alte Testament)* ist ein Erinnerungsbuch, in dem – wie in einem persönlichen Erinnerungsalbum – die Gotteserfahrungen des ganzen Volkes Israel gesammelt sind, und zwar – nach der christlichen Einteilung gesprochen – in Form von *„Geschichts"büchern, Gedichten* und *Liedern* und *Prophetenbüchern.* In einem festlichen Synagogengottesdienst werden Stücke aus allen drei Bibelteilen vorgetragen.

Auch die Juden gliedern die hebräische Bibel in drei Teile, allerdings auf andere Weise als die Christen:

- Der wichtigste Teil sind für sie die fünf Bücher Mose, die *Tora.* In ihnen findet sich als wesentlicher Inhalt die Erinnerung an die Gabe der Tora am Sinai.
- Der zweite Teil der hebräischen Bibel sind die *Propheten* (Nebiim). Dazu gehören für Juden aber auch Bücher, die wir zu den Geschichtsbüchern zählen, z. B. die beiden Samuelbücher und die beiden Königsbücher. Zu den Propheten werden sie deshalb gezählt, weil die Juden davon ausgehen, dass sie von Propheten verfasst wurden.
- Der dritte, jüngste Teil der hebräischen Bibel sind die *übrigen Schriften* (Chetubim), zu denen z. B. die Psalmen gehören.

Die gesamte hebräische Bibel wird nach den Anfangsbuchstaben der drei Teile Tenach genannt.

Zum Bild „Jude mit Tora" von Marc Chagall, KB S. 103:
Das Bild „Jude mit Tora" im KB S. 103 wurde von Marc Chagall (geb. 7. 7. 1887 in Witebsk/Russland, gest. 28. 3. 1985 in St. Paul-Vence/Südfrankreich) vermutlich 1927 gemalt. Das mit deckenden Wasserfarben gemalte (Gouache-)Bild befindet sich im Besitz des Museum of Art in Tel Aviv. Chagall schenkte es 1931 dem Museum anlässlich der Grundsteinlegung, an der er teilnahm. Er datierte es damals – vermutlich irrtümlich – auf das Jahr 1925. Bei den Häusern im Hintergrund handelt es sich aber um Chalets in den Schweizer Alpen, wo er von 1927 an jeden Winter einige Monate verbrachte.

Beherrschend in der Mitte, fast das ganze Bild ausfüllend, sieht

man einen Ostjuden, wie sie Chagall oft gemalt hat. Die Augen sind liebevoll auf eine rote Torarolle gerichtet, die er in den Armen hält – wie eine Mutter ihren Säugling. Im Hintergrund sieht man in Umrissen Schweizer Chalets sowie Schweine und einen Fisch. Das Haus links oben im Bild könnte auch eine Synagoge aus seiner Heimat Witebsk sein. Unten im Bild sieht man hinter der Person ein Schaf.
Die Bilder von Chagall sind auch von Kindern aufgrund ihrer unmittelbaren Bildaussage verstehbar. Als erstes werden sie erkennen: Ein Jude trägt liebevoll schützend eine Torarolle. Wenn die Sch. schon einmal etwas von der Pogromnacht 1938 gehört haben, können sie auf den Gedanken kommen, hier rettete ein Jude die Torarolle vor der Zerstörung durch die Nazis. Tatsächlich hat Chagall dieses Ereignis des Öfteren ins Bild gesetzt (z. B. „Die weiße Kreuzigung", ein Bild, das Chagall unter dem unmittelbaren Eindruck der Pogromnacht 1938 gemalt hat [vgl. Kursbuch Religion 7/8, S. 57]). Auch in Erinnerung der viel früheren Pogrome in Russland hat Chagall immer wieder fliehende Juden mit einer Torarolle im Arm gemalt. Bei diesem frühen Bild steht jedoch ganz die Hingabe an die Tora im Vordergrund.
Für L. ist es sicher wichtig, sich gründlicher mit Chagalls Bildzeichen-Sprache zu befassen, um den Sch. Rede und Antwort stehen zu können (leicht zugänglich über Goldmann, Bild-Zeichen, Bd. 1).
Für das UG ist es auch von Bedeutung, einiges aus der Biographie des Malers erzählen zu können: Chagalls Jugend war überschattet von den seit der Ermordung des Zaren Alexander II. 1881 über die Juden in Russland hereinbrechenden Pogromen. Dieses Erlebnis brennender Dörfer (oft erkennt man auf Chagalls Bildern Häuser seiner Heimatstadt Witebsk) und der Flucht von Juden verdichtet sich bei Chagall schon sehr früh zu einem Bildzeichen für den Exodus Israels. Dies wiederholt sich dann in der Darstellung der brennenden Synagogen der Pogromnacht 1938 (vgl. z. B. „Die gelbe Kreuzigung", 1943; Goldmann, Bild-Zeichen, Bd. 1, S. 70).
Zu den Bildzeichen für Flucht gehört auch ein Mann mit Wanderstab und/oder Schultersack, in dem sich Gebetsschal, Gebetsriemen, ein paar Bücher, der Pentateuch, der Talmud und ein Gebetbuch befinden („Isaak B. Singer"; vgl. Goldmann, Bild-Zeichen, Bd. 1, S. 64). Ein ebenso häufig vorkommendes Bildzeichen ist eine wehrlose Mutter, die einen Säugling schützend im Arm hält (vgl. den unteren Bildrand des Bildes „Die weiße Kreuzigung").
Doch zurück zum Bild „Jude mit Torarolle": Der Fisch kann ein Hinweis auf den Beruf von Chagalls Vaters sein, er war Lagerplatzarbeiter in einer Fischhandlung. Das Bild kann sich aber auch auf die Sabbatspeise, den „gefüllten Fisch", oder auch auf den Leviathan, Symbol für die verderbenbringenden Mächte der Tiefe, beziehen.
Es gibt noch andere Bilder von Chagall, auf denen eine rote Tora zu sehen ist („Rabbi mit Tora", 1930/31, 1941; vgl. Goldmann, Bild-Zeichen, Bd. 1, S. 66). Besonders interessant zum Vergleich ist das 1955 gemalte Bild „Kreuzigung mit Familie" (vgl. Goldmann, Kinder, S. 65, Bild 24): Chagall malt den Gekreuzigten als Juden, der als Lendentuch einem Gebetsschal umgelegt hat. Unter dem Kreuz steht die Heilige Familie – Josef und Maria mit dem Kind im Arm auf der Flucht nach Ägypten. Ganz rechts im Bild ist ein Jude mit Schildmütze – ganz ähnlich dem Juden auf dem Bild im KB S. 103 – zu sehen; auch dieser Jude hält eine rote Tora im Arm.
Die Farbe Rot steht bei Chagall wie die Farbe (Gold-)Gelb für die Offenbarung Gottes.

Mögliches Vorgehen

1. Schritt

Die Sch. betrachten das Bild im KB S. 103. L. erzählt, dass das Bild des jüdischen Malers Chagall heute in Israel (Tel Aviv) hängt. Impuls: Was ist auf dem Bild zu sehen? Was empfindet ihr dabei? L. kann – allerdings zurückhaltend – Hilfestellungen geben: ein Jude, der liebevoll eine Torarolle im Arm hält; links oben Häuser, darunter eines, das vielleicht an die Synagoge seiner Heimatstadt Witebsk erinnert, die Chagall immer wieder gemalt hat. Welche Bedeutung hat die Torarolle für Juden (vgl. Tora-Freudenfest, KB S. 30).

2. Schritt

L. bringt eine Biblia Hebraica (Bibel in hebräischer Sprache und Schrift) mit. Die Sch. sollen erfahren, welche Bedeutung dieses Buch in der jüdischen Gemeinde hat. Sie lesen die Geschichte „Besuch in einem Synagogengottesdienst" (KB S. 102). Die Sch. notieren (1) nicht verständliche Worte, die erklärt werden, (2) auf einem Arbeitsblatt/als TA den Ablauf des Gottesdienstes, (3) die drei Teile der hebräischen Bibel.

3. Schritt

Der Impuls 1 im KB S. 102 „Die hebräische Bibel hat drei Teile" zielt auf die *jüdische* Einteilung der hebräischen Bibel (vgl. M 53). Die Sch. sollen im Text KB S. 102 drei Begriffe herausfinden: (1) Tora, (2) Propheten(bücher), (3) Schriften.
Der in christlichen Kreisen üblich gewordene Sprachgebrauch „hebräische Bibel" statt „Altes Testament" ist sinnvoll, da dadurch die im Zuge der antijüdischen Tradition abwertende Bezeichnung „Altes" Testament vermieden wird. Die Unterscheidung in der Begrifflichkeit ohne Erläuterung durch L. verwirrt freilich die Sch.: Der Tenach (hebräische Bibel der Juden) hat – wie bereits ausgeführt – eine andere Einteilung als die aus dem Tenach ins Deutsche übersetzte „hebräische Bibel" (Altes Testament) der Christen. Auf diesen Unterschied ist zu achten.

4. Schritt

Impuls: Was wurde von den Christen aus dem jüdischen Gottesdienst übernommen? Die Sch. finden heraus, dass Lesung, Lied und Gebet wesentliche Elemente des jüdischen Gottesdienstes sind, die auch im christlichen Gottesdienst eine zentrale Rolle spielen.

Ergänzungen

– L. erzählt in kurzen Zügen das Leben des Malers Marc Chagall: ein Jude, der die Pogrome in Russland erlebt hat; der nach der Pogromnacht 1938 das Bild „Die weiße Kreuzigung" malt; dessen zweite Frau Vava – Valentina Brodsky – 1938 als Kunststudentin aus Berlin nach London geflohen ist; das Fluchtmotiv hat Chagall immer wieder neu aufgegriffen, es hat ihn nie mehr losgelassen.
– L. zeigt das Bild „Die weiße Kreuzigung" (Kursbuch Religion 7/8, S. 57) und/oder das Bild „Kreuzigung mit Familie" (Goldmann, Kinder, S. 65, Bild 24). Impuls: Warum kommt Chagall von diesen Bildmotiven nicht los? Hat dies etwas mit seinem Judesein zu tun? Juden „erinnern" ihre Jahrtausende alte Geschichte, von denen sie ein Teil sind.
– L. erinnert an die Geschichte vom sechseckigen Segensbecher (KB S. 92). Impuls: Welche Gedanken kommen Juden, wenn sie das Bild des Ost-Juden mit Tora im Arm im Museum in Tel Aviv betrachten?

KB S. 104 Die Bibel – eine Bibliothek

Die Sch. sollen sich auf spielerische Weise die (christliche) Einteilung der Bibel einprägen. Begonnen wird mit dem Alten Testament. Dies kann kein einmaliger Akt sein. An dieser Stelle wird nur der Grundstein gelegt. Im Zusammenhang der UE „Das Neue Testament entsteht" (KB S. 168 - 175) folgt das Einprägen der Einteilung des Neuen Testaments (vgl. Bibelfußball, M 54); als Ergänzung: Backen eines Bibelkuchens.

Bibelkuchenrezept

Um dich einmal auf ganz originelle Weise mit der Bibel zu beschäftigen, kannst du versuchen, einen Bibelkuchen zu backen. Das Rezept kann uns dabei helfen, eifrig in der Bibel zu blättern. Und wo etwas nicht eindeutig ist, musst du nach bestem Wissen und Gewissen selbst entscheiden.

Man nehme:

1,5 Tassen 5. Mose 32,14
6 Stück Jeremia 17,11
2 Tassen Richter 14,18
4,5 Tassen 1. Könige 5,2
2 Tassen 1. Samuel 30,12
0,7 Tassen 1. Korinther 3,2
2 Tassen Nahum 3,2
1 Tasse 4. Mose 17,23
1 Prise 3. Mose 2,13
3 bis 4 Teelöffel Jeremia 6,20
3 Teelöffel Backpulver

Zubereitung:

Man befolge den Spruch Salomos: Sprüche 23,14

Tips:

Ein 500-g-Honig-Glas (das Volumen von 2 Tassen) braucht 1 Päckchen Backpulver. Der Teig ist ziemlich flüssig. Backzeit ca. 70 - 90 Minuten bei 175 Grad.

KB S. 105 Die Bibel entsteht: Erinnerungen werden erzählt

Die fiktive Erzählung von Esther schildert eine Situation, in der deutlich wird, warum die Erinnerung an die großen Taten Gottes, die Befreiung aus der Sklaverei, wichtig ist. Damit ist die Situation beschrieben, in der solche Erinnerungsgeschichten weitererzählt wurden und Bedeutung für die Gegenwart erlangten.

Mögliches Vorgehen

1. Schritt

L. bringt Karte/Folie mit (Das Nordreich Israel im Jahre 722 v. Chr., M 55) und erläutert die Situation im Jahr 722 v. Chr. im Land Israel. (Die Karte ist Niederer u.a., Arbeitsfolien Religion, Teil 1 entnommen und bezieht sich auf die gesamte Zeit der Bedrohung durch die assyrische Großmacht. Gegebenenfalls kann für die Sch. der Klassen 5/6 die Karte auch retuschiert und ein Teil der Pfeile entfernt werden.)
Die Sch. lesen die Erzählung im KB S. 105. Sie schlagen 2. Mose 22,20 - 22 auf und schreiben die Verse ins Heft (KB S. 105, Impuls 1). Arbeitsauftrag: Warum wurden diese Erinnerungen nicht nur weitererzählt, sondern auch aufgeschrieben (KB S. 105, Impuls 2)?

2. Schritt

UG: Kann dieser Bibeltext auch heute noch für uns wichtig sein? Die Sch. erzählen von ihren Erfahrungen mit ausländischen Mitsch. Falls die Rutgeschichte behandelt wurde, kann man an dieser Stelle auf sie Bezug nehmen (vgl. UE „Rut – Fremde brauchen Schutz und Hilfe", KB S. 136 - 141).

KB S. 106/107 Die Bibel entsteht: Erinnerungen werden aufgeschrieben/ Die Auslegung der Bibel geht weiter

Die im KB S. 106/107 abgebildete Zeitleiste sollte die Sch. während der Behandlung des gesamten Kapitels „Gott ist für uns da" begleiten. Sie können eine Wandzeitung für ihr Klassenzimmer herstellen und einen entsprechenden HE machen. In diese sollten parallel zur Bearbeitung im Unterricht die Geschichten aus der langen Tradition des Volkes Israel laufend eingetragen bzw. als Bilder eingeklebt werden. Innerhalb der UE „Ein Erinnerungsbuch entsteht: Die hebräische Bibel" wird dann nur noch die untere Text-/Bildzeile zur Entstehung der hebräischen Bibel (Altes Testament) eingefügt.

Zum Bild „Mirjam" von Sieger Köder, KB S. 107:
Das Bild ist dem Misereor-Hungertuch 1996 entnommen, das Sieger Köder (geb. 1925, lebt in Ellwangen/Jagst) gestaltet hat. Im Mittelpunkt des wie ein Flügelaltar entworfenen Bildes ist der Gekreuzigte dargestellt. Auf dem linken Flügel oben ist Mirjam, unten die Arche mit Noah und seiner Familie zu sehen. Auf der rechten Flügeltüre sind oben das letzte Mahl Jesu (vgl. KB S. 10) und unten verschiedene Heilungen Jesu (Gelähmte, Blinde, die Samariterin am Jakobsbrunnen) zu sehen. Sowohl auf der linken als auch auf der rechten Seite des Bildes erinnern die Menschen in ihrem Aussehen an heutige Menschen in der „Einen Welt". Es sind dunkelhäutige, farbige und weiße Menschen, Menschen der Süd- und der Nordhalbkugel. Die Bildkomposition wird zum einen zusammengehalten durch die Regenbogenfarben (der Bund mit Noah), der sich auch im Kleid von Mirjam spiegelt, zum anderen durch das Element Wasser: Noah wird errettet aus der Flut. Die Wasser des Schilfmeers teilen sich. Beim Mahl gibt es nicht nur Wein, sondern auch Wasser „des Lebens". Die Heilungen spielen sich merkwürdigerweise alle im Wasser ab. Im Heilbad, aus dem die Geheilten steigen, spiegelt sich das Bild des Gekreuzigten.
In diesem Kontext ist das Mirjambild zu sehen, das freilich auch unabhängig von den anderen Bildern des Hungertuches aussagekräftig ist. Das Schilfmeer ist rot gemalt (Rotes Meer), die bewegende Gewalt ist gebannt, das Rote Meer geteilt. Merkwürdig erscheint zunächst eine grüne Fläche in der Mitte der geteilten Fluten, auf der Mirjam tanzt. Der Künstler setzte hier das Lied von Wilhelm Willms und Peter Janssens um: „Wenn das Rote Meer grüne Wellen hat, dann ziehen wir frei, dann ziehen wir frei aus dem Land der Sklaverei." Die Übertragung in die Gegenwart ist ausgedrückt im Stacheldraht, der entzweigeschnitten ist und aus dem rote Rosen wachsen: „Wenn der Stacheldraht rote Rosen trägt, dann ziehen wir frei, heim aus dem Land der Sklaverei." Am unteren Bildrand sind die zerstörten Sklavenhäuser zu sehen. Die beherrschende Gestalt ist freilich Mirjam, eine unbändig tanzende Frau, bekleidet mit einem wunderbaren Kleid in den Regenbogenfarben. Sie schaut den Betrachter mit offenem Gesicht direkt an. Ihre starken Arme und Hände schlagen eine Handtrommel.

Mögliches Vorgehen

1. Schritt

Die Sch. stellen entsprechend der Zeitleiste im KB eine ähnliche Zeitleiste für das Klassenzimmer/für das eigene Heft her (KB S. 106, Impuls 2). L. kann – je nach Verlauf des Unterrichts – Bibelstellen vorgeben.

2. Schritt

Die Sch. betrachten das Bild von Sieger Köder, das L. als Overheadfolie an die Wand projiziert (Sieger Köder, Misereor-Hungertuch „Hoffnung den Ausgegrenzten", Overheadfolien). Nicht das Bild im Buch betrachten, da dort mit der Bildunterschrift die Antwort schon vorweggenommen wird! Impuls: Was könnte das für eine biblische Geschichte sein, die wir schon kennen? Erinnert euch an das Bild im KB S. 93. Wer ist die Frau? Die Sch. sollen aus 2. Mose 14 und 15 den Vers herausfinden, der auf dem Bild dargestellt ist (2. Mose 15,21). Das Mirjamlied ist vermutlich das älteste Stück biblischer Überlieferung, das die Geschichte von der Errettung aus Ägypten zum Inhalt hat. Die Sch. schreiben den Vers ins Heft.

3. Schritt

L. erklärt in groben Zügen die Entwicklung vom Mirjamlied (2. Mose 15,21) zur ausführlichen Erzählung vom Schilfmeerwunder (2. Mose 14,1-31). Ein Zwischenschritt kann das Lied des Mose (2. Mose 15,1-10) sein. Da die Sch. der Klassen 5/6 mit einer ausführlichen Bearbeitung des Vergleichs überfordert wären, gibt L. das Arbeitsblatt „Vom Mirjamlied zur Schilfmeererzählung" aus (M 56). Die Sch. schneiden die ungeordneten Kärtchen aus.

Impuls: Legt die Kärtchen mit gleichartigen Schriften zusammen. Bringt die Texte in eine sinvolle Reihenfolge. Was ergibt sich daraus? (Ein kurzer Text = das Mirjamlied; vier Kärtchen, die das Moselied ergeben; die längere Erzählung vom Schilfmeerwunder.)

Die Sch. kennen schon das Mirjamlied. Das Lied des Mose kann gelesen werden. Die ausführliche Erzählung vom Schilfmeer fasst L. zusammen. L. erklärt, dass die Geschichte vom Schilfmeerwunder immer wieder neu in Liedern und Erzählungen wiederholt wurde, ebenso wie Maler die Geschichte in immer neuen Bildern gestalten. Man nimmt an, dass das Mirjamlied als die kürzeste Fassung die älteste Überlieferung darstellt und die ausschweifende Erzählung aus späterer Zeit stammt.

Die Sch. kleben die Karten entsprechend dem Tafelbild in ihr Heft.

4. Schritt

Vertiefende Bildbetrachtung des Bildes von Sieger Köder: KB S. 107, Impuls 2: Was gefällt euch am Bild. Was bedeuten die Farben des Kleides? Was findet sich so nicht in der biblischen Geschichte? Warum fügte dies der Maler ein? (Zweck des Hungertuchs erklären.) L. erläutert: Die biblischen Erzählungen werden auch heute noch fortgeschrieben, wie sie schon damals in immer neuen Fassungen weitererzählt wurden. So ist die Bibel entstanden.

Ergänzungen

Betrachtung weiterer Bilder des Hungertuchs anhand von Folien. Dabei wird auf die Fortschreibung biblischer Geschichte, ihre Vergegenwärtigung durch den Künstler geachtet.

KB S. 108 Hebräisch: Die Bibelsprache des Alten Testaments

Theologen, die während ihres Studiums hebräisch gelernt haben oder gar Ivrit sprechen, fällt es gewiss leichter, den Sch. einen Eindruck von der Eigenart der Ursprache der Bibel zu vermitteln. Es genügt jedoch auch, wenige Einzelheiten zu nennen, um den Sch. zu zeigen, dass die Übersetzung eine hochinteressante, wenn auch nicht ganz leichte Aufgabe ist. Für sprachlich interessierte Sch. mag es interessant sein, dass die hebräische Sprache nicht mehr Wörter besitzt, als in der hebräischen Bibel zu finden sind. Schwieriger ist schon der Gedanke, dass Hebräisch von rechts nach links zu lesen ist und der überlieferte Text ursprünglich nur aus Konsonanten bestand. Die Vokale hatte man im Kopf; sie wurden später zur Erleichterung des Lesens und zur Sicherung des Textbestandes in Form von kleinen Punkten bzw. Strichen über und unter den Konsonaten hinzugefügt (punktierter Text). KB S. 108 bietet eine kleine Übung, die sich ohne weitere Erläuterungen von selbst versteht.

Mögliches Vorgehen

1. Schritt

L. sollte den Sch. unbedingt eine hebräische Bibel in die Hand geben, ersatzweise eine Fotokopie der ersten Seite der hebräischen Bibel (1. Mose 1,1 ff.). Die Sch. schauen sich den hebräischen Text im KB S. 108 an. Es ist der erste Satz der Bibel: Er wird von rechts nach links gelesen und steht – nach unserem Verständnis – ganz hinten im Buch. Die hebräische Bibel wird also von hinten nach vorne gelesen. Juden denken da gerade umgekehrt!

2. Schritt

- Die Sch. lesen den hebräischen Text (KB S. 108, Impuls 1). Die Lautumschrift findet sich unter der hebräisch geschriebenen Zeile von rechts nach links gelesen: „BE-RESCHIT BARA usw."
- Die Sch. versuchen herauszubekommen, welches die Konsonanten B, R, SCH, T usw. sind. Eine Klippe ist jeweils beim Buchstaben Aleph in den ersten drei Worten zu überwinden. Er stellt eine Art Vokalverstärker dar – in diesem Fall für e, a und ä.
- Die Sch. suchen die Zeichen für Vokale herauszubekommen: Striche für a, Punkte für e und ä. Impuls: Wo sitzt der Punkt für o?
- Die wörtliche Übersetzung findet man in blauer Schrift über dem hebräischen Text.

3. Schritt

Die Sch. versuchen sich selbst an unpunktierten deutschen Texten, die L. oder sie selbst leicht herstellen können (KB S. 108, Impuls 3). Dies kann auch als Vorübung vor dem 2. Schritt geschehen.

KB S. 109 Eine Bibel – viele Übersetzungen

Je nachdem, wie viel die Sch. von Luther schon wissen, sollte L. einiges über Luthers Leben und seine Bedeutung als Reformator erzählen. Der Schwerpunkt liegt freilich auf Luthers Bibelübersetzung (eine gute Erzählvorlage, in: Knödler u.a., Das neue Kursbuch 5/6, S.170-175; ein für die Grundschule entwickeltes Domino zum Leben Luthers, in: Petri, Freiarbeitsmaterialien Luther, S. 30-32).

Mögliches Vorgehen

1. Schritt

Die Sch. erhalten die im KB S.109 abgedruckte Tabelle als Arbeitsblatt (M 58) und kleben diese in ihr Heft ein. Sie schneiden die auf demselben Blatt verstreut angeordneten Kärtchen aus und kleben sie an der richtigen Stelle in die Tabelle ein:

Luther 1524	Luther 1531	heutige Lutherbibel
So will ich loben bey meynem leben, vnd meine hende ynn deynem namen auffheben.	Da selbs wolt ich dich gerne loben mein leben lang, Und meine hende in deinem Namen auffheben.	5 So will ich dich loben mein Leben lang und meine Hände in deinem Namen aufheben.
Las meyne seele voll werden wie mit schmaltz vnd fettem, das meyn mund mit frölichen lippen rhume.	Das were meines hertzen freude vnd wonne, Wenn ich dich mit frölichem munde loben solte.	6 Das ist meines Herzens Freude und Wonne, wenn ich dich mit fröhlichem Munde leben kann.
Wenn ich deyn gedacht auff meym lager, So war meyn gesprech von dyr, ynn der wache.	Wenn ich mich zu Bette lege, so dencke ich an dich, Wenn ich erwache, so rede ich von dir.	7 wenn ich mich zu Bette lege, so denke ich an dich, wenn ich wach liege, sinne ich über dich nach.

Weil die erste Fassung kein Deutscher versteht, haben wir die hebräischen Worte ‚Schmalz' und ‚Fett' weggelassen und haben klar deutsch geredet. Mit ‚Schmalz und ‚Fett' wird Freude bezeichnet. Denn ein gesundes und fettes Tier ist fröhlich und ebenso wird ein fröhliches Tier fett. Ein trauriges Tier aber nimmt ab und ein mageres Tier ist traurig. Deshalb haben wir übersetzt „meines Herzens Freude und Wonne".

Martin Luther 1531 über die Übersetzung der Psalmen

V ist manchmal als U, manchmal als F zu lesen.

2. Schritt

Die Sch. versuchen eine eigene Übertragung von Psalm 63 oder einem anderen Bibeltext in ihre Sprache, u.U. auch in Mundart (KB S.109, Impuls 3). Weitere Übersetzungen werden herangezogen.

Ergänzungen

– Mithilfe des Arbeitsblattes „Martin Luthers Bibelübersetzung" (M 59) kann L. ein anspruchsvolleres Puzzle herstellen, bei dem auch vorlutherische Übersetzungen berücksichtigt sind. Im Zusammenhang eines ausführlicheren Lutherbildes lässt sich der Prozess seiner Bibelübersetzung mithilfe des Bilderpuzzles darstellen. Die Sch. müssen die einzelnen Bilder ausschneiden, in eine Ordnung bringen und können dann mit Pfeilen – wie auf dem folgenden Bild (s. rechts oben) dargestellt – die zeitliche Abfolge im Heft festhalten.

3. Alternative Verlaufsplanung

Die UE lässt sich auch gut in einzelne Bausteine gliedern und anderen UE zuordnen: KB S.102/103 zu KB S.204/205 (Judentum), KB S.104/105 und KB S.108/109 zu KB S.168-175 (Das NT entsteht), KB S.106/107 zu KB S.92/93 (Schilfmeerwunder).

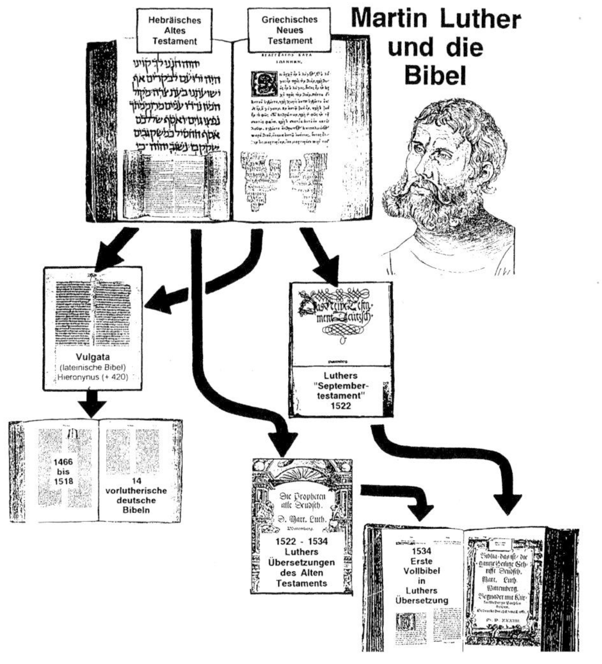

4. Empfohlene Literatur und Medien

Götz, Cornelia/Possinger, Volker/Spaeth, Friedrich, Die Bibel, Das Buch der Juden und Christen. Bausteine für einen Unterrichtsvorschlag in Klasse 5/6, in: entwurf 1/92, S.39-49

Goldmann, Christoph, Bild-Zeichen bei Marc Chagall. Band 1: Alphabetische Enzyklopädie der Bild-Zeichen; Band 2: Enzyklopädie zu den Bildern der „Biblischen Botschaft", Göttingen 1995 (Vandenhoeck & Ruprecht)

Goldmann, Christoph, Kinder entdecken Gott mit Marc Chagall, Bilder und Gespräche, Göttingen/Freiburg i. Br. 1978 (Vandenhoeck & Ruprecht/Christophorus)

Köder, Sieger, Das Misereor-Hungertuch „Hoffnung den Ausgegrenzten". Overheadfolien mit Meditationstext, Bischöfliches Hilfswerk Misereor e.V., Mozartstraße 9, 52064 Aachen

Niederer, Otto/Petri, Dieter/Thierfelder, Jörg u.a., Arbeitsfolien Religion, Teil 1: Geschichte Israels, Zeit Jesu, Frühe Kirche, Stuttgart/München, 2. Aufl. 1989 (Calwer/Kösel)

Petri, Dieter, Freiarbeitsmaterialien zum Thema Martin Luther und die Reformation, in: entwurf 3/95, S.26-32

5. Materialien

M 53 Die Einteilung der hebräischen Bibel der Juden
M 54 Bibelfußball
M 55 Karte: Das Nordreich Israel im Jahre 722 v.Chr.
M 56 Textpuzzle: Vom Mirjamlied zur Schilfmeererzählung. Wie die hebräische Bibel entstand
M 57 Textvergleich: Vom Mirjamlied zur Schilfmeererzählung Wie die hebräische Bibel entstand
M 58 Psalm 63 in verschiedenen Übersetzungen
M 59 Martin Luthers Bibelübersetzung

Bilder und Vorbilder

Einführung

Im Kapitel „Bilder und Vorbilder" sind drei Unterrichtsthemen – „Symbole", „David" und „Rut" – vereinigt, die in den Lehrplänen einer Reihe von Bundesländern für die Klassen 5/6 direkt oder auch indirekt vorgesehen sind. „Symbole" sind ausdrückliches Unterrichtsthema in Baden-Württemberg, Bayern, Niedersachsen, Schleswig-Holstein und Thüringen. „David" ist mit Ausnahme von Hessen, Rheinland-Pfalz und Schleswig-Holstein in den Plänen aller Bundesländer genannt. Thematisiert man im Zusammenhang der UE „Rut" das Zusammenleben mit Fremden und Minderheiten, dann gilt dies in abgeschwächter Form auch für dieses Thema.
Elementaren Symbolen wohnt eine wirklichkeitserschließende Kraft inne. Christliche Symbole sind als verdichtete Glaubenserfahrungen wahrzunehmen. In Symbolen verdichtet sich die Erfahrung von Identitätssuche und Identitätsfindung. Für Sch. der Klassenstufe 5/6, die im Übergang von der Kindheit zum Jugendalter leben, verdichtet sich in Symbolen die Erfahrung von Identitätssuche und -findung.
Ähnliches gilt für biblische „Vorbilder". Die Sch. der Klassen 5/6 stellen vertraute Werte und Bezugspersonen in Frage. Zum Aufbau einer eigenen Identität hilft die Auseinandersetzung mit markanten Persönlichkeiten und deren Glaubenswelt. Sowohl David als Typus des starken und zugleich schwachen Menschen, der, um die Fülle des Lebens auszukosten, immer wieder an Grenzen stößt, wie auch Rut, die vertraute Wege verlässt und zu Neuland aufbricht, können für Jugendliche eine Herausforderung zur Auseinandersetzung und insofern auch „Vorbild" sein.

Titelbild

Das eigens für das KB von Carita Schmidt gemalte Bild nimmt die einzelnen Themen des Kapitels auf und deutet deren inneren Zusammenhang an. Auf dem farbenfrohen Bild sind eine Vielzahl von Symbolen, in denen der Glaube seine Sinngestalt findet, zu sehen: Schiff, Kreuz, Hand, Licht, Weg, Tisch, Brot usw. Diese Symbole haben eine Doppelfunktion: Sie sind für alle Menschen in der Alltagswelt erfahrbar und sie bilden gleichzeitig Brücken zur Gottesbegegnung. Darum ist die Brücke für das Titelbild wie überhaupt für die Konzeption des gesamten Kapitels das Leitsymbol.
David findet man in der Gestalt des Hirtenjungen wieder, wie das Symbol des Hirten ja auch mit Jesus Christus in Verbindung gebracht wird. Die Waage als Zeichen innerer Ambivalenz tritt innerhalb der UE „David" immer wieder in Erscheinung.
Schließlich findet man auf der Darstellung noch Hoffnungsbilder, wie die Hand Gottes, das Zuhause bei Gott und das Wegemotiv, die sowohl in der UE „Symbole" wie auch in der UE „David" und „Rut" vorkommen.

Mögliches Vorgehen zum Titelbild, KB S. 110/111:
Da das Bild die Thematik des gesamten Kapitels umfasst, ist an jeder Stelle der drei UE der Rückgriff auf das Bild möglich. Besonders sinnvoll wird man das Bild bei der Zusammenfassung am Ende einer UE heranziehen.
Die Sch. suchen die entsprechenden Symbole für Gott, den Glauben, David usw. (Abdeckmethode). Ein Zugang besteht auch über die Deutung der Farben, z. B. Blau für Symbole der Bewegung oder Rot für Symbole, die Beziehungen verkörpern.

Symbole: Bilder des Glaubens

1. Zielsetzung, Aufbau und Probleme

„Die ganze Welt ist eine Brücke", dieses apokryphe Jesuswort ist für die UE „Symbole" leitend. Im Grunde kreist jeder RU um das Symbol Jesus Christus, sodass die Symboldidaktik Unterrichtsprinzip im RU ist. In einer UE „Symbole" wird das Thema, das in jeder anderen UE auch von zentraler Bedeutung ist, vertieft behandelt.

Es liegt deshalb nahe, dass einzelne Teile der UE „Symbole" auch an anderer Stelle des RU eingebracht werden. So passt etwa das Symbol Weg zu den Abraham- und Rutgeschichten oder das Symbol Hand kann im Kapitel „Jesus begegnen" auftauchen.

In der gegenwärtigen Symboldidaktik (Hubertus Halbfas, Peter Biehl, Anton Bucher) werden übereinstimmend Symbole als Möglichkeit der Erfahrung von Alltags- und Gotteswirklichkeit verstanden. So kann man, wie es im Folgenden geschieht, das Symbol der Brücke als Deuteschlüssel für das Verständnis von Symbolen überhaupt wählen: Menschen begegnen sich auf einer Brücke; zwischen ihnen liegt ein tiefer Graben, den die Brücke überspannt; in Erinnerung an bisherige Begegnungserfahrungen geben Menschen sich ein Wort, ein Bild, einen Ring als Zeichen der Erinnerung mit auf den weiteren Weg.

Solche sich im Alltag vollziehenden sinngefüllten Begegnungen können auch in religiöser Hinsicht „symbolischen" Charakter annehmen: Gott und Mensch, Schöpfer und Geschöpf, Transzendenz und Immanenz bewegen sich wie auf einer Brücke aufeinander zu und voneinander weg, sie verdichten sich in Symbolen. Sie „drehen zusammen" (griech.: *symballein*) und überbrücken, was ursprünglich zusammengehört. Symbolisches Sehen erblickt die Wirklichkeit sowohl aus der vordergründigen Sicht des Menschen als auch der dahinter liegenden Betrachtungsweise Gottes. Als Brücke in die Außen- und gleichzeitig als Tür in die Innenwirklichkeit kann ein Ding nie an sich ein Symbol sein, sondern es wird erst im Moment der Begegnung von Gotteswirklichkeit und menschlicher Wirklichkeit zum Symbol. Damit sind Symbole keine Bilder, die der subjektiven Interpretation unterliegen, und auch nicht Zeichen, die der Erklärung bedürfen, sondern selbstsprechende Begegnungsbrücken zwischen Gott und Mensch. Das Symbol bindet Erfahrung und Glaube aneinander und überbrückt die Distanz zwischen Wissen und Glauben.

Zu den unterschiedlichen Ansätzen in der Symboldidaktik:

Es gibt in der heutigen Symboldidaktik verschiedene Ansätze, die im Unterricht berücksichtigt werden können. Dies soll exemplarisch am Symbol Wasser erläutert werden:

Hubertus Halbfas wählt den erfahrungsorientierten Ansatz (A). Er spricht von zeitlosen Urbildern, die elementar erlebbar sind. Beim „Inszenieren" dieser Ursymbole ermöglicht ein dem Menschen innewohnender innerer Symbolismus, ein „drittes Auge", die Tiefendimension des Symbols zu erfahren (Halbfas, Das dritte Auge). Für die Beschäftigung mit dem Symbol Wasser bedeutet dies, den Sch. zunächst einmal Erfahrungen mit Wasser zu ermöglichen und sie über Ängste und beglückende Erfahrungen mit Wasser reden zu lassen.

Peter Biehls Ausgangspunkt ist ein biblisch-christologischer Ansatz (B). Biehl geht von zeitentsprechenden Urbildern aus, die eine Verbindung von Symbolen unserer Zeit mit religiösen Urbildern des Christentums ermöglichen (Biehl, Symbole). In Fortführung von Biehl sind die im KB ausgewählten Symbole von den ICH-BIN-WORTEN her zu erschließen. Ausgehend von Johannes 21 „Und Jesus stand am Ufer ..." ist die Christologie der Schlüssel zum Verständnis der Symbole, wobei ein Schwerpunkt auf heilsamen Symbolen liegt. Deshalb tritt beim Symbol Wasser der Chaosgedanke hinter dem Aspekt des Durststillens zurück. Die Sch. sollen nach Wassergeschichten in der Bibel suchen und diese nacherleben (Wasser in der Wüste, KB S. 119).

Anton Bucher wählt den universellen Ansatz (C). Durch Vertiefung in die biblisch-religiöse Welt des Symbols kann es gelingen, sich Sinngehalte des Symbols zu Eigen zu machen, die der eigenen Erfahrung verloren gingen (Bucher, Symbolbilder). Die Sch. erkennen die Bedeutung eines bewässerten Gartens und lernen, die Dursterfahrung der Wüste auf ihr Leben zu übertragen.

Ursula Früchtel wählt einen kulturgeschichtlichen Ansatz, der im KB als ökumenisch-interreligiöser Ansatz konkretisiert wird (D). Wer ein religiöses Zuhause hat, kann auch mit anderen Gläubigen eine Wegstrecke im Glauben gemeinsam gehen (Früchtel, Symbole entdecken). So kennen Juden, Christen und Muslime das Symbol des Brunnens, um den sie sich versammeln. Im Bild der Wasserquelle wird für sie gemeinsam die Quelle des Glaubens erfahrbar. Auch wenn dieser ökumenische Aspekt für die Sch. der Klassen 5/6 noch keine so große Rolle spielen mag, so bietet sich in Wasserliedern und Wassertänzen eine Brücke zu anderen Kirchen (Baptisten) und Religionen (Wassertanz aus Israel, KB S. 118).

Im Unterricht werden sicherlich die unterschiedlichen Ansätze ineinander übergehen. Da ihre Unterscheidung für die Unterrichtsplanung hilfreich sein kann, werden die sie kennzeichnenden Buchstaben (A - D) jeweils bei den methodisch-didaktischen Hinweisen genannt.

Entwicklungspsychologisch gesehen sind einige Sch. der Klassen 5/6 sicher noch im magisch-ganzheitlichen Denken und Fühlen verhaftet und vollziehen erst langsam die Unterscheidung zwischen Meinung und Gemeintem, Bild und Symbol; andere haben schon den Zugang zur Weltsicht. Im RU kann es gelingen, mithilfe der Symbole die engen Grenzen gegenständlicher Betrachtungsweise zu öffnen und zu „neuen Ufern" des Denkens und Erlebens zu gelangen. Das Symbol ist dabei die Konstanz des Erlebens – von Kindheit an vertraut (z. B. Kerze, Hand) – und bietet nun eine Chance zur Auseinandersetzung mit verschiedenen Glaubenshaltungen und -meinungen je nach religiöser Entwicklungsstufe.

Es geht im RU nicht um das Reden *über* Symbole, sondern um einen Unterricht *mit* Symbolen, wobei der Symbol*erfahrung* Vorrang eingeräumt wird. Praktisch heißt dies:

- ganzheitliche Erfahrungen durch Lernen mit allen Sinnen (denn ein Unterricht ohne Einbezug der Sinne ist „sinnlos"), z. B. durch meditatives Malen und Singen;
- Identifikationsmöglichkeiten mit Symbolgestalten, z. B. durch Erzählen von Symbolgeschichten;
- Chancen zur individuellen Begegnung mit dem Symbol, z. B. durch Stille und Stilleübungen, Phantasiereisen, kreative Aktionen wie Tonen und Malen;

- Chancen zu gemeinschaftsstiftenden Erlebnissen mit Symbolen, z. B. durch Tanz, Feste und Feiern, Musik;
- spielerische Zugänge zum Symbol.

Dem vorgestellten, stark erfahrungsorientierten Ansatz kommen Halbfas' Vorstellungen der Inszenierung von Symbolen am nächsten. Symbole, die ausgewählt werden, sollten
- erfahr- und erlebbar sein;
- zugänglich und sinnlich wahrnehmbar sein;
- einen individuellen und gemeinschaftsfördernden Charakter haben.

Im Einzelnen knüpft die Bearbeitung der ausgewählten fünf Symbole an die Lebenswirklichkeit der Sch. der Klassen 5/6 an und stellt eine Brücke zur religiösen Dimension her:
- *Haus:* Die Sch. erfahren in Klasse 5 eine neue Schule als neues Haus. Jesus verweist auf das Zuhause beim Vater.
- *Weg:* Die Sch. haben einen neuen Schulweg. Die Bibel spricht von Jesu Wegbegleitung, die eine Vorwegnahme des Reiches Gottes ist.
- *Hand:* Die Sch. bekamen neue Freunde, neue L. als Vertrauenspersonen, die ihnen die Hand geben. Jesus wendet sich Menschen zu, berührt sie mit der Hand und nimmt sie an.
- *Wasser:* Die Sch. machen vielfältige Erfahrungen mit dem Wasser. Jesus erweist sich als Herr über die Elemente.
- *Brot:* Die Sch. erleben nicht nur Gefühle des Hungers, sondern auch die Gemeinschaft stiftende Kraft eines Mahls. Jesus tritt für das Elementare, für die Verwurzelung des Menschen auf dieser Erde im Sinne des Schöpfungsauftrags ein.

2. Didaktisch-methodische Hinweise

KB S. 112/113 Mein Haus/Gottes Haus

Häuser schenken Geborgenheit. Behausungen spiegeln, wo und wie Menschen sich und einander Geborgenheit vermitteln. Deshalb wird auch die Geborgenheit, die Gott gibt, im Bild des Hauses symbolisiert. So erzählt die Bibel von Höhlen, Zelten und Häusern, die einerseits schützen und bergen (Geburtshöhle Christi), andererseits aber auch abgeschlossen und doch durchlässig sind (Pfingstlegende). Häuser gewähren Einlass und machen Geborgenheit erlebbar, indem sie Türen öffnen; sie verweigern aber auch den Einlass für Menschen und für Gott. Das Haus Gottes schenkt Geborgenheit für alle; es öffnet seine Türen, auch für Unbehauste und Obdachlose. Jesus selbst wird zur Tür, die Einlass gewährt ins Vaterhaus im JETZT und in der EWIGKEIT (2. Korinther 5,1). Er selbst ist nie Haus. Deshalb wird das Haus auch nie als Christussymbol verwendet, wohl aber die Tür.

Mögliches Vorgehen

1. Schritt

Eigene Behausungen wahrnehmen durch Begegnung mit Bildern und Farben:
Die Sch. suchen im KB S. 112 ihr Lieblingshaus (KB S. 112, Impuls 1). Ergänzend zum Impuls kann auch ein Bild der Kelly-Family mit Hausboot oder das Bild eines Obdachlosen die Suche nach dem eigenen Sichwohlfühlen verstärken. Die eigene Befindlichkeit soll nicht vorschnell zur Sprache kommen, vielmehr sollen die Sch. über Farben ihren Gefühlen Ausdruck verleihen. Hierzu stellt L. ein Arbeitsblatt her (KB S. 112 vergrößert kopieren; die zwischen die Bilder gesträuten Texte ausschneiden oder auslacken; jeder/jedem Sch. solch ein kopiertes Blatt geben). Die Sch. wählen ihr Haus aus und umgeben dieses mit einer ihnen angenehmen Farbe (KB S. 112, Impuls 2). Hilfreich zum Malen sind Erdfarben, die mit Fingern vermalt werden. (Ansatz A)

2. Schritt

Gottes Haus kennen lernen und die Geborgenheit darin als Einladung erleben. Durch spielerische Begegnung mit biblischen Hausworten mittels einer Hausinschrift darüber sprechen, was ein Haus zur Behausung macht (KB S. 112, Impuls 3). (Ansatz B)

3. Schritt

Mit dem Spiel „Bibelfußball" (M 54) Hausworte über Gott aus der Bibel heraussuchen
(z. B. 1. Mose 19,1-11; 2. Mose 26,15 f.; Richter 6,2; 1. Könige 19a; Psalm 101,2; Markus 3,27; Lukas 15; Johannes 1,38-39; 11,38; 14,1-2; 2. Korinther 5,1; Hebräer 9,1-10) und damit die Atmosphäre im Haus Gottes beschreiben (offen – warm – freundlich usw.; vgl. KB S. 112, Impuls 4).

4. Schritt

Das Haus Gottes bauen durch Singen, Texten und Gestalten:
Lied: „Komm, bau ein Haus" (KB S. 113) singen und gestalten (Tonbeschreibung: Bihler, Symbole, S. 98). Kontrastierend zu den friedsamen „Bildern" des Liedes gibt L. weitere Impulse (Foto oder Sätze): Lad viele Alte ein ins Haus/Lad viele Penner ein ins Haus/Lad viele Kranke ein ins Haus/Lad viele Soldaten ein ins Haus/Lad viele Huren ein ins Haus.
Darüber diskutieren, wer im Hause Gottes Geborgenheit geschenkt bekommt und welche Konsequenzen sich daraus für das Zusammenleben der Christen ergeben. (Ansatz C und D)

Ergänzungen

– Anhand von zwei bis drei Gesangbuchliedern – z. B. „Ein feste Burg ist unser Gott" (EG Nr. 362) und „Ein Haus voll Glorie schauet" (GL Nr. 639) – entdecken, was Text und Musik über das Haus Gottes aussagen wollen, und evtl. mit der Lebensgeschichte der Komponisten/Texter verbinden.
– Mit dem Haus Gottes assoziieren die Sch. zunächst eine Kirche. Mit Legematerialien (Kett, Religionspädagogische Praxis) eine Kirche mit Gemeindezentrum bauen, in dem alles Platz hat, was für die Sch. zum Haus Gottes gehört, z. B. ein Gemeindezentrum mit Pferdestall, eine Kirche mit Vesperraum usw. (vgl. zur Kirchengemeinde und Kirchengebäude in: UE „Kirche zum Mitmachen", KB S. 178-183 und „Christen in unserem Land", KB S. 194-203).
– Impuls: Wie reagieren die Sch. auf eine Einladung zum Pfingstgottesdienst ihrer Kirchengemeinde, die etwa so lautet:

Bist du eingeschüchtert, traurig, schulsatt, ohne Lust auf Stress ..., dann krieche aus deinem Schneckenhaus heraus und lass dich anstecken von Freude, Gemeinsamkeit und Lust auf Leben! Deine Kirche hat an Pfingsten ein offenes Haus und du bist eingeladen! Wir erwarten dich!
Deine Kirchgemeinde (u.A.w.g)

– Im Kontext der Hausinschriften erzählt L. vom Ritual der Haussegnung bei katholischen Familien:

Unser Haus wurde gesegnet
Fast zwei Jahre waren wir täglich auf der Baustelle. Vom ersten Spatenstich bis zur Grundsteinlegung verfolgten wir Kinder gespannt den Bau unseres Hauses. Jedes Kind sollte ein eigenes Zimmer bekommen. Wir planten, bauten, putzten und nun ist es endlich fertig, unser Haus.
Meine Eltern haben zur Hauseinweihung Gäste eingeladen. Das Fest beginnt mit der Haussegnung. Der Pfarrer unserer katholischen Gemeinde ist zu uns gekommen. Wir stehen alle ganz gespannt vor der verschlossenen Tür. Der Pfarrer spricht ein Segenswort und öffnet die Tür. Alle gehen in das Haus und singen in der Eingangshalle das Lied: „Lobet den Herren, alle, die ihn ehren." Unser Gesang hallt in den noch verhältnismäßig leeren Räumen und ich komme mir vor wie in einer großen Kirche, obwohl ich bei uns daheim bin. Dann beten wir miteinander für die Bauleute, für unsere Familie und für alle, die zu uns gehören. Nach dem Vaterunser schwenkt der Pfarrer das Weihrauchgefäß und segnet uns mit Worten, Händen, dem Geruch des Weihrauchs und besprengt uns mit Weihwasser. Ich spüre die Worte: „Herr, segne dieses Haus und alle, die darin gehen ein und aus." Es ist, als ob Gott, den ich nicht sehe, neben mir steht. Dann gehen wir durch alle Räume des Hauses.
In jedem Raum sprechen wir ein kurzes Gebet. Der Duft des Weihrauchs zieht in jedes Zimmer. Als wir in mein Zimmer kommen, sagt der Pfarrer: „Gott segne Roland in seinem Zimmer." Ich darf selbst mit dem Weihrauchschwenker durch mein Zimmer gehen. Dieses Erlebnis werde ich wohl nie vergessen.

- Impuls: Können und wollen wir Gott spürbar und/oder sichtbar in unserem Klassenzimmer leben lassen? Die Sch. gestalten ihr Religions- oder Klassenzimmer als Behausung zum Wohlfinden.

KB S. 114/115 Wege, die wir gehen/Spuren im Sand

Wege symbolisieren den Aufbruch zu Neuem und sind geprägt von den Situationen Verlassen – Suchen – Ankunft bzw. Rückkehr. Stets wird der vertraute Raum verlassen und neue Räume erschlossen. Der Horizont des Weges ist unendliche Ferne, ein Übergang von Diesseitigkeit zur Jenseitigkeit. Wer den Weg beschreitet, wird zum Wanderer, begeht einen Lebensweg oder Lebenswandel. Biblische Wegegeschichten erzählen vom „Wegegott" Israels, der die einzelnen Stationen seines Volkes begleitet und auf dem Weg seiner Verheißung „ich bin da" treu bleibt (vgl. UE „Abraham: Unterwegs im Vertrauen", KB S. 80 - 87 und „Mose: Unterwegs in die Freiheit", KB S. 88 - 93). Im Neuen Testament gewinnt der Scheideweg zwischen dem Weg des Heils und dem des Unheils Bedeutung, wobei die Orientierung an Jesus hilft, auf dem rechten Weg zu bleiben. Viele Wegegeschichten von Menschen zeigen, dass es Leben ohne Aufbruch nicht gibt und Jesus ein Wegbegleiter ist, der uns über Höhen und Tiefen hinweg nie verlässt und zum Ziel führt. Aufbruch und Treue sind die zwei Symbolinterpretamente für Wegegeschichten.

Mögliches Vorgehen

1. Schritt

Eigene Wege gehen lernen durch Begegnung mit Wegebildern und Erfahren unterschiedlicher Wege:
- Bildbetrachtung vom Schulwegbild (KB S. 114): Ausgehend von dem Schulweggedicht und der Situation der drei Kinder auf dem Foto berichten die Sch. von ihren eigenen Schulwegen (KB S. 114, Impuls 6). In Dreiergruppen wird dann der Schulweg der drei Kinder zur Schule im Rollenspiel geprobt, vorgetragen und miteinander verglichen.
- Die Sch. stellen ihre Schulwege und Wege, die ihnen in Erinnerung sind, als Wegebild mit Fäden, Legematerialien oder Collagen dar und vergleichen sie mit den Wegen des Bildes im KB S. 114 (KB S. 114, Impuls 3). (Ansatz A)
- Wege stehen für Befindlichkeiten wie Angst, Vertrauen, Verlassenheit. Die Sch. gehen barfuß steinige, sandige Wege und überlegen, wie ihnen auf diesen Wegen jeweils zumute ist (KB S. 114, Impuls 4).

2. Schritt

Auf Gottes Wegen gehen – Wege biblischer Personen mit Egli-Figuren nacherleben:
Auf obige Wege (vgl. 1. Schritt) werden biblische Personen in Gestalt von Egli-Figuren gestellt und den angegebenen Bibelstellen im KB S. 114 zugeordnet. Die Sch. überlegen, auf welchem Wegegrund (Sand, Gras, Stein, Umweg, gerader Weg usw.) sich diese biblischen Personen befinden. Sie stellen diese in einer typischen Haltung dort hin (symbolische Wegedimension).

3. Schritt

Den Text im KB S. 115 lesen. Mit den eigenen Fußstapfen den Weg des Mannes im Klassenzimmer auf Papier gestalten (KB S. 115, Impuls 1). Die Sch. finden für den Schlusssatz drei eigene Begriffe: (Ansatz B)

Denn ich bin auch für dich

____________________, ____________________ und
(Weg) Wahrheit

____
(Leben)

4. Schritt

Lebenskreise abschreiten durch meditatives Musizieren eines Wegekanons:
- Das Lebenskreislied (KB S. 115) abschreiten, singen und tanzen.
- Lebenskreislied mit Erd- oder Zuckerfarben gestalten (KB S. 115, Impuls 3).
- Mit eigenen Fußstapfen den eigenen Weg legen (KB S. 115, Impuls 2). Dazu passen Wegelieder, z. B. „Wir haben Gottes Spuren festgestellt" oder „Ich möcht, dass einer mit mir geht" (Menschens Kinder Lieder Nr. 82 = Neue geistliche Lieder Nr. 285). (Ansatz C und D)

Ergänzungen

– Auf ICH-BIN-WORTE zurückgreifen und die Gedanken zum Schulweg (KB S. 114) in Verbindung mit einem ICH-BIN-WORT Jesu auf ein Schmuckblatt schreiben und malen. Es kann – falls die Sch. es wollen – als Einstimmungsgebet im RU Verwendung finden.

– Wegeworte und Wegetexte aus der Bibel heraussuchen, die den Sch. wichtig sind. Jedes Kind schreibt ein Wegewort auf die rechte Seite einer Dominokarte und skizziert diesen Weg auf der linken Seite einer Dominokarte. Zusammengesetzt ergibt es ein Klassenwegedomino, das für alle kopiert und mit allen „gespielt" werden kann. Als Einzelkarten ergibt es ein Klassenmemory, wobei jeweils eine Wortkarte und eine Bildkarte zusammengehören (KB S. 114, Impuls 5). Vielleicht können die Sch. sich in das Wegebild hineinskizzieren.

– Ein Wort-Bild zur Spurenerzählung im KB S. 115 gestalten. Die Sch. erhalten je 30 Wortkärtchen mit den Einzelworten „Spuren" bzw. „im Sand" und je 20 mit dem Satz „Spuren im Sand". Sie sollen mit diesen Kärtchen ein Spurenbild legen, aufkleben und die Ergebnisse vergleichen:

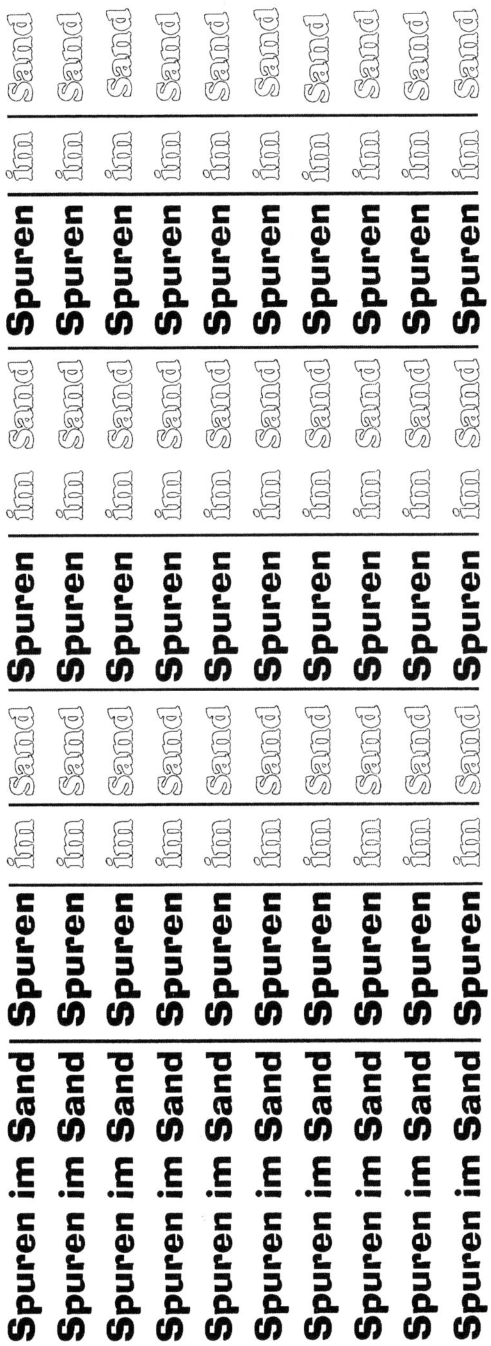

KB S. 116/117 Hände

Hände sind Identitätsmerkmale von Menschen. Sie sind Zeichen seiner Einzigartigkeit (typische Gesten, Fingerabdruck) und seines Charakters (Handeln). Hände spiegeln die Welt der Arbeit (Handtätigkeit) und drücken Haltungen aus (z. B. Händefalten). Aufgrund des Bilderverbotes ist die Hand das wesentlichste und häufigste Gottessymbol im AT. Gottes Hand wirkt schöpfend, hilft und schützt durch die Zeit. In Jesu „Handeln" wird Gott gegenwärtig auf Erden, seine Handauflegung macht gesund, rein und segnet. Damit steht die Hand für die spürbare Nähe Gottes im Augenblick.

Zum Bild „Saatfrüchte sollen nicht vermahlen werden" von Käthe Kollwitz, KB S. 117:
Käthe Kollwitz (8.7.1867 - 22.4.1945) hat das Bild 1941 geschaffen. Seit dem Soldatentod ihres jüngsten Sohnes Peter, der im Oktober 1914 mit 18 Jahren in Belgien sein Leben lassen musste, war die Künstlerin eine entschiedene Kriegsgegnerin. Die Bildunterschrift „Saatfrüchte sollen nicht vermahlen werden" ist ein Wort Goethes aus dem Lehrbrief. Zum Bild schrieb Käthe Kollwitz im Dezember 1941 in ihr Tagebuch: „Junge, willige Berliner Jungen, die wie junge Pferde gierig nach draußen wittern, werden von einer Frau zurückgehalten. Die Frau, eine alte Frau, hat die Jungen unter sich und ihren Mantel gebracht, gewaltsam und beherrschend breitet sie ihre Arme und Hände über die Jungen." Und in einem Brief an Beate Bonus-Jeep: „Die alte zusammenhaltende Mutter sagt – Nein! Ihr bleibt hier! Einstweilen dürft ihr noch raufen, aber wenn ihr groß sein werdet, habt ihr euch auf das Leben einzustellen und nicht wieder auf den Krieg" (Kollwitz, Meisterwerke, S. 196).

Zum Bild „Heilung der Schwigermutter des Petrus" (Matthäus 8,14 f.; Markus 1,29 - 31) von Rembrandt (M 63):
Rembrandt (1606 - 1669) hält sich fast wörtlich an den Bibeltext: „Und er trat zu ihr." Jesus geht einen Schritt vor. „Und er fasste sie bei der Hand und richtete sie auf." Jesus beugt sich nieder und zieht die sitzende Frau hoch. Alles Beiwerk fehlt. Die um das Jahr 1650 entstandene Federzeichnung konzentriert sich ganz auf das eigentliche Geschehen: die Begegnung der beiden Menschen, die durch ihre Hände verbunden sind.

Mögliches Vorgehen

1. Schritt

Hände sprechen eine eigene Sprache – mit Gebärdensprache sprechen:
L. begrüßt die Sch. in Gebärdensprache und übersendet mittels der Gebärdensprache eine Botschaft. Die Sch. interpretieren die Sprache der Hände und teilen sich einander mit den Händen in PA mit.

2. Schritt

Die Sch. erzählen eine Geschichte zu den Handbildern im KB S. 116 und zu weiteren Bildern mit Händen, die L. ihnen vorlegt. Andere Handgebärden per Schattenspiel finden und Gebärdenerzählungen entwickeln. (Ansatz A)

3. Schritt

Und Jesus fasste sie bei der Hand – Handgeschichten der Bibel erzählen und gestalten:

Die Sch. versuchen beim Lesen der Erzählung „Und Jesus fasste sie bei der Hand“ den Text mit ihren Händen nachzugestalten (KB S. 117, Impuls 1). Am Text verschiedene Handtätigkeiten Jesu herausarbeiten und mit biblischen Texten in Beziehung bringen (KB S. 117, Impuls 2). (Ansatz B)

4. Schritt

Ein biblisches Hand-Wort, das den Sch. wichtig ist, und die Erzählung (KB S. 116/117) mit Ton modellieren (KB S. 117, Impuls 3).

5. Schritt

- Die Sch. betrachten das Bild von Käthe Kollwitz „Saatfrüchte sollen nicht vermahlen werden“. Impuls: Achtet auf Gesichter und Hände. Was tun die Hände? Erläuterung des Titels im Zusammenhang der Entstehungssituation (s.o.).
- Evtl. das Bild mit der Haltung Jesu in der Erzählung „Und Jesus fasste sie bei der Hand“ vergleichen.

6. Schritt

Bin ich ein Handlanger Gottes (KB S. 117, Impuls 4)? Durch Rollenspiel und Collagen eigene Positionen finden:
- Den Begriff „Handlanger Gottes“ vom KB S. 117 pantomimisch darstellen. Die Sch. bleiben zunächst in der Bildebene.
- Mittels einer Collage die Aspekte des Handlanger-Seins zusammenstellen. (Ansatz C)
- Das Tun verbindet die Gläubigen aller Glaubensrichtungen, weil sie ihr Leben auf Gott beziehen. Im Krankenhaus ist es nicht wichtig, ob eine christliche, eine muslimische oder eine agnostische Schwester Hand anlegt bei der Pflege – oder doch? UG über den Zusammenhang von Handeln und Glauben. (Ansatz D)

Ergänzungen

– Lied: „Er hält die ganze Welt in seiner Hand …“ (Menschens Kinder Lieder Nr. 45) singen und das Wort „in“ durch ein Fingerschnipsen betonen. Es lassen sich beliebige Namen für „die ganze Welt“ einsetzen (z. B. „Christoph und Eva“ oder „Mond und Sterne“) und singen. Dabei können die Sch. statt „in“ („in“ seiner Hand) passendere Worte einsetzen wie „unter“ oder „auf“.

– Das Lied: „Halte zu mir guter Gott“ von Rolf Krenzer in Gebärdensprache musizieren (M 64, aus Krombusch/Edelkötter, Weil du mich so magst, S. 28 f.; es gibt dazu auch Kassetten vom Impulse-Musikverlag, Drensteinfurt).

– Das Bild von Hans-Georg Anniès „Ein Kind an der Hand“ in zwei Schritten betrachten: Zuerst das reduzierte Bild ohne die das Kind führende Hand zeigen (M 60). Überlegen, was das Kind denkt und fühlt. Im 2. Schritt wird das vollständige Bild (M 61) gezeigt und darüber gesprochen.

– Ähnlich lässt sich auch das Rembrandtbild „Heilung der Schwiegermutter des Petrus“ mit dem Overheadprojektor zuerst im Ausschnitt (M 62) und anschließend das ganze Bild (M 63) zeigen. Alternativ erhalten die Sch. zuerst den Ausschnitt als Arbeitsblatt (M 62). Sie malen zu den Händen Personen hinzu und vergleichen ihre Zeichnung anschließend mit dem vollständigen Rembrandtbild (M 63).

– Salböl miteinander herstellen und dieses Salböl der Partnerin bzw. dem Partner im Sitzkreis in einer Stilleübung auf die Hände reiben. Als Abschluss kann man das Lied „Halte zu mir guter Gott“ von Rolf Krenzer singen oder auf Kassette anhören und dazu die Hände bewegen (M 64).
(Rezept für Salböl zur Pflege: 20 Tropfen Rosenöl oder 20 Tropfen Jasminöl in 10 Milliliter Jojabaöl und 50 Milliliter Mandelöl träufeln und gut vermischen.)

– Gottesdienstvorschlag zum Schuljahresanfang unter dem Thema „Hand in Hand“, in: Rupp u.a., Kunterbunte Pausen, S. 24-32.

KB S. 118/119 Wasser ist Leben/ Wasser in der Wüste

Wasser ist der Urgrund aller Dinge. Es ermöglicht Leben auf dieser Erde und bestimmt die Kreisläufe des Lebens. Es ist rhythmisch, mächtig, ungeformt und fähig, sich in seinen Grundkonstitutionen zu verwandeln (Quelle, Fluß, Welle, Meer usw.). Biblisch ist Wasser einerseits Zeichen der Schöpferkraft zum Leben und andererseits Zeichen feindlicher Chaosmächte. Jesus konkretisiert das Schöpfungshandeln Gottes, indem er den Bedrohungen des Glaubens standhält und dazu ermutigt – trotz der Stürme des Lebens –, zu neuen Ufern aufzubrechen. Wenn er selbst als das Wasser des Lebens (Johannes 6,18) bezeichnet wird, so steht die ordnende, heilende und damit nie versiegende Kraft des Wassers im Vordergrund, die im Bild des Brunnens ihren symbolischen Ausdruck findet. Je nachdem kann das Wasser als Symbol sowohl Durst als auch Erquickung ausdrücken.

Mögliches Vorgehen

1. Schritt

Wassererfahrungen erinnern und erleben durch Realbegegnung mit Wasser: Die Sch. sitzen um eine große, mit Wasser gefüllte Schale, um die dunkle Tücher als angedeuteter Brunnen gelegt sind. Sie erzählen von Wassererlebnissen und schöpfen dann in Gruppen mit ihren Händen das Wasser in kleine Schalen um (evtl. als Spiel auf dem Schulhof gestalten). Beim Schöpfen und Spüren des Wassers erzählen sie von einem Wassererlebnis. Die Orte ihrer Wassererlebnisse (Quelle, Mündung usw.) werden je auf ein Blatt gemalt; daraus wird eine Wasserreise zusammengestellt (s. Abb. auf der folgenden Seite).

2. Schritt

Die Sch. ahmen mit Lauten und/oder einfachen Instrumenten das Wassergeräusch ihres Wassererlebnisses nach, sodass die Wasserreise auch klanglich erfahrbar wird (KB S. 118, Impuls 3). Dabei kann die Hälfte der Klasse mit geschlossenen Augen zuhören, während die andere Hälfte die Wasserreise in Klänge umsetzt.
Ergänzend kann jede/jeder Sch. ihren/seinen Abschnitt der Wasserreise mit Folienstiften auf ein kleines Stück Overheadfolie malen. Die aneinandergeklebten Stücke ergeben einen Folienfilm, der während seiner Präsentation mit Orff-Instrumenten begleitet werden kann. (Ansatz A)

3. Schritt

Die Sch. singen und tanzen den Wassertanz aus Israel um eine Mitte herum (KB S. 118, Impuls 1). Das Wasserschöpfen (s. 1. Schritt) wird pantomimisch vollzogen. (Ansatz D)

Vorschlag zum Wassertanz aus Israel (Maijim, Maijm)

Nach jeder Strophe kann eine gestaltete Kerze angezündet und betrachtet werden (z. B. Schwimmkerzen im Wasser).
Majim ist einer der verbreitetsten Tänze in Israel. Er symbolisiert die Bewegung des Wassers, der Wellen und kostet das Gehen zum Brunnen aus. Ein Vorgang, der in einem trockenen Land trotz aller Mühe mit Hoffnung und Freude verbunden ist. Das hebräische Wort für Wasser („Mayim", sprich: Maijim) soll den Sch. nahe gebracht werden. Interessant ist dabei auch die lautmalerische Komponente: Wasser heißt Mayim – Himmel heißt Schammayim.

Tanzablauf:
Ausgangsposition: Die Gruppe steht Hand in Hand (Hände unten) im Kreis mit Blick zur Mitte.
Teil 1:
1. Rechten Fuß vor linken nach vorne kreuzen;
2. linken Fuß neben rechten stellen;
3. rechten Fuß hinter linken kreuzen;
4. linken Fuß neben rechten stellen.

Teil 2:
Alle gehen vier Schritte, mit dem rechten Fuß beginnend, in Richtung Mitte. Dabei werden die Hände schrittweise emporgehoben. Der erste Schritt wird betont durch eine Tiefbewegung in die Knie. Danach wieder vier Schritte zurück. Die Hände sinken schrittweise. Wiederum wird der erste Schritt durch eine Tiefbewegung betont. Das Ganze noch einmal wiederholen.
Teil 3:
Alle sehen nach links. Vier schnelle Schritte nach links (der rechte Fuß beginnt). Der vierte Schritt bleibt leicht und unbetont, der Blick wendet sich wieder zur Mitte.
Teil 4:
Während man auf dem rechten Fuß hüpft, tippt der linke rechts neben den rechten Fuß kurz auf und geht zurück auf die linke Seite (viermal).
Teil 5:
Wie Teil 4 nur mit dem anderen Fuß. Wenn der rechte Fuß links neben dem linken auftippt, klatscht man jedes Mal in die Hände (wieder viermal).
Der gesamte Ablauf wird beliebig oft wiederholt.

Hebräischer Text:
Ush'avtem mayim besasson
Mimaynai haveshua
Mayim mayim mayim mayim (dieser Wasserruf sollte im deutschen Text erhalten bleiben!)
Hoi mayim be sasson
Ha ha ha ha
Mayim mayim mayim mayim
Mayim mayim besasson.

4. Schritt

Wassergeschichten sind Gottesgeschichten – Hören und Weitererzählen eines biblischen Wassertextes:
- An den Rand des mit Tüchern gestalteten Brunnens wird als Egli- oder Hirtenkrippenfigur die Kenangestalt gestellt und die Erzählung (KB S. 119) vorgelesen, dann im Rollenspiel weitergespielt. (Ansatz B)
- Die Kenanerzählung sagt mit dem Wasser etwas über Menschen und über Gott aus. Erarbeitung im Stil von Ingo Baldermann (Baldermann, Wer hört mein Weinen?, S. 20 ff.).
- TA: „Du gleichst einem bewässerten Garten"/„Du gleichst einer Quelle, die nie versiegt." (Jesaja 58,11). UG über die beiden Teilverse.

5. Schritt

Wasser stillt den Durst nach Leben – Erstellung eines Taufbüchleins:
- Die Sch. erzählen von der Rückkehr des Kenan (KB S. 119, Impuls 1) und deuten dabei die Bedeutung des Wassers.

- Die Sch. bringen ihre Taufsprüche mit und sammeln weitere Taufverse. Sie vergleichen diese mit Marikas Taufspruch.

6. Schritt

Ein Taufbüchlein zur Bedeutung des Taufwassers gestalten, z. B. auf einer Seite Wasserverse aus der Bibel hinschreiben, die den Sch. wichtig sind, oder Gedichte über das Wasser usw. Den eigenen Taufspruch und das Taufbecken der eigenen Taufe als Titelseite gestalten. Taufbüchlein evtl. verschenken oder für eigenen Tauftag benutzen. (Ansatz C)

Ergänzungen

- Einstieg in das Thema über ein Rätsel: „Es zieht hoch am Himmel./Es glitzert an Reben./Es springt über Felsen./Du brauchst es zum Leben.“ – Gespräch über Verben des Rätsels.
- Phantasiereise eines Wassertropfens (vorher können die Sch. in einer Schale ihre Hände mit Wasser benetzen):

„Du gehst über eine Blumenwiese. Tautropfen glänzen auf den Blättern. Du kommst zu einem kleinen Bach, der frei fließt. Du suchst dir eine schöne Stelle und schaust dem Fließen zu. Dann schöpfst du eine Handvoll Wasser und stillst deinen Durst. Langsam rinnt das Wasser tropfenweise durch deine Finger zurück in den Fluss. Es stößt an einen Stein und fließt weiter. Du schließt deine Augen und hörst auf die Bewegung des Wassers. Dann gehst du noch eine Weile am Fluss entlang und über die Blumenwiese zurück nach Hause.“

Gestaltung einer Tauferinnerungsfeier mit sechs Bausteinen, die einzeln oder auch als Lernstraße verwendet werden können (M 65):

- Das Wasserlied „Majim“ wird um eine Rose von Jericho herum gesungen und getanzt (zur Rose von Jericho vgl. KB S. 55 und LHB: Didaktisch-methodische Hinweise zu KB S. 55).
- Die Sch. betrachten die aufgehende Rose anhand M 65, Baustein 2. Sie können ihre Gedanken malen mit Wasser, in dem die Rose schwimmt. Sie übertragen ihre Gedanken auf die Taufe und schreiben diese auf blaues Papier (M 65, Baustein 4).
- Die Bedeutung des Wassers wird mit Wachsknete auf eine Kerze modelliert (M 65, Baustein 3). Als Vorübung kann die Beschäftigung mit der Rose von Jericho (M 65, Baustein 2) dienen.
- Betrachtung des Brunnens von Maulbronn auf Foto unter Zuhilfenahme des Gedichts von Conrad Ferdinand Meyer, Der Römische Brunnen (M 65, Baustein 5 und 6).
- Gespräch über die Bedeutung des Tauftages durch Lesen und Weiterführen des Gesprächs von zwei Kindern über den Tauftag (M 65, Baustein 1): In PA überlegen sich die Sch., welche Auskunft Annika über ihre Taufe bekommen hat. (Die Sch. können auch bei ihren Eltern nachfragen.) In einer zweiten Begegnung von Annika und Niklas kann spielerisch die eingeholte Auskunft verarbeitet werden.
- Brunnengeschichten sind oft Frauengeschichten. Die biblische Geschichte der Samaritanerin am Brunnen erzählen (Johannes 8) und die Bedeutung des Wassers für die Tätigkeiten und den damit verbundenen Glauben von Frauen herausarbeiten.
- Gottesdienstidee zum Thema „Und wenn mir das Wasser bis zum Halse steht“, in: Rupp u.a., Kunterbunte Pausen, S. 33 - 40.

KB S. 120/121 Das Brot

Das Brot ist ein Kontrastsymbol. Im biblischen Sinn ist Brot eine Grundgabe des Lebens, aus den Gütern der Erde geerntet und von Menschenhand geformt. Es sättigt in doppelter Weise: den Hunger des Magens und den Hunger der Seele (durch Opferbrote in Israel, durch die Hostie im Abendmahl). Somit ist das Johanneswort Jesu: „Ich bin das Brot des Lebens“ die Bündelung der existentiellen Erfahrungen der Menschen mit Ernte, Hunger, mit Gottes Gaben und seiner Einverleibung in die Menschheit. Heutzutage ist bei uns Brot im Überfluss vorhanden, d. h., die ursprüngliche Bedeutung muss durch vermittelte Erfahrung, z. B. der Kriegsgeneration oder Hungerbilder aus Afrika, erlebbar gemacht werden.

Mögliches Vorgehen

1. Schritt

Geteiltes Brot schmeckt besser – Realbegegnung mit Brot: Vergleich mit Broterlebnissen hungernder Menschen. (Ansatz A)
L. hat eine Vielzahl von Brotarten in die Mitte gelegt. Die Sch. benennen, riechen und schmecken das Brot. Die Sch. erzählen von Erlebnissen mit Brot, z. B. auf einer Wanderung, beim Bäcker usw.
Die Sch. vervollständigen den Satz „Brot ist für mich ...“ (z. B. wichtig, wie ein warmes Bett usw.).

2. Schritt

Das Bild des geteilten Brotes (KB S. 120) wird betrachtet. Die Sch. vervollständigen die drei Sätze
- Brot ist für die dunkle Hand ...
- Brot ist für die helle Hand ...
- Geteiltes Brot ist ...

Die Sch. finden heraus, dass Brot eine ganz ursprüngliche existentielle Bedeutung hat. In unserer Überflussgesellschaft ist Brot jedoch fast selbstverständlich geworden.

3. Schritt

Jesus teilte das Brot mit seinen Jüngern – sich über Haltungen und Pantomime in ein Abendmahlkunstwerk (KB S. 121) vertiefen:

– Die Sch betrachten das Abendmahlsbild von Leonardo Da Vinci. Es handelt sich um eine bildgenaue Reproduktion für die evangelische Kirche in Haigerloch/Hohenzollern von Schütz-Kröll-Halbritter. Das Bild am Overheadprojektor teilweise abdecken. Die Sch. benennen die Haltung der einzelnen Personen und wiederholen so die Erzählung von der Einsetzung des Abendmahls neu (KB S. 121, Impuls 1).

– Die Sch. erhalten eine vergrößerte Kopie des Bildes, bei dem die Personen Sprechblasen haben (KB S. 121, Impuls 2). Sie legen den einzelnen Personen Meinungen über deren Einstellung zu Jesus in den Mund. Im 2. Schritt nehmen sie den biblischen Text zur Bildinterpretation zuhilfe und vergleichen diesen mit ihrer Auslegung des Bildes. (Eine gute Kopiervorlage, die nur die Umrisslinien der einzelnen Figuren zeigt, in: Marggraf/Polster, Unterrichtsideen 5, S. 264.)

– Im Anschluss daran wird die Haltung der einzelnen Personen im Rollenspiel bzw. in Form von Standbildern nachgestellt (KB S. 121, Impuls 3). (Ansatz B)

4. Schritt

Jesu existentielle Bedeutung durch Wortvergleiche erarbeiten:
– Bildworte senden vielerlei Botschaften aus. Die Sch. wählen sich ein Bildwort vom KB S. 121 aus, sie umschreiben das Bild ihrer Nachbarin bzw. ihrem Nachbarn gegenüber mit eigenen Worten. Diese müssen erraten, welches Bildwort gemeint ist (KB S. 121, Impuls 5). (Ansatz B und C)
– Im UG werden die Bildworte mit dem ICH-BIN-WORT verglichen. Impuls: Was könnte Jesus mit diesem Satz gemeint haben? Wie reagierst du, wenn jemand sich dir vorstellt mit dem Satz: „Ich bin so wichtig wie Brot."? Welche anderen Bilder könnte Jesus deiner Meinung nach für sich gebrauchen (KB S. 121, Impuls 6)?

5. Schritt

Der Bäcker (KB S. 120) hat Jesu Wort in sein Leben übersetzt: Die Sch. finden eine Überschrift für diese Erzählung. Impuls: Gibt es einen Zusammenhang zwischen der Geschichte und dem Bild auf derselben Seite?

6. Schritt (Ergänzungen)

– Mahlgemeinschaft feiern – Brot miteinander teilen: entsprechende Texte, Lieder und Tänze bei: Bihler, Symbole und Domay, Vorlesebuch Symbole (KB S. 120, Impuls 2).
– Auf eine große Weltkarte werden Bilder von Menschen und die jeweiligen Brotsorten gelegt; die Sch. erzählen einander von dem Brot und den Menschen ihres Textes (vgl. Bihler, Symbole bzw. Domay, Vorlesebuch Symbole). Methode: kleine Lernstraße oder Gruppenpuzzle; vgl. Brotrezepte aus Israel, M 66.
– Lieder: „Wenn das Brot, das wir teilen, als Rose blüht" oder „Weizenkörner, Trauben, hört von unserm Glauben" (L. Edelkötter, in: Bihler, Symbole, S. 189 mit Tanzbeschreibung) singen und Brot der jeweiligen Länder bzw. Erdteile für alle Sch. brechen. Jede Gruppe verteilt „ihr" Brot an die Mitsch. und ergänzt das Brotteilen mit Gebeten und evtl. Liedern zum jeweiligen Kontinent bzw. zur jeweiligen Religion. In der Mitte liegt ein eucharistisches Brot. Zum Abschluss schneidet L. in das Brot ein Kreuz und bricht jeder/jedem Sch. ein Stück ab mit den Worten: „Nimm vom Brot des Lebens" oder die Sch. reichen einander Brot weiter (Vorlage für eine Brotmeditation bei: Bihler, Symbole, S. 202: Brot in der Hand). (Ansatz D)
Bei der Meditation kann diese Geschichte erzählt werden:

Wenn meine Mutter Brot backt

Das Abendessen am Samstagabend ist bei uns besonders schön. Die ganze Familie ist beisammen, oft sind Freunde oder Verwandte da. Schon morgens zieht der Duft des frischen Brotes durch unser Haus. Jeden Samstag gibt es frisches, selbst gebackenes Brot und allerlei guten Aufschnitt und Käse, den es unter der Woche nicht gibt. Mutter zündet zwei Kerzen auf dem Esstisch an, Vater spricht ein Gebet und erinnert uns daran, dass Jesus einst auch das Brot mit seinen Freunden teilte. Dann ritzt Mutter in das Brot ein Kreuz und dann endlich wird es angeschnitten und wir essen miteinander. Dabei sprechen wir über die vergangene Woche, über die kommende Woche, manchmal streiten wir und oft lachen wir miteinander. Am Samstag dürfen wir nicht aufstehen, bevor wir ein Vaterunser miteinander gebetet haben. Dabei ist der Satz: „Unser täglich Brot gib uns heute" meinen Eltern ganz wichtig. Aber kaum ist der Tisch abgedeckt, spielen wir miteinander Monopoly oder anderes und knabbern nebenbei das restliche Brot bis auf den letztem Krümel auf.

(Katja Baur, Ludwigsburg)

KB S. 122/123 Was ist ein Symbol?

Das Symbol erklärt das Symbol – somit wird der Symbolbegriff nicht erklärt, sondern über Erfahrungen in Sprache umgesetzt und nur soweit überhaupt möglich kognitiv bearbeitet (vgl. Einleitung).

Mögliches Vorgehen

1. Schritt

Symbole und ein spezielles christliches Symbol entdecken: Im 3-D-Bild (KB S. 122) versteckt sich ein Fisch. Die Sch. überlegen, warum der Fisch ein Symbol ist, evtl. vergleichen sie das Bild mit dem Autoaufkleber „Fisch". Was will jemand zeigen, wenn sie/er einen Fisch auf ihr/sein Auto klebt? (Ansatz A)

2. Schritt

Symbole sprechen eine doppelte Sprache – eigene Symbole finden und mit dem Eröffnungsbild des Kapitels KB S. 110/111 vergleichen: Die Sch. gehen durch den Raum (gestaltet mit Blumen, Kerzen, Duftstövchen usw.) oder durch die Natur, nehmen dort Dinge wahr, die mehr sagen, als das Auge sieht.
Man kann diese Erkundung auch in PA als Blindenwahrnehmungsübung durchführen. Eine/Ein Sch. schließt die Augen und wird sanft zu unterschiedlichen Gegenständen geführt, die sie/er riecht, betastet wie auch als Hell-Dunkel-, Kalt-Warm-Erlebnis wahrnimmt. (Ansatz A)

3. Schritt

Das Puzzle KB S. 123 erhalten die Sch. als Ausschneidebogen (M 67). Sie stellen die Einzelteile her und setzen das Bild zusammen. Das zusammengesetzte Bild eignet sich zur Wiederholung:
– Am Ende entsteht ein „Kreuz" aus sechs Quadraten (KB S. 123, Impuls 1).
– Die Einzelthemen der Quadrate entsprechen den auf den vorhergehenden Seiten abgehandelten Symbolen (Haus, Hand, Weg, Brot, Wasser). Zu jedem Symbol-Themen-Quadrat gehören je vier Puzzleteile, auf denen jeweils steht (1) eine Bibelstelle, (2) ein charakteristischer Liedanfang, (3) ein charakteristisches Zeitwort, (4) ein den Inhalt des Symbols charakterisierender Satz. Man kann die Sch. darum auch zunächst einmal die Puzzleteile nach diesen vier Kriterien ordnen lassen. (Impuls: Legt zuerst einmal alle Puzzleteile mit gleichartigem Inhalt untereinander: Bibelstellen, Liedanfänge usw.)
– Das Quadrat im Zentrum des Kreuzes ist dem Thema „Ich bin die Auferstehung und das Leben" gewidmet. Hierfür gibt es nur drei Puzzleteile. Auf einem stehen zwei Bibelstellen (Johannes 8,12: „Ich bin das Licht der Welt" und Johannes 11,25: „Ich bin die Auferstehung und das Leben"), zwei Puzzleteile sind leer. Eine Teilaufgabe für die Sch. muss darum sein: „Denkt euch aus, was auf den beiden leeren Puzzleteilen stehen könnte. Die Bibelstellen auf dem nebenliegenden Puzzleteil können euch weiterhelfen." (Mögliche Lösung: „Gott gibt Leben" und eine Osterliedstrophe, z. B. „Ich lobe meinen Gott, der aus der Tiefe mich holt", EG Nr. 611.)
– Im Mittelfeld des fertigen Puzzlebildes ist ein Bogen (Brücke) zu erkennen. Im Gespräch wird ein Zusammenhang mit den ICH-BIN-WORTEN sowie dem Kunstwerk KB S. 110/111 hergestellt (KB S. 123, Impuls 3).

Bild des zusammengesetzten Puzzles:

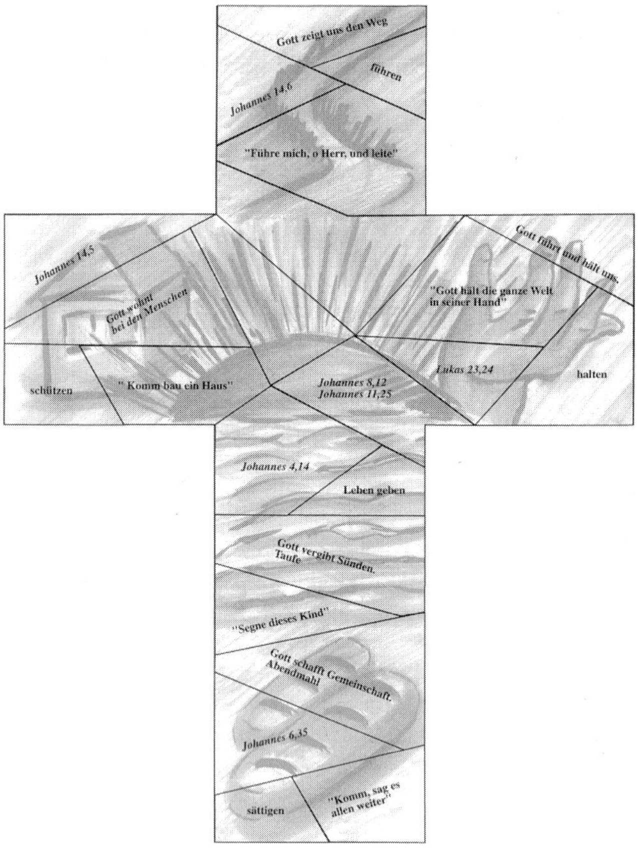

4. Schritt

Die Sch. suchen aus einer bereitgestellten Sammlung von Bildern mit christlichen Symbolen eines heraus, das sie anspricht, und gestalten mit diesen Symbolen eine Stilleübung, indem sie die Symbole auf eine aus Bauklötzen aufgestapelte Brücke legen (KB S. 123, Impuls 4). Jedes Kind schreibt ein Gebet zu seinem Symbol. In Gruppen wählen die Sch. Lieder aus, die zu dem Puzzlebild passen oder auch ein anderes Lied, das sie kennen oder im Liederbuch finden. (Ansatz C und D)

Ergänzungen

– Den Fisch als Geheimzeichen der ersten Christen verstehen (vergleichbar der Erzählung von 2. Mose 22 „Das Blut am Pfosten als Zeichen des vorübergehenden Engels") und durch die folgende Erzählung verdeutlichen: (Ansatz B)

Wir leben in Rom gefährlich. Gestern war mein Vater bei einer Jupiterverehrung. Er erzählte, wie sich alle vor dem Steingott verbeugten und ihm zujubelten. Als einer der Aufseher entdeckte, dass mein Vater sich nicht vor Jupiter verneigt, wollte er ihn packen, aber Vater entkam. Schnell konnte er in ein Nachbarhaus flüchten. Die Leute, die da wohnten, kannte er nur flüchtig, aber sie hatten einen kleinen Fisch an die Haustür geritzt. Das wusste Vater und als er klopfte und sagte: „Gelobt sei Jesus Christus" durfte er sofort eintreten. Der Fisch ist ein Geheimzeichen. So wie Jesus damals viele tausend Menschen mit Brot und Fisch gespeist hat, so wird er auch uns stärken, gerade jetzt, wo es uns nicht gut geht. Wir Kinder wissen: wir dürfen nicht laut sagen, dass wir an Christus glauben, aber wir können überall sehen, wo Christen wohnen und in diesen Wohnungen sind wir sicher – so wie Vater gestern.

Impuls: Ob du jetzt das Rätsel KB S. 122 lösen kannst?

– Film „O Happy Day …", der voller Symbole ist; am Schluss geht Jesus über eine Brücke weg von den Menschen. Im Film kommen neben biblischen Symbolen auch Gegenwartssymbole vor, wie z. B. das Geld. Impuls: Welche Symbole würdest du heute für Gott finden?

– Ergänzend ist das Arbeitsblatt „Unterschiedliche Symbole" (M 68) gedacht. In ein UG über Symbole unterschiedlichster Sinngehalte können auch noch andere Symbole einbezogen werden, die im KB zu finden sind (die Sch. blättern im KB herum): Kirchenjahressymbole (KB S. 18), Symbol der Vereinten Nationen (KB S. 27), Bilder von Gott (KB S. 101). Es gibt noch mehr!

Wiederholung, Zusammenfassung, Ergebnissicherung

Symbole leben vom Erleben. Deshalb macht eine Lernerfolgskontrolle zum Abschluss der UE wenig Sinn. Falls L. dennoch Ergebnisse prüfen will, bietet sich das Kapiteleröffnungsbild von Carita Schmidt an, etwa mit folgendem Impuls: Symbole sprechen eine eigene Sprache. Erkläre mithilfe des Bildes, was ein Symbol ist und deute die Symbole des Bildes. Denke dabei an biblische Texte zum Symbol.

3. Alternative Verlaufsplanung

Ein Einstieg über Gegenwartssymbole des Glaubens (M 68) oder Bilder von Glückssymbolen unserer Zeit (Uhr, Handy, Computer, Gesundheit u.a.) führt zur Frage, welches Lebensgefühl sich in diesen Symbolen spiegelt. Die Sch. erkennen, dass Symbole Sinngehalte verkörpern. Nun werden diese Sinngehalte unserer Zeit mit biblischen Sinngehalten in Beziehung gesetzt, wobei ein Einstieg über das Symbol Brot zu empfehlen ist, da hier Vergangenheits- und Gegenwartsbedeutung am leichtesten verständlich sind. Es können folgen: Hand, Haus, Wasser. Die Frage: „Was ist ein Symbol?" kann sich dabei als Leitfrage durch die gesamte UE erstrecken.

4. Empfohlene Literatur und Medien

Baxter, Nicola, Bibelatlas für Kinder, Augsburg 1991 (Weltbild). (Geeignet für das Wegesymbol zur Veranschaulichung der Wege biblischer Personen.)

Berg, Sigrid, Biblische Bilder und Symbole erfahren, Stuttgart 1996 (Calwer). (Gibt eine Fülle erfahrungsbezogener Zugänge zu Symbolen.)

Biehl, Peter, Symbole geben zu lernen, Bd. 1 und 2, Neukirchen-Vluyn, 2. Aufl. 1992/1993 (Neukirchener)

Bihler, Elsbeth, Symbole des Lebens, Symbole des Glaubens, Limburg 1995 (Viele Texte, Lieder und Tänze zu den Symbolen.)

Bucher, Anton, Symbol – Symbolbildung – Symbolerzählung, St. Otilien 1990 (Eos-Erzabtei)

Domay, Erhard, Vorlesebuch Symbole, Lahr/Düsseldorf, 3. Aufl. 1994 (Kaufmann/Patmos). (Geschichten um Symbole und vom Erleben von Personen mit Symbolen.)

Früchtel, Ursula (Hg.), Mit der Bibel Symbole entdecken, Göttingen 1991 (Vandenhoeck & Ruprecht)

Halbfas, Hubertus, Das dritte Auge, Düsseldorf, 6. Aufl. 1995 (Patmos)

Kallauch, Daniel, Hurra für Jesus, Bd. 3, Wiesbaden 1994 (Darin „Auf Händen getragen, von Engeln begleitet": meditativer Händegesang, der das Getragensein von Gott mit Handbewegungen zum Ausdruck bringt [Kassette zum Lied: Best. Nr. MC 0343/CD 0333 – Musik-House].)

Maschwitz, Gerda/Maschwitz, Rüdiger, Stilleübungen mit Kindern, Bd. 1 und 2, München, 5. Aufl. 1995 (Kösel). (Gute Phantasiereisen und erlebnisorientierte Begegnung mit Symbolen.)

Madacy Music Group, Im Einklang mit der Natur (geeignete Musik für Stilleübungen und Einstimmung ins Symbolerleben.)

5. Materialien

M 60 Bildausschnitt: Ein Kind (reduziertes Bild von Hans-Georg Anniès)
M 61 Bild: Ein Kind an der Hand (Hans-Georg Anniès)
M 62 Bildausschnitt: Heilung der Schwiegermutter des Petrus (Rembrandt)
M 63 Bild: Heilung der Schwiegermutter des Petrus (Rembrandt)
M 64 Halte zu mir guter Gott
M 65 Bausteine für eine Tauferinnerungsfeier
M 66 Brotrezepte aus Israel
M 67 Puzzleteile für das Bild „Symbole“
M 68 Unterschiedliche Symbole

David: Ein Vorbild?

1. Zielsetzung, Aufbau und Probleme

Nach der biblischen Davidüberlieferung ruht Gottes Verheißung auf den Schultern eines recht schillernden Helden. In der Biographie des David lassen sich von Anfang an anerkennenswerte und zweifelhafte Züge finden. Ziel der UE ist es, in der Begegnung mit der Gestalt des David die Zwiespältigkeit jedes Menschen zutage treten zu lassen: Wo viel Licht ist, ist viel Schatten. Der Repräsentant Israels wird nicht idealisiert. An ihm zeigt sich: (1) Königsmacht ist menschliche Macht! Und (2): Was ein Staat ist, sieht man an denen, die darin leben. Insofern Israel unter David zum ersten Mal „Staat" wird, ist die Daviderzählung so etwas wie eine „Gründungsurkunde" des Staates Israel, die bis heute von Bedeutung ist. So erinnerte man sich bei den Feiern zum 3000-jährigen Bestehen Jerusalems daran, dass erst durch David die vorisraelitischen Stämme in dieser Stadt eine Heimat für ihren Glauben und ihre Kultur fanden. Damals wie heute entscheidet sich die Qualität politischer und religiöser Führung daran, ob der Einzelne geachtet oder missachtet wird.
Diese Zwiespältigkeit drückt sich im Symbol der Waage aus, das auf den Seitenrändern dieser UE immer wieder erscheint. Auf die beiden Waagschalen wird einerseits das Imponierende an David, andererseits das Verwerfenswerte gelegt: Was fällt positiv, was negativ ins Gewicht? Der Mord an Goliath? Die Einnahme Jerusalems? Der Aufbau der Davidstadt? Der Tanz vor der Bundeslade?
Was Israel wirklich gewonnen hat, zeigt sich letztlich immer in Davids Begegnungen mit einzelnen Menschen: beim Harfenspiel vor Saul; in der Fähigkeit zur Freundschaft, die sogar den Philister Ittai oder den Ammoniter Schobi einschließt; in seiner Zuneigung und Erotik sowie in seiner Fähigkeit zu trauern mit Michal oder Jonathan; im Gewaltverzicht und in der Verschonung Sauls bei Engedi; in der Liebe zu Absalom, trotz dessen Putschversuch; in der politischen und religiösen Offenheit, die der Religion Israels Flexibilität und Überlebensfähigkeit verlieh. Schwer wiegen allerdings auch die Fehlleistungen auf der gegenüberliegenden Waagschale: Die Intrige gegen Uria; die Konkurrenz und Eifersucht gegen Saul und Absalom; die gewaltsamen Konfliktlösungen mit Nachbarvölkern und Feinden; die Unfähigkeit, gegenüber seinen Söhnen Recht zu schaffen.
So ist es Aufgabe der UE, das Auf und Ab in den Krisen Davids, den Konflikt zwischen der in seiner Hand liegenden Macht einerseits und solidarischer Verantwortung andererseits aufzuzeigen. Bei allem Machtmissbrauch weiß David um seine Schuld: So werden Macht und Vertrauen zu Ankern der Davidzeit.
Offen bleibt die Frage: Warum verurteilt Gott den „privaten" Mord an Uria, nicht aber die vielen Kriege, die David im Namen Gottes führt? Allerdings greift Gott nie unmittelbar in das Geschehen ein; es gibt darum keinen direkten Tun-Ergehens-Zusammenhang in Davids Wirken und Leben.
David dürfte etwa 1035 v. Chr. geboren sein (Kolb, David, S. 105 ff.). König Saul residierte in Gibea. Er war als König vor allem mit militärischen Aufgaben beschäftigt. David, der im Gebirge Juda aufwuchs, erlebte in der alltäglichen Lebensweise und auf religiösem Gebiet kanaanäisch-israelitische Mischformen, wobei die Abgrenzung vom Baalskult dominierte. Vermutlich wurden die verschiedenen Daviderzählungen durch das deuteronomistische Geschichtswerk während des Exils bearbeitet (Schroer, Samuelbücher, S. 15). Brüche, Doppelungen und die verschiedenen Redestile zeigen Ungereimtheiten. Die Bearbeiter versuchen die Bedeutung herauszustellen, dass durch David ein Zentrum königlicher Macht entstand.
Zum Verständnis der Intention der Daviderzählung werden in der heutigen Exegese unterschiedliche Akzente gesetzt. Für Schroer stehen Königtum, Gesetz, Bund und Erwählung Israels im Vordergrund. Von Rad spricht von einer „theologischen Geschichtsschreibung" (v. Rad, Theologie, S. 315), die um den Gesalbten und die Messiasfrage kreist. Für Christine Reents (Reents, Arbeitsbuch, S. 104) steht der Heilige Krieg in seiner Bedeutung für die Davidverfassung im Vordergrund. Sie stellt fest, dass Jahwe-Kriege und pazifistische Prophetenäußerungen schon in der Davidzeit nebeneinander genannt werden. Exegetisch bedeutete dies, die Ambivalenz von Machthunger und -verzicht ins Gespräch zu bringen. So müssten die traditionsgeschichtlich ältesten Texte, die von der Dialektik im Umgang mit der Macht handeln (Kampf Davids mit Goliath und Nathanverheißung), zu Basistexten für den Unterricht werden. Der vielschichtige „Textteppich", aus mehreren Redaktionsstufen in der Davidüberlieferung entstanden, ist ein Hinweis darauf, wie sehr diese Erzählung in Israel auf Interesse stieß. Jener Mann, der persönlich kaum als Vorzeigepolitiker gelten konnte, hat dennoch durch seine Tatkraft und Originalität der Urgeschichte Israels einen unverwechselbaren Stempel aufgedrückt. David war der erste erfolgreiche König Judas und Israels, der die Philistergefahr bannte und „zum Symbol der staatlichen und religiösen Identität, der Treue Gottes zu seinem Volk und der Hoffnung auf Erneuerung Israels wurde" (Schroer, Dreiecksgeschichte, S. 1). An der Person Davids zeigt sich, dass Machtgebrauch überprüfbar ist, und zwar an der Art, wie ein Mensch den Einzelnen achtet und wie sehr er fähig ist, sich auf Fremdes einzulassen. Insofern ist David der Prototyp eines interreligiösen Dialoges im Kontext von Macht und Vertrauen (Ohler, Herrscher, S. 2-5).
Im Unterricht sollten die Gegensätze und Widersprüchlichkeiten im Bild Davids wie im Gottesbild herausgestellt werden, sodass die Sch. schrittweise den Weg von der Gewalt zum Frieden, den Weg vom kämpfenden zum liebenden Gott nachvollziehen, wie „Gott – dem menschlichen Verständnis entsprechend – sich schrittweise zu verstehen gegeben hat". Die Sch., die auf diese Weise die friedsamen Eigenschaften Gottes langsam kennen lernen, können dann vielleicht im Leben auf den Stein in der Schleuder verzichten.
Die Sch. erleben an sich selbst in der Frühpubertät ein Wechselbad der Gefühle zwischen Liebe und Hass. In der Identifikation mit den Höhen und Niederlagen des Helden können sie sich selbst wahrnehmen und über sich nachdenken. Im Hintergrund steht der Zusammenhang von Menschen- und Gottesmacht. Die religiös eher mystisch-wörtlich geprägten Sch. (Fowler, Stufen des Glaubens, S. 151 ff.) besitzen die Fähigkeit, sich selbst in konkreten Erzählungen wiederzufinden. Sie schätzen Fortsetzungsgeschichten. Darum sollte dem Erzählen ein breiter Raum eingeräumt werden. Erzählungen sollten die Phantasie anregen und innere Bilder entstehen lassen. Für die

Auseinandersetzung mit der eigenen Gefühlswelt sind Kreativität und Individualität angesagt und dabei weniger die Verwendung von Medien (Filme, Video usw.) als der Einsatz verschiedenster Spielformen. Gerade in Spielen können die Sch. sich selbst erfahren, Situationen der Macht und Ohnmacht erproben. Auf diese Weise kommen sie dem Handeln Gottes auf die Spur.
Das Symbol der Waage, Hinweis auf die Ambivalenz im Charakter des David wie auch im Handeln Gottes, das innerhalb der UE häufig am Rande der Buchseiten des KB auftaucht, kann zu einer „Brücke" zu den Sch. werden. Es empfiehlt sich darum, die Waage in verschiedenen Formen ins Spiel zu bringen. Jede/Jeder Sch. sollte eine aus Tonpapier gebastelt Waage in ihrem/seinem Heft haben, um mit dieser für die gesamte UE arbeiten zu können. L. hat eine große, richtige Waage. Die Davidgeschichte könnte als Leporello unter die Waage geklebt werden, einzelne Szenen sollte L. als Scherenschnitt oder Reißbild für den Overheadprojektor vorbereiten. Vielleicht wird die ganze Davidgeschichte von den Sch. auch als Buch gestaltet.

2. Didaktisch-methodische Hinweise

KB S. 124/125 David: Ein Vorbild?

Die Person Davids bietet in ihrer Buntheit verschiedene Identifikationsmöglichkeiten: David wird als Kind, als Erwachsener und als alter Mann dargestellt, und zwar sowohl in positiven als auch in negativen Rollen.

Zur Statue „David" von Michelangelo, KB S. 125:
Marmorplastik vom jungen David, geschaffen 1501-1504 von Michelangelo Buonarotti, genannt Michelangelo (1475-1564). Die Kolossalfigur (Höhe 4,10 Meter) war für den Platz vor dem Pallazzo Vechio in Florenz bestimmt. Das Original steht heute in der Tribuna der Galerie der Akademie von Florenz. Mit 26 Jahren begann Michelangelo die athletische Gestalt des jungen David aus einem Stück Marmor herauszuschlagen. In ihr drückt sich gesammelte Kraft und Tatendrang aus, in sich ruhend, aber voller Erwartung, was das Leben an Herausforderungen bringen mag. Interessant könnte sein, diese in sich vollendete Davidgestalt mit anderen zu vergleichen, z. B. mit der berühmten Bronzeplastik von Donatello, heute im Nationale Bargello-Museum in Florenz zu sehen.

Mögliches Vorgehen

1. Schritt

Die Sch. erleben Sieg und Niederlage in einem Wettspiel (z. B. Activity) und reflektieren über ihre Gefühle. Versteckt sich hinter den Namen, die Eltern ihren Kindern geben, der Wunsch nach einem Gewinnertyp (vgl. KB S. 124, Impuls 2)?
Die Sch. legen dem Tennisspieler Boris Becker (nach einer Niederlage) Worte in den Mund und erleben im Rollenspiel eigene Situationen der Niederlage nach.

2. Schritt

– Die Sch. betrachten zunächst die Davidstatue von Michelangelo (am besten zuerst die Plastik als Overheadfolie ohne die Begriffe zeigen). Die Sch. finden Eigenschaftswörter für die jugendliche Gestalt. Vielleicht kennen sie auch schon Einzelheiten aus dem Leben von David. Welche Begriffe vom KB S. 125 haben etwas mit David zu tun?
– Einen Begriff auswählen und in PA begründen, warum dieser Begriff der zutreffendste ist (KB S. 125, Impuls 1).
– Die Sch. diskutieren über die Dialektik des Satzes „Wo viel Licht ist, ist viel Schatten" und stellen Licht- und Schattenseiten Davids, wie sie sich bis jetzt aus dem Gespräch ergeben haben, zusammen. Je nach Gewichtung werden diese auf kleine oder größere Steine geschrieben (in Bastelgeschäften gibt es kleine Hausbausteine) und dann auf eine große Waage gelegt (KB S. 124, Impuls 3). Welche Seite überwiegt? Warum? Die noch ungeklärten strittigen Begriffssteine werden zur Seite gelegt und im Verlauf des nachfolgenden Unterrichts überprüft.

Ergänzungen

Das Bild „Wo viel Licht ist, ist viel Schatten" (M 69) betrachten und eine Überschrift finden. Über Licht- und Schattenseiten eines Menschen nachdenken.

KB S. 126/127 David: Ein Junge wie du und ich?

Als jüngster von acht Söhnen des Efratiters Isai wird David um 1000 v. Chr. aus dem Stamm Juda in Bethlehem geboren. Sein Name hängt möglicherweise mit dem hebräischen Lallwort dod („Liebling") zusammen. Sein Sohn Salomo trug den Beinamen Jedid-ja („Liebling Jahwes"). Beschrieben wird er als schön, wortgewandt und mutig. Seine besondere Vorliebe galt der Musik und da besonders dem Harfenspiel.

Zum Bild KB S. 126:
David inmitten einer schönen Naturlandschaft Harfe spielend. Das Bild stammt aus einer mittelalterlichen hebräischen (jüdischen) Bibel. Das Wort in der Mitte ist das Anfangswort von Psalm 1: „Wohl dem" („Aschre"). Auf den folgenden Text bezogen stellt das Bild die Anfangsinitiale des Psalmbuches dar.

Zum Bildersuchrätsel KB S. 127:
Die sechs Gegenstände, die aus späterer Zeit stammen, sind: Windmühle, Fußball, Campingkocher, Fernseher, Weckuhr und auch die israelische Staatsfahne.

Mögliches Vorgehen

1. Schritt

- Bildbetrachtung: Was drückt das Bild aus? (David Harfe spielend.) Wie heißt das Wort übersetzt?
- Psalm 1 aufschlagen, auch andere Psalmanfänge. In einer Konkordanz „Wohl dem"-Stellen suchen.
- Warum bringt die hebräische Bibel David in Verbindung mit den Psalmen? Die Sch. suchen in der Bibel Psalmen, die David zugeschrieben werden (KB S. 126, Impuls 1).

2. Schritt

- Für den Hirtenjungen David einen Steckbrief erstellen: Die Sch. lesen mit verteilten Rollen die Kindheitsberichte KB S. 126/127 und versuchen daraus einen Steckbrief für David zu entwerfen (Geburtsort – Geburtsdatum – Familie – Hobbys – Fan von ... usw).
- Der Steckbrief wird mit 1. Samuel 16,10-21 verglichen und

die Stärken und Schwächen von David mithilfe der Begriffssteine (vgl. LHB: Mögliches Vorgehen zu KB S. 124/125, 2. Schritt) diskutiert.

3. Schritt

Die Sch. basteln aus Pappe eine bewegliche Waage für das Heft und kleben darunter einen Briefumschlag, in dem Stärke- und Schwächezettel mit Begriffen aus 1. Samuel 16 eingesteckt werden. Die Sch. erzählen, wie sie ihre Kindheit erlebt haben, und vergleichen diese mit der von David (KB S. 127, Impuls 2). Impuls: Was würden meine Geschwister, meine Eltern von mir berichten? Die Sch. sehen, dass unterschiedliche Sichtweisen zu verschiedener Berichterstattung führen.

4. Schritt

Die Salbung Davids – Erwählung spielerisch nacherleben: Anlass für den Ruf des Volkes nach einem König war die Tatsache, dass Samuels Söhne, die nach dessen altersbedingtem Rücktritt als Richter wirkten, ihr Amt missbrauchten. Nachdem Saul, der erste König, den hohen Ansprüchen politisch nicht gerecht wird, fällt die Wahl Gottes auf David (1. Samuel 16). Zunächst allerdings bleibt Saul noch der einzige „Gesalbte" (vgl. 1. Samuel 26). Erst später wird Davids Salbung öffentlich nachgeholt (2. Samuel 2,4; 5,3).
– Die Sch. stehen in einer Reihe. Durch Auszählen, Abzählen, Sympathiewahl usw. seitens einer/eines Sch. werden andere Sch. aus der Gruppe ausgewählt. Unmut und Verwunderung über das Wahlverfahren sind Übergang zur Erzählung 1. Samuel 16.

Ergänzungen

– Impuls: Vergleiche den biblischen Text David – Saul mit der Comicerzählung von Rüdiger Pfeffer, David und Saul (vgl. Pfeffer, David).

KB S. 128/129 David und Goliath

Durch die Kindheitslegende von Davids Sieg über Goliath wird den späteren politischen Erfolgen Davids Rechnung getragen. Ob die Heldentat wirklich auf sein Konto geht, ist umstritten, da nach 2. Samuel 21,19 Elhanan, der Sohn Jaïrs aus Bethlehem, den Riesen Goliath erschlug.

Zur Plastik „David und Goliath" von Richard Hess vor der Hauptwache in Frankfurt/Main, KB S. 128:
Man sieht deutlich den liegenden Kopf des Goliath mit geschlossenen Augen und geöffnetem Mund. Eine eiserne Hand liegt daneben. Der nackte David sitzt in Siegerpose auf Goliaths Kopf.

Zum Holzschnitt „David und Goliath" von Josef Koranda, KB S. 129:
Bei genauerem Hinsehen erkennt man in dem Holzschnitt eine künstlerisch gestaltete Initiale „U".
Beschreibung des Bildes: Unten im Bild liegt ein riesengroßer Mensch, der von Kopf bis Fuß in einer Rüstung steckt. Er scheint tot zu sein. Daneben steht ein junger, einfach gekleideter Mann. Er wirkt klein und schmächtig. In der rechten Hand hält er eine Steinschleuder; den linken Arm streckt er siegreich nach oben. Im hellen Mittelfeld erkennt man an den Seiten Leute, von denen viele in ihre Hörner blasen. Vier Männer tragen eine Art Kasten. Vor ihnen her tanzt einer in großen Sprüngen. Alles bewegt sich auf eine „goldene" Stadt zu, in deren Mitte ein helles Zelt aufgerichtet ist.
Deutung: Das Bild zeigt Davids unvorhersehbaren Schicksalsweg. Er setzt ein mit dem Ereignis, das den Hirten David als den zeigt, mit dem Gott ist. Mit einer Steinschleuder besiegt er den riesigen Philister Goliath. Weiter sehen wir, wie unter dem Jubel des Volkes die Bundeslade in Davids neue Hauptstadt gebracht wird. Mitten in dieser „goldenen", vom Licht Gottes beschienenen Stadt hat David das Zelt Gottes errichtet. Voller Freude spielt und tanzt David vor der Bundeslade.

Mögliches Vorgehen

1. Schritt

Den Kampf David gegen Goliath in Musikpantomime und Bildinterpretation nacherleben (KB S. 128, Impuls 1): Einstieg durch den TA: „Waffen, die bedrohen und schützen". Zum Tafelimpuls schneiden die Sch. aus Zeitungen „Waffen" aus und kleben eine Collage an die Tafel und/oder ins Heft. Diskussion über Dialektik der Waffen. Der Begriff „Waffen" ist auch im übertragenen Sinne zu verstehen (KB S. 128, Impuls 3 und 4).

2. Schritt

Betrachtung der Plastik „David und Goliath" von Richard Hess (KB S. 128): Die Sch. erzählen zum Bild aus der Erinnerung die Geschichte.

3. Schritt

– Die Erzählung nach 1. Samuel 17 wird mit verteilten Rollen gelesen (KB S. 128). Zum nochmaligen Vorlesen der Geschichte erhält jede/jeder Sch. ein Klanginstrument. Eine/Einer ist Dirigentin bzw. Dirigent und gibt Zeichen für Einsätze und Lautstärke. Am Schluss rufen die Frauen im Sprechchor auf dem Heimweg: „Saul! Saul! Hat Tausende erschlagen! Aber David! David! Zehntausende! Hoch lebe Jahwe!"
– Die Begegnung Goliath – David wird durch „Spiegeln" nachgespielt: Zwei Kinder stehen sich gegenüber. Eines ist der Spiegel. Das zweite Kind stellt pantomimisch die Bewegungen Goliaths vom Beginn bis zum Ende des Kampfes dar, während das andere Kind diese spiegelverkehrt nachmacht. Dann folgt die Szene mit Davids Bewegungen. Dadurch fühlen sich die Sch. in beide Gestalten hinein. Dieses Spiegeln ist Vorbereitung für das Schreiben der Zeitungsberichte (KB S. 128, Impuls 2).
– Die Sch. schreiben je ein Gebet, eines, das Goliath am Abend betet, eines, das David betet, und je eines, das ein Soldat aus der Gruppe um David bzw. um Goliath betet. Vergleich mit Psalm 23 und anderen Davidpsalmen.

4. Schritt

Die Sch. betrachten den Holzschnitt „David und Goliath" von Josef Koranda KB S. 129 nach dem Sandwich-Verfahren. Durch Abdecken wird zunächst nur die Davidgestalt betrachtet, dann Goliath, Handhaltungen, Augen, dann der Rest des Bildes. Die Sch. suchen eine Überschrift für das Bild (KB S. 129, Impuls 1).

5. Schritt

– Die Sch. bauen eine Furchtpyramide auf. Der folgende Vorschlag ist einer Arbeitshilfe für den Deutschen Evangelischen Kirchentag 1981 in Hamburg entnommen (Christiansen,

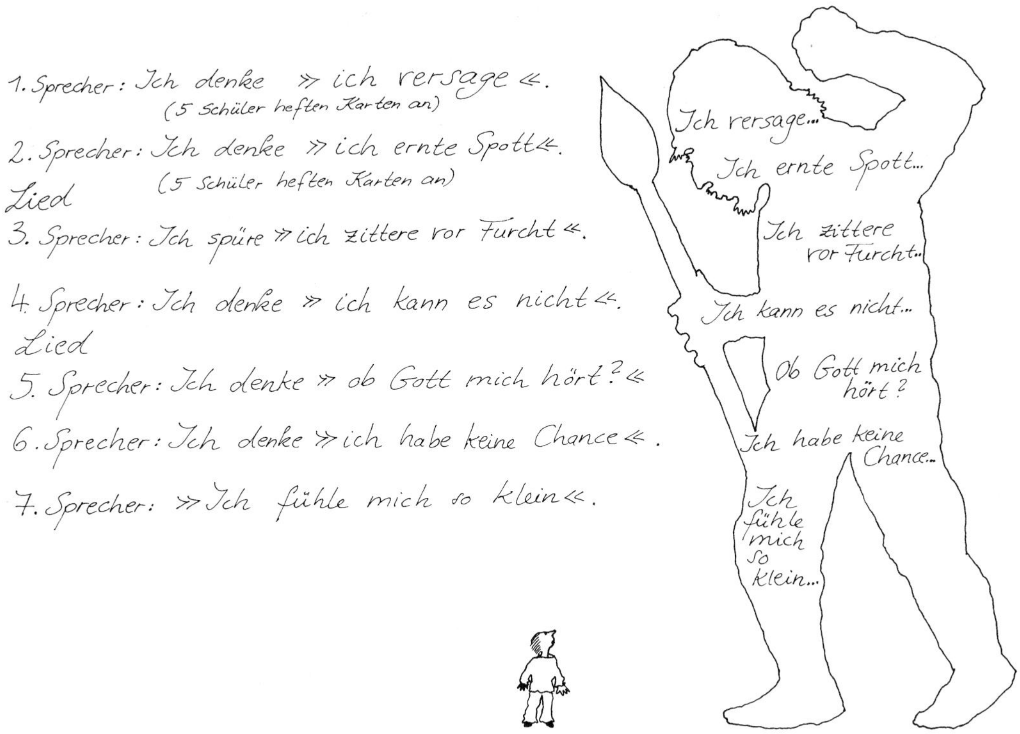

Fürchte dich nicht). Der Vorschlag eignet sich auch für einen Schülergottesdienst.
Die Sch. singen das Lied „Manchmal fühl' ich mich so klein" (M 70).
An der Tafel hängt ein Bild mit einer kleinen Figur links und den Umrisslinien eines mächtigen Goliath, in den von oben nach unten die Satzanfänge entsprechend der Abbildung oben bzw. ein ähnlicher Text geschrieben sind.
Die Sch. betrachten das Umrissbild von Goliath mit Textinhalt. Sie sagen, wovor sie sich fürchten, und schreiben dies auf Pappscheiben. Auf der Rückseite der Pappscheiben klebt ein langer Faden, mit dem die beschrifteten Scheiben an dem Umrissbild befestigt werden (besser wäre eine Flanellwand). Die Pappscheiben werden in Bündeln von jeweils etwa fünf Scheiben aufgehängt, nachdem einzelne Sch. der Reihe nach die Texte auf der Figur vorgelesen haben. Zwischendrin wird zwei- oder dreimal das Lied „Starke sind nicht immer stark" gesungen (M 70).

Ergänzungen

- L. bittet die Sch., in Gruppen aus einem Arbeitsblatt mit verschiedenen Waffenbildern diejenigen auszuwählen, die zu David passen, und sich darüber auszutauschen (M 71).
- Anschließend kann jede/jeder Sch. aus Ton eine Waffe formen, die für ihn wichtig ist. Die David-Waffen und die Sch.-Waffen werden miteinander verglichen.

KB S. 130 Jonathan, mein bester Freund

Über die Beziehung zwischen den beiden Freunden wird unter Exegeten heftig diskutiert. Einige Ausleger interpretieren die emotional aufgeladenen Begriffe im Text als Indiz für eine homoerotische Beziehung.

Mögliches Vorgehen

1. Schritt

Papa, Charly hat gesagt: „Ein Freund ist wie Wasser in der Wüste" (vgl. Kinderschallplatte). Die Sch. suchen Bildworte für Freundschaft und sprechen über die Merkmale von Jungen- und Mädchenfreundschaften.

2. Schritt

Die Sch. hören oder lesen 1. Samuel 18-20 und bilden anschließend Dreiergruppen. Sie stellen die Annäherung von Jonathan an David Schritt für Schritt spielerisch dar (KB S. 130, Impuls 1). Mit jedem Schritt entfernt sich gleichzeitig Jonathan von Saul. Bei jedem Schritt kommentieren Jonathan und David abwechslungsweise ihre Annäherung. Etwa nach folgendem Drehbuch:

Jonathan (zu Saul gewandt): „Soll ich mit David oder mit meinem Vater ziehen?"
Jonathan (zu David gewandt): „Freundschaft verpflichtet. Ich will David aus der Klemme helfen."
David: „Jonathan, du verstehst mich ohne viele Worte."
Jonathan: „Komm, hier hast du meine Rüstung und mein Schwert als Freundschaftszeichen."
David: „Unsere Geheimzeichen verstehen nur wir."
Jonathan (zu Saul gerichtet): „Mein Vater hat nicht das Recht, David zu verurteilen."
Jonathan (zu David gerichtet): „Davids und meine Bande sind einfach spitze."
David: „Jonathan ist mir lieber als viele Frauen."
Saul: „Die Frauen jubeln David zu, ich will ihn töten lassen."
David (zu Jonathan gerichtet): „Wir weinen miteinander, ohne uns zu schämen."
Saul: „Gott ist mit David und mich verlässt er."

Die am Rand vom KB S. 130 notierten Bibelstellen können den Sch. beim Schreiben ihrer Rollentexte helfen (zu Saul vgl. 1. Samuel 18,5-16; 1. Samuel 20,24.34; 1. Samuel 23 und 24).

3. Schritt

Die Sch. formulieren je eine Todesanzeige, die David für Jonathan und die Saul für Jonathan aufsetzt. Sie lesen die Texte zu der Klagemelodie (KB S. 130).

Ergänzungen

Die Sch. hören das Lied: „Ein Freund, ein guter Freund..." (Comedian Harmonists: Ein Freund, ein guter Freund, Musik Werner R. Heymann, Ton: Robert Gilbert. Ufaton Verlagsgesellschaft Berlin 1930. CD: EMI-Elektrola, CDP 538-1598612). Die Sch. texten zum Rhythmus des Liedes weitere Strophen hinzu, indem sie Freundschaft mit Bild- und Sprichworten beschreiben: Freundschaft ist – durch dick und dünn gehen / – ein Lichtblick in einer Pfütze usw.

KB S. 131 David und Saul: Großmut bewahrt vor dem Fall

Vermutlich kam David wegen seiner Tapferkeit als Waffenträger an Sauls Hof. Die Heirat von Sauls Tochter Michal und die innige Freundschaft mit Jonathan, Sauls Sohn, verbinden David eng mit dem König. Davids Beliebtheit und die wachsende Konkurrenz zu ihm als König („Saul hat tausend erschlagen, aber David zehntausend", 1. Samuel 18,7.14) entfachen jedoch Sauls Hass gegen David und führen bis zum Mordversuch. Auf der Flucht wendet David sich an die Philister, die ihm jedoch misstrauen. Schließlich sucht er in der Höhle Adullam (Engedi/judäische Wüste) Zuflucht, begleitet von 400 Getreuen. Als Partisan und Räuberhauptmann führt er ein wenig rühmliches Dasein (vgl. 1. Samuel 27,9). Als David in der Höhle die Chance hätte, Saul zu töten, lässt er Barmherzigkeit walten. Er wagt es nicht, den „Gesalbten des Herrn" anzutasten.

Zum Bild „Saul und David" (1958) von Otto Dix, KB S. 131:
Das Bild ist eine Schwarzweiß-Lithographie auf weißem Maschinen-Bütten, die Otto Dix (1891-1969) 1958 geschaffen hat. Nachdem Dix sich zwischen 1933 und 1945 – am Bodensee lebend – mit dem Malen von Landschaftsbildern in die innere Emigration begeben hatte, wandte er sich in den letzten 25 Jahren seines Lebens erneut biblischen Themen zu. Die äußerst ausdrucksstarke Lithographie wird Kinder unmittelbar ansprechen. Eine ganze Reihe von Beobachtungen lassen sich in zwei Spalten auflisten. Der junge David, der ältere Saul, der helle Hintergrund links, der dunkle rechts. Die nach oben geöffnete Harfe, die in den Boden versinkende schwere (schwermütige) Gestalt des Saul. Der in sich und in seinem Harfenspiel ruhende David, der unruhig nach außen, finster dreinblickende Saul. Die Locken des Knaben, die gefurchte Stirn des Saul. Das Musikinstrument und die Waffe (Spieß). Die zarte Hand an den Saiten auf der einen Seite und die geballte Faust, die krampfhaft die Waffe umfängt, auf der anderen Seite.
Otto Dix hat im selben Jahr eine nicht weniger eindrückliche Farblithographie „Saul und David" hergestellt (vgl. Otto Dix, Bilder der Bibel, Abb. 22).

Mögliches Vorgehen

1. Schritt

Die Sch. betrachten das Bild „Saul und David" von Otto Dix. Die Bildbetrachtung kann mit Overheadprojektion nach der Abdeckmethode beginnen: zuerst die linke bzw. rechte Hälfte für sich betrachten. An der Tafel können die Beobachtungen in zwei Spalten (s. obige Bildanalyse) notiert werden.
Impuls: Wie stehen die beiden in diesem Augenblick zueinander? Kennt ihr auch solche Augenblicke?

2. Schritt

Die Sch. bauen sich aus Decken, Tischen und Stühlen eine Höhle. Sie hören die Erzählung von David und seinen Soldaten in der Höhle. Durch Doppeln wird die Entscheidung Davids im Spiel herausgefunden (vgl. KB S. 131, Impuls 1; zur Methode des „Doppelns" s. LHB: Didaktisch-methodische Hinweise zu KB S. 57, 1. Schritt; vgl. auch Bubenheimer, Spielformen). Rechts und links sitzen die inneren Stimmen (Engel- und Teufelstimmen wie die Sch. sagen). Die Sch. entscheiden sich im Verlauf, in der Höhle zu bleiben und Saul vorbeiziehen zu lassen oder sich auf Saul zu werfen.

3. Schritt

Erzählung von 1. Samuel 24: Die Sch. erhalten ein Stück roten Stoff. Sie singen vom Lied „Gott dein guter Segen" die Mantelstrophe (Noten und Text in: Detlef Jöcker, Heut ist ein Tag, an dem ich singen kann, S. 22). Das Symbol des Mantels vertiefen und Mantelverse der Bibel auf das Stück Stoff schreiben, das fortan als Davidmantel fungiert.

KB S. 132 Auch ein König darf nicht alles

Den moralischen Tiefpunkt in der königlichen Biographie bildet die gewaltsame, von Ehebruch und Mord begleitete Aneignung einer Frau. Der Machtpolitiker David schreckt nicht davor zurück, mit übelsten Mitteln persönliche Vorteile aus seiner Position zu ziehen. David besaß bereits mehrere Frauen und Nebenfrauen. Insgesamt wurden ihm in Hebron sechs und in Jerusalem elf Söhne geboren. Dass der von David betrogene und ermordete Ehemann der Batseba kein Israelit, sondern ein Hetiter war, schützt den König nicht vor der Verurteilung. Gott ließ das aus dem Ehebruch hervorgegangene Kind sterben. Paradoxerweise wurde dann aber der Sohn und Nachfolger Davids, Salomo, ebenfalls von Batseba geboren.

Mögliches Vorgehen

1. Schritt

Die Sch. tanzen einen Davidtanz und fühlen sich dadurch ins Leben am Hof ein, z. B., indem sie sich mittels einfacher Verkleidungsteile (Tücher, Fächer usw.) als Hofpersonal, Hofdamen, König usw. verkleiden und eine Szene am Hof spielen. Eine Essensszene am Hof kann mit Harfenmusik begleitet werden. (Zum Davidtanz vgl. Uri Zion, in: Klindt, Tänze aus Israel, Bd. 2.)

2. Schritt

– Die Sch. hören 2. Samuel 11,1-27. Auf die Waagschale werden Anklagepunkte gegen David gelegt. Jede/Jeder Sch. erhält einen Anklagezettel.
– Die Frau im Bade als Inbegriff von Verwandlung: Vergleich der Batseba-Erzählung mit dem Märchen Dornröschen und auch mit Psalm 51 (KB S. 132). Impuls: Welche Bedeutung kommt dem Wasser zu? (Symbolebene)

3. Schritt

Die Sch. spielen die Gerichtsverhandlung, indem sie Anklage – Verteidigung – Zeugenworte usw. in Gruppen erarbeiten und in die Verhandlung einbringen. Sie fällen ein Urteil (KB S. 132, Impuls 3). Hilfe: Arbeitsblatt „Der Prozess gegen Saul und David" (M 72).

Ergänzungen

– Die Sch. erhalten einen kleinen Spiegel und betrachten sich im Spiegel. Der Prophet Nathan sagt zu David: Der reiche Mann bist du. Die Sch. formulieren Reuegedanken Davids.
– Am Beispiel des David denken die Sch. über eigene Fehler und Verfehlungen nach. Sie schreiben ihre Gedanken auf Zettel, stecken diese in einen Briefumschlag und legen die Briefumschläge in die Mitte. L. deckt die Briefumschläge mit einem schwarzen Tuch zu. Die Sch. überlegen, was die Last von ihnen nehmen könnte, z. B.: ich wünsche mir Mut, meiner Mutter ehrlich zu sagen, was ich getan habe – ich könnte wieder froh sein, wenn ich nicht mehr von dem Erlebnis träumen würde usw. Sie stellen Teelichter auf das schwarze Tuch.
– Zum Abschluss liest L. einen Versöhnungstext und spricht die Bitte aus dem Vaterunser: Und vergib uns unsere Schuld. Die Sch. nehmen ihr Licht wieder an sich und dürfen daheim ihren Briefumschlag verbrennen.

KB S. 133 David versagt als Vater

Der ehrgeizige und skrupellose Sohn Davids gefährdet die Herrschaft seines Vaters aufs Äußerste. Um Thronfolger zu werden, lässt er seinen ältesten Bruder Amnon ermorden. Die Rechnung geht nicht auf: Er soll bestraft werden. Allein die Fürsprache Joabs, Davids Feldherr, rettet ihn zunächst vor der Hinrichtung: Joab schickt seine Frau zum König. Diese macht von dem Recht Gebrauch, den König als Richter anzurufen. Es gelingt ihr, mit einer geschickten Argumentation die Rückkehr des gebannten Absalom zu erwirken. Nun erst schildert der schwankhaft ausgestaltete und sicher nicht ganz historische Text, wie Absalom gegen seinen Vater Stimmung macht (2. Samuel 15,1 - 6) und David sich nur durch die Flucht ins Jordantal retten kann (2. Samuel 16). Es ist eine späte Folge des Nathan-Fluches, der über David wegen seiner Missetat gegen Uria gekommen ist. In der Schlacht gegen David bleibt Absalom mit seinen Haaren im Geäst eines Baumes hängen und stirbt kläglich. Trotz aller Fehden trauert David wie ein Vater um seinen Sohn.

Zum Bild „David vor Jerusalem" von Marc Chagall, KB S. 133:
Es handelt sich um eine Radierung aus der Sammlung Bible (Blatt 73), die Chagall seit 1931 als Illustrationen für eine Bibel seines Verlegers Ambroise Vollard angefertigt hat. Die insgesamt 105 Radierungen wurden erst 1957 veröffentlicht
David gehört zu den Bildzeichen, die Chagall häufig gewählt hat, und zwar in der doppelten Sicht, wie sie auch im vorliegenden Bild zum Ausdruck kommt: auf der einen Seite der tatkräftige, kriegerische, entschlossene, nach außen blickende Inhaber der Macht; auf der anderen Seite der barmherzige, liebevolle, künstlerische, nach innen gekehrte, melancholische Mensch. Für seine zur Macht entschlossenen Seite steht in diesem Bild der Hintergrund: Die Stadtmauer repräsentiert die Stärke seiner Herrschaft, die Sonne ist Zeichen des Sieges und die betont zackige Krone ist Hinweis auf das wiedergewonnene Königtum. Der Vordergrund freilich ist ganz beherrscht von der menschlichen Nähe und Tragödie: Ein Vater trauert, ganz in sich gekehrt, um seinen Sohn. Auch er ist wie jeder andere Mensch mit dem persönlichen Leid für sich allein (2. Samuel 19,1).
Die Sch. sollen beachten, dass das Chagall-Bild nicht Davids Trauer nach seiner Flucht aus Jerusalem zeigt (2. Samuel 15,30), sondern seine Trauer, als ihm Absaloms Tod mitgeteilt wird (2. Samuel 19,1).

Mögliches Vorgehen

1. Schritt

– UG nach Tafelimpuls: „Was mein Vater besser kann als ich ..."/„Was ich besser kann als mein Vater ... "
– Einen Text besprechen wie z.B aus „Feuerschuh und Windsandale", in dem das Verhältnis von Vater und Sohn thematisiert wird. Sie sind Freunde, Feinde, Kumpels, Fans usw. Vergleichen mit eigenen Erfahrungen: Sind Vater-Sohn-Beziehungen anders als Vater-Tochter-Beziehungen?

2. Schritt

– Erzählen von 2. Samuel 15 unter dem Stichwort Konkurrenz. Die Geschichte im Rollenspiel nachspielen bis kurz vor Absaloms Tod.
– Trauerszene 1: Standbild wie im KB S. 133, Impuls 3 vorgeschlagen. Die zwei Seelen in Davids Brust darstellen: David ist empört und zugleich traurig über den Sohn, der ihm die Königskrone wegnehmen will (2. Samuel 19,1). (Die Sch. dürfen sich durch das Bild KB S. 133 nicht irritieren lassen; dieses stellt die Trauerszene 2 dar.)

3. Schritt

Betrachten des Chagall-Bildes KB S. 133, Trauerszene 2: Der Vater trauert um den toten Sohn.
– Das Bild zeigt deutlich durch die kontrastreiche Gestaltung des Hinter- und Vordergrundes die zwei Seiten von David. Impuls: Was seht ihr im Hintergrund, was im Vordergrund? Mauer, Zinnen, Krone, Sonne als Zeichen von Herrschaft und sieghaftem Königtum. Die runde, in sich gekrümmte Gestalt im Vordergrund als Ausdruck für Trauer und Menschlichkeit. Welche der beiden Seiten kommt von Gott? (Können auch die dunklen Seiten des Lebens einem Menschen etwas bringen?)
– Die Davidgestalt mit einer Sprechblase versehen: „Wenn ein Vater um seinen Sohn trauert, dann ..."
– Die Sch. beschriften Steine und legen damit einen Trauerweg Davids.
– David wird pantomimisch oder als Egli-Figur auf den Weg gestellt.

KB S. 134 David – ein Held?

Die Davidüberlieferung wurde im Laufe der Textgeschichte immer wieder erweitert. Hinter ihr steckt das Interesse der Redaktoren, mit der Person Davids die Gottgewolltheit des Volkes Israel zu dokumentieren. Verblüffend ehrlich werden die Schwachstellen von Person und Volk ausgewiesen. Doch damit hat sich Israel von dem Zwang befreit, als auserwähltes Volk ein „Vorführ-Volk" zu sein. David ist in manchen seiner kühnen

Taten ein Held. Aufs Ganze gesehen zeigt er ebenso viele ruhmlose Seiten. Als der erste „wirkliche" König Israels stirbt er nach 40-jähriger Regierungszeit. An ihm ist deutlich geworden, dass Gott auch auf „krummen Zeilen" gerade schreiben kann.

Mögliches Vorgehen

1. Schritt

Die Sch. legen die im Laufe der UE gesammelten Begriffe auf die jeweilige Waagschale im Heft und suchen eine Szene aus der Daviderzählung aus, in der David für sie ein Held war, und eine andere, in der er kein Held war.

2. Schritt

Viele Sch. arbeiten mit Computern. So sollen sie nun im Computerbild (KB S. 134) wesentliche Daten und Merkmale über David „abspeichern" und dadurch die für sie wichtigen Aspekte herausgreifen. Natürlich kann das Computerbild auch handschriftlich erstellt werden (KB S. 134, Impuls 1).

3. Schritt

– Die Daviderzählung berichtet vom Auf- und Abstieg Davids. Berichtet sie auch vom Auf- und Abstieg Gottes? Die Sch. suchen Gottesbilder oder Gottesadjekive zu den einzelnen Davidbildern und konstruieren parallel eine Gottestreppe.
– Ein Gott vertrauender David und ein von Gott enttäuschter David gestalten sich ein T-Shirt. Die Sch. suchen sich ihren Standort aus und bemalen ein David-T-Shirt.

Ergänzungen

Verweis auf die Davidtradition im Judentum und Exkurs über den Davidstern im 3. Reich (vgl. Davidstern, KB S. 92). Impuls: Wie ist das zu verstehen, dass die Juden mit David ins KZ zogen?

KB S. 135 Jesus – der Davidsohn

Interessanterweise rekurriert die neutestamentliche Überlieferung auf die davidische Abstammung Jesu. Im Judentum spielen jedoch Mose und Elija eine weitaus größere Rolle, wenn es um Zukunftshoffnungen geht. Selbst in einem Text wie Jesaja 7 taucht keine Anspielung auf einen „David redivivus" auf. Es scheint, dass erst die christliche Perspektive dem König Israels endzeitliche Züge zugesprochen hat.

Zum Bild „Hosianna dem Sohn Davids!" von Giotto, KB S. 135: Die Fresken wurden von Giotto di Bondone (1266 - 1337) für die Arena-Kapelle in Padua um 1305 gemalt. Die Bilder für die auf dem ehemaligen Gelände der Arena errichteten Kapelle zählen zum Hauptwerk Giottos. Auch wenn bei den Gestalten und Gesichtern noch eine gewisse Typisierung zu erkennen ist, gibt es doch Unterschiede in Gesten und in der Körperhaltung, die den Sch. Impulse vermitteln zum Nacherzählen der Geschichte vom Einzug Jesu in Jerusalem.

Mögliches Vorgehen

1. Schritt

Die Sch. betrachten das Bild KB S. 135 und beschreiben die Haltung der einzelnen Personen. Sie erzählen die Geschichte aus der Erinnerung und vergleichen diese mit dem Bibeltext Matthäus 21,1 - 9 (KB S. 135, Impuls 1 und 2).

2. Schritt

Was bedeutet der Ruf „Hosianna dem Sohn Davids" (Bildunterschrift)? Mit welchen Eigenschaften stellt Giotto Jesus dar? (Esel, das Tier des armen Mannes; Heiligenschein, wie auch die Jünger hinter ihm.) Was denken die Jünger? Was denkt das Volk? Auch Kinder sind auf dem Bild zu sehen und noch ein weiterer kleiner Esel!

3. Schritt

Vergleich mit dem Davidbild KB S. 126. Impuls: Wo liegen Gemeinsamkeiten und Unterschiede zwischen Jesus und David? Welche Charakteristika von David würdest du bei Jesus darstellen? Wie könnte man das Bild von Giotto auch noch malen, wenn man Jesus als Messias der Armen zeigen will?

Ergänzungen

– Impuls: Bildet ein Forscherteam. Untersucht an verschiedenen Stellen in Gesangbüchern, der Bibel evtl. auch in Kunstbüchern, wo und wie Jesus als Davidsohn dargestellt wird. Warum war den biblischen Autoren oder den Komponisten die Verbindung von Jesus mit David wichig? Stellt euch vor, ihr führt ein Interview mit Markus, Lukas, Paul Gerhard usw. und fragt sie: „Was wollen Sie über Jesus als Davidsohn erzählen?" (Benutzt dazu eine Bibelkonkordanz und eine Gesangbuchkonkordanz.)
– Bald wird „ER" kommen – das sagen Juden und Christen. Spielt einen Dialog zwischen einem jüdischen und einem christlichen Jungen um die Davidgestalt.

Wiederholung, Zusammenfassung, Ergebnissicherung

Anhand der Waage oder der Licht-Schattenbilder lassen sich Merkmale von Davids Person abfragen. Das Computerbild KB S. 134 mag als Raster für eine Klassenarbeit dienen, indem die Sch. zu den folgenden Stichworten eintragen, was ihnen aus der UE in Erinnerung ist:

Name: ☐ ____________ Herkunft: ☐ ____________
Zeit und Zeitgeschichte: ☐ ____________ Beruf: ☐ ____________
Familie: ☐ ____________ Freunde/Feinde: ☐ ____________
wichtige Zeitereignisse: ☐ ____________ Hobbys: ☐ ____________
Konflikte: ☐ ____________
Persönlichkeitsmerkmale: ☐ ____________ Glaube: ☐ ____________

3. Alternative Verlaufsplanung

Es ist möglich, über den aktuellen Konflikt um den Jerusalemer Tempelberg auf Davids Bedeutung für das Judentum ins Gespräch zu kommen. Auch über den Davidstern ist ein Einstieg zur Davidgestalt möglich. Um die Doppelbödigkeit von David zu veranschaulichen, bietet sich auch eine Auswahl von Beziehungsgeschichten an, etwa David – Saul/David – Jonathan/David – Absalom. Bei allen Varianten eines Unterrichtsdurchgangs sollte die Frage des Gottvertrauens bei David leitend sein.

4. Empfohlene Literatur und Medien

Bolliger, Max, David, Ein Hirtenjunge wird König, Ravensburg 1965 (Ravensburger)
Pfeffer, Rüdiger, David und Saul (Comic), Stuttgart 1995 (Deutsches Bibelwerk)
Schroer, Silvia, Saul – David – Jonathan – eine Dreiecksgeschichte, in: Bibel und Kirche 1 (1996), S. 1 ff.

5. Materialien

M 69 Bild: Wo viel Licht ist, ist viel Schatten
M 70 Manchmal fühl' ich mich so klein; Starke sind nicht immer stark
M 71 Waffen
M 72 Der Prozess gegen Saul und David

Rut: Fremde brauchen Schutz und Hilfe

1. Zielsetzung, Aufbau und Probleme

Wie andere Frauengeschichten der Bibel zeigt auch die Ruterzählung, dass eine Frau trotz patriarchal geprägter Rollenzuweisung in der Lage ist, autonom zu handeln. Die zentrale Gestalt Rut hat im entscheidenden Augenblick den Mut, männliche Denk- und Verhaltensmuster aufzugreifen und damit eine festgelegte Frauenrolle zu überschreiten. Ziel der UE ist es, Rut als Typus einer ausländischen, selbstsicheren, unabhängigen, zielorientierten, vertrauensvollen und gläubigen Frau kennen zu lernen. Rut ist freilich keine Feministin im heutigen Sinne. Am Schluss der Erzählung werden Rut und Noomi zu Objekten der Rechtsverhandlung unter Männern. Doch im Rahmen damaliger Lebensverhältnisse schöpft Rut die Fülle der für eine Frau möglichen Verhaltensweisen voll aus.
Das Buch Rut wurde in Frauenkreisen erzählt. Christian Frevel geht davon aus, dass zumindest der erste Teil des Buches von einer Frau geschrieben wurde (Frevel, Buch Rut, S. 23 ff.). Es finden sich weibliche Redewendungen, wie z. B. die Rückkehr ins „Mutterhaus" statt wie sonst üblich ins „Vaterhaus" (Rut 1,8).
Literarisch zählte Rut bereits im 1. Jh. zum Kanon. Das Buch war zu dieser Zeit bereits bekannt (vgl. Stammbäume in Matthäus 1,5) und geschätzt (Lukas 3,31-33). Als Komposition einzelner Fragmente zu einer Erntedankerzählung hat das Buch Rut in der jüdischen Tradition seinen festen Sitz im Zusammenhang des Wochenfestes; die Ruterzählung wird dabei auf die Geschichte Davids bezogen. Im hellenistischer Zeit findet sich die Ruterzählung im Kontext der Richterbücher.
Inwieweit die Rutgestalt historisch ist, bleibt umstritten (vgl. Jost, Freundin, S. 9). Es fehlen konkrete Angaben zu den Personen und Orten. Bethlehem z. B. war damals ein kleines Dorf und hatte sicherlich kein Stadttor. Auch wenn manches sich nicht so ereignet haben mag wie beschrieben, so ist der Text doch wahr, insofern er etwas Wahres sagen will: Wo Liebe und Freundschaft zwischen Menschen besteht, da wird die Not gelindert. Dem entspricht, dass im Buch Rut keine abgehobene Theologie, keine theoretischen Erörterungen über das Wesen Gottes zu finden sind. Die Erzählung zeigt, wie Menschen in der Nähe Gottes leben und handeln, verwurzelt in der Erde (Brot, Hunger) und ausgestreckt zum Himmel (Freundschaft, Güte). Als Erzählvorlage dient eine Freundschaft zwischen Frauen, die in Nähe und Treue mit dem Tabu der Kinderlosigkeit umgehen können. Die aus solcher Freundschaft erwachsende Kraft reicht so weit, dass sie mitmenschliche Tode besiegt und Türen gegen Ausländer- und Fremdenhass öffnet. Insofern ist das Buch Rut bereits ein Beispiel für die Weitherzigkeit Davids.
Der Aufbau der UE entspricht der literarischen Konzeption von Rut: Das Thema des Buches wird in einer kunstvollen Komposition entfaltet. Jedes Kapitel ist ähnlich aufgebaut, im Zentrum steht ein Dialog, es endet mit einem Gespräch. Jedes Kapitel ist mit einem besonderen Handlungsort verknüpft (Moab, Felder des Boas, Stadttor, Tenne); dennoch sind alle Kapitel bzw. Handlungsorte durch das Zentrum Bethlehem miteinander verbunden. Leitworte und -motive (zurückkehren, heimkehren, sammeln und lösen, Güte, Brot, Nachkommenschaft) führen durch das jeweilige Kapitel, wobei die Kapitel 2 und 3 ähnlich komponiert sind wie die Kapitel 1 und 4. Sprechende Namen (Noomi = Wonne, Liebliche; Mara = Bittere usw.) prägen die Klangfarbe des Textes.
Theologisch brisant ist das Buch Rut nicht allein aufgrund der Frauengeschichte, sondern auch aufgrund der Verknüpfung mit David. Wenngleich diese Verbindung keinen historischen Usprung hat (das ursprüngliche Buch endet mit der Namensgebung des Obed) und im 12./11. Jh. – also etwa drei bis vier Generationen vor David – „spielte", so gibt es doch eine gewisse Nähe zur Richterzeit (Zeit der Hungersnot), die von der Hoffnung auf Befreiung geprägt war. Der Gedanke an die Befreiung aus der Unterdrückung zieht sich wie ein roter Faden bis in die Zeit Jesu. Das Thema des Buches Rut ist damit zeitübergreifend: Die Unterdrückten warten auf einen König, einen Retter. Im Gegensatz zu üblichen Königsbiographien, in denen der Glanz des Königs aus der Gegenwart auf dessen Vorfahren übertragen wird, bekommt im Stammbaum des David eine Ausländerin, eine Witwe, eine bodenständig-bäuerliche Frau, eine Heimatlose ihren Platz. Rut als Stammmutter des Königtums David/Jesus Christus wirkt provozierend. Damit erfährt die „Herrschaft" Jesu eine eindeutige Interpretation: Dieser König stellt sich auf die Seite der Asylbewerber, der Ausländer und Heimatlosen, indem er deren Sorgen und Nöte teilt.
Die Rezeption der Ruterzählung gerade in den Befreiungsbewegungen unseres Jahrhunderts – von der sogenannten 3. Welt bis zur feministischen Theologie – zeigt, dass die Geschichte Gottes bei denen verwurzelt ist, die „den Himmel im Spiegel einer Pfütze entdecken". Gott führt das Unvollkommene zusammen und tritt für das Recht der Unterdrückten ein; heute könnte das heißen, er ist auch mit den Alleinerziehenden, den Patchworkfamilien usw. Die Sch. lernen damit einen Gott kennen, der sich Frauen zuwendet, in ihnen sichtbar wird und durch sie hindurch wirkt – auch durch eine so unkonventionelle Frau wie jene Rut der Bibel: Als Moabiterin heiratete sie einen Juden und nahm eine solidarische Haltung zu ihrer Schwiegermutter ein.
In pädagogischer Hinsicht ist zu fragen, wie die Sch. sich mit der Frauengeschichte einer Erwachsenen identifizieren können. Die Auseinandersetzung mit der Familiengeschichte Rut bietet gerade Mädchen die Möglichkeit, Werte und Perspektiven zu überdenken und einen eigenen Weg gelebten Glaubens zu wagen. Gerade wenn aktuelle Untersuchungen wie die von Christa Bast (Bast, Weibl. Autonomie, S. 8 ff.) zeigen, dass Mädchen im Alter von 12-18 Jahren heute stärker auf die Gründung einer Familie drängen und sich wie ihre Mütter nach Abhängigkeit vom Elternhaus und späterem Ehemann sehnen, so gibt die Rutgeschichte einen Denkanstoß, dass jede/jeder Heranwachsende seinen eigenen unabhängigen Weg finden muss. In der Identifikation mit den verschiedenen Frauengesichtern der Rut haben gerade Mädchen die Chance, Identitäten zu erproben, zu revidieren, zu verändern oder auch fallen zu lassen, was nur auf den ersten Blick der Verlust vermeintlicher Sicherheiten ist. Allgemein betrachtet man das „Denken und Leben in Beziehungen" als besonders weiblich; in der Begegnung mit Rut können besonders Mädchen entdecken, was es heißt, nein zu sagen und dennoch die Anforderungen der

Gemeinschaft zu erfüllen. Letztlich entdecken Mädchen bei Rut, ihr androgenes Lebenspotential wahrzunehmen und zu leben. In diesem Sinne werden auch Jungen durch Rut angeregt, männliche und weibliche Denk- und Glaubensmuster zu hinterfragen.
Die UE soll mittels erzählender und gestaltender Elemente viel Raum zur Identifikation mit Rut ermöglichen. Methodisch empfiehlt es sich, die einzelnen „Seiten" der Rut in einem Gesamtaufriss in Gestalt einer Torarolle, eines Leporellos oder in Form von Tagebucheinträgen festzuhalten. So lassen sich die verschiedenen Verhaltens- und Glaubensweisen am einfachsten vergleichen.
Wer das Kirchenjahr im Unterricht berücksichtigt, kann die Ruterzählung im Herbst vor dem oder um das Erntedankfest besprechen. Es bietet sich auch eine Verknüpfung mit der Davidgeschichte an, der als Ruts Urenkel König wird. Nahe legt sich auch eine Verbindung mit den Themen Aussiedler, Ausländer, Flüchtlinge.

2. Didaktisch-methodische Hinweise

KB S. 136/137 Rut – Fremde brauchen Schutz und Hilfe/Katharinas Familiengeschichte

Rut war eine Ausländerin. Bei aller späteren Idealisierung erlebt sie Distanz und Abgrenzung von Einheimischen wie Ausländer auch heute noch.

Mögliches Vorgehen

1. Schritt

Fremdheit nach- und miterleben:
– Sprüche gegen und für Ausländer als Slogans sammeln und z. B. mit Sprüchen auf einer Mauer in der S-Bahnunterführung (KB S. 136) vergleichen.
– Anhand der Lebensgeschichte eines deutsch-evangelischen, eines türkisch-muslemischen und eines russisch-orthodoxen Mädchens das Gefühl von Fremdheit benennen und im Spiel nacherleben: Die Gruppe schickt eine Person vor die Tür und vereinbart dann eine Bewegung oder ein Zeichen, das alle Mitspielenden ausführen. Erst wenn die/der Ausgeschlossene das Zeichen errät und mitmacht, gehört sie/er zur Gruppe dazu.

2. Schritt

Impuls zu Katharinas Familiengeschichte (KB S. 137):
- Eine Familiengeschichte für Anna und Mireme entwickeln und mit der von Katharina vergleichen.
- Die Stationen von Katharinas Lebensgeschichte auf einer Landkarte nachvollziehen (Schulatlas, anschließend HE).
- Poesiealben werden von Mädchen als Beziehungsbücher gepflegt. Die Sch. schreiben für die drei Mädchen je ein Poesiealbum.

Ergänzungen

– Einstieg über den bebilderten Denkzettel „Fremd ist der Fremde nur in der Fremde" (M 73). Personen deuten. Austausch im UG oder durch Schreibmeditation in Kleingruppen. Das Vertraute und das Fremde der einzelnen Personen werden genannt.

KB S. 138/139 In der Fremde/Sich trennen – oder zusammenbleiben?

Noomi – eine Fremde in der Fremde: Die Sch. hören die Umzugsgeschichte der Rut und bringen anschließend mit Egli-Figuren und Tüchern ihre Gefühle zum Ausdruck.

Mögliches Vorgehen

1. Schritt

– Mit dem Medium „Umzugskarton" eine Umzugsgeschichte besprechen und von eigenen Umzugserlebnissen erzählen. Impuls: Was ist der Grund des Umzugs? Was nehme ich beim Umzug von einer größeren in eine kleinere Wohnung oder auch beim Umzug in ein fernes Land als Wichtigstes mit?

2. Schritt

- Die Erzählung von Rut KB S. 138 unter den Umzugsaspekten lesen und besprechen; Orte in eine Karte eintragen, die mit Kreide auf den Fußboden skizziert ist.
- Mit Standbildern oder Egli-Figuren wird die Haltung der Noomi am jeweiligen Ort dargestellt und mit Farbpapier, oder besser mit Tüchern, wird die Gemütslage der Noomi in Farbe umgesetzt. (Impuls: Wir können Noomis unterschiedliche Gefühle in Farben ausdrücken.) Die Tücher werden zwischen die Orte gelegt.

3. Schritt

Die Weggabelung: Noomi, Rut und Orpa kommen an die Wegkreuzung (Entscheidungsspiel):
– Die Entscheidungssituation kann mit 3 Stühlen gespielt werden (vgl. KB S. 131, Impuls 1). In der Mitte sitzt Orpa bzw. Rut. Der rechte Stuhl steht für die Entscheidung „Ich will gehen", der linke für die Entscheidung „Ich will nicht gehen". Die Sch. suchen Pro- und Contra-Argumente und spielen die Situation mit der Methode des Doppelns durch (zur Methode des „Doppelns" vgl. LHB: Didaktisch-methodische Hinweise zu KB S. 57, 1. Schritt).
– Noomi, Rut und Orpa schreiben einander Abschiedsbriefe. Die Sch. versetzen sich in die Lage und schreiben, nachdem sie den Abschied nachgespielt haben, einander in Dreiergruppen Abschiedsbriefe.
– Der Satz „Wo du, Noomi, hingehst ..." (Rut 1,16) wurde schon auf die unterschiedlichsten Lebenslagen übertragen. Die Sch. stellen sich vor, der Spruch würde als Kasualvers gewählt von Taufeltern für ihren Täufling, von einem Konfirmand, von einem Brautpaar, von einer Witwe beim Tod ihres Mannes. Impuls: Formuliert eine kurze Ansprache für die jeweilige Situation und tragt sie vor.
– Die Frauen schenken sich ein Abschiedsgeschenk. Impuls: Sucht ein passendes Abschiedsgeschenk und knetet es aus Fimo. Die gebrannten Fimoteile werden miteinander verglichen.
– Meditatives Malen: Die Sch. betrachten das Bild von E.M. Lilien (KB S. 139) als Impuls. Sie malen die Situation des Abschieds, in der Angst und Vertrauen der Rut sich miteinander verbinden.

4. Schritt

Abschied von Mutter und Schwiegertochter:
– Bildbetrachtung KB S. 139: Die Sch. erzählen, was Schwiegermutter und -tochter empfinden. Mit eigenen Abschieden von der Mutter vergleichen (z. B. Aufbruch ins Schullandheim).

– Die Sch. erhalten zusätzlich die Bildblätter mit Szenen aus dem Leben von Rut (M 74 und M 75): Welche Künstlerin bzw. welcher Künstler hat die Szene am besten getroffen. Sie malen selbst die Szene. Die Sch. gestalten mit den Scherenschnittbildern oder eigenen Bildern ein Transparentfenster. (Sie können mit Tonpapier Folgendes hinzufügen: den Sohn/Mann, Ehering der Rut, ein Ohr als Zeichen des Einanderzuhörens usw.)

5. Schritt

Rut geht mit Noomi in deren geographische und religiöse Heimat, nach Juda. Die Sch. spielen eine Szene zwischen Rut und Noomi, in der Rut die Noomi auf ihren Gott anspricht und sich beide über den Glauben austauschen.

Ergänzungen

– Die Sch. können ihre Eltern über Begegnungen mit ihren Schwiegermüttern befragen – evtl. wird ein Klischee nicht nur bei Rut, sondern auch bei den Sch. durchbrochen.

KB S. 140 Frauen, die sich trauen

Mögliches Vorgehen

1. Schritt

– Gerichtsbarkeit am Tor: Die Richter unterhalten sich über Noomis Acker. Impuls: Spielt die Gerichtsszene und greift auf israelitische Gesetze zurück (3. Mose 19,9 - 10; 3. Mose 25,25; 5. Mose 25,5 - 6).

2. Schritt

– Impuls: Stell dir vor, Ruts Sohn heiratet. Rut bekommt eine Schwiegertochter. Rut erzählt der Schwiegertochter von ihrem Leben und sagt dabei, was sie für ihr Leben als Frau erfahren und gelernt hat. Zur Hochzeit gestaltet sie ihrer Schwiegertochter ein Büchlein mit Lebensweisheiten von einer Frau für eine Frau. Die Sch. suchen – evtl. mithilfe von Anregungen der/des L. – Lebenssprüche der Rut heraus und gestalten das Büchlein. Auf einer Seite schreiben sie Gedanken auf, die sie im Gespräch mit ihrer Mutter entwickelt haben.

– Die Sch. zeichnen den Stammbaum ihrer eigenen Familie. Anschließend betrachten sie den von Elisabeth Haack-Österle gestalteten Stammbaum Jesu. Deutehilfe: Matthäus 1,1 - 16. Deutlich zu erkennen sind Rut und Boas, David und Saul sowie Maria, Josef und das Kind. (Man hätte den Baum auch umgekehrt aufbauen können. Zeichenaufgabe für die Sch.)

Ergänzungen

– Das Buch Rut erzählt oft von Bewegungen. Als Rut ihrem Löser Boas begegnet (Rut 2,1 - 17), verändert (bewegt) sich ihre Lebensperspektive. Dies könnte zum Anlass werden, die Begegnung von Boas und Rut in einem Tanz auszudrücken (ein Vorschlag von Elisabeth Hämmerling findet sich in: Biehl, Uta [Hg.], Vorbereitungsmaterial für die Dekade-Gottesdienste in Nordelbien für den Gottesdienst am 2. Advent [6.12.1992]: „Gemeinsam auf dem Weg mit Rut und Noomi“ [Nordelbische Arbeitsstelle Ökumenische Dekade, Neue Burg 1, 20457 Hamburg]). Als Musik wird der israelische Tanz Magdalith/Ken Jovedu („Die Gott lieben, gleichen einem Sonnenaufgang in seiner Pracht“/Magdalith – Biblische Gesänge, Christopherus-Schallplatte, CV 75043) vorgeschlagen. Als bildliche Anregung dient das Bild von Marc Chagall „Rut und Boas“ (Bezugsadresse s. LHB: Mögliches Vorgehen zu KB S. 141, 4. Schritt). Die Sch. sollen die Personen Rut und Boas mit Adjektiven beschreiben sowie die Farben und Kreise im Bild interpretieren.

– Als Lied eignet sich: „Damit aus Fremden Freunde werden“ von Rolf Schweizer (EG Nr. 657 Ausg. Württemberg), zu dem eigene Strophen für Rut hinzugedichtet werden können.

KB S. 141 Erntedank

Mögliches Vorgehen

1. Schritt

– Die Sch. gestalten eine Schriftrolle mit Bildern und Texten nach dem Buch Rut, wie sie am jüdischen Schawuotfest vorgelesen wird (KB S. 141, Impuls 1).

2. Schritt

Die von den Sch. gestaltete Schriftrolle lässt sich in eine kleine Erntefeier einbinden. Die Sch. stellen einen Erntekranz her, singen Erntelieder, tragen den Inhalt der Schriftrolle vor und tanzen einen Erntetanz.

Bausteine für eine Erntefeier in der Klasse
Baustein 1:
Tastspiel: Unter einer Decke wird eine Erntegabe versteckt und die Sch. sollen der Reihe nach tasten, was unter der Decke liegt.
Ein Erntekorb ist gefüllt. Die Sch. verteilen die Früchte und Gemüse so, dass alle Kinder etwas bekommen. Sie müssen sich einigen.
Baustein 2:
Bastelelemente: Kerne von Obst und Gemüse zu Ketten auffädeln./Erntekranz basteln: In einen Styroporkranz lauter Erntegaben stecken, z. B. Getreide, Blumen, Samen. Erntekranz in die Mitte nehmen. / Körnerbilder aus Samen: Die Sch. legen ein Motiv, z. B. ein Haus mit Strohhalmen, streichen Klebstoff in die Hohlräume und legen darauf Samen.
Baustein 3:
Erntetanzlied (vgl. M 76).

3. Schritt

Rut denkt über Gott nach – Katharina denkt über Gott nach – ich (ein Mädchen) denke über Gott nach: Die Sch. schreiben in Anlehnung an den Text „Ein Mädchen denkt über Gott nach“ (KB S. 141) ihre Gedanken dazu auf. Zum Einstieg suchen sie aus den vier Kapiteln der Ruterzählung Verben heraus, die etwas über Gott aussagen (KB S. 141, Impuls 3 und 4).

4. Schritt

Impuls: Wie stellst du dir Rut vor? Male ein Bild oder gestalte sie mit Ton und vergleiche sie mit den Bildern von Künstlern. Die Ruterzählung ist in der bildenden Kunst häufig zum Thema gemacht worden (vgl. die Bildblätter M 74 und M 75).
Von Marc Chagall gibt es drei Rut-Bilder als Farbradierungen. Das Bild von Chagall „Rut und Boas“, das Elisabeth Hämmerling zu einem Tanz angeregt hat, gibt es als Postkarte (Best. Nr. 5367) beim Kunstverlag Maria Laach. Die „Dia-Bücherei Christliche Kunst“ von Jörg Zink, Band 15, enthält neun Dias

zum Buch Rut. Ein Bildblatt mit sechs Szenen zum Buch Rut findet sich in Günter Lange, Kunst zur Bibel, München 1988 (Kösel).

5. Schritt

Glauben Mädchen anders als Jungen? Impuls: Setze den Text KB S. 141 um in die Fassung: Ein Junge denkt über Gott nach: Was fasziniert Jungen an Rut?

Ergänzungen

– Die Sch. sehen einen Film mit Ausschnitten aus dem Schawuotfest (z. B. jüdische Feste und Riten).

– Auf Rut ruht der Segen Gottes: Die Sch. stellen mit Egli-Figuren verschiedene Wesenszüge und Haltungen der Rut dar und singen dazwischen ein Segenslied (vgl. EG Nr. 174 bzw. Nr. 563 und Nr. 564 [Regionalteil Württemberg]; weiteres Segenslied: Herr, wir bitten, komm und segne uns [Peter Strauch], in: Songs junger Christen, Bd. 2 [Hänssler-Verlag, Neuhausen-Stuttgart]).

Den Abschluss mag ein Segensgebet bilden:

Es sollen gesegnet sein / Himmel und Erde. / Wolf und Lamm. / Falke und Taube.

Es sollen gesegnet sein / die Stummen und die Blinden, / die Klugen und die Törichten, / die Witwen und die Fremden; / sie sollen die Weisheit Gottes preisen.

Es sollen gesegnet sein / Freund und Feind, / Frau und Mann, / damit sie Brüder werden / und Schwestern.

Es sollen gesegnet sein / Schwarze und Weiße, / damit sie Frieden schließen / und Freundschaft, / ein für alle Mal.

Gott segne euch / und ihr sollt ein Segen sein / für die bedrohte Welt / und die Menschen dieser Erde.

– Die Sch. können den Stationen aus Ruts Leben noch einmal im Spiel nachgehen (M 77).

Wiederholung, Zusammenfassung, Ergebnissicherung

– Als Ergebnissicherung bietet es sich an, die Rutgestalt mit treffenden Begriffen zu beschreiben und diese an Stationen des Lebensweges festzumachen.

– Auch einige Bilder von Künstlern können zur Lernerfolgskontrolle eingesetzt werden etwa mit dem Impuls: Verschiedene Maler haben Rut gemalt. Deute die Szene und schreibe auf, was ihnen bei ihrer Darstellung an Rut wichtig war. Welche Charakteristika müsste Rut für dich haben?

– Auch über die Frage nach der Bedeutung von Rut 1,16 oder zum Stammbaum KB S. 137 ist eine Vertiefung des Gelernten möglich.

3. Alternative Verlaufsplanung

– Wer Rut im Kontext biblischer Frauengeschichten behandelt, wird Unterschiede und Gemeinsamkeiten im Vergleich mit anderen Frauen herausarbeiten und so eher nach der Wirkungsgeschichte der Rut fragen. Hier bietet sich ein Einstieg über einen Stammbaum an, in dem evtl. auch Sara, Mirjam, Maria Magdalena einen Platz haben.

– Wer den Aspekt: „Fremdheit überwinden" in den Vordergrund stellt, sollte auf die politischen Verhältnisse in Moab und Israel konkreter eingehen und kann dann parallel die Gestalten Katharina und Rut besprechen.

4. Literatur und Medien

Biehl, Uta (Hg.), Vorbereitungsmaterial für die Dekade-Gottesdienste in Nordelbien für den Gottesdienst am 2. Advent (6.12.1992) „Gemeinsam auf dem Weg mit Rut und Noomi". Bezug: Nordelbische Arbeitsstelle Ökumenische Dekade, Neue Burg 1, 20457 Hamburg. (Mit Gestaltungsvorschlägen für Tänze.)

Dietz, Walter u.a., Das Buch Rut, Unterrichtsvorschlag Klasse 5/6, in: entwurf 1/1991, S. 58-74. (Mit Scherenschnitten zur Ruterzählung von Elisabeth Haack-Österle.)

Jost, Renate, Freundin in der Fremde, Rut und Noomi, Stuttgart 1992 (Quell). (Gut lesbare Informationen zum Bibeltext mit frauenpolitischem Akzent.)

5. Materialien

M 73 Denkzettel: „Fremd ist der Fremde nur in der Fremde"
M 74 Bilder zur Ruterzählung I
M 75 Bilder zur Ruterzählung II
M 76 Erntetanz
M 77 Würfelspiel zum Buch Rut

Jesus begegnen

Einführung

Das 5. Kapitel vom KB 5/6 vereinigt unter dem Titel „Jesus begegnen" vier Themen, die in den meisten Bundesländern zu den Pflichtthemen der Klassen 5/6 gehören:
(1) Jesus kommt aus Nazareth – mit dem Ziel, Zeit und Umwelt Jesu zu erarbeiten;
(2) Gleichnisse Jesu – mit dem Ziel, die Botschaft Jesu von der nahe herbeikommenden Gottesherrschaft in Erzählungen kennen zu lernen und ihre Wirkung an sich selbst zu erleben;
(3) Menschen folgen Jesus nach – mit dem Ziel, die Wirkung des Lebens und der Botschaft Jesu auf Menschen bis in unsere Zeit zu bedenken;
(4) Das Neue Testament entsteht – mit dem Ziel, die literarische Wirkung von Leben, Sterben und Auferstehen Jesu zu entdecken und einen hermeneutisch bedachten Umgang mit dem Neuen Testament ansatzweise einzuüben.

Die Jesuseinheiten finden in den Klassen 7/8 ihre Fortführung im KB 7/8 mit dem Thema Wunder. So soll Schritt für Schritt ein angemessenes Verständnis von Leben, Person und Werk Jesu aufgebaut und mit anderen Themen vernetzt werden. Eine wichtige Verbindung stellt z. B. die Taufe dar, die im KB 5/6 mehrfach aufgenommen wird (Symbol Wasser, KB S. 118 f.; die Taufe Jesu, KB S. 152; Taufe in einer Kirche, KB S. 180; Taufe bei Baptisten, KB S. 201).
Der Titel „Jesus begegnen" will deutlich machen, dass es in allen vier Teileinheiten um Begegnungen mit Jesus geht. „Jesus begegnen" hat dabei einen doppelten Sinn: Es geht zum einen darum wahrzunehmen, wie Jesus Menschen in seiner Zeit begegnet ist; und zum anderen darum zu entdecken, dass man auch heute noch Jesus begegnen kann.
Schwerpunkt in dieser Einheit ist zunächst die Begegnung mit dem historischen Jesus, der vor dem Jahr 0 im Land Israel geboren und unter Pontius Pilatus um 30 n. Chr. gekreuzigt wurde. Die Thematik ist jedoch offener gehalten. „Jesus begegnen" kann auch heißen, heute dem auferstandenen und lebendigen Herrn zu begegnen. Das Nachdenken über diese Möglichkeit kann hier nicht ausgespart werden, soll aber im Wesentlichen den folgenden Schuljahren vorbehalten bleiben.
Der Unterricht in der Grundschule hat schon wichtige Begegnungen mit Jesus ermöglicht und zentrale Inhalte seines Lebens und Handelns erarbeitet. Hinzu kommt, dass beim Weihnachtsfest „alle Jahre wieder" eine Begegnung mit Jesus stattfindet. Anzunehmen ist, dass Ostern bei den Sch. weniger deutlich als Begegnung mit Jesus wahrgenommen wird. Hier können Ostereier und -hasen die Botschaft von Tod und Auferstehung Jesu verdecken.
Vorausgesetzt wird sodann, dass die Sch. der Klassen 5/6 noch kein einheitliches, gar historisch geordnetes Verständnis von Jesus haben. Ihr Jesusbild besteht eher aus Einzelgeschichten, die wortwörtlich und als Bericht verstanden werden. Dasselbe gilt für die Gleichniserzählungen, deren fiktiver Charakter nicht durchschaut wird. Das Wahrheitverständnis der Sch. ist an der Übereinstimmung von Aussage und Realität orientiert. Die Einsicht, dass fiktive Erzählungen ebenso wahr sein können, ist den Sch. noch nicht bewusst und eine dementsprechende Fragestellung würde sie nur verunsichern.
Vorausgesetzt wird sodann ein Interesse an historischen Details, die Bereitschaft, etwas herauszufinden, zu spielen und zu diskutieren. Leitend ist die Einsicht in einen kindlichen „Realismus", in das Bedürfnis nach konkreter Anschauung sowie nach Erzählungen, die Bedeutungen transportieren. Unterstellt wird ein „Werksinn", das Bedürfnis etwas zu können und dafür Anerkennung zu finden.
Die vier UE wollen an dem Jesusbild der Sch. anknüpfen und dieses zunächst einmal historisch sichern. Gleichzeitig wollen sie aber auch die Sch. in die Geschichte Jesu hineinverstricken und erleben lassen, wie Jesus in seinen Begegnungen Menschen angesprochen hat.

Zum Titelbild KB S. 142/143

Das Weihnachtsbild von Annegert Fuchshuber gibt die Szene aus Lukas 2 wieder, wie die Hirten zu dem Stall in Bethlehem kommen. Der Stern über dem Stall verweist auf Matthäus 2 und den Zug der „Magier" nach Bethlehem.
Die dominante Farbe Blau will anzeigen, dass hier Sehnsüchte erfüllt werden und „Himmlisches" geschieht. Das gelbe Licht, das den einen Hirten umgibt, erinnert an die Sonne, an das Licht der Welt, das hier aufgeht. Im Gegensatz zu Rembrandt u.a. geht das Licht jedoch nicht von dem Kind aus. Die Hirten und die Schafe kommen aus dem Dunkel, ihnen haften noch Schatten an, doch das Licht erhellt sie, klärt sie auf und lässt sie fast transparent erscheinen.

Mögliches Vorgehen

– Das Bild gibt Anlass, darüber nachzudenken, was vorher geschehen ist und was sich nachher ereignen wird. Es erlaubt so, das Wissen der Sch. einzuholen. Gerade der Einsatz mit einem Weihnachtsbild lädt dazu ein, über das Weihnachtsfest zu sprechen, Lieder von Jesus zu singen, Gebete aufzusagen, Krippenfiguren mitzubringen. Es erlaubt auch, einmal darüber nachzudenken, wer Jesus ist. Warum staunen die Hirten so sehr?
– Das Bild kann darüber hinaus Anlass geben, Jesusgeschichten assoziativ zu erfahren. Der Esel erzählt dann vom Einzug in Jerusalem, Brot und Krug vom letzten Abendmahl Jesu und der Speisung der 5000, die Schafe vom Gleichnis vom verlorenen Schaf. Das Stroh könnte vom Unkraut im Weizen erzählen, von der selbstwachsenden Saat oder vom reichen Kornbauer. Die Treppe könnte an die Jakobsleiter erinnern, die als Motiv aufgegriffen wurde und den Hintergrund der Eröffnungsdoppelseite bildet: Die Sch. und L. sind mit Jesus unterwegs.
– Die Fortsetzung des beigefügten Bibeltextes Lukas 2,1-7 wird am Ende der UE „Das Neue Testament entsteht" unter dem Gesichtspunkt „Übersetzung" wieder aufgegriffen (vgl. KB S. 174).

Jesus kommt aus Nazareth

1. Zielsetzung, Aufbau und Probleme

Die UE „Jesus kommt aus Nazareth" will die religiösen, politischen, sozialen und kulturellen Rahmenbedindungen des Lebens und der Verkündigung Jesu von der nahe herbeikommenden Gottesherrschaft zur Erarbeitung anbieten. Sie will grundlegendes historisches Wissen vermitteln, schon erworbenes Wissen bündeln und Voraussetzungen für weitere Jesusthemen schaffen.
Das Thema gehört zu den Standardthemen am Beginn der Sekundarstufe I und findet sich in allen Lehrplänen der einzelnen Bundesländer.
Während viele Lehrbücher und -pläne sich mit Zeit und Umwelt Jesu begnügen, wird hier bewusst der Titel „Jesus kommt aus Nazareth" gewählt. Es soll immer wieder von Jesus ausgegangen oder auf seine Geschichte hingearbeitet werden. So soll vermieden werden, dass die Einheit ohne Bezug zu Jesus auskommt. Gleichzeitig soll deutlich werden, dass Jesus selbst nur aus der jüdischen Glaubenswelt heraus und den Erfahrungen seiner galiläischen Heimat zu verstehen ist. Dabei sollen auch die besondere Nähe Jesu zu Gott (KB S. 152) und der Anspruch, das Reich Gottes nahe zu bringen (KB S. 153), herausgearbeitet werden. Es geht also immer wieder auch um den Aufweis einer „impliziten Christologie". Es soll verständlich werden, wer Jesus ist.
Aufseiten der Sch. wird neben dem Vorwissen von einem „konkret-operationalen Denken" ausgegangen. Dieses erlaubt den Heranwachsenden, Zusammenhänge zuverlässig zu erarbeiten. Sie bleiben jedoch auf Konkretion und Anschaulichkeit angewiesen. Mit Selman wird man mit der Fähigkeit zur „einfachen Rollenübernahme" rechnen dürfen. Sie ermöglicht, Geschichten aus verschiedenen Perspektiven anzugehen und Rollenspiele durchzuführen.
Ausgegangen wird auch von einem eher familiär, personal strukturierten und narrativ erschlosssenen „Weltzusammenhang". Die Inhalte werden deshalb weitgehend erzählend angeboten. Politische Ereignisse werden personal vermittelt.
Die UE berücksichtigt zwei Aspekte auf dem Lebensweg Jesu:
(1) Chronologisch: Jesu Kindheit über seine Jugend bis zum Beginn des öffentlichen Auftretens.
(2) Soziologisch: Jesu Weg vom Leben in der Familie und im Dorf als Kind bis zur ersten Berührung mit der politischen und religiösen Öffentlichkeit. Beide Wegstrecken sind natürlich zugleich von theologischem Interesse.

2. Didaktisch-methodische Hinweise

KB S. 144/145 Jesus – ein Jude

Die Doppelseite lässt entdecken, dass Jesus als Jude aufgewachsen ist und zeit seines Lebens Jude war. Sein Reden und Tun ist geprägt durch das antike Judentum. Die Formen jüdischen Lebens (Beschneidung, Bar Mizwah, Pessach, Synagogengottesdienst) gibt es noch heute, insofern kann man ausgehend von Jesu Judesein auch über das heutige Judentum sprechen und dabei den Bezug zu anderen Seiten des KB herstellen (vgl. KB S. 30/31, KB S. 102/103, KB S. 108, KB S. 204/205).

Mögliches Vorgehen

1. Schritt

Die Sch. bringen ihre Kinderfotoalben mit und vergleichen diese miteinander. Impuls: Was ist allen gemeinsam?

2. Schritt

Die Sch. vermuten, wie das Album von Jesus ausgesehen haben könnte.

3. Schritt

Die Sch. benennen die Bilder KB S. 144/145 Impuls: Was erzählen diese Bilder? Gibt es eine Reihenfolge?

4. Schritt

Die Sch. suchen zu den Bildern den dazugehörigen Textteil und erläutern die Bilder (KB S. 145, Impuls 2).

5. Schritt

Die Sch. zeichnen das Album von Jesus und fügen ihre eigenen Kommentare hinzu.

6. Schritt

Die Sch. vergleichen ihr Album mit dem von Jesus unter dem Gesichtspunkt: Was ist gleich? Was ist anders? (Vgl. KB S. 145, Impuls 1.)

Ergänzungen

- Film „Auslösung eines Erstgeborenen" (Dauer: 6 Min.; Film über die kultischen Handlungen zur Auslösung eines Erstgeborenen).
- Video „Feste und Feiern im Judentum" (Dauer: 28 Min.; Dokumentarfilm über Beschneidung, Bar Mizwah und Hochzeit).
- Video „Pessach" (Dauer: 15 Min.; Dokumentarfilm zur Sederfeier heute und mit Hinweisen zu ihrer Bedeutung).
- Video „Das Land, aus dem Jesus kam" (Dauer: 60 Min.; Dokumentarfilm zu Orten und Gebieten des heutigen Israel, an denen Jesus wirkte).
- Erzähltexte zur jüdischen Glaubenspraxis heute, in: M. u. U. Tworuschka, Vorlesebuch fremde Religionen, Bd. 1, Judentum, Islam, 1988, bes. S. 63 - 133.
- L. bringt aus dem Medienkoffer Judentum Menorah, Mazzen, Kippah, Gebetsmantel, Torarolle, Schofar und Gebetsriemen mit. Die Sch. überlegen, was diese Gegenstände mit Jesus zu tun haben könnten.
- Das Lieblingsgebet Jesu (das Achtzehnbittengebet) laut mit verteilten Stimmen sprechen. Impuls: Kenne ich ähnliche Gebete? Könnte ich genauso beten?
- Gemeinsam essen wie Jesus, dafür ein Palastbrot backen.

Rezept für Palastbrot
Die beliebte Süßigkeit im vorderen Orient hat den biblischen Honigfladen zum Vorbild. Man braucht dazu saugfähiges Brot und Sirup.
Von einem Brotlaib schneidet man zwei Zentimeter dicke Scheiben ab und entfernt die Rinde. Das Brot in grobe Brocken zupfen und bei niedriger Temperatur im Ofen austrocknen.
Den Sirup kocht man aus gleichen Teilen Honig, Butter, Zucker und etwas Zitronensaft. Alle Zutaten in einen Topf geben, mischen und unter ständigem Rühren schmelzen lassen. So lange kochen, bis die Flüssigkeit eingedickt ist. Die Brotbrocken in den Sirup legen und mit dicken Holzlöffeln so lange hineindrücken, bis sie sich mit Sirup vollgesogen haben. Die Brocken herausnehmen und auf einer Platte abkühlen lassen. Das Palastbrot wird mit Schlagrahm oder saurem Rahm angeboten.

KB S. 146/147 Dorfleben in Galiläa

Jesus stammt aus der ländlichen Gegend Galiläas, die bis auf die Städte Sepphoris und Tiberias noch nicht von der hellenistisch-römischen Kultur bestimmt war. Sein Heimatort Nazareth war zu seinen Lebzeiten ein einfaches Dorf in einer fruchtbaren Hügellandschaft. Jesus hat offenkundig einige Zeit im Fischerdorf Kafernaum (Dorf des Nahum) zugebracht. Seine Sprachbilder sind durch die Landschaft, das Klima und den ländlichen Lebensstil geprägt.
Das gezeichnete Dorf ist idealtypisch zu verstehen. Es will Klima, Fauna, Wohnen, Leben und Arbeiten zur Zeit Jesu vermitteln.

Mögliches Vorgehen

1. Schritt

Die Sch. erhalten eine Kopie des Dorfes und malen das Bild an. Sie achten dabei auf Frauen, Männer und Kinder. Die Sch. sprechen abschließend über ihre Entdeckungen. Impuls: Woran erkennt man Frauen und Männer? Worin unterscheiden sich die verschiedenen Mühlen?

2. Schritt

Die Sch. bearbeiten in Kleingruppen oder PA das Bild unter folgenden acht Gesichtspunkten:
- Tätigkeiten der Männer;
- Tätigkeiten der Frauen;
- Tätigkeiten von Kindern;
- Klima;
- Pflanzen und Tiere;
- Eigenart der Gebäude;
- politische Situation;
- religiöses Leben.

3. Schritt

Die Ergebnisse werden an der Tafel festgehalten. Impuls: Was fehlt?

4. Schritt

L. projiziert das Bild als Folie an die Wand. Die Sch. identifizieren sich mit Jesus. Sie bilden einen „Erzählwurm", jede/jeder stellt „meine" Heimat vor. Die/Der erste beginnt, andere ergänzen.

Ergänzungen

- Video „Tempel oder Synagoge" (Dauer: 6 Min.; Film mit Bildern aus dem Jerusalem von heute).
- Video „Das Land, aus dem Jesus kam" (s. LHB: Didaktisch-methodische Hinweise zu KB S. 144/145, Ergänzungen).
- Film „Die Welt der Gleichnisse Jesu" (Dauer: 16 Min.; der Film will eine Vorstellung von den elementaren Lebenssituationen geben, die in den Gleichnissen angesprochen sind).
- Film „Es begann am See Genezareth" (Dauer: 10 Min.; Film über das Leben am See Genezareth heute).
- Galiläisches Dorf basteln mithilfe des Möckmühler Arbeitsbogen Nr. 47.
- Markus 2,1 - 12 erzählen. Impuls: Könnte dies hier geschehen sein?
- Schnippelbogen „Galiläisches Dorf" (M 80) zum Ausschneiden und Einkleben ins Heft (M 79).
- Ein galiläisches Haus basteln (M 81).
- Eine Synagoge zur Zeit Jesu basteln (M 85).

KB S. 148 Ärger am Zoll

Das Leben und die Botschaft Jesu stehen im Kontext der Römerherrschaft über den östlichen Mittelmeerraum und den Vorderen Orient. Seit 63 v. Chr. befand sich das jüdische Volk in Abhängigkeit von der Politik Roms. Diese Situation entfachte aufs Neue die Sehnsucht nach Freiheit und Frieden (Schalom) – eben die Herrschaft Gottes. In dieser Sehnsucht waren sich nahezu alle Juden des Landes Israel einig. Unterschiede gab es in der Auffassung, wie es zur Herrschaft Gottes kommt (s. KB S. 151).
Die Herrschaft der Römer war zwar darauf bedacht, die religiöse Autonomie der Juden aufrechtzuerhalten. Juden waren von der üblichen Pflicht befreit, am Kaiserkult teilzunehmen. Es war ihnen erlaubt, ihre eigene Tempelsteuer einzuziehen. Doch die Präsenz der Römer war ständig zu spüren, römische Truppen waren überall wahrzunehmen (vgl. Dorfbild, KB S. 146/147). Belastend aber waren die vielfältigen Steuern, die erhoben wurden. Es gab die Vermögenssteuer für Landbesitz, Häuser, Sklaven und für Schiffe in Höhe von einem Prozent jährlich.
Von allen Erwachsenen zwischen 12 und 65 Jahren wurde eine einheitliche Kopfsteuer erhoben. Sie betrug einen Dinar (= ein Tageslohn) pro Person und Jahr. Diese Steuer fiel verständlicherweise Reichen leichter zu bezahlen als Armen. Hinzu kam, dass diese Steuer bei Juden höher war als im sonstigen Römischen Reich.
Die Zollgebühren konnten bis zu zehn Prozent des Warenwertes betragen. Allerdings stand der Warenwert nie fest. Zollstationen wurden an Geschäftsleute wie Zachäus verpachtet, die ihrerseits Vertreter wie Levi bestellten, um den Zoll einzuziehen (s. KB S. 163).
Neben diesen Steuern gab es noch eine Fülle von Sondersteuern (z. B. beim Verkauf eines Sklaven). Die Steuern und Zölle waren offenkundig umstritten (vgl. Markus 10,13 - 17). Tacitus berichtet von dem Wunsch Judäas, die Tributzahlungen herabzusetzen.
Die Tributpflicht lag in dem Verständnis begründet, dass das eroberte Land den Siegern gehörte. Diese verpachteten es an die einheimische Bevölkerung und verlangten dafür Abgaben.

Mögliches Vorgehen

1. Schritt

L. erzählt von der Eroberung des Landes Israel im Jahr 63 v. Chr. durch Pompeius (z. B. nach Martin Noth, Geschichte Israels, 360 ff.). Da römische Bürger keine Steuern zahlen mussten, aber Geld benötigt wurde, überlegte sich der römische Senat, wie man aus dem eroberten Land Geld herausholen konnte. Die Sch. legen einen Maßnahmekatalog fest. Impuls: Was bringt am meisten Geld?

2. Schritt

L. erläutert das Steuersystem und greift dabei die Szene am Stadtor auf (KB S. 146/147).

3. Schritt

Die Sch. wählen sich von den fünf an der Zollstation aufeinandertreffenden Menschen (KB S. 148) eine Person aus. Sie zeichnen die entsprechende Person ins Heft und formulieren in Denkblasen, was in ihr vorgeht (KB S. 148, Impuls 1).

4. Schritt

Das Rollenspiel evtl. mehrmals wiederholen.

5. Schritt

Die Sch. denken über die Folgen nach: Welches „Klima" herrscht im Land? Sie formulieren selber einen HE.

Ergänzungen

- In EA eine Szene schreiben und einander vorlesen.
- Die „wunderbare Veränderung des Levi" (KB S. 163) einbeziehen. Impuls: Wie denken Ephraim und Eleasar über Jesus (KB S. 148, Impuls 2)?
- Das Römische Reich auf einer Karte betrachten (M 96).

KB S. 149 Berichte von König Herodes

Herodes der Große herrschte von 37 - 4 v. Chr. über das ganze Land Israel mit den Provinzen Judäa, Samaria, Idumäa, Galiläa und Peräa. Er stammte aus Idumäa und war im strengen Sinn kein Jude. Er konnte darum nicht das Amt des Hohepriesters übernehmen. Dennoch hielt Herodes sich an das jüdische Gesetz. Von den orthodoxen Juden wurde Herodes immer als Heide beargwöhnt.
Herodes war König von Roms Gnaden. Immer wieder schaffte er es, die römischen Machthaber auf seine Seite zu ziehen. Um seine Macht zu sichern, griff Herodes oftmals brutal durch. Viele Gegner mussten ihr Leben lassen. Dennoch gelang es Herodes, während seiner langjährigen Herrschaft einen relativen Frieden zu sichern.
Herodes war einer der größten Baumeister der Antike. Er baute Festungen wie Herodion, die Burg Antonia und vor allem Masada.
Masada liegt an der Westseite des Toten Meeres und war schon vor Herodes eine Festung. Herodes ließ jedoch den Tafelberg zu einer unbezwingbaren Festung ausbauen und mit einer Wasserversorgung, mit Thermen und mit Palästen versehen (vgl. Conolly, Leben zur Zeit des Jesus, S. 22 - 27). Das Bild KB S. 149 zeigt Masada von Westen her. Man erkennt den „hängenden Palast". Die untere Terrasse liegt 35 Meter unter dem Gipfelplateau.
Zu den herausragenden Bauwerken von Herodes gehören auch der Hafen in Caeserea am Meer, sein Winterpalast in Jericho und vor allem der Neubau des Jerusalemer Tempels, der 20 v. Chr. begonnen wurde. Herodes schuf mit ihm ein weithin bewundertes Bauwerk und Heiligtum (vgl. auch KB S. 185).
Nach seinem Tode wurde das Herrschaftsgebiet von Herodes durch die Römer unter drei seiner Söhne aufgeteilt. Archelaos bekam Judäa, Samaria und Idumäa. Er wurde jedoch 6 n. Chr. seines Amtes enthoben. Sein Teil wurde fortan von einem römischen Statthalter regiert (26 - 36 n. Chr. von Pontius Pilatus). Herodes Antipas bekam Galiläa und Peräa. Er war damit der Landesherr von Jesus. Philippus bekam die Nordostgebiete.
Die sechs Berichte von König Herodes geben Auskunft über seine Herkunft und die Thronbesteigung, die Familie, seine Art zu regieren, das Bauprogramm, die 30-jährige Friedenszeit und sein Lebensende.

Mögliches Vorgehen

1. Schritt

L. zeigt Bild von Herodes (M 82). UG: Was ist das für ein Mensch? Danach: Kann man Menschen nach ihrem Aussehen beurteilen?

2. Schritt

Die Sch. lesen den Text und beurteilen, ob Herodes ein guter oder ein schlechter König war (KB S. 149, Impuls 1).

3. Schritt

Die Sch. überlegen, wie Maria und Josef gegenüber Jesus über Herodes gesprochen haben könnten (KB S. 149, Impuls 2).

4. Schritt

Die Sch. schreiben eine selbst verfasste Kurzbiographie von Herodes ins Heft.

Ergänzungen

- L. gibt eine geographische Orientierung über das Land Israel zur Zeit Jesu (vgl. Niederer u.a., Arbeitsfolien Religion, Teil 1, Karte III/3c und Petri, Materialien zum Thema „Jesus", S. 49 - 51 sowie M 83 und M 84).
- Die Sch. werten das Buch von Peter Conolly „Das Leben zur Zeit des Jesus von Nazareth" aus. Sie zeigen Bilder mit Folien und halten ein Referat.
- L. zeigt Bilder des Jerusalemer Tempels (aus: Conolly, Leben zur Zeit des Jesus und Bühlmann, Wie Jesus lebte) und unterstreicht damit die große Bedeutung von Herodes.
- Die Sch. entwerfen zwei unterschiedliche Kommentare zum Tod von Herodes. Der eine steht in einer regierungsfreundlichen, der andere in einer regierungskritischen Zeitung.
- Film „Masada – Schauplatz einer Tragödie" (Dauer: 30 Min.; Dokumentarfilm, der die historischen Ereignisse an der Ruine von Masada verdeutlicht).
- Tondiareihe „Israels Weg durch die Geschichte" (an einzelnen Fotos wird die Geschichte Israels nacherzählt, in Auswahl einzusetzen).

KB S. 150 Steuern bezahlen oder nicht?

Nachdem mit dem Thema Zoll und Herodes die historisch-politische Situation im Land Israel zur Zeit Jesu zumindest in groben Zügen erarbeitet wurde, kann nun, ausgehend von der Steuerfrage, die religiöse Situation entwickelt werden. Ausgangspunkt ist die Kopfsteuer (s.o.), die die Ärmeren ungleich mehr belastete als die Reichen. Bewusst wird hier die Perspektive der Ärmeren als Ausgangspunkt gewählt. Voraussetzung für die Erhebung einer Kopfsteuer war ein Zensus, der unter der Regierung von Augustus im Jahre 6 n. Chr. in Judäa durchgeführt wurde. Von einem allgemeinen Zensus im ganzen Römischen Reich ist nichts bekannt. Die vier Teilnehmer des Gesprächs repräsentieren drei Hauptströmungen im damaligen Judentum (Zeloten = Judas, Pharisäer = Ephraim, Sadduzäer = Zaddok). Nicht in das Gespräch aufgenommen sind die Essener, was durch den Vergleich mit KB S. 151 deutlich wird und von dort aus ergänzt werden könnte. Kristallisationspunkte der verschiedenen Positionen sind das Reich Gottes sowie der Messias. Die Herrschaft Gottes wird jeweils politisch interpretiert. Unterschiede liegen im Kommen Gottes und in der Beteiligung der Menschen.

Münzen am Rand von KB S. 150:
Vorder- und Rückseite eines Silberdenars mit dem Bild des Kaisers Tiberius (14 - 37 n. Chr.) auf der Vorderseite. Es ist möglicherweise der Zinsgroschen aus dem Streitgespräch Jesu. Dieses, in der Reichsmünzstätte Lyon geprägte Stück, war die amtliche Kopfsteuermünze für die von den Römern unterworfenen Völker. Kaiser Tiberius ist mit einem Lorbeerkranz geschmückt, der seine göttliche Würde anzeigt. Die Umschrift TI[BERIUS] CAESAR DIVI AUG[USTI] F[ILIUS] AUGUSTUS (= Kaiser Tiberius Augustus, Sohn des göttlichen Augustus). Tiberius (geb. 42 v. Chr., gest. 37 n. Chr.), mit vollem Namen Tiberius Julius Cäsar Augustus, war ein Sohn des Tiberius Claudius Nero und der Livia Drusilla. Er wurde im Haus seines Stiefvaters Augustus erzogen und von diesem 4 n. Chr. adoptiert. Die Rückseite der Münze zeigt die Kaiserinmutter Julia Augusta (Livia) auf einem Götterthron sitzend, in der Rechten das olympische Langzepter, in der Linken den Ölzweig, die irdische Verkörperung der himmlischen Pax. Text: PONTIFEX MAXIMUS (= das mit dem Kaisertum verbundene Amt des Vorsitzenden des höchsten Priesterkollegiums im alten Rom).

Mögliches Vorgehen

1. Schritt

Die Sch. betrachten im KB die Münzabbildung am Seitenrand. Impuls: Was ist darauf zu sehen? Wie mögen fromme Juden über ein solches Geldstück gedacht haben? (1. Gebot!) Anschließend berichtet L. über die Kopfsteuer. Impuls: Was denken arme Leute, die viele Kinder haben, über eine solche Kopfsteuer? Wie sähe das heute aus?

2. Schritt

L. teilt die Klasse in vier Gruppen ein: Benjamin, Judas, Zaddok, Ephraim. Die Gruppen lesen ihre Sprechanteile und finden heraus, wer sie sind und was sie wollen.

3. Schritt

Leseszene: Die Gruppen setzen sich gegenüber. Jeweils eine/einer ist Sprecherin bzw. Sprecher.

4. Schritt

Rollenspiel: L. fordert die „Ephraim/Pharisäer"-Gruppe auf zu reagieren. Das Gespräch wird zwischen den Gruppen fortgesetzt (KB S. 150, Impuls 1).

5. Schritt

Auswertung: Was unterscheidet euch? Zusammenfassender TA und HE.

Personen	Vorhaben	Begründungen	Religiöse Gruppe
Judas			
Ephraim			
Zaddok			

6. Schritt

Die Sch. sollen herausfinden, wie Jesus nach Markus 12,13 - 17 reagiert hat (KB S. 150, Impuls 2). Impuls: Was würde er Benjamin raten?

Ergänzungen

- UG: Was ist ein Messias? (Z.B. ein Mensch, der anderen Menschen Hoffnung auf eine friedlichere und gerechtere Welt bringt und beginnt, diese aufzubauen).

KB S. 151 Religiöse Gruppen zur Zeit Jesu

Zeloten, Essener, Pharisäer und Sadduzäer bilden wichtige religiöse Gruppen, die das religiöse Leben im Land Israel zur Zeit Jesu prägten. Jesus traf immer wieder auf sie. Hinzufügen wären noch die Schriftgelehrten, Lehrer der Tora aus allen Schichten, die Schüler unterrichteten und den Hohen Rat berieten. Jesus selbst stand den Pharisäern nahe und hatte unter ihnen Freunde (Nikodemus, vgl. Johannes 3). Der Sachverhalt, dass er gerade mit ihnen viele Streitgespräche hatte, muss nicht als große Distanz, sondern kann auch als besondere Nähe verstanden werden. Vielfach vertritt Jesus Positionen, die auch im pharisäischen Judentum vertreten wurden.
Die vier gezeichneten Personen sollen die vier Parteien darstellen (von links nach rechts): Die erste Person ist ein einfacher Priester in seinem weißen Leinengewand. Der prächtig gekleidete Hohepriester trägt über einem solchen weißen Gewand ein langes blaues Amtsgewand mit Glöckchen und Granatäpfeln am Saum. Darüber zieht er ein kurzes Kleidungsstück mit goldener, roter, blauer und purpurner Stickerei. Auf seiner Brust trägt er eine goldene Tasche, die mit Edelsteinen besetzt ist (vgl. Conolly, Leben zur Zeit des Jesus, S. 29).
Die zweite Person bezeichnet einen Pharisäer, der sich ganz an der Tora orientieren und besonders die Reinheits- (vgl. 3. Mose 11 - 15; 17 - 20) und die Sabbatgebote einhalten will.
Die dritte Person zeigt einen Zeloten, der in einem Guerillakrieg die Römer vertreiben will. Zu den Zeloten zählten die „Sikarier", die Dolchmänner.
Die vierte Person stellt einen Essener dar, der dabei ist, alte Texte niederzuschreiben, um sie aufbewahren zu können.

Mögliches Vorgehen

1. Schritt

Die Sch. betrachten die Zeichnungen und überlegen, was diese Menschen gerade sagen und denken könnten. Impuls: Kenne ich solche Menschen auch heute? Evtl. Sprech- oder Denkblasen anfertigen.

2. Schritt

Die Texte lesen und den Personen zuordnen.

3. Schritt

Zu jeder Gruppe ein Symbol finden oder ein T-Shirt entwerfen (KB S. 151, Impuls 2).

4. Schritt

Die Gruppen den Personen in der Leseszene KB S. 150 zuordnen (KB S. 151, Impuls 1). Wie würden die Essener reagieren?

5. Schritt

Zusammenfassender TA und HE:

Gruppe	Übersetzung	Art zu leben	Glaubensbekenntnis	Symbol
Pharisäer				
Sadduzäer				
Zeloten				
Essener				

Ergänzungen

- Überlegen, wie die einzelnen Gruppen einander beurteilen (Schimpfworte suchen).
- Video „Söhne des Lichts" (Dauer: 30 Min.; Dokumentar-/Kurzspielfilm: Ein 12-jähriger Junge erlebt Qumran in der Zeitenwende). Impuls: Welche Person oder Gruppe ist hier gemeint?
- L. kopiert für die Sch. die vier Personen KB S. 150/151 und den Text KB S. 151, sodass die Sch. die Teile bei ihrem HE verwenden können (Personen ausmalen!).
- Die Sch. ordnen die Personen KB S. 150 den Gruppen zu und ergänzen TA/HE zu KB S. 150.

KB S. 152 Johannes der Täufer

Offenkundig hat Jesus eines Tages seinen Heimatort Nazareth verlassen und sich vom Bußprediger Johannes am Jordan südöstlich von Jericho taufen lassen.
Johannes trat als beduinischer Asket am Rande der Wüste auf. Die Wüste galt im Judentum schon immer als Ort der Vorbereitung und des Neubeginns. Johannes dürfte an Elia erinnert haben, der am Jordan in den Himmel enthoben wurde (2. Könige 2). Er könnte den Essenern nahe gestanden haben, die ihren Alltag mit Waschungen und Reinigungsriten begingen. Ihre klosterähnliche Siedlung Qumran liegt ganz in der Nähe des Taufortes.
Johannes gehört zum Kreis der jüdischen Apokalyptik. Er verkündet den Worten nach das Gleiche wie nach ihm Jesus: „Das Reich Gottes ist nahe herbeigekommen." Doch während Jesus davon ausgeht, dass das Reich Gottes schon verborgen da ist und Gottes bedingungslose Liebe zeigt, spricht Johannes von dem unmittelbaren Bevorstehen des Reiches Gottes und einem zornigen Gott. „Es ist 5 vor 12", so könnte man seine Botschaft umschreiben.
Das Reich Gottes begegnet als hartes Gericht. Davor kann nur eine radikale Umkehr der ganzen Lebensweise und -richtung bewahren, wie die Reinigung von allen Sünden in einem einmaligen Wasserbad.
Nach Markus 6,17-29 hat Johannes den Herodes Antipas, einen der Söhne Herodes des Großen und Landesherr im Land Israel, öffentlich heftig kritisiert. Antipas hatte Herodias, die Gattin seines Halbbruders, zur Frau genommen. Dies ist nach dem jüdischen Gesetz verboten (3. Mose 18,16; 20,21). Herodes ließ daraufhin Johannes ins Gefängnis werfen und auf Drängen von Herodias enthaupten.
Vermutlich begann Jesus sein öffentliches Auftreten nach dem Tod Johannes des Täufers. Als Antipas das erste Mal von Jesus hörte, meinte er, Johannes sei von den Toten auferstanden (Markus 6,14-16).
Die Taufe Jesu ist als Berufungsgeschichte zu verstehen. Sie begründet das innige Verhältnis zwischen Jesus und Gott und nimmt Jesus für Gott und die Ankündigung der Gottesherrschaft in Anspruch. Die Taufe am Jordan und das Herabkommen des Heiligen Geistes markieren den Auftakt des öffentlichen Auftretens Jesu.

Mögliches Vorgehen

1. Schritt

Die Sch. lesen die beiden Briefe. Was unterscheidet sie? Was haben sie gemeinsam? Was erfahren wir über Johannes (KB S. 152, Impuls 1)? Anschließend informiert L. über den Konflikt zwischen Herodes Antipas und Johannes.

2. Schritt

L. zeichnet den Umriss eines Menschen an die Tafel. Die Sch. vervollständigen das Tafelbild u.a. mit Sprechblasen, sodass Johannes der Täufer entsteht. HE.

3. Schritt

Die Sch. überlegen, was bei der Taufe Jesu geschehen ist. Sie spielen die Szene pantomimisch nach und benutzen Markus 1,9-11 als Drehbuch (KB S. 152, Impuls 2). Die Taube kann ähnlich wie beim kirchlichen Taufakt durch Handauflegung symbolisiert werden. Impuls: Wie hat sich Jesus gefühlt, als er die Stimme hörte? Wie kann man die Worte Gottes in die heutige Sprache übersetzen?

4. Schritt

Gespräch über die eigene Taufe.

5. Schritt

L. erzählt, wie es mit Johannes weiterging (KB S, 152, Impuls 3).

Ergänzungen

- Die Sch. vergleichen Bilder von der Taufe Jesu aus Kinderbibeln (z. B. von Laubi, Weth, Köder, aber auch Schnorr von Carolsfeld, Schild des Glaubens). Impuls: Wie stelle ich mir die Taufe Jesu vor? Anschließend vergleichen die Sch. die Taufbilder mit den beiden Briefen.
- Die Sch. suchen zu Johannes ihm entsprechende Zeichen aus, z. B. Blitz und Donner o.ä.
- Die Sch. zeichnen einen Comic zur Geschichte von Johannes dem Täufer.
- L. zeigt verschiedene Bilder zu Johannes dem Täufer aus der Kunstgeschichte, insbesondere seine Enthauptung. Impuls: Was ist das für ein Mensch?

KB S. 153 Ein Sabbatgottesdienst in Nazareth

Die Reich-Gottes-Botschaft steht im Mittelpunkt des öffentlichen Auftretens Jesu und bestimmt sein Handeln und seine Geschichte. Die Evangelien verstehen Jesus als Ankündiger des Reiches Gottes. So muss Lukas 4,16 - 24 zunächst einmal gelesen werden. Sie sehen in ihm aber auch den Repräsentanten des Reiches Gottes. Durch ihn wird zumindest konkret und anschaulich, was das Reich Gottes verspricht: Blinde werden sehend, Arme werden froh, Gefangene werden frei und (in Aufnahme von Lukas 7,18 - 23) Lahme gehen, Aussätzige werden rein, Taube hören, Tote stehen auf. Die Lesung in dem Synagogengottesdienst stammt aus Jesaja 61,1.2.
Es gibt Gründe anzunehmen, dass sich Jesus selbst nicht als Messias oder Sohn Gottes bezeichnet hat. Manches spricht dafür, dass er von sich selbst als „Menschensohn" gesprochen hat. Doch sein Reden und Handeln, sein ganzes Geschick haben Anlass gegeben, in ihm die Offenbarung Gottes (Sohn Gottes) und den Wegbereiter des Reiches Gottes (Messias) zu sehen, der jedoch nicht mit Gewalt, sondern mit verzeihender Liebe agiert.
Der synagogale Gottesdienst besteht aus dem Sch`ma (5. Mose 6,4 f.) und anderen Gebeten (5. Mose 11,13 - 21; 3. Mose 15,37 - 41), Lesungen aus der Tora und den Propheten sowie dem Segen (z. B. der aaronitische Segen, 4. Mose 6,24 - 26). Der Gottesdienst kann nur begonnen werden, wenn zehn Männer teilnehmen, die die Bar Mizwah hinter sich haben. Der synagogale Gottesdienst ähnelt dem evangelischen Predigtgottesdienst (vgl. Besuch in einem Synagogengottesdienst, KB S. 102).

Mögliches Vorgehen

1. Schritt

Die Sch. überlegen, wie es in der Synagoge aussieht, die auf dem Dorfbild KB S. 146/147 abgebildet ist.

2. Schritt

Die Sch. basteln ein Klappbild zur Synagoge (M 85).

3. Schritt

Die Sch. lesen den Text mit verschiedenen Rollen (Erzählerin bzw. Erzähler, Ephraim, Jesus, „die einen", „andere", „murrende Stimmen").

4. Schritt

Die Sch. bringen die Lesung Jesu aus Jesaja 61,1.2 durch Gebärden zur Darstellung (KB S. 153, Impuls 3). Mehrmals durchführen. Impuls: Welche Darstellung ist am zutreffendsten?

5. Schritt

Die Sch. schlüpfen in die Rolle von Jakob, Amos, Ruben, Debora oder Maria und beschreiben, was sie bei der Predigt und den folgenden Worten gedacht haben (KB S. 153, Impuls 4). Das Ergebnis wird aufgeschrieben.

Ergänzungen

- Text Jesaja 61,1.2 mit unterschiedlichen Mitteln arbeitsteilig darstellen, z. B. Plakate gestalten, Bilder anfertigen, musikalisch interpretieren, Musik dazu heraussuchen u.a.m. (KB S. 153, Impuls 2).
- Bilder einer Synagoge von innen bei: Conolly, Leben zur Zeit des Jesus und Bühlmann, Wie Jesus lebte.
- Vergleich des synagogalen mit einem evangelischen Gottesdienst (vgl. KB S. 102).
- Film „Tempel und Synagoge" (s.o).
- Video „Jesus von Nazareth – Auf der Suche nach einem Unbekannten", Teil 1 (Dauer: 30 Min.; Dokumentarfilm, der den Spuren Jesu in Galiläa folgt. Forscher erläutern Hintergründe).

3. Alternative Verlaufsplanung

Analog zum Markusevangelium kann auch mit der Taufe Jesu durch Johannes (KB S. 152) begonnen werden. Die Frage ist dann, wie alt Jesus damals war und was vorher geschehen ist.

4. Empfohlene Literatur und Medien

Berg, Horst Klaus/Weber, Ulrike, Benjamin & Julius, Stuttgart/München 1996 (Calwer/Kösel). (Erzählung von zwei Jungen zur Zeit Jesu, die in die Welt des damligen Judentums einführt. Als Parallelgeschichte geeignet.)

Berg, Horst Klaus/Weber, Ulrike, So lebten die Menschen zur Zeit Jesu, Stuttgart/München 1996 (Calwer/Kösel). (Materialien zur Freiarbeit, geeignet als Zusammenfassung und zur Vertiefung.)

Bühlmann, Walter, Wie Jesus lebte, Luzern 1994 (Rex). (Dichte Information zur Geschichte mit vielfältigen geographischen, wirtschaftlichen und sozialen Hinweisen. Mit vielen Schwarzweiß-Zeichnungen, geeignet für die Hand der Unterrichtenden.)

Conolly, Peter, Das Leben zur Zeit des Jesus von Nazareth, Nürnberg 1994 (Tessloff). (Bilderreiche Information zur Zeit Jesu mit besonderer Betonung der Geschichte des Herodes. Für die Hand der Sch. geeignet.)

Rogerson, John, Das Land der Bibel, Würzburg 1993 (Arena). (Bilderreiche Information zur Geographie und Geschichte der biblischen Länder von Abraham bis Paulus. Für die Hand der Sch. geeignet.)

5. Materialien

M 78 Galiläisches Dorf
M 79 Galiläisches Dorf mit fehlenden Teilen
M 80 Schnippelbogen zum galiläischen Dorf
M 81 Ausschneidebogen: Haus zur Zeit Jesu (2 Bogen)
M 82 Bild: König Herodes
M 83 Das Land Israel zur Zeit Jesu
M 84 Ausschneidebogen: Herrschaftsgebiet des Herodes Antipas und Herrschaftsgebiet des Pontius Pilatus
M 85 Ausschneidebogen: Synagoge zur Zeit Jesu (A und B)

Gleichnisse Jesu

1. Zielsetzung, Aufbau und Probleme

Die UE „Gleichnisse Jesu" will einen ersten Zugang zur Reich-Gottes-Botschaft Jesu ermöglichen. Dabei bewegt sich die UE auf den Spuren Jesu selbst, der seine Botschaft vom Himmelreich in seinen Gleichniserzählungen konkret anschaulich macht und dabei die Lebensverhältnisse in Galiläa zum Fundament seiner Sprachbilder wählt (Säen, Brot backen, Schuldknechtschaft, Tagelöhner, Arbeit im Weinberg, Reisen durch gefährliche Täler).
Die UE „Gleichnisse" kann auch für sich genommen unterrichtet werden. Doch sie schließt sich gut an das Teilthema „Jesus kommt aus Nazareth" an, indem sie die dort erarbeiteten Lebensverhältnisse zur Zeit Jesu aufgreift und vertieft. Unmittelbarer Anknüpfungspunkt sind die Predigt Jesu in Nazareth und Jesu Taufe durch Johannes. Jesus greift die Botschaft von Johannes dem Täufer auf und führt sie in eigener Weise weiter. Gott ist für ihn nicht mehr der zornige Richter wie für Johannes, der alsbald Gericht hält. Er ist vielmehr der liebende Vater, der schon auf verborgene Weise gegenwärtig ist. Sowohl Johannes als auch Jesus predigen, „das Reich Gottes ist nahe herbeigekommen", doch der Inhalt ist unterschiedlich zu verstehen.
Gleichnisse Jesu werden hier im Sinne der metaphorischen Gleichnis-Auslegung als „bewegende Geschichten" verstanden. Sie holen die Sch. in ihrer Lebenswelt ab und nehmen sie mit auf einen Weg. Sie setzen zunächst auf Zustimmung, auch wenn alsbald überraschende Wendungen folgen, die das Gewohnte in einem neuen Licht erscheinen lassen, den Blick für neue, ungeahnte Möglichkeiten öffnen und Mut machen, diese im eigenen Leben in Szene zu setzen.
Gleichnisse werden deshalb auch als literarische Kunstwerke verstanden, die mit den Rezipienten etwas machen wollen. Aus dieser Einsicht ergibt sich als didaktische Konsequenz, immer wieder von neuem den Erzählweg als Lernweg aufzunehmen, die Sch. den überraschenden Wendungen auszusetzen und gemeinsam mit ihnen zu entdecken, wo ähnliche Erfahrungen schon gemacht wurden und wie die neuen Sichtweisen konkret werden können. Die Gleichnisse arbeiten so an Grundansichten der Menschen. Sie zielen auf deren moralische Grundüberzeugungen (Gerechtigkeit, Nächstenliebe, Barmherzigkeit) und auf emotionale Grundhaltungen (Einstellung zur Zukunft, zu unreinen Menschen). Zuletzt zielen sie auf das Verständnis Gottes, das in der Tiefe die Wahrnehmung der Wirklichkeit steuert.

Zu bedenken ist, dass die moralische und religiöse Entwicklung, wie sie Kohlberg, Oser und Fowler untersucht haben (vgl. Kohlberg, Entwicklung; Oser, Religion; Fowler, Stufen), einem entfalteten Gleichnis-Verständnis entgegenstehen können. Dies ist z. B. beim Gerechtigkeitsbegriff zu erwarten. Die Sch. dieses Alters verstehen Belohnungen dann als gerecht, wenn sie direkt reziprok zu einem gezeigten Verhalten stehen. Hier wird man nur mit kleinen Schritten vorangehen können. Es wird schon viel erreicht sein, wenn Heranwachsende verstehen, dass die Anwendung eines solchen Gerechtigkeitsbegriffes zu Unmenschlichkeit und Hunger führen kann. Zu bedenken ist auch, dass viele 12-jährige Sch. mit Metaphern, d. h. mit mehrsinnigen Aussagen, sich noch schwer tun. Sie neigen oft zu einem wortwörtlichen Verständnis metaphorischer Aussagen. Aus dieser Einsicht heraus sollte der Unterricht sich intensiv mit den konkret-anschaulichen Elementen der Gleichnisse beschäftigen und Schritt für Schritt auf Übertragungen in das eigene Leben sowie auf Jesus, Gott und Gottes neue Welt hinarbeiten – so das Vorgehen im KB. Übertragungen fallen dann leichter, wenn sie auf intensiven Identifikationen gründen.
Zu bedenken ist auch, dass viele Sch. im Reich Gottes einen himmlischen Thronsaal sehen und sein Reich erst nach dem Tod einsetzen lassen. Es gilt darum, sich schrittweise der Erkenntnis zu nähern, dass das Reich Gottes auch jetzt auf Erden geschehen kann.

Die UE „Gleichnisse" bietet sechs bzw. sieben Gleichnisse, die für die Reich-Gottes-Botschaft Jesu bezeichnend und für den RU in den folgenden Schuljahren konstitutiv sind:
- das Doppelgleichnis vom Senfkorn und Sauerteig (Matthäus 13,31-33);
- das Gleichnis vom verlorenen Sohn (Lukas 15,11-32);
- das Gleichnis von der verlorenen Münze (Lukas 15,8-10);
- das Gleichnis vom unbarmherzigen Verwalter (Matthäus 18,23-34);
- das Gleichnis von den Arbeitern im Weinberg (Matthäus 20, 1-15);
- das Gleichnis vom barmherzigen Samariter (Lukas 10,25-37).

Die Reihenfolge in der Behandlung ist beliebig. Hier kann ausgewählt und frei kombiniert werden. Besonderen Wert wurde darauf gelegt, dass auch die Perspektive von Frauen zur Geltung kommt (Sauerteig, verlorene Münze).

2. Didaktisch-methodische Hinweise

KB S. 154 Der Himmel ist wie …

Der Auftakt „Der Himmel ist wie …" soll in die Eigenart metaphorischer Rede einführen und eine hermeneutische Vorübung bilden. Gleichnisse verknüpfen Unbekanntes wie das Reich Gottes mit Alltäglichem wie der Lohnarbeit, um beide füreinander verständlich zu machen. Dabei werden alltägliche Ereignisse transparent für das Reich Gottes und erweisen sich als Hinweise auf dieses. Gleichzeitig wird aber das ferne Himmelreich in seiner Alltäglichkeit verstanden und als irdische Erfahrung aufgezeigt.

Mögliches Vorgehen

1. Schritt

Lied „Weißt du, wo der Himmel ist" singen. Impuls: Überlegen, wo der Himmel ist.

2. Schritt

Die Sch. lesen die Assoziationen. Impuls: Welche finden wir am schönsten? Warum?

3. Schritt

Die Sch. finden weitere Ergänzungen oder fertigen Zeichnungen an (KB S. 154, Impuls 1 und 2).

4. Schritt

Die Sch. schlagen im Lexikon die Bedeutung von „sky“ und „heaven“ nach. Welcher Himmel ist gemeint (KB S. 154, Impuls 3)? Die Sch. bedenken, wo der Himmel ist.

5. Schritt

Die Sch. versuchen das Lied zu interpretieren und singen es noch einmal. Impuls: Was heißt „du bist mitten drinnen“? Ist der Himmel oben oder unten? Oder ist er oben und unten?

Ergänzungen

– Verschiedene „Himmelslieder“ in Liederbüchern und im KB suchen und miteinander vergleichen (z. B. „Der Himmel geht über allen auf“, „Komm, bau ein Haus“ [KB S. 113], „Kleines Senfkorn Hoffnung“, „Da berühren sich Himmel und Erde“, „Wir träumen einen Traum“, „Imagine“, „Freunde, dass der Mandelzweig“ [KB S. 60], „Jesus wohnt in unsrer Straße“ [KB S. 166]). Impuls: Geht es in allen Lieder immer um den Himmel? Wie wird jeweils der Himmel verstanden?
– Verschiedene Geschichten im KB suchen und sie daraufhin befragen, ob hier jeweils „der Himmel geschieht“ (KB S. 15: Freunde; KB S. 26: Geburtstagsüberraschung; KB S. 33: Das vierte Gebot; KB S. 34: Sabbat; KB S. 61: Bäume pflanzen; KB S. 115: Spuren im Sand; KB S. 120: Das Brot; KB S. 163: Levi; KB S. 167: Wunder des Sehens; KB S. 175: Jonny in Borneo; KB S. 182: Vesperkirche; KB S. 200: Unter einem Dach; KB S. 202: Ostern; KB S. 209: Neve Schalom).
– Bilder im KB befragen, ob hier etwas vom Reich Gottes zu sehen ist (KB S. 14: Engel; KB S. 15: Freunde; KB S. 24: Christus und die Kinder; KB S. 27: Kinder; KB S. 39: Jesus und die Ehebrecherin; KB S. 96/97: Klageworte, Vertrauensworte; KB S. 117: Käthe Kollwitz: Saatfrüchte sollen nicht vermahlen werden; KB S. 202: Orthodoxer Gottesdienst).
– Geschichten – Bilder – Lieder – Collage anfertigen.

KB S. 155 Vom Senfkorn und Sauerteig

Das Gleichnis wendet sich gegen Resignation und Zweifel angesichts enttäuschter Hoffnungen und unerfüllter Versprechen, wie sie die Botschaft vom kommenden Himmelreich enthält. Es will erkennen lassen, dass gute und schöne Erfahrungen manchmal unscheinbare, ja sogar enttäuschende Anfänge haben. Doch aus solchen Anfängen kann ein großartiges Ende werden.
Das Gleichnis vom Sauerteig wendet sich gegen die Enttäuschung angesichts scheinbaren Ausbleibens einer Welt, in der alle Menschen befreit aufleben können. Gegen die Tendenz zur Passivität und des enttäuschten Rückzugs will das Gleichnis angehen und zeigen, dass unscheinbare Dinge Überraschendes bewirken können.
Das Bild der indischen Christin Lucy D' Souza, geb. 1949 in Goa, stammt aus dem Misereor-Hungertuch „Biblische Frauengestalten – Wegweiser zum Reich Gottes“ (zu erhalten bei Misereor, Mozartstraße 9, 52064 Aachen). Es zeigt eine indische Frau im Sari, die von einem Weizenhalm umrahmt wird. Sie hat Brotteig in der Hand, den sie knetet, um ihn dann auszurollen. So entsteht „Chappati“, das indische Fladenbrot, das mit Gemüse und einer Soße gegessen wird. Arme Leute essen Chappati mit einem Stück Chili oder einer Zwiebel. Der Teig besteht aus Wasser und Weizenmehl. Die Haltung der Frau ist nachdenklich, fast meditativ. Sie stellt liebevoll das tägliche Brot her, das den Hunger der Familie stillen soll. In dem Brot steckt ihre Liebe, ihre Fürsorge und ihr Wille zum Leben. Indem die Künstlerin die einfache indische Frau in einen Weizenhalm einzeichnet, sie gar selbst zum Weizenkorn macht, wird die Frau in ihrer Arbeit zum „Brot des Lebens“, zum entscheidenden „Lebensmittel“. In ihrer täglichen Arbeit wird das Reich Gottes konkret und anschaulich. Wo indische Frauen Brot backen und jeden Tag elementar der Hunger gestillt und die Hoffnung auf Leben genährt wird, da ist das Himmelreich verborgen schon gegenwärtig.

Mögliches Vorgehen

1. Schritt

Die Sch. betrachten das Bild und formulieren seine Botschaft. Wie könnte eine Überschrift lauten (KB S. 155, Impuls 1)?

2. Schritt

Gemeinsam Fladenbrot essen und die Aussage bedenken, „wo Menschen Brot backen und einem zu essen geben, da ist das Reich Gottes da“. Gründe dafür finden.

3. Schritt

Senfkorn-Meditation (KB S. 155, Impuls 2):
- Die Sch. sitzen im Kreis, schließen die Augen und strecken die Hand flach aus.
- L. sagt: „Ich gebe euch jetzt etwas Großartiges in die Hand.“ L. teilt Senfkörner aus.
- Die Sch. fühlen das Senfkorn.
- Anschließend UG: Wie ist es euch ergangen? Was kam euch in den Sinn?
- L. berichtet, dass aus einem kleinen Senfkorn eine hohe Staude wächst. Evtl. ein Bibellexikon hinzuziehen.

4. Schritt

Senfkorn und Staude zeichnen.

5. Schritt

Bedenken, was Jesus mit diesem Gleichnis resignierten Menschen sagen will.

Ergänzungen

- Lied: „Kleines Senfkorn Hoffnung“ (LJ Nr. 580) singen und mit dem Bibeltext vergleichen.
- Sauerteig in Mehl mischen und beobachten, was geschieht (vgl. Halbfas, Religion in der Grundschule 2, S. 106 f.).
- Miteinander Brot backen: L. bringt Sauerteig und Mehl mit. Die Sch. riechen und schmecken den Sauerteig. Es wird ein Brotteig daraus hergestellt: Sauerteig, Mehl und Gewürze verrühren, Teig mit einem Tuch abdecken und auf die Heizung stellen (Gährungsdauer ca. 30 Min.).
  Die Sch. beschreiben den Sauerteig (klein, grau, riecht unangenehm) und das Mehl (viel, weiß, riecht neutral). Rezept erstellen: „Wir nehmen …“ (vgl. oben).

KB S. 156/157 Vom verlorenen Sohn

Auch das Gleichnis vom verlorenen Sohn stellt eingefahrene Einstellungen in Frage und sucht diese zu überwinden: Der Text nimmt die Hörerin bzw. den Hörer hinein in eine Erzählbewegung und zeigt Alternativen auf, wie die Voreinstellungen überwunden werden können. In den beiden Söhnen begegnet eine Lebenshaltung, die die Annahme und Wertschätzung von der eigenen Lebenshaltung abhängig macht. Der jüngere Sohn meint, er hätte die Liebe des Vaters aufgrund mangelnder Leistung verspielt, der ältere meint, sie aufgrund eigener Leistung verdient zu haben. Beiden begegnet der Vater mit einer Liebe, die unabhängig ist von Vorleistungen. Damit verneint er beider Lebenseinstellung. Für Jesus zeigt dies das Handeln Gottes und die Erfahrung im Reiche Gottes. Das Gleichnis kommentiert gleichzeitig das Handeln Jesu gegenüber Sündern und Zöllnern wie gegenüber Schriftgelehrten und Pharisäern. Es identifiziert Jesus als das Gleichnis Gottes.
Entscheidend für das Verstehen des Gleichnisses ist, dass der Rezipient möglichst eine ganze Szenenfolge aus verschiedenen Perspektiven durchlebt, um die Herausforderung zu verstehen, die in dem Gleichnis steckt. Vorausgesetzt ist, dass die Sch. das Gleichnis schon kennen.

Mögliches Vorgehen

1. Schritt

Betrachtung des Rembrandt-Bildes KB S. 156. Was zeigt das Bild? Was war vorher? Was folgt? (KB S. 156, Impuls 1.)

2. Schritt

Text Lukas 15,11 - 32 lesen und in Szenen aufteilen (KB S. 156, Impuls 2).

3. Schritt

Smiley-Bilder im KB S. 157 auf die verschiedenen Personen und Szenen verteilen und die Geschichte im Heft mithilfe der Smiley-Bilder nachzeichnen (KB S. 156, Impuls 3).

4. Schritt

Erzählen, wie es den verschiedenen Akteuren in den einzelnen Szenen geht. Wie geht die Geschichte vermutlich weiter?

5. Schritt

Die Handlungsweise des Vaters beurteilen: Ist er gerecht? Überlegen, ob Gott so sein könnte. Könnte der Vater auch Jesus sein?

6. Schritt

Das Lied von Reinhard Mey KB S. 157 lesen oder anhören (Melodie auf „Keine ruhige Minute", Intercord 1979, IMT 460.21).

Ergänzungen

- Aus dem Rembrandt-Bild die Mitte herauskopieren. Die Sch. ergänzen zeichnerisch das Bild und vergleichen ihr Werk mit dem von Rembrandt.
- Überlegen, was das Gleichnis über das Erben erzählt. Ist das gerecht?
- Film „Rückkehr" (Dauer: 19 Min.; Kurzspielfilm: Aktualisierung des Gleichnisses) mit dem erarbeiteten Text vergleichen.
- Gleichnis als heutige Geschichte schreiben.
- Eine „Gegengeschichte" schreiben, die ähnlich beginnt, aber anders verläuft.

KB S. 158 Von der verlorenen Münze

Das Gleichnis von der verlorenen Münze zielt auf eine Lebenshaltung, die Verlorenes und als geringfügig Erachtetes bald aufgibt und abschreibt. Dagegen will das Gleichnis Jesu deutlich machen, dass Gott und Jesus Verlorengegangenes nicht aufgeben, sondern dieses intensiv suchen, bis sie es wiedergefunden und an seinen eigentlichen Platz gebracht haben. Dazu erzählt das Gleichnis von jener armen Frau, die ein Zehntel ihres Brautschmuckes und Notgroschens verliert und ihr Haus so lange durchsucht, bis sie den verlorenen Teil voller Freude wieder gefunden hat.
Jesus verteidigt mit diesem Gleichnis zum einen seine Tischgemeinschaft mit Zöllnern und Sündern gegenüber Schriftgelehrten und Pharisäern (Lukas 15,1 - 3). Zum anderen aber verspricht er Verlorenen, dass sie von Gott wie auch von ihm keinesfalls als verloren betrachtet werden, sondern Grund und Anlass haben, „Buße zu tun" (Lukas 15,10). Das Gleichnis kann als Kommentar zur Berufung des Levi angesehen werden (Lukas 5,27 - 32). Bemerkenswert an diesem Gleichnis ist, dass Gott mit einer Frau verglichen wird.
Das Foto, von E.M. Lilien um die Jahrhundertwende in Palästina aufgenommen, zeigt eine junge Frau im Hochzeitsschmuck. Im Gegensatz zur Frau im Gleichnis ist sie jedoch als vergleichsweise reich zu bezeichnen.
Die Impulse im KB S. 158 sind fakultativ zu verstehen.

Mögliches Vorgehen

1. Schritt

Die Sch. erzählen einander Geschichten vom Verlieren und Finden (KB S. 158, Impuls 4).

2. Schritt

L. erzählt das Gleichnis mit Hinweisen zum Brautschmuck und Eigenart der jüdischen Häuser (dunkel, man braucht Licht, um ein Goldstück zu finden). Einbezug des Bildes.

3. Schritt

Die Sch. stellen die Geschichte pantomimisch dar (KB S. 158, Impuls 2).

4. Schritt

Die Sch. überlegen, wie es der Frau ergangen ist, was sie erlebt hat (KB S. 158, Impuls 3).

5. Schritt

Impuls: Bedenken, ob die Geschichte von Gott und Jesus erzählt. Was bedeutet der Schlusssatz?

Ergänzungen

- Zu der wichtigsten Szene in GA ein Standbild herstellen. Was haben wir als wichtig ausgewählt?
- Geschichten-Vergleich: verlorener Sohn, verlorene Münze, verlorenes Schaf. Was ist gleich, was ist anders?
- Das Gleichnis von der verlorene Münze mit der Erzählung von Levi (KB S. 163) vergleichen. Gibt es Übereinstimmungen?

KB S. 159 Vom unbarmherzigen Verwalter

Das Gleichnis vom ungerechten Haushalter zielt auf die Veränderung alltäglicher Selbstverständlichkeiten. Was im alltäglichen Miteinander selbstverständlich und akzeptabel ist – das Eintreiben von Schulden und die Inanspruchnahme institutioneller Gewalt (Matthäus 18,28-30) – erweist sich im Kontext der Liebe und Vergebung Gottes (Matthäus 18,23-27) als kleinliches und engstirniges Verhalten und vor allem als fehlende Dankbarkeit. Wer einmal erlebt hat, dass er von einer großen Schuld befreit wurde, kann im Umgang mit anderen großzügiger sein. Entscheidend wird sein, ob die Großzügigkeit des Königs nachempfunden werden kann. Das Gleichnis arbeitet mit überraschenden Fortsetzungen. Das Verhalten des Königs gegenüber dem Knecht (V. 27) ist überraschend wie auch das Verhalten des Knechtes gegenüber seinen Mitknechten (V. 30). Dieses ist sogar falsch im Sinne der Erzählung. Möglicherweise ist auch das Gericht des Königs auf das Verhalten des Knechtes (V. 32-34) überraschend. Ist es auch falsch? Passt es zu dem Verhalten des Königs am Anfang (V. 27) und zu der Rahmenthematik (V. 21-22)?
Das ebenfalls von E.M Lilien um die Jahrhundertwende in Palästina aufgenommene Foto zeigt einen Streit zwischen Händlern.

Mögliches Vorgehen

Zu den einzelnen Schritten vgl. Impulse im KB S. 159: Das Bild kann als Auftakt dienen. Impuls: Was könnte passiert sein? Die Rollenspielkarten M 86 sollen das Rollenspiel erleichtern.

Ergänzungen

- Die Sch. erzählen von Situation aus ihrem Leben, in denen sie etwas verliehen, aber nicht zurückbekommen haben.
- Vergleich des Gleichnisschlusses mit dem Gleichnis vom verlorenen Sohn. Impuls: Passen die beiden Geschichten zusammen?
- Bedenken, was man aus dieser Geschichte über die Gerichtsbarkeit zur Zeit Jesu erfährt. Impuls: Was ist heute anders?

KB S. 160 Von den Arbeitern im Weinberg

Das Gleichnis spielt mit verschiedenen Gerechtigkeitsbegriffen, in erster Linie mit einem abstrakten Verständnis von Gerechtigkeit, das jedem das Seine gemäß objektiv erbrachter Leistung geben will. Das Gleichnis akzeptiert grundsätzlich diesen Leistungsbegriff als eine Möglichkeit, so Güter bzw. Lohn zu verteilen. Die Ersten werden ganz selbstverständlich in dieser Weise „gerecht" entlohnt. Bei den Letzten stellt das Gleichnis freilich eben diesen Gerechtigkeitsbegriff in Frage, da er dort in Unmenschlichkeit umschlagen und die Gemeinschaft zerstören würde.

Mögliches Vorgehen

1. Schritt

Bedenken, was eine Familie heute für einen Tag zum Essen braucht. In DM ausrechnen (möglicherweise 120.- DM ansetzen, da durch 12 teilbar). Den Betrag mit einem Denar gleichsetzen.

2. Schritt

Den Text KB S. 160 mit verteilten Rollen lesen.

3. Schritt

Lohn diskutieren und festlegen (KB S. 160, Impuls 1).

4. Schritt

Vergleich mit Matthäus 20,1-15. Ähnlichkeiten und Parallelen herausarbeiten (KB S. 160, Impuls 2).

5. Schritt

Gerechtigkeit der Löhne bedenken. Welcher Lohn ist am (un-)gerechtesten (KB S. 160, Impuls 2)?

6. Schritt

Welches Handeln entspricht Gott? (KB S. 160, Impuls 3.)

Ergänzungen

- Die Ersten und die Letzten im Gleichnis schreiben einen Brief an einen Freund. Impuls: Was unterscheidet die Briefe?
- Film „Die Vereinbarung" (Dauer: 15 Min.; Kurzspielfilm, der das Gleichnis verfremdend nacherzählt) mit dem erarbeiteten Text vergleichen.

KB S. 161 Vom barmherzigen Samariter

Das Gleichnis vom barmherzigen Samariter zeigt anhand der Räuber sowie der Priester und dem Levit, dass zum Leben der Menschen Bosheit und Gleichgültigkeit gehören. Nächstenliebe ist und bleibt eine wundersame Überraschung. Dennoch ist sie möglich. Insofern wirbt das Gleichnis für ein differenziertes Wirklichkeitsverständnis, das mit Nächstenliebe und demnach mit dem Himmel auf Erden zumindest „senfkornartig" rechnet. Indem das Gleichnis den Rezipienten in die Position des Überfallenen versetzt, gibt es Anlass, Nächstenliebe zu üben, denn sie beginnt mit der Identifikation mit den Betroffenen und Beleidigten.
Am Verhalten und Handeln des Samariters kann die Eigenart der Nächstenliebe durchbuchstabiert werden. Sie schließt die Fähigkeit ein, sich in einen anderen hineinversetzen zu können; sich Zeit nehmen zu können für einen anderen; in einer schwierigen Situation das Notwendige zu tun, das einem anderen zum Leben aufhilft; Übernahme einer begrenzten Verantwortung, die auch die Folgen einschließt und zum Ziel hat, dass andere wieder selbständig leben können. Am Beispiel des Samariters wird auch deutlich, dass Nächstenliebe ethnische Barrieren und religiöse Vorurteile überwinden kann (vgl. zum Samariter: Neue Schulbibel, S. 219).

Mögliches Vorgehen

1. Schritt

Gemeinsames Singen des Liedes „Zwischen Jericho und Jerusalem" (M 87).

2. Schritt

Bildbetrachtung des Bildes von Paula Modersohn-Becker. Das Bild enthält eine ganze Geschichte (KB S. 161, Impuls 1).

3. Schritt

Text in Szenen gliedern. Festhalten der Ergebnisse im TA.

4. Schritt

Bibelcomic zeichnen, dabei Bild kopieren und in Teile zerlegen. Aus den Teilen den Comic fertigen (KB S. 161, Impuls 2).

5. Schritt

Nacherzählen in Ich-Form, wie es dem Überfallenen jeweils geht (KB S. 161, Impuls 3).

6. Schritt

Ausgehend vom Gleichnis in einen konkreten Koffer Elemente der Nächstenliebe einpacken (KB S. 161, Impuls 4). Dazu Kärtchen schreiben. Evtl. Tafelbild.

Ergänzungen

Vergleich mit KB S. 26: Eine Geburtstagsüberraschung; KB S. 33: Kein Platz für Opa oder KB S. 48: Waldis Herrchen. Impuls: Geht es hier auch um Nächstenliebe?

Zusammenfassung und Wiederholung

- Die Sch. basteln aus den Bildern des Buches ein Gleichnis-Quartett. Zu dem Gleichnis werden vier Schlüsselsätze herausgesucht, die zusammengenommen den Inhalt des Gleichnisses wiedergeben. In Gruppen werden die Quartett-Karten angefertigt, wobei jeder Schlüsselsatz in einer anderen Farbe notiert wird. Die fertigen Karten werden poliert oder mit Folie überzogen.
- Die Sch. erstellen zu jedem Gleichnis ein Bild und machen eine Ausstellung. Impuls: Welche Bilder gehören zusammen?
- Die Sch. wählen ihr Lieblings-Gleichnis und stellen es verschlüsselt in einer Zeichnung dar. Die anderen müssen raten, welches Gleichnis gemeint ist.
- Film „Die Welt der Gleichnisse Jesu“ oder Diareihe „Die Welt der Gleichnisse Jesu“; im Film oder in der Diareihe die Gleichnisse Jesu wiedererkennen.

3. Alternative Verlaufsplanung

Die Gleichnisse können auch einzeln und verteilt über das Schuljahr behandelt werden. „Aufhänger“ sind dann alltägliche Erlebnisse, z. B. „ungerechte“ Noten oder unterlassene Hilfestellung.

4. Empfohlene Literatur und Medien

Musall, Peter (Hg.), Den Himmel erzählen, Offenbach/Freiburg 1984 (Burckhardthaus-Laetare/Christophorus). (Geschichten, Gedichte, Lieder zum Thema Gleichnisse.)

Ruetz, Frauke/Rupp, Hartmut/Wallenwein, Wilfried, Gleichnisse Jesu, in: entwurf 1/95, S. 43 - 57. (Angebot weiterer Gleichnisse für die Behandlung im Unterricht.)

Rupp, Hartmut, Gleichnisse im RU – Schön! Aber wie?, in: entwurf 1/91, S. 39 - 42. (Theoretische Abhandlung über die Behandlung der Gleichnisse im RU in diesem Jahrhundert.)

Seim, Jürgen, Die große Entdeckung, Geschichten von Jesus, Göttingen 1980 (Vandenhoeck & Ruprecht). (Erzählungen zu ganz unterschiedlichen Gleichnissen mit überraschenden Perspektiven.)

Sorger, Karlheinz, Gleichnisse im Unterricht, Düsseldorf 1980 (Patmos). (Anregende Einführung in die Auslegung der Gleichnisse für die Hand der/des L. mit vielen praktischen Anregungen.)

5. Materialien

M 86 Rollenspielkarten: Vom unbarmherzigen Verwalter
M 87 Zwischen Jericho und Jerusalem

Weiteres Lied: „Kleines Senfkorn Hoffnung“ (LJ Nr. 508)

Menschen folgen Jesus nach

1. Zielsetzung, Aufbau und Probleme

Die UE „Menschen folgen Jesus nach" will die außergewöhnliche Wirkung von Jesus auf ganz unterschiedliche Männer und Frauen zu Lebzeiten Jesu und in der Geschichte des Christentums entdecken lassen und ein erstes Verständnis von Nachfolge aufbauen. Dabei wird auf personale Modelle und eine narrative Erschließung Wert gelegt. Sehr betont soll auch die Perspektive von Frauen aufgenommen werden (vgl. zu Maria Magdalena KB S. 165 und KB S. 168).
Bewusst bildet das Teilthema „Nachfolge" den dritten Schritt des Gesamtkapitels „Jesus begegnen". Nach der Beschäftigung mit Jesus und dessen Botschaft kann seine Wirkung angesprochen werden. Das Thema lässt sich natürlich auch unabhängig vom Gesamtzusammenhang des Kapitels behandeln.
Die Begegnung mit Jesus hat offensichtlich damals Menschen begeistert und zum Aufbruch ermutigt. Er machte mobil und führte bei vielen – wenn auch nicht bei allen – zu einer Art „eschatologischen Wanderschaft". Jene Menschen waren getragen von der Hoffnung auf die kommende Gottesherrschaft. Sie orientierten sich an Jesus als Meister und waren erfüllt vom Glauben, in Jesus sei Gott selbst gegenwärtig.
Ihre Nachfolge entsteht aus der direkten Ansprache und Berufung (Markus 1,16 - 18, vgl. KB S. 162; Markus 1,19 - 20; 2,13 - 17, vgl. KB S. 163; Markus 3,13 - 19). Zu ihr gehört zwar die eigene Entscheidung, doch sie setzt den Ruf Jesu voraus. Im Gegensatz zu anderen Rabbinern wählt in der Nachfolge Jesu nicht der Schüler den Lehrer, sondern der Lehrer den Schüler in einem autoritativen Akt.
Nachfolge gründet nicht in einer besonderen Würde. Keiner der Jünger erscheint für die Nachfolge in besonderer Weise geeignet gewesen zu sein. Jesus achtet nicht auf gesellschaftliche Ehre, religiöse Reinheit oder materiellen Verdienst.
Zur Nachfolge im engeren Sinne gehören der Verzicht auf Heimat und Besitz, die Bereitschaft zu heilen und zu predigen sowie das Eingehen eines Risikos. Petrus muss sich mit diesem Risiko auseinandersetzen (vgl. KB S. 164). Zur Nachfolge gehört, Jesus in Wort und Tat zu entsprechen bis hin zur Übernahme des Kreuzes. Gemeinhin zählen die zwölf Jünger zu jenen Personen, die Jesus im engeren Sinne nachgefolgt sind. Die Evangelien wissen jedoch nicht nur von ganzen Scharen, die Jesus folgten (Matthäus 4,25; 8,1 u.ö.), sie berichten noch von weiteren Personen, die Jesus nachfolgen (z. B. Barthimäus, vgl. Markus 10,52). So wird ein Kreis von 72 erwählt, die Jesus nachfolgen (Lukas 10,1). Nach Lukas 23,55 gehören auch Frauen zu den Nachfolgerinnen Jesu, so z. B. Maria Magdalena, Johanna und Maria, die Mutter des Jakobus.
Nachfolger im weiteren Sinne unterstützen zwar die Jesus-Bewegung, ohne dabei jedoch Besitz und Heimat zurückzulassen (z. B. Maria und Martha, vgl. Lukas 10,38 - 42; Susanna, vgl. Lukas 8,2 f.; Nicodemus, vgl. Johannes 3,1 ff.; Josef von Arimathia, vgl. Lukas 23,50 f.). Am Beispiel des Reichen Jünglings (Markus 10,17 - 22) wird deutlich, dass nicht jeder Ruf Jesu zur Nachfolge führte.
Die Nachfolge Jesu blieb nicht auf die Geschichte des Urchristentums beschränkt. Sie währt bis in die Gegenwart. Dies wird an Beispielen diakonischer Arbeit heute deutlich. Nikolaus von Myra (M 89), Martin von Tours (M 90) und Elisabeth von Thüringen (M 91) mit ihren Biographien sind Beispiele dafür, dass sich Nachfolge wie ein roter Faden durch die Geschichte des Christentums zieht.
Die Orientierung an Personen und Erzählungen entspricht dem „mythisch wörtlichen Glauben" (Fowler, Stufen des Glaubens) dieser Altersstufe. Angesichts des familiär geprägten Weltzusammenhanges der Kinder kann es nicht das Ziel sein, das Verlassen von Heimat und Besitz als alles entscheidendes Merkmal von Nachfolge herauszuarbeiten. Demgegenüber soll das Erzählen von Jesus, Erfahrung von Hoffnung, Liebe und Vergebung ebenso wie der Einsatz für andere als Wesensmerkmal von Nachfolge herausgestellt werden.
Die UE in KB gliedert sich in sechs Schritte, die durch Zwischenglieder (M 89 - 91) ergänzt und vertieft werden können. Die Schritte 1 - 4 bleiben im urchristlichen Raum, die Schritte 5 - 6 thematisieren die Nachfolge in Geschichte und Gegenwart.

2. Didaktisch-methodische Hinweise

KB S. 162 Zurückgelassene Netze

Die Sprechszene greift Markus 1,16 - 20 auf und erzählt von der Berufung der ersten beiden Jünger Jesu, Simon Petrus und dessen Bruder Andreas. Beide leben in Kapernaum am See Genezareth und sind Fischer. Nach Johannes 1,44 stammen sie aus dem nahe gelegenen Betsaida. Von Petrus weiß man, dass er verheiratet war (Markus 1,29 - 31). Nach Johannes 1,35 ff. waren Andreas und Simon zuvor Jünger des Johannes des Täufers gewesen.
Nach Markus 1,16 haben die beiden mit Wurfnetzen gefischt (vgl. Dorfbild, KB S. 146/147), während die beiden Söhne des Zebedäus von einem Boot aus arbeiteten. Die Sprechszene will die Selbstverständlichkeit der Nachfolge problematisieren und die im Text nicht benannte, wohl aber vorauszusetzende begeisternde eschatologische Perspektive herausarbeiten. Bewusst wird die Rede vom Menschenfischer interpretiert und problematisiert.

Mögliches Vorgehen

1. Schritt

Anhand des Dorfbildes im KB S. 146/147 herausfinden, wie Fischer zur Zeit Jesu gearbeitet haben.

2. Schritt

Sprechszene mit zwei Personen dramatisch inszenieren.

3. Schritt

In PA die beiden Positionen herausarbeiten (KB S. 162, Impuls 1). Die Botschaft vom Reich Gottes kann dabei noch entfaltet werden.

4. Schritt

Im UG über die beiden Positionen diskutieren: Ist Jesus gefährlich?

5. Schritt

UG: Die Sch. erinnern weitere Geschichten, in denen Jesus Menschen beeindruckt und begeistert hat, z. B. Bartimäus, Levi, Maria Magdalena, der Gerasener (KB S. 162, Impuls 2).

Ergänzungen

- Rollenspiel: Simon Petrus geht zu seiner Frau und will sich verabschieden.
- Bild von Simon Petrus zeichnen. Impuls: Wie könnte er ausgesehen haben? An den Bildern kann herausgestellt werden, was man von Petrus weiß. Vergleich mit der Ikone von Petrus (M 88).

Erläuterung des Petrusbildes (M 88):
Die Enkaustik-Ikone aus dem 6./7. Jh. vom Sinaikloster gehört zu den bekanntesten und ältesten Bildern von Petrus. Das Bild sollte man sich als Dia aus einer Bildserie „Frühe Ikonen" oder „Das Kloster Sinai" besorgen. Es ist noch ganz im Stil byzantinischer Kaiserkunst komponiert. Petrus in der Mitte hält in der Linken einen Kreuzstab, in der Rechten drei Schlüssel. (Das Vorbild hierfür sind Bilder von Konsuln, die in der Linken das Szepter und in der Rechten eine Mappa [Signaltuch] tragen.) Petrus trägt im römischen Stil Tunika und Mantel. Im oberen Bildrand sieht man in der Mitte Christus, rechts Maria und links vermutlich den Evangelisten Johannes. (Dem entsprechen im klassischen Konsulbild drei Medaillons: in der Mitte der Kaiser, rechts die Kaiserin, links der Mitkonsul.) Das Gesicht des Petrus ist nicht das Gesicht eines Fischers, sondern bereits das des Kirchenfürsten.

KB S. 163 Die wunderbare Veränderung des Levi

Die fiktive Erzählung greift Markus 2,13-17 auf und kann an KB S. 148 „Ärger am Zoll" anknüpfen. Zöllner wurden von frommen Juden als unrein (hier übersetzt mit „widerlich") abgelehnt, weil sie mit Heiden zusammenarbeiteten und so faktisch die Unterdrückung durch die Römer unterstützten. Hinzu kam, dass sie immer wieder betrogen haben und in die eigene Tasche wirtschafteten. Die Erzählung lässt, wie der Bibeltext, die inneren Vorgänge offen, die Levi dazu bewogen haben könnten, seinen Beruf und seine Heimat aufzugeben und Jesus nachzufolgen. Die ebenfalls fiktive Person des Tobias repräsentiert einen Pharisäer, der zwar Umkehr und neue Annahme kannte, diese aber von einem Bußhandeln abhängig machte. Doch gerade dies war für Jesus keine Bedingung. Für ihn zeigt sich Gottes Gerechtigkeit in dessen voraussetzungsloser Liebe. Die Pharisäer könnten allerdings gedacht haben, ob nicht durch die Gnade die eigene Anstrengung unnötig und ein tugendhaftes Leben entwertet wird?

Mögliches Vorgehen

1. Schritt

Text mit verteilten Rollen lesen.

2. Schritt

Überlegen, warum die Frommen Levi links liegen lassen.

3. Schritt

Im UG die Erzähllücke füllen. Evtl. Text schreiben (KB S. 163, Impuls 1).

4. Schritt

Klasse in zwei Gruppen einteilen: Pharisäer und Jesus. Jede Gruppe bestimmt die eigene Position und überlegt sich Argumente. Anschließend Rollenspiel und Auswertungsgespräch (KB S. 163, Impuls 2). Zentrales Problem: Darf man einem Gauner wie Levi so ohne weiteres die eigene Freundschaft, ja sogar die Freundschaft Gottes anbieten?

Ergänzungen

- Text in Szenen zerlegen und einen Comic zeichnen.
- Vergleich mit den Gleichnissen. Welches Gleichnis passt zu diesem Geschehen? Könnte sich der Pharisäer auf den Schalksknecht berufen?
- Die Geschichte Levis mit einem „Gefühlsseismogramm" (oder einer „Fieberkurve") darstellen.
- Erzählung mit Bibeltext Markus 2,13-17 vergleichen. Impuls: Was wurden von den Autoren der Geschichte weggelassen? Was haben sie hinzugedichtet? Darf man das?

KB S. 164 Petrus: Ein großer Feigling?

Die fiktive Erzählung greift Markus 14,66-72 auf und setzt Markus 14,19-31 voraus. Petrus hat Jesus versprochen, bis zuletzt bei ihm zu bleiben und nicht von ihm abzufallen. Er will stark sein und so seinem Namen Kephas (Fels) und seiner besonderen Stellung als Sprecher im Jüngerkreis Rechnung tragen (Markus 8,29 ff.). Petrus wird in allen Jüngerlisten (Markus 3,16; Matthäus 10,2; Lukas 6,14; Apostelgeschichte 1,13) an die erste Stelle gesetzt.
Wenn der Auferstandene Jesus gerade ihn zum ersten Zeugen der Auferstehung macht (Johannes 20,3-10; 1. Korinther 15,5) und zum späteren Fels der Gemeinde bestimmt (Johannes 21,15-18), dann zeigt sich darin, dass gerade diejenigen zur Verantwortung berufen werden, die das eigene Versagen kennen. Die spätere Stärke von Petrus (Apostelgeschichte 5,17-33) dürfte ohne jenes Versagen nicht vorstellbar sein. Die Erzählung zielt auf diesen Punkt, wenn sie die Frage zum Thema macht, ob ein Feigling ein Freund, ein Vorbild, ja sogar Gruppenführer sein kann.
In der Folge wird Petrus zum Apostel der Juden-Christen, der heilend und predigend durch den östlichen Mittelmeerraum zieht (vgl. auch KB S. 186). In Antiochia kam es zum Konflikt mit Paulus (Galater 2; Apostelgeschichte 15), aufgrund dessen sich beide trennen. Petrus hat wahrscheinlich in Rom das Martyrium erlitten (vgl. Johannes 21,18 f.).
Der Hahn auf dem Kirchturm will Christen an die Gefahr des Abfalls erinnern und sie davor bewahren.

Mögliches Vorgehen

1. Schritt

Text mit verteilten Rollen lesen.

2. Schritt

Spiel wie im KB S. 164, Impuls 1 beschrieben.

3. Schritt

Diskussion der Lösungen.

4. Schritt

L. erzählt, wie es Petrus weiter ergangen ist (vgl. Angabe der Textstellen im KB S. 164, Impuls 2). Die Sch. überlegen, wie dies zu erklären ist.

Ergänzungen

- Bild von Petrus (M 88): Impuls: Ist Petrus ganz anders?

KB S. 165 Maria aus Magdala: Jesus ist mein Freund

Nach Johannes 20,11-18, war Maria Magdalena die erste Zeugin der Auferstehung. Daran kann man ihre herausgehobene Position in der urchristlichen Gemeinde erkennen, die sie aber bald verloren hat. Im Katalog der Auferstehungszeugen (1. Korinther 15,3-8) wird sie nicht erwähnt. Maria Magdalena war bei Jesus am Kreuz (Markus 15,40), während die Jünger flüchteten. Maria aus dem Ort Magdala, der am See Genezareth liegt, wurde von Jesus geheilt (Lukas 8,1-3). Die siebenfache Besessenheit kann als schwere psychische Erkrankung, z. B. als Depression, verstanden werden. Nach der Heilung unterstützte Maria Jesus und seine Bewegung und folgte ihm nach Jerusalem. Aus der Begleitung kann man folgern, dass Maria die Geschichte Jesu intensiv erlebt hat und viel davon erzählen kann (Markus 15,40 f.). Sie könnte zum Beispiel von folgenden Ereignissen erzählt haben:
Matthäus 19,13-15: Kindersegnung (vgl. Bild von Emil Nolde KB S. 24);
Markus 1,14-15: Die Botschaft von der kommenden Gottesherrschaft;
Markus 2,1-12: Die Heilung des Gelähmten;
Matthäus 19,16-22: Der reiche Jüngling;
Matthäus 11,28: Der Heilandsruf: Kommet zu mir, die ihr mühselig und beladen seid;
Markus 15,40: Kreuzigung;
Johannes 19,25: Kreuzigung;
Johannes 20,1: Die Entdeckung des leeren Grabes;
Johannes 20,18: Begegnung mit dem Auferstandenen Christus;
Lukas 8,2: Heilung von sieben Dämonen.
Maria könnte auch über die Bergpredigt, über die Gleichnisse, über die Speisung der 5000 (vgl. KB S. 185) oder über die Begegnung mit der Ehebrecherin (vgl. KB S. 39) erzählen.

Der Titel des „Hundertguldenblattes" von Rembrandt erinnert daran, dass ein italienischer Maler seinerzeit dem Künstler für das Blatt 100 Gulden (damals eine unvorstellbar hohe Summe) geboten hat. Das Blatt setzt Matthäus 19,1-26 und Markus 1,32-37 in Szene. Es zeigt Jesus als Licht der Welt für die Menschen. Es erzählt von der Predigt Jesu, seinen Jüngern, seinen Berufungen, von der Begegnung mit Kindern und Heiligen.

Mögliches Vorgehen

1. Schritt

Bildbetrachtung „Hundertguldenblatt" von Rembrandt:
- Verschiedene Menschengruppen finden (glaubensvoll Betende, Kranke, Gegner, kritische Beobachter, Frau mit Kind, Petrus, reicher Jüngling; vgl. KB S. 165, Impuls 2).
- Geschichten von Jesus in dem Bild entdecken.
- Bild kopieren und vergrößern, in Teile zerschneiden und Geschichten dazu auf das Bild notieren.
- Bedenken, was auf dem Bild aus der Geschichte Jesu ergänzt werden könnte.

2. Schritt

L. zeigt ein Bild von Maria aus Magdala und erzählt von ihr. Gute Farbfolie als Ausschnitt aus dem Isenheimer Altar, in: Büttner/Maier, Maria aus Magdala – Ester – Debora; dort auch ausführlicher Unterrichtsvorschlag zu Maria aus Magdala; moderne Darstellung von Maria Magdalena im Misereor-Hungertuch der indischen Künstlerin Lucy D'Souza, vgl. Misereor-Hungertuch, „Biblische Frauengestalten – Wegweiser zum Reich Gottes", 1990.

3. Schritt

Die Sch. schreiben in GA eine Predigt von Maria über Jesus. Die arbeitsteiligen Gruppen nehmen entweder das Rembrandt-Bild als Vorlage oder schreiben ihre Predigt frei oder benutzen die oben angegebenen Bibelstellen.

4. Schritt

L. schneidet Fußstapfen aus. Die Sch. überlegen, was auf diesen Stapfen stehen könnte, die zu Jesus gehören (z. B. Hungernden zu essen geben, Kranke heilen).

5. Schritt

Die Sch. erinnern Personen, die auf diesen Spuren gegangen sind.

Ergänzungen

- L. zeigt Bilder von St. Nikolaus (M 89), St. Martin (M 90) oder Elisabeth von Thüringen (M 91). Die Sch. erinnern dazu Geschichten. L. ergänzt. Impuls: Wie passen diese Menschen zu Jesus? Andere Personen könnten sein Albert Schweitzer, Friedrich von Bodelschwingh, Mutter Theresa. (Zu Elisabeth von Thüringen vgl. ausführlichen Unterrichtsvorschlag in: Hanisch, Unterrichtshilfen 3./4. Schuljahr, S. 44-61.)
- Diareihe „Das Hundertguldenblatt" (11 Dias mit Detailaufnahmen).

KB S. 166 Jesus wohnt in unserer Straße

Das Lied von Ludger Edelkötter und Rudolf Otto Wiemer „Jesus wohnt in unsrer Straße" (IMP 1009 Bibelspiellieder zum Äthiopischen Misereor-Hungertuch, Impulse-Verlag, Drensteinfurt) interpretiert Matthäus 25,31-45. Es macht darauf aufmerksam, wie man in der eigenen Lebenswelt heute noch Jesus begegnen und ihm gleichzeitig nachfolgen kann. Indem Jesus sich in der Gerichtsrede mit den Geringsten identifiziert, rückt er diese von dem Rand in den Mittelpunkt und

macht die Zuwendung zu den Schwachen zum Maßstab von Nachfolge.
Das leicht zu erlernende Lied kann beliebig fortgesetzt werden. Vorausgesetzt ist, dass die Sch. zu den Versen Geschichten kennen, die sie erzählen. So wird Nachfolge Jesu in der Lebenswelt der Sch. anschaulich. Das Lied erlaubt zugleich, diakonisches Handeln als Konkretion der Nachfolge zu bestimmen.

Mögliches Vorgehen

1. Schritt

Die Sch. singen das Lied „Jesus wohnt in unsrer Straße" und dichten weitere Verse.

2. Schritt

Die Sch. erzählen einander Geschichten zu dem Lied (KB S. 166, Impuls 2). Welchem Menschen aus dem Lied bin ich schon einmal begegnet?

3. Schritt

Die Sch. bedenken, zu welchem Vers das Bild KB S. 166 passt. Was geschieht auf dem Bild?

4. Schritt

Zu den einzelnen Versen Bilder suchen (KB S. 166, Impuls 1) und zu dem Text eine Bildcollage anfertigen.

5. Schritt

Matthäus 25,31-45 vorlesen und mit der Collage vergleichen (KB S. 166, Impuls 3). Wie kann man den Bibeltext in die Collage einbringen?

6. Schritt

In arbeitsteiligen Gruppen herausfinden, was für die Menschen im Lied getan wird.

Ergänzungen

- Gespräch mit Vertretern des Diakonischen Werkes oder der Caritas: Was tun die Kirchen für die Menschen in diesem Lied?
- Tondiareihe „Werke der Barmherzigkeit" (Dauer: 26 Min.; mithilfe von 36 Dias interpretiert ein Künstler von heute Matthäus 25,35.36).
- Filme aus der Diakonie.
- Liedvers zu der Geschichte von Zlata (KB S. 22) schreiben.

KB S. 167 Das Wunder des Sehens

Am Beispiel der 10-jährigen Selina soll die Arbeit der Christoffel-Blindenmission dargestellt und über die örtliche wie weltweite Diakonie als Konkretion der Nachfolge Jesu aufgezeigt werden. In dieser Geschichte sind jedoch strukturelle Momente ausgeblendet. Nachfolge vollzieht sich ausschließlich personal. Die Problemlage ist bewusst einfach und eindeutig gehalten. Wer differenziertere Probleme angehen möchte, kann z. B. das Thema Kinderarbeit beim Teppichknüpfen aufgreifen. Materialien sind bei BROT FÜR DIE WELT zu erhalten. (Vgl. auch Deutsches Komitee für UNICEF, Kinderarbeit.)

Mögliches Vorgehen

1. Schritt

Die Sch. überlegen sich, warum das Kind auf dem Bild lacht.

2. Schritt

Text mit verteilten Rollen lesen.

3. Schritt

Überlegen, ob Dr. Joe und die Krankenschwester „Jesus nachfolgen". Die Sch. versuchen einen Maßstab zu formulieren, an dem man herausfinden kann, ob Menschen Jesus nachfolgen (KB S. 167, Impuls 1).

Ergänzungen

- Weitere Informationen bei der Christoffel-Blindenmission, Nibelungenstraße 124, 64625 Bensheim.
- Zu Selina einen Lied-Text dichten (Lied: „Jesus wohnt in unsrer Straße", KB S. 166).

3. Alternative Verlaufsplanung

Aus KB Nachfolgegeschichten heraussuchen (z. B. KB S. 15: Freunde; KB S. 26: Eine Geburtstagsüberraschung; KB S. 33: Kein Platz für Opa; KB S. 182: Die Vesperkirche; KB S. 201: Die Baptisten; KB S. 209: Besuch in Neve Schalom) und befragen, was diese Geschichten mit Jesus zu tun haben.

4. Empfohlene Literatur und Medien

Berg, Horst Klaus/Weber, Ulrike, Mit Jesus beginnt etwas Neues, Stuttgart 1996 (Calwer). (Materialien für Freiarbeit zur Ergänzung und Vertiefung.)
Büttner, Gerhard/Meier, Joachim, Maria aus Magdala – Ester – Debora, Stuttgart 1994 (Calwer). (Unterrichtsentwurf zu Maria Magdalena für die Klassen 9/10 mit brauchbaren Elementen für die Klassen 5/6.)
Steinwede, Dietrich, Petrus, Sachbilderbuch mit Zeichnungen von Fulvio Testa, Lahr/Düsseldorf 1982 (Kaufmann/Patmos). (Mit vielen Petrusbildern aus der bildenden Kunst.)

5. Materialien

M 88 Bild: Petrus (Ikone)
M 89 Aus den Legenden des heiligen Nikolaus
M 90 Der heilige Martin teilt seinen Mantel
M 91 Aus dem Leben der Elisabeth von Thüringen

Das Neue Testament entsteht

1. Zielsetzung, Aufbau und Probleme

Die UE „Das Neue Testament entsteht" will im Rahmen des Themas „Jesus begegnen" den Entstehungsprozess des Neuen Testamentes in groben Schritten aufzeigen und die Entwicklung des NT als Antwort auf die Begegnung mit Jesus verständlich machen. Dabei ergänzt diese UE das Thema „Ein Erinnerungsbuch entsteht: Die hebräische Bibel" (KB S. 102-109).
Aufgrund der inhaltlichen Intentionen wurde im KB weniger Wert auf Aufschlagübungen, die Unterscheidung verschiedener Textgattungen, die Darstellung der Bibel als Bibliothek oder die Erklärung von antiken Schreibmaterialien gelegt. Jedoch kann dies ohne Schwierigkeiten ergänzt werden.
Die Aufteilung des Bibelthemas auf zwei verschiedene UE ergibt sich aus der unterschiedlichen Anbindung an die zentralen alt- bzw. neutestamentlichen Themenkomplexe („Gottes"- und „Jesus"-Kapitel). Die Einführung in die Bibel als Buch soll nicht einfach nur den technisch-formalen Aspekt, sondern ebenso stark auch den inhaltlichen im Auge haben. Dennoch können die beiden Bibel-UE „Ein Erinnerungsbuch entsteht: Die hebräische Bibel" (KB S. 102-109) und „Das neue Testament entsteht" (KB S. 168-175) kombiniert werden.
Leitend für die UE ist die Einsicht, dass das Neue Testament das Zeugnis von der Auferstehung Jesu voraussetzt und darin gründet (KB S. 168). Die Entstehungsgeschichte lässt sich darstellen als Schritte von mündlichen Rufen und Liedern über mündlich überlieferte Erzählungen (KB S. 169) zu Briefen (KB S. 170/171), Evangelienbüchern und schließlich zum ganzen Neuen Testament als einer Bibliothek von 27 Büchern in drei Abteilungen (KB S. 173). Dieser Sammelphase folgen die nicht abgeschlossenen Phasen vieler Übersetzungen (KB S. 174) und der Verbreitung der Bibel in aller Welt (KB S. 175). Die einzelnen Stationen sind am unteren Rand jeder Seite als rot hervorgehobene Merksätze festgehalten (vgl. zu weiteren sachlichen Informationen theologische Lexika).
Unterstellt wird, dass die Sch. den Entstehungsprozess der Bibel noch nicht kennen und darum mit einer abstrakten, rein graphischen Darstellung überfordert wären. Die Zusammenhänge sollen darum altersgemäß narrativ erschlossen werden. So entstand die fiktive Figur des Hauptmannes Justus, in dessen Lebensgeschichte sich die Entstehung des Neuen Testamentes spiegelt. Es spricht allerdings auch nichts dagegen, wenn im Anschluss an die Erstellung des Zeitstrahls zur Geschichte Israels (KB S. 106/107) dieser in die neutestamentliche Zeit verlängert wird (M 92).
Die einzelnen Seiten folgen dem chronologischen Verlauf.

2. Didaktisch-methodische Hinweise

KB S. 168 Die merkwürdigste Hinrichtung meines Lebens

Am Anfang des NT stehen Bekenntnisse zu Jesus als dem Auferstandenen (1. Korinther 15,3-8; Matthäus 28,1-7; Johannes 20,28; Lukas 24,34; Apostelgeschichte 3,15 u.ö.). Nach Johannes 20 ist es Maria aus Magdala, die als erste das Auferstehungszeugnis überliefert. In anderen Zeugnissen zählt Petrus als erster Auferstehungszeuge (1. Korinther 15,5). Von Anfang an werden Kreuz und Auferstehung zusammen gesehen: Der Gekreuzigte ist auch der Auferstandene, der Auferstandene ist auch der Gekreuzigte. Der fiktive Brief von Justus will diese Einsicht vermitteln, gleichzeitig aber das Gespräch über die Auferstehung und die Begegnung mit dem Auferstandenen ermöglichen. Der Kanon „Der Herr ist auferstanden" (EG Nr. 118) soll bewusst machen, dass die Entstehung des Neuen Testamentes in hymnischen Bekenntnissen wurzelt.

Mögliches Vorgehen

1. Schritt

Bildbetrachtung: Römischer Soldat. Die Sch. beschreiben Waffen und tragen ihr Wissen über das römische Militär zusammen (Wissensbücher der Sch. benutzen).

2. Schritt

L. erzählt von dem Hauptmann am Kreuz.

3. Schritt

Die Sch. lesen den Brief. Sie arbeiten die Fakten und die persönlichen Einschätzungen heraus. Evtl. TA. Impuls: Gehört die Auferstehung zu den Fakten? Was könnte man kritisch dagegen sagen?

4. Schritt

Die Sch. überlegen, was Maria aus Magdala erlebt haben könnte (KB S. 168, Impuls 1).

5. Schritt

Gemeinsames Lied: „Der Herr ist auferstanden" (EG Nr. 118 nach Lukas 24,34) aus der orthodoxen Kirche (KB S. 168, Impuls 2). Evtl. weitere Osterlieder, z. B. EG Nr. 99 „Christ ist erstanden" oder EG Nr. 100 „Wir wollen alle fröhlich sein".

6. Schritt

Die Sch. tragen den entsprechenden Liedvers (vgl. 5. Schritt) kalligraphisch ins Heft ein und fügen als Überschrift die Bemerkung vom KB links unten ein.

Ergänzungen

- Weitere Osterlieder singen.
- Ein Leporello anlegen: „Das Neue Testament entsteht", 1. Teil.
- KB S. 202/203: Ostern bei den griechisch-orthodoxen Christen.

KB S. 169 Die ersten Geschichten von Jesus

Vermutlich gab es schon zu Lebzeiten Jesu Geschichten, in denen von ihm als charismatischer Wunderheiler erzählt wurde. Nach Tod und Auferstehung wurde jedoch die Passionsgeschichte als relativ einheitliche Erzählung tradiert, am Anfang zunächst wohl mündlich. Die fiktiven Gesprächsszene nimmt Markus 10,46-52 auf. Dort wird von Bartimäus erzählt, er sei Jesus nach Jerusalem gefolgt. Weitere Nachrichten sind jedoch von ihm nicht überliefert. Aufgenommen wurde auch der Bericht der Apostelgeschichte, wonach Predigten über die Auferstehung Jesu Tumulte auslösten (Apostelgeschichte 3 ff.). Die Sch. sollen zuerst die Geschichte entlang der Bilder erzählen und diese dann aufschreiben. Auf diese Weise können sie selbst den Überlieferungsprozess vom Mündlichen zum Schriftlichen nachvollziehen. Vorausgesetzt ist, dass alle Sch. Bartimäus schon kennen. Die unterschiedlichen schriftlichen Aufsätze der Sch. geben Anlass zum Gespräch über die Synoptikerfrage.

Mögliches Vorgehen

1. Schritt

Die Sch. erzählen zu den Bildkarten die entsprechenden Geschichten (KB S. 169, Impuls 1). Evtl. fallen ihnen noch andere Geschichten aus dem Leben Jesu ein. L. kann die Bildkarten auch hochvergrößern und einzeln ausschneiden. Dann sollen die Sch. zuerst die Bilder in die richtige Reihenfolge bringen.

2. Schritt

Die Sch. schreiben die erzählten Geschichten als „Quellenstücke der Evangelien" auf (KB S. 169, Impuls 2).

3. Schritt

Die aufgeschriebenen Texte der Sch. werden in der richtigen Reihenfolge verlesen wie seinerzeit im Gottesdienst.

Ergänzungen

- Leporello vervollständigen, 2. Teil.

KB S. 170/171 Der Beginn einer großen Liebe

Parallel zur mündlichen Überlieferung von Bekenntnissen und Berichten kommt es bald zu ersten schriftlichen Zeugnissen des Christentums in Form von Briefen. Der älteste Brief dürfte der erste Thessalonicher-Brief aus dem Jahr 49 n. Chr. sein. Der Erste Korinther-Brief dürfte aus dem Jahr 55 n. Chr. stammen. Diese Briefe geben einerseits Predigten wieder, nehmen aber andererseits zu konkreten Problemen der christlichen Gemeinde Stellung und wollen diese erbauen.
Im KB wurde als konkretes Beispiel die Feier des Abend- oder Herrenmahles im Rahmen des urchristlichen Gottesdienstes ausgewählt (vgl. auch KB S. 189/190). Bei den Korinthern ist die Unsitte eingerissen, dass die Reichen vor dem eigentlichen Abendmahl zu einem Gemeindemahl zusammenkommen und sich dabei reichlich satt essen. Die Armen, die erst später von der Arbeit kommen, gehen leer aus und bleiben hungrig. Nur indirekt wird das Abendmahl als Ort der Erfahrung der Gegenwart Christi angesprochen. In Erinnerung an die Geschichte Jesu und die Erwartung der kommenden Gottesherrschaft wird die Gegenwart Christi als neuer Geist oder als Geist der Gemeinschaft erfahren.
Briefe wurden im 1. Jh. auf packpapierähnlichen Blättern aus Papyrus geschrieben. Ein Papyrusblatt bestand aus dünnen Streifen, die aus dem Mark der Papyrusstaude geschnitten waren. Diese wurden in mehreren Lagen kreuzweise übereinander geschichtet. Die einzelnen Seiten wurden zu mehreren meterlangen Bahnen zusammengeklebt und auf zwei Stäbe gewickelt. Der erste Brief von Paulus an die Korinther besaß vermutlich eine Länge von etwa vier Metern. Er wurde gefaltet und versiegelt.

Mögliches Vorgehen

1. Schritt

L. zeigt, wie ein antiker Brief aussieht.

2. Schritt

Text mit verschiedenen Sch. dramatisch vorlesen.

3. Schritt

Überlegen, worin das Problem in Korinth bestand. L. muss Hilfe geben. Impuls: Wie soll man das Problem lösen?

4. Schritt

Die Sch. lesen 1. Korinther 11,23-25.33-34. Welche Lösung will Paulus? Wie soll man das Abendmahl feiern (KB S. 171, Impuls 1)?

5. Schritt

Die Antwort von Paulus in Form eines antiken Briefes schreiben.

6. Schritt

Gemeinsam überlegen, warum Justus jetzt glaubt, dass Jesus lebt (KB S. 171, Impuls 2).

Ergänzungen

- Leporello vervollständigen, 3. Teil.
- Video „Paulus in Griechenland" (Dauer: 50 Min.; Dokumentarfilm: Der Film führt zu den Städten, die Paulus auf seinen Reisen besucht hat und erzählt von seiner Missionstätigkeit).

KB S. 172 In der Schreibstube von Markus

Die Seite setzt voraus, dass das Markusevangelium das älteste Evangelium ist und vor 70 n. Chr. in den Wirren des jüdischen Aufstandes gegen Rom entstand. Unter dem römischen Druck auf Jerusalem verlassen Christen die Stadt und ziehen sich nach Antiochia zurück (vgl. auch KB S. 187). Hier könnte das Markusevangelium um 70 n. Chr. entstanden sein. Die Sturmstillungsgeschichte kann als Predigt des Markus an die verängstigte Christengemeinde verstanden werden. Sie ist also nicht einfach Bericht eines historischen Geschehens, sondern Trostrede.
Der letztlich unbekannte Verfasser verbindet mündliche und vermutlich auch schriftliche Überlieferungen zu einem Evangelium und schafft so eine neue literarische Form. Er ordnet die Stoffe, fügt sie in einen Geschehensablauf ein und bearbeitet sie im Sinne seiner Theologie. Diese ist geprägt durch das Bild von Jesus als Messias und Sohn Gottes, dessen eigentliches Wesen erst im Kreuz heraustritt. Der Hauptmann unter dem Kreuz ist derjenige, der angesichts des leidenden Menschensohnes das eigentliche Bekenntnis spricht.

Mögliches Vorgehen

1. Schritt

L. legt den Sch. einzelne Bilder von Jesusgeschichten ähnlich den Bildern KB S. 169 vor (z. B. Schild des Glaubens). Sie sollen die Bilder so ordnen, wie sie in den Evangelien aufeinander folgen und eine sinnvolle Geschichte ergeben. Die Sch. erzählen die Geschichte nach.

2. Schritt

Sprechszene lesen.

3. Schritt

Geschichten ordnen, andere ergänzen (KB S. 172, Impuls 2). In der Bibel nachschlagen. Die anderen Geschichten in den Jesus-Kapiteln ebenfalls einordnen, z. B. die Berufung von Simon und Andreas, die Begegnung mit Levi, der Verrat des Petrus, die Heilung des Bartimäus. Impuls: Wohin gehören die Gleichnisse?

4. Schritt

L. liest die Sturmstillungsgeschichte vor. Die Sch. überlegen, was Markus seinen Brüdern und Schwestern in Antiochia sagen wollte (KB S. 172, Impuls 4).

5. Schritt

Zusammfassender HE.

Ergänzungen

- Texte aus einer Schulbibel kopieren und ordnen.
- Leporello weiter ergänzen, 4. Teil.

KB S. 173 Die vier Evangelien und das ganze Neue Testament

Grundbotschaft der Evangelien ist der auferstandene Jesus Christus, der als Herr der Welt zur Rechten des allmächtigen Vaters sitzt und als Richter wiederkommt. In ihm begegnet uns Gott. In dieser Klammer werden in den Evangelien die Geschichten von Jesus erzählt und die Gemeinden angesprochen. Dabei betont Matthäus eher den Lehrer Jesus (Matthäus 6,25 f.), Markus den Heiler (Markus 7,32 - 35), Lukas den Erbarmer, Johannes hingegen eher den Offenbarer (Johannes 10,11).
Entscheidend ist in diesem Lernschritt der innere Zusammenhang der Evangelien. Erst vor dem Hintergrund des Gemeinsamen können die Unterschiede entfaltet werden.
Das Bild von Jesus als Weltenherrscher stammt aus Apokalypse 4,1 - 11. Hier finden sich auch die vier Wesen, die den Thronenden umgeben und das Heilig-heilig-heilig rufen. Ihre Beschreibung wurde zu den Symbolen der Evangelien. Mit dem Wort ELSA kann man sich die vier Evangelistensymbole merken: E = Engel/Matthäus, L = Löwe/Markus, S = Stier/Lukas, A = Adler/Johannes. Die Abbildung KB S. 173 ist einer Handschrift aus dem Kloster St. Pantaleon in Köln um 1140 entnommen (ein Farbdia in: Jörg Zink, Dia-Bücherei Christliche Kunst, Band 6, Bild 50, Verlag am Eschbach 1980).

Mögliches Vorgehen

1. Schritt

Bild in EA abzeichnen und Apokalypse 4 einbeziehen. Evtl. das „Sanctus" singen.

2. Schritt

Bild interpretieren: Welche Botschaft enthält das Bild? Was sagt es über die vier Evangelien (KB S. 173, Impuls 1)? Überschrift zu dem Bild finden. HE.

3. Schritt

Die Sch. lesen die vier Bibeltexte und überlegen, worauf es den Evangelisten jeweils ankommt (KB S. 173, Impuls 2). Das Ergebnis mit dem Bild verknüpfen.

4. Schritt

HE: Symbole der vier Evangelisten mit entsprechendem Jesusbild.

5. Schritt

Das Neue Testament als Bibliothek sortieren. In ein Bücherregal ähnlich KB S. 104 die neutestamentlichen Bücher einordnen. Welche Bücher gehören nicht ins NT? Abteilungen schaffen.

Ergänzungen

- Leporello ergänzen, 5. Teil.
- Bibel-Bibliothek mit 66 Zündholzschachteln basteln.
- Die bisherige Geschichte rekapitulieren. Die Sch. bringen Lied EG Nr. 118 („Der Herr ist auferstanden"), die Zeichnungen KB S. 169, den Brief von Paulus KB S. 171, die Teilbibel von Markus KB. S. 172 sowie die gesamte Bibel in die richtige Reihenfolge und stellen ihren Zusammenhang dar.
- Die Sch. basteln eine Zeitperlenkette. Eine kleine Perle bedeutet 10 Jahre, eine größere 100 Jahre. In entsprechenden Abständen wird eine Text-Karte, z. B. „Markus schreibt sein Evangelium", eingefügt.
  Der Zeitstrahl (M 92) wird als Fortsetzung zu KB S. 106/107 auf Folie gezeigt. Die Sch. formulieren, was sie sehen.

KB S. 174 Die Weihnachtsgeschichte wird übersetzt

Diese Seite knüpft an das Eröffnungsbild des ganzen Kapitels an (KB S. 142/143). Man sollte zuerst auf die griechische Ursprache eingehen. Der Text der Kinderbibel von Werner Laubi will anregen, eigene Kinderbibeln mitzubringen. Die Übersetzung im Berliner Dialekt will den Anstoss geben, das Weihnachtsevangelium in den eigenen Dialekt zu übertragen. So beteiligen sich die Sch. ganz praktisch an der Übersetzung des Neuen Testaments! Die Übersetzung aus dem 15. Jh. kann ermöglichen, Martin Luthers Übersetzungsleistung zu würdigen, der 1521/22 auf der Wartburg das Neue Testament ins Deutsche übersetzte (vgl. auch KB S. 109).

Mögliches Vorgehen

1. Schritt

Die Sch. bringen verschiedene Bibeln mit. Sie schlagen das Weihnachtsevangelium auf und achten jeweils darauf, wie Lukas 2,10 - 12 übersetzt ist.
L. liest den griechischen Text bzw. die Sch. entschlüsseln den griechischen Text an der Tafel oder auf Folie mithilfe eines griechischen Alphabets (über PC leicht herzustellen).

2. Schritt

Die Sch. lesen die Übersetzung des griechischen Textes im KB: Was fällt auf (KB S. 174, Impuls 1)?

3. Schritt

Die Sch. vergleichen den Luthertext aus der heutigen Bibel mit dem Text aus dem 15. Jh. Impuls: Wie hat Luther gearbeitet? L. erzählt von der Bibelübersetzung Luthers (vgl. auch KB S. 109). Erzählvorlage: Friedenthal, Luther, S. 357-381.

4. Schritt

Die Sch. übersetzen Lukas 2 in ihren eigenen Dialekt (KB S. 174, Impuls 2).

5. Schritt

Zusammenfassender HE. Überschrift: „Vom griechischen Neuen Testament zur heutigen Bibelübersetzung".

Ergänzungen

- Die griechischen Buchstaben in Sektkorken einschnitzen und damit den eigenen Namen drucken.
- Leseszene zu Luthers Bibelübersetzung, in: Das neue Kursbuch 5/6, S. 175 f.
- Leporello ergänzen, 6. Teil.
- Perlenkette vervollständigen.
- Video „Begegnung mit der Bibel", 21. Folge: „Hieronymus übersetzt die Bibel".
- Film „Martin Luther. 2. Der die Zeit beim Wort nahm" (Dauer: 30 Min.; Dokumentarfilm über die 300 Tage, die Luther auf der Wartburg verbrachte).
- Tondiareihe „Die Bibel – überliefert und gelebt", Teil 2 (Dauer: 15 Min.; in 50 Dias wird die Entstehungs- und Verbreitungsgeschichte der Bibel gezeigt).
- Tondiareihe „Woher kommt das Buch der Bücher" (in zwei Teilen – Teil 1: 15Min./50 Dias; Teil 2: 12 Min./50 Dias – zeigt die Reihe die Entstehung und Verbreitung der Bibel von der Urgemeinde bis zur Gegenwart).

KB S. 175 Die Bibel – ein Bestseller

Die Bibel wird heute in allen Kontinenten gelesen und beachtet (vgl. die Presseinformation der Deutschen Bibelgesellschaft, KB S. 175). Sie entwickelt überall ihre verändernde Kraft und gewinnt Menschen für die Sache Jesu. Am Beispiel des Indonesier Jonny Marannis soll deutlich werden, dass die biblische Botschaft auch heute noch Menschen anspricht und für die konkrete Hoffnung auf die kommende Gottesherrschaft gewinnt, die sich auf ein Leben nach dem Tode und dieser Welt richtet, aber diese Welt nicht so lassen will wie sie ist, sondern zu einem Gleichnis vom Himmelreich werden lässt. Das Verständnis der Bibel steht nicht einfach fest, sondern muss jeweils neu gewonnen werden. Dies ist aber kein theoretischer Akt, sondern eine existentielle Angelegenheit. Bei der Verbreitung der Bibel geht es nicht um die Quantität, sondern es kommt auf den Inhalt an.

Mögliches Vorgehen

1. Schritt

– Das Lied „Gehet nicht auf in den Sorgen dieser Welt" singen. Was heißt „die Gottesherrschaft zu suchen"?

– Die Sch. vergleichen die Textfassung mit der in EG Nr. 182/LJ Nr. 129. Es gibt unterschiedliche Übersetzungen zu dem aus der Anglikanischen Kirche stammenden Lied. Im KB ist eine andere Textfassung als im LJ und EG gewählt (KB S. 175, Impuls 2).

(Text der Originalfassung:
1. Seek Ye first the kingdom of God./And His righteousness./ And all the sings shall be added unto you./Allelu, Allelujah!
2. Man shall not live by bread alone,/But by every word./That proceeds from the mouth of God./Allelu, Allelujah!
3. Ask and it shall be given unto you,/Seek and you shall find./Knock and it shall be opened unto you./Allelu, Allelujah!)
Daran anknüpfend gibt L. den Hinweis auf das gemeinsame ökumenische Liedgut (vgl. Übersicht in EG „Lieder aus anderen Ländern und Sprachen").

2. Schritt

Im Schulatlas Indonesien und Borneo suchen.

3. Schritt

Geschichte „Jonny in Borneo" mit verteilten Rollen lesen.

4. Schritt

In GA überlegen, welche Antwort Jonny geben könnte (KB S. 175, Impuls 1).

5. Schritt

Zusammenfassender HE: „Die Bibel – ein Bestseller".

Ergänzungen

- Leporello beenden, 7. Teil mit 6. Teil auf eine Seite bringen.
- Perlenkette vervollständigen.
- Info-Material bei der Deutschen Bibelgesellschaft bestellen.
- Anderssprachige Bibeln mitbringen und im Unterricht vorstellen.
- Tondiareihe „Wählt das Buch – Bibelübersetzung in Swasiland" (Dauer: 14 Min.; 41 Dias zeigen, wie ein Team die Bibel in Siswati übersetzt).
- Diareihe „Wie das Buch der Bücher hergestellt wird" (41 Dias zur Arbeit des Bibelhauses in Stuttgart).
- Tondiareihe „Die Bibel – überliefert und gelebt", Teil 3 (Dauer: 24 Min.; 50 Dias stellen dar, was die Bibel im Leben von Menschen bedeuten kann).

3. Alternative Verlaufsplanung

Die Sch. erhalten Bilder von der Kreuzigung und der Auferstehung (z. B. Grünewald) sowie eine heutige Lutherbibel. Sie überlegen sich, was zwischen diesen beiden Geschehnissen passiert ist. In arbeitsteiliger GA werden die Zwischenschritte mithilfe des Buches erarbeitet und anschließend in einem Plakat dargestellt.

4. Empfohlene Literatur und Medien

Alexander, Pat, Die Welt der Bibel, Wuppertal 1978 (Brockhaus Verlag). (Lexikon mit vielen Zeichnungen und Fotos zu vielfältigen Aspekten des Alten und Neuen Testamentes. Geeignet für die Hand der Sch.)

5. Materialien

M 92 Zeitstrahl: Die neutestamentliche Zeit

Wir glauben nicht für uns allein

Einführung

Die Überschrift „Wir glauben nicht für uns allein" deutet auf eine dreifache Ausrichtung des Kapitels hin:
(1) Christen glauben nie für sich allein, sondern immer zusammen mit anderen Christen. Zum Christsein gehört die Gemeinschaft der Christen unabdingbar hinzu.
Darauf gehen die beiden ersten UE „Kirche zum Mitmachen" und „Die ersten Christen" ein. Die erste UE entfaltet das Thema im gegenwärtigen Erfahrungshorizont der Sch. Die zweite behandelt das Thema von der historischen Seite her.
(2) Nicht nur evangelische Christen glauben, sondern auch andere Christen. Dies betont vor allem die UE „Christen in unserem Land". Sie beschränkt sich nicht auf Gemeinsamkeiten und Unterschiede zwischen Katholiken und Protestanten, sondern stellt auch eine Freikirche, die Baptisten, und die griechisch-orthodoxen Christen vor.
(3) Nicht nur Christen glauben, sondern auch Gläubige anderer Religionen. Darauf geht die UE „Juden, Christen und Muslime" ein. Der Islam und das Christentum sind Tochterreligionen des Judentums. Geradezu tragisch ist, dass die meisten Christen in Deutschland erst nach den furchtbaren Verbrechen an den Juden im Dritten Reich begriffen haben, welche besondere Verbindung zwischen Juden und Christen besteht.

Mit dieser dreifachen Ausrichtung wird dem Tatbestand des konfessionellen und religiösen Pluralismus Rechnung getragen. Die Zeit eines in sich geschlossenen evangelischen oder katholischen Milieus ist spätestens seit der großen Flüchtlingsbewegung aus dem Osten im Anschluss an den Zweiten Weltkrieg vorbei. Überall in unserem Land gibt es Christen verschiedener Konfessionen, wenngleich es nach wie vor auch noch Gebiete mit einem konfessionellen Schwerpunkt gibt, wie z. B. das vornehmlich katholische Bayern oder das vornehmlich evangelische Schleswig-Holstein.
Neben den Kirchen und Freikirchen treten als immer stärker werdende „dritte Konfession" die Konfessionslosen in Erscheinung, Menschen, die aus den unterschiedlichsten Gründen die Kirche verlassen oder ihr nie angehört haben.
In den letzten Jahrzehnten haben in Deutschland neben den verschiedenen christlichen Konfessionen auch andere Weltreligionen Fuß gefasst, vor allem der Islam, zu dem sich der Hauptteil der in Deutschland lebenden Türken und Kurden bekennt. Neu erbaute Moscheen mit ihren Minaretten gehören inzwischen ganz selbstverständlich zum Bild deutscher Großstädte. Auch die Zahl der Juden wächst in Deutschland. Im Zuge der Auswanderung aus der ehemaligen Sowjetunion sind Tausende von ihnen nach Deutschland gekommen, sodass sich die Zahl der Juden in Deutschland nahezu verdoppelt hat.
Der zunehmende konfessionelle und religiöse Pluralismus macht es erforderlich, dass die Menschen fähig werden, Angehörigen anderer Konfessionen und Religionen angemessen zu begegnen, also dialogfähig zu werden. Doch bedeutet dies auch, dass jeder sich seiner eigenen religiösen Identität wieder neu bewusst wird. Dazu gehört vor allem, sich im eigenen Glauben und in der eigenen Kirche besser auszukennen. Das Kapitel „Wir glauben nicht für uns allein" will eine Hilfe sein, die eigene Konfession kennen zu lernen.

Titelbild „Jerusalem, die Stadt der drei Religionen", KB S. 176/177

Das Bild „Jerusalem, die Stadt der drei Religionen" ist im Rahmen des Wettbewerbs zur 3000-Jahr-Feier Jerusalems „Children of the World Draw Jerusalem" des israelischen Kulturministeriums 1995 entstanden. Gemalt hat es der 9-jährige Schüler George Maharashvili aus Georgien, der Jerusalem vermutlich nur von Bildern her kannte. Das preisgekrönte Bild war im Frühjahr 1996 zusammen mit 500 anderen Bildern von Jugendlichen aus aller Welt im Israel-Museum in Jerusalem ausgestellt.
Links oben auf dem Bild sind die Symbole der drei Religionen abgebildet. Man sieht die (evangelische) Erlöserkirche links und die Grabeskirche in der Mitte, die sechs christlichen Konfessionen zu eigen ist. Die Omarmoschee, der sogenannte Felsendom, rechts steht für den Islam. Aus „technischen" Gründen ist das Hauptwahrzeichen der Juden in Jerusaelm, die Klagemauer, nicht zu sehen. Für das Judentum steht die Altstadt insgesamt.
Die drei Religionen werden außerdem durch Personen repräsentiert: Ein älterer Jude mit Hut breitet im oberen Bildteil die Arme aus. Einen jungen Juden mit Kipa sieht man links unten im Bild. Zwei Moslems mit Turban findet man am linken und rechten Bildrand. Im Vordergrund geht Jesus mit seinen Jüngerinnen und Jüngern.

Mögliches Vorgehen zum Titelbild

– Am Anfang des Kapitels kann eine sorgfältige Bildbetrachtung stehen, die in den drei Symbolen, den verschiedenen Menschen und Bauwerken von Jerusaelm die drei Religionen erkennt, die – bei allen Spannungen, die bestehen – doch auf dem Bild friedlich beieinander sind. Ein vom Ölberg aus aufgenommenes Foto von Jerusalem, das leicht zu besorgen ist, kann den Sch. zeigen, wie sorgfältig der junge Künstler gearbeitet hat. Die Sch. beschreiben die einzelnen Personen und sollen sie den drei Religionen zuordnen. Alle Personen, auch der über dem Bild schwebende Engel, blicken auf den Betrachter, abgesehen vom Schlafenden rechts unten im Bild. Die Menschen sind nicht einander zugewandt, am ehesten noch die Gruppe um Jesus im Vordergrund. Vielleicht ist das doch ein Hinweis, dass die Kommunikation der drei Weltreligionen zu wünschen übrig lässt?
– Zur Ergänzung kann man das Arbeitsblatt „Die Heilige Stadt für drei Ein-Gott-Religionen" (M 93) heranziehen. Das von Hans-Peter Winkler gezeichnete Bild erschien erstmals in: entwurf 3/73, S. 10. Deutlich erkennbar ist die christliche Grabeskirche, der islamische Felsendom und die jüdische Klagemauer. Die Lage der drei Stätten ist in einem groben Plan der Altstadt von Jerusalem mit Pfeilen angedeutet.

Zur Auflösung der fremdsprachlichen Texte und des Lückentextes im Arbeitsblatt M 93

- Am oberen Rand des Blattes von rechts nach links zu lesen „Jerusalem" in hebräischer und arabischer Schrift.
- Unterhalb des Felsendoms in arabischer Schrift Sure 1 des Korans, die sogenannte Basmala: „Im Namen Allahs, des Allbarmherzigen."
- Haram Esch-Scharif heißt „vornehmster geweihter Ort".
- Die hebräische Zeile über der Klagemauer (nur Konsonanten, keine Vokalpunktation!) ist Vers 5 aus Psalm 137: „Vergesse ich dich, Jerusalem, so verdorre meine Rechte."
- Linke Spalte, oberer Lückentext in griechischen Großbuchstaben, wie man sie im 2. Jh. schrieb: „Und die Stadt, die heilige, Jerusalem, [das] neue, sah [ich] herabfahren aus dem Himmel von dem Gott" (wortwörtlich übersetzt, Offenbarung 21,2).
- Linke Spalte, mittlerer Lückentext: „Für *Christen* ist sie die Stadt, in der *Jesus* lehrte, den Tod am Kreuz erlitt und auferstanden ist. Sie weist voraus auf die Stadt Gottes in der neuen Welt."
- Linke Spalte unten, Fortsetzung rechte Spalte unten, Lückentext: „Für *Juden* ist sie die Stadt Davids und des einstigen Tempels, die Gewähr für die Sammlung des zerstreuten Volkes Israel und für den Völkerfrieden am Ende der Tage."
- Rechte Spalte Mitte, Lückentext: „Für *Moslems* ist sie der Ort des Himmelsflugs von Mohammed. Im Felsendom ist der Opferstein von Ibrahim = *Abraham.*"

– Im UG können Konflikte zwischen den Religionen, die die Sch. kennen, angesprochen werden. Es können auch erste Kenntnisse über diese Religionen gesammelt werden: Was ist bei ihnen ähnlich, was anders? Schließlich ist zu fragen, ob Menschen dieser Religionen auch in unserem Land zu finden sind. Die Sch. können von eigenen Erfahrungen berichten.

Kirche zum Mitmachen

1. Zielsetzung, Aufbau und Probleme

Das vorliegende Kapitel will zeigen, dass Christsein immer auch Leben in der Kirche, d. h. in der Gemeinschaft der Christen, heißt. So bezeugen es das Glaubensbekenntnis („Ich glaube an die eine heilige, allgemeine, christliche Kirche") wie auch das Neue Testament. Im Neuen Testament hat vor allem Paulus über die Kirche nachgedacht. Nach Paulus ist die christliche Gemeinde der „Leib Christi". In der Gemeinde wirken die einzelnen Christen mit den ihnen verliehenen unterschiedlichen Gnadengaben zusammen. Für die evangelischen Christen hat Nikolaus Reichsgraf von Zinzendorf den Gemeinschaftscharakter des Christentums besonders herausgestellt, wenn er sagte: „Ich konstatiere, kein Christentum ohne Gemeinschaft."
Jede Behandlung des Themas Kirche im RU muss davon ausgehen, dass der Kontakt der Sch. zur real existierenden Kirche heute eher marginal ist. Anders als früher gehen nur noch wenige Sch. der Klassen 5/6 in den Kindergottesdienst oder in die Jungschar. Der Konfirmandenunterricht ist für diese Altersstufe noch nicht relevant. Teilweise gehören sie anderen Gruppen, wie z. B. einem Sportverein, an. Eine immer größere Zahl der 11-/12-jährigen lehnt es ab, sich einer Gruppe anzuschließen, weil sie sich nicht auf längere Zeit binden wollen. Vielen fehlt aber auch ganz einfach die Zeit, regelmäßig am Leben einer Gruppe teilzunehmen; sie sind mit vielen anderen Tätigkeiten neben der Schule wie Musikunterricht, Sport usw. voll ausgelastet. So lernen sie die Kirche nur bei Kasualgottesdiensten wie Taufen, Beerdigungen und Trauungen oder am Weihnachtsabend kennen.
Weil der Kontakt zur Kirche so gering ist, wachsen auch die Fremdheitsgefühle. Die Choräle, die Predigten und Gebete sind den Sch. fremd. Die in der Kirche gesprochene Sprache ist vielen nicht mehr verständlich. Kein Wunder, dass sie die Gottesdienste meist als langweilig bezeichnen.
Angesichts dieser Voraussetzungen versucht die vorliegende UE Folgendes aufzuzeigen:
(1) Es gibt Beispiele, die zeigen, wo Kirche auch für 11-/12-jährige so interessant sein kann, dass es Spaß macht, sich daran zu beteiligen.
(2) Die Taufe hat für die Christen grundlegende Bedeutung.
(3) An einem besonders augenfälligen Beispiel wird gezeigt, wie die Kirche als Institution heute in der Öffentlichkeit wirkt.

2. Didaktisch-methodische Hinweise

KB S. 178/179 Mitmachen macht Spaß

Fünf Beispiele, die alle aus der Erfahrungswelt der Sch. stammen:

Diakoniestation: Nur etwa sechs Prozent der alten Menschen in der Bundesrepublik leben in einem Altersheim. Die meisten wohnen entweder allein oder bei ihren Kindern. Wenn die Familien die Pflege nicht mehr leisten können, dann helfen Mitarbeiterinnen bzw. Mitarbeiter der Diakonie- oder Sozialstation. Aufgrund der 2. Stufe der Pflegeversicherung bekommen die alten Menschen die Leistungen ersetzt.
Nicht wenige Sch., deren Großeltern bei ihnen daheim wohnen, wissen, welche Bedeutung eine solche Hilfe für ihre Familie hat. Im Unterricht können Erfahrungen der Sch. eingebracht werden.

Sternsinger: Die von der katholischen Kirche veranstaltete Hilfsaktion basiert auf folgendem Gedanken: So wie die „drei Weisen aus dem Morgenland" (Matthäus 2,1-12) dem künftigen Heiland der Welt ihre Gaben bringen, so können wir in der Weihnachtszeit das Jesuskind beschenken, indem wir an die Nöte der Menschen in der sogenannten Dritten Welt denken. Für Kinder – auch evangelische machen da zuweilen mit – ist die Aktion sicher auch wegen der Verkleidung interessant.
Auch hier können die Sch. über eigene Erlebnisse berichten. Es ist sinnvoll, hier die katholischen Mitsch. zu befragen, die selbst schon als Sternsinger unterwegs waren.

Jugendclub: Im Allgemeinen gibt es in den Kirchengemeinden für 11-/12-jährige interessante Angebote. Jugendclubs, oft noch unter dem alten Namen Jungschar bekannt, werden von festangestellten Mitarbeiterinnen und Mitarbeitern oder Jugendlichen über 14 Jahre betreut. Der Junge auf dem Bild trägt das Zeichen CVJM (= Christlicher Verein junger Menschen) auf seiner Brust.
Im Unterricht bietet sich an dieser Stelle die Gelegenheit, den Mitsch., die entweder gar nicht „organisiert" sind oder in einem anderen Verein, von der Jungschararbeit zu erzählen.

Orangenaktion: Die Orangenaktion, oft vom CVJM durchgeführt, weist manche Ähnlichkeit mit den Überlegungen der Sternsinger auf. Sie findet meistens in der Adventszeit statt. Sie bietet für die Mitarbeiterinnen und Mitarbeiter, die mithelfen, auch eine gute Gelegenheit, mögliche Vorurteile gegen die Entwicklungshilfe im Gespräch zu entkräften.
Im Unterricht kann man die Frage des jungen Mannes zum Ausgangspunkt für ein UG nehmen. Den Sch. sollte dabei klar gemacht werden, dass bei kirchlichen Hilfsaktionen die gesamten Spendengelder zu den Notleidenden fließen, weil die Kirche die „Logistik" aus eigenen Mitteln bezahlt und die Kirchen ihre Partner in den Entwicklungsländern oft gut kennen und dadurch dem Missbrauch ein Riegel vorgeschoben ist.

Familiengottesdienst: Immer mehr Gemeinden veranstalten in mehr oder weniger regelmäßigen Abständen Familiengottesdienste, an denen die ganze Familie – jung und alt – teilnehmen kann. Daneben gibt es immer noch Jugendgottesdienste in neuer Form mit Musikgruppen und zeitgemäßen Liedern. Für die 11-/12-jährigen sind solche Gottesdienste nicht „langweilig". Hier werden Medien und Methoden eingesetzt, die sie aus ihrer Lebenswelt, Schule und Freizeit, kennen.
Anhand der Gestaltung eines Jugend-(Schüler-) und/oder eines Familiengottesdienstes durch die Klasse oder die Mitwirkung an einem solchen Gottesdienst können die Sch. am ehesten miterleben, wie in einem solchen Gottesdienst die Gemeinschaft der Kirche Wirklichkeit werden kann.

Auf dem Bild aus der evangelischen Konstanzer Kirche in Ditzingen bei Stuttgart sieht man einen Schäfer mit Schafen, die der Pfarrer der Gemeinde zu einem Familiengottesdienst eingeladen hat. (Impuls: Welche biblische Geschichte war wohl Thema des Gottesdienstes?)

Mögliches Vorgehen

1. Schritt

In GA bearbeiten die Sch. die Impulse im KB 179. Die Ergebnisse werden zusammengetragen und im UG erörtert.

2. Schritt

Es werden jeweils zu den fünf Bildern fünf Gruppen gebildet. Jede Gruppe hat die Aufgabe, zu ihrem Bild und ihrem Text weitere Informationen zu sammeln. Dies kann dadurch geschehen, dass L. weiteres Material einbringt. Besser ist es jedoch, wenn die Sch. sich weitere Informationen durch Befragen von aktiven Gemeindegliedern besorgen (KB S. 179, Impuls 2). Jede Gruppe hat dann die Aufgabe, ihre Aktivität („Ihr Bild") werbemäßig als die beste Aktivität herauszustellen. Man kann dazu eine Jury einsetzen und das Ganze als Wettspiel gestalten.
So können die Sch. ein Stück Gemeindeleben kennen lernen und sich zugleich damit spielerisch identifizieren. Deutlich werden sollte auch, welche kirchlichen Angebote den Sch. fehlen und welche zusätzlich angeboten werden sollten (KB S. 179, Impuls 3).

KB S. 180/181 Erinnerung an die Taufe

„Die Taufvergessenheit in unserer Gesellschaft und Kirche ist unübersehbar", stellt Christian Grethlein in seinem „Plädoyer für ein (vergessenes) Sakrament" fest. Als Gründe für diesen Tatbestand sieht er u.a. „Geringschätzung des Äußerlichen", „die Punktualisierung der Taufe" („Die frühere Ausstrahlung der Taufe auf das ganze Leben trat dabei zurück"), die „Abtrennung des Abendmahls von der Taufe". Für Grethlein ist die „Tauferinnerung als zentrale Handlung für eine Wiedergewinnung des Prozesscharakters von Taufe und des Zusammenhangs von Taufe, Glauben und Alltag zu reflektieren". Dazu gehören die sorgfältige Gestaltung der Grundsymbole der Taufe, nämlich Kreuz, Name, Wasser, Hand(auflegung) und Licht.
Das Kreuz, das in manchen Kirchen zu Beginn der Taufhandlung über dem Täufling geschlagen wird, erinnert an das Ende Jesu Christi, „eröffnet aber auch einen Raum der Hoffnung, der über den biologischen Tod hinausweist" (Grethlein, Taufe, S. 326). Der Nennung des Namens verleiht dem einzelnen Menschen eine besondere Würde. Die Ausrufung des Namens des dreieinigen Gottes über dem Täufling bedeutet auch, dass der Täufling jetzt Gott gehören soll. Das Taufsymbol Wasser erinnert an die reinigende, tötende und lebendigmachende Wirkung von Wasser. Die Handauflegung ist eine Segensgeste. Sie symbolisiert, dass Gott über den Tod hinaus bei dem Täufling bleiben will. Die Taufkerze, die heute oft am Ende der Taufhandlung überreicht wird, stammt historisch aus der Osternachtfeier. Licht ist Zeichen für Christus, für seine erhellende und wärmende Kraft. „Das gleichzeitige Verzehrtwerden der Kerze kann ein Sinnbild für das Schicksal Jesu von Nazareth werden." Die Taufkerze kann im familiären Rahmen immer wieder an die Taufe erinnern. Hilfreich für die Tauferinnerung wäre – so Grethlein – schließlich auch eine „Rückkehr zu den altkirchlichen Taufterminen, vor allem zur Osternacht" (vgl. Grethlein, Taufe, S. 322-326).
Der Rückgriff auf die ersten Christen (KB S. 181) kann zu einer Vertiefung der Taufsymbolik (Wasser und Namengebung) führen. Das vollständige Untertauchen des Täuflings symbolisiert stärker als die wenigen Tropfen bei der normalen Kindertaufe die Bedeutung von Taufe als das „Ersäufen des alten Adams" (Martin Luther). Auch das Anziehen des weißen Gewandes bei der Taufe in der alten Kirche symbolisiert stärker als das weiße Kleid bei der Kindertaufe den Neuanfang des christlichen Lebens durch die Taufe.
Das Lied „Segne dieses Kind" des katholischen Pfarrers und Schriftstellers Lothar Zenetti (KB S. 181 und LJ Nr. 414) besingt den Segen, der dem Täufling durch die Handauflegung zuteil wird, und weist auf die Aufgabe hin, die Eltern und Paten bei der Taufe übernehmen, nämlich dem Täufling Hilfestellung zum rechten und gelingenden Leben zu geben.
Bei der Behandlung des Themas „Taufe" bietet sich eine Querverbindung zum Symbol Wasser (KB S. 118/119) an.

Mögliches Vorgehen

1. Schritt

Vor dem Lesen der Geschichte (KB S. 180) kann man die Sch. von eigenen Erfahrungen mit einer Taufe erzählen lassen. Hierzu wird man das Taufbild heranziehen. Auf dem Bild ist die Taufkerze zu sehen. L. kann darauf hinweisen, dass solche Taufkerzen in der evangelischen Kirche erst seit wenigen Jahren benutzt werden und sie aus der Osternachtfeier stammen. Möglicherweise können die Sch. etwas zu ihrer Taufkerze sagen. Die Sch. bringen Bilder von ihrer eignen Taufe oder von der Taufe ihrer Geschwister oder Verwandten mit in den Unterricht.

2. Schritt

Lesen der Geschichte „Taufe – einmal anders": Nach dem Lesen äußern sich die Sch. spontan. Als das „Andere" in diesem Text werden sie die Taufe in der Osternacht sowie die Taufe von älteren Kindern erkennen.

3. Schritt

Bearbeitung der Impulse 2 und 3, KB S. 180: Den Hintergrund dieser Impulse bildet die Frage nach der eigenen Taufgeschichte der Sch. Es empfiehlt sich, das Problem der Säuglingstaufe (KB S. 180, Impuls 1) zunächst zurückzustellen und mit der Gestaltung des Taufspruches (KB S. 180, Impulse 2 und 3) einzusetzen, da sie den Erfahrungshorizont der Sch. direkt ansprechen.
Der Taufspruch wird im Allgemeinen nicht bekannt sein. Das kann dazu veranlassen, daheim im Familienstammbuch nachzuschauen. Bei Kindern, die nicht getauft sind, muss man besonders taktvoll sein. Die ihnen gegebene Aufgabe, sich selber einen Taufspruch auszusuchen (KB S. 180, Impuls 3) weist in diese Richtung. Die Aufgabe, ein Schmuckblatt zu gestalten, gilt selbstverständlich auch für nichtgetaufte Kinder. Die Kinder können zur Gestaltung des Schmuckblattes Bilder von der eigenen Taufe oder von der Taufe anderer Kinder verwenden.
Alternativ zur Gestaltung eines Schmuckblattes können die Kinder auch eine Geburtsanzeige unter Verwendung des Taufspruchs entwerfen. Interessant wird für sie sein, ihre eigene Geburtsanzeige, die in der Zeitung erschien oder verschickt wurde, mitzubringen.

4. Schritt

Bearbeitung von Impuls 1, KB S. 180 (Säuglings- oder Erwachsenentaufe?): Ein Argument für die Kindertaufe nennt Max Müller (Text am Seitenrand des KB S. 180). Ein Argument für die Erwachsenentaufe findet sich im KB S. 201. Man kann die Beantwortung dieser Frage als Entscheidungsspiel gestalten und dabei auch das Doppeln anwenden (vgl. zur Methode des Doppelns: LHB, Didaktisch-methodische Hinweise zu KB S. 57, 1. Schritt).

5. Schritt

Die Sch. lesen „Bei den ersten Christen ..." (KB S. 181). Sie vergleichen die damaligen Taufbräuche und deren Bedeutung mit den heutigen (KB S. 181, Impuls 1 und 2). L. erläutert die Taufsymbole.
Zum Brauch des Taufnamens (neuer Name bei der Taufe): Die Sch. erkundigen sich bei ihren Eltern nach der Bedeutung ihres Namens. Welchen Namen würden sie für ihre Freundin bzw. ihren Freund auswählen, wenn diese einen neuen Namen bekämen.
Zur Vertiefung des Symbols Wasser kann man KB S. 118/119 heranziehen.

6. Schritt

Das Lied „Segne dieses Kind" (KB S. 181) kann mit Bewegungen gesungen werden. Die anschaulichen Bilder in den sechs Strophen regen dazu an, diese Strophen in Bildern umzusetzen. Hierzu kann man entweder Bilder sammeln oder Bilder malen.

7. Schritt

Die Sch. entwerfen eine Einladung zu einer Tauferinnerungsfeier und suchen Lieder für diese aus (KB S. 181, Impuls 3 und 4). Zuvor ist allerdings über den Sinn derselben zu sprechen.
Zu den Taufliedern und Taufgebeten: Aus dem EG eignen sich besonders die Lieder Nr. 26 (JG Nr. 96); Nr. 209 (JG Nr. 187); Nr. 210 (JG Nr. 110); Nr. 211 (JG Nr. 189).

KB S. 182/183 Die Vesperkirche/ Brot des Lebens

In Winter 1995/96 fand die Vesperkirche in der Stuttgarter Leonhardskirche zum zweiten Mal statt. Die von vielen ehrenamtlichen Mitarbeiterinnen und Mitarbeitern getragene Aktion wurde in der Öffentlichkeit stark beachtet. „So 'ne Kirche find' ich o.k." – das dürfte nicht nur die Meinung der kleinen Milena sein. Dass Kirche, wenn sie wirklich Kirche sein will, sich derer annehmen soll, die im Dunkeln wohnen, das denken viele Menschen. Und das zu Recht! Schon im Alten Testament wird Gott als der vorgestellt, der sich der Armen annimmt (z. B. Jesaja 25,4). Und von Jesus wird in den Evangelien erzählt, dass er die Hungrigen satt gemacht hat. Diese Wundergeschichte hat Christen zu allen Zeiten motiviert, mit den Hungrigen das Brot zu brechen. Das Mosaik aus Ravenna (KB S. 183) symbolisiert Jesus als den, der die Hungrigen speist. Alfons Weiser weist darauf hin, dass keiner der Texte, die von dem Speisungswunder berichten, von „Brotvermehrung" spricht. Betont wird vielmehr: „Alle aßen und wurden satt ... Nicht auf einem Wunder an der Natur liegt der Akzent, sondern auf einem Geschehen, das der Not des Menschen abhilft" (Weiser, Wunder S. 114). Wundergeschichten haben nicht nur eine christologische Funktion („Sie machen Jesus groß"), sondern auch eine eschatologische (Wunder als gegenwärtige Zeichen des künftigen Gottesreichs) und schließlich auch eine diakonische; sie geben Anstöße zum eigenen Handeln, hier zur Stillung des Hungers (vgl. Becker, Orientierung Religion, Lehrerhandbuch S. 57).
Das Speisungswunder (Matthäus 14,13 - 21) zeigt Jesus als den, durch den Gott den Hunger endgültig stillt. Es ist ein Zeichen für das Reich Gottes. Schon in Jeremia 31,12 heißt es: „Sie werden ... sich freuen über die Gaben des Herrn, über Getreide, Wein, Öl." Zugleich ist es ein Aufruf zur Hilfe für Notleidende. In Matthäus 14,19 finden sich Anklänge an das Abendmahl. Die Sch. vergleichen die Stelle mit Matthäus 26,26. „In dieser Sichtweise enthüllt sich auch der Sinn des Textes für heute: Christus bereitet uns den Tisch. Er gibt sich zur Speise, sodass alle davon essen können und immer noch für andere übrig bleibt" (Weiser, Wunder, S. 115; vgl. zur Auslegung der Speisungsgeschichte außerdem Schweizer, Matthäus, S. 207 f.; Berger, Wunder, S. 117 - 119).
Zur Vesperkirche gibt es in dreifacher Weise Informationen: der Bericht von Inger Hermann, das Foto (KB S. 182) sowie die Zeitungsnotiz (KB S. 183).

Mögliches Vorgehen

1. Schritt

Die Sch. betrachten die beiden Bilder KB S. 182/183 und stellen Gemeinsamkeiten und Unterschiede fest. Man kann diesen Bildvergleich als Schreibmeditation gestalten.
An der Tafel stehen die beiden Überschriften:

Vesperkirche	Die wunderbare Speisung

Die Sch. schreiben Stichworte, die ihnen zu den beiden Bildern einfallen, in die jeweilige Spalte. Wichtig ist, dass dieser Arbeitsschritt ohne Reden vor sich geht. Danach werden im UG Gemeinsamkeiten und Unterschiede der beiden Bilder erhoben.
Das Foto zeigt, wie Hungrige, Deutsche und Ausländer, satt werden. Es zeigt aber auch, wie allein und isoliert einzelne Esser dasitzen.
Das Mosaik aus Ravenna (6. Jh.) stellt Jesus inmitten seiner Jünger dar. Sie sind mit ihm und durch ihn untereinander verbunden. Seine helfende Kraft wirkt durch sie.

2. Schritt

Lektüre der Texte „So 'ne Kirche find' ich o.k." (KB S. 182) und „Jesus hat's doch auch nicht anders gemacht" (KB S. 183): Der Bericht von Inger Hermann kann etwas von dem Wärmenden der Aktion spürbar machen. In der Geschichte sagt ein Obdachloser über den Pfarrer: „Dann setzt sich eine Weile der Pfarrer zu uns – wie zu den anderen." Diese Aussage wird durch den Sachtext noch unterstrichen, wenn dort von strahlenden Augen berichtet wird, sobald man ihnen ein gutes Wort sagt.
Ein Impuls wie der folgende kann zum Gespräch anregen: Die Gäste in der Vesperkirche werden nicht nur satt, sondern ...

3. Schritt

Die Sch. erzählen von ähnlichen Aktionen, die sie kennen (KB S. 183, Impuls 1).

4. Schritt

Impuls 2, KB S.183: Was hat die Vesperkirche mit Jesus zu tun? Verweis auf das Mosaik und auf die Überschrift „Brot des Lebens" (KB S.183). Nach dem UG wird die Speisungsgeschichte Matthäus 14,13 - 21 gelesen.

3. Alternative Verlaufsplanung

KB S.182/183 kann im Zusammenhang mit der UE „Symbole: Das Brot" (KB S.120/121) behandelt werden.

4. Empfohlene Literatur und Medien

Bubenheimer, Ulrich, Spielen im Religionsunterricht, Unterrichtsprojekt und U-Mitschaufilm, in: entwurf 2/81, Stuttgart 1981, S.6 - 25. (In diesem Beitrag stellt Ulrich Bubenheinmer sehr praxisnah die verschiedenen Formen des Spielens – u.a. die Form des Doppelns – im RU dar.)

Bubenheimer, Ulrich, Spielformen, in: Adam, Gottfried/Lachmann, Rainer (Hg.), Methodisches Kompendium für den Religionsunterricht, Göttingen 1993 S.327 - 349, hier: S.340 (Vandenhoeck & Ruprecht). (In diesem Beitrag wird ausführlich ein Unterrichtsprojekt in einer Realschule in Reutlingen vorgestellt, in dem die Methode des Entscheidungsspiels und des Doppelns im Blick auf den Verlorenen Sohn [Soll ich nach Hause zurückkehren oder nicht?] dargestellt wird.)

Huber, Wolfgang, Kirche, Bibliothek Themen der Theologie Ergänzungsband, Stuttgart 1979 (Kreuz). (Gute Einführung in die exegetische, systematische und praktisch-theologische Bedeutung von Kirche.)

5. Materialien

M 93 Die Heilige Stadt für drei Ein-Gott-Religionen

Die ersten Christen: Von Jerusalem nach Rom

1. Zielsetzung, Aufbau und Probleme

Die UE „Die ersten Christen: Von Jerusalem nach Rom" will den Sch. die Entstehung der Kirche wie auch die Ausbreitung des Christentums von Jerusalem bis nach Rom aufzeigen. Drei Stationen werden besprochen: Jerusalem, Antiochien und Rom. Grundlage für die Rekonstruktion der Zeit der ersten Christen ist die Apostelgeschichte sowie für die Darstellung der Christen in Rom die Briefe des Apostels Paulus.
Nachdem die Sch. im RU der Grundschule vor allem Geschichten aus dem Alten Testament und den synoptischen Evangelien kennen gelernt haben, werden sie nun zum ersten Mal mit der Geschichte der frühen Christenheit konfrontiert. In den Klassen 5/6 sind im Allgemeinen noch geringe geschichtliche Kenntnisse und Einsichten vorhanden. Der Geschichtsunterricht beginnt erst in der 7. oder 8. Klasse. Dieser Umstand kann sich auch positiv auswirken, weil die Sch. neue Entdeckungen machen können.
Manche Sch. haben aber durchaus gewisse Vorkenntnisse. Die 11-/12-jährigen lesen gerne Sachbücher, vor allem solche, die sich mit fremden Welten und früheren Zeiten beschäftigen. Durch Asterixhefte und Filme wie Ben Hur haben sie möglicherweise erste Eindrücke vom Römischen Reich und seinen Bewohnern wie auch von den ersten Christen und den Christenverfolgungen. L. kann also durchaus mit Interesse und Vorwissen rechnen. Dieses Wissen ist häufig jedoch sehr punktuell und klischeehaft. In Bezug auf die Christenverfolgungen hat sich häufig die Vorstellung festgesetzt, es habe in den ersten zweieinhalb Jahrhunderten andauernde, sich über das ganze Römische Reich erstreckende Verfolgungen gegeben. Außerdem ist die Meinung weit verbreitet, dass (fast) alle Christen bei den Verfolgungen standhaft bei ihrem Bekenntnis zu Christus geblieben seien. Demgegenüber wird es im Unterricht darauf ankommen, ein differenzierteres Bild vom Leben der Römer und der Christen im Römischen Reich zu vermitteln.
Da die UE bewusst narrativ aufgebaut ist, kommt L. als Erzählerin bzw. Erzähler eine wichtige Rolle zu. Im Erzählbuch zur Kirchengeschichte (Steinwede, Erzählbuch) finden sich hierfür geeignete Erzählvorschläge. Da in den Klassen 5/6 auch bei der Behandlung kirchengeschichtlicher Zusammenhänge vor allem die Erzählung im Vordergrund steht, gibt dies den Sch. die Möglichkeit, sich mit einzelnen Personen identifizieren zu können. Eingebettet in Erzählungen werden im KB auch einige einfache Quellen zur Bearbeitung angeboten. Sachbilder können die sozialen und politischen Verhältnisse verdeutlichen. Sie können aber auch als Quelle der Erkenntnis dienen, wenn z. B. ein römischer Tempel mit einer christlichen Hauskirche verglichen wird.

2. Didaktisch-methodische Hinweise

KB S. 184/185 Es begann in Jerusalem

Zu den Bildern KB S. 184/185:
– Das Mosaik aus Tabgha am See Genezareth zeigt einen Korb mit Broten und zwei Fischen. Dieses Mosaik (4./5. Jh.) erinnert an das Wunder der Brotvermehrung (Matthäus 14,13 ff.). Es befindet sich in der 1980 - 1982 über dem Mosaik neu errichteten Brotvermehrungskirche. Die Abbildung verweist auf das Wirken Jesu, bei dem gemeinsame Mahlzeiten als Zeichen des anbrechenden Gottesreiches eine wichtige Rolle spielten.
– Der siebenarmige Leuchter vor der Knesset in Jerusalem: Nach 2. Mose 37,17 ff. schuf der Künstler Bezalel den goldenen siebenarmigen Leuchter. Er stand zunächst in der Stiftshütte vor dem Vorhang, der das Allerheiligste abtrennte (vgl. 2. Mose 25,31 ff.), und später im Tempel von Jerusalem. Nach der Zerstörung des Tempels wurde er von den Römern im Triumphzug als Beutestück von Jerusalem nach Rom mitgeführt (vgl. die bekannte Abbildung auf dem Titusbogen in Rom). Die Menora entwickelte sich zum Symbol des Judentums und schmückt heute das Staatswappen des Staates Israel. Der im KB abgebildete Leuchter ist aus Bronze gegossen und hat eine Höhe von fünf Metern; er steht als Geschenk des britischen Parlaments gegenüber dem Eingang zum israelischen Parlament (Knesset) in Jerusalem. Eine genauere Beschreibung bietet Eberhard Röhm in: entwurf 1/77, S. 53 - 55.
– Modell des Jerusalemer Tempels zur Zeit Jesu im Garten des Jerusalemer Holyland Hotels: Der Blick auf den Tempel ist von Osten (aus Richtung Ölberg). Vorne links erkennt man die (heute zugemauerte) goldene Pforte.
Eine Erläuterung der einzelnen Teile des herodianischen Tempels bietet die Skizze auf der folgenden Seite des LHB (nach Bühlmann, Wie Jesus lebte, S. 89): vor dem Tempelhauptgebäude (1) der Opferaltar (2; auf dem Foto nicht erkennbar) und rechts von diesem der Priesterhof (3; noch hinter den Gebäuden); im gleichen Bezirk auch noch der Männerhof (4); vor dem Tor der Frauenhof (5); als äußere Umgrenzung die Säulenhallen für die Händler (6); vor diesen, außerhalb des inneren, ummauerten Tempelbezirks der Hof der Heiden (7).
– Der erste Textabschnitt KB S. 184 geht auf die Situation der Jünger nach Kreuz und Auferstehung Jesu ein.
– Mit der Überschrift „Was ist bei uns anders?" beginnt die fiktive Geschichte von Joels Familie, die KB S. 187 endet. Der erste Dialog zwischen Joel und seinem Sohn Jochanan hat die besondere Situation der Jesusanhänger in den ersten Jahren nach der Auferstehung zum Inhalt. Die Jesusanhänger sind ein Teil der Jerusalemer jüdischen Gemeinde: Sie besuchen weiterhin den Tempel. Sie unterscheiden sich allerdings von den anderen Juden darin, dass sie sich zu Jesus als den Messias bekennen. In der Gemeinde gibt es „Einzelfälle freiwilligen Eigentumsverzichts" (Merkel, Eigentum, S. 412). Grundsätzliche Gütergemeinschaft gab es wahrscheinlich nicht. Die Apostelgeschichte 2,42 - 47 ist wohl eine lukanische Verallgemeinerung. Der Einsatz der jungen Gemeinde für die Hungrigen steht durchaus in der Kontinuität der Speisungswunder Jesu (vgl. zum Speisungswunder KB S. 183).
Typisch für die Jesusanhänger ist die Feier des Abendmahls, das nach dem Neuen Testament vier Wurzeln hat:
– das letzte Mahl Jesu am Abend vor seinem Tod;
– die Mahlgemeinschaften des irdischen Jesus;
– die Erscheinungsmahle des Auferstandenen;
– das Passahmahl im Alten Bund (vgl. Jentsch, Evang. Erwachsenenkatechismus, S. 1105).

Modell des Herodianischen Tempels in Jerusalem:

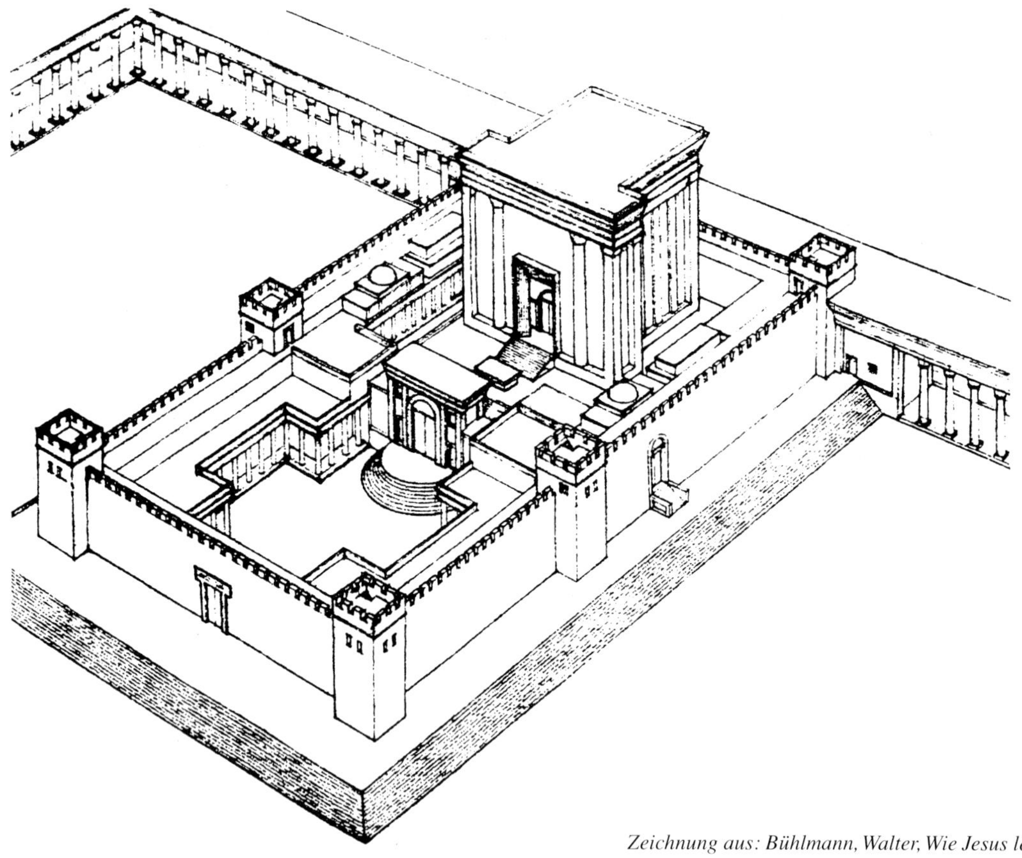

Zeichnung aus: Bühlmann, Walter, Wie Jesus lebte, Luzern 1994

Diese vier Wurzeln werden in dem Gespräch zwischen dem Vater und Jochanan angedeutet. Zum Abschluss dieser ersten Gesprächsrunde erinnert der Vater an Jesu Mahlgemeinschaften gerade mit den Sündern und Zöllnern, zu denen ein Frommer jener Zeit sich nicht gesetzt hätte.

Mögliches Vorgehen

1. Schritt

Mithilfe der Geschichte von den Emmausjüngern (Lukas 24, 13-35) wird die Situation der Jünger nach der Kreuzigung vertieft. Hierzu eignet sich der Holzschnitt von Karl Schmidt-Rottluff, Der Gang nach Emmaus (M 94). Zur Analyse des Bildes kann L. auf einer Kopie des Bildes die Jesusgestalt ausschneiden und von dem reduzierten Bild mit den beiden Jüngergestalten eine Folie herstellen und diese projizieren. Die beiden Jünger gehen niedergeschlagen (Haltung!) ihren Weg nach Emmaus. Nach einer Einführung in die Situation der Jünger nach der Kreuzigung Jesu kann man die Jesusgestalt in einer weiteren Folie hinzufügen. So können die Sch. die niedergeschlagenene Stimmung der Jünger nachempfinden. Dann zeigt L. das Originalbild (M 94) und erzählt die Geschichte weiter. Jesus, den die beiden zunächst nicht erkennen, gesellt sich zu ihnen und begleitet sie. Damit wird die Bedeutung von Ostern deutlich: Jesus lebt, er begleitet seine Jüngerinnen und Jünger auch nach seinem Tod, er ist bei ihnen alle Tage bis an das Ende der Welt.
Nach der Bildbetrachtung wird die Geschichte aus Lukas 24 gelesen. Evtl. erhalten die Sch. Arbeitsblätter der verschiedenen Szenen mit Sprechblasen, in die sie die Empfindungen der Jünger vor und nach der Begegnung mit Jesus in Worte fassen. Sie können das Bild farbig ausmalen.

2. Schritt

Betrachtung der drei Bilder KB S. 184/185 im gelenkten UG: Die Sch. betrachten die drei Bilder und tragen ihre Beobachtungen zusammen. Das Mosaik mit den Broten und Fischen weist auf Jesu Wirken hin: Speisung der 5000, Jesu Mahlzeiten mit Zöllnern und Sündern. Die Menora verdeutlicht, dass Jesus und die ersten Christen Juden waren. Das Modell des Tempels zeigt, dass Jesus zur Tempelgemeinde gehörte und die ersten Christen in Jerusalem nach wie vor am Tempelgottesdienst teilnahmen.
Die mithilfe der Bilder gewonnenen Erkenntnisse spielen in dem Gespräch zwischen Vater Joel und Sohn Jochanan eine Rolle:

- Die christliche Familie des Joel nimmt am Tempelgottesdienst teil, sie sind Juden.
- Das Abendmahl der ersten Christen erinnert an das letzte Mahl Jesu mit seinen Jüngern und an Jesu Mahlzeiten mit Zöllnern und Sündern.

Will man tiefer in die Fragen einsteigen, wie der Jerusalemer Tempel damals ausgesehen hat und welche Funktion die einzelnen Gebäudeteile und Höfe hatten, so kann L. dies im Vortrag anhand der obigen Skizze tun.

3. Schritt

Szene: Was ist bei uns anders (KB S. 184/185)? Der Dialog wird mit verteilten Rollen vorgelesen. Im UG wird dann erhoben, in welcher Weise die besprochenen Bilder mit dem eben Gelesenen zusammenhängen (s.o.).
Danach werden die Impulse im KB S. 185 bearbeitet und die Ergebnisse als TA festgehalten.

Gemeinsamkeiten zwischen Juden und Judenchristen:
- Sie halten sich an die Tora.
- Ihre „Bibel" ist das „Alte Testament".
- Sie nehmen am Tempelgottesdienst teil.

Unterschiede zwischen Juden und Judenchristen:
- Jesus ist für die Christen der von Gott verheißene Retter (Messias).
- Christen haben den Auftrag, die Botschaft Jesu weiterzusagen, um Menschen für seine Gemeinde zu gewinnen.
- In Erinnerung an Jesus feiern die Christen das Abendmahl.

Die im KB S. 185, Impuls 2 genannten Texte aus der Apostelgeschichte geben einen ersten Einblick in das Leben der jungen Christenheit. Sie werden arbeitsteilig in Gruppen bearbeitet und den anderen vorgestellt. Predigt, Abendmahl und Diakonie als wichtige Bestandteile auch heutigen kirchlichen Lebens können herausgearbeitet werden.

KB S. 186 Pfingsten: Der Geburtstag der Kirche

Das Gespräch zwischen Mutter Elisabeth und Tochter Mirjam (KB S. 186) will das Besondere des Pfingstfestes verdeutlichen. Pfingsten mit der Ausgießung des Heilgen Geistes bedeutet die Ausrüstung der Jünger als Apostel und Zeugen für ihren Auftrag, bedeutet den Ursprung der Mission und den Geburtstag der Kirche. Das Rauschen eines gewaltigen Windes und die Feuerflammen sind Symbole des Heiligen Geistes. Möglicherweise hängen die Feuerflammen mit dem jüdischen Wochenfest zusammen, auf den das Pfingstfest datiert wird und das an die Gesetzgebung am Sinai erinnert. Nach einer alten jüdischen Tradition hat sich „Gottes Wort am Sinai in 70 Zungen geteilt – entsprechend den 70 Völkern der Welt –, sodass jedes Volk das Gesetz (das freilich nur Israel annahm!) in seiner eigenen Sprache zu hören bekam" (Haenchen, Apostelgeschichte, S. 138). Auf jeden Fall geht es hier um Zungenreden, um Glossolalie, die nach 1. Korinther 14 zu den von Gott verliehenen Gnadengaben gehört. Die Wirkungen des Geistes sind der Mut zur öffentlichen Verkündigung, aber auch das Wunder, dass die verschiedenen Sprachen der Zuhörerinnen und Zuhörer keine Barriere mehr bilden, um sich gegenseitig zu verstehen. Insofern ist die Pfingstgeschichte die Contrageschichte zum Turmbau zu Babel (1. Mose 11,1 - 9).
Die Pfingstgeschichte ist kein historischer Bericht, sondern eine Glaubensgeschichte. Um der theologischen Aussage willen wird der Rahmen des historisch Möglichen weit gesprengt. Kein antikes Haus hätte beispielsweise eine solche Menschenmenge fassen können. In der Völkerliste kommen Namen wie die der Meder und Elamiter vor, die es zur Zeit des Lukas gar nicht mehr gab.

Zum Bild „Turmbau zu Babel" von Salvador Dalí, KB S. 186:
Das Bild von Salvador Dalí (1904 - 1989) weist auf den Zusammenhang der Pfingstgeschichte mit der Turmbaugeschichte hin. 1. Mose 12,1 ff. bildet den Schluss sowohl der jahwistischen als auch der kanonischen Urgeschichte. Die Geschichte Gottes mit den Menschen ist nach der jahwistischen Theologie von Anfang an dadurch gekennzeichnet, dass der Mensch sich durch die Sünde immer weiter von Gott entfernt; Gott reagiert darauf mit schweren Strafen: 1. Mose 3: die Sünde der ersten Menschen – Vertreibung aus dem Paradies; 1. Mose 4: Kains Brudermord – Vertreibung Kains aus dem Angesicht des Herrn; 1. Mose 4,23 f.: Lamechs ungezügelter Rachedurst; 1. Mose 6,1 - 4: die Engelehen – die Sintflut; 1. Mose 11,1 - 9: der Turmbau zu Babel – die Zerstreuung der Menschheit.
Worum es bei der Turmbaugeschichte im Zentrum geht, hat Gerhard v. Rad so formuliert: Die Geschichte „zeigt, wie die Menschen in ihrem Streben nach Ruhm, Zusammenschluss und eigener Kraftentfaltung sich gegen Gott gestellt haben; aber es ist eine Strafe über sie gekommen: Sie, die so sehr auf Einheit und Zusammenschluss bedacht sind, leben nun zerstreut in einer Wirrnis, in der sie sich nicht mehr verstehen können" (Das Erste Buch Mose, S. 126). Die Geschichte Gottes mit den Menschen beginnt nun neu, indem Gott aus dem Völkergewirr einen Menschen herausruft, Abraham, der zum Vater des Gottesvolkes werden soll. Dennoch bleibt die ganze Menschheit im Blick, denn Abraham soll zum Segen für alle Völker werden (1. Mose 12,3).
Hier setzt auch die Pfingstgeschichte an: Das Kommen des Geistes kündigt an, dass die Zerstreuung der Völker wieder aufgehoben werden soll. Das Gemälde von Salvador Dalí stellt den Turm in eine antike Landschaft (vgl. die Tempel im Hintergrund und das Tor am Turm). Dass die Spitze des Turms bis an den Himmel reichen soll, wird auf dem Bild durch die Wolken angedeutet sowie dadurch, dass der Turm über den Bildrand hinausreicht. Dalís Turm ist bereits im Verfall begriffen, er scheint zu zerfließen. Auf dem Bild sind keinerlei Lebewesen zu erkennen; die Zerstreuung der Menschen hat bereits stattgefunden.

Mögliches Vorgehen

1. Schritt

Nach dem Lesen des Gesprächs (KB S. 186) wird entsprechend dem Impuls 1, KB S. 186 die Pfingstgeschichte (Apgostelgeschichte 2,1 - 13) gelesen. Das Brausen des Windes und die Feuersflammen werden als Symbole des Heiligen Geistes gedeutet. Die Malaufgabe (KB S. 186, Impuls 2) steht bewusst unter dem Thema „Begeisterung an Pfingsten", um den für die Sch. höchst blassen und abstrakten Begriff Heiliger Geist mit Leben zu erfüllen. Welche Wirkungen diese „Begeisterung" hat, kann der Pfingstgeschichte entnommen werden.
Zur Verdeutlichung des Pfingstgeschehens kann die erste Strophe des Pfingstliedes „O komm du Geist der Wahrheit" gesungen und besprochen werden (EG Nr. 136; JG Nr. 96). Impuls: Vergleicht die Bilder des Bibeltextes mit den Bildern des Liedes!

2. Schritt

Zur Verdeutlichung des Geschehens in Jerusalem kann das Arbeitsblatt „Die jüdische Diaspora" (M 95) herangezogen werden. Die Karte zeigt, von wo überallher die am Schawuotfest in Jerusalem versammelten Juden kamen. Diese Aufzählung verdeutlicht, dass zur Zeit Jesu Juden in der ganzen damals bekannten Welt lebten. Die Sch. erhalten das Arbeitsblatt ohne die eingetragenen Namen der Herkunftsländer. Unter Zuhilfenahme eines Geschichtsatlasses tragen sie die Herkunftsländer, wie sie in Apostelgeschichte 2 genannt werden, ein.

3. Schritt

Die Geschichte vom Turmbau zu Babel:
Die Sch. lesen den Text 1. Mose 11,1 - 9 und betrachten das Bild von Dalí (KB S. 186, Impuls 3 und 4). Als Leitfrage kann dienen:

Welchen Zeitpunkt der Turmbaugeschichte stellt Dalí dar? Die Sch. werden schnell entdecken, dass auf dem Turm von Dalí keine Menschen zu sehen sind und der Turm sich bereits im Verfall befindet.
Auch den entscheidenden Unterschied zwischen der Geschichte vom Turmbau und der Pfingstgeschichte werden die Sch. schnell herausfinden: Dort die Zerstreuung der Menschen, die sich nicht mehr verstehen können, weil sie vom Geist der Hybris besessen sind, hier das neue gegenseitige Verstehen der Menschen, die durch den Geist Gottes, den „Geist der Wahrheit", beseelt sind.

KB S. 187 Die Christen in Antiochien

In Antiochien haben die Jesusanhänger wohl den ersten Schritt zur Weltreligion und damit den ersten Schritt über das Judentum hinaus gewagt. Dies wird auch daran deutlich, dass sie in Antiochien zum ersten Mal Christen genannt wurden. Hintergrund für diese Entwicklung waren die schrecklichen Ereignisse um die Steinigung des Stephanus. Bis zu diesem Zeitpunkt waren die Jesusanhänger um die Apostel in Jerusalem nahezu unbehelligt durch die anderen Juden geblieben. Nun kam es zum ersten großen Konflikt. Stephanus, eine griechisch sprechender Diasporajude, und seine Anhänger („Hellenisten") werden nach Apostelgeschichte 6,11-13 beargwöhnt, „Lästerworte gegen Mose und Gott" und Worte gegen „diese heilige Stätte (sc. den Tempel) und das Gesetz" geäußert zu haben.
Stephanus und seine Anhänger waren wohl torakritisch und hatten sich dabei auf Jesu innerjüdische Torakritik berufen (vgl. Becker, Paulus, S. 66-68). Stephanus wurde daraufhin von Juden gesteinigt; seine Anhänger mussten fliehen und wurden Missionare für die christliche Sache im Land Israel und in den angrenzenden Ländern. Im Zusammenhang dieser Tätigkeit werden nun auch Nichtjuden getauft, ohne dass sie auf die Tora verpflichtet werden. Nun gibt es nicht nur Judenchristen, sondern auch Heidenchristen. Um ein Zusammenleben in der Gemeinde zu ermöglichen, verzichten Judenchristen in Antiochien auf die strenge Einhaltung der Speisegesetze. Dies führte in Antiochien zur Trennung von der Synagoge. Andere Judenchristen machen solche Konzessionen nicht.
Die sich daraus ergebenden Probleme werden auf dem Apostelkonvent in Jerusalem (vgl. Apostelgeschichte 15) grundsätzlich gelöst. Die dort im sogenannten Aposteldekret getroffenen Entscheidungen beinhalteten: Die Christen sollen sich enthalten: (1) vom Götzenopferfleisch, (2) vom Blut, (3) vom Erstickten, (4) von Unzucht. Bei diesen vier Geboten geht es darum, dass Juden und Nichtjuden in Gemeinschaft miteinander leben können. Dafür sollen Nichtjuden die Grundregeln jüdischen Lebens kennen und achten, wie z. B. das Verbot, Blut zu essen. Die Forschung geht heute davon aus, dass das Aposteldekret nicht historisch ist, sondern die Regelungen wiedergibt, auf die man sich in Antiochien geeinigt hatte und die dort einige Zeit Gültigkeit hatten.
Im Blick auf die Sch. der Klassen 5/6 sind die insgesamt recht komplizierten Zusammenhänge auf das Wesentliche reduziert worden: Im Zusammenleben der Judenchristen mit den sogenannten Heidenchristen gibt es wegen der jüdischen Speisevorschriften Probleme. In Antiochien wird das Problem so gelöst, dass die Judenchristen sich nicht mehr streng an die jüdischen Speisevorschriften halten. Stephanus wurde in einem innerjüdischen Konflikt gesteinigt, weil er die jüdische Tora mit der Erklärung verletzte, die jüdischen Speisevorschriften seien für Anhänger Jesu nicht mehr verbindlich. Es gab aber in Jerusalem nach wie vor Christen, die sich als gesetzestreue Juden streng an die Tora hielten; zu ihnen gehört Rahels Vater.

Mögliches Vorgehen

Entsprechend den im KB S. 187 aufgeführten Impulsen können mithilfe der zwei Briefe die Begriffe Judenchristen und Heidenchristen geklärt werden. Die beiden Texte zu Stephanus aus der Apostelgeschichte sollten unter der Fragestellung erschlossen werden, warum Stephanus einer Lynchjustiz zum Opfer fiel. L. könnte dann deutlich machen, warum die Anhänger des Stephanus flohen und wie die neuen Gemeinden außerhalb Judäas entstanden. Ein zusätzlicher Impuls könnte sein: Warum nannte man die Jesusanhänger jetzt zum ersten Mal Christen?

KB S. 188 Die Christen in Rom

Schon lange bevor Paulus seinen Brief an die Römer schrieb, gab es dort eine christliche Gemeinde (vgl. Becker, Paulus, S. 351-358). Sie war die erste christliche Gemeinde auf dem europäischen Festland und gehörte anfangs – wie zunächst alle christlichen Gemeinden jener Zeit – zur Synagoge. In den Jahren 49-50 n. Chr., zur Zeit von Kaiser Claudius, gab es unter den Juden Roms große Streitigkeiten, wahrscheinlich wegen der Frage, ob die Judenchristen Heiden taufen und damit in die Gemeinde aufnehmen durften. Kaiser Claudius ließ die Rädelsführer ausweisen. Die christliche Gemeinde, die danach vornehmlich aus Heidenchristen bestand, löste sich aus dem Synagogenverband heraus.

Die Christen waren eine kleine Minderheit/Gottesverehrung bei den Römern:
Die beiden Abschnitte geben notwendige Informationen über die religiöse Situation im Römischen Reich und über das Verhalten der Christen. Die überlieferte Religion der Römer kannte ein ganzes Götterpantheon mit Jupiter an der Spitze. Haupttempel in Rom war der Jupitertempel auf dem Kapitol. Im Mittelpunkt des Gottesdienstes stand das Opfer, das vor dem Tempel dargebracht wurde, um Jupiter gnädig zu stimmen. Das Gottesbild stand in der „cella" im Tempel, die dem Allerheiligsten im Jerusalemer Tempel entsprach. Der Tempel selbst besaß keinen Versammlungsraum. Seit Kaiser Augustus (30 v. Chr.-14 n. Chr.) rückte der Kaiserkult, die göttliche Verehrung des Kaisers, immer mehr in den Mittelpunkt. Der Kaiser verkörperte das Reich. Ihn zu verehren war ein Akt der Loyalität dem Staat gegenüber und Ausdruck der Bereitschaft, sich für das Wohl des Staates einzusetzen.
Die Christen hatten keinen Tempel und kein Gottesbild; sie brachten keine Opfer dar. Sie versammelten sich in Privathäusern. Ihre Lebensweise unterschied sich deutlich von derjenigen der nichtchristlichen Römer. Um die Unterschiede zu verdeutlichen, stehen sich KB S. 188/189 das Bild einer römischen Tempelanlage und der Aufriss einer christlichen Hauskirche gegenüber.

Zum Modell des Jupitertempels in Baalbek (Libanon):
Heliopolis („Stadt des Sonnengottes") in Baalbek war seit der Zeit des Kaisers Augustus römische Kolonie. Der Jupiter, Venus und Merkur geweihte Haupttempelbezirk wurde im 1.-3. Jh.

n. Chr. errichtet. Auffallend ist der sieben Meter über dem weiträumigen Bezirk liegende Haupttempel, in dem Jupiter verehrt wurde. Der linke, sich tiefer befindende Tempel ist Venus geweiht. Unter Theodosius d. Gr. (379 - 395 n. Chr.) wurde im Hauptbezirk eine dreischiffige christliche Pfeilerbasilika errichtet.

Mögliches Vorgehen

1. Schritt

Die Sch. betrachten die drei Bilder KB S. 188/189. Zur Statue von Kaiser Augustus: Welche Bilder haben Christen verwendet? Mögliche Antwort: Bilder vom Gekreuzigten, aber auch Darstellung Jesu als dem guten Hirten (zu Christusdarstellungen vgl. die Folienmappe: Funk u.a., Jesus-Bilder und den Video-Film „Vom guten Hirten zum Weltherrscher"). Der Vergleich der Darstellungen des Augustus und des Christus zeigt zum einen den Siegertyp, zum anderen denjenigen, der sich den Menschen zuwendet.
Die Gegenüberstellung der Tempelanlage in Baalbeck und der Hauskirche in Dura-Europos macht auf die unterschiedlichen Gottesdienstformen aufmerksam. Zu beachten ist, dass die Kirche von Dura-Europos bereits die Entwicklung hin zum eigenständigen Kirchengebäude zeigt. Es gibt bereits einen besonderen Raum für die Taufe.

2. Schritt

Die beiden Abschnitte „Die Christen waren eine kleine Minderheit" und „Gottesverehrung bei den Römern" werden gelesen und mithilfe der Impulse bearbeitet. Impuls 1 im KB S. 188 führt die durch den Vergleich der Bilder erkannten Unterschiede weiter.
Anhand eines durch die Sch. gestalteten Streitgesprächs kann herausgearbeitet werden, was den Römern an den Christen missfiel: das Fehlen von Opfergaben und Kaiserkult, ihre Zurückgezogenheit und ihre besondere Lebensweise (KB S. 188, Impuls 2).

KB S. 189/190 Beim Abendgottesdienst/ Erinnerung an Jesus

Die über KB S. 189/190 sich erstreckende fiktive Erzählung um Lucia und Antonius, den beiden Schulkameraden, soll einen Einblick in das gottesdienstliche Leben der frühen Christen im Römischen Reich vermitteln. Die tägliche Zusammenkunft fand gegen Abend in einem Privathaus statt. Zu der Feier gehörte – das macht 1. Korinther 11,23 - 34 deutlich – eine Sättigungsmahlzeit (Agape), der sich die Eucharistiefeier anschloss. Die Feier enthielt mit Liedern, Gebeten, Schriftlesungen und Predigt Elemente aus dem syngogalen Gottesdienst (vgl. zum heutigen Synagogengottesdienst KB S. 102). Früh dürfte auch die Verlesung von Briefen wie solchen des Apostels Paulus im Gottesdienst ihren Platz gehabt haben (vgl. auch KB S. 170/171). Der Gottesdienst ist immer Gemeindegottesdienst; beim Tempeldienst hingegen fehlt der Gedanke der Gemeinde. Die besondere Verbundenheit der Christen untereinander drückt sich auch darin aus, dass man sich umarmt und küsst, wenn man zur Versammlung kommt.
Das älteste Zeugnis einer Taufliturgie stammt aus der Didache (Anfang 2. Jh.). Danach gehören zur Vorbereitung der Taufbewerber Unterricht und mehrtägiges Fasten. Die Taufe wird durch dreimaliges Untertauchen, möglichst in fließendem Wasser, vollzogen; dabei wird die trinitarische Taufformel gesprochen.

Mögliches Vorgehen

Soll die Erzählung als Hörspiel oder als Spiel umgesetzt werden (KB S. 190, Impuls 2), so muss die Geschichte vorab als Ganze behandelt werden und den Sch. die Absicht eines daran anschließenden Hörspiels bzw. Spiels bekannt sein. Bevor die Rollen verteilt werden, wird die Geschichte in Szenen eingeteilt. Die Sch. können für die Gottesdienstszenen Lieder aus dem Gesangbuch heraussuchen.
Die Gestaltung der Geschichte als Hörspiel oder als kleines Theaterstück wird dazu führen, dass sich die Sch. sehr stark in das gottesdienstliche Geschehen von damals hineindenken; die im KB S. 190 genannten Impulse 3 und 4 erübrigen sich dann, weil die Sch. bei der Vorbereitung und Durchführung des Hörspiels oder des Spielens der Geschichte sich von ganz alleine mit den beiden Fragen, wie sich Antonius entscheiden soll und was ihm an den Christen gefällt, befassen werden.
Das Spielen erleichtert den Vergleich dieses Taufgottesdienstes mit dem im KB S. 180 geschilderten Taufgottesdienst. Zum Vergleich können auch noch die Schilderung einer baptistischen Tauffeier (KB S. 201) und das Bild einer Taufe in Zaire (KB S. 190) herangezogen werden
Das jeweils Gemeinsame besteht darin, dass nicht Säuglinge, sondern Erwachsene bzw. Heranwachsende getauft werden. Beim Taufritus gibt es Unterschiede.

KB S. 191 Leben angesichts des Todes

Im ersten Abschnitt wird zunächst der Umgang der Römer mit dem Tod thematisiert. Ihr Ziel war es, die Toten so gut wie möglich am irdischen Leben teilhaben zu lassen. Dem steht der besondere Umgang der Christen mit dem Tod und den Toten gegenüber, der von den Römern durchaus beachtet wurde. Der Umgang der Christen mit dem Tod ist geprägt von der Hoffnung auf die Auferstehung der Toten. Von dieser Hoffnung zeugen viele Katakombenbilder (vgl. Video-Film „Vom guten Hirten zum Weltherrscher").
Das Bild „Daniel in der Löwengrube" stammt aus einer Katakombe in Rom. Es war auf die Grabplatte eines Märtyrers gemalt, der gerade nicht wie Daniel gerettet wurde. Hier drückt sich der Glaube aus, dass der Auferstandene die Seinen vom Tod errettet.
Im Unterricht sollten die unterschiedlichen Handlungsweisen von (heidnischen) Römern und Christen herausgestellt werden. Das Jesuswort in Johannes 11,25 („Ich bin die Auferstehung und das Leben. Wer an mich glaubt, der wird leben, auch wenn er stirbt.") drückt die christliche Auferstehungshoffnung aus.

Mögliches Vorgehen

1. Schritt

Die Sch. betrachten das Katakombenbild „Daniel in der Löwengrube" und lesen dann die Geschichte in Daniel 6. Eine Alternative zum Lesen des Bibeltextes bildet die biblische Ballade „Daniel in der Löwengrube" von Klaus-Peter Hertzsch (Hertzsch, Der ganze Fisch, S. 64 - 76). Information durch L.: Das Bild war auf die Grabplatte eines christlichen Märtyrers gemalt.

Die Frage, warum diese Geschichte für die ersten Christen so wichtig war, wird im UG erörtert (KB S. 191, Impuls 2). Hierzu kann Johannes 11,25 herangezogen werden (vgl. KB S. 191, Impuls 1). Will man bei diesem Thema länger verweilen, können die Sch. Texte von heutigen Todesanzeigen mitbringen, in denen die christliche Auferstehungshoffnung deutlich wird.

2. Schritt

Der Text über die Einstellung der Römer kann dazu anregen, ähnliche Einstellungen in der heutigen Zeit anzusprechen. Auch hierzu können Todesanzeigen herangezogen werden, die etwa von ewigem Andenken o.ä. sprechen („Wir werden sie nie vergessen.").
KB S. 191 kann auch nach der Behandlung der Christenverfolgung (KB S. 192/193) besprochen werden; das hat den Vorteil, dass das Bild „Daniel in der Löwengrube" dann von den Sch. besser verstanden wird.

KB S. 192/193 Christen werden verfolgt

Man kann die Zeit der Christenverfolgungen in drei Abschnitte gliedern:
(1) Bis ca. 100 n. Chr. gibt es einzelne Pogrome wie z. B. die Christenverfolgung unter Nero. Diese war auf das Stadtgebiet von Rom beschränkt. Die ohnedies nicht so beliebten Christen dienen als Sündenböcke wie dann im Mittelalter die wenig beliebten Juden als Sündenböcke bei einer Pest herhalten mussten.
(2) Zwischen 100 und 250 n. Chr. gab es immer wieder einzelne Verfolgungen. Grundlage hierfür waren Rechtsbestimmungen, die als erster Kaiser Trajan erließ. Danach war Christsein verboten, weil die Christen den Kaiserkult nicht ausübten. Aufspüren sollte man die Christen nicht und anonyme Anschuldigungen fanden keine Berücksichtigung. Wenn sie aber angezeigt und überführt wurden, dann sollten sie verurteilt werden.
(3) Unter den Kaisern Decius und Diokletian (250 - 311 n. Chr.) fanden systematische Verfolgungen im ganzen Römischen Reich statt. In einer Zeit innerer und äußerer Krisen des Römischen Reichs mussten alle Kräfte zusammengefasst werden. Die staatserhaltenden Gottheiten sollten deshalb verstärkt verehrt werden. Die Christen aber lehnten den Staatskult ab. Sie galten auch aufgrund ihrer ständig wachsenden Anzahl als eine Gefahr („Staat im Staat"). Die Verfolgungen begannen mit einem kaiserlichen Edikt im Jahr 250 n. Chr., das alle Bewohner des Römischen Reichs zur Teilnahme eines allgemeinen Opfers für die Staatsgötter, darunter den Kaiser, verpflichtete. Der Text von Eusebius KB S. 192/193 zeigt, welch verheerende Auswirkungen dieses Edikt bei den Christen hatte. Es kann keine Rede davon sein, dass alle Christen standhaft blieben.
Das Mosaik KB S. 192 (Castelllo Museum in Tripolis) zeigt Gladiatoren im Kampf mit wilden Tieren in einer Arena. „Die Christen vor die Löwen" war ein beliebter Slogan, wenn es irgendeine Katastrophe, sei es eine Seuche, ein Erdbeben oder eine Überschwemmung gab.
Gegenüber dem Vorwissen der Sch. wird es im Blick auf die Christenverfolgungen darauf ankommen, ein differenzierteres Bild dieser Ereignisse zu vermitteln.

Mögliches Vorgehen

Im RU wird nur auf die Abschnitte „Nero" sowie „Der christliche Schriftsteller Eusebius berichtet" Bezug genommen. Bei besonders am Thema Christenverfolgung interessierten Klassen kann man alle drei Abschnitte behandeln und auch noch als Ergänzung das Textblatt „Rechtsbestimmungen im römischen Staat unter den Kaisern Trajan und Hadrian" (M 97) hinzunehmen.

1. Schritt

Die Sch. betrachten das Mosaik „Gladiatoren in der Arena". Im UG tragen sie zusammen, was sie über Gladiatorenkämpfe aus Sachbüchern und Filmen bereits wissen.

2. Schritt

L. erzählt von der Christenverfolgung unter Nero. Material hierzu findet sich bei Steinwede (Steinwede, Erzählbuch zur Kirchengeschichte, Bd. 1, S. 54 ff.). Der Text im KB kann als wiederholender und zusammenfassender Text gelesen werden.

3. Schritt

Nach einer Einführung durch L. lesen die Sch. den Text von Eusebius und bearbeiten in GA die Impulse 1 und 2 im KB S. 193. Dass der Text von einem christlichen Schriftsteller stammt, machen die letzten Zeilen deutlich. Impuls 2 greift noch einmal auf, was im KB S. 188 bereits angesprochen wurde.

4. Schritt

Ein durch die Sch. gestaltetes Streitgespräch zwischen einem Christen, der das Opfer verweigert, und einem Christen, der sich zum Opfer entschlossen hat, kann die Ernsthaftigkeit der verschiedenen Positionen herausstellen (KB S. 193, Impuls 3). So wird verhindert, dass die Sch. sich in eine Pose der Überheblichkeit begeben.

KB S. 193 Kaiser Konstantin

Die UE endet mit einem kurzen Blick auf Kaiser Konstantin, mit dessen Namen sich die konstantinische Wende verbindet, d. h. zunächst die Duldung der Kirche und später ihre alleinige Geltung als Reichskirche. Wie sich die Zeiten geändert haben, macht ein Vergleich der beiden Abbildungen deutlich. Links das Spottkruzifix eines jungen Römers – aus der Zeit vor Konstantin – über die für ihn unfassliche Vorstellung, dass Gott sich in einem Gekreuzigten offenbart (Ein heidnischer Junge verspottet seinen christlichen Mitschüler: „Anaxamenos betet seinen Gott an."). Rechts die Darstellung eines Sarkophags nach der „Wende". Statt der Dornenkrone setzen die römischen Kriegsknechte Jesus einen Lorbeerkranz, den allein ihm zustehenden Königsschmuck, auf und deuten so die biblische Geschichte symbolisch um.

Mögliches Vorgehen

1. Schritt

Anhand der Karte „Die Ausbreitung des Christentums bis zum 3. Jahrhundert" (M 96) wird gezeigt, wie weit die Verbreitung des Christentums vor der konstantinischen Wende vorangeschritten war.

2. Schritt

L. erzählt von Kaiser Konstantin und seiner Duldung des Christentums. Hier hat durchaus auch die Legende vom Sieg Konstantins über seinen Mitkaiser seinen Platz (vgl. dazu: Steinwede, Erzählbuch zur Kirchengeschichte, Bd. 1, S. 132 ff.). Den Text KB S. 193 lesen die Sch. zur Wiederholung des Erzählten.

3. Schritt

Die Sch. betrachten die beiden Bilder KB S. 193 und vergleichen sie miteinander. Der Bildvergleich kann erste Hinweise auf das, was anders geworden ist, bringen (KB S. 193, Impuls 4).

4. Schritt

Die Sch. lesen zum Impuls 5 im KB S. 193 das Gespräch zwischen Bischof Eulegius und dem kaiserlichen Beamten Lactantius „Das Römische Reich wird christlich" (M 98).

3. Alternative Verlaufsplanung

Man kann mit KB S. 192/193 einsetzen und mithilfe der angegebenen Zusatzmaterialien M 96, M 97 und M 98 die Christenverfolgung, die Ausbreitung der Christen im Römischen Reich und die konstantinische Wende etwas ausführlicher behandeln. Von da aus wird dann die Rückfrage gestellt: Wie kam es dazu, dass sich die Christen von Jerusalem aus über das ganze Römische Reich ausbreiteten (KB S. 184 - 193)?

4. Empfohlene Literatur und Medien

Funk, Joachim/Kratzer, Siegfried/Zwanzger, Walter (Hg.), Jesus-Bilder, Religionspädagogisches Zentrum, Heilsbronn 1955 (Bezug: Postfach 1143, 91556 Heilsbronn)

Gutschera, Herbert/Thierfelder, Jörg, Brennpunkte der Kirchengeschichte, Paderborn 1976 (Schöningh). (Dieses Buch, das auch als Schülerbuch geeignet ist, bietet in den Kapiteln 1 und 2 Texte und Bilder zum Thema.)

Hertzsch, Klaus-Peter, Der ganze Fisch war voll Gesang, Biblische Balladen und Gesänge, Stuttgart, 10. Aufl. 1984 (Radius). (Neben der Ballade zu Daniel in der Löwengrube finden sich Balladen zu anderen biblischen Geschichten, z. B. zu Jona, die alle sehr gut im Unterricht der Sekundarstufe eingesetzt werden können.)

Knödler, Ottheinrich u.a., Das neue Kursbuch Religion 5/6, Lehrerhandbuch, Stuttgart/Frankfurt 1989, S. 127 - 170 (Calwer/Diesterweg). (Geboten wird eine ausführliche Sachanalyse zum Thema „Erste Christen".)

Steinwede, Dietrich, Erzählbuch zur Kirchengeschichte, Bd. 1, Lahr 1982 (Kaufmann)

Widmann, Martin, Geschichte der Alten Kirche im Unterricht, Gütersloh 1970 (Gütersloher Verlagshaus). (Martin Widmann bietet neben einer Sachanalyse gute Materialien für den Unterricht.)

Video-Film „Vom guten Hirten zum Weltherrscher. Das Christusbild im Wandel der Frühen Kirche", Film von Herbert Alexander Stützer und Günter Friedrich. Begleitheft von Kai Buschmann, Calwer Verlag, Stuttgart 1993

5. Materialien

- M 94 Der Gang nach Emmaus (Holzschnitt von Karl Schmidt-Rottluff)
- M 95 Karte: Die jüdische Diaspora, Apostelgeschichte 2
- M 96 Karte: Die Ausbreitung des Christentums bis zum 3. Jahrhundert
- M 97 Rechtsbestimmungen im römischen Staat unter den Kaisern Trajan und Hadrian (100 - 250 n. Chr.)
- M 98 Das Römische Reich wird christlich

Christen in unserem Land

1. Zielsetzung, Aufbau und Probleme

Die UE „Christen in unserem Land“ stellt eine Erweiterung der UE „Evangelisch-Katholisch“ im Vorläuferband Kursbuch Religion 5/6 bzw. Das neue Kursbuch Religion 5/6 dar. Diese Erweiterung trägt dem Tatbestand Rechnung, dass es neben den Katholiken und (landeskirchlichen) Evangelischen in der Bundesrepublik auch (freikirchliche) Evangelische und griechisch-orthodoxe Christen gibt. Man wird nicht davon ausgehen können, dass die Sch. in den Klassen 5/6 die konfessionellen Unterschiede schon in ihrer Tiefe verstehen können. Ziel der UE ist es, dass die Sch. die verschiedenen Konfessionen kennen lernen. So werden Besonderheiten in Kirchenbau, Liturgie und Frömmigkeit herausgestellt. Gemeinsamkeiten und Unterschiede zwischen den Konfessionen werden deutlich. Die Sch. werden erkennen, dass für alle Konfessionen gilt, was Küng speziell zum evangelisch-katholischen Verhältnis sagte: „Was Katholiken und Evangelische als Christen eint, ist unendlich viel größer als das, was sie – leider auch sehr fühlbar – trennt.“ Weiter sollen die Sch. einen Einblick in die Ökumene bekommen, in den spannungsreichen, aber doch verheißungsvollen Prozess des Aufeinanderzugehens von Christen aller Konfessionen. Am Schluss der UE werden die Baptisten und die griechisch-orthodoxen Christen vorgestellt.
In der Öffentlichkeit wird heute zunehmend weniger zwischen „evangelisch“ und „katholisch“ unterschieden. Empört treten z. B. vereinzelt Protestanten aus der Kirche aus, angeblich – wie geschehen – „weil sie mit dem gegenwärtigen Papst nicht einverstanden“ sind. Andererseits begegnen die Sch. der konfessionellen Spaltung auf vielfältige Weise, etwa darin, dass Mitsch. einen anderen RU oder sonntags einen anderen Gottesdienst besuchen oder in andere kirchliche Jugendgruppen gehen. Sehr häufig erleben sie die konfessionellen Unterschiede auch, weil ihre Eltern oder Bekannte oder Verwandte in einer gemischt konfessionellen Ehe leben. Der Grad der Betroffenheit über die konfessionelle Problematik ist freilich höchst unterschiedlich. Ob jemand in einer überwiegend evangelischen Gegend lebt oder aus einer konfessionsverschiedenen Ehe stammt, all das bestimmt ihr/sein Verhältnis zu den anderen Konfessionen.
Die Kenntnisse der Sch. von den anderen Konfessionen sind im Allgemeinen eher gering. Bekannt sind in Bezug auf die katholische Kirche bei Sch. auffällige Phänomene wie Papsttum, Fronleichnamsfest und Ministranten. Früher oft geäußerte Vorurteile gegen Katholiken wie auch solche von Katholiken gegenüber Evangelischen spielen heute so gut wie keine Rolle mehr. Für viele Sch. sind die konfessionellen Unterscheide so unwichtig geworden, dass sie gar nicht verstehen, warum die Kirchen sich nicht sofort vereinigen.
Wichtig ist in dieser Situation, dass L. sich gründlich vorbereitet, um mögliche Fragen der Sch, die gerade dieses Thema mit großem Interesse verfolgen, beantworten zu können. Dazu gehört auch, dass man den schwierigen Fragen, was und warum uns manches trennt, nicht aus dem Weg geht.
Eine enge Kooperation mit dem katholischen RU ist bei dieser UE sinnvoll. Wo es die äußeren Verhältnisse erlauben, können gemischt konfessionelle Gruppen gebildet werden, die gemeinsam Erkundungsaufgaben durchführen (vgl. dazu „Alternative Verlaufsplanung“).

2. Didaktisch-methodische Hinweise

KB S. 194 Christen in unserem Land

Die Collage zeigt eine evangelische Pfarrerin, einen griechisch-orthodoxen Gottesdienst und eine katholische Prozession mit weißgekleideten Ministrantinnen und Ministranten.
Das Lied „Herr, du hast darum gebetet“ geht vom hohenpriesterlichen Gebet Jesu im Johannesevangelium, in dem Jesus Gott für die Seinen bittet („damit sie alle eins seien“, Johannes 17,21), aus.

Mögliches Vorgehen

1. Schritt

Die Bildbetrachtung (Collage) kann als Schreibmeditation gestaltet werden: Die Sch. notieren – ohne dass dabei gesprochen wird – Stichworte an der Tafel, die ihnen zu den einzelnen Bildern einfallen (KB S. 194, Impuls 1). Im UG wird dann geklärt, welche konfessionellen Unterschiede und Besonderheiten in den Bildern angesprochen werden. Weitere Unterschiede, die den Sch. bekannt sind, werden zusammengetragen.

2. Schritt

Die Sch. erheben eine Konfessionsstatistik an der Schule und am Ort (KB S. 194, Impuls 2). Die Schulstatistik kann mit Erlaubnis des Rektors erstellt werden (KB S. 194, Impuls 3). Die Ortsstatistik wird man auf dem Rathaus bekommen können. Die Zahlenverhältnisse für die Bundesrepublik (möglichst auch mit Unterscheidung nach einzelnen sowie alten und neuen Bundesländern und Hervorhebung bestimmter Großstädte) sind statistischen Jahrbüchern zu entnehmen. Die Erarbeitung der Statistik sollte in GA geschehen. Die Darstellung der Ergebnisse kann auf einem Plakat erfolgen (mit Deutschlandkarte!), das im Klassenzimmer aufgehängt wird.

3. Schritt

Das Lied „Herr, du hast darum gebetet“ (vollständiger Text leicht zugänglich in EG Nr. 267 und in LJ Nr. 154) kann als Begleitlied für die gesamte UE jeweils zu Beginn oder am Ende der Stunde Verwendung finden.

KB S. 195 Evangelisch – katholisch – ökumenisch

Von den im Kalenderjahr 1992 in der Evangelischen Landeskirche in Württemberg getrauten Ehen waren etwas mehr als ein Drittel konfessionsverschiedene Ehen. Während die evangelische Kirche hierfür im Allgemeinen keine Rechtsbeschränkungen kennt, ist für die katholische Kirche die Konfessionsverschiedenheit ein sogenanntes Ehehindernis.
Der katholische Pfarrer dispensiert (= befreit) von diesem Hin-

dernis, wenn der katholische Partner folgende Fragen bejahen kann: „Wollen Sie in Ihrer Ehe als katholischer Christ leben, und den Glauben bezeugen? Sind Sie sich bewusst, dass Sie als katholischer Christ die Pflicht haben, Ihre Kinder in der katholischen Kirche taufen zu lassen und im katholischen Glauben zu erziehen? Versprechen Sie, sich nach Kräften darum zu bemühen, dieses sittliche Gebot zu erfüllen, soweit das in Ihrer Ehe möglich ist?"

Kann der katholische Partner diese Fragen nicht mit Ja beantworten, ist er von der Teilnahme an den Sakramenten ausgeschlossen. Auch wenn die katholische Praxis bei der konfessionsverschiedenen Ehe vielfach konziliant verfährt – schon die Fragen bedeuten eine Fortschritt gegenüber früheren Regelungen –, so kann es immer noch zu schweren Gewissensbelastungen kommen. Es besteht auch die Gefahr, dass die konfessionsverschiedene Ehe nicht als Chance für ein ökumenisches Miteinander gesehen wird, sondern zur religiösen Gleichgültigkeit beider Partner führt. Die Geschichte „Familie Felder" ist ein Beispiel für eine „gelungene" konfessionsverschiedene Ehe. Das Foto zeigt eine konfessionsverschiedene Trauung. Der Ausdruck „ökumenische" Trauung ist nicht korrekt. Sie findet nämlich entweder in einer evangelischen oder in einer katholischen Kirche statt. Das Besondere ist die Mitwirkung beider Geistlichen. Auf dem Bild segnet der katholische Priester die Ehe ein, indem er seine Stola auf die Hände der beiden legt und dazu ein Segenswort spricht.

Für die jeweilige Mitwirkung der Pfarrerin bzw. des Pfarrers der anderen Konfession bieten die Trauagenden Vorschläge. In der württembergischen Landeskirche hält bei der evangelischen Trauung eines evangelischen/römisch-katholischen Paares unter Beteiligung eines römisch-katholischen Priesters die evangelische Pfarrerin bzw. der evangelische Pfarrer die Traupredigt. Sie/Er stellt zusammen mit dem katholischen Pfarrer die Traufrage und spricht den Trausegen.

Mögliches Vorgehen

1. Schritt

Die Betrachtung des Bildes von einer „ökumenischen" Trauung bietet die Chance, dass die Sch. ihre eigenen Erfahrungen mit konfessionsverschiedenen Ehen einbringen können. Die Sch. tragen zusammen, was sie auf dem Bild erkennen und was sie über konfessionsverschiedene Ehen und „ökumenische" Trauungen wissen.

2. Schritt

Zur Erarbeitung des Textes „Familie Felder" mithilfe der beiden Impulse empfiehlt sich GA. Danach werden die Ergebnisse im UG zusammengetragen.

Impuls 1, KB S. 195: Die Sch. geben oft die Antwort, dass es nach der Konfession der Frau gehen soll, weil sie vor allem die Kinder erzieht. Manchmal heißt es aber auch: Die/Der mit dem besseren Kontakt zu ihrer/seiner Kirche soll sich „durchsetzen". Die Sch. sollten die Problematik dieser Antworten bedenken.

Impuls 2, KB S. 195: Heute treffen sich viele Kinder – durchaus nicht nur aus konfessionsverschiedenen Ehen – in Jugendgruppen anderer Konfessionen. Evangelische gehen z. B. in einen baptistischen, methodistischen oder katholischen Jugendkreis. Evangelische oder katholische Pfadfindergruppen haben oft großen Zulauf auch von Jugendlichen anderer Konfessionen.

Für die Entscheidung von Marianne und Peter dürfte ausschlaggebend sein, ob ihre Tochter bei den katholischen Pfadfindern so etwas wie ein Stück christlicher Gemeinschaft erfahren kann.

KB S. 196/197 Besuch in einer katholischen Kirche

Die Bildergeschichte vermittelt einen kleinen Einblick in katholisches kirchliches Leben.

Zum Beichtstuhl: Weil es hier manche Vorurteile bei Evangelischen gibt, sind präzise Informationen wichtig. Die Lossprechung ist keine „billige Gnade". Der Lossprechung durch den Priester im Namen Gottes muss beim Beichtenden der Wille zur Umkehr vorausgehen. Heute gibt es in der katholischen Kirche verschiedene Formen von Beichte. Neben der Beichte im Beichtstuhl gibt es die Einzelbeichte in einem Raum außerhalb der Kirche und die Gruppenbeichte, Bußfeier genannt. Der katholische Christ ist verpflichtet, einmal im Jahr zur Beichte zu gehen. In der evangelischen Kirche gibt es keine formale Verpflichtung zur Beichte. Eine allgemeine Beichte findet innerhalb des Gottesdienstes statt, oft in Verbindung mit Abendmahlsgottesdiensten. Grundsätzlich kann jeder Christ seinem Mitchristen die Beichte abnehmen.

Zum Tabernakel: Die katholische Kirche hat eine besondere Auffassung vom Abendmahl bzw. von der Eucharistie in der Hl. Messe. Unter den Einsetzungsworten, die der Priester spricht, wandeln sich Brot und Wein in Leib und Blut Christi. Die im Gottesdienst nicht verwendete Hostie, der Leib Christi, wird nach der Messe im Tabernakel aufbewahrt (zur evangelischen Abendmahlsauffassung vgl. Frieling/Ortmann, Evangelisch, S. 28).

In den evangelischen Kirchen gibt es keine einheitliche Auffassung vom Abendmahl. In den reformierten Kirchen werden in der Tradition von Zwingli und Calvin Brot und Wein rein symbolisch verstanden: Sie *bedeuten* Leib und Blut Christi. In den lutherisch geprägten Kirchen ist Christus mit der Darreichung von Brot und Wein real gegenwärtig. Im Blick auf die Sch. der Klassen 5/6 wird es darauf ankommen, das Gemeinsame zu betonen: Christus ist in der Gemeinde, die in der Erinnerung an Jesus das Abendmahl feiert, gegenwärtig. Er sagt: „Wo zwei oder drei versammelt sind in meinem Namen, da bin ich mitten unter ihnen" (Matthäus 18,20).

Das *Fronleichnamsfest* hängt eng mit dem katholischen Abendmahlsverständnis zusammen. Fron-Leichnam bedeutet: Leib des Herrn und ist der mittelhochdeutsche Ausdruck für den Leib Christi im Abendmahl. Bei dem 1264 n. Chr. in der katholischen Kirche eingeführten Fest wird die Hostie (= der Leib Christi) in einem besonderen Gefäß, der Monstranz (von monstrare = zeigen), auf Straßen und Plätze hinausgetragen, um sie allen Gläubigen zu zeigen.

Mögliches Vorgehen

1. Schritt

Lerngang in eine katholische Kirche: Es ist sinnvoll, einen Lerngang in eine katholische Kirche in konfessionell gemischten Gruppen durchzuführen. Die konfessionsverschiedenen Sch. können sich gegenseitig informieren. Bei einem solchen Lerngang kann man folgenden Fragenkatalog verwenden:

Fragen zur Besichtigung einer katholischen Kirche
(1) Was fällt gleich bei der inneren Eingangstüre auf?
(2) Schau dir eine Bank genau an. Zeichne sie von der Seite! Was ist anders im Vergleich zu einer evangelischen Kirche?
(3) Beim Altar befindet sich ein besonderes Schränkchen. Wie heißt es? Was ist darin aufbewahrt?
(4) Vorne in der Kirche kann man ein Licht sehen, das immer brennt. Wie heißt dieses Licht?
(5) In der Nähe des Altars steht (in vielen katholischen Kirchen) eine Statue aus Stein oder Holz. Sie stellt einen Mann oder eine Frau dar. Welcher Mann oder welche Frau ist hier abgebildet?
(6) In der Nähe der Eingangstür kann man zwei Türen erkennen. Was verbirgt sich hinter diesen Türen?
(7) Blättere in Ruhe in den ausgelegten Liederbüchern. Schreib drei dir bekannte Lieder jeweils mit Nummer auf!

Die Bilder KB S. 196/197 dienen dann zur Aufarbeitung des Gesehenen und Gehörten im UG. Man kann aber auch die Bilder ohne einen solchen Lerngang besprechen.

2. Schritt

Lerngang in eine evangelische Kirche: Vor einem Lerngang in eine evangelische Kirche – ebenfalls in gemischt konfessionellen Gruppen – kann man das Bild KB S. 197 unten betrachten. Das Foto zeigt die evangelische Blosenbergkirche in Leonberg bei Stuttgart. Impuls: Woran sieht man, dass es sich um eine evangelische Kirche handelt?
Was auf dem Bild zu erkennen ist: Sitzreihen ohne Kniebänke, Anschlagtafeln für die Lieder, die Abendmahlsgeräte auf dem Altartisch ohne Tabernakel. Weiterhin sieht man ein kleines Holzkreuz auf dem Altartisch und die aufgeschlagene Bibel für die Schriftlesung. Links vom Altartisch ein Stein, der Taufstein, mit den Taufgeräten. Das Kunstwerk über dem Altartisch stellt ein Kreuz dar mit verschiedenen symbolträchtigen Bildern aus der Passionsgeschichte: Spieße/Stangen (Marterwerkzeuge), Würfel (der Soldaten), Krug (mit Essig), oben eine (Dornen-)Krone. Die Sch. sollen diese Bilder entdecken (Passionsgeschichte aufschlagen!). Was auf dem Bild nicht zu sehen ist: eine Orgel an der gegenüberliegenden Seite der Kirche, ein Platz für den Kirchenchor, an den Eingangstüren Opferstöcke, im Vorraum ein künstlerisch gestaltetes Gedenkbuch mit den Namen der im Leonberger Konzentrationslager (SS-Arbeitslager) ermordeten Häftlingen aus vielen europäischen Ländern. (Die Kirche steht auf dem Grund des ehemaligen KZ.) Impuls: Was ist auf dem Bild nicht zu sehen, was sonst noch zu einem evangelischen Kirchengebäude gehört? (Nebenbei: Diese Kirche besitzt keine Glocken. Das gibt es auch. Zur Gottesdienstzeit hört man allerdings die Glocken der zentralen Stadtkirche.)
Nach einem Lerngang in die evangelische Kirche schließt sich dann der Impuls 1, KB S. 197 an.

3. Schritt

Beim Vergleich zwischen dem katholischen und evangelischen Gottesdienst kann man die Erzählung „Katholische Kinder besuchen einen evangelischen Sonntagsgottesdienst" (M 99) heranziehen. Auch evangelische Kinder können davon profitieren, haben sie doch oft genug nur geringe Kenntnisse von der eigenen Kirche.

KB S. 198/199 Was uns eint ... / ... und was uns trennt

Auf den beiden Seiten sind in Bild und Text Gemeinsamkeiten und Unterschiede zwischen der evangelischen und der katholischen Kirche gegenübergestellt.
Gemeinsamkeiten: Lieder, Glaubensbekenntnis, Vaterunser, Bibel, Taufe, Feste wie Ostern, Pfingsten und Weihnachten.
Bedingte Unterschiede: Gottesdienst, Abendmahl/Messe, Pfarrer/Priester, Konfirmation/Firmung.
Strikte Unterschiede: Heiligenverehrung, Unfehlbarkeit des Papstes.

Beim katholischen Gottesdienst ist die Eucharistie zentral, beim evangelischen Gottesdienst die Predigt. Freilich haben sowohl die Predigt in der katholischen Kirche wie auch das Abendmahl in der evangelischen Kirche an Bedeutung gewonnen.
Zum Pfarrer: Die besondere Stellung des katholischen Pfarrers wird durch die Priesterweihe sakramental begründet. Der Priester „vollzieht in der Person Christi das eucharistische Opfer und er bringt es im Namen des ganzen Volkes Gott dar" (Frieling/Ortmann, Evangelisch, S. 89). Die besondere Stellung wird durch den Zölibat unterstrichen.
Nach Luther sind alle Christen Priester. Der Pfarrer hat den besonderen Dienst der Predigt und der Sakramentsausteilung. Dieser Dienst verleiht ihm keine besondere Qualität. Der evangelische Pfarrer kann heiraten. In der Zeit nach dem Zweiten Weltkrieg wurden in den deutschen Landeskirchen Verordnungen erlassen, die den Dienst der Pfarrerin gleichberechtigt neben den des Pfarrers stellen.
Die *Firmung* in der katholischen Kirche wird zwischen dem 11. und 14. Lebensjahr durch den Bischof vorgenommen. Zuvor feiern die Kinder mit neun Jahren das Fest der Erstkommunion. Bei der Firmung legt der Bischof den Kindern die Hände auf und salbt sie mit heiligem Öl. Die junge Katholikin bzw. der junge Katholik soll dadurch im Glauben gestärkt werden.
Auch die *Konfirmation* bei den Protestanten ist eine Einsegnung. Die Konfirmandin bzw. der Konfirmand sagt bei der Konfirmation ihr/sein Ja zum evangelischen Glauben. Zuvor besucht sie/er zumindest ein Jahr lang den Konfirmandenunterricht. Mit der Konfirmation ist die Zulassung zum Abendmahl und zum Patenamt verbunden.
Auf die gestellten Fragen werden die Sch. z.T. erste Antworten geben können. Katholische Mitsch. können herangezogen werden. Gewiss wird L. weitere Informationen geben müssen, z. B., dass die Katholiken von den Evangelischen gelernt haben, wie wichtig die Bibel ist, und die Evangelischen von den Katholiken, wie wichtig das Abendmahl ist.
Zur Heiligenverehrung: Vorbildliche Christen kann der Papst nach ihrem Tod selig- bzw. heiligsprechen. Die Seligsprechung bedeutet, dass der betreffende Christ an einem bestimmten Ort öffentlich verehrt werden darf. So sprach zum Beispiel der Papst bei seinem Besuch in Deutschland 1996 den Berliner Widerstandspfarrer Dompropst Bernhard Lichtenberg selig.
Die Heiligsprechung bedeutet, dass der Verstorbene überall verehrt werden kann. Voraussetzung ist, dass sie/er ein vorbildliches Leben geführt und Gott durch sie/ihn nachweislich ein Wunder getan hat. Für den einzelne Gläubigen ist es vor allem wichtig, dass Selige und Heilige um Fürbitte angerufen werden können.

Auch Protestanten kennen besonders glaubwürdige Zeugen Jesu Christi wie Dietrich Bonhoeffer. Man kann sie aber nicht anrufen und Hilfe von ihnen erwarten; denn Mittler zwischen Gott und Mensch ist nach envagelischem Verständnis allein Christus. Das gilt auch für Maria. Evangelische Christen können sie durchaus wie Martin Luther als Vorbild des Glaubens und der Demut ehren. Ihnen bleibt aber fremd, dass Maria als Bild und Gleichnis dafür angesehen wird, dass die Kirche Mutter der Gläubigen ist. Die Dogmen von der unbefleckten Empfängnis Marias und der leibhaften Aufnahme Marias in den Himmel können Evangelische nicht akzeptieren, weil es dafür in der Heiligen Schrift keine Grundlage gibt.

Zur Unfehlbarkeit des Papstes: Entgegen der weit verbreiteten Ansicht, die Unfehlbarkeit des Papstes beziehe sich auf jedes von ihm geäußerte Wort, muss betont werden, dass er nach katholischer Lehre nur dann unfehlbar spricht, „wenn er ex cathedra spricht, d. h., wenn er als oberster Hirte und Lehrer aller katholischen Christen einen bestimmten Satz aus dem Bereich der Glaubens- und Sittenlehre (de fide vel moribus) der ganzen Kirche anzuerkennen vorschreibt" (Barion, Infallibilität, Sp. 748). Dies ist in den letzten 50 Jahren nur einmal geschehen, und zwar im Jahr 1950 bei der Dogmatisierung der leiblichen Himmelfahrt Mariens in den Himmel.

Nach evangelischem Verständnis kommt keiner irdischen Instanz Unfehlbarkeit zu. Die Worte Jesu an Petrus (Matthäus 16,18 f. und Johannes 21,15 - 17) gelten allein für Petrus als Person in ihrer historischen Einmaligkeit. Daraus durch Ämterübertragung (Sukzession) die besondere Stellung des Papstes herzuleiten ist nach evangelischem Verständnis nicht möglich.

Den Sch. dürften als Heilige Martin v. Tours und Franz v. Assisi bekannt sein (vgl. auch M 89 - M 91). Das Gespräch über den Namenstag (KB S. 199, Impuls 2) wird sicher nur bei solchen Sch. sinnvoll sein, die ihren Namen nach dem Heiligen ihres Geburtstags bekommen haben.

Die besondere Bedeutung Marias können die Sch. daran feststellen, dass es nahezu in allen katholischen Kirchen Marienstatuen, vielfach auch Marienaltäre gibt. Vielleicht kennen katholische Mitsch. auch Marienlieder wie „Meerstern, ich Dich grüße, o Maria hilf".

In Bezug auf den Papst könne die Sch. zusammentragen, was sie von dem gegenwärtigen Papst wissen. Die Bibelstellen zeigen ihnen, wie seine besondere Stellung begründet wird. Dann kann ein Gespräch darüber geführt werden, warum die Evangelischen keinen Papst haben.

Mögliches Vorgehen

Man kann entweder im UG die ausführlichen Impulse (KB S. 198/199) behandeln oder die Sch. in GA mithilfe des Schnippelbogens „Gemeinsamkeiten und Unterschiede zwischen Katholiken und Evangelischen" (M 100) die gestellten Aufgaben – wie im Folgenden dargelegt – lösen lassen:

1. Schritt

Die Sch. tauschen im UG aufgrund der Betrachtung der drei Bilder KB S. 198/199 erste Erfahrungen mit Gemeinsamkeiten und Unterschieden zwischen der katholischen und evangelischen Kirche aus.

2. Schritt

Die Sch. tragen Gemeinsamkeiten zusammen und malen oder sammeln dazu Bilder. Hierbei ist es sinnvoll, sich zunächst auf das Äußere und Innere der Kirchengebäude zu konzentrieren.

Aus der Erinnerung an die Besuche in einer katholischen und evangelischen Kirche stellen die Sch. in GA Gemeinsamkeiten fest. Sie werden herausfinden, worin sich eine evangelische und eine katholische Kirche gleichen: Kirchturm, Altar, Bänke, Kanzel, Kruzifix usw. Gleichzeitig werden sie entdecken, dass es bereits im Äußerlichen Unterschiede gibt: Hahn oder Kreuz als Turmschmuck, Weihwasserbecken, Beichtstuhl, Heiligenbilder, Kniebänke.

Diese Dinge auflisten und Zeichnungen dazu fertigen lassen (oder Schnippelbogen M 100 verwenden). Die zu einer Kirche gehörenden Gegenstände werden nach folgendem Schema in drei Spalten ins Heft eingetragen bzw. geklebt:

Das gibt es nur in einer evangelischen Kirche	Das gibt es in einer evangelischen und in einer katholischen Kirche	Das gibt es nur in einer katholischen Kirche

Das Ergebnis dieses Arbeitsschrittes wird sein: Die Gemeinsamkeiten überwiegen; die katholische Kirche hat einige Besonderheiten; in der evangelischen Kirche gibt es nur wenige Besonderheiten.

3. Schritt

Die Ergebnisse werden verglichen. Im UG können – je nach Situation – einzelne Punkte, die die Sch. in den Arbeitsblättern aufgeführt haben, vertieft werden.

KB S. 200 Wir können vieles miteinander machen

Auf vielen Gebieten kommt es heute zur Zusammenarbeit zwischen Katholiken und Protestanten. Mit anderen Kirchen arbeiten die katholische und die evangelische Kirche in der Arbeitsgemeinschaft Christlicher Kirchen in Deutschland (= ACK) zusammen. Es gibt ökumenische Gottesdienste, ökumenische Hilfsaktionen, ökumenische Gemeindezentren. Schmerzhaft wird von vielen Christen erlebt, dass das gemeinsame Abendmahl, die sogenannte Interkommunion, immer noch nicht möglich ist und die katholische Kirche den Besuch eines evangelischen bzw. ökumenischen Gottesdienstes nicht als Erfüllung der Sonntagspflicht anerkennt.

Zu einer Vereinigung aller Christen in einer großen kirchlichen Institution wird es in naher Zukunft sicher nicht kommen. Schon die Zielsetzung für eine solche Einheit ist ganz unterschiedlich. Die katholische Kirche würde ein einheitliche Institution begrüßen. Doch müsste sich nach ihrer Auffassung „die Wiederherstellung der Einheit durch die Einheit aller Christen in der römisch-katholischen vollziehen, in der die Kirche schon jetzt ihre konkrete Existenzform" hat (Kardinal Jäger, zit. nach Frieling/Ortmann, Evangelisch, S. 102). Die Protestanten denken mehr in Richtung einer Gemeinschaft der Kirchen. Auf der Weltkirchenkonferenz von Uppsala 1968 hieß es: „Die Mitgliedskirchen des Ökumenischen Rates der Kirchen sollten auf die Zeit hinarbeiten, wenn ein wirklich universales Konzil wieder für alle Christen sprechen und den Weg in die Zukunft weisen kann" (zit. nach Frieling/Ortmann, Evangelisch, S. 103).

Mögliches Vorgehen

Bei diesem Thema sind viele Aktivitäten der Sch. möglich. Das Bild zeigt einen Ausschnitt aus einem Einladungsplakat zu einem ökumenischen Schülergottesdienst, der im Thema schon ein wichtiges ökumenisches Anliegen aufnimmt. Die Sch. werden aber darüber hinaus je nach der örtlichen Situation unterschiedliche Aktionen im Bereich des Gottesdienstes, der Diakonie usw. nennen können. Die Übersicht „Ökumenische Aktivitäten an unserem Ort" (M 101) zeigt, was alles möglich ist.

Angesprochen werden kann auch eine Zusammenarbeit beim RU. Das Beispiel der Klasse 5 der Hölderlinschule kann die Phantasie der Kinder anregen (vgl. dazu auch den Alternativvorschlag „Unter einem Dach" sowie Kursbuch Religion 5/6, Neuausgabe, S. 104 - 110).

Das Besondere an dem ökumenischen Gemeindezentrum in Bad Griesbach ist, dass sich beide Konfessionen den Kirchenraum teilen. Oft bringt ein ökumenisches Gemeindezentrum (nur) zwei Kirchenräume unter ein gemeinsames Dach. Das Gespräch im Kirchengemeinderat (KB S. 200, Impuls 3) kann auf Probleme aufmerksam machen, die sich beim möglichen Bau einer Kirche für beide Konfessionen heute noch stellen. Dabei können es zunächst ganz praktische Schwierigkeiten sein, wenn zum Beispiel am Sonntagmorgen beide Konfessionen zur gleichen Zeit den Kirchenraum benutzen wollen.

Die Sch. bearbeiten in GA M 101 (Ökumenische Aktivitäten an unserem Ort); hierzu können sie die Gemeindepfarrerin bzw. den Gemeindepfarrer und/oder kirchliche Mitarbeiterinnen und Mitarbeiter befragen.

KB S. 201 Die Baptisten

Die Baptisten sind eine Freikirche (vgl. Decker, Baptisten, Sp. 862 - 867). Meist versteht man als das Wesentliche einer Freikirche ihren Gegensatz zur Staats- oder Volkskirche. Doch ist der entscheidende Wesenszug in ihrer Abweichung vom Prinzip der Territorialkirche zu sehen, nach dem in Deutschland die evangelischen Kirchen bis heute verfasst sind (vgl. Adam, Freikirchen, Sp. 1110).

Im Wort Baptisten steckt das griechische Wort für Taufe. Erwachsenentaufe war in der Reformationszeit Kennzeichen von Gruppen der sogenannten linken Reformation. Sie wurden von ihren Gegnern spöttisch „Täufer" bzw. „Wiedertäufer" genannt. Der moderne Baptismus entstand im England des 17. Jh., in Deutschland fassten die Baptisten zu Beginn des 19. Jh. Fuß.

Die baptistischen Gemeinden sind selbständig. Jede Mittelinstanz zwischen Gott und Mensch wird abgelehnt. Damit wird auch jedes bindende, alle Einzelgemeinden umfassende Glaubensbekenntnis hinfällig. Für alle Baptisten verbindlich ist lediglich die alleinige Gültigkeit der Schrift, der Vollzug der Taufe durch Untertauchen des Gläubigen nach einem Bekenntnis seines Glaubens (vgl. Bild KB S. 201) sowie die Trennung von Staat und Kirche. Weltweit gibt es ca. 34 Millionen Baptisten (ohne die nicht getauften Kinder). Der Bund Evangelisch-Freikirchlicher Gemeinden (Baptisten) in Deutschland umfasst mehr als 80.000 Mitglieder.

Mögliches Vorgehen

1. Schritt

Die Sch. betrachten das Bild im KB S. 201 und äußern Vermutungen, worum es sich handelt. Damit die Sch. durch den Text und die Überschrift „Die Baptisten" bei der Betrachtung des Bildes nicht sofort festgelegt sind, ist es sinnvoll, dieses Bild auf Folie zu kopieren und es den Sch. bei geschlossenem KB zu zeigen. Man kann auch dieses Bild zusammen mit dem von einer Kindertaufe zeigen.

2. Schritt

Falls das Problem Kinder-/Erwachsenentaufe noch nicht im Unterricht behandelt wurde, kann es hier thematisiert werden. Der Impuls 1 im KB S. 201 weist auf die Argumente im KB S. 180 hin. Die Sch. sollten hier erfahren, dass in evangelischen Landeskirchen, wie z. B. der von Württemberg, mittlerweile auch die Erwachsenentaufe möglich ist. Vielfältig werden heute einzelne Jugendliche erst im Zusammenhang mit der Konfirmation getauft.

3. Schritt

Die Sch. lesen den Text „Habt ihr einen Swimmingpool in der Kirche?". Zu einem vertiefenden Gespräch kann man ein Mitglied der baptistischen Kirche oder einen baptistischen Mitsch. in den Unterricht einladen.

KB S. 202/203 Ostern bei den griechisch-orthodoxen Christen

Die orthodoxe Kirche ist mit ihren weltweit 150 Millionen Gläubigen nach der römisch-katholischen Kirche die zahlenmäßig größte christliche Konfession (vgl. Gutschera u.a., Kirchengeschichte, S. 103 - 116). Sie ist in fast allen Ländern der Welt vertreten (in Deutschland zählt sie über 650.000 Gläubige), vor allem aber in den osteuropäischen Ländern wie Russland und in Südosteuropa wie Griechenland, Serbien und Bulgarien.

Die orthodoxe Kirche ist davon überzeugt, dass sie das urchristliche Erbe besonders gut bewahrt hat. Im Wort Orthodoxie steckt der Begriff rechte Lehre. Aber Orthodoxie meint noch mehr den rechten Lobpreis Gottes, der sich verwirklicht im wahren Glauben, in Kult und kirchlichem Leben. Besonderes Kennzeichen dieses Lebens ist die „Göttliche Liturgie des heiligen Vaters Johannes Chysostomos", der alle orthodoxen Kirchen miteinander verbindet. Ostern ist das höchste Fest der orthodoxen Christen.

Das Bild KB S. 202/203 zeigt einen russisch-orthodoxen Gottesdienst in der Moskauer Patriarchalkathedrale, die der im Vordergrund zu sehende Patriarch zusammen mit mehreren anderen Geistlichen, darunter auch Bischöfen, zelebriert. Der Patriarch ist Diözesanbischof des alten Moskauer Sprengels und zugleich Ersthierarch der gesamten russisch-orthodoxen Kirche.

Man sollte den Sch. gegenüber betonen, dass das Bild einen Gottesdienst in einer russisch-orthodoxen Kirche zeigt. Die Erzählung KB. S. 203/203 berichtet jedoch von einem Ostergottesdienst in einer griechisch-orthodoxen Gemeinde. In der Verehrung der Ikonen und den lichtvollen Gottesdiensten wie in der Festlichkeit des Ostergottesdienstes sind jedoch keine Unterschiede zwischen der russisch- und griechisch-orthodoxen Kirche festzustellen.

Mögliches Vorgehen

1. Schritt

Die Sch. erzählen, wie sie zu Hause bzw. in der Gemeinde Ostern feiern. Das UG wird besonders interessant, wenn die

Sch. von Erlebnissen mit einer orthodoxen Osterfeier erzählen können, wie sie an manchen Orten in evangelischen Kirchen und Gemeindehäusern von griechischen Christen gefeiert wird.

2. Schritt

Die Sch betrachten das Bild von einem russisch-orthodoxen Gottesdienst in Moskau. Der großen Schönheit eines orthodoxen Gottesdienstes kann man sich nur schwer entziehen. Zu den wunderbaren Gewändern, den herrlichen Ikonen, dem warmen Licht der Kerzen muss man sich noch den intensiven Weihrauchgeruch denken. Das Licht gilt als Symbol für Gott („Der Herr ist mein Licht und mein Heil", Psalm 27,1) und Christus („Ich bin das Licht der Welt", Johannes 8,12). Die Sch. überlegen, warum in den orthodoxen Gottesdiensten die Dunkelheit und das Licht eine so große Rolle spielen (KB S. 203, Impuls 2). Hier kann auf die UE „Symbole", KB S. 123 (Licht/Ostern) zurückgegriffen werden.

3. Schritt

Die Sch. lesen den Text KB S. 202/203 und überlegen, welche Elemente des orthodoxen Gottesdienstes sie gerne in einen evangelischen Gottesdienst übernehmen wollten (KB S. 203, Impuls 1). Die Überlegungen können dazu führen, eine Osterfeier im RU zu gestalten.

3. Alternative Verlaufsplanung

Bei der Behandlung KB S. 194-200 kann man auch von KB S. 200 ausgehen und den gesamten Unterricht über Gemeinsamkeiten und Unterschiede zwischen evangelischer und katholischer Kirche konfessionell-kooperativ planen. Voraussetzung für einen solchen Unterricht ist allerdings, dass der evangelische und katholische RU parallel liegen. Der folgende Vorschlag geht davon aus, dass in der Großgruppe, z. B. eine evangelische Gruppe und eine katholische Gruppe und zugleich in mehreren Kleingruppen, die konfessionell gemischt sind, gearbeitet wird. Folgende Schritte der Realisierung sind denkbar:

1. Schritt

Die evangelischen und katholischen Sch. der Klasse 6 treffen sich mit ihren Lehrkräften. Die Lehrkräfte schlagen vor, in diesem Schuljahr gemeinsam die UE „Wir glauben nicht für uns allein" zu unterrichten. Es werden bis zu sieben Gruppen gebildet, die jeweils konfessionell-gemischt besetzt werden.

Folgende Aufgabenstellungen sind möglich:

(1) *Besuch in einer katholischen Kirche:* Gruppe 1 unternimmt einen Lerngang in eine katholische Kirche. Gesprächspartner beim Besuch der Kirche kann der katholische Pfarrer aber auch die katholische Religionslehrerin bzw. der katholische Religionslehrer sein. Vor allem die evangelischen Sch. notieren, was ihnen unbekannt ist, und fragen die katholischen Sch. nach der Bedeutung von Beichtstuhl, Tabernakel, Ewiges Licht, Maria, anderen Heiligen u.a.

(2) *Besuch in einer evangelischen Kirche:* Diese Gruppe geht entsprechend Gruppe 1 vor.

(3) *Besuch bei einem katholischen Pfarrer:* Gruppe 3 lässt sich über die Besonderheit des katholischen Priestertums unterrichten.

(4) *Besuch bei einem methodistischen oder baptistischen Pastor oder einem evangelischen Pfarrer:* Gruppe 4 lässt sich in die Besonderheiten der evangelischen Kirche oder einer evangelischen Freikirche einführen.

(5) *Besuch bei der Leiterin bzw. dem Leiter des ökumenischen Arbeitskreises:* Diese Gruppe forscht nach den ökumenischen Aktivitäten vor Ort, fragt nach ökumenischen Gottesdiensten, ökumenischen Bibelabenden, ökumenischen Aktionen u.a.

(6) *Besuch bei einem konfessionsverschiedenen Ehepaar:* Diese Gruppe hat ein besonders heikles Thema, das aber nicht wenige Sch. betrifft: Probleme und Chancen einer konfessionsverschiedenen Ehe werden erfragt.

(7) *Besuch auf dem Rathaus:* Gruppe 7 schließlich erkundigt sich auf dem Rathaus nach der Konfessionsverteilung am Ort und kann diese dann mit den entsprechenden Zahlen der Bundesrepublik vergleichen.

2. Schritt

Die einzelnen Gruppen bekommen zwei Schulstunden Zeit, um sich auf ihre Aufgabe vorzubereiten. Dabei werden Fragen überlegt, die der Gesprächspartnerin bzw. dem Gesprächspartner gestellt werden. Die Lehrkräfte beraten in dieser Phase die Gruppen.

3. Schritt

Die verschiedenen Besuche finden außerhalb der Unterrichtszeit statt. Um Pannen zu vermeiden, werden die Gesprächspartnerinnen bzw. Gesprächspartner vorher informiert. Auch hier werden die Lehrkärfte – je nach dem Entwicklungsstand der Gruppen – behilflich sein.

4. Schritt

Die verschiedenen Gruppenberichte werden vorgetragen. Je nachdem können die Lehrkräfte diese Berichte dann vertiefen. Dafür müssen mindestens zwei Stunden eingeplant werden. Die Berichte der Gruppen können mit den jeweiligen Darstellungen im KB verglichen werden.

5. Schritt

Als Abschluss der UE kann eine ökumenische Aktivität, z. B. ökumenisches Zentrum o.ä., vorgestellt werden. Noch besser wäre es, wenn die Religionsgruppen gemeinsam einen ökumenischen Gottesdienst planen und durchführen würden, in dem sie der Schule Einblick in ihre Unterrichtsergebnisse geben können. In Frage kommt auch ein Projekt, das von „Brot für die Welt" und/oder „Misereor" vorgeschlagen wird. Hierüber könnte in der Schule auf einer Plakatwand informiert und gleichzeitig eine Geldsammlung durchgeführt werden.

4. Empfohlene Literatur und Medien

Feiner, Johannes/Vischer, Lukas (Hg.), Neues Glaubensbuch, Der gemeinsame christliche Glaube, Freiburg 1973 (Herder). (Evangelische und katholische Theologen stellen gemeinsam den christlichen Glauben dar. Im letzten Teil werden unter dem Titel „Offene Fragen zwischen den Kirchen" die Kontroversen deutlich markiert.)

Frieling, Reinhard, Arbeitsmappen des Evangelischen Bundes, Nr. 4: Katholisch und Evangelisch, hg. vom Evangelischen Bund – Landesverband Hessen und Nassau, o.D.

Frieling, Reinhard/Ortmann, Ernst-Albert, Katholisch und Evangelisch, Informationen über den Glauben. Bensheimer Hefte 46, Göttingen, 6. Aufl. 1980 (Vandenhoeck & Ruprecht). (Präzise Informationen über die besonderen Positionen der evangelischen und katholischen Lehre.)

Gutschera, Herbert/Thierfelder, Jörg, Evangelisch – Katholisch, Eine Diaserie, Stuttgart/Zürich, 2. Aufl. 1994 (Calwer/Benziger). (Die Serie bringt exemplarische Bilder, Arbeitsblätter und Statistiken, die im Unterricht gut einsetzbar sind.)

Gutschera, Herbert/Maier, Joachim/Thierfelder, Jörg, Kirchengeschichte – ökumenisch, 2 Bde., Mainz/Stuttgart 1995 (Grünewald/Quell). (Die einfach und anschaulich geschriebenen Arbeitsbücher bringen Informationen zu den Freikirchen und zu der Orthodoxen Kirche sowie Einblicke in die historischen Dimensionen der Kirchenspaltungen.)

Honecker, Martin/Waldenfels, Hans, Zu Gast beim Anderen, Evangelisch-katholischer Fremdenführer, Graz 1983 (Styria). (Gute Einführung in die beiden Konfessionen von einem evangelischen und einem katholischen Theologen.)

5. Materialien

M 99 Katholische Kinder besuchen einen evangelischen Sonntagsgottesdienst

M 100 Schnippelbogen: Gemeinsamkeiten und Unterschiede zwischen Katholiken und Evangelischen

M 101 Ökumenische Aktivitäten an unserem Ort

Juden, Christen und Muslime

1. Zielsetzung, Aufbau und Probleme

Die UE beschäftigt sich mit den vom Islam so genannten Buchreligionen Judentum, Christentum und Islam, die gemeinsame Wurzeln haben. In Römer 11,18 bekennt sich Paulus zu Verwurzelung des Christentums im Judentum. Dass der Islam im Judentum verwurzelt ist, lässt sich an vielen Stellen im Koran nachweisen. So setzt sich diese UE zum Ziel, dass die Sch. die gemeinsamen Wurzeln von Islam und Judentum kennen lernen und auch ansatzweise verstehen.
Die UE beginnt mit drei Festen, wobei das jüdische und muslimische Fest ausführlich dargestellt werden, das christliche jedoch von L. und den Sch. eingebracht werden soll. Daran anschließend wird anhand der Abrahamsüberlieferung die gemeinsame Verwurzelung der drei Religionen aufgezeigt. Auf die Probleme des Zusammenlebens von Juden und Moslems, Moslems und Christen sowie Juden und Christen geht der dritte Teil ein.
Die Sch. werden in dieser UE mit vielen neuen Erkenntnissen konfrontiert, die sie aber z.T. durchaus in bereits Bekanntes „einbauen" können. So kennen sie die Abrahamsgeschichte und den Sederabend aus dem Grundschulunterricht, wo die Abrahams- und Moseüberlieferung bereits behandelt wurde. Weniger ausgeprägt ist ihr Wissen über das Judentum heute. Zum großen Teil haben sie noch nie eine Jüdin oder einen Juden kennen gelernt. Von der Shoa dürften, wenn auch nur ansatzweise, Kenntnisse vorhanden sein. Die meisten Sch. werden muslimische Mitsch. haben oder in der Grundschule gehabt haben. Aus dem Umgang mit ihnen wissen sie, dass diese besondere Feste feiern, z. B. den Ramadan, dass manche muslimische Mädchen ein Kopftuch tragen und sie oft nicht beim Sportunterricht teilnehmen. Doch meist fehlen den Sch. genauere Kenntnisse. Die vielen Vorurteile gegen Moslems, vor allem gegen Türken, sind den Sch. im Allgemeinen gut bekannt. Es ist schwer, solche Vorurteile überhaupt zur Sprache zu bringen, um sich mit ihnen auseinander zu setzen. Auf indirektem Weg kann dies über die Geschichte KB S. 211 passieren.
Grundsätzlich geht es bei der Beschäftigung mit einer fremden Religion in den Klassen 5/6 zunächst darum, „ihre besondere Religiosität durch die unvoreingenommene Beschreibung ihrer Erscheinungsformen erst einmal kennen zu lernen" (Panikkar, Religiöser Weg, S. 105), und nicht darum, sich mit ihr kritisch auseinander zu setzen. Ein echter Glaubensdialog, der im späteren RU anzusetzen ist, kann freilich nicht geführt werden. Voraussetzung für einen solchen Dialog ist es, dass die eigene christliche Position eingebracht und nicht etwa ausgeklammert wird. Nur so kann man „lernen, sich mit Gläubigen anderer Religionen zu verständigen und gemeinsam zu handeln" (Nipkow, Herausforderung, S. 146). Hierzu sind aber gewisse Kenntnisse der eigenen Position nötig, die selbst den Sch. der höheren Klassen oft fehlen.

2. Didaktisch-methodische Hinweise

KB S. 204/205 Das Jüdische Pessachfest/ Der Sederabend

Pessach (wörtlich: Überschreitung, 2. Mose 12,23) ist das erste der drei großen Wallfahrtsfeste (vgl. 2. Mose 23,14 ff.). Die beiden anderen sind Schawuot, das Wochenfest, und Sukkot, das Laubhüttenfest. Pessach fällt in den jüdischen Frühlingsmonat Nissan; das ist in Israel die Zeit der ersten Gerstenernte. Die Juden feiern an diesem Fest den Auszug aus Ägypten, an dessen Anfang die wunderbare Errettung am Schilfmeer steht (vgl. KB S. 92/93). Den Mittelpunkt des ersten Festtages bildet nach dem Abendgottesdienst die große Festmahlzeit in der Familie.
Das Besondere an diesem Fest ist die Vergegenwärtigung, d. h., Juden feiern auch heute noch das Fest so, als ob sie, die heute Lebenden, mit dabei gewesen wären.

Zum Bild „Sederabend", KB S. 204/205:
Das Bild, entnommen aus einem israelischen Kinderbuch, gibt einen lebendigen Eindruck von der Feier des Sederabends, der zu Beginn des Pessachfestes gefeiert wird. Seder bedeutet „Ordnung"; der Name zeigt an, dass der Sederabend nach einer festgelegten Ordnung, wie sie in der Pessach-Haggada aufgezeichnet ist, stattfindet. Auffällig bei der Darstellung ist, dass Fröhlichkeit und Ernst gleichermaßen anzutreffen sind. Dies liegt nicht nur darin begründet, dass das Bild aus einem Kinderbuch stammt. Beim Sedermahl dürfen vor allem die Kinder sich so geben, wie sie sind.
Erklärung von Einzelheiten des Bildes: Links oben ist die Froschplage in Ägypten abgebildet, von der der Großvater Zayda der Enkelin Chevy erzählt. Rechts oben blickt ein Kind erwartungsvoll aus dem Fenster. Es wartet auf den Propheten Elia. Nach jüdischer Tradition ist der Prophet Elia (Eliyahu Hanavi = Elia, der Prophet) Gast beim Sederabend. Für ihn ist ein leerer Stuhl reserviert (auf dem Bild nicht zu sehen); außerdem steht für ihn auf dem Tisch ein mit Wein gefüllter Becher bereit (kos shel Eliyahu).
Die Sederfeier wird vom Familienvater (vorne rechts) geleitet; er liest aus der Pessach-Haggada. Unter seinem Stuhl holt Shmuli das versteckte Mazzenbrot (Afikoman), das eigentlich für das Ende der Sederfeier bestimmt ist. Neben Shmuli sitzt Yitzchak. Er tunkt die Bitterkräuter (marror oder morror), die in einer Schüssel vor ihm stehen (chazeres = Meerrettichblätter) in das mit Salzwasser gefüllte Schälchen. Vorne vergleichen ein Mädchen und ein Junge, welches Stück ihrer vom Vater verteilten Mazze größer ist.
Weiter links verbirgt Shabsi sich unter dem Tisch: Er will die vier Fragen, die der Jüngste bei der Sederfeier vorträgt (Ma Nishtana = „Was ist in dieser Nacht anders ...?") nicht aufsagen.
Auf dem Tisch stehen neben den im KB S. 204/205 am Rand erklärten Begriffen noch vegetables for karpas = Gemüse oder Kräuter wie Petersilie oder Sellerie.
Man kann den Sch. eine Kopie des Originalbildes mit den z. T. witzigen Erläuterungen in englischer Sprache geben (M 102). Sch. der Klassen 5/6 können mithilfe eines Lexikons die deutsche Übersetzung finden und in das Blatt eintragen.

Mögliches Vorgehen

1. Schritt

Die Sch. entdecken die Einzelheiten auf dem Bild (KB S. 205, Impuls 1). Sie erleben die englischen Texte als positive Herausforderung. Auch bei geringen Englischkenntnissen können sie die Texte mit Unterstützung durch L. übersetzen.
Im Blick auf die Einzelheiten des Bildes kann die Erinnerung an die Behandlung des Auszugs aus Ägypten in der Grundschule hilfreich sein.

2. Schritt

Das Sedermahl – die Bedeutung der Speisen:
(1) Die Feier eines Sedermahls im Unterricht ist umstritten. Darum der Vorschlag: Mithilfe des Arbeitsblattes „Der Sederteller" (M 105) lernen die Sch. die Bedeutung der Speisen kennen. L. teilt die beiden Arbeitsblätter „Die Speisen des Sedertelles" (M 104) und „Der Sederteller" (M 105) aus. In der Mitte des abgebildeten Sedertellers steht das Wort „Pessach". Die Sch. schneiden zunächst die Texte aus dem Arbeitsblatt „Die Speisen des Sedertellers" (M 104) aus und ordnen sie den hebräischen Begriffen beim Sederteller zu. In einem zweiten Schritt schneiden sie die Speisen aus und kleben sie an der richtigen Stelle auf den Sederteller.
(2) L. stellt auf einem Tisch die Zutaten des Sedertellers und ein Glas Traubensaft bereit. Sie werden mit einem Tuch verhüllt. Dann erzählt L. vom Sederabend und liest einen Abschnitt aus der Haggada vor. Dabei werden die Zutaten aufgedeckt. Die Sch. können diese dann betrachten und davon kosten. Der Geschmack der Speisen lässt auf ihre Bedeutung schließen. Israelische Lieder können etwas von der Freude über die Befreiung aus der Knechtschaft vermitteln. Als Zusammenfassung erhalten die Sch. das Textblatt „Das Sedermahl" (M 103).

3. Schritt

Das letzte Mahl Jesu: Gemeinsam wird Lukas 22,7 - 23 gelesen. Die Sch. erkennen, dass das letzte Mahl Jesu wahrscheinlich ein Sedermahl war. Dadurch wird ihnen an einem wesentlichen Punkt der enge Zusammenhang des Christentums mit dem Judentum deutlich.

KB S. 206 Muslime: Feste und Geschichten

Das muslimische Zuckerfest: Das beschriebene Fest steht am Ende des Fastenmonats Ramadan (vgl. zum Folgenden: Lähnemann, Weltreligionen, Bd. 2, S. 83 - 85). An diesem Monat, dessen Einhaltung zu den fünf Hauptpflichten des Moslems gehört, gedenkt man in besonderer Weise der Herabsendung des Korans auf Mohammed. Da das Mondjahr zugrundegelegt ist, wandert der Fastenmonat Ramadan im Laufe der Zeit durch das ganze Jahr.
Das Fasten soll beginnen, wenn man einen schwarzen von einem weißen Faden unterscheiden kann. Es dauert bis zum Sonnenuntergang. Danach wird gefeiert, vielfach gemeinsam. Fasten bedeutet, sich auf das Wesentliche des Glaubens zu besinnen. Fasten meint nicht nur Verzicht auf Essen und Trinken, sondern auch auf Rauchen, Parfümierung und sexuelle Betätigung. Selbstverständlich kennt das Fastengebot Ausnahmen. Es gilt nicht für Kinder, Alte, Kranke, Schwangere und Reisende. Kranke und Reisende sollten allerdings das Fasten an anderen Tagen nachholen. Wichtig ist am Ramadan die Beschäftigung mit dem Koran und der Besuch der Moschee. Die Zakat, eine Art Sozialsteuer (4. Hauptpflicht), wird im Ramadan entrichtet.
Am Ende dieses Monats steht ein Fest. Es hat unterschiedliche Namen. Manche Moslems nennen es Fest des Fastenbrechens. Auf türkisch heißt das Fest Sekerbayram (= Zuckerfest), weil die Kinder zu diesem Fest Süßigkeiten bekommen. Es ist das volkstümlichste Fest im muslimischen Jahresfestkreis, obwohl es gegenüber dem Opferfest als kleines Fest gilt. In gewisser Weise entspricht es dem Weihnachtsfest, das ja auch nicht die zentrale Bedeutung hat wie das Hauptfest der Christen, das Osterfest, und doch das volkstümlichste christliche Fest ist.

Mögliches Vorgehen

Gerade bei diesem Fest bietet es sich an, dass türkische Sch. berichten, wie sie daheim oder früher in der Türkei dieses Fest feiern (KB S. 206, Impuls 1). Anschließend können die Sch. den muslimischen Sch. von einem christlichen Fest erzählen. Mit großer Wahrscheinlichkeit wird dies Weihnachten sein (KB S. 206, Impuls 2).

KB S. 206/207 Gemeinsame Geschichten von Juden, Christen und Muslimen

Zum Gemeinsamen, das Juden, Christen und Moslems verbindet, gehören vor allem die Geschichten von Abraham, den die Moslems Ibrahim nennen. Die literarische Abhängigkeit des Korans vom Alten Testament bei diesen Geschichten ist offensichtlich. Der entscheidende Unterschied ist, dass in der moslemischen Version Ismael/Ismail zur Hauptperson neben Abraham wird. Ist Hagar in 1. Mose 21 nur die Nebenfrau des Abraham, so ist sie im Koran seine gleichberechtigte Ehefrau. Von einem Konflikt zwischen Sara und Hagar ist nicht die Rede. Anders ist auch der Schluss der koranischen Version, der die Geschichte von Hagar und Ismail zu einer Ätiologie für Mekka mit seinem Brunnen Zamzam werden lässt. Dieser Brunnen spielt eine große Rolle bei der Pilgerfahrt nach Mekka, der Hadsch, der 5. Hauptpflicht: „Nach dem Umschreiten der Kaaba und dem rituellen Gebet am ‚Platz Abrahams', an dem schon er das Gebet verrichtet haben soll, eilen die Pilger siebenmal zwischen den Hügeln Safa und Marwa hin und her, so wie es von Hagar, der zweiten Frau Abrahams, erzählt wird, als diese verzweifelt für ihren Sohn Ismael nach Wasser suchte. Am Ende der Wallfahrt, wenn die Pilger aus dem Zam-Zam-Brunnen (!) trinken, geschieht das noch einmal" (vgl. Lähnemann. Weltreligionen, Bd. 2, S. 87). Der Holzschnitt aus einer Bibelausgabe des 16. Jh. stellt 1. Mose 21,15 - 18 dar.

Mögliches Vorgehen

1. Schritt

Die Sch. lesen gemeinsam 1. Mose 21,1 - 21 oder L. erzählt die biblische Geschichte. Bildbetrachtung: Welche Szene stellt das Bild dar? (KB S. 207, Impuls 1.)

2. Schritt

Die Sch. lesen den Text aus dem Koran (KB S. 206/207). Im UG werden die Unterschiede der Erzählung zur biblischen Version aufgezeigt und erklärt.

Impuls 3, KB S. 207 „Warum erzählen die Muslime die Geschichte anders?" ist nicht einfach zu beantworten. Hingewiesen werden sollte darauf, dass die Moslems sich von Ismail ableiten, die Juden aber von Isaak. Mohammed hat die Geschichte für die Moslems neu erzählt, indem er sie auf ihren Stammvater und ihre heilige Stadt bezogen hat. „Das Gesetz von der Ausschließlichkeit historischen Geschehens" gilt hier nicht (Metzger, Grundriss, S. 19). Man spricht – wie auch in der Frühgeschichte Israels – von der Vergangenheit so, dass man die Gegenwart mit einbezieht. Und zur Gegenwart gehören die heilige Stadt Mekka und die Moslems, die sich auf Ismail zurückführen.

Ergänzungen

Vorlesegeschichten zum Thema „Kinder aus aller Welt erzählen, wie sie leben und wie sie glauben":
- Schwikart, Gott hat viele Namen (berücksichtigt sind alle großen Weltreligionen und die indianische Religion sowie eine afrikanische Religion; mit vielen Bildern);
- Tworuschka, Die Weltreligionen Kindern erklärt (berücksichtigt sind Judentum, Christentum, Islam, Hinduismus, Buddhismus).

KB S. 208/209 Streit um Palästina/Israel/ Besuch in Neve Schalom

Diese beiden Seiten sprechen den Konflikt zwischen Juden und Arabern in Israel/Palästina an hinsichtlich der Ursachen und bieten einen bescheidenen Lösungsansatz an.
Der einleitende Text verdeutlicht, wie es zum Konflikt zwischen Juden und Arabern kam. Der Aufruf des Rabbiners Usiel macht ernst mit der „Verwandtschaft" von Juden und Moslems. Er bezieht sich auf die Geschichte von Abraham und Lot. In 1. Mose 12,8 - 9 macht ja Abraham einen Vorschlag zur Schlichtung des Streits mit der Begründung, dass sie Verwandte seien. „Der Erzähler will damit nicht den Edelmut Abrahams hervorheben; Abraham ist auch für seine Familie und seine Leute verantwortlich und muss für sie sorgen. Er trifft eine Entscheidung, in der er die Wohlfahrt beider Gruppen im Auge hat, durch die er Lot die friedliche Trennung leicht macht" (Westermann, Am Anfang, S. 159). Entsprechend geht es auch heute beim israelisch-arabischen Konflikt darum, Lösungen zu finden, die die Wohlfahrt beider Konfliktpartner im Auge behalten.
Besuch in Neve Schalom: Neve Schalom, Oase des Friedens, westlich von Jerusalem gelegen, wurde vom katholischen Pater Bruno Husar ins Leben gerufen. Das Miteinander von Juden, Christen und Moslems soll keineswegs zu einem Religionsgemisch führen, sondern den Dialog fördern. Dabei sollen durchaus Gemeinsamkeiten entdeckt werden. Aber man respektiert sich auch in seinen Unterschieden.
Die Aktion Sühnezeichen/Friedensdienste wurde 1958 von Präses Lothar Kreyssig gegründet. Die Aktion wollte in den Ländern beim Wiederaufbau helfen, die im Zweiten Weltkrieg besonders unter den Deutschen gelitten haben. Ihre Mitarbeiterinnen und Mitarbeiter, vor allem Jugendliche, arbeiten in Polen, Israel, Holland u.a.
Die Geschichte über die interreligiöse Feier des Weihnachtsfestes lässt die Friedensbotschaft des Weihnachtsfestes (Lukas 2, 14: „Friede auf Erden ...") besonders eindrücklich hervortreten.

Mögliches Vorgehen

1. Schritt
Lesen des Informationstextes KB S. 208 oben. Ergänzung durch L.-Vortrag.
Eine – wenn auch kurze – Einführung in die politische Lage Palästinas vor dem Zweiten Weltkrieg ist zum Verständnis des „Aufrufs an unsere Vettern" des Rabbiners Usiel unabdingbar.

2. Schritt
Lesen des Textes „Aufruf an unsere Vettern" und der dazugehörenden Sachinformation. UG über den kleinen Friedensprozess, ausgelöst von dem Rabbiner Usiel.

3. Schritt
Behandlung des Sachtextes KB S. 208 unten. Die Sch. können dazu Informationen einbringen, die sie aus dem Fernsehen kennen (KB S. 208, Impuls 1). Die Übersichtskarte über den heutigen Friedensprozess (M 106) kann eine Hilfe sein.

4. Schritt
- Der Text „Besuch in Neve Schalom" ist als Lesetext gedacht. Eine besondere methodische Aufarbeitung des Textes, der ein reales Ereignis schildert, ist nicht vorgesehen.
- Eine mögliche Variante zum Lesen des Textes ist, ihn auf Tonband aufzunehmen und den Sch. vorzuspielen. Mögliche Fragen sind: Welche Zielsetzung verfolgt Neve Schalom? – Wie können Gläubige verschiedener Religionen gut miteinander umgehen?

KB S. 210 Zwei Freundinnen

Die fiktive Geschichte hat durchaus einen realen Hintergrund. Die Zahl der in Deutschland lebenden Juden ist mittlerweile auf über 50.000 angewachsen, nachdem sie vor einigen Jahren erst knapp 30.000 betragen hatte. Der Hauptgrund für das Anwachsen ist die Einwanderung von Juden aus der ehemaligen Sowjetunion nach Deutschland.
Bei den intensiven Handelsbeziehungen zwischen Deutschland und Israel kommt es immer wieder vor, dass Kinder aus Israel in deutsche Schulen gehen. Typisch ist auch, dass Kinder europäischer Juden sich mit orientalischen Juden verheiraten wie bei Saras Eltern. Die Geschichte schildert u.a. einen Besuch am Sabbat bei einer religiösen Familie aus Israel. Hier ist vor allem Wert auf die Zeremonie der Verabschiedung des Sabbats gelegt.
Die Geschichte zeigt eine typische Reaktion von vielen Juden und Israelis in Deutschland: Die Schmierereien und Brandanschläge auf Synagogen lassen die Frage entstehen, ob man in Deutschland bleiben kann oder nicht. Während Saras Eltern sich entscheiden heimzukehren, bleiben andere.

Mögliches Vorgehen

1. Schritt
Will man mit den Sch. tiefer in den jüdischen Sabbat einsteigen, so kann dazu das Arbeitsblatt zum Videofilm „Der Sabbat" (M 107) herangezogen werden. Weitere Vorlagen zum Sabbat finden sich in Arbeitsfolien Judentum (Petri/Thierfelder, Arbeitsfolien Judentum). Mithilfe des Medienkoffers Judentum (inzwischen bei vielen Medienstellen erhältlich) können die für die Sabbatfeier notwendigen Gegenstände gezeigt werden: Sabbatkerze und Weinbecher, Büchse mit den Gewürzen (Be-

samimbüchse), Sabbatbrot. Bei Einsatz des sehr guten Videos „Der Sabbat" können die Sch. die Bilder den einzelnen Textpassagen zuordnen.
In manchen Städten und Gemeinden, in denen früher Juden lebten, kann man heute noch in Bäckereien freitags Sabbatbrot (Challah; in Süddeutschland: Berches) kaufen. Man kann die Sch. im Unterricht davon kosten lassen (zum Rezept vgl. M 66 und Radel, Zu Gast, S. 25 f.).

2. Schritt

Nach dem Lesen der Geschichte sollte nach dem Sabbat, seiner Begründung, der Feier und seiner Verabschiedung gefragt werden.
Dann kann Impuls 1, KB S. 210 besprochen werden. Hier könnte in Gruppen eine Pro- und Contra-Position zur Frage einer Rückkehr nach Israel erarbeitet werden.

KB S. 211 Streit um eine Moschee

Die hier vorgelegte Erzählung beruht auf einer wahren Begebenheit. Bei einer Bürgerversammlung in einer süddeutschen Mittelstadt ergab sich die im KB dargestellte Konstellation.

Mögliches Vorgehen

In einer Klasse wurde die Sitzung der Arbeitsgruppe folgendermaßen gespielt: Es wurde eine Arbeitsgruppe mit vier Vertretern und Herrn Ernst geplant. Die vier Rollen wurden in Gruppen vorbereitet. Folgendes Ergebnis wurde dann in der Diskussion erzielt:
(1) Pfarrerin:
Vorgabe: Ich denke, jeder hat das Recht auf Religionsfreiheit – das steht im Grundgesetz!
Argumente: Jeder braucht einen Platz zum Beten! – Wir wollen auch in Gemeinschaft beten! – Wieso sollen sie keine Moschee bekommen? – Kinder und Erwachsene sollen im Koran lesen dürfen! – Wir müssen uns gegenseitig respektieren! – Nächstenliebe!
(2) Vertreter der Bürgerinitiative „Lebenswerte Stadt":
Vorgabe: Dieser Lärm und diese fremdartige Musik.
Argumente: Zu viel Menschenandrang! – Laufen alle verschleiert herum! – Statt dessen Reihenhäuser! – Die Einrichtungen kosten zu viel Geld! – PKK-Anschläge! – Wir bezahlen dafür und dürfen nicht hinein. – Die Mehrheit hat nichts davon! – In der Türkei gibt es keine christlichen Kirchen! – Zu exotisch! – Passt nicht ins deutsche Stadtbild! – Es kommen immer mehr Leute, feiern ihre Feste und stören bis in die Nacht! – Wir müssen uns mehr um unsere armen Mitbürger kümmern, die auf der Straße sitzen!
(3) Vertreter der Stadtverwaltung:
Vorgabe: Wir befürchten, dass das Fabrikgelände vernachlässigt wird!
Argumente: Wir befürchten, dass die Bewohner sich beschweren! – Wir befürchten, dass es rassistische Anschläge auf die Moschee gibt! – Wir befürchten, dass es fundamentalistische Anschläge der Muslime auf die Nachbarschaft gibt! – Wir befürchten, dass die finanziellen Mittel nicht vorhanden sind! – Wir befürchten, dass das Grundstück und die Umgebung nicht sauber gehalten werden!
(4) Vertreter des türkischen Vereins:
Vorgabe: Wir brauchen einen Raum, in dem wir uns treffen können!
Argumente: Sollen wir etwa in die 20 Kilometer entfernte Großstadt fahren? – Das wird auf die Dauer zu teuer und außerdem geht zu viel Zeit verloren! – Wir brauchen einen Raum, in dem wir unsere Feste feiern können. – Wo bleibt die Toleranz? – Wir wollen unsere Kultur ausleben! – Wir haben auch ein Recht auf Religion und Kultur! – Besser als ein Heimatmuseum ist eine Moschee allemal, denn sie zeigt auch Sehenswürdigkeiten.

Es kam eine beachtliche Diskussion zustande. Manche Argumente sind natürlich problematisch. Die Einwohner müssen gewiss die Moschee nicht bezahlen, da gibt es genügend moslemische Geldgeber. Der Vorteil einer solchen Diskussion besteht darin, dass hier Einstellungen zur Sprache kommen, die man vielleicht sonst im RU nicht zu äußern wagt. Die Aufgabe der Lehrkraft muss u.a. sein, unrichtige Ansichten („Die Einwohner müssen bezahlen") und gehässige Argumente („Die Umgebung wird nicht sauber gehalten") zurechtzurücken.

3. Alternative Verlaufsplanung

Je nach den örtlichen Gegebenheiten kann es sinnvoll sein, bei dieser UE mit einer Besichtigung einer Moschee oder einer (ehemaligen) Synagoge zu beginnen.

4. Empfohlene Literatur und Medien

Lähnemann, Johannes, Weltreligionen im Unterricht, Bd. 2: Islam, Göttingen 1986 (Vandenhoeck & Ruprecht). (Gute Einführung in den Islam und grundsätzliche Überlegungen zum Thema Weltreligionen im RU sowie Unterrichtsmaterialien.)
Lohrbächer, Albrecht (Hg.), Was Christen vom Judentum lernen können, Freiburg, 4. Aufl. 1995 (Herder). (Gute Einführung in das Judentum und den jüdisch-christlichen Dialog.)
Petri, Dieter/Thierfelder, Jörg, Arbeitsfolien Religion, Teil 3: Judentum, Stuttgart 1997 (Calwer). (Zahlreiche Arbeitsblätter und Karten zum Judentum, seinen Grundlagen und seiner Geschichte.)
Petuchowski, Jakob J., Feiertag des Herrn, Die Welt der jüdischen Feste und Bräuche, Freiburg 1984 (Herder). (Gute Einführung in das jüdische Festjahr.)
Petuchowski, Jakob J./Thoma, Clemens, Lexikon der jüdisch-christlichen Begegnung, Freiburg 1989 (Herder)
Radel, Jutta, Zu Gast in Israel, Eine kulinarische Reise, mit Bildern von Dan Rubinstein, Weingarten, 3. Aufl. 1994, S. 25 f. (Kunstverlag Weingarten)
Schwikart, Georg, Gott hat viele Namen, Kinder aus aller Welt erzählen von ihrem Glauben, Düsseldorf 1996 (Patmos)
Tworuschka, Monika/Tworuschka, Udo, Die Weltreligionen Kindern erklärt: Wie andere leben – was andere glauben, Gütersloh 1996 (Gütersloher Verlagshaus)

Video-Kassette „Schabbat", Dauer: 10 Min., Museum der Schweiz, Kornhausgasse 8, CH-4051 Basel

5. Materialien

M 102 Sederabend aus einem israelischen Kinderbuch
M 103 Das Sedermahl
M 104 Die Speisen des Sedertellers
M 105 Der Sederteller
M 106 Karte: Israel und die besetzten Gebiete
M 107 Der Sabbat

Übersicht Materialien

Rut: Fremde brauchen Schutz und Hilfe

M 73 Denkzettel: „Fremd ist der Fremde nur in der Fremde"
M 74 Bilder zur Ruterzählung I
M 75 Bilder zur Ruterzählung II
M 76 Erntetanz
M 77 Würfelspiel zum Buch Rut

Jesus begegnen

Jesus kommt aus Nazareth

M 78 Galiläisches Dorf
M 79 Kopiervorlage: Galiläisches Dorf mit fehlenden Teilen
M 80 Schnippelbogen zum galiläischen Dorf
M 81 Ausschneidebogen: Haus zur Zeit Jesu (2 Bogen)
M 82 Bild: König Herodes
M 83 Das Land Israel zur Zeit Jesu
M 84 Ausschneidebogen: Herrschaftsgebiet des Herodes Antipas und Herrschaftsgebiet des Pontius Pilatus
M 85 Ausschneidebogen: Synagoge zur Zeit Jesu (A und B)

Gleichnisse Jesu

M 86 Rollenspielkarten: Vom unbarmherzigen Verwalter
M 87 Zwischen Jericho und Jerusalem

Menschen folgen Jesus nach

M 88 Bild: Petrus (Ikone)
M 89 Aus den Legenden des heiligen Nikolaus
M 90 Der heilige Martin teilt seinen Mantel
M 91 Aus dem Leben der Elisabeth von Thüringen

Das neue Testament entsteht

M 92 Zeitstrahl: Die neutestamentliche Zeit

Wir glauben nicht für uns allein

Kirche zum Mitmachen

M 93 Die Heilige Stadt für drei Ein-Gott-Religionen

Die ersten Christen: Von Jerusalem nach Rom

M 94 Der Gang nach Emmaus (Holzschnitt von Karl Schmidt-Rotluff)
M 95 Karte: Die jüdische Diaspora, Apostelgeschichte 2
M 96 Karte: Die Ausbreitung des Christentums bis zum 3. Jahrhundert
M 97 Rechtsbestimmungen im römischen Staat unter den Kaisern Trajan und Hadrian (100 - 250 n. Chr.)
M 98 Das Römische Reich wird christlich

Christen in unserem Land

M 99 Katholische Kinder besuchen einen evangelischen Sonntagsgottesdienst
M 100 Schnippelbogen: Gemeinsamkeiten und Unterschiede zwischen Katholiken und Evangelischen
M 101 Ökumenische Aktivitäten an unserem Ort

Juden, Christen und Muslime

M 102 Sederabend – aus einem israelischen Kinderbuch
M 103 Das Sedermahl
M 104 Die Speisen des Sedertellers
M 105 Der Sederteller
M 106 Karte: Israel und die besetzten Gebiete
M 107 Der Sabbat

M 1 Schutzengel

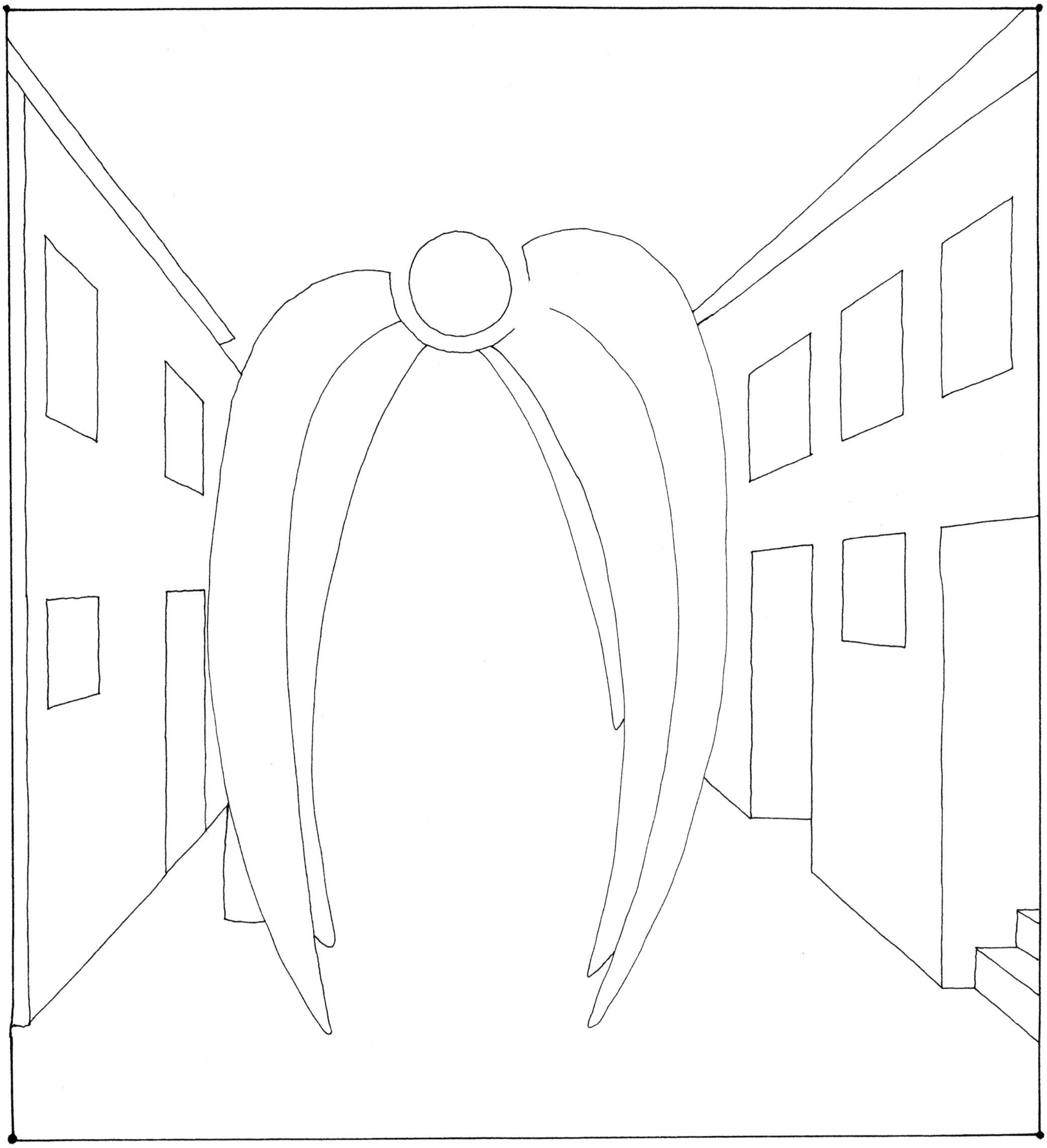

❍ Schaue das Bild im Kursbuch Seite 14 an und male dich in dieses Bild ein.

M 2 Was mein Freund/meine Freundin gut kann

M 3 Wir sitzen alle im selben Boot

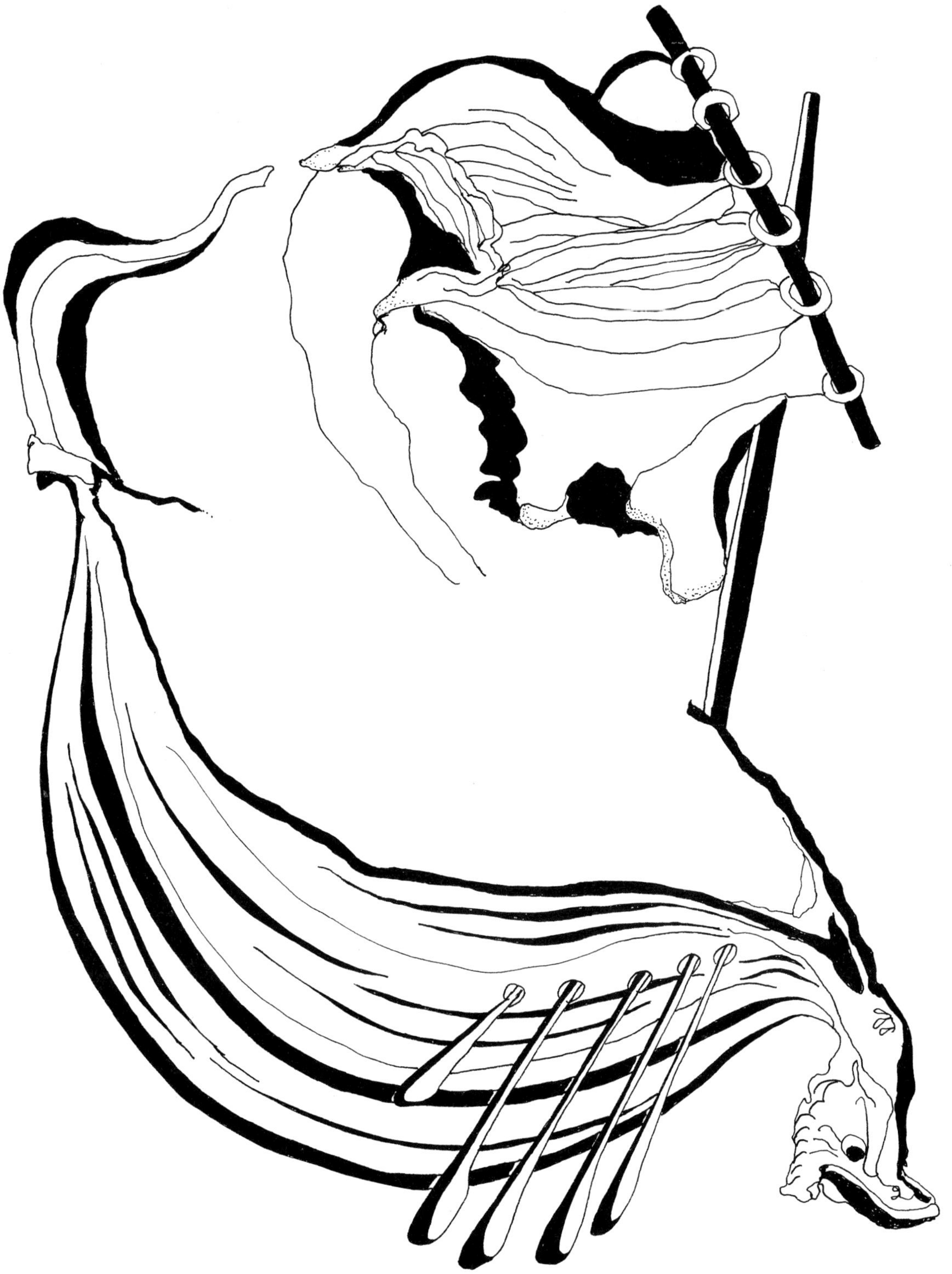

M 4 Mein Tages- und Wochenablauf

Während eines Tages gibt es verschiedene Zeiten (für Schlaf, die Schule, das Spielen, das Helfen in der Familie ...). Hier findest du einen Stundenplan für den ganzen Tag.

1. Lege zuerst mit deinen Mitschülerinnen und Mitschülern fest, mit welcher Farbe ihr die verschiedenen Zeiten markieren wollt.

☐ Schlaf	☐ Hausaufgaben	☐ Verein/Gruppe	☐ Lesen
☐ Essen	☐ Spielen	☐ Kirche	☐ ...
☐ Schule	☐ Helfen in der Familie	☐ Fernsehen	☐ ...

2. Zeichne nun mit den Farben auf dem Stundenplan ein, was du an den Tagen der Woche machst.
3. Vergleiche mit deinen Mitschülerinnen und Mitschülern.

	Montag	Dienstag	Mittwoch	Donnerstag	Freitag	Samstag	Sonntag
6 Uhr							
7 Uhr							
8 Uhr							
9 Uhr							
10 Uhr							
11 Uhr							
12 Uhr							
13 Uhr							
14 Uhr							
15 Uhr							
16 Uhr							
17 Uhr							
18 Uhr							
19 Uhr							
20 Uhr							
21 Uhr							
22 Uhr							

M 5 Lieber Gott

Lieber Gott, ich freue mich,

Gott, dafür danken wir dir.

Ich freue mich,

Gott, dafür danken wir dir.

Lieber Gott, ich bitte dich,

Gott, darum bitte ich dich.

Lieber Gott, ich bitte dich,

Gott, darum bitte ich dich.

Lieber Gott, ich bin traurig,

Gott, lass mich nicht allein.

Lieber Gott, ich bin traurig,

Gott, lass mich nicht allein.

M 6 Halte zu mir, guter Gott

Halte zu mir, wenn,

____

____

Halt die Hände über mich, wenn

____

____

Gibt es Ärger oder ____________________, dann

____

____

weiß ich doch

____

____

Alles

____

____

Du

____

____

M 7 Bastelanleitung für Musikinstrumente

Vor allem in der afrikanischen Musik spielen Rhythmusinstrumente, die aus heimischen Materialien hergestellt wurden, eine zentrale Rolle. Mit ein wenig Phantasie könnt ihr auch solche herstellen.
Ein paar Vorschläge: Eine leere Metalldose oder zwei Joghurtbecher, die mit Klebeband verbunden und jeweils mit Steinchen oder Erbsen gefüllt werden, ergeben wundervolle Rasseln.
Ähnliches lässt sich mit gleich großen Spülmittel- und Shampoo-Flaschen aus Plastik herstellen.
Auch zwei gleich große Siebe aus der Küche dienen dem gleichen Zweck. In den Sieben sollten sich kleine Glöckchen befinden.
Übrigens: Echte Klanginstrumente aus Afrika findet man in den „Eine-Welt-Läden" (früher: „Dritte-Welt-Läden"). Diese sind natürlich etwas teurer.

❍ Erfindet weitere Instrumente, die ihr mit wenig Aufwand selber herstellen könnt.

M 8 Kindsein ist süß?

KINDSEIN IST SÜSS?

Tu dies! Tu das!
Und dieses lass!
Beeil dich doch!
Heb die Füße hoch!
Sitz nicht so krumm!
Mein Gott, bist du dumm!
Stopf's nicht in dich rein!
Lass das Singen sein!

Du kannst dich nur mopsen!
Hör auf zu hopsen!
Du machst mich verrückt!
Nie wird sich gebückt!
Schon wieder 'ne Vier!
Hol doch endlich Bier!
Sau dich nicht so ein!
Das schaffst du allein!

Mach dich nicht so breit!
Hab jetzt keine Zeit!
Lass das Geklecker!
Fall mir nicht auf den Wecker!
Mach die Tür leise zu!
Lass mich in Ruh!
Kindsein ist süß?
KINDSEIN IST MIES!

Susanne Kilian

M 9 Sind so kleine Hände

2. Sind so kleine Ohren, scharf, und ihr erlaubt:
darf man nie zerbrüllen, werden davon taub.
Sind so schöne Münder, sprechen alles aus.
Darf man nie verbieten, kommt sonst nichts mehr raus.

3. Sind so klare Augen, die noch alles seh'n.
Darf man nie verbinden, könn'n sie nichts versteh'n.
Sind so kleine Seelen, offen und ganz frei.
Darf man niemals quälen, geh'n kaputt dabei.

4. Ist so'n kleines Rückgrat, sieht man fast noch nicht.
Darf man niemals beugen, weil es sonst zerbricht.
Grade klare Menschen wär'n ein schönes Ziel.
Leute ohne Rückgrat hab'n wir schon zuviel.

Bettina Wegener.

M 10 Psalm 1

1. Lies Psalm 1 im Kursbuch Seite 31 genau durch. Du wirst feststellen, dass derjenige, der Freude am Gesetz des Herrn hat, mit einem Bild beschrieben wird. Mit welchem? Male dieses Bild so, wie der Psalmist es beschreibt.

2. Übertrage das Bild in deine Sprache. Wie geht es dem, der Lust am Gesetz des Herrn hat?

____

____

____

____

3. Nun versuche herauszufinden, was es bedeutet, „Lust am Gesetz des Herrn zu haben". Beachte dabei deine Ergebnisse von Aufgabe 1 und 2!

____

____

____

____

M 11 Schmuckblatt von E. M. Lilien zu Psalm 1

M 12 Helfen ist wichtiger als Gebote einhalten

„Ich sage dir zum letzten Mal, dass du sofort nach der Schule nach Hause kommst", sagte meine Mutter. „Ständig muss ich mich ärgern und bin in Sorge, da dein Weg ja nicht ungefährlich ist. Ständig habe ich dich gebeten, dich an diese Regel zu halten, dass du gleich nach der Schule nach Hause zu kommen hast. Aber nein, meinem Herrn Sohn ist alles wichtiger, als meine Sorge zu verstehen. Stefan, ich sage dir, dieses Mal kommst du mir nicht so leicht davon. Endlich musst du lernen, dass bestimmte Regeln einzuhalten sind."
„Mami, ich kann dich ja verstehen, aber schließlich bin ich doch kein kleines Kind mehr", sagte ich.
Markus und ich waren unzertrennliche Freunde, wir kannten uns schon seit dem Kindergarten. Nach der Schule hatten wir immer viel miteinander zu besprechen und vertrödelten so die Zeit.

Heute hatten wir wieder Sport. Unser Sportlehrer Feix kam in die Klasse und seine Laune ließ darauf schließen, dass Vorsicht geboten war.
Markus war schon wieder den Tränen nahe, was diese Sportstunde für ihn wieder bringen würde.
„Markus", und seine Stimme klang hämisch, „du wirst uns jetzt einmal an den Ringen etwas vorturnen, wovon die anderen sicher etwas lernen können."
Gelächter in der Klasse.
Ich sah Markus an, Schweißperlen waren auf seiner Stirn.
Er ging zu den Ringen, versuchte Anlauf zu nehmen und stolperte dabei und fiel hin. „Na ja", sagte Feix, „so sollt ihr es besser nicht machen."
Markus, den Tränen nahe, verbiss sich den Schmerz.
„Na, hast du dir wehgetan?", fragte Feix.
„Nein", sagte Markus. Aber ich wusste es besser und merkte, dass er hinkte.
Oh, was hatte ich für eine Wut auf den Feix.

Aber es half ja alles nichts. Er konnte in der Sportstunde mit uns ja alles machen.
Es läutete, Gott sei Dank.
Markus wurde immer weißer im Gesicht, obwohl er den Schmerz zu unterdrücken versuchte.
„Wir gehen ins Krankenhaus", sagte ich, „und lassen den Fuß röntgen. Vielleicht ist er sogar gebrochen."
„Was mache ich nur, dadurch komme ich ja wieder nicht pünktlich nach Hause", dachte ich im Stillen.
„Aber ich bin sein Freund und ich muss ihm einfach beistehen.
Mutter muss dies doch verstehen. Sie sagt doch immer, dass man helfen soll, wenn jemand in Not ist.
Aber, ob sie mir glaubt, oder meint sie, wir hätten wieder nur getrödelt? Ich jedenfalls gehe mit ihm ins Krankenhaus.
Egal, was ich anschließend für eine Strafe bekomme.
Er ist mein Freund und braucht jetzt meine Hilfe."

M 13 Zahlenrätsel

❍ Schreibe die Namen der abgebildeten Dinge in die oberen freien Kästchen. Die Zahlen sagen dir dann, welchen Buchstaben du in die unteren Kästchen mit der gleichen Zahl schreiben musst.

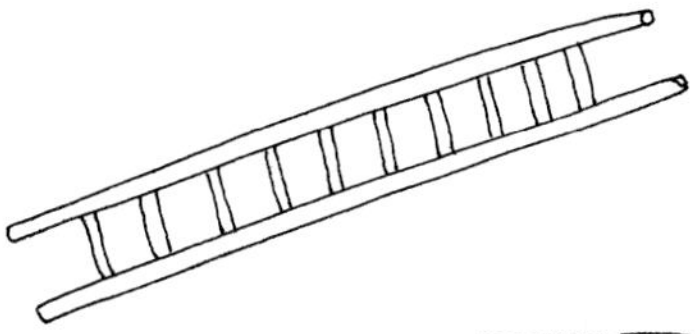

7	8	11	3	8	1

5	4	9	8

16	12	6	9

9	14	15	10	15

13	7	10	0	8

2	10	1	9	3

5	10

9	4	7	7	9	3

5	8	11	6	8	6

6	12	8	14	15	9	3	8	6

7	11	8	13	8	6

2	11	8

5	11	14	15

9	8	7	13	9	3

Calwer Verlag, Stuttgart / Verlag Moritz Diesterweg, Frankfurt/M.

M 14 Die Zehn Gebote

1. Wem händigte Gott die steinernen Tafeln, auf denen die Gebote geschrieben waren, aus?
2. Wie heißt der Berg, wo dies geschah?
3. Aus welchem Land mussten die Israeliten damals fliehen?
4. Wo zogen sie lange Zeit umher?
5. Wie heißt der jüdische Sonntag?
6. Aus welchem Material bestanden die Tafeln, die Mose von Gott erhielt?
7. Die Juden nennen ihr Gotteshaus?
8. Wie heißt das Gefäß, das mit wohlriechenden Kräutern, die den herrlichen Duft des Sabbats die ganze Woche über bewahren sollen, gefüllt ist?
9. Wie begrüßt man sich im Sabbatgottesdienst?
10. Wie viele Gebote hat Gott uns gegeben?

Ä = AE   Ü = UE

1.

11	6		

2.

			1	

3.

		3					2

4.

					13

5.

		5			

6.

	7			

7.

		16					8

8.

	4							10					

9.

				14									12		

10.

9	15		

Lösung:

Gebote sind

1	2	3	4	5	6	7	8

9	10	11

12	13	14	15	16

Calwer Verlag, Stuttgart / Verlag Moritz Diesterweg, Frankfurt/M.

M 15 Ein Freund der Regierung

Zu einem Wochenende luden sie Journalisten ein, um ihnen an Ort und Stelle zu zeigen, wie viele Freunde die Regierung hatte. Sie wollten uns beweisen, daß alles, was über das unruhige Gebiet geschrieben wurde, nicht zutraf: die Folterungen nicht, die Armut und vor allem nicht das wütende Verlangen nach Unabhängigkeit. So luden sie uns sehr höflich ein, und ein sehr höflicher, tadellos gekleideter Beamter empfing uns hinter der Oper und führte uns zum Regierungsbus. Es war ein neuer Bus; ein Geruch von Lack und Leder umfing uns, leise Radiomusik, und als der Bus anfuhr, nahm der Beamte ein Mikrofon aus der Halterung, kratzte mit dem Fingernagel über den silbernen Verkleidungsdraht und hieß uns noch einmal mit sanfter Stimme willkommen. Bescheiden nannte er seinen Namen – „ich heiße Garek", sagte er –; dann wies er uns auf die Schönheiten der Hauptstadt hin, nannte Namen und Anzahl der Parks, erklärte uns die Bauweise der Mustersiedlung, die auf einem kalkigen Hügel lag, blendend unter dem frühen Licht.
Hinter der Hauptstadt gabelte sich die Straße; wir verloren die Nähe des Meers und fuhren ins Land hinein, vorbei an steinübersäten Feldern, an braunen Hängen; wir fuhren zu einer Schlucht und auf dem Grunde der Schlucht bis zur Brücke, die über ein ausgetrocknetes Flußbett führte. Auf der Brücke stand ein junger Soldat, der mit einer Art lässiger Zärtlichkeit eine handliche Maschinenpistole trug und uns fröhlich zuwinkte, als wir an ihm vorbei über die Brücke fuhren. Auch im ausgetrockneten Flußbett, zwischen den weißgewaschenen Kieseln, standen zwei junge Soldaten, und Garek sagte, daß wir durch ein sehr beliebtes Übungsgebiet führen.
Serpentinen hinauf, über eine heiße Ebene, und durch die geöffneten Seitenfenster drang feiner Kalkstaub ein, brannte in den Augen; Kalkgeschmack lag auf den Lippen. Wir zogen die Jacketts aus. Nur Garek behielt sein Jackett an; er hielt immer noch das Mikrofon in der Hand und erläuterte mit sanfter Stimme die Kultivierungspläne, die sie in der Regierung für dieses tote Land ausgearbeitet hatten. Ich sah, daß mein Nebenmann die Augen geschlossen, den Kopf zurückgelegt hatte; seine Lippen waren trocken und kalkblaß, die Adern der Hände, die auf dem vernickelten Metallgriff lagen, trat bläulich hervor. Ich wollte ihn in die Seite stoßen, denn mitunter traf uns ein Blick aus dem Rückspiegel, Gareks melancholischer Blick, doch während ich es noch überlegte, stand Garek auf, kam lächelnd über den schmalen Gang nach hinten und verteilte Strohhalme und eiskalte Getränke in gewachsten Papptüten.
Gegen Mittag fuhren wir durch ein Dorf; die Fenster waren mit Kistenholz vernagelt, die schäbigen Zäune aus trockenem Astwerk löcherig, vom Wind der Ebene auseinandergedrückt. Auf den flachen Dächern hing keine Wäsche zum Trocknen. Der Brunnen war abgedeckt; kein Hundegebell verfolgte uns, und nirgendwo erschien ein Gesicht. Der Bus fuhr mit unverminderter Geschwindigkeit vorbei, eine graue Fahne von Kalkstaub hinter sich herziehend, grau wie eine Fahne der Resignation.
Wieder kam Garek über den schmalen Gang nach hinten, verteilte Sandwiches, ermunterte uns höflich und versprach, daß es nicht mehr allzu lange dauern würde, bis wir unser Ziel erreicht hätten. Das Land wurde hügelig, rostrot; es war jetzt von großen Steinen bedeckt, zwischen denen kleine farblose Büsche wuchsen. Die Straße senkte sich, wir fuhren durch einen tunnelartigen Einschnitt. Die Halbrundungen der Sprenglöcher warfen schräge Schatten auf die zerrissenen Felswände. Eine harte Glut schlug in das Innere des Busses. Und dann öffnete sich die Straße, und wir sahen das von einem Fluß zerschnittene Tal und das Dorf neben dem Fluß.
Garek gab uns ein Zeichen, Ankündigung und Aufforderung; wir zogen die Jacketts an, und der Bus fuhr langsamer und hielt auf einem lehmig verkrusteten Platz, vor einer sauber gekalkten Hütte. Der Kalk blendete so stark, daß beim Aussteigen die Augen schmerzten. Wir traten in den Schatten des Busses, wir schnippten die Zigaretten fort. Wir blickten aus zusammengekniffenen Augen auf die Hütte und warteten auf Garek, der in ihr verschwunden war.
Es dauerte einige Minuten, bis er zurückkam, aber er kam zurück, und er brachte einen Mann mit, den keiner von uns je zuvor gesehen hatte.
„Das ist Bela Bonzo", sagte Garek und wies auf den Mann; „Herr Bonzo war gerade bei einer Hausarbeit, doch er ist bereit, Ihnen auf alle Fragen zu antworten."
Wir blickten freimütig auf Bonzo, der unsere Blicke ertrug, indem er sein Gesicht leicht senkte. Er hatte ein altes Gesicht, staubgrau; scharfe, schwärzliche Falten liefen über seinen Nacken; seine Oberlippe war geschwollen. Bonzo, der gerade bei einer Hausarbeit überrascht worden war, war sauber gekämmt, und die verkrusteten Blutspuren an seinem alten, mageren Hals zeugten von einer heftigen und sorgfältigen Rasur. Er trug ein frisches Baumwollhemd, Baumwollhosen, die zu kurz waren und kaum bis zu den Knöcheln reichten; seine Füße steckten in neuen, gelblichen Rohlederstiefeln, wie Rekruten sie bei der Ausbildung tragen.
Wir begrüßten Bela Bonzo, jeder von uns gab ihm die Hand, dann nickte er und führte uns in sein Haus. Er lud uns ein, voranzugehen, wir traten in eine kühle Diele, in der uns eine alte Frau erwartete; ihr Gesicht war nicht zu erkennen, nur ihr Kopftuch leuchtete in dem dämmrigen Licht. Die Alte bot uns faustgroße, fremde Früchte an, die Früchte hatten ein saftiges Fleisch, das rötlich schimmerte, so daß ich am Anfang das Gefühl hatte, in eine frische Wunde zu beißen.
Wir gingen wieder auf den lehmigen Platz hinaus. Neben dem Bus standen jetzt barfüßige Kinder; sie beobachteten Bonzo mit unerträglicher Aufmerksamkeit, und dabei rührten sie sich nicht und sprachen nicht miteinander. Nie trafen ihre Blicke einen von uns. Bonzo schmunzelte in rätselhafter Zufriedenheit.
„Haben Sie keine Kinder?" fragte Pottgießer.
Es war die erste Frage, und Bonzo sagte schmunzelnd:
„Doch, doch, ich hatte einen Sohn. Wir versuchen gerade, ihn zu vergessen. Er hat sich gegen die Regierung aufgelehnt. Er war faul, hat nie etwas getaugt, und um etwas zu werden, ging er zu den Saboteuren, die überall für Unruhen sorgen. Sie kämpfen gegen die Regierung, weil sie glauben, es besser machen zu können." Bonzo sagte es entschieden, mit leiser Eindringlichkeit; während er sprach, sah ich, daß ihm die Schneidezähne fehlten.
„Vielleicht würden sie es besser machen", sagte Pottgießer. Garek lächelte vergnügt, als er diese Frage hörte, und Bonzo sagte:

„Alle Regierungen gleichen sich darin, daß man sie ertragen muß, die einen leichter, die andern schwerer. Diese Regierung kennen wir, von der anderen kennen wir nur die Versprechungen."
Die Kinder tauschten einen langen Blick.
„Immerhin ist das größte Versprechen die Unabhängigkeit", sagte Bleiguth.
„Die Unabhängigkeit kann man nicht essen", sagte Bonzo schmunzelnd. „Was nützt uns die Unabhängigkeit, wenn das Land verarmt. Diese Regierung aber hat unsern Export gesichert. Sie hat dafür gesorgt, daß Straßen, Krankenhäuser und Schulen gebaut wurden. Sie hat das Land kultiviert und wird es noch mehr kultivieren. Außerdem hat sie uns das Wahlrecht gegeben."
Eine Bewegung ging durch die Kinder, sie faßten sich bei den Händen und traten unwillkürlich einen Schritt vor. Bonzo senkte das Gesicht, schmunzelte in seiner rätselhaften Zufriedenheit, und als er das Gesicht wieder hob, suchte er mit seinem Blick Garek, der bescheiden hinter uns stand.
„Schließlich", sagte Bonzo, ohne gefragt worden zu sein, „gehört zur Unabhängigkeit auch eine gewisse Reife. Wahrscheinlich könnten wir gar nichts anfangen mit der Unabhängigkeit. Auch für Völker gibt es ein Alter, in dem sie mündig werden: wir haben dieses Alter noch nicht erreicht. Und ich bin ein Freund dieser Regierung, weil sie uns in unserer Unmündigkeit nicht im Stich läßt. Ich bin dankbar dafür, wenn Sie es genau wissen wollen."
Garek entfernte sich zum Bus, Bonzo beobachtete ihn aufmerksam, wartete, bis die schwere Bustür zufiel und wir allein dastanden auf dem trockenen, lehmigen Platz. Wir waren unter uns, und Finke vom Rundfunk wandte sich mit einer schnellen Frage an Bonzo: „Wie ist es wirklich? Rasch, wir sind allein." Bonzo schluckte, sah Finke mit einem Ausdruck von Verwunderung und Befremden an und sagte langsam: „Ich habe Ihre Frage nicht verstanden."
„Jetzt können wir offen sprechen", sagte Finke hastig.
„Offen sprechen", wiederholte Bonzo bedächtig und schmunzelte breit, so daß seine Zahnlücken sichtbar wurden.
„Was ich gesagt habe, ist offen genug: wir sind Freunde dieser Regierung, meine Frau und ich; denn alles, was wir sind und erreicht haben, haben wir mit ihrer Hilfe erreicht. Dafür sind wir ihr dankbar. Sie wissen, wie selten es vorkommt, daß man einer Regierung für irgendwas dankbar sein kann – wir sind dankbar. Und auch mein Nachbar ist dankbar, ebenso wie die Kinder dort und jedes Wesen im Dorf. Klopfen Sie an jede Tür, Sie werden überall erfahren, wie dankbar wir der Regierung sind."
Plötzlich trat Gum, ein junger, blasser Journalist, auf Bonzo zu und flüsterte: „Ich habe zuverlässige Nachricht, daß Ihr Sohn gefangen und in einem Gefängnis der Hauptstadt gefoltert wurde. Was sagen Sie dazu?"
Bonzo schloß die Augen, Kalkstaub lag auf seinen Lidern; schmunzelnd antwortete er: „Ich habe keinen Sohn, und darum kann er nicht gefoltert worden sein. Wir sind Freunde der Regierung, hören Sie? Ich bin ein Freund der Regierung."
Er zündete sich eine selbstgedrehte Zigarette an, inhalierte heftig und sah zur Bustür hinüber, die jetzt geöffnet wurde. Garek kam zurück und erkundigte sich nach dem Stand des Gesprächs. Bonzo wippte, indem er die Füße von den Hacken über die Zehenballen abrollen ließ. Er sah aufrichtig erleichtert aus, als Garek wieder zu uns trat, und er beantwortete unsere weiteren Fragen scherzhaft und ausführlich, wobei er die Luft mitunter zischend durch die vorderen Zahnlücken entweichen ließ.
Als ein Mann mit einer Sense vorüberging, rief Bonzo ihn an; der Mann kam mit schleppendem Schritt heran, nahm die Sense von der Schulter und hörte aus Bonzos Mund die Fragen, die wir zunächst ihm gestellt hatten. Der Mann schüttelte unwillig den Kopf: er war ein leidenschaftlicher Freund der Regierung, und jedes seiner Bekenntnisse quittierte Bonzo mit stillem Triumph. Schließlich reichten sich die Männer in unserer Gegenwart die Hand, wie um ihre gemeinsame Verbundenheit mit der Regierung zu besiegeln.
Auch wir verabschiedeten uns, jeder von uns gab Bonzo die Hand – ich zuletzt; doch als ich seine rauhe, aufgesprungene Hand nahm, spürte ich eine Papierkugel zwischen unseren Handflächen. Ich zog sie langsam, mit gekrümmten Fingern ab, ging zurück und schob die Papierkugel in die Tasche. Bela Bonzo stand da und rauchte in schnellen, kurzen Stößen; er rief seine Frau heraus, und sie, Bonzo und der Mann mit der Sense beobachteten den abfahrenden Bus, während die Kinder einen mit Steinen und jenen farblosen kleinen Büschen bedeckten Hügel hinaufstiegen.
Wir fuhren nicht denselben Weg zurück, sondern überquerten die heiße Ebene, bis wir auf einen Eisenbahndamm stießen, neben dem ein Weg aus Sand und Schotter lief. Während dieser Fahrt hielt ich eine Hand in der Tasche, und in der Hand die kleine Papierkugel, die einen so harten Kern hatte, daß die Fingernägel nicht hineinschneiden konnten, sosehr ich auch drückte. Ich wagte nicht, die Papierkugel herauszunehmen, denn von Zeit zu Zeit erreichte uns Gareks melancholischer Blick aus dem Rückspiegel. Ein schreckhafter Schatten flitzte über uns hinweg und über das tote Land; dann erst hörten wir das Propellergeräusch und sahen das Flugzeug, das niedrig über den Eisenbahndamm flog in Richtung zur Hauptstadt, kehrtmachte am Horizont, wieder über uns hinwegbrauste und uns nicht mehr allein ließ.
Ich dachte an Bela Bonzo, hielt die Papierkugel mit dem harten Kern in der Hand, und ich fühlte, wie die Innenfläche meiner Hand feucht wurde. Ein Gegenstand erschien am Ende des Bahndamms und kam näher, und jetzt erkannten wir, daß es ein Schienenauto war, auf dem junge Soldaten saßen. Sie winkten freundlich mit ihren Maschinenpistolen zu uns herüber. Vorsichtig zog ich die Papierkugel heraus, sah sie jedoch nicht an, sondern schob sie schnell in die kleine Uhrtasche, die einzige Tasche, die ich zuknöpfen konnte. Und wieder dachte ich an Bela Bonzo, den Freund der Regierung: noch einmal sah ich seine gelblichen Rohlederstiefel, die träumerische Zufriedenheit seines Gesichts und die schwarzen Zahnlücken, wenn er zu sprechen begann. Niemand von uns zweifelte daran, daß wir in ihm einen aufrichtigen Freund der Regierung getroffen hatten.
Am Meer entlang fuhren wir in die Hauptstadt zurück; der Wind brachte das ziehende Kußgeräusch des Wassers herüber, das gegen die unterspülten Felsen schlug. An der Oper stiegen wir aus, höflich verabschiedet von Garek. Allein ging ich ins Hotel zurück, fuhr mit dem Lift in mein Zimmer hinauf, und auf der Toilette öffnete ich die Papierkugel, die der Freund der Regierung mir heimlich anvertraut hatte: sie war unbeschrieben, kein Zeichen, kein Wort, doch eingewickelt lag im Papier ein von bräunlichen Nikotinspuren bezogener Schneidezahn. Es war ein menschlicher, angesplitterter Zahn, und ich wußte, wem er gehört hatte.

M 16 Was Worte alles können

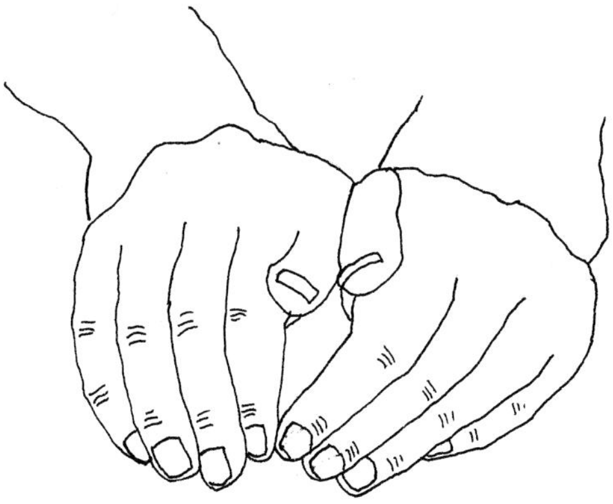

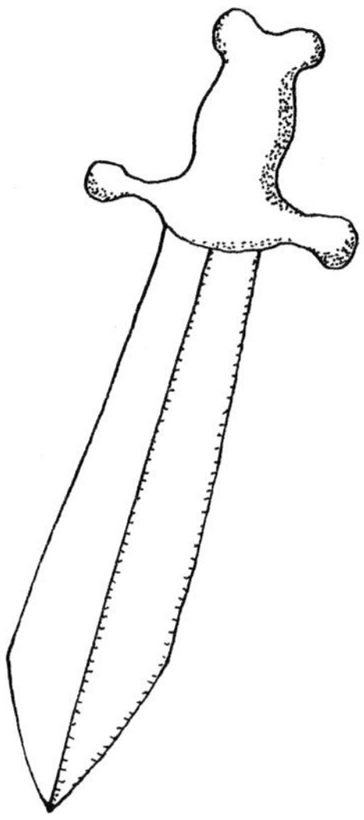

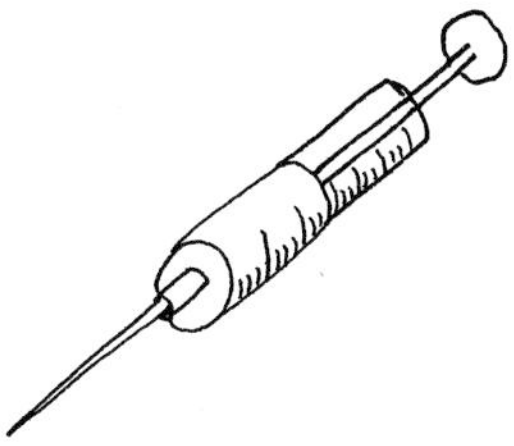

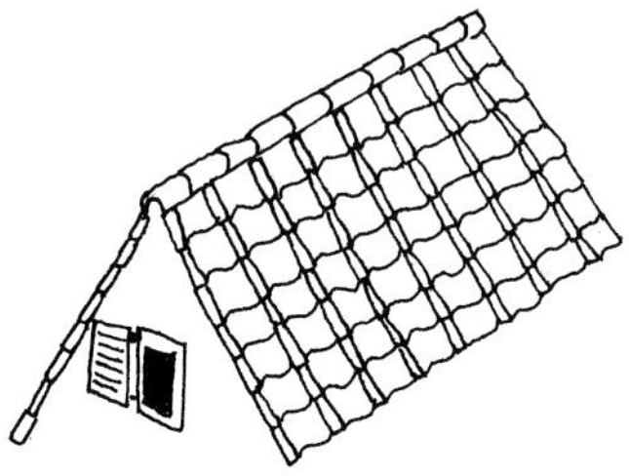

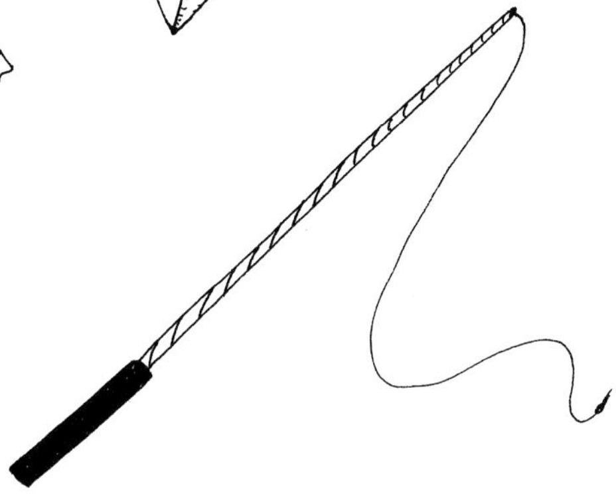

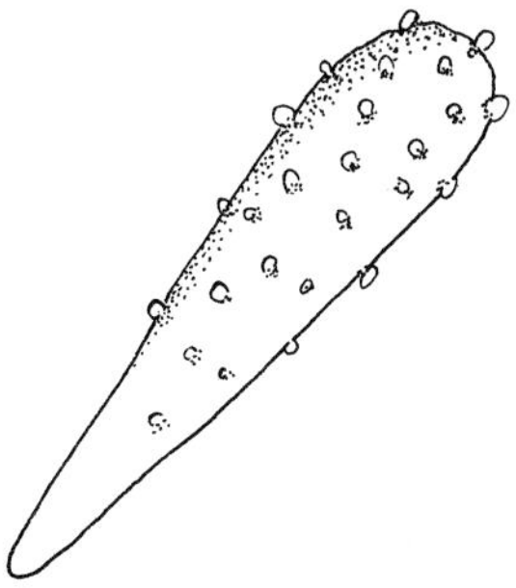

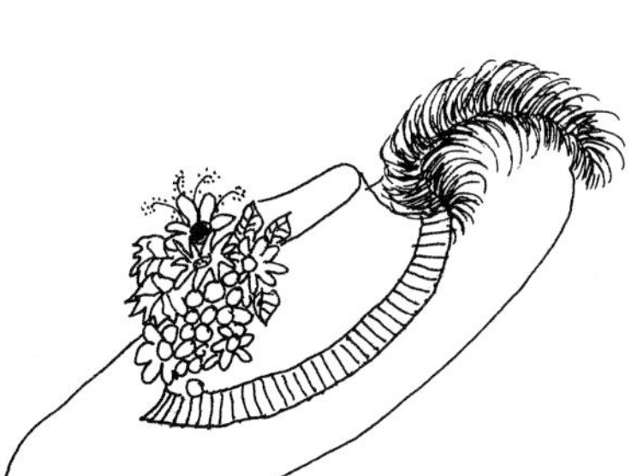

M 17 Ein Gleichnis

„Ich werde es bestimmt nicht wieder tun", versprach der Nachbar. „Ich nehme alles zurück, was ich über Sie erzählt habe."
Künzelmann sah den andern ernst an. „Ich habe keinen Grund, meinen Nachbarn ins Unglück zu stürzen", erwiderte er, „jedoch verlangt jede böse Tat ihre Sühne."
„Ich bin gern zu allem bereit."
Künzelmann erhob sich, ging in den Stall und kam mit einem geschlachteten Hahn zurück.
„Tragt diesen Hahn in euer Haus, das hundert Schritte von dem meinen steht", sagt er, „dann kommt langsam wieder zurück und rupft den Hahn unterwegs, eine Feder nach rechts und eine Feder nach links werfend. Dies ist der Sühne erster Teil."
Der Nachbar tat, was ihm geheißen. Und als er wieder vor Künzelmann stand und ihm den gerupften Hahn überreichte, fragte er: „Und der zweite Teil meiner Buße?"
„Geht jetzt wieder den Weg in euer Haus zurück und sammelt alle Federn wieder ein."
Der Nachbar stammelte verwirrt: „Ich kann doch die Federn unmöglich wieder sammeln! Ich streute sie wahllos aus, warf eine hierhin und eine dorthin. Inzwischen hat der Wind sie längst in alle Himmelsrichtungen getragen. Wie könnte ich sie alle wieder einfangen?"

Sühne = Wiedergutmachung
Buße = Tat zur Wiedergutmachung

❍ Sucht eine Überschrift zu dieser Geschichte.

M 18 Gerüchte – Tratsch – Klatsch

Ungefähr hundert Jahre vor der Zeit Jesu lebte der 12-jährige Sadiq in einem Dorf in Galiläa. Samuel hatte ihm versprochen, die Gebote zu erklären:

Sadiq saß und wartete. Die Sonne war schon längst über den Dächern der Häuser aufgestiegen und beschien mit ihren warmen Strahlen den Dorfplatz. Aber Samuel kam nicht, so sehr der Junge auch nach ihm Ausschau hielt.

„Ob Samuel wohl krank geworden ist?", fragte er sich. „Er ist ja schon ein alter Mann, und da kann jemand ja auch plötzlich …"

Er wollte den Gedanken, den er hatte, lieber nicht zu Ende denken. Er hoffte, dass Samuel bald gesund und munter vor ihm stehen würde. Schließlich hatte er in wenigen Tagen seinen Bar-Mizwa, da durfte Samuel einfach nicht fehlen, schon gar nicht tot sein. Er brauchte doch seinen väterlichen Freund und Lehrer. Wie sollte er sonst die Gebote verstehen können. „Am besten", sagte er sich schließlich, „ich sehe einmal nach ihm."

Sadiq stand auf, ging über den Dorfplatz und tauchte in den Schatten der engen Gasse, die zu Judits Haus führte. Dort angekommen, klopfte Sadiq an die Tür.

„Ja?", hörte er von drinnen eine gedämpfte Stimme. „Wer ist da?"

„Ich bin's, Sadiq!", rief der Junge.

„Komm herein!", hörte er die Stimme Samuels sagen. Sadiq öffnete die Tür und trat ins Haus. Es war ziemlich dunkel. Noch geblendet von der grellen Sonne sah er die Personen und Gegenstände im Raum zunächst nur verschwommen. Soviel konnte er aber erkennen, dass Samuel am Tisch saß und ihm gegenüber Judit, seine Tochter. Er war richtig erleichtert, seinen Freund gesund vor sich zu sehen. Inzwischen hatten sich seine Augen an das spärliche Licht in der Stube gewöhnt, sodass er Judits Gesicht deutlich erkennen konnte. Sie hatte verweinte Augen und sah sehr traurig aus. Und dann bemerkte er, dass Samuel auch ein sehr ernstes Gesicht machte. Es musste etwas vorgefallen sein.

„Ist etwas passiert?", fragte Sadiq deshalb. „Ist jemand krank geworden oder habt ihr eine schlechte Nachricht erhalten?"

„Nein, nein", sagte Samuel und schaute seine Tochter fragend an.

Als Judit mit dem Kopf nickte, fuhr er fort: „Es ist nur so: Heute in der Frühe haben unsere beiden Nachbarinnen an der Hofmauer gestanden und getratscht. Sie sprachen über meine Tochter und meinten, sie sei eine schlechte Hausfrau und ließe ihre Kinder verschlampen, könne nicht richtig kochen und sei daran schuld, dass bei uns hier alles verdreckt und verkommen sei. Leider hat Judit währenddessen an der offenen Hoftür gestanden und alles mitanhören müssen. Das hat sie ziemlich getroffen, wie du dir denken kannst."

„Das ist doch eine Gemeinheit", rief Sadiq empört, „und außerdem stimmt daran kein einziges Wort. Bei euch sieht es sauber aus und dass Judit wunderbar kochen kann, das habe ich selbst erlebt, als du mich abends eingeladen hattest. Weißt du noch?"

„Ja", erwiderte Samuel, „genau das habe ich ihr auch schon gesagt, aber trotzdem hat sie sich aufgeregt und fürchtet um ihren Ruf im Dorf, wenn solches Gerede weitergeht. Deshalb hat sie auch so ein verweintes Gesicht. Ihr Mann ist schon seit dem Morgengrauen draußen auf dem Feld. Deshalb bin ich hier geblieben, um sie zu beruhigen und mit ihr zu sprechen. Aber jetzt geht's schon wieder besser, nicht wahr Judit?"

„Ja, danke, Vater, es geht schon wieder", antwortete Judit und versuchte zu lächeln. „Ich bin froh, dass du hier geblieben bist und mir zugehört hast. Aber jetzt will ich euch beide nicht länger aufhalten."

Und zu Sadiq gewandt sagte sie: „Du hast sicher schon lange auf meinen Vater gewartet, oder?"

Sadiq antwortete: „Macht nichts. Ihr musstet das ja miteinander besprechen. Wir haben noch Zeit genug."

Judit war inzwischen aufgestanden und schob nun die beiden zur Tür hinaus. Sie sagte: „Geht jetzt, ich muss ja auch sehen, dass ich meine Arbeit erledige, sonst haben die Klatschtanten von nebenan am Ende noch recht."

Als die Tür hinter ihnen zugefallen war, sagte Samuel: „Es war gut, dass du gerade dazugekommen bist. Du hast Judit sehr geholfen."

„Ich?", fragte Sadiq erstaunt.

„Du hast sie gelobt und gesagt, dass sie gut kochen kann. Ich habe ihr das zwar auch schon gesagt, aber ich bin ihr Vater und mir glaubt sie das nicht so wie dir. Danke."

„Dass diese Klatschmeister aber auch nichts Besseres zu tun haben, als am frühen Morgen schon über andere herzufallen", sagte Sadiq ärgerlich.

„Ja, das ist immer schlimm, wenn einer den anderen verleumdet und ihm Böses nachsagt", erwiderte Samuel.

Inzwischen waren die beiden auf dem Dorfplatz angekommen und setzten sich unter den Maulbeerbaum.

„Von welchem Gebot willst du mir heute erzählen?", begann Sadiq.

„Eigentlich wäre ja das 9. Gebot dran: Sage nichts Unwahres über andere Menschen", meinte Samuel.

„He", rief da Sadiq, „das passt doch genau zu dem Vorfall heute morgen. Die beiden haben doch genau gegen dieses Gebot verstoßen!"

„Das stimmt", bekräftigte Samuel. „Aber so hatte ich mir das eigentlich nicht vorgestellt, dir die Gebote zu erklären."

„Aber", sagte Sadiq, „wieso ist gerade dies eines der zehn Hauptgebote? Ich meine, es tut zwar weh, wenn Schlechtes über einen geredet wird, aber man weiß ja, dass es erlogen ist. Und andere sehen doch auch, wie man wirklich ist und dass alles in Wirklichkeit nicht stimmt. Dann platzt doch eigentlich das Ganze wie eine Seifenblase."

„Na ja", entgegnete Samuel, „nicht immer ist es so einfach, die Wahrheit zu erkennen, wenn einer den anderen verleumdet. Und das kann auch dann schlimme Folgen haben."

So wohnen Kinder in anderen Ländern

Auf dieser Weltkarte findet ihr die Heimat und die Wohnung von acht Kindern.

Auf der rechten Seite ist das Zuhause von Umi, Jim, Wucius, Lakschmi, Kofi, Juanita, Nada und José beschrieben. Die hier genannten Kinder sind Beispiele. Selbstverständlich wohnen nicht alle indischen Kinder in Hütten oder alle Kinder in Hongkong auf einem Hausboot.

Zu jeder Beschreibung gehört ein Buchstabe. Sucht bitte auf der Weltkarte, wo sich das Zuhause des Kindes befindet. Tragt dort den Buchstaben in den Kreis ein. Wenn ihr die Namen der Erdteile kennt, könnt ihr sie eintragen.

A Umi wohnt in einem *Iglu*. Das ist ein rundes Haus, das nur aus Eisblöcken besteht. Umis Heimat ist Grönland, ganz im Norden der Erde. Früher wohnten alle Eskimos in Iglus. Heute haben sie fast alle Häuser wie wir.

B Jim wohnt in einem *Hochhaus* in New York. In den Vereinigten Staaten von Amerika wohnen viele Menschen im Hochhaus. Jim wohnt im 18. Stockwerk. Er benutzt den Fahrstuhl, wenn er zur Schule oder zum Fußballspielen will.

C Wucius

lebt auf einem *Hausboot.* Er ist ein chinesischer Junge und in Hongkong zu Hause. Das ist eine große Stadt, in der sehr viele Menschen wohnen. Wer sich keine Wohnung leisten kann, wohnt auf einem Hausboot wie Wucius. Er hat eine große Familie und auf dem Boot ist es sehr eng.

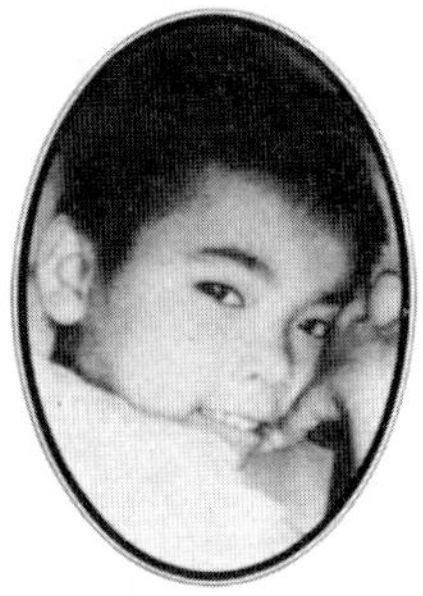

D Lakshmis'

Zuhause ist eine *Hütte* am Rande von Bombay. Das ist eine große Stadt in Indien. Lakshmis' Eltern haben oft keine Arbeit. Sie können sich deshalb keine Wohnung leisten. Lakshmi freut sich, dass sie eine so große Familie hat und so viele Kinder in der Nachbarschaft wohnen, mit denen sie spielen kann.

E Kofi

wohnt in einem *runden Haus aus Lehm* in Ghana, im Westen Afrikas. Seine Eltern bauen Kakao an. Dafür bekommen sie aber nur wenig Geld. Die große Familie Kofis lebt in verschiedenen runden Häusern, die alle zusammenstehen und von einer Mauer umgeben sind. So hat er immer jemanden zum Spielen und Reden.

F Juanita

wohnt in einer großen *Villa* in Brasilien. Ihr Vater besitzt eine Fabrik, in der viele Menschen für ihn arbeiten. Juanita wird morgens mit dem Auto zur Schule gebracht und nachmittags wieder abgeholt. Juanita spielt mit Kindern, deren Eltern auch reich sind. In Brasilien gibt es viele arme Kinder. Aber Juanita sieht sie selten.

G Nada

lebt mit ihren Eltern in Nairobi, der größten Stadt Kenias. Ihr Vater arbeitet als Beamter bei der Regierung. Die Familie wohnt ein einem *Wohnblock* mit vier Stockwerken am Rande der Stadt. Die Wohnung hat vier Zimmer.

H José

lebt mit seinen Eltern in einem Dorf im Anden-Gebirge in Bolivien. Nur zu Fuß und mit einem Pferd kann man das Dorf erreichen. Seine Familie ernährt sich von Kartoffeln, Mais und Hirse. Sie wohnen in einer kleinen *Hütte aus Feldsteinen.* Weil es zu wenig zu essen gibt, macht José sich mit einem Esel auf den Weg in die Stadt. Dort möchte er Arbeit finden.

M 20 Es ist niemand zu groß, es ist niemand zu klein

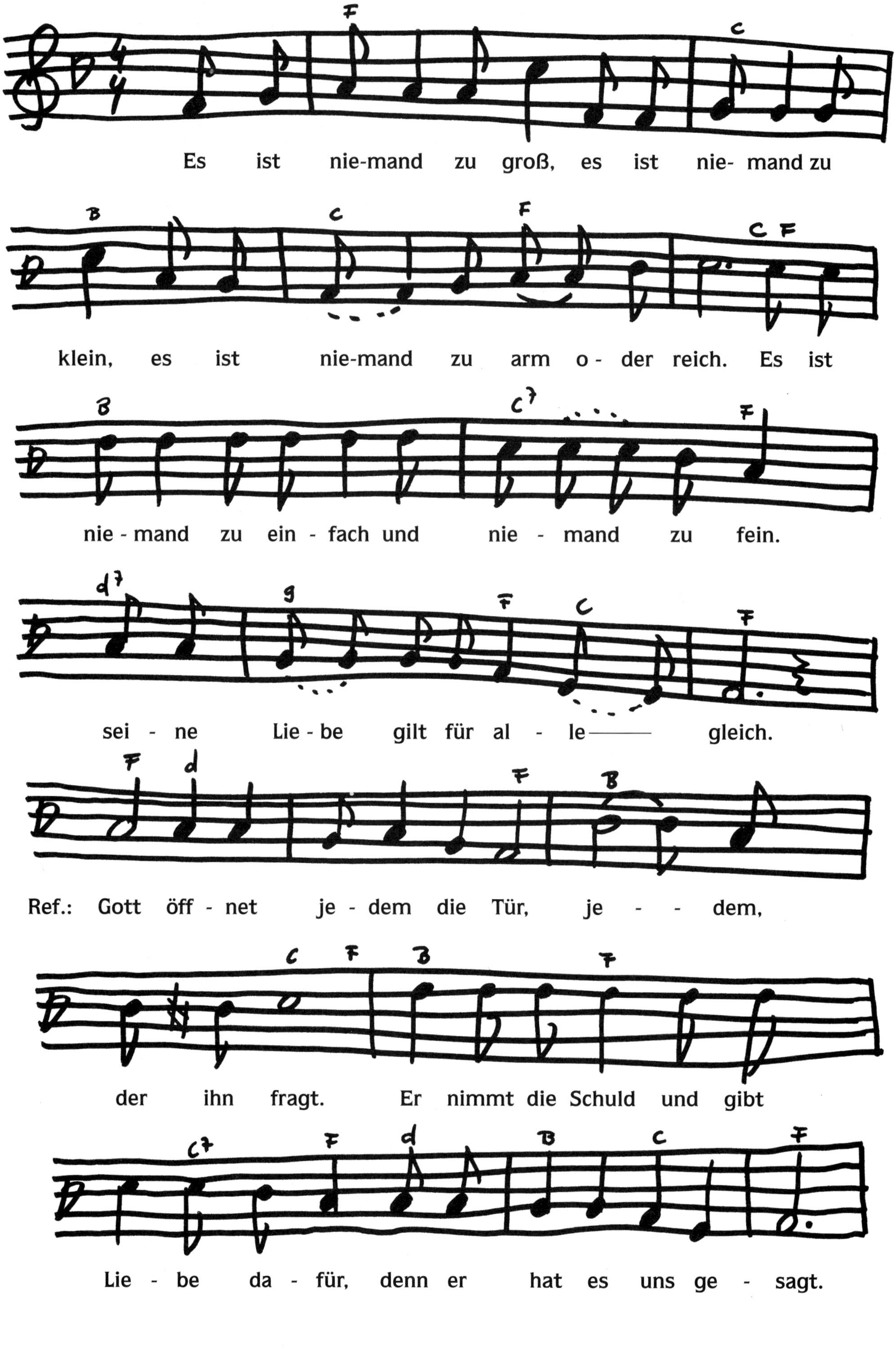

M 21 Schöpfungsfenster – vier Vorlagen

M 22 Ich bin eine Buche

Ich
bin eine Buche
und lebe in Gemeinschaft
mit vielerlei Pflanzen und Tieren.
Viele Tiere finden Wohnung und Nahrung in meiner Krone,
auf den Blättern, am Stamm und zwischen den Wurzeln. Ich bin
103 Jahre alt und 21 Meter hoch. Meine ungefähr 600 000 Blätter
ergeben zusammen eine Oberfläche von 100 qm und erzeugen 3 Millionen
Liter Sauerstoff im Jahr; das sind 370 l in der Stunde. Das ist genau so viel, wie 10
von euch zum Leben brauchen. Meine Blätter filtern 7000 kg Staub und Gifte pro Jahr.
Zwischen meinen Zweigen sind vor allem die Vögel zu Hause. Im Schutz der Blätter bauen
sie ihre Nester. Das Eichhörnchen baut sein kugelförmiges Nest in den Zweigen. Auch viele kleine
und sehr kleine Tiere leben in der Baumkrone, vor allem Spinnen und Insekten. In meinem Stamm
meißelt sich der Specht seine Höhle. Unter der Rinde liegen die Brutstätten von Käferlarven. Mein
Wurzelwerk dient Fuchs, Dachs und Kaninchen als Stütze für ihre unterirdischen Höhlen.
Die kleine Haselmaus hält ihren Winterschlaf zwischen den Wurzeln. Über die Wurzeln
nehme ich in Wasser gelöste Nährstoffe auf. Daraus werden in einem Jahr 4 Tonnen Blätter, Rinde
Holz und Früchte. Im Herbst leben viele Tiere von meinen Bucheckern. Wenn ich dann meine Blätter
verliere, wird daraus Humus, der den Lebensraum für Würmer, Asseln, Milben, Käfer, Pilze und
Bakterien bildet. Das Wurzelwerk verhindert, dass der Boden
weggeschwemmt wird;
es hält das
Wasser wie
ein Schwamm
fest und ver-
hindert so
den Abfluss von etwa 70 000 Liter Wasser im Jahr. Ich
pumpe 30 000 Liter Wasser im Jahr (80 Liter am Tag)
von den Wurzeln bis zu den Blättern; ein Teil davon verdunstet wieder.
Wenn ich gefällt würde,
so müsste man 2000 junge
Bäume mit je einem Kro-
nenvolu men von 1 cbm
pflan zen, um mich
zu er set zen.

M 23 Baum und Mensch

M 24 Körpermeditation Baum

Ich fühle den Boden unter meinen Füßen.
Ich konzentriere mich ganz auf die Füße.
Ich gehe mit meinem Bewusstsein in die Füße.
Ich schlage Wurzeln.
Mein ganzes Gewicht ruht auf meinen Wurzeln.
Ich wachse in den Boden.
Ich wachse immer tiefer, ganz in den Boden.
Ich bin ganz Wurzel.
Ich verzweige mich und durchdringe den ganzen Boden
mit meinen Wurzeln. – Immer weiter.
Ich erreiche die kleinsten Krümel.
Ich gewinne die Kräfte des Bodens durch meine Wurzeln.
Ich bekomme Halt.
Ich bin verwurzelt.
Die Bodenkräfte sammeln sich und strömen in mich ein. –
Ich wachse aus dem Boden.
Die Lebenskräfte sind in mir gesammelt.
Sie machen mich stark und kräftig.
Ich werde stärker, kräftiger.
Ich bin ganz Stamm.
Ich wachse nach oben.
Ich bin groß.
Ich teile mich oben in Äste.
Meine Äste tragen.
Ich wachse in den Himmel.
Licht und Wärme strömen in mich.
Ich teile mich weiter.
Ich erfasse den Raum.
Ich verzweige mich weiter.
Ich bin Krone.
Ich erfülle den ganzen Raum.
Ich erfasse alle Luft, alles Licht, alle Wärme.
Die Kraft des Himmels strömt in mich ein.
Die Kraft des Himmels strömt nach unten in meine Wurzeln.
Die Kraft des Bodens strömt nach oben in meine Krone.
Ich bin Strom.
In mir strömt Leben.
Ich bin Baum. – Ich bin Mensch!

M 25

Lieber Bäume als ein dicker Batzen Geld

Die Obstwiese der Trukses' wird kein Bauland

Hemmingen – das ist selten: 26 Obstbäume sind der Landwirtsfamilie Trukses aus der Neuen Schöckinger Straße lieber als 750 000 Mark.

Hätten die Trukses' gewollt, wäre ihre 15 Ar große Obstbaumwiese Bauland geworden. Denn sie liegt dort, wo das neue Nobel-Wohnbaugebiet „Südlich der Falkenstraße" entstehen soll, wo auch CDU-Fraktionschef Peter Huber einen Teil seines Ackerlands nachträglich eingebracht hat und wo Rohbauland mit rund 500 Mark pro Quadratmeter gehandelt wird.

Doch die Familie wollte nicht. „Vom Haus und Hof verkauft man nichts weg", so ihre Devise. Außerdem: Das Obst von den zehn Äpfel-, sechs Birnen-, vier Kirsch-, drei Nuss- und drei Zwetschgenbäumen reicht das ganze Jahr. „Und verkaufen können wir auch noch einen Teil. Gestohlen wird nichts, weil das Grundstück eingezäunt ist."

Mit Unterstützung des örtlichen Naturschutz-Verbandes haben die Trukses' jetzt erreicht, daß der 14 Meter breite und über 100 Meter lange Streifen am Rande des Areals aus dem Plangebiet herausgenommen und nicht umgelegt wird.

Allerdings: Die Familie hätte sicher weniger Verständnis bei der Gemeinde gefunden, läge die Parzelle nicht am Rand, sondern mitten im geplanten Baugebiet. Denn das hätte die Pläne der Gemeinde durchkreuzt. So aber tut's der Kommune nicht weh – im Gegenteil. Die Wiese kann nach Angaben der Verwaltung künftig als „Grünpuffer" zwischen der neuen und der vorhandenen Bebauung sowie zur Neuen Schöckinger Straße dienen. Sie soll deshalb künftig sogar besonders geschützt werden. (wib)

Aus: Ludwigsburger Kreiszeitung vom 12.7.94, S. 3

M 26 Zwei Landschaften

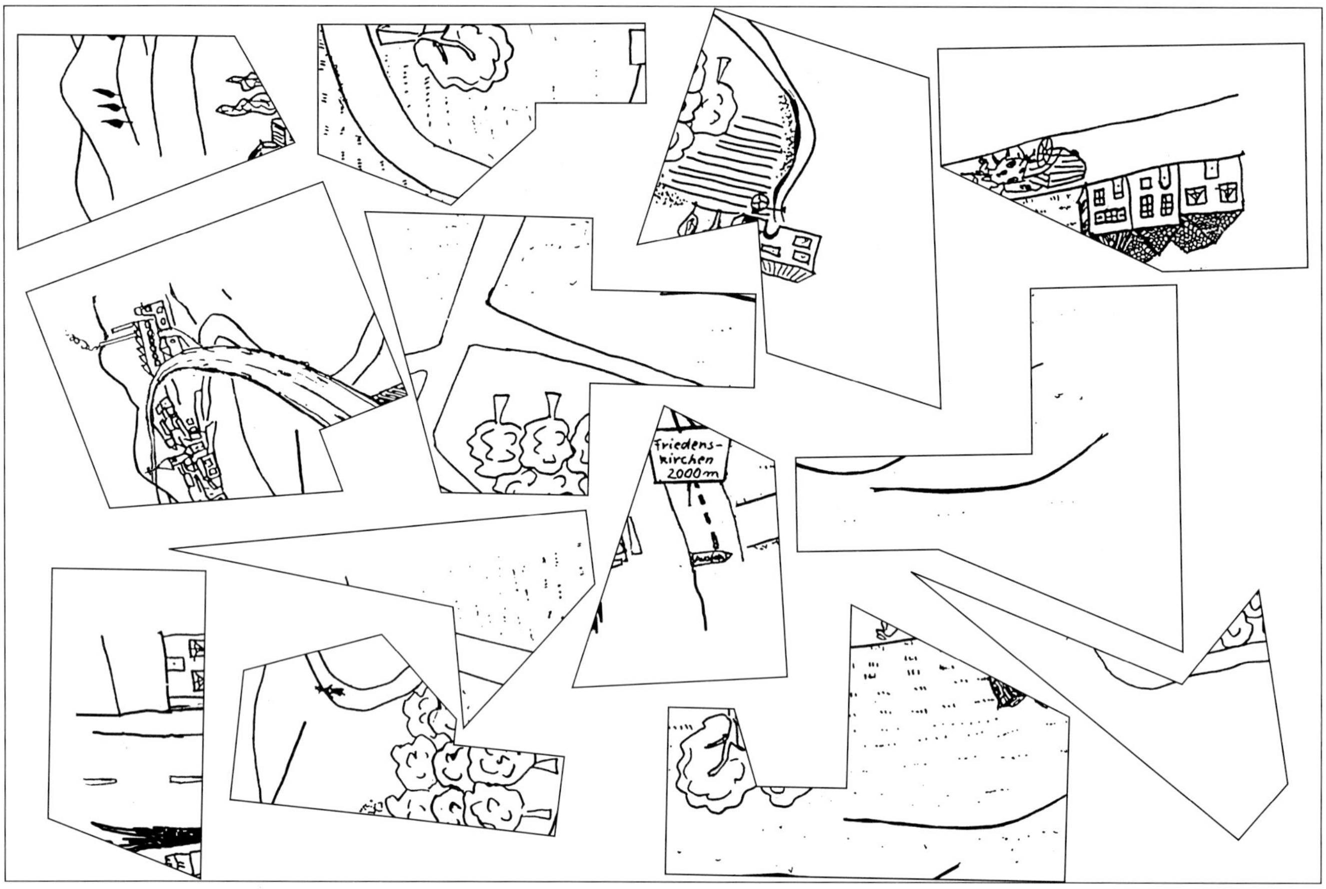

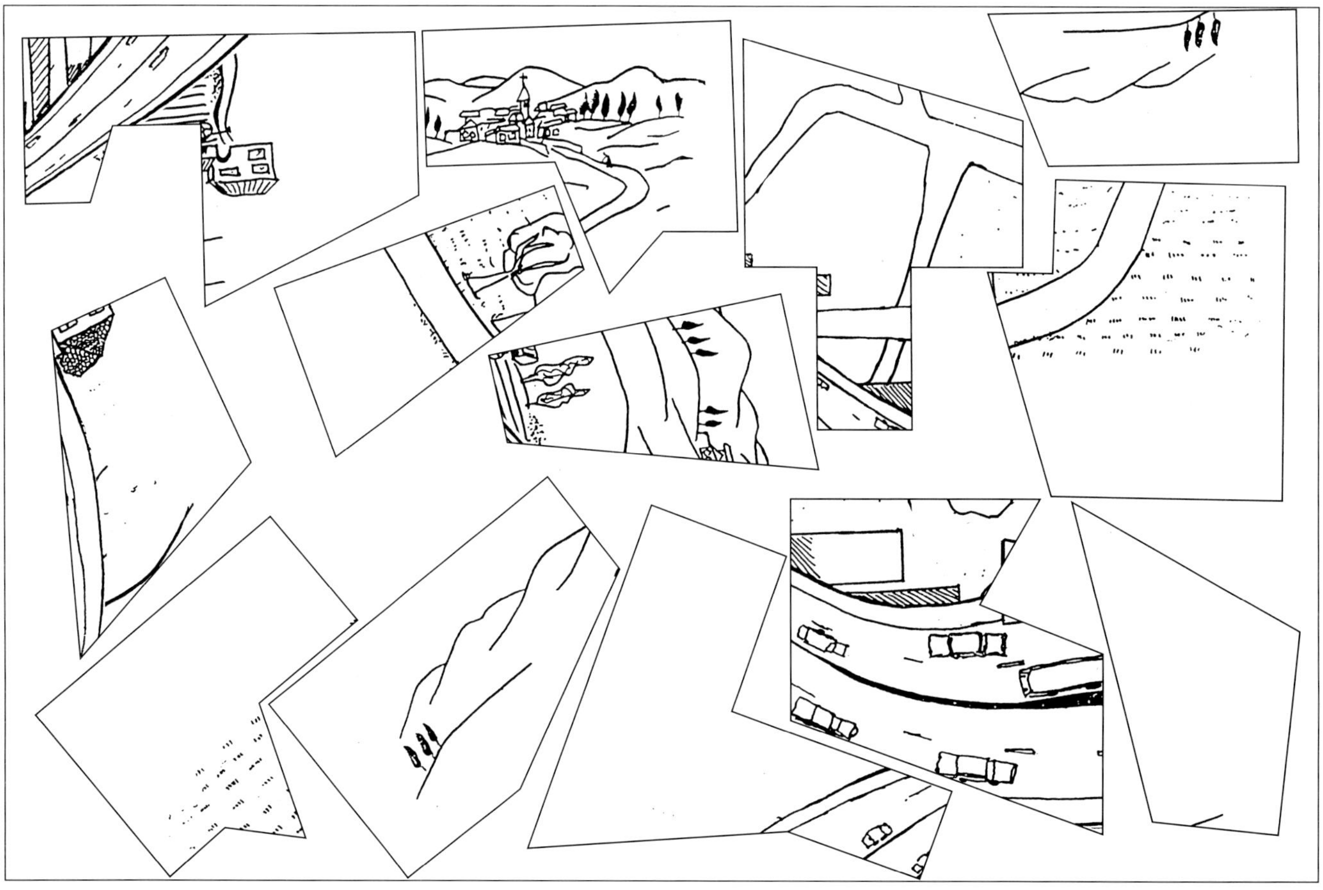

M 27 Alte Landschaft

M 28 Neue Landschaft

M 29 Festordnung: Neujahrsfest der Bäume

Das Neujahrsfest der Bäume
Am 15. Tag des Hebräischen Monats Shevat (Mitte bis Ende Januar) wird in Israel und bei Juden in vielen Ländern das Neujahrsfest der Bäume gefeiert. Dieses Fest heißt auch Tu B'-Schevat (= 15. Tag des Shevat). In dieser Zeit bekommen die Bäume frische Knospen und beginnen zu blühen.
Der erste Baum, der zu blühen beginnt, ist der **Mandelbaum**. Sogar in der Wüste wachsen Mandelbäume.
An Tu B'Schevat werden vor allem in Israel Bäume gepflanzt.
Viele Juden in Israel begehen das Neujahrsfest der Bäume mit einer festlichen Mahlzeit. Ihr könnt dieses Fest in eurer Klasse feiern.
In der Mitte des Raums steht ein Tisch mit vier Stufen. Darauf sind bestimmte Früchte gelegt. Auf der untersten Stufe liegen Früchte mit einer festen Schale, z. B. Mandeln, Nüsse, Orangen, Grapefruit oder Granatäpfel.
Auf der zweiten Stufe liegen Früchte mit einer weichen Schale und einem harten Kern, z. B. Datteln, Pflaumen, Äpfel oder Avocados.
Auf der dritten Stufe liegen Früchte, die man ganz essen und getrocknet gut aufbewahren kann, z. B. Feigen oder Früchte vom Johannesbrotbaum.
Die vierte Stufe bleibt frei.
Für eure Feier benötigt ihr neben den Früchten noch weißen und roten Traubensaft. Vor jeder Teilnehmerin bzw. jedem Teilnehmer steht ein Glas. Die Texte werden unter drei Sprecher aufgeteilt (A, B und C).

Wir beginnen unsere Feier mit dem **Lied**: *„Freunde, dass der Mandelzweig wieder blüht und treibt".*

1. In die Gläser wird weißer Traubensaft eingeschenkt
A: Der Saft von Weintrauben ist ein Zeichen der Freude. Der weiße Saft meint den weißen Schnee im Winter.
B: (hält die Hände segnend über einen Becher Traubensaft und spricht den Segen Baruch ata adonai, eluhim melech ha olam, borei pri hagaffen (= „Gelobt seist du, Ewiger, unser Gott, König der Welt, der du die Frucht des Weinstocks erschaffen hast.").
(Alle trinken)
A: (zeigt eine Frucht der untersten Stufe und fragt:) Was haben diese Früchte gemeinsam?
B: Sie haben eine feste Schale als Schutz für das Innere.
C: Die Weisen Israels sagen, dass die Früchte uns etwas erklären können:
Das feste Äußere schützt das Innere, weil es verwundbar ist. Manche Menschen sind nach außen hart, weil sie damit etwas Verwundbares im Inneren schützen. Hinter einer harten Schale verbirgt sich meist etwas Weiches, etwas Gutes.

2. In die Gläser wird viel weißer und ein wenig roter Traubensaft eingeschenkt
A: (hebt das Glas) Diese Mischung deutet auf den Frühling hin; der Saft schimmert wie zartere Knospen.
B: Segen über dem Becher.
(Alle trinken)
C: Die sieben Früchte Israels
So halte nun die Gebote des HERRN, deines Gottes, dass du in seinen Wegen wandelst und ihn fürchtest. Denn der HERR, dein Gott, führt dich in ein gutes Land, ein Land, darin Bäche und Brunnen und Seen sind, die an den Bergen und in den Auen fließen, ein Land, darin Weizen, Gerste, Weinstöcke, Feigenbäume und Granatäpfel wachsen, ein Land, darin es Ölbäume und Honig gibt, ein Land, wo du Brot genug zu essen hast, wo dir nichts mangelt.
5. Mose 8, 6-10

3. In die Gläser wird viel roter und ein wenig weißer Traubensaft eingeschenkt
A: (hebe das Glas) Das ist der Sommer, wenn die Früchte rot und reif werden.
B: (hält die Hände segnend über einen Becher Traubensaft und spricht den Segen:)
(Alle trinken den Becher leer)
A: (zeigt eine Frucht der zweiten Stufe und fragt:) Was haben diese Früchte gemeinsam?
B: Sie haben alle eine weiche Schale, also wenig äußeren Schutz für das Innere. Aber ganz innen liegt der Kern, der den Samen bewahrt und beschützt, den Ursprung und Neubeginn für eine neue Schöpfung, für neue Bäume und Früchte.

A: (zeigt eine Frucht der dritten Stufe und fragt:) Was haben diese Früchte gemeinsam?
B: Sie haben keine ungenießbare Schale und keinen harten Kern. Man kann sie ganz aufessen. Getrocknet kann man sie gut aufbewahren.
C: Die Weisen Israels erklären: Wir essen die Früchte ganz auf, und trotzdem wachsen neue Bäume.
A: Das ist ein Symbol für die Schöpfung Gottes, eine Schöpfung aus dem Nichts – nur durch sein Wort ist alles geworden.
B: Rabbi Yochanan erzählt eine Geschichte über den Johannesbrotbaum (Carob): „Als er einmal auf einer Reise war, sah er einen Mann, der einen Carob-Baum pflanzte. Er fragte ihn: Wie lange wird es dauern, bis dieser Baum Früchte trägt? Der Mann antwortete: 70 Jahre. Er fragte ihn weiter: Bist du sicher, dass du noch weitere 70 Jahre leben wirst? Der Mann erwiderte: Es gibt hier viele gut gewachsene Carob-Bäume, die mein Großvater für mich pflanzte; so will auch ich für meine Kinder und Kindeskinder Bäume pflanzen."

A: Warum liegen auf der vierten Stufe des Tisches keine Früchte?
B: Die Weisen Israels erklären: Es gibt etwas, was sich nicht durch Früchte symbolisieren lässt; es gibt Dinge, die wir nicht mit unseren fünf Sinnen begreifen können, aber mit unserem Herzen: Das ist Gottes Liebe, Gnade und Weisheit.

Lied: „Gottes Liebe ist wie die Sonne"

4. In die Gläser wird roter Traubensaft eingeschenkt
A: (hebt das Glas) Das ist der Herbst.
B: (hält die Hände segnend über einen Becher Traubensaft und spricht den Segen:)
(Alle trinken)
C: Wie können wir den Bäumen danken?
A: Ein Mann wanderte durch die Wüste und war hungrig, durstig und matt. Er legte sich unter einen Baum, dessen Früchte süß waren, sein Schatten wohltuend. Unter dem Baum floss ein Wasserlauf. Der Mann aß von den Früchten, trank von dem Wasser und ruhte sich unter seinem Schatten aus. Als er, gut erholt, seine Reise fortsetzen wollte, sagte er: Oh lieber Baum, wie soll ich dir danken und dich segnen? Soll ich dir sagen, deine Früchte mögen süß bleiben? – sie sind ja immer süß! Soll ich dir sagen, dein Schatten möge so wohltuend bleiben? – er ist immer so wohltuend! Soll ich dir sagen, der Wasserlauf möge immer an dir vorbeifließen? – er fließt immer an dir vorbei! Deshalb sage ich: Möge es Gottes Wille sein, dass mit all deinem Samen so schöne Bäume wachsen, wie du einer bist.
(Essen)
Kanon zum Abschluss: „Danket dem Herrn, denn er ist sehr freundlich".

M 30 Textpuzzle: Die zwei biblischen Schöpfungserzählungen

Und Gott der HERR nahm den Menschen und setzte ihn in den Garten Eden, dass er ihn bebaute und bewahrte.

Und Gott segnete sie und sprach zu ihnen: Seid fruchtbar und mehret euch und füllet die Erde und machet sie euch untertan.

Und Gott sprach: Es sammle sich das Wasser unter dem Himmel an besondere Orte, dass man das Trockene sehe.

Und der Mensch gab einem jeden Vieh und Vogel unter dem Himmel und Tier auf dem Felde seinen Namen; aber für den Menschen ward keine Gehilfin gefunden, die um ihn wäre.

aber ein Nebel stieg auf von der Erde und feuchtete alles Land.

und seien Lichter an der Feste des Himmels, dass sie scheinen auf die Erde.

Und Gott der HERR ließ aufwachsen aus der Erde allerlei Bäume, verlockend anzusehen und gut zu essen.

Und Gott sprach: Es wimmle das Wasser von lebendigem Getier,

Da sprach der Mensch: Das ist doch Bein von meinem Bein und Fleisch von meinem Fleisch.

Am Anfang schuf Gott Himmel und Erde. Und die Erde war wüst und leer.

Da ließ Gott der HERR einen tiefen Schlaf fallen auf den Menschen.

und all das Kraut auf dem Felde war noch nicht gewachsen; denn Gott der HERR hatte noch nicht regnen lassen;

Es war zu der Zeit, da Gott der HERR Erde und Himmel machte. Und alle die Sträucher auf dem Felde waren noch nicht auf Erden,

Und Gott sprach: Es werde eine Feste zwischen den Wassern, die da scheide zwischen den Wassern.

Und Gott sprach: Es werde Licht! Und es ward Licht.

Und Gott sprach: Lasset uns Menschen machen, ein Bild, das uns gleich sei.

Und er nahm eine seiner Rippen und schloss die Stelle mit Fleisch. Und Gott der HERR baute ein Weib aus der Rippe und brachte sie zu ihm.

Da machte Gott der HERR den Menschen aus Erde vom Acker.

- Schneidet die Teile aus und bringt sie in die richtige Reihenfolge. Es entstehen die beiden Schöpfungsberichte von 1. Mose 1 und 1. Mose 2.
- Es sind einige Verse weggelassen. Das merkt ihr, wenn ihr die ausgeschnittenen Teile mit dem Text in der Bibel vergleicht.

M 31 Die zwei biblischen Schöpfungserzählungen (Ergebnis des Textpuzzles)

1. Mose 1

Am Anfang schuf Gott Himmel und Erde. Und die Erde war wüst und leer.

Und Gott sprach: Es werde Licht!
Und es ward Licht.

Und Gott sprach: Es werde eine Feste zwischen den Wassern, die da scheide zwischen den Wassern.

Und Gott sprach: Es sammle sich das Wasser unter dem Himmel an besondere Orte, dass man das Trockene sehe.

und seien Lichter an der Feste des Himmels, dass sie scheinen auf die Erde.

Und Gott sprach: Es wimmle das Wasser von lebendigem Getier,

Und Gott sprach: Lasset uns Menschen machen, ein Bild, das uns gleich sei.

Und Gott segnete sie und sprach zu ihnen: Seid fruchtbar und mehret euch und füllet die Erde und machet sie euch untertan

1. Mose 2

Es war zu der Zeit, da Gott der HERR Erde und Himmel machte. Und alle die Sträucher auf dem Felde waren noch nicht auf Erden,

und all das Kraut auf dem Felde war noch nicht gewachsen; denn Gott der HERR hatte noch nicht regnen lassen;

aber ein Nebel stieg auf von der Erde und feuchtete alles Land.

Da machte Gott der HERR den Menschen aus Erde vom Acker.

Und Gott der HERR ließ aufwachsen aus der Erde allerlei Bäume, verlockend anzusehen und gut zu essen.

Und Gott der HERR nahm den Menschen und setzte ihn in den Garten Eden, dass er ihn bebaute und bewahrte.

Und der Mensch gab einem jeden Vieh und Vogel unter dem Himmel und Tier auf dem Felde seinen Namen; aber für den Menschen ward keine Gehilfin gefunden, die um ihn wäre.

Da ließ Gott der HERR einen tiefen Schlaf fallen auf den Menschen.

Und er nahm eine seiner Rippen und schloss die Stelle mit Fleisch. Und Gott der HERR baute ein Weib aus der Rippe und brachte sie zu ihm.

Da sprach der Mensch: Das ist doch Bein von meinem Bein und Fleisch von meinem Fleisch.

M 32 1. Mose 1 und 2 – ein Vergleich

1. Wie wird erzählt?	rhythmisch (und Gott sprach: es werde … und es ward) Refrain (1., 2. Tag): es war gut, genau; Wiederholungen, sachlich	breit erzählend märchenhaft bildlich
2. Wer ist der Verfasser?	Priester	Jahwist
3. Wie wird vom Wasser gesprochen?	Wasser als Gefahr Die „Feste“ muss das Wasser zurückhalten	Wasser ist nützlich: Sobald es feucht wird, wächst etwas. Das Wasser schafft Leben
4. Wo ist die Geschichte entstanden?	wasserreiches Gebiet (Babylonien)	wasserarmes Gebiet (Palästina)
5. Wann ist die Geschichte entstanden?	Babylonische Gefangenschaft nach 587 v. Chr.	Zeit Davids und Salomons (um 950 v. Chr.)
6. Wie wird Gott dargestellt?	mächtig, als Herrscher, er befiehlt, und es geschieht	Gott wirkt menschlich, er sorgt für den Menschen wie ein Vater
7. Wie lange dauert die Schöpfung?	sieben Tage	(wird nicht berichtet)
8. Wie wird der Mensch erschaffen?	(wird nicht berichtet)	aus Lehm, Hauch Gottes, Frau aus der Rippe des Mannes
9. Wann wird die Frau erschaffen?	zugleich mit dem Mann	nach dem Mann und nach den Tieren
10. Welche Stellung hat der Mensch?	krönender Abschluss, er ist der Höhepunkt der Schöpfung, er erhält den Auftrag, über die Schöpfung zu herrschen	Der Mensch steht im Mittelpunkt, die Tiere werden für ihn erschaffen
11. Warum wird die Geschichte erzählt?	Die Geschichte sagt aus, dass Gottes Schöpfung gut war. Gott (Jahwe), nicht Marduk, ist der Herr der Welt	Die Geschichte will aussagen, dass Gott gut für den Menschen sorgt. Jahwe, nicht Baal, sorgt für die Fruchtbarkeit des Landes

M 33 Der Stammbaum des Menschen

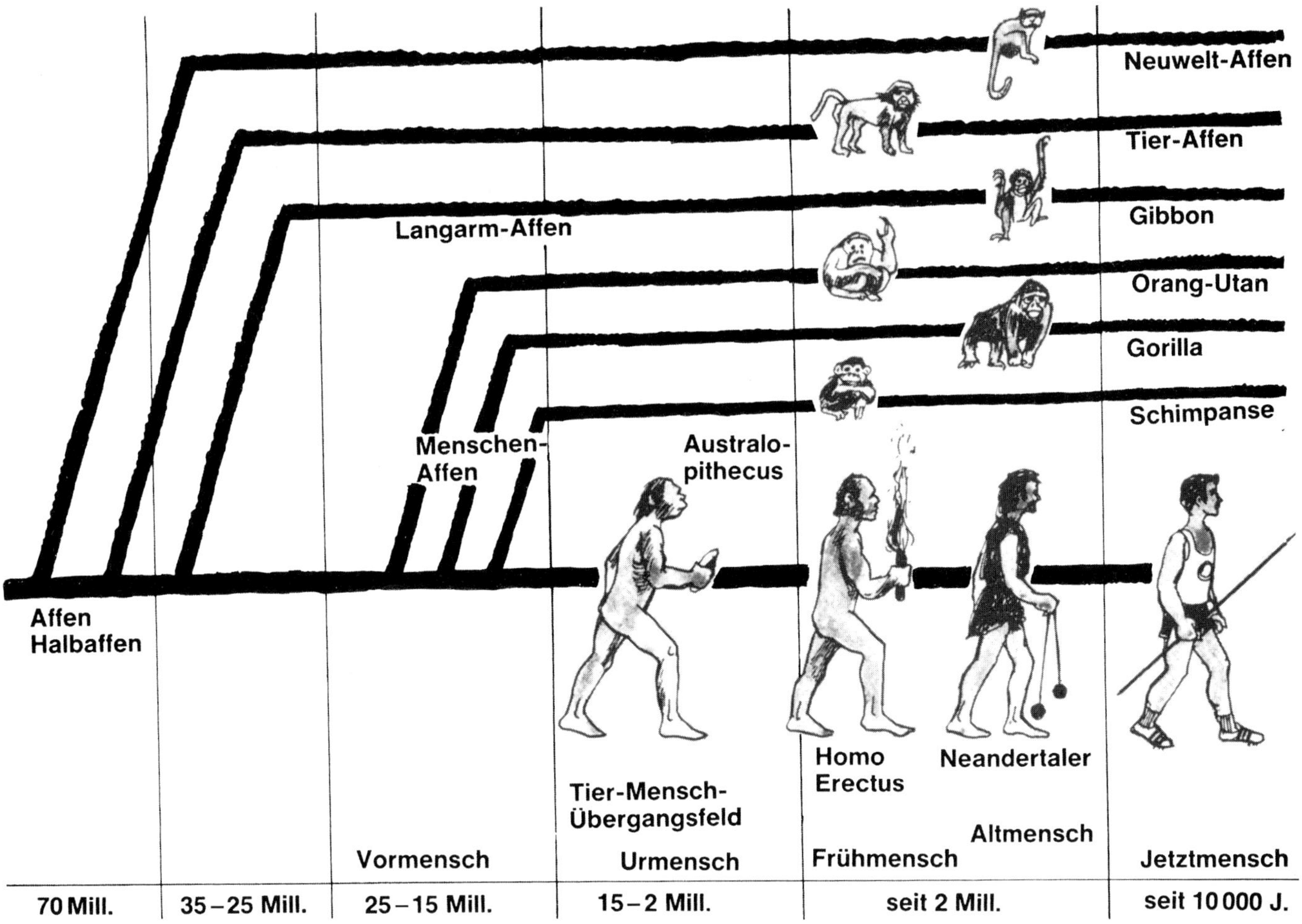

M 34 Die Entwicklung des Menschen

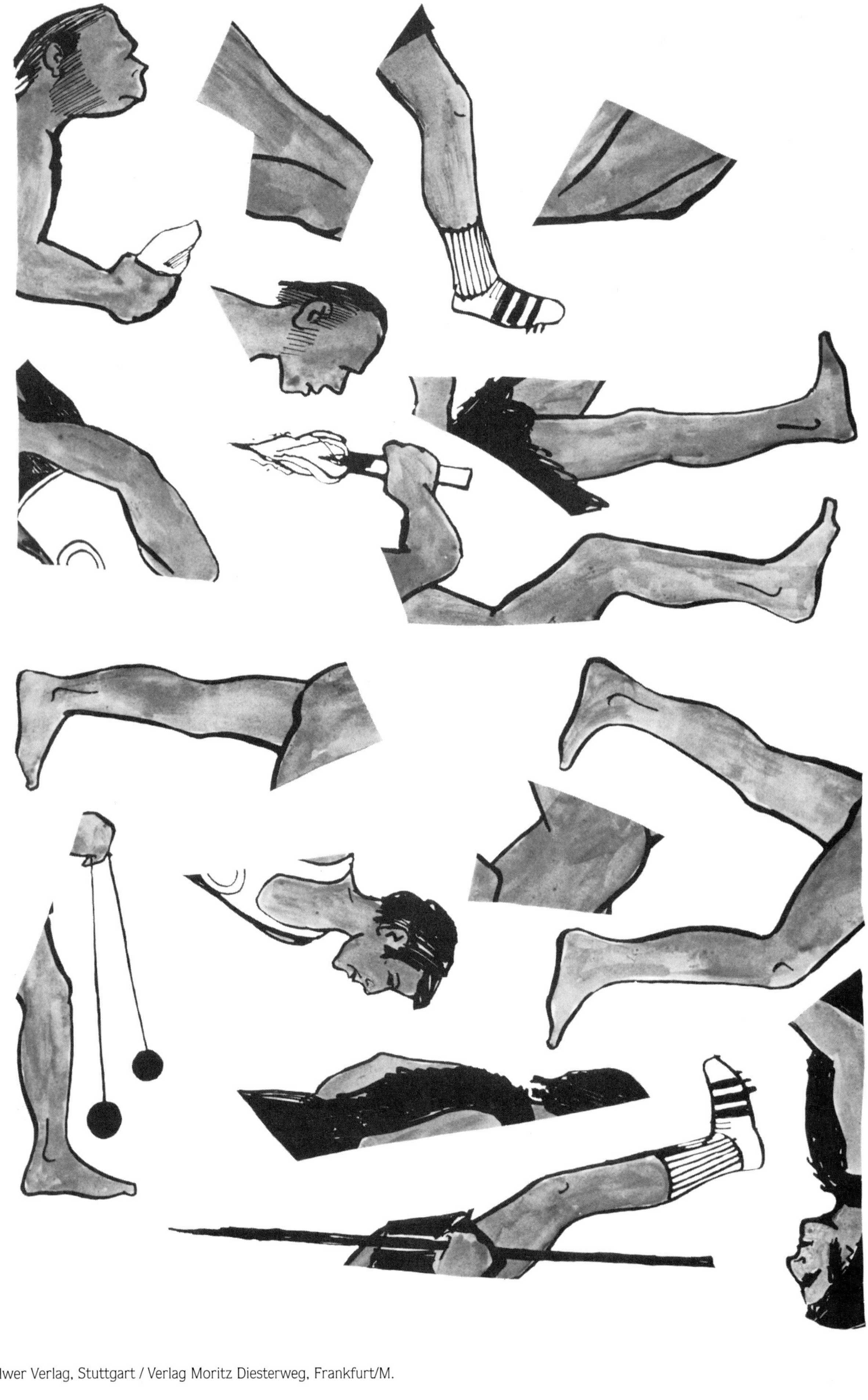

M 35 Es war vor Milliarden von Jahren

Es dauerte Millionen von Jahren,
bis kleinste Lebewesen
im Wasser sich regten.

Alles wurde zusammengewirbelt,
schmolz zusammen
aus winzigen Teilchen.

Mitten drin:
Unsere Sonne und unsere Erde,
ein glühender Planet.

Und ganz zuletzt
wurde der Mensch,
so wie er heute ist.

Zunächst waren da nur überall
Staub, Krater und Steine,
aber noch kein Leben.

So begann unsere Welt:
Eine Ur-Explosion
vor Milliarden von Jahren.

Milliarden von Jahren
hat es gedauert,
bis die Erde erkaltete.

Das Erdreich brachte Pflanzen hervor.
Tiere und Vögel belebten die Erde.

Irgendwo im All
gab es riesige Sonnen,
unzählige Sterne und Planeten.

❍ **Bringt die Textteile in die richtige Reihenfolge.**

M 36 1. Mose 1 als Schöpfungshymnus

A: Am Anfang schuf Gott Himmel und Erde.

B: Und die Erde war wüst und leer, und es war finster auf der Tiefe; und der Geist Gottes schwebte auf dem Wasser.

C: Und Gott sprach: Es werde Licht!

D: Und es ward Licht.

A: Und Gott sah, dass das Licht gut war. 𝄞

B: Da schied Gott das Licht von der Finsternis und nannte das Licht Tag und die Finsternis Nacht.

E: Da ward aus Abend und Morgen der erste Tag. ⊙

C: Und Gott sprach: Es werde eine Feste zwischen den Wassern, die da scheide zwischen den Wassern.

B: Da machte Gott die Feste und schied das Wasser unter der Feste von dem Wasser über der Feste.

D: Und es geschah so.

B: Und Gott nannte die Feste Himmel.

E: Da ward aus Abend und Morgen der zweite Tag. ⊙⊙

C: Und Gott sprach: Es sammle sich das Wasser unter dem Himmel an besondere Orte, dass man das Trockene sehe.

D: Und es geschah so.

B: Und Gott nannte das Trockene Erde, und die Sammlung der Wasser nannte er Meer.

A: Und Gott sah, dass es gut war. 𝄞

C: Und Gott sprach: Es lasse die Erde aufgehen Gras und Kraut, das Samen bringe, und fruchtbare Bäume auf Erden, die ein jeder nach seiner Art Früchte tragen, in denen ihr Same ist.

D: Und es geschah so.

B: Und die Erde ließ aufgehen Gras und Kraut, das Samen bringt, ein jedes nach seiner Art, und Bäume, die da Früchte tragen, in denen ihr Same ist, ein jeder nach seiner Art.

A: Und Gott sah, dass es gut war.

E: Da ward aus Abend und Morgen der dritte Tag. 𝄞⊙⊙⊙

C: Und Gott sprach: Es werden Lichter an der Feste des Himmels, die da scheiden Tag und Nacht und geben Zeichen, Zeiten, Tage und Jahre und seien Lichter an der Feste des Himmels, dass sie scheinen auf die Erde.

D: Und es geschah so.

B: Und Gott machte zwei große Lichter: ein großes Licht, das den Tag regiere, und ein kleines Licht, das die Nacht regiere, dazu auch die Sterne. Und Gott setzte sie an die Feste des Himmels, dass sie schienen auf die Erde und den Tag und die Nacht regierten und schieden Licht und Finsternis.

A: Und Gott sah, dass es gut war.

E: Da ward aus Abend
und Morgen der vierte Tag. 𝄞⊙⊙⊙⊙

C: Und Gott sprach: Es wimmle das Wasser von lebendigem Getier, und Vögel sollen fliegen auf Erden unter der Feste des Himmels. Und Gott schuf große Walfische und alles Getier, das da lebt und webt, davon das Wasser wimmelt, ein jedes nach seiner Art, und alle gefiederten Vögel, einen jeden nach seiner Art.

A: Und Gott sah, dass es gut war. 𝄞

C: Und Gott segnete sie und sprach: Seid fruchtbar und mehret euch und erfüllet das Wasser im Meer, und die Vögel sollen sich mehren auf Erden.

E: Da ward aus Abend
und Morgen der fünfte Tag. ⊙⊙⊙⊙⊙

C: Und Gott sprach: Die Erde bringe hervor lebendiges Getier, ein jedes nach seiner Art: Vieh, Gewürm und Tiere des Feldes, ein jedes nach seiner Art.

D: Und es geschah so.

B: Und Gott machte die Tiere des Feldes, ein jedes nach seiner Art, und das Vieh nach seiner Art und alles Gewürm des Erdbodens nach seiner Art.

A: Und Gott sah, dass es gut war. 𝄞

C: Und Gott sprach: Lasset uns Menschen machen, ein Bild, das uns gleich sei, die da herrschen über die Fische im Meer und über die Vögel unter dem Himmel und über das Vieh und über alle Tiere des Feldes und über alles Gewürm, das auf Erden kriecht.

B: Und Gott schuf den Menschen zu seinem Bilde, zum Bilde Gottes schuf er ihn; und schuf sie als Mann und Weib.

C: Und Gott segnete sie und sprach zu ihnen:

B: Seid fruchtbar und mehret euch und füllet die Erde und machet sie euch untertan und herrschet über die Fische im Meer und über die Vögel unter dem Himmel und über das Vieh und über alles Getier, das auf Erden kriecht.

C: Und Gott sprach:

B: Sehet da, ich habe euch gegeben alle Pflanzen, die Samen bringen, auf der ganzen Erde, und alle Bäume mit Früchten, die Samen bringen, zu eurer Speise.
Aber allen Tieren auf Erden und allen Vögeln unter dem Himmel und allem Gewürm, das auf Erden lebt, habe ich alles grüne Kraut zur Nahrung gegeben.

D: Und es geschah so.

A: Und Gott sah an alles, was er gemacht hatte, und siehe, es war sehr gut.

E: Da ward aus Abend
und Morgen der sechste Tag. 𝄞⊙⊙⊙⊙⊙⊙

B: So wurden vollendet Himmel und Erde mit ihrem ganzen Heer. Und so vollendete Gott am siebenten Tage seine Werke, die er machte, und ruhte am siebenten Tage von allen seinen Werken, die er gemacht hatte.

C: Und Gott segnete den siebenten Tag und heiligte ihn, weil er an ihm ruhte von allen seinen Werken, die Gott geschaffen und gemacht hatte.

D: So sind Himmel und Erde geworden, als sie geschaffen wurden.

M 37 Der fruchtbare Halbmond

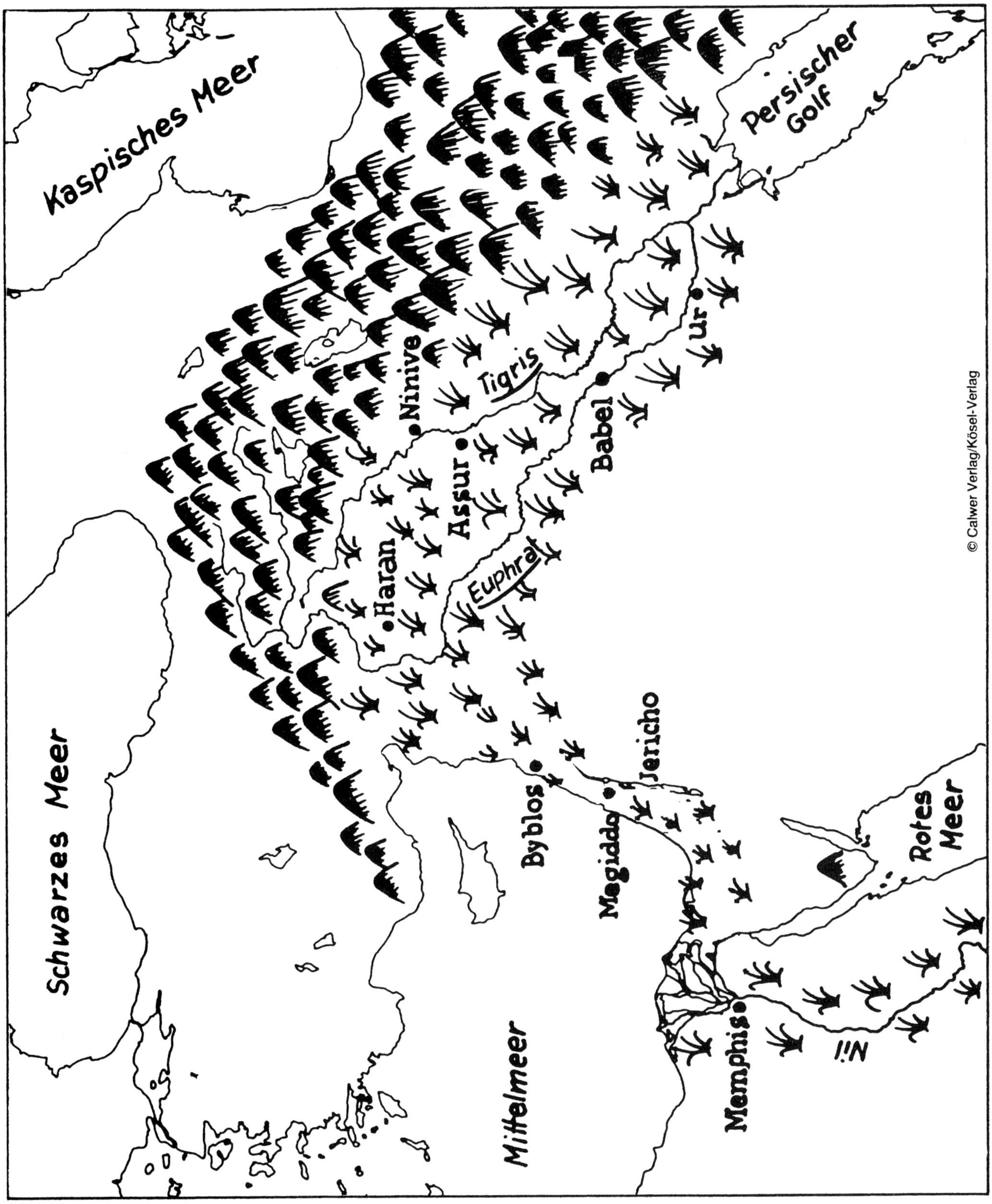

M 38 Turm von Babylon

BASTELHILFE

Gebraucht werden Schere und Kleber.

——— ausschneiden und Ecken einschneiden

- - - knicken

Klebestellen

········ auf- oder ankleben

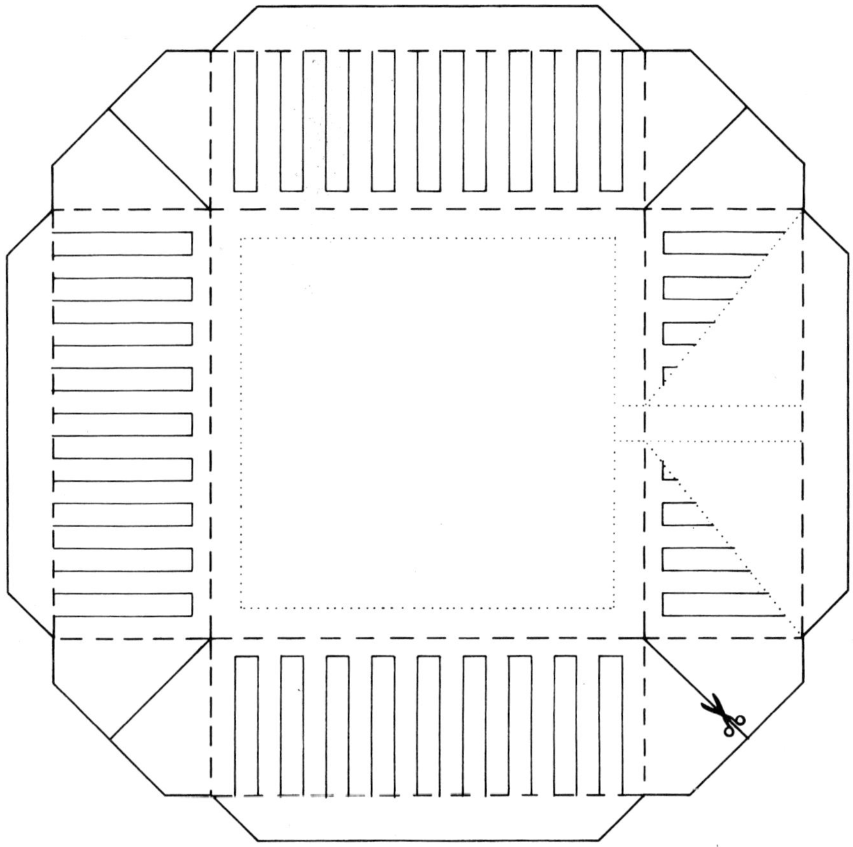

Idee und Entwurf: Marion Martens

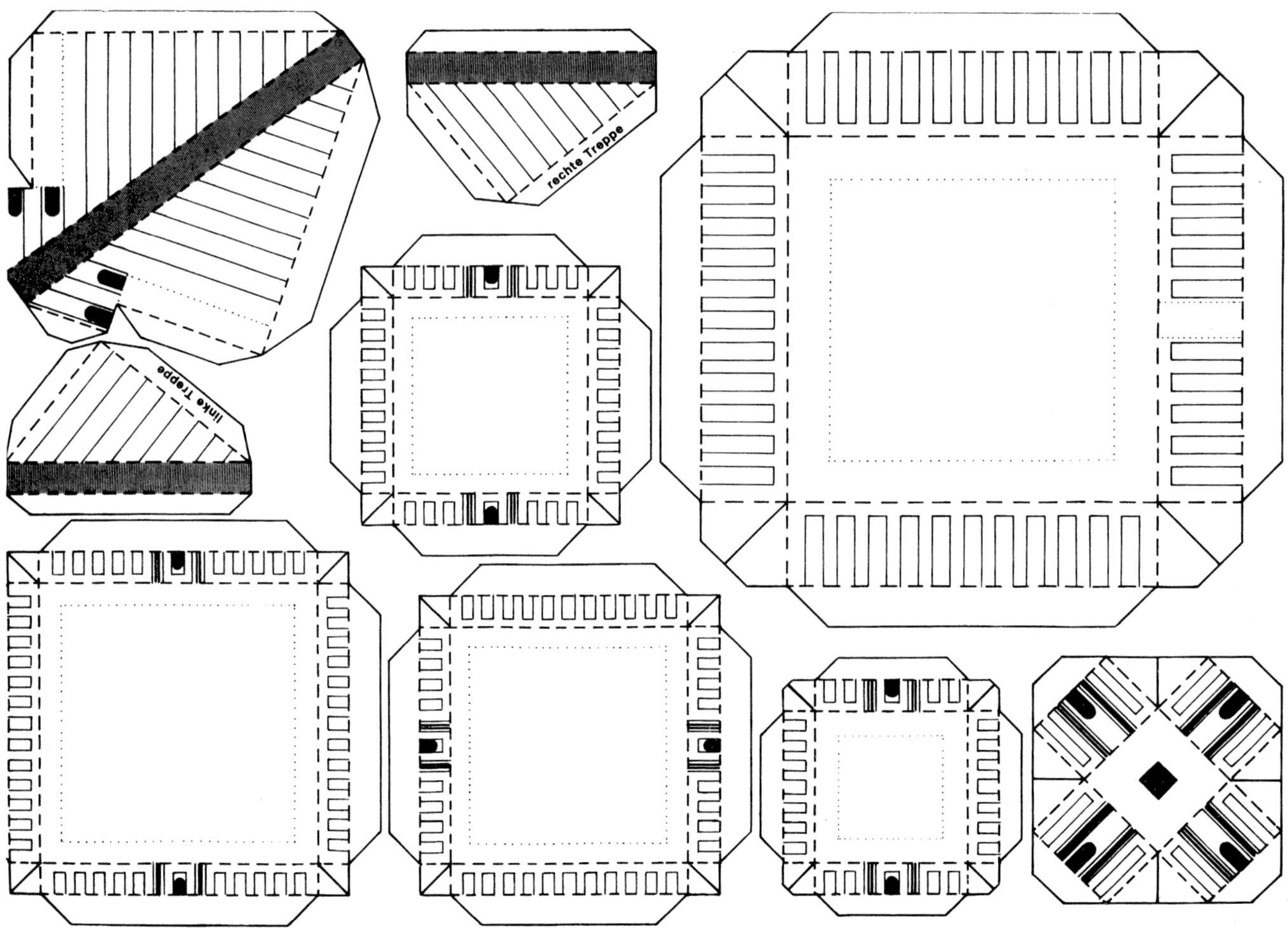

M 39 Abraham und Sara auf dem Weg

Ein paar Wochen nach dem Aufbruch von Haran erreichen sie den Euphratfluss. Dort, wo die Straße durchgeht, gibt es eine Stelle, an der das Wasser nicht tief ist und wo man hinüberwaten kann.
Der Übergang erinnert Abraham an die Furt (seichte Stelle) des Euphratflusses vor der Stadt Ur, wo er früher mit seiner Familie gelebt hatte.
Jetzt getrauen sich ein paar junge Schafe nicht hinüberzugehen.
Da nehmen die Hirten sie auf die Schultern.
Sie bleiben einige Tage am Ufer des Flusses. „Wir waschen hier unsere Kleider!", befiehlt Sara ihrer Sklavin Hagar. „Wer weiß, wie lange es dauert, bis wir wieder an einen Fluss kommen."
Die Mägde sammeln die Wäsche ein. Sie kauern sich am Flussufer nieder. Sie schwenken die wollenen Hemden und Hosen im Wasser. Sie reiben sie im Sand. Sie schlagen sie auf die Steine, die am Flussufer liegen. Sie wringen sie aus. Sie breiten sie zum Trocknen aus. Auch die Menschen waschen sich. Wie gut das kühle Wasser nach der langen Wanderung tut! Bald brechen sie wieder auf. Der Weg führt über Berge und durch Täler. Manchmal begegnen ihnen Menschen. Es sind Nomaden wie sie. Mit ihren Herden suchen sie Weideplätze.
Eines Tages erreichen sie einen See. Er liegt eingebettet zwischen Hügeln und Bergen. Sein Wasser ist tiefblau. Auf dem See schwimmen Boote. Fischer werfen ihre Netze aus.
„Was für ein schöner See!", sagt Lot. „Und was für ein schönes Land! Hier könnten wir doch unsere Zelte aufschlagen und bleiben!"
„Nein", sagt Abraham. „Wir gehen weiter. Gott hat mir nicht gesagt, dass wir hier bleiben sollen."
Aus dem See schlängelt sich ein Fluss durch das Tal. Aber Abraham geht mit den Herden nicht durch das Tal. Sie steigen in die Berge hinauf. Hoch über dem Tal zieht sich der Weg dahin. Nach ein paar Tagen sehen sie, dass der Fluss in ein großes Gewässer mündet. Das Land, in dem sie nun sind, heißt Kanaan. Schließlich stoßen sie auf eine Stadt. Es ist Sichem. Sichem liegt auf einem Hügel und wird von einer dicken Mauer aus Steinen geschützt. In Sichem ist viel los. Gleich hinter dem Stadttor befindet sich ein großer Markt. Auf dem Markt tauschen Abraham und Sara Schafe, Ziegen und Felle gegen Schmuck, Werkzeug und Gerste ein.
„Ich könnte nicht in einer Stadt wohnen", sagt Abraham zu den Hirten. „In den engen und stinkenden Gassen würde ich ersticken."
Daher verlässt Abraham mit seiner Familie bald wieder Sichem. Sie ziehen durchs Gebirge bis nach Süden weiter. Im Süden herrscht aber eine große Hungersnot. „Besser ist es", denkt Abraham, „wir leben als Fremde in einem anderen Land, als dass wir alle vor Hunger umkommen."
Deswegen beschließt Abraham mit seiner Familie ins nahe gelegene Ägypten aufzubrechen. Dort werden sie vom Pharao und den Ägyptern freundlich aufgenommen und bekommen zu essen.
Als die Hungersnot vorüber ist, verlassen sie – vom Pharao mit Schafen, Rindern, Eseln und Kamelen reich beschenkt – Ägypten und kehren nach Kanaan zurück. Als sie bereits sechs lange Tagesreisen hinter sich haben und müde auf dem Weg dahinziehen, sieht Abraham in der Ferne einen Baum. Der Baum steht in Mamre, einem Waldstück im Norden der Stadt Hebron.
Der Baum hat eine breite Krone und seine grünen Blätter leuchten in der Nachmittagssonne.
„Der Baum muss viele hundert Jahre alt sein", sagt er zu Sara. „Hier schlagen wir unsere Zelte auf und mein Zelt muss unter dem Baum stehen."
In dieser Nacht hört Abraham die Stimme wieder. Er weiß jetzt gewiss, dass es Gottes Stimme ist.
„Du bist jetzt in dem Land, von dem ich zu dir geredet habe", sagt die Stimme. „Dieses Land will ich deinen Nachkommen geben."
Am andern Morgen befiehlt Abraham seinen Knechten: „Holt Steine! Schichtet sie aufeinander! Es soll ein Altar für den Gott sein, der mit mir geredet hat!"
Abraham holt den schönsten Ziegenbock aus seiner Herde. Mit einem schnellen Schnitt in den Hals tötet er ihn. Er fängt das Blut in einer Tonschale auf und gießt es über den Altar.
„Im Blut ist das Leben", denkt Abraham. „Und das Leben gehört Gott." Dann schneidet er das Fett und die Innereien aus dem Tier. Er macht auf dem Altar ein Feuer und verbrennt das Herausgeschnittene.
„Und jetzt", ruft Abraham seinen Leuten zu, „feiern wir ein Fest. Schlachtet ein paar Schafe und Ziegen!"
Alle freuen sich. Überall werden Feuer angezündet. In großen Töpfen kochen sie das Fleisch. Sie essen und trinken. Zwei Hirten fangen an auf ihren Flöten zu blasen. Die Frauen und Männer singen alte Lieder. Die Mädchen und Burschen geben sich die Hände und tanzen.
Wehmütig schaut Sara auf die jungen Leute.
„Wenn wir doch auch Kinder hätten!", sagt sie zu Abraham.

M 40 Liebende im Streit (Keith Haring, 1989)

M 41 Familie

M 42 Bekenntnis des Verstorbenen vor den Totenrichtern in Altägypten

Ich habe nicht Unrecht getan gegen die Menschen,
Ich habe nicht getan, was Gott verabscheut,
Ich habe keinen Diener bei seinem Vorgesetzten schlecht gemacht,
Ich habe nicht hungern lassen,
Ich habe nicht weinen gemacht,
Ich habe nicht getötet,
Ich habe nicht zu töten befohlen,
Ich habe gegen niemanden schlecht gehandelt,
Ich habe die Opferspeisen in den Tempeln nicht weggenommen,
Ich habe die Opferkuchen der Götter nicht vermindert,
Ich habe die Kuchen der Verstorbenen nicht weggenommen,
Ich habe nicht Ehebruch begangen,
Ich habe das Kornmaß weder vergrößert noch verrringert,
Ich habe das Feldmaß nicht verringert,
Ich habe mit dem Ackermaß nicht betrogen,
Ich habe die Gewichte der Handwaage nicht vergrößert,
Ich habe das Lot der Standwaage nicht hinuntergeschoben,
Ich habe nicht die Milch vom Munde eines Säuglings weggenommen,
Ich habe nicht Ziegen von ihrem Kraut gejagt,
Ich habe die Vögel der Götter nicht gefangen,
Ich habe die Fische ihrer Sümpfe nicht weggefischt,
Ich habe dem Überschwemmungswasser nicht gewehrt zu seiner Zeit,
Ich habe gegen fließendes Wasser keinen Damm aufgerichtet,
Ich habe die Tage beim Empfang von Opferfleisch nicht überschritten,
Ich habe keine Herden von den Tempelgütern verscheucht,
Ich habe keinem Gott gewehrt bei seinen Prozessionen,
Ich bin rein, ich bin rein, ich bin rein.

(Die folgenden Erklärungen werden jeweils eingeleitet mit einer Anrede an einen bestimmten Totenrichter, z. B.: „O du mit der Nase, der aus Hermopolis herauskommt", „O du Knochenbrecher, der aus Herakleopolis herkommt, ich habe nicht ...")

Ich habe nicht Unrecht getan,
Ich habe nicht geraubt,
Ich bin nicht habgierig gewesen,
Ich habe nicht gestohlen,
Ich habe nicht Menschen getötet,
Ich habe das Kornmaß nicht verringert,
Ich habe kein Unrecht getan,
Ich habe nicht vom Tempelbesitz gestohlen,
Ich habe nicht Lüge geredet,
Ich habe nicht Speise weggenommen,
Ich habe keine Übertretungen begangen,
Ich habe keinen heiligen Stier getötet,
Ich habe kein betrügerisches Geschäft gemacht,
Ich habe kein Opferbrot geraubt,
Ich habe nicht gelauscht,
Mein Mund ging nicht fort,
Ich habe nicht Weib oder Mann vergewaltigt,
Ich habe nicht Schrecken erregt,
Ich brannte nicht,
Ich bin nicht gegen ein wahres Wort taub gewesen,
Ich habe nicht gezankt,
Ich habe nicht dem Richter zugezwinkert,
Ich habe nichts verschwiegen,
Ich habe nicht geschmäht,
Ich war nicht gewalttätig,
Ich habe nicht viele Worte gemacht,
Ich habe getan, womit die Götter zufrieden sind,
Ich habe den Gott befriedigt mit dem, was er liebt:
Ich habe den Hungernden Brot gegeben,
Und den Dürstenden Wasser,
Und den Nackenden Kleidung,
Und dem Schifflosen eine Fähre.
Ich habe den Göttern Opfer dargebracht,
Und den Verklärten Totenopfer, -
Rettet mich doch, schützt mich doch,
Und zeugt nicht wider mich vor dem großen Gott!
Ich bin reinen Mundes und reiner Hände,
Einer zu dem „Willkommen!" gesagt wird
Von denen, die ihn sehen.

Aus dem 125. Kapitel des ägyptischen Totenbuchs, eine Sammlung von Papyri, die zwischen 1580 und 1100 v. Chr. entstanden sind. Ein solches Pergamentpapier wurde dem einbalsamierten Toten in den Sarg gelegt. Es herrschte die Vorstellung, dass der Tote in der Gerichtshalle vor den Thron des Osiris zu treten hat, der von 42 Totenrichtern umgeben ist, die das Herz des Ankommenden wägen. Ehe der Tote die Halle betreten darf, muss er diese Versicherungen ablegen.

Totengericht mit Herzwaage aus einer ägyptischen Grabkammer

M 43 Mose begegnet Gott am brennenden Dornbusch

Nach seiner Flucht aus Ägypten, kam Mose ins Land Midian. Dort lernte er Zippora kennen, die Tochter Jitros, des Priesters von Midian, und heiratete sie. Mose lebte nun im Land Midian als Schafhirte; er hütete die Schafe seines Schwiegervaters Jitro. Eines Tages trieb er die Schafherde durch die Steppe ganz nahe an den Horeb, den Berg Gottes. Da sah er eine seltsame Erscheinung: Flammen schlugen aus einem Dornbusch, aber der Busch verbrannte nicht. „Merkwürdig", dachte Mose, „das muss ich mir genauer ansehen!" Da hörte er eine Stimme aus dem brennenden Dornbusch: „Mose! Mose!" - Und Mose antwortete: „Ja, hier bin ich!"- Und die Stimme sagte: „Komm nicht näher! Ziehe deine Schuhe aus, denn der Boden, auf dem du stehst, ist heilig." Und die Stimme sagte weiter: „Ich bin der Gott deines Vaters, der Gott Abrahams, Isaaks und Jakobs."
Da verhüllte Mose sein Gesicht, weil er fürchtete, Gott anzuschauen.
Gott aber sagte: „Ich habe gesehen, wie schwer mein Volk in Ägypten unterdrückt wird, ich habe seine Hilfeschreie gehört. Ich will mein Volk befreien und es in das Land Kanaan führen, wo Milch und Honig fließen. Und du sollst zum Pharao gehen und mein Volk aus Ägypten herausführen!"
Aber Mose sagte: „Wer bin ich denn? Wie könnte gerade ich zum Pharao gehen und das Volk herausführen?" Und Gott sagte: „Ich werde bei dir sein! Du wirst das Volk herausführen und ihr werdet mich an diesem Berg anbeten."
Mose sagte zu Gott: „Die Israeliten werden mir nicht glauben und mich fragen: ‚Wer ist dieser Gott? Was ist sein Name?' Was soll ich dann sagen?"
Und Gott sprach zu Mose: „Sage zu dem Volk: der ‚Ich bin für euch da' schickt mich zu euch."
Und geh zum Pharao und sage: Lass das Volk Israel drei Tage lang in die Wüste ziehen, damit wir unserem Gott opfern können."
Aber Mose sagte: „Ich kann nicht gut reden und außerdem habe ich die Sprache meines Volkes fast verlernt."
Doch Gott erwiderte: „Ich werde dir eingeben, was du sagen sollst."
Aber Mose war immer noch nicht einverstanden: „Schicke doch einen anderen!" Gott wurde unwillig und sagte. „Dein Bruder Aaron wird dich begleiten. Er kann gut reden."
Da ging Mose zu seinem Schwiegervater zurück. Nach einigen Tagen machte er sich auf den Weg nach Ägypten. (Nach 2. Mose 3-4)

M 44 Mose am brennenden Dornbusch (Puzzle)

M 45 Arbeitsblatt I: Mose am brennenden Dornbusch

M 46 Arbeitsblatt II: Mose am brennenden Dornbusch

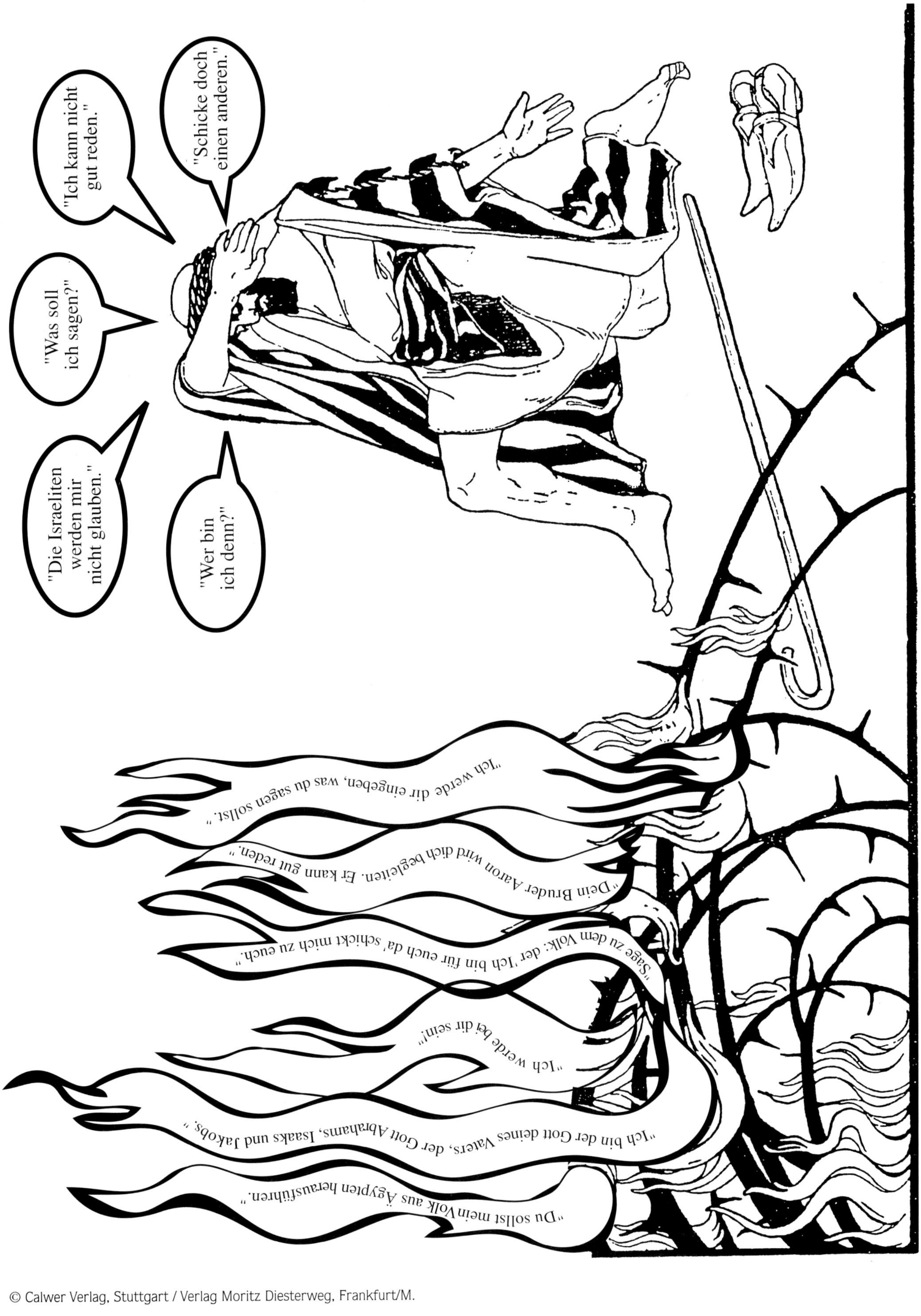

M 47 **Mirjam (Ephraim Mose Lilien)**

M 48 Pucki

Anne bekam also einen Dackel oder, genau gesagt, ein Dackelchen. Es war eine Handvoll Dackel, ein tollpatschiger Wicht. Das war an Weihnachten. Kennst du dich etwas aus mit Dackeln? Viele sind langhaarige braungelockte Kerle. Sie siehst du am häufigsten, denn sie gefallen wahrscheinlich allen Leuten. Aber Annes Pucki hatte ein dunkles und kurzhaariges Fell und zwei hellere Flecken über den Augen. Als er das erste Mal vor Anne stand, war er noch etwas wackelig auf den Beinen. Da kam er ihr nicht so hübsch vor, wie Dackel eigentlich sein können. Die Enttäuschung verging zum Glück schon am Weihnachtstag. Schnell gewann Anne den Winzling lieb. War es nicht sogar schön, dass Pucki ein wenig anders war als andere Dackel? Was für große Augen er hatte, was für schöne Augen! Er sah Anne damit fast wie ein Mensch an.
Anne mochte Pucki auch noch, als er wuchs und wuchs. Und er wuchs in diesem Dreivierteljahr wirklich viel zu rasch für Annes Geschmack. Dabei war er so drollig gewesen in seiner Winzigkeit! Annes Mutter sagte: „Wir haben dich auch nicht nur lieb gehabt, solange du klein warst." Sie lächelte Anne an. Aber darum ging es doch gar nicht. Natürlich mochte Anne ihren Pucki.
Sie nahm sich jeden Tag Zeit für ihn. Wenn sie aus der Schule heimkam, kläffte Pucki mit hoher Stimme wie toll vor Vergnügen und Anne freute sich schon unterwegs auf den wilden Empfang. Was Vati befürchtet hatte, traf diesmal nicht ein. „Wie wird es sein? Ich fürchte, zuerst herrscht große Begeisterung und dann führen Mama und ich den Hund tagaus tagein spazieren, weil Anne die Lust verliert. Bei Kindern kommt das oft vor." Vielleicht kam es vor; bei Anne war es jedenfalls anders. Sie behielt ihre Freude an Pucki und er an ihr. Am schönsten war ihre Freundschaft natürlich in den Sommerferien. Danach hatten sie nicht mehr so viel Zeit miteinander, weil Anne seitdem in die Realschule ging. Von nun an kam sie mittags später heim. Auch musste sie mehr Hausaufgaben machen und lernen. Trotzdem, Pucki blieb ihr Freund.
Aber jetzt war er tot. Überfahren. Wie das kam? Dumm und unnötig, wie meistens bei solchen Sachen: Plötzlich rollt ein kleiner Ball aus einer Gartenausfahrt. Pucki rennt hinterher – vor das Auto! Ein dumpfer Ton und gleich liegt Pucki hingeschmettert da, wie zerbrochen. Pucki ist tot. Tot!
Anne wusste nicht, wie sie das aushalten sollte. Was half es, dass sie sich den Kopf zerquälte, warum sie Pucki diesmal nicht an die Leine genommen hatte. Was half das? Anne weinte wie noch nie. Die Mutter sagte nicht viel. Sie machte Anne keine Vorwürfe. Sie nahm sie nur fest in ihre Arme und hielt Anne. Vielleicht weinte sie selber. Sie sagte nichts von einem neuen Hund, wie es die Nachbarin sofort tat. Als ob Anne irgendeinen Hund haben wollte, irgendeinen Ersatz! Pucki war tot. Untröstlich schluchzte Anne.
Der Vater kam heim. Er war mit Anne traurig. Beim Erzählen tat ihr alles noch einmal so weh, dass sie nur noch schlafen wollte. Was dann passierte, verstehst du nur, wenn du weißt: Anne betete gewöhnlich jeden Abend, meistens mit ihrer Mutter zusammen. Sie sprachen dabei ein paar Sätze über den Tag, der vorüber war. Diesmal aber drehte Anne sich weg, als ihre Mutter leise begann: „Lieber Vater im Himmel, heute sind wir sehr traurig geworden ..."
„Hör auf!", unterbrach Anne mit dem Gesicht zur Wand. „Hör auf! Gott ist so gemein!"
Die Mutter hörte wirklich auf. Sie sagte noch: „Nein, Anne, gemein ist Gott nicht. Gute Nacht, mein Kind!"
Der nächste Tag war ein schulfreier Samstag. Anne rührte ihr Frühstück kaum an. Weil der Vater nicht arbeiten musste, erklärte er, er wolle Pucki jetzt gleich begraben.
„Möchtest du dabei sein?"
Anne schüttelte den Kopf. Trotzdem beobachtete sie vom Fenster aus, wie Vater hinten im Garten ein kleines Grab aushob. Zuletzt holte er Pucki aus dem Geräteschuppen, wo er ihn anscheinend über Nacht gelassen hatte. Anne verließ das Fenster. Ihr war wieder nach Weinen zumute. Später sah sie, dass Vater auf das Grab noch eine Blume pflanzte, die er aus dem Beet ausgegraben hatte. Jetzt kam er ins Haus zurück.
„Ich will noch ein kleines Kreuz zusammennageln. Schreibst du Puckis Namen darauf? Du schreibst schöner", sagte er.
„Kein Kreuz", antwortete Anne bestimmt.
„Kein Kreuz?"
Anne wiederholte: „Kein Kreuz", und schaute weg. Der Vater ging aus dem Raum. Wenig später hörte Anne ihn im Esszimmer mit der Mutter ernst sprechen. Aber als sie auch hinüberging, unterbrachen die Eltern ihr Gespräch.
Anne trauerte. Besonders wenn sie mittags heimkam und der fröhliche Empfang fehlte, war sie niedergeschlagen. In der Schule erzählte sie nur ihrer Freundin, was geschehen war. Es war so schlimm, dass sie es sonst noch niemandem erzählen konnte.
Das Beten gab die Mutter nach zwei weiteren Versuchen auf, zumindest das laute. Sie setzte sich wie bisher an den Bettrand und redete noch mit Anne. Zuletzt blieb sie eine Weile stumm dasitzen. Anne drehte sich immer um, wenn es so weit war. Beinahe gewöhnten sie sich an diesen Zustand oder sie taten doch so.
Vierzehn Tage danach war Elternsprechtag in Annes Schule. Die Mutter ging hin, obwohl ihr Anne keine Schulsorgen machte. Anne hatte auch selber keinen ernsthaften Kummer mit Lehrern. Nachdenklich kehrte die Mutter vom Sprechtag zurück. Sie war beim Mathematiklehrer gewesen, bei der Biologielehrerin und beim Deutschlehrer; er gab in der Klasse auch Religion. Er hatte der Mutter erzählt, dass Anne seit ein paar Stunden in Religion nicht mehr mitmache. In Deutsch sei alles gut wie seither, nur in Religion nicht mehr. Anne wolle ihm nicht sagen, warum.
„Ist es wegen Pucki?", fragte die Mutter Anne.
Anne nickte. „Ich mag Gott nicht mehr."
„Und da willst du ihn bestrafen", meinte die Mutter. Es klang ernst, aber nicht vorwurfsvoll.

M 49 Vertrauensworte: Worte gegen die Angst

Der Herr hört mein Weinen.
Psalm 6,9

Deine Hand hält mich fest.
Psalm 63,9

Deine Liebe ist die Sonne,
von der wir leben.
Psalm 36,10

Du bist mein Fels, meine
Burg.
Psalm 18,3

Deine Güte erquickt uns
wie frisches Wasser
Psalm 36,9

Dein Wort ist meines Fußes
Leuchte
und ein Licht auf meinem Weg.
Psalm 119,105

Du hast mich wieder
gesund gemacht.
Psalm 30,3

Der Herr ist mein Hirte,
mir wird nichts mangeln.
Psalm 23,1

Du gibst mir Halt,
du bietest mir Schutz.
Psalm 31,4

Herr, deine Güte reicht bis an den
Himmel und deine Treue, so weit
die Wolken ziehen.
Psalm 36,6

Du bist mein Licht.
Psalm 27,1

M 50 **Der Gekreuzigte (Robert Hammerstiel)**

M 51 Kinder malen Gott

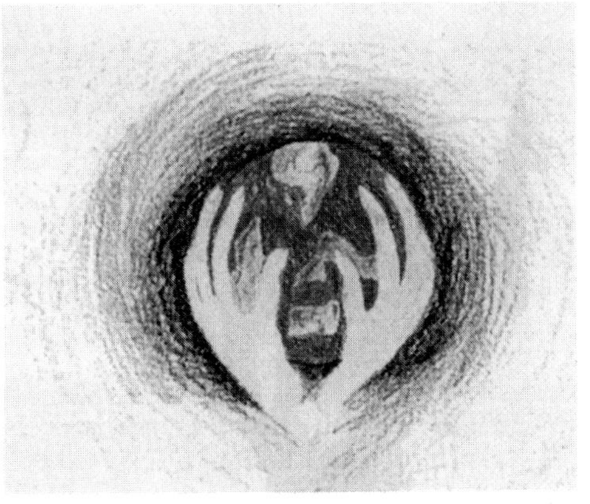

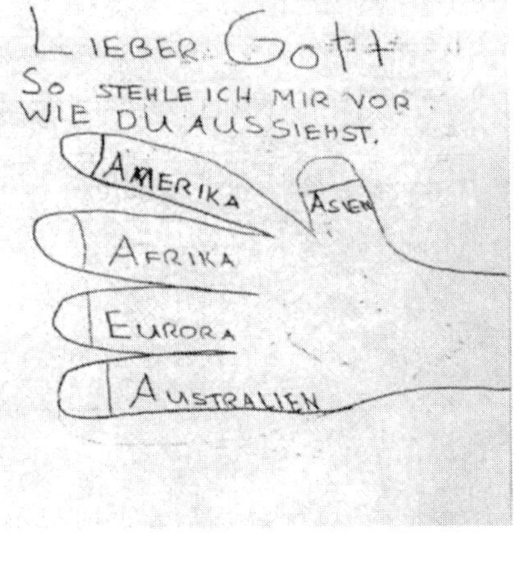

M 52 Die Blinden

Es war einmal, sagte er, ein kleines Dorf in der Wüste. Alle Einwohner dieses Dorfes waren blind. Eines Tages kam dort ein großer König mit seinem Heer vorbei. Er ritt auf einem gewaltigen Elefanten. Die Blinden hatten viel von Elefanten erzählen hören und wurden von einer heftigen Lust befallen, heranzutreten und den Elefanten des Königs berühren zu dürfen und ihn zu untersuchen, um eine Vorstellung davon zu bekommen, was das für ein Ding sei. Einige von ihnen – vielleicht waren es die Gemeindeältesten – traten vor und verneigten sich vor dem König und baten um die Erlaubnis, seinen Elefanten berühren zu dürfen. Der eine packte ihn beim Rüssel, der andere am Fuß, ein dritter an der Seite, einer reckte sich hoch auf und packte das Ohr, und ein anderer wieder durfte einen Ritt auf dem Rücken des Elefanten tun. Entzückt kehrten alle ins Dorf zurück und die Blinden umringten sie und fragten eifrig, was denn das ungeheuerliche Tier Elefant für ein Wesen sei. Der erste sagte: „Er ist ein großer Schlauch, der sich hebt und senkt und es ist ein Jammer um den, den er zu packen kriegt." Der zweite sagte: „Es ist eine mit Haut und Haaren bekleidete Säule." Der dritte sagte: „Es ist wie eine Festungsmauer und hat auch Haut und Haare." Der, der ihn am Ohr gepackt hatte, sagte: „Es ist keineswegs eine Mauer, es ist ein dicker, dicker Teppich, der sich bewegt, wenn man ihn anfasst." Und der letzte sagte: „Was redet ihr für Unsinn? Es ist ein gewaltiger Berg, der sich bewegt!"

M 53 Die Einteilung der hebräischen Bibel der Juden

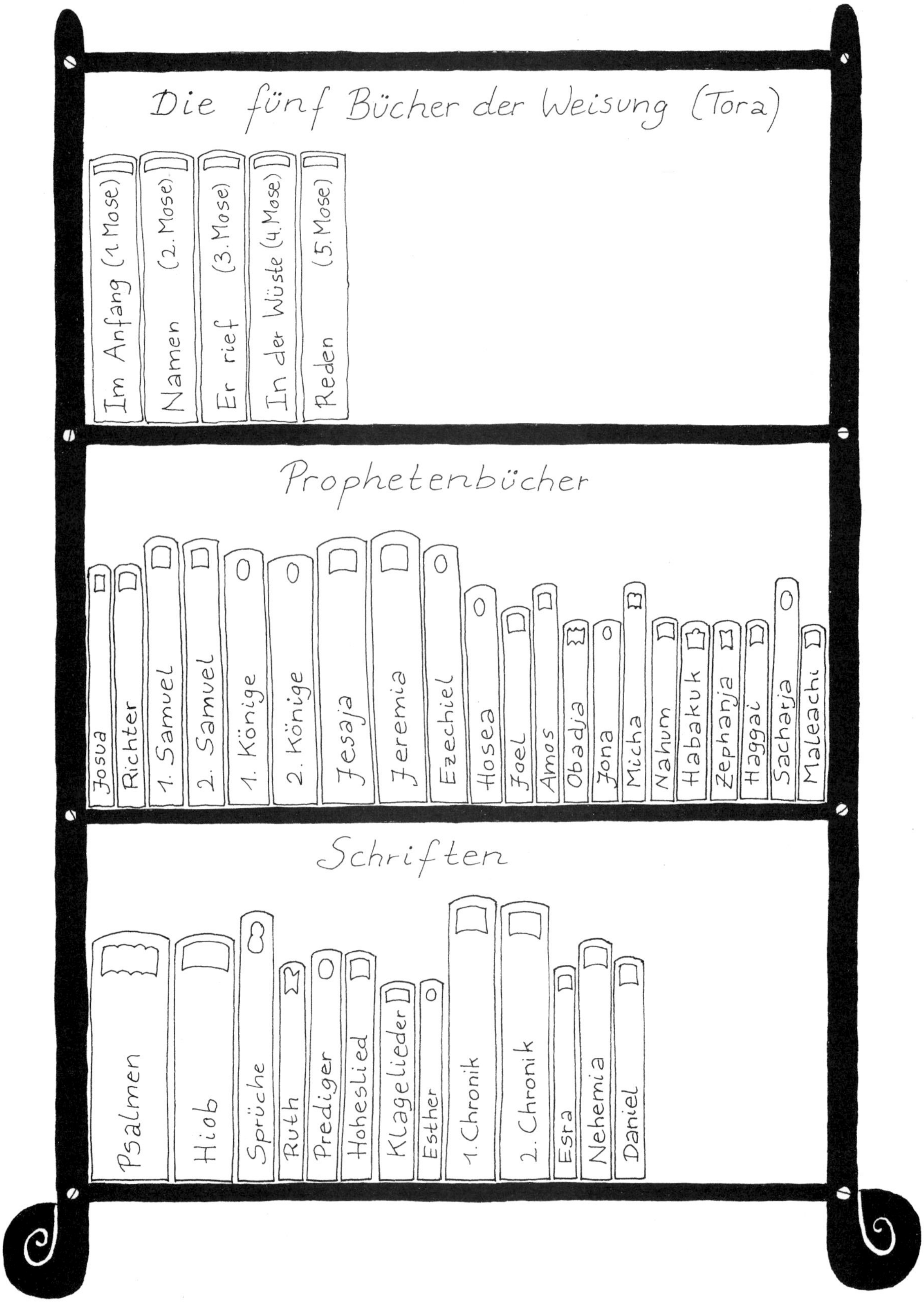

M 54 Bibelfußball

Das Spielfeld wird an die Tafel gemalt, ebenso der Ball und die Verteidigungslinien. Als Ball kann auch ein Magnetknopf dienen. Das Ganze kann auch aus „Flanellkarton“ zugeschnitten werden und dann auf einer Wolldecke, die mit zwei Tischtuchklammern an der Wandtafel befestigt wird, haften.

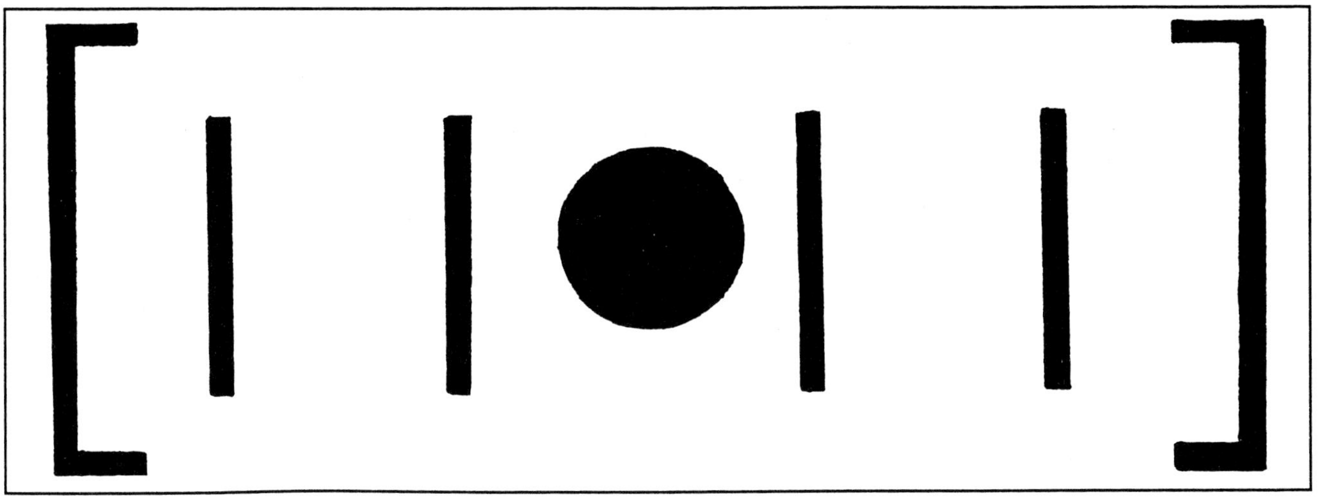

Spielregel:
Die Klasse wird in zwei Parteien eingeteilt.
Jeder Schüler hat eine Bibel.
Der Lehrer nennt einen Begriff aus einem Bivelvers, der gesucht werden soll.
Beispiel: Gesucht wird ein Raumschmuck!
Zu finden ist er in 2. Mose 26,31 usw.
Wer zuerst den gesuchten Begriff nennt, hat für seine Gruppe den Ball um ein Feld vorgestoßen. Die Gegengruppe hat jetzt die Chance den Ball zurückzuschießen oder sie muss im nächsten Durchgang ein Tor hinnehmen.

Beispiele für Fragen zum Bibelfußball

Gesucht wird:	in:	Lösung:
ein Raumschmuck	2. Mose 26,31	Vorhang
Bezeichnung für ein bes. Stück Land	Sprüche 12,26	Weide
ein Sinnesorgan	1. Mose 20,8	Ohr
ein Blatt eines bestimmten Baumes	1. Mose 8,11	Ölblatt
Teil eines Tieres	Jesaja 10,14	Schnabel
Bauwerk einer Stadt	Hebräer 11,30	Mauer Jericho
kleines Gefängnis	Hesekiel 19,9	Käfig
bestimmte Vorfahren	1. Timotheus 5,4	Großeltern
ein Beruf	Matthäus 4,18	Fischer
atmosphärische Störung	Psalm 135,7	Blitz
anderes Wort für Revolution	Judas 11	Aufruhr
Teil des Gottesdienstes	Philipper 4,15	Predigt
Erntewerkzeug	Jesaja 2,4	Sichel
Teil eines Hauses	2. Chronik 9,11	Treppe
Teilnehmer einer Auseinandersetzung	Hesekiel 23,25	Kämpfer
ein harter Beruf	1. Könige 5,29	Steinhauer
Gefühlsäußerung	Sprüche 19,11	Zorn
ein Beruf	Lukas 19,2	Zöllner
Körperteil	Sprüche 22,14	Mund
Hinterlassenschaft	1. Petrus 1,4	Erbe
Teil eines Vogels	Daniel 4,30	Adlerfeder

Cornelia Götz u.a., Die Bibel, Bausteine für einen Unterrichtsvorschlag in Klasse 5/6. In: entwurf 1/92, S. 45

M 55 Das Nordreich Israel im Jahre 722 v. Chr.

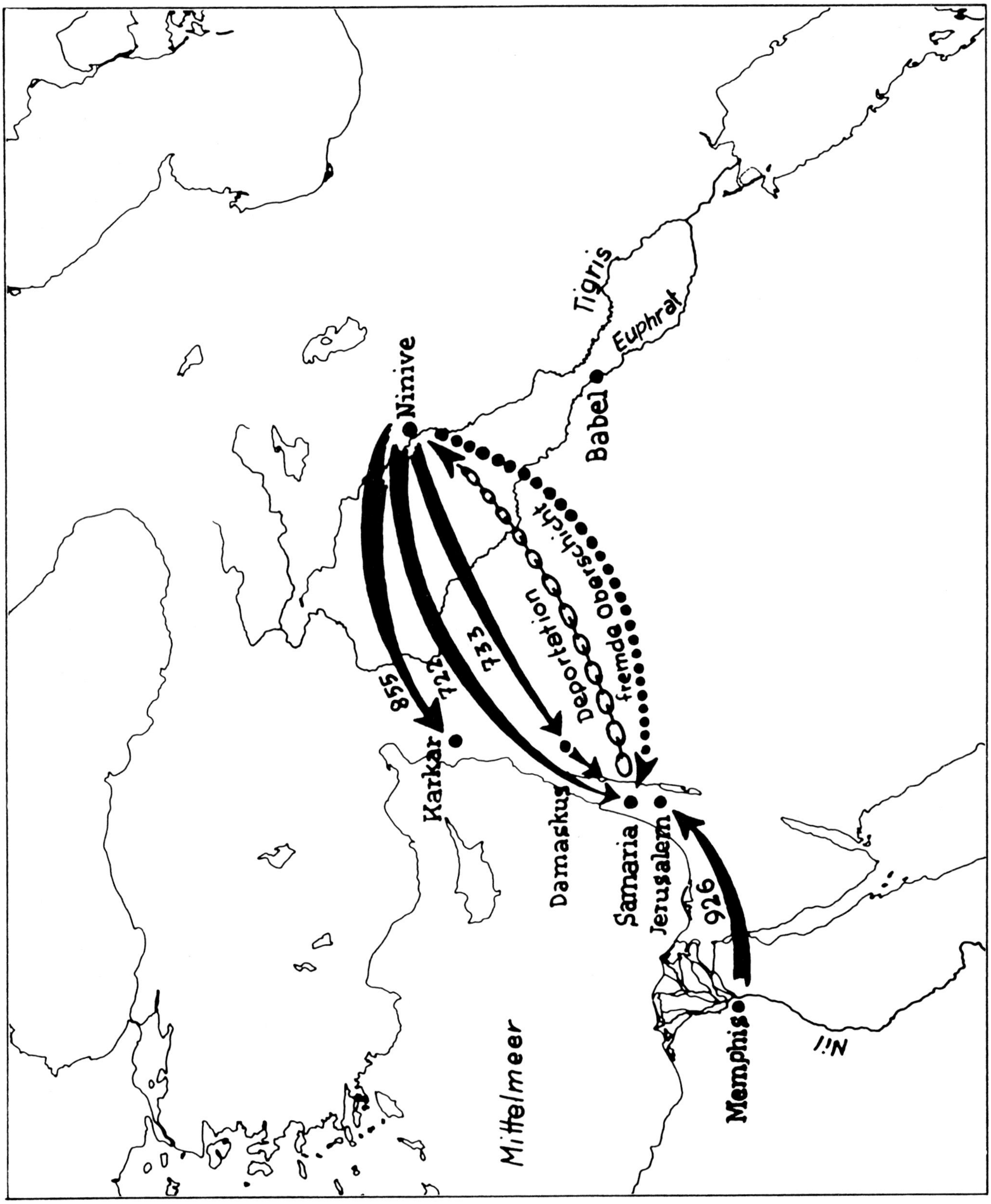

M 56 Textpuzzle: Vom Mirjamlied zur Schilfmeererzählung. Wie die hebräische Bibel entstand

Der Herr stürzte die Ägypter mitten ins Meer, sodass nicht einer von ihnen übrigblieb.

Erzählung vom Schilfmeerwunder

Die Tiefe hat sich bedeckt.

Hocherhaben ist der Herr.

Lied der Mirjam

Durch Gottes Schnauben türmten die Wasser sich auf.

Das Volk schreit zum Herrn und beschimpft Mose.

Der Pharao mit seiner ganzen Streitmacht jagt den Israeliten nach.

Lied des Mose

2. Mose 15,1 - 10

Der Engel Gottes und die Wolkensäule stellen sich hinter das Volk.

2. Mose 15,21

Der Herr ist der rechte Kriegsmann.

2. Mose 14,1-31

Mose: „Der Herr wird für euch streiten."

Mose hebt seinen Stab und das Wasser teilt sich.

So sah Israel die mächtige Hand Gottes. Das Volk glaubte ihm und seinem Knecht Mose.

Ross und Mann hat er ins Meer gestürzt.

Ross und Mann hat der Herr ins Meer gestürzt.

Das Volk Israel flieht aus Ägypten.

❍ Schneidet die Kärtchen aus und bringt sie in drei Spalten in eine richtige Reihenfolge.

M 57 Textvergleich: Vom Mirjamlied zur Schilfmeererzählung. Wie die hebräische Bibel entstand

Lied der Mirjam	Lied des Mose	Erzählung vom Schilfmeerwunder
2. Mose 15,21	2. Mose 15,1 - 10	2. Mose 14,1-31
		Das Volk Israel flieht aus Ägypten.
		Der Pharao mit seiner ganzen Streitmacht jagt den Israeliten nach.
		Das Volk schreit zum Herrn und beschimpft Mose.
Hocherhaben ist der Herr.		Mose: „Der Herr wird für euch streiten.“
		Der Engel Gottes und die Wolkensäule stellen sich hinter das Volk.
	Durch Gottes Schnauben türmten die Wasser sich auf.	Mose hebt seinen Stab und das Wasser teilt sich.
Ross und Mann hat er ins Meer gestürzt.	Ross und Mann hat der Herr ins Meer gestürzt.	Der Herr stürzte die Ägypter mitten ins Meer, sodass nicht einer von ihnen übrigblieb.
	Der Herr ist der rechte Kriegsmann.	So sah Israel die mächtige Hand Gottes. Das Volk glaubte ihm und seinem Knecht Mose.
	Die Tiefe hat sich bedeckt.	

M 58 Psalm 63 in verschiedenen Übersetzungen

Luther 1524	**Luther 1531**	**heutige Lutherbibel**
		5 So will ich dich loben mein Leben lang und meine Hände in deinem Namen aufheben.
		6 Das ist meines Herzens Freude und Wonne, wenn ich dich mit fröhlichem Munde loben kann.
		7 wenn ich mich zu Bette lege, so denke ich an dich, wenn ich wach liege, sinne ich über dich nach.

Weil die erste Fassung kein Deutscher versteht, haben wir die hebräischen Worte ‚Schmalz' und ‚Fett' weggelassen und haben klar deutsch geredet. Mit ‚Schmalz' und ‚Fett' wird Freude bezeichnet. Denn ein gesundes und fettes Tier ist fröhlich und ebenso wird ein fröhliches Tier fett. Ein trauriges Tier aber nimmt ab und ein mageres Tier ist traurig. Deshalb haben wir übersetzt „meines Herzens Freude und Wonne".

Martin Luther 1531 über die Übersetzung der Psalmen

V ist manchmal als U, manchmal als F zu lesen.

Wenn ich deyn gedacht auff meym lager, So war meyn gesprech von dyr, ynn der wache.

Wenn ich mich zu Bette lege, so dencke ich an dich, Wenn ich erwache, so rede ich von dir.

Da selbs wolt ich dich gerne loben mein leben lang, Und meine hende in deinem Namen auffheben.

So will ich loben bey meynem leben, vnd meine hende ynn deynem namen auffheben.

Las meyne seele voll werden wie mit schmaltz vnd fettem, das meyn mund mit frölichen lippen rhume.

Das were meines hertzen freude vnd wonne, Wenn ich dich mit frölichem munde loben solte.

M 59 Martin Luthers Bibelübersetzung

Schon vor Luther gab es Übersetzungen der Bibel in die deutsche Sprache; es waren insgesamt 14 deutsche Bibelausgaben. Die vorlutherischen Bibelübersetzer übersetzten die Bibel nicht aus den Ursprachen Hebräisch (AT) und Griechisch (NT), sondern aus der lateinischen Bibel (Vulgata). Diese lateinische Bibel war schon im 4. Jahrhundert aus den Ursprachen ins Lateinische übersetzt worden, damit die Menschen, die damals Lateinisch sprachen, die Bibel verstehen konnten. Im Mittelalter wurde dann Latein die Sprache der Gelehrten. Während des ganzen Mittelalters war diese lateinische Bibel in Gebrauch. Die Übersetzungen vor Luther waren sehr holprig und nicht in ganz Deutschland verständlich. Luther übersetzte die Bibel aus den Ursprachen Hebräisch und Griechisch ins Deutsche; er fand eine Sprache, die man überall in Deutschland verstehen konnte.

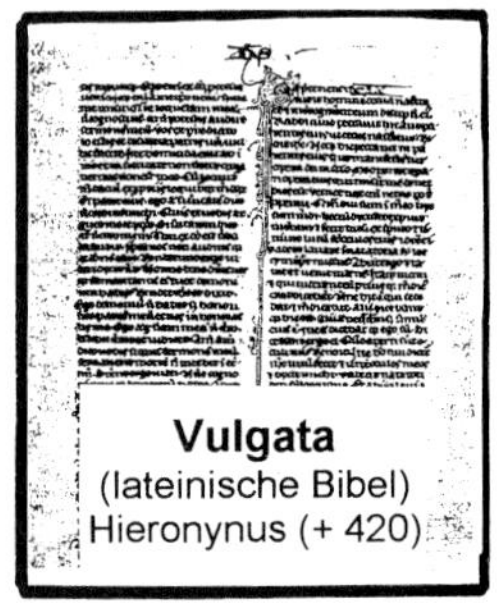

❍ Schneidet die einzelnen Bilder aus und klebt sie so untereinander, dass ihr mit Pfeilen darstellen könnt, wie die verschiedenen Bibelübersetzungen voneinander abhängen.

M 60 Ein Kind (reduziertes Bild von Hans-Georg Anniès)

M 61 Ein Kind an der Hand (Hans-Georg Anniès)

M 62 Bildausschnitt: Heilung der Schwiegermutter des Petrus (Rembrandt)

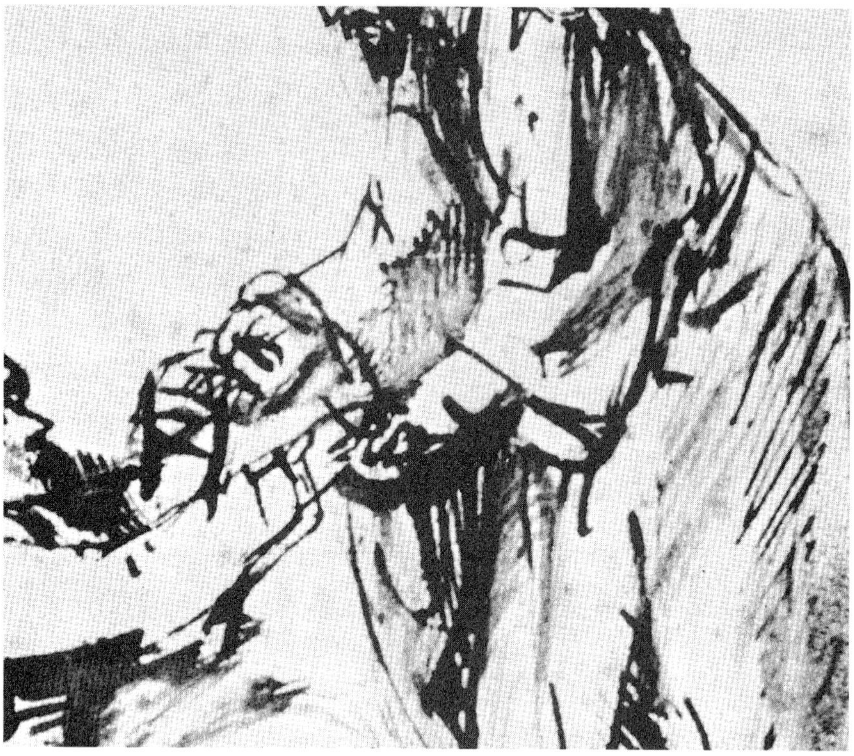

M 63 Heilung der Schwiegermutter des Petrus (Rembrandt)

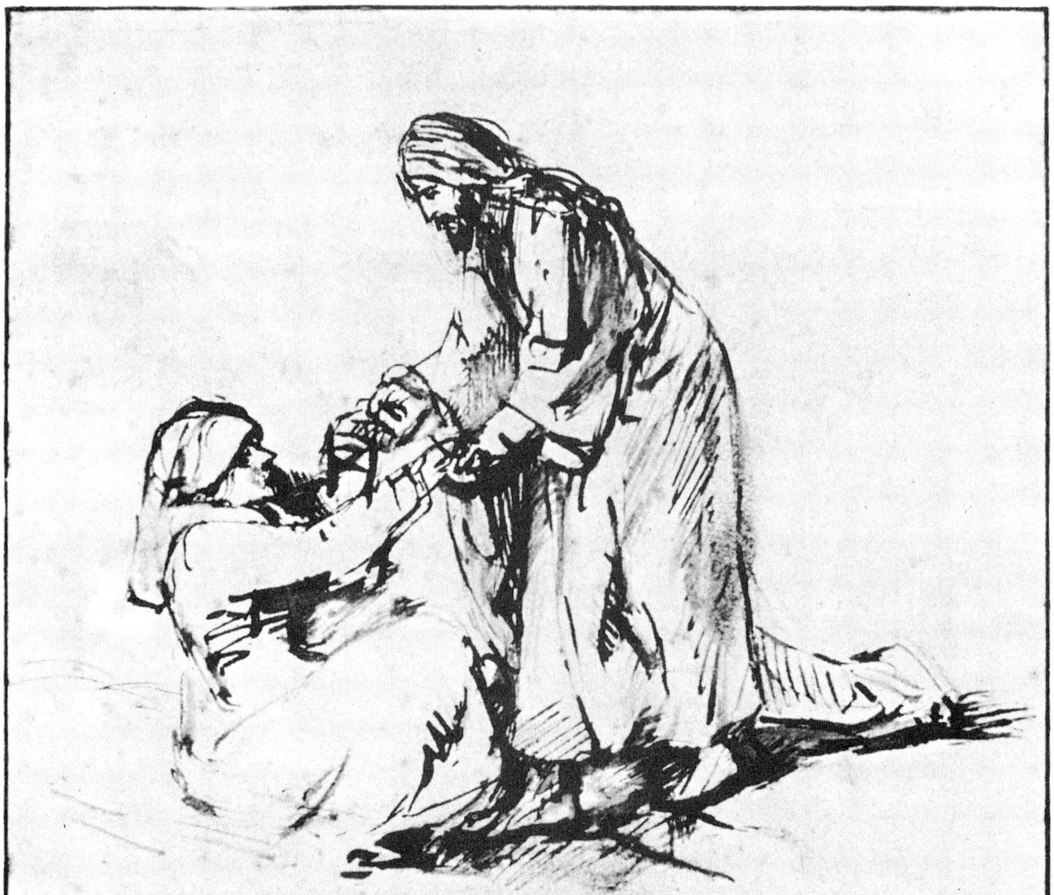

M 64 Halte zu mir guter Gott

2. Du bist jederzeit bei mir. Wo ich geh' und steh'
spür ich, wenn ich leise bin, Dich in meiner Näh'.
Halte zu mir, guter Gott, heut' den ganzen Tag.
Halt' die Hände über mich, was auch kommen mag.

3. Gibt es Ärger oder Streit und noch mehr Verdruss,
weiß ich doch, Du bist nicht weit, wenn ich weinen muss.
Halte zu mir, guter Gott, heut' den ganzen Tag.
Halt' die Hände über mich, was auch kommen mag.

4. Meine Freude, meinen Dank, alles sag ich Dir.
Du hältst zu mir guter Gott, spür ich tief in mir.
Halte zu mir guter Gott, heut' den ganzen Tag.
Halt' die Hände über mich, was auch kommen mag.

M 65 Bausteine für eine Tauferinnerungsfeier

Baustein 1: Gespräch über den Tauftag

Am Morgen hat Niklas sein Taufbild angeschaut. In der Schulpause spricht er mit Annika:

Niklas: Heute ist mein Tauftag!
Annika: Was ist heute?
Niklas: Mein Tauftag. Heute vor 12 Jahren wurde ich getauft.
Annika: Tauftag – kenn' ich nicht. Wir feiern Weihnachten und Geburtstage!
Niklas: Wenn ich Tauftag habe, steht meine Taufkerze auf dem Frühstückstisch. Zum Kaffee kommen meine Paten. Wir lachen und spielen miteinander. Manchmal machen wir einen Spaziergang zur Kirche und reden über meine Taufe.
Annika: Ich muss mal meine Eltern fragen, wie es sich eigentlich mit meiner Taufe verhält.

Baustein 2: Rose von Jericho

Getaufte sind wie eine Rose von Jericho – sie sind durstig, aber vertrocknen nicht.

Meditation:
Die Rose im Wasser sie atmet. / Sie schöpft neue Kraft aus tiefen Quellen. / Staune über die Kraft und blicke auf den Grund. / Dieses Wasser / kann Leben schenken und Zeichen setzen / gegen Kälte und Lieblosigkeit.
In jedem Wassertropfen wird dein Durst gestillt. / Fühle das Nass und blühe wie diese Rose. / Auch du bist zerbrechlich / und leicht verletzlich, / aber die Kraft des Wassertropfens / lässt dich nicht verdursten.

Baustein 3: Gestaltung von Taufkerzen

❍ Nimm dir eine Bastelpackung Wachsknete und eine ca. 10–15 cm breite weiße Kerze. Modelliere auf die Vorderseite ein Wasserbild, in dem auch die Bedeutung des Taufwassers vorkommt. Modelliere die Rückseite mit Jahreszahl und Taufdatum deiner Taufe oder den Daten eines Täuflings, dem du deine Taufkerze schenken möchtest.
❍ Zünde die Kerze an deinem Tauftag an und gestalte mit deinen Eltern und Paten eine kleine Tauferinnerungsfeier.

Baustein 4: Meditatives Malen und Schreibgespräch

❍ Betrachte das Aufblühen der Rose von Jericho im Wasser.
❍ Fülle Wasser aus der „Jerichoschale" in kleine Becher und male mit dem Wasser und blauer und roter Farbe ein Bild: Ich – die Rose – durstig (rote Farbtöne), aber nicht verdurstend (blaue Farbtöne).
❍ Schreibe auf einen blauen Papierstreifen, was dir zu deiner Taufe oder der Taufe eines Bekannten einfällt und was dich daran erinnert.

Baustein 5: Brunnen von Maulbronn

Bild: © Verlag Langewiesche Nachf., Königstein/Ts.

Baustein 6: Der Römische Brunnen

Aufsteigt der Strahl und fallend gießt
Er voll der Marmorschale Rund,
Die, sich verschleiernd, überfließt
In einer zweiten Schale Grund;
Die zweite gibt, sie wird zu reich,
Der dritten wallend ihre Flut,
Und jede nimmt und gibt zugleich
Und strömt und ruht.

Conrad Ferdinand Meyer

❍ Vergleiche eure Meinungen mit dem Gedicht von C. F. Meyer. Schreibe ein Taufgedicht.

❍ Stell dir vor: Du bist die mittlere Schale. Stelle die Schale dar: Was ist deine Aufgabe?
Vergleiche den Brunnen mit der Taufe.

M 66 Brotrezepte aus Israel

In Jerusalem gibt es mehr als 100 Brotsorten. Brot ist eine Brücke zwischen den Völkern: Nach alter Sitte bricht man ein wenig Brot ab, taucht es in Salz und reicht es als Zeichen der Achtung und des Friedens dem Gast. So ist es nicht unerheblich, welche Zusammensetzung und Form ein Brot hat, z. B. gibt es im Judentum typische Brote für bestimmte Anlässe:

Die geflochtene Chala, ein Zopf: kündet den Sabbat an. Der Sabbat wird wie eine Braut begrüßt, deren langes Haar zu einem Zopf geflochten ist.

Rezept:
50 g Hefe, 1 EL Zucker, 1 TL Salz, 2⅓ Tassen lauwarmes Wasser, 1 kg Weizenmehl, ½ Tasse Öl, 1 verschlagenes Ei, Mohn-, Sesam- oder Mehlkörner (Tschernoska)

1. Hefe, Zucker und Salz in ⅓ Tasse lauwarmes Wasser verrühren.
2. Das Mehl in eine Schüssel geben, in der Mitte eine Vertiefung eindrücken und die Hefemischung hineingeben. Das Öl und restliche Wasser hinzufügen und zu einem glatten und elastischen Teig verkneten.
3. Den Teig zudecken und an einem warmen Ort so lange stehen lassen, bis er etwa doppelt so groß ist.
4. Aus dem Teig Rollen mit einem Durchmesser von ca. 2 cm und einer Länge von ca. 14 cm formen und zu einem runden Zopf flechten.
5. Erneut eine halbe Stunde aufgehen lassen.
6. In einem vorgeheizten Backofen bei mittelstarker Hitze (200 Grad) goldgelb backen. Aus diesem Teig kann man auch zwei lange Zöpfe zubereiten.

Das runde Brot in Form einer Blume oder Krone mit Eiern in der Mitte: wird zum Purimfest gebacken. Nach alter Tradition stellen die Eier die Augen des bösen Haman dar und wer sie isst, zerstört die Augen des Tyrannen.

Rezept:
50 g Hefe, 2½ Tassen lauwarmes Wasser, 1 TL Salz, 700 g Weizenmehl, 200 g Vollkornmehl, 40 g Kümmel, Eiweiß zum Bestreichen

1. Die Hefe mit einer halben Tasse Wasser und Salz vermischen.
2. Das Mehl in eine Schüssel geben, in der Mitte eine Vertiefung eindrücken und die Hefemischung hineingeben. Gut verrühren und unter ständigem Rühren langsam das restliche Wasser und den Kümmel hinzufügen, bis der Teig glatt und elastisch ist (ca. 5 Min. kneten).
3. Mit einem Handtuch zudecken und an einem warmem Ort etwa eine halbe Stunde lang aufgehen lassen.
4. Den Teig gut durchkneten und erneut eine halbe Stunde lang aufgehen lassen.
5. Den Teig in kleine Teile zerlegen und zu einer Blume oder Krone formen, in die Mitte 2 hartgekochte Eier stecken.
6. Mit einem scharfen Messer jede Rolle in der Breite mehrmals schräg einschneiden.
7. Die Rollen mit dem Eiweiß bestreichen.
8. Zum dritten Mal eine halbe Stunde aufgehen lassen.
9. 15 Min. lang in einem vorgeheizten Backofen bei starker Hitze (225 Grad) backen oder so lange, bis die Oberschicht des Brotes sich goldgelb färbt und eine harte knusprige Kruste entsteht.

Der Mazzen: das ungesäuerte rechteckige Brot zum Pessachfest. Es ist eine Art Knäckebrot, das sich monatelang hält.

Rezept:
3 Tassen Mehl, 200 g Margarine, 1 EL Öl, 1 EL Zitrusessig (Obstessig), ¾ Tasse lauwarmes Wasser

1. Das Mehl in eine große Schüssel schütten und in der Mitte eine Vertiefung eindrücken.
2. Die Margarine zerlassen und zusammen mit dem Öl, Essig und Wasser in das Mehl geben. Alles zu einem Teig verarbeiten.
3. Den Teig in vier Teile teilen, jedes Teil in Alufolie einwickeln, gut verschließen und für mindestens einen Tag in das Gefrierfach legen (der Teig hält sich monatelang im Gefrierfach).
4. Vor der Weiterverarbeitung den Teig auftauen lassen und auf einer bemehlten Arbeitsplatte ganz dünn ausrollen.
5. In rechteckige Portionen schneiden, ganz dünn ausrollen und ca. 40 Min. bei mittlerer Hitze backen.

Beigel: Gebäck in Form von Kringeln, Davidstern, Leitern, Brillen oder Fingern, das zum Wochenfest gebacken wird. Der Tradition nach stellt die Leiter den Aufstieg des Mose zum Sinai dar, die Brillen dienen den Ältesten zum Lesen der Tora und der Finger zum Verfolgen der Zeilen. Wer sich an die Weisung hält, lebt ein rundes Leben (Kringel) in der Nachfolge Davids.

Rezept:
1 kg Weizenmehl, mit Backpulver angereichert, 100 g Margarine, 3 EL Öl, ¾ Tasse lauwarmes Wasser, 2 EL Arrak, ½ TL Salz, ¼ TL gemahlene Machlebkörner, 1 Eiweiß, 50 g Sesamkörner

1. Mehl, Margarine, Öl, Wasser, Arrak und Gewürze in eine Schüssel geben und zu einem Teig verarbeiten.
2. Aus der Teigmasse Stücke in der Größe einer Nuss abteilen und zu Rollen mit einem Durchmesser von 1 cm und einer Länge von 14 cm formen. Die Enden zusammenführen und zusammendrücken, so ergibt sich ein Beigel (Kringel) oder andere Formen aus Teig herstellen, z. B. Leitern, Brillen, Finger usw.
3. Mit dem Eiweiß bestreichen und mit Sesamkörnern bestreuen.
4. In vorgeheizten Backofen bei mittlerer Hitze ca. 45 Min. backen.
5. Abkühlen lassen. In einer verschlossenen Dose aufbewahren.

Pitah: rundes, flaches Brot, das wie ein Taschentuch gefaltet ist. Der Hohlraum zwischen den Teigtaschen kann mit Käse, Gemüse oder Fleisch gefüllt werden. Die Pitah ist das Alltagsbrot der Juden.

Rezept:
30 g Hefe, ½ Tasse lauwarmes Wasser, 1 EL Zucker, 3½ Tassen Mehl, 2½ Tassen lauwarmes Wasser, ½ TL Salz

1. Hefe und Zucker in einer halben Tasse lauwarmes Wasser verrühren.
2. Mehl in eine große Schüssel schütten und unter ständigem Umrühren mit einem Holzlöffel die Hefemischung, das Wasser und Salz hineingeben. Alles gut umrühren, bis man eine flüssige und glatte Masse erhält (man kann dazu auch einen Mixer benutzen).
3. Die Teigmasse mit einem sauberen Handtuch zudecken und an einem warmen Ort etwa 1½ Stunden stehen lassen, bis der Teig Blasen wirft.
4. Mit der Schöpfkelle einen Löffel von der Teigmasse in eine kalte Teflonpfanne mit einem Durchmesser von 20 cm geben und die Pfanne hin und her wenden, sodass die Teigmasse den Pfannenboden bedeckt.
5. Die Pfanne auf eine sehr große Flamme stellen, bis die Teigmasse Blasen wirft die platzen und zu Löchern werden.
6. Nachdem die Pitah mit Löchern bedeckt ist, die Pfanne zudecken und weitere 4 Min. auf der Flamme lassen, bis die Unterseite goldgelb ist.
7. Aus der Pfanne nehmen und abkühlen lassen.

Palastbrot: eine Süßigkeit aus Brot für Geburtstage und persönliche Feiertage. Diese beliebte Süßigkeit im Vorderen Orient hat den biblischen Honigfladen zum Vorbild. Man braucht dazu aufsaugfähiges Brot und Sirup.

Rezept:
Von einem Brotlaib schneidet man 2 cm dicke Scheiben und entfernt die Rinde. Das Brot in grobe Brocken zupfen und bei niedriger Temperatur im Ofen austrocknen. Den Sirup kocht man aus gleichen Teilen Honig, Butter, Zucker und etwas Zitronensaft.
Alle Zutaten in einen Topf geben, mischen und unter ständigem Rühren schmelzen lassen. So lange kochen, bis die Flüssigkeit eingedickt ist. Die Brotbrocken in den Sirup legen und mit einem Holzlöffel hineindrücken. So lange wälzen, bis sie sich vollgesogen haben.
Die Brocken herausnehmen und auf einer Platte abkühlen lassen. Das Palastbrot wird mit Schlagrahm oder saurem Rahm angeboten.

❍ Stellt in Gruppen die verschiedenen jüdischen Brote her und überlegt, was euer Brot dem jüdischen Volk bedeutet.
❍ Sucht daheim nach weiteren typischen Brotrezepten für andere Länder, Völker, Religionen dieser Erde und bringt die Rezepte und Erläuterungen in den Unterricht ein. Legt die Brote auf eine auf dem Boden ausgebreitete Weltkarte.
❍ Findet ihr typische Brote für den christlichen Glauben?

M 67 Puzzleteile für das Bild „Symbole“

M 68 Unterschiedliche Symbole

❍ Sucht Symbole, die zu Gott und dem christlichem Glauben passen.

M 69 Wo viel Licht ist, ist viel Schatten

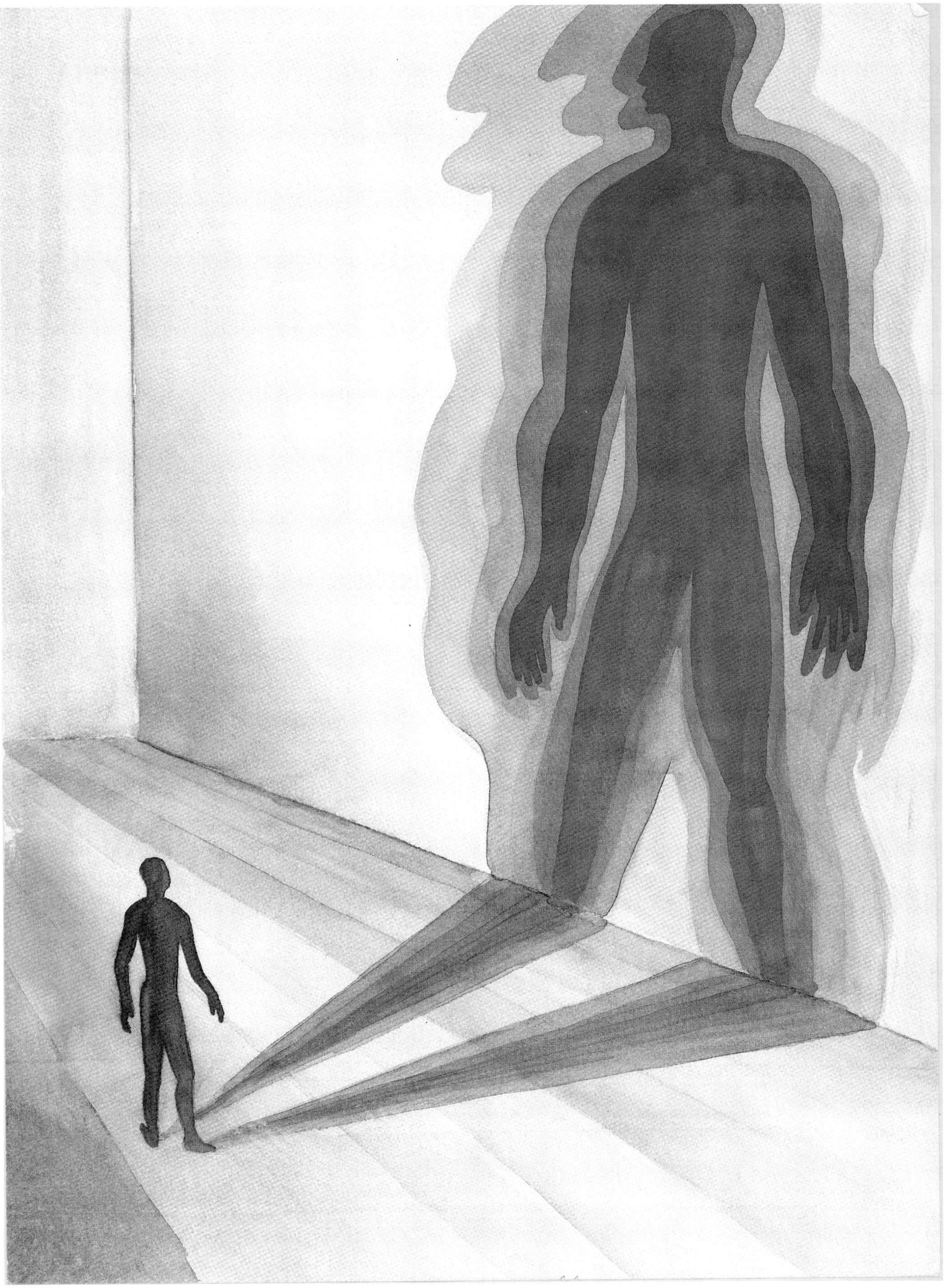

Regina Schmidt, Übermacht. © RPA Verlag, Landshut

M 70 Manchmal fühl' ich mich so klein

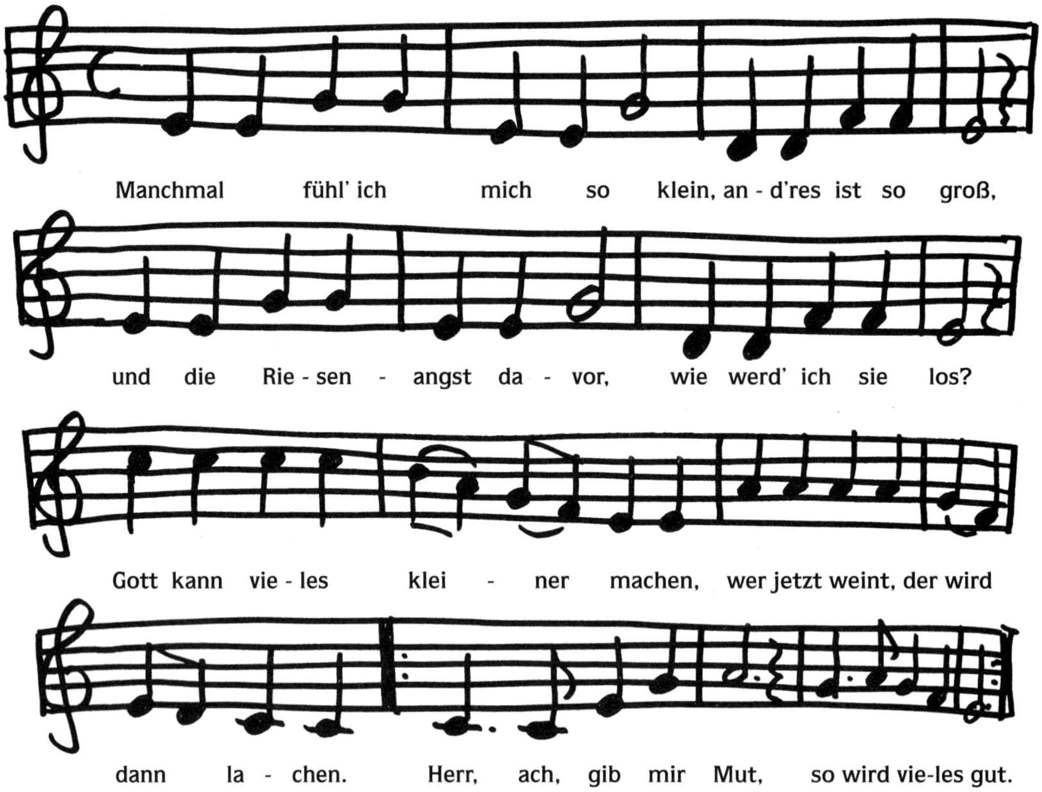

Starke sind nicht immer stark

Text und Musik: Wolfgang Longardt. Arrangement: Siegfried Fietz.

M 71 Waffen

M 72 Der Prozess gegen Saul und David

❍ *Lest euch die Gesetze durch und kreuzt die Anklagepunkte an, die gegen Saul und David sprechen.*

Die 10 Gebote, die für das ganze Volk gelten:	Gegen dieses Gebot verstößt:		Dieses Gebot befolgt:	
	Saul	David	Saul	David
1. Ich bin der Herr, dein Gott. Du sollst keine anderen Götter neben mir haben.				
2. Du sollst den Namen des Herrn, deines Gottes, nicht missbrauchen.				
3. Du sollst den Feiertag heiligen.				
4. Du sollst deinen Vater und deine Mutter ehren, auf dass du lange lebst im Lande, das dir der Herr, dein Gott, geben wird.				
5. Du sollst nicht töten.				
6. Du sollst nicht ehebrechen.				
7. Du sollst nicht stehlen.				
8. Du sollst kein falsch Zeugnis reden wider deinen Nächsten.				
9. Du sollst dich nicht lassen gelüsten deines Nächsten Haus.				
10. Du sollst dich nicht lassen gelüsten deines Nächsten Weibes, noch seines Knechtes, noch seiner Magd, noch seines Ochsen, noch seines Esels, noch alles, was dein Nächster hat.				

Aus dem Königsrecht, das für den König in Israel gilt:				
1. Wenn du einen König über dich einsetzt wie alle Völker in deiner Nachbarschaft, dann darfst du nur einen König über dich setzen, den der Herr, dein Gott auserwählt.				
2. Der König soll aber nicht zu viele Rosse halten.				
3. Er soll auch keine große Zahl von Frauen nehmen, damit dein Sinn nicht vom rechten Weg abweicht.				
4. Er soll nicht zu viel Geld und Silber anhäufen.				
5. Und wenn er seinen Königsthron bestiegen hat, soll er sich von dem Exemplar dieser Weisung auf einer Schriftrolle eine Zweitschrift anfertigen lassen. Sein Leben lang soll er die Weisung mit sich führen, damit er lernt, den Herrn, seinen Gott, zu fürchten, auf alle Worte dieser Weisung und dieser Gesetze zu achten und sie zu halten.				
6. Wenn er den Krieg gegen die Feinde Israels führt, soll er den Feind bannen, dem Herrn durch Propheten Dankopfer bringen und Gott als Sieger des Kampfes rühmen.				
7. Sein Herz soll er nicht über seine Brüder erheben und von dem Gebot Gottes weder nach links noch nach rechts abweichen.				

M 73 Denkzettel: „Fremd ist der Fremde nur in der Fremde“

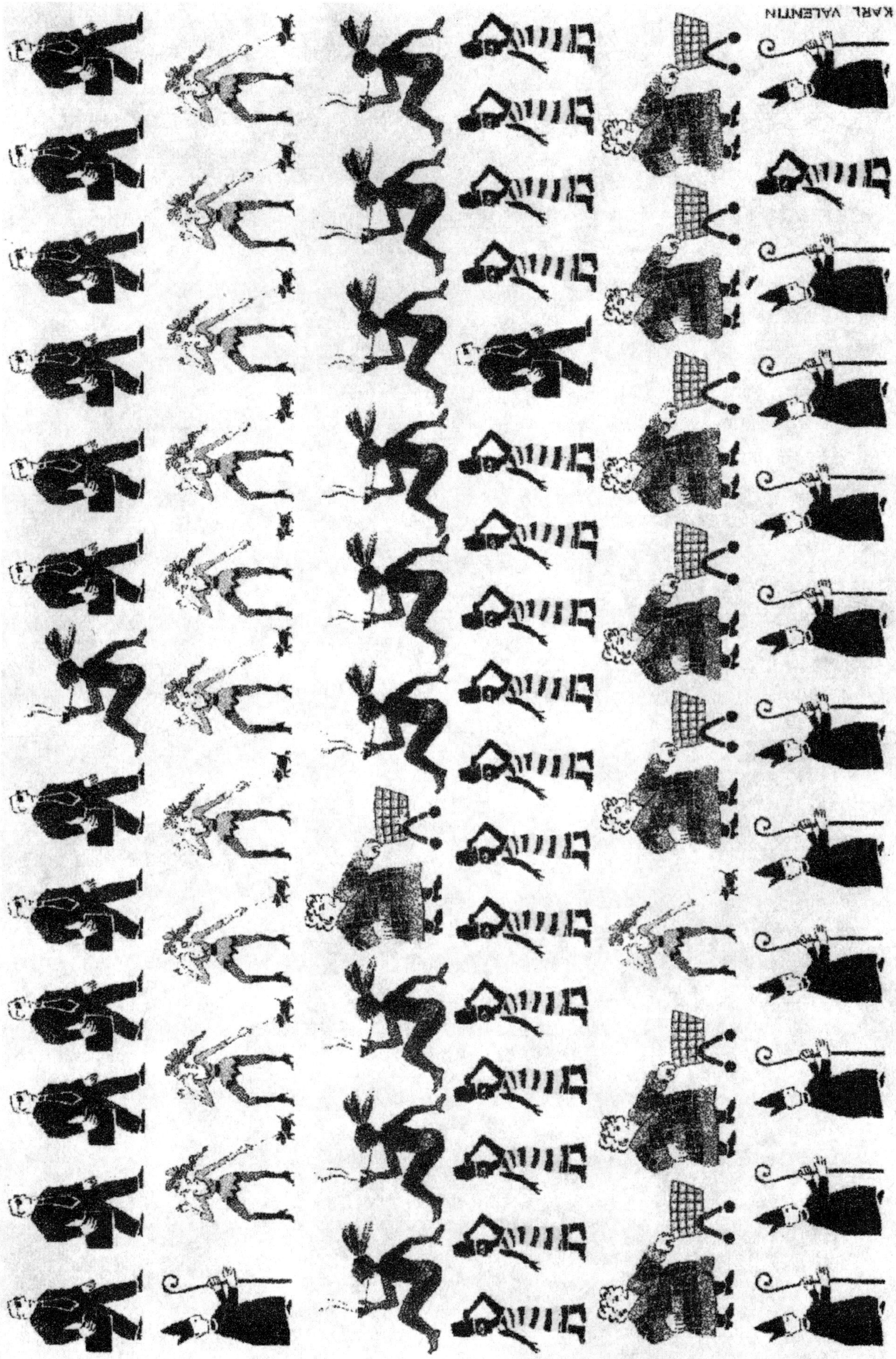

M 74 Bilder zur Ruterzählung I

M 75 Bilder zur Ruterzählung II

M 76 Erntetanz

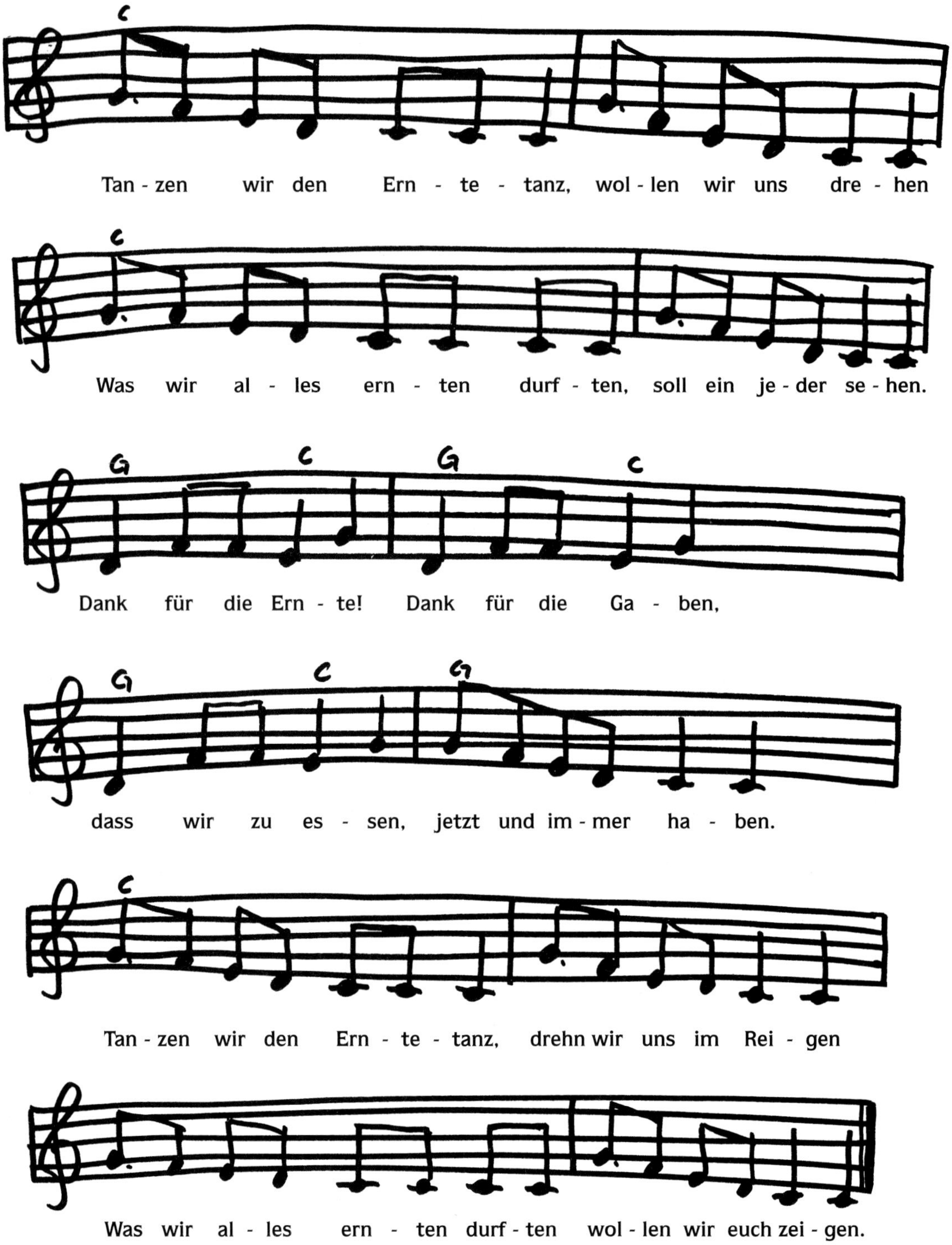

Alles, wofür wir danken, wird jeweils in der fünften Zeile eingesetzt, sodass nach und nach immer mehr dazukommen. Einer beginnt, und immer mehr gehen in den Kreis und gehen schreitend darin herum. Es können auch von der Mitte aus bunte Bilder aufgenommen werden, die von einem mitten im Kreis gehalten werden und von denen jeder Mittänzer ein Ende hält.

Dank für die Äpfel,
Dank für die Gaben,
dass wir zu essen
heute und morgen haben.

Dank für die Birnen …
Dank für die Trauben …
Dank für die Brote …
Dank für den Kuchen …
Dank für die Blumen …
Dank für die Kartoffeln … usw.

Melodie: Ludger Edelkötter, Text: Rolf Krenzer

M 77 Würfelspiel zum Buch Rut

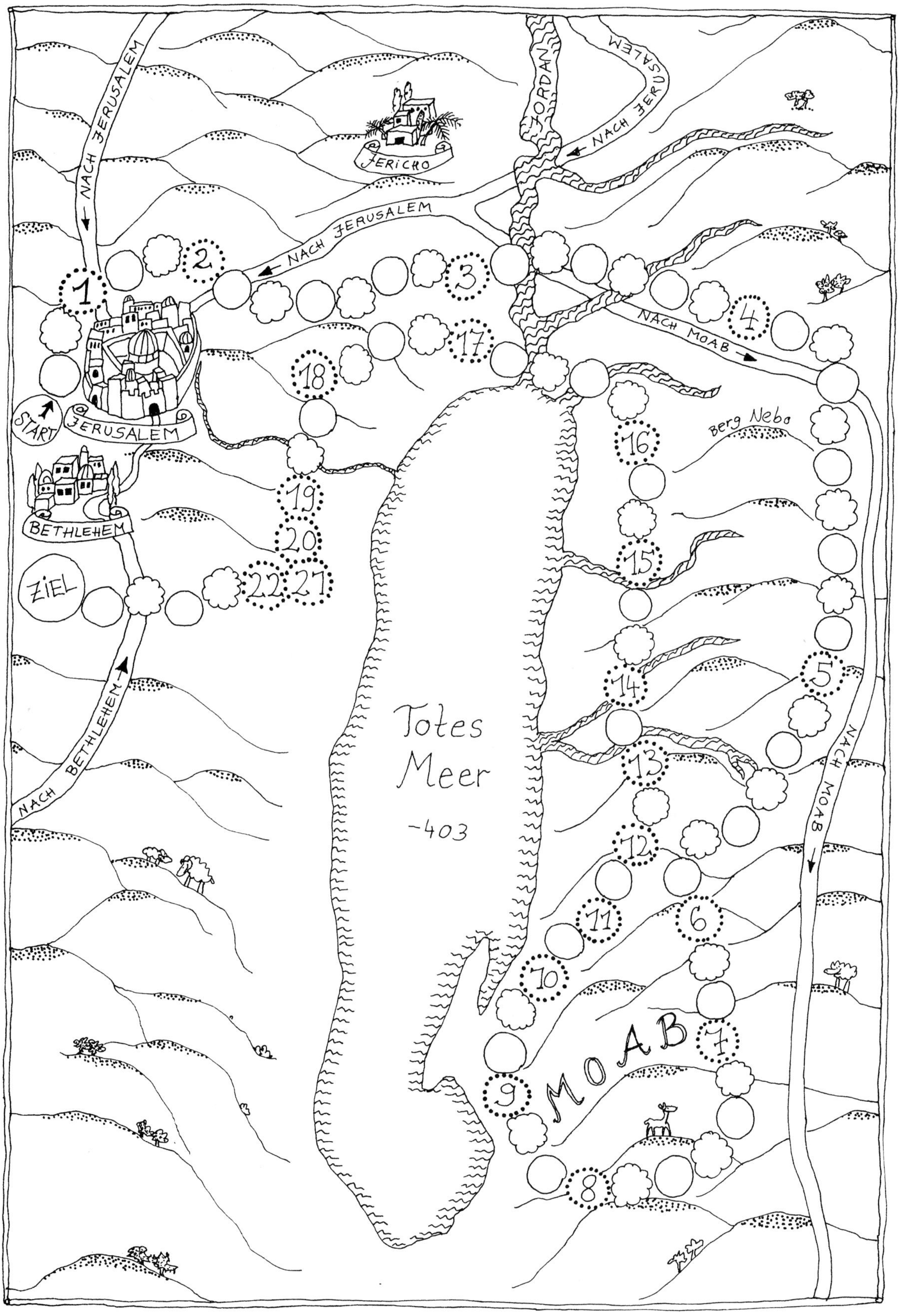

M 78 Galiläisches Dorf

M 79 Galiläisches Dorf mit fehlenden Teilen

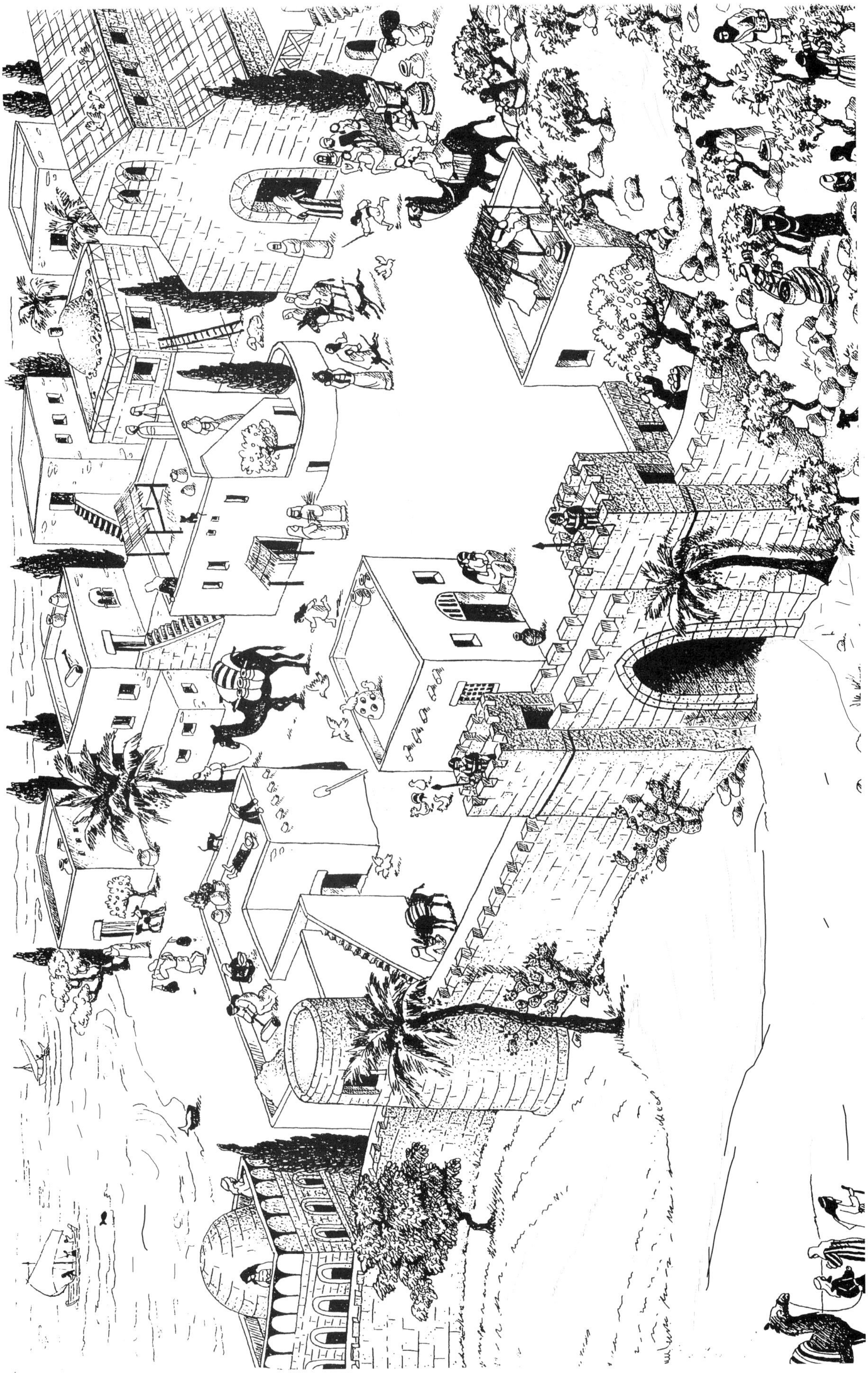

M 80 Schnippelbogen zum galiläischen Dorf

M 81 Haus zur Zeit Jesu (2 Bogen)

Haus zur Zeit Jesu, Blatt (A)

- farbig anmalen
- oberen Teil dieses Blattes abschneiden
- Blatt an der gestrichelten senkrechten Linie falten und auf eine Doppelseite deines Reli-Heftes kleben

Haus zur Zeit Jesu, Blatt (B)

• Teile farbig anmalen • Jedes Teil ausschneiden • Bei den Hausteilen die schraffierten Fensteröffnungen ausschneiden • Die Türen aufschneiden und an den ••• Linien auffalten • Beide Hausteile mit Klebelaschen auf die gekennzeichneten Stellen des Blattes (A) kleben • Die Figuren kannst Du an freie Stellen des Blattes (A) kleben.

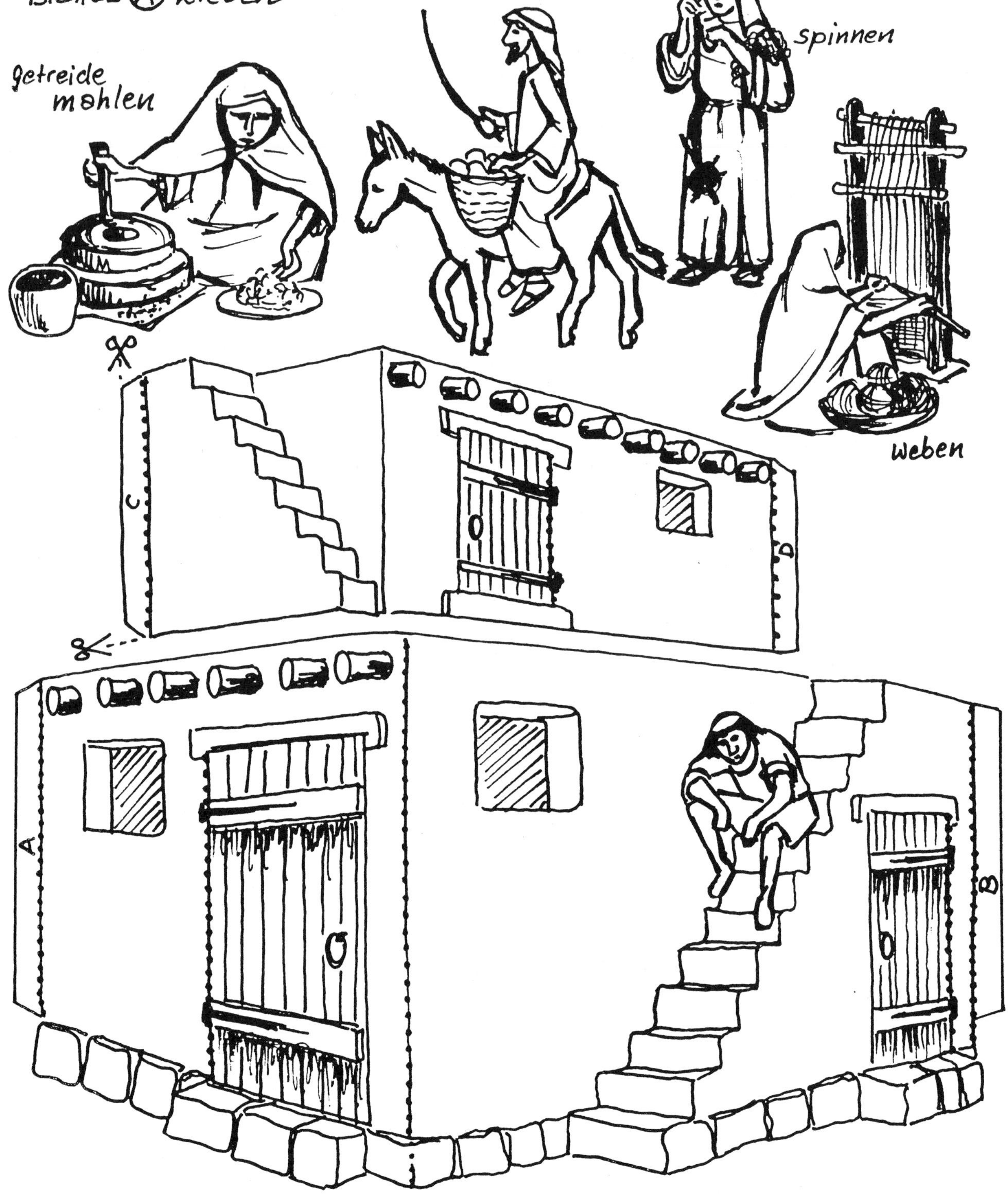

M 82 König Herodes

M 83 Das Land Israel zur Zeit Jesu

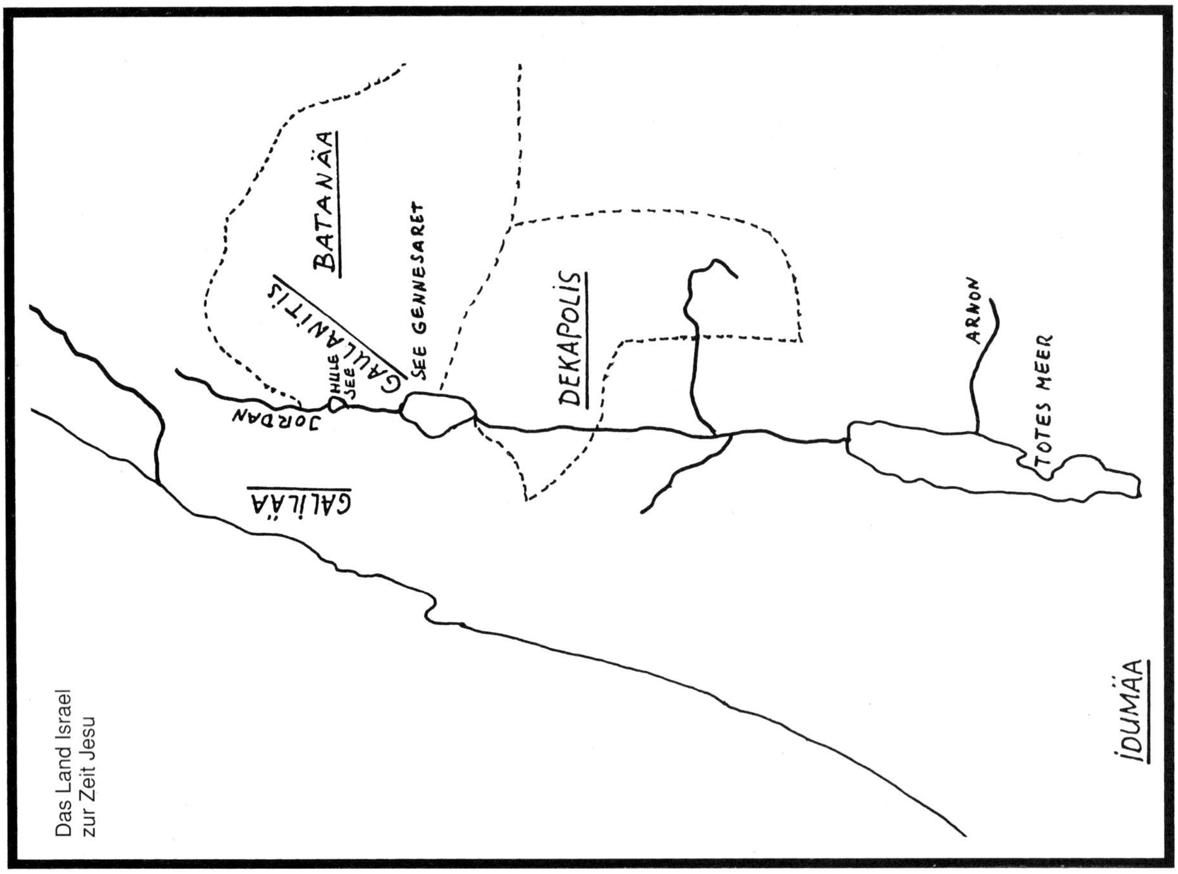

M 84 Herrschaftsgebiet des Herodes Antipas und Herrschaftsgebiet des Pontius Pilatus

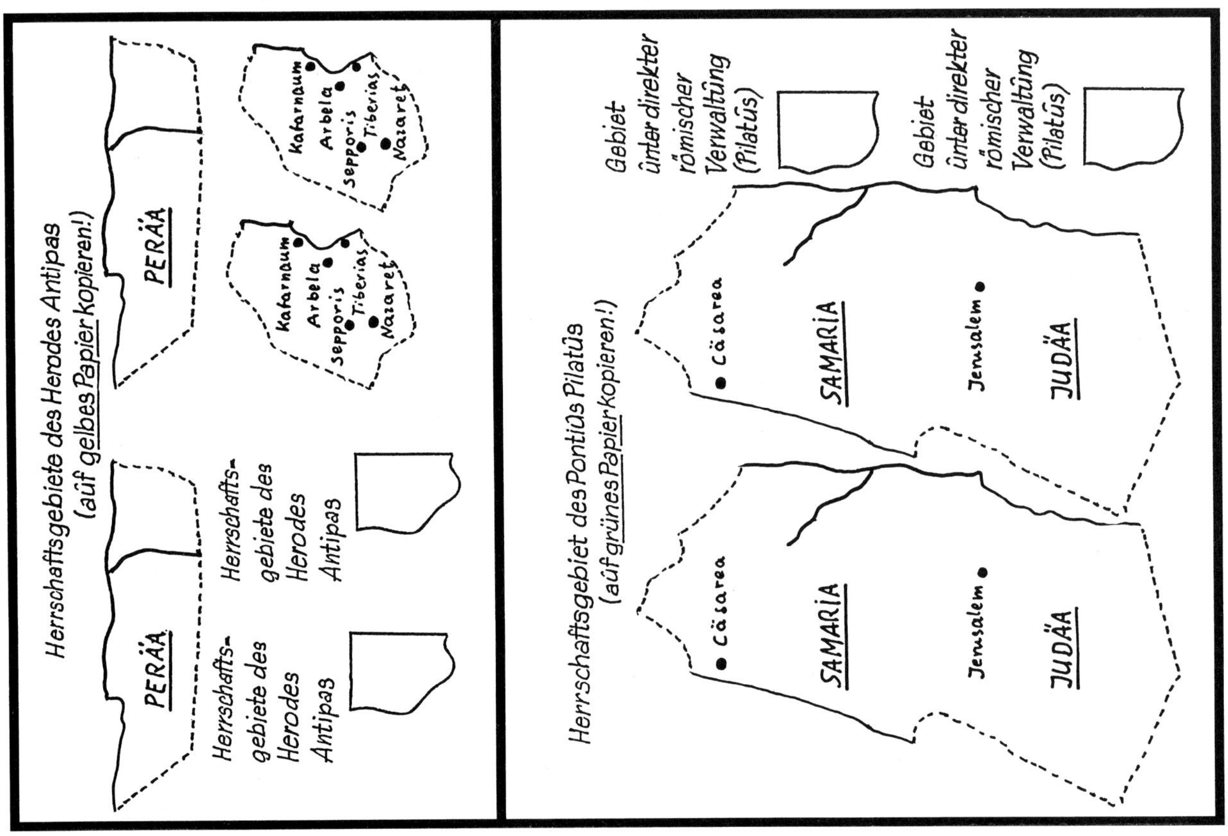

M 85 Synagoge zur Zeit Jesu (A)

Grundplatte, anmalen, an den Linien ausschneiden, falzen

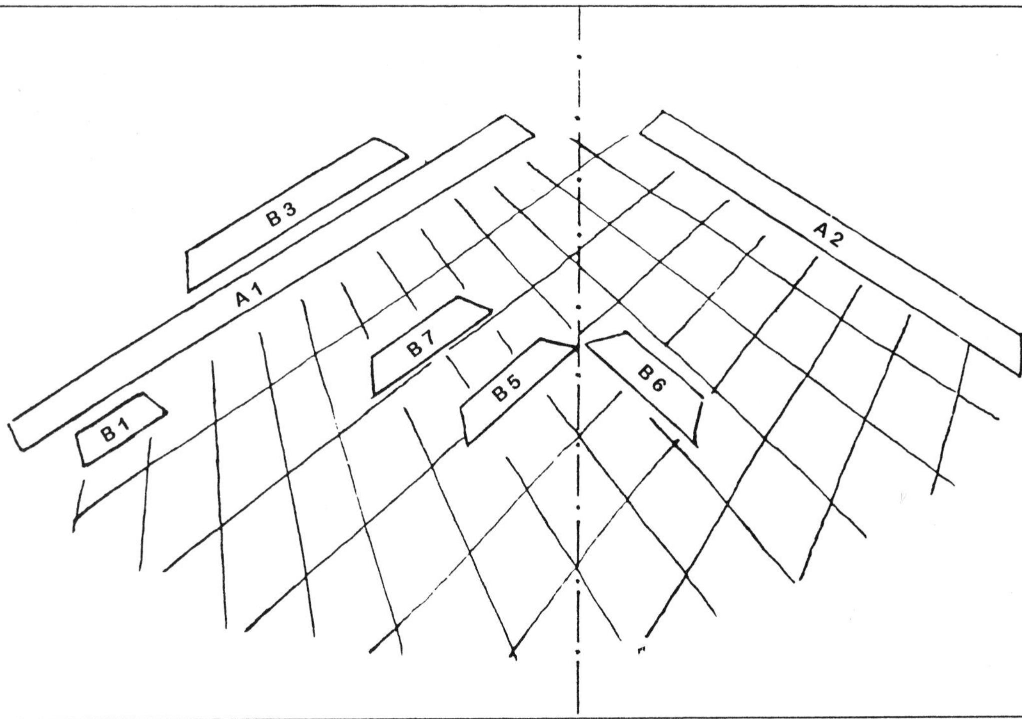

Klappbildrückwand, anmalen, ausschneiden, Thoraschreintüren an der gepunkteten Linie aufschneiden, falzen

M 85 Synagoge zur Zeit Jesu (B)

Alle Teile anmalen, ausschneiden, falzen und an die gekennzeichneten Stellen auf der Grundplatte und der Rückwand ankleben

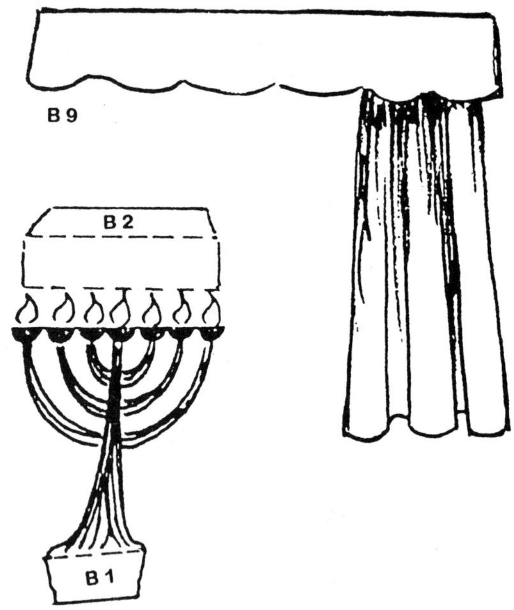

B 4 Von hinten an Rückwand ankleben

Nach hinten falzen

Nach vorne falzen

.... **Mit Messer aufschneiden**

So sieht das fertige Klappbild im Reliheft aus !

M 86 Rollenspielkarten: Vom unbarmherzigen Verwalter

König

Ich bin König eines großen Reiches mit vielen Provinzen, das von meinen Knechten verwaltet wird.
Der angeklagte Knecht schuldet mir hundert Millionen Denare. Diese kann er mir unmöglich zurückzahlen, wenn er sie nicht irgendwie versteckt hat.
In meinem Reich sollen Recht und Ordnung herrschen, deshalb muss ich auch diejenigen bestrafen, die Recht und Ordnung verletzen. Das bin ich auch denjenigen schuldig, die sich an Recht und Ordnung halten und so dazu beitragen, dass mein Reich gut verwaltet wird und gut funktioniert.

Knecht

Ich bin Verwalter einer großen Provinz des großen Königs. Ich bin ihm hundert Millionen Denare schuldig. Ich muss ihm dieses Geld geben; es ist ja sein Geld. Aber ich habe dieses Geld einfach nicht. Ich muss deshalb mit einer harten Bestrafung rechnen.
Ich will aber um Strafaufschub bitten und alle Hebel in Bewegung setzen, diese ungeheure Summe irgendwie doch noch zu beschaffen.
Ich weiß zwar nicht, wie ich das anstellen soll, aber ich muss es schaffen.
Auf keinen Fall dürfen meine Frau und meine Kinder da mit hineingezogen werden. Sie sollen unter meiner Schuld nicht leiden

Ankläger

Ich bin der Staatsanwalt des Königs und daran interessiert, dass Recht und Ordnung eingehalten wird.
Wer sich gegen Recht und Ordnung vergeht, muss ohne Rücksicht auf die Person unnachgiebig bestraft werden.
Im Falle des Knechtes ist für mich die Situation klar: Er hat hundert Millionen Denare veruntreut und kann nach menschlichem Ermessen die Summe nicht mehr ersetzen. Da er viel Geld veruntreut hat, muss er auch hart bestraft werden. Ich werde deshalb fordern, ihn, seine Frau und seine Kinder wie auch alle seine Sklaven zu verkaufen und seinen ganzen Besitz zu beschlagnahmen. Dies erbringt zwar bei weitem nicht die geschuldete Summe, macht aber allen deutlich, dass so etwas nicht geht, wenn der Staat und die Gesellschaft funktionieren sollen.

Verteidiger

Der Knecht hat mich gebeten, ihn vor dem König zu verteidigen. Ich soll versuchen, in irgendeiner Weise die zu erwartende harte Strafe abzuwenden.
Der Knecht hat mir gesagt, er will irgendwie versuchen, das Geld zu beschaffen. Wie er dies machen will, ist auch mir ein Rätsel. So viel Geld hat niemand zur Verfügung. Hundert Millionen Denare ist eine große Summe. Mit normaler Arbeit kann ein Mensch so viel Geld gar nicht verdienen. Der durchschnittliche Arbeitslohn eines Arbeiters liegt bei einem Denar am Tag.
Ich möchte auf jeden Fall vesuchen, ein wenig Strafnachlass zu erreichen.

M 87 Zwischen Jericho und Jerusalem

2. Da kam ein Priester geschritten
auf dem Weg der Barmherzigkeit,
und dann einer von den Leviten
auf dem Weg der Barmherzigkeit.
Sie konnten nicht länger verweilen,
der Mann tat ihnen zwar leid,
doch sie mussten zum Tempeldienst eilen,
und der Tempel, der Tempel war weit.
Hat keiner Zeit
auf dem Weg der Barmherzigkeit?

3. Doch die Hilfe war gar nicht ferne
auf dem Weg der Barmherzigkeit,
denn einer kam, der half gerne
auf dem Weg der Barmherzigkeit.
Ob die andern ihn auch verlachten,
weil ein Samariter er war,
ihn kümmerte nicht, was sie dachten,
er machte Barmherzigkeit wahr.
Er war schon weit
auf dem Weg der Barmherzigkeit.

4. Zwischen Lebensanfang und -ende
liegt der Weg der Barmherzigkeit.
Und man braucht bereite Hände
auf dem Weg der Barmherzigkeit.
Sag, willst du vorübergehen?
Sag, lässt du den anderen allein?
Sag, willst du die Not nicht sehen?
Wem kannst du der Nächste sein?
Komm sei bereit,
geh' den Weg der Barmherzigkeit!

Text und Melodie: Martin Gotthard Schneider 1961, aus: Neue geistliche Lieder, Liedblatt 12 (BE 2)

M 88 Petrus (Ikone)

8

M 89 Aus den Legenden des heiligen Nikolaus

Es wird erzählt, dass in Myra ein armer Mann wohnte. Er hatte drei Töchter. Die Mädchen waren so alt, dass sie heiraten konnten. Um zu heiraten, brauchte damals eine Frau aber eine Aussteuer. Der Vater musste Haushaltsgeräte, Tischtücher, Bettwäsche und Kleider als Aussteuer kaufen. Dafür hatte der Vater der Mädchen aber nicht genug Geld. Deswegen konnten seine drei Töchter nicht heiraten. Sie waren darüber sehr traurig.

An einem Abend ging der Bischof Nikolaus spazieren. Er kam dabei auch an dem Haus des armen Mannes vorbei. Dort hörte er laute Stimmen und ein Mädchen weinen. Nikolaus wurde neugierig und ging näher an das Haus. „Wir haben ja kaum genug zu essen!", hörte er den Vater schimpfen. „Woher soll ich das Geld für eure Aussteuer nehmen? Ihr könnt nicht heiraten." Die Mädchen weinten und jammerten.

Nikolaus, der dies alles hörte, wurde auch traurig und überlegte, wie er ihnen helfen könnte. Er lief nach Hause und nahm aus einer Truhe ein Säckchen mit Goldmünzen. Dann ging er zurück zum Haus des armen Mannes und warf dieses Säckchen heimlich durch ein offenes Fenster und ging schnell wieder weg, damit ihn keiner sähe.

Schon zwei Tage später hörte er, dass die älteste Tochter des armen Mannes endlich heiraten wollte und sehr glücklich war. Darüber freute sich Nikolaus.

Einige Wochen später schlich sich Nikolaus wieder zum Haus des armen Mannes und warf ein zweites Säckchen mit Goldmünzen durchs offene Fenster und verschwand schnell wieder. Nun konnte auch die zweite Tochter heiraten.

Der arme Vater und seine Töchter aber wurden neugierig, wer ihnen da so viel Gutes tat und sie wollten sich auch bedanken. Deshalb beschloss der Vater, von nun an jede Nacht wach zu bleiben, um den guten Menschen zu finden. Als Nikolaus einige Tage später wieder ein Säckchen mit Goldmünzen durch das offene Fenster warf, hörte es der Mann. Er lief dem Bischof nach und rief: „Bleib doch stehen, damit ich sehen kann, wer du bist und micht bei dir bedanken kann!" Er musste schnell laufen, um den Nikolaus einzuholen. Als er ihn erreichte, erkannte er, dass es der Bischof Nikolaus war. Er warf sich vor ihm auf die Knie und rief: „Danke, danke lieber Nikolaus. Du hast meinen Töchtern so geholfen." „Nichts zu danken", sagte der Nikolaus, „aber du musst mir versprechen, niemandem davon etwas zu erzählen, so lange ich lebe." Das versprach der Vater natürlich, aber später wurde diese Geschichte doch bekannt.

Text: Rolf Krenzer, Aus den Legenden des heiligen Nikolaus. © Verlag Ernst Kaufmann, Lahr / Kösel-Verlag, München. Bild: Nikolaus von Hartmut Schweitzer-Walldorf. © Quell-Verlag, Stuttgart / Matthias-Grünewald-Verlag, Mainz

M 90 Der heilige Martin teilt seinen Mantel

Mit der ganzen Reitertruppe zieht er bald darauf über die Alpen nach Gallien. Unterwegs, wenn sie müde sind und rasten, zieht Martinus seinem Diener die Stiefel aus. „Du wäschst meine Füße. Du putzt meine Schuhe. Dennoch bist du mein Herr“, sagte der Diener. Er hat es gut.

Martinus hilft Armen und Kranken, wo er kann. Er verschenkt sein ganzes Geld. Alle haben ihn gern. Martinus ist froh, dass er in Gallien nicht kämpfen muss.

Schon drei Jahre ist er jetzt römischer Reiter. Immer wieder müssen die Soldaten lange warten. Sie müssen bereitstehen und für ihren Kaiser die Städte in Gallien bewachen. Die Truppe, zu der Martinus gehört, wartet vor der Stadt Amiens. Auch im kältesten Winter.

Das Wasser in den Brunnen ist gefroren. Die Menschen verlassen ihre Häuser nicht. Sie wärmen sich am Feuer.
Beim Stadttor von Amiens sitzt ein Bettler. Er hat nichts zu essen. Er hat nicht einmal ein Hemd oder einen Mantel. Er ist nackt. „Helft mir“, flüstert er. Er kann nicht mehr schreien. Er ist schwach.
Alle gehen an ihm vorbei. Die ausgestreckte Hand bleibt leer.
Martinus bleibt stehen. Er greift in seinen Beutel. „Ich habe nichts, was ich dir geben könnte“, sagte er traurig. Er hat nur noch sein Schwert und seinen Soldatenmantel.
Doch da steigt Martinus vom Pferd. Er zieht sein Schwert aus dem Gürtel und teilt den Mantel mitten entzwei. Den einen Teil gibt er dem armen Mann. Der Bettler hüllt sich ein. Er huscht davon. Er ist nicht mehr nackt. Jetzt wird er eingelassen in ein warmes Haus.
Martinus wickelt sich in seinen halben Mantel. „Du siehst aber komisch aus“, lacht der Reiter, der mit ihm zum Stadttor kommt.
Die andern Reiter warten auf Martinus. Sie haben zugeschaut. Sie lachen nicht. Sie schämen sich. „Wir haben noch einen vollen Beutel. Warum haben wir dem Bettler nichts gegeben?“

In der folgenden Nacht hat Martinus einen Traum: Der Bettler, der in seinen halben Mantel gehüllt ist, steht vor ihm. Eine Stimme ruft:
„Schau ihn an, diesen Mann! Kennst du ihn?“

Plötzlich weiß Martinus: „Dieser Mann ist Jesus Christus. Es ist Jesus, von dem die Christen mir so viel erzählt haben.“ Und er sieht Engel bei Jesus stehen. Jesus sagt zu den Engeln: „Martinus hat mich mit diesem Mantel bekleidet. Was er diesem armen Mann getan hat, das hat er mir getan. Martinus, der noch nicht getauft ist.“
Da wacht Martinus auf. Er geht am nächsten Tag zu den Christen von Amiens. Er hat sie schon oft besucht. Er hat viel von ihnen gelernt. „Ich will auch Christ werden. Ich will ganz zu euch gehören. Tauft mich!“
Die Christen freuen sich. Sie kennen ihn gut.
Der Bischof von Amiens tauft Martinus vor der ganzen Gemeinde.
Martinus steht am Taufbecken. Der Bischof gießt Wasser über seinen Kopf. „Martinus, ich taufe dich im Namen Gottes, des Vaters, im Name des Sohnes Jesus Christus und im Namen des Heiligen Geistes.“

M 91 Aus dem Leben der Elisabeth von Thüringen

Die Hungersnot

Einmal als Ludwig über längere Zeit fort war, brach im Land eine Hungersnot aus. Elisabeth musste nun allein handeln. Aber sie zauderte nicht, ließ die gräflichen Kornkammern öffnen und verteilte die ganze Jahresernte. Die Menschen hatten damals nicht nur Hunger, viele von ihnen wurden auch krank. Elisabeth ließ am Fuße der Wartburg ein kleines Krankenhaus einrichten. Schon in der Morgenfrühe stieg sie von der Burg hinunter und pflegte die Kranken. Viele der Hofleute verstanden nicht, dass Elisabeth so großzügig Korn verteilte und beim Pflegen selber zupackte. Sie sagten: Warten wir ab, bis der Landgraf nach Hause kommt. Bestimmt ist er damit nicht einverstanden. Als Ludwig heimkehrte, fand er gut, was seine Frau getan hatte. Er sah, dass sie nicht wahllos verteilt, sondern jedem so viel gegeben hatte, wie er an einem Tage brauchte. Die Bauern hatten Werkzeug bekommen, damit sie ihre Felder besser bebauen konnten. Ludwig wusste, wie gerecht und gut seine Frau war. Elisabeth konnte mit ihm offen über alles reden.

Im Siechenhaus bei Marburg

Unter den Kranken war auch ein Junge, der die Krätze hatte. Seine Kopfhaut war voll Schorf, er hatte kein einziges Haar mehr auf dem Kopf. Dieser Junge war oft sehr traurig. Elisabeth saß in ihrer freien Zeit an seinem Bett und plauderte mit ihm. Sie sparte von ihrem Essen die besten Bissen für ihn auf. Der Junge erinnerte sie an jenes Kind, dem sie einst im Burggarten den Kopf gewaschen hatte. Damals hatte sie gedacht: Ich möchte nicht nur Kranke zu mir in die Burg nehmen und pflegen. Eines Tages will ich zu den Armen hinuntersteigen und immer bei ihnen bleiben und arm unter den Armen sein. Jetzt war es so, sie hatte es erreicht. Im Krankenhaus war auch ein kleines Mädchen. Niemand wollte es pflegen, weil es einen ansteckenden Ausschlag hatte. Elisabeth behandelte morgens und abends seine Wunden. Während sie die Verbände löste, erzählte sie dem Kind Geschichten, so achtete es weniger auf den Schmerz.

M 92 Die neutestamentliche Zeit

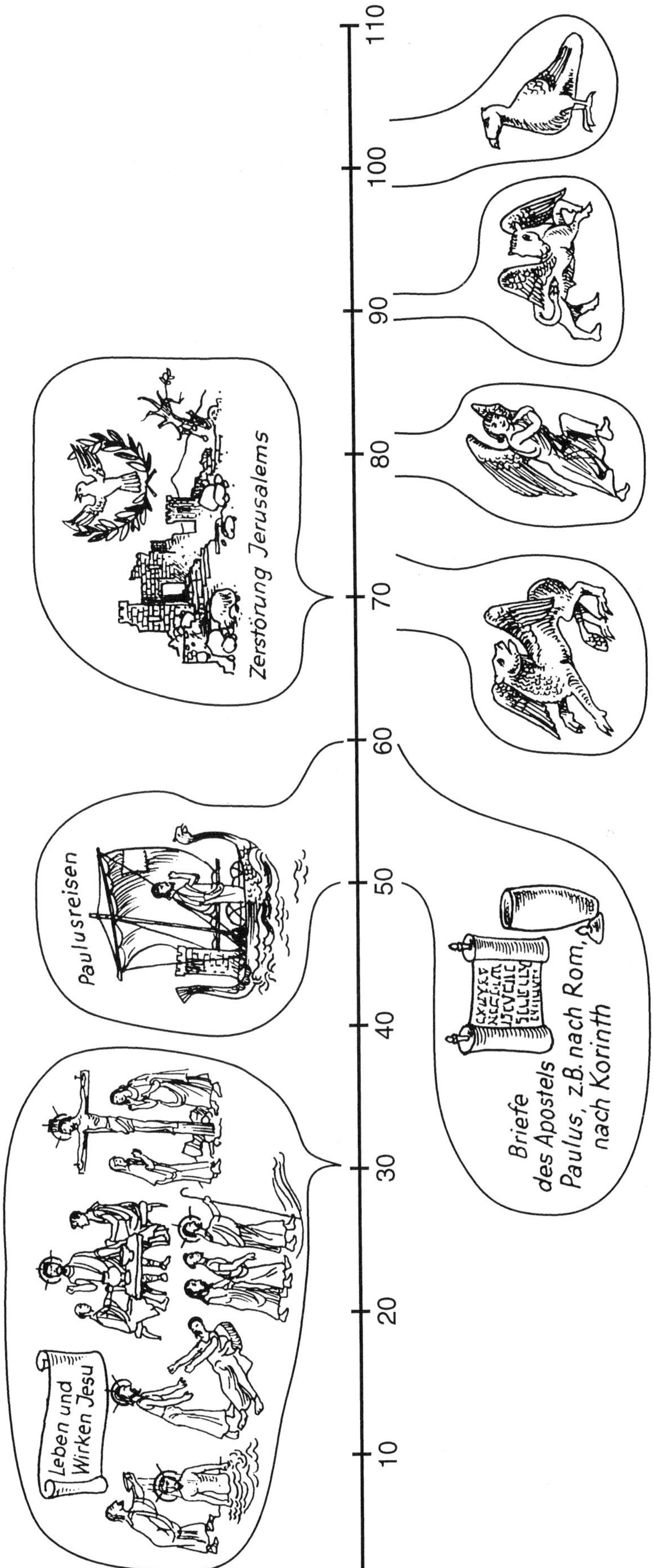

M 93 Die Heilige Stadt für drei Ein-Gott-Religionen

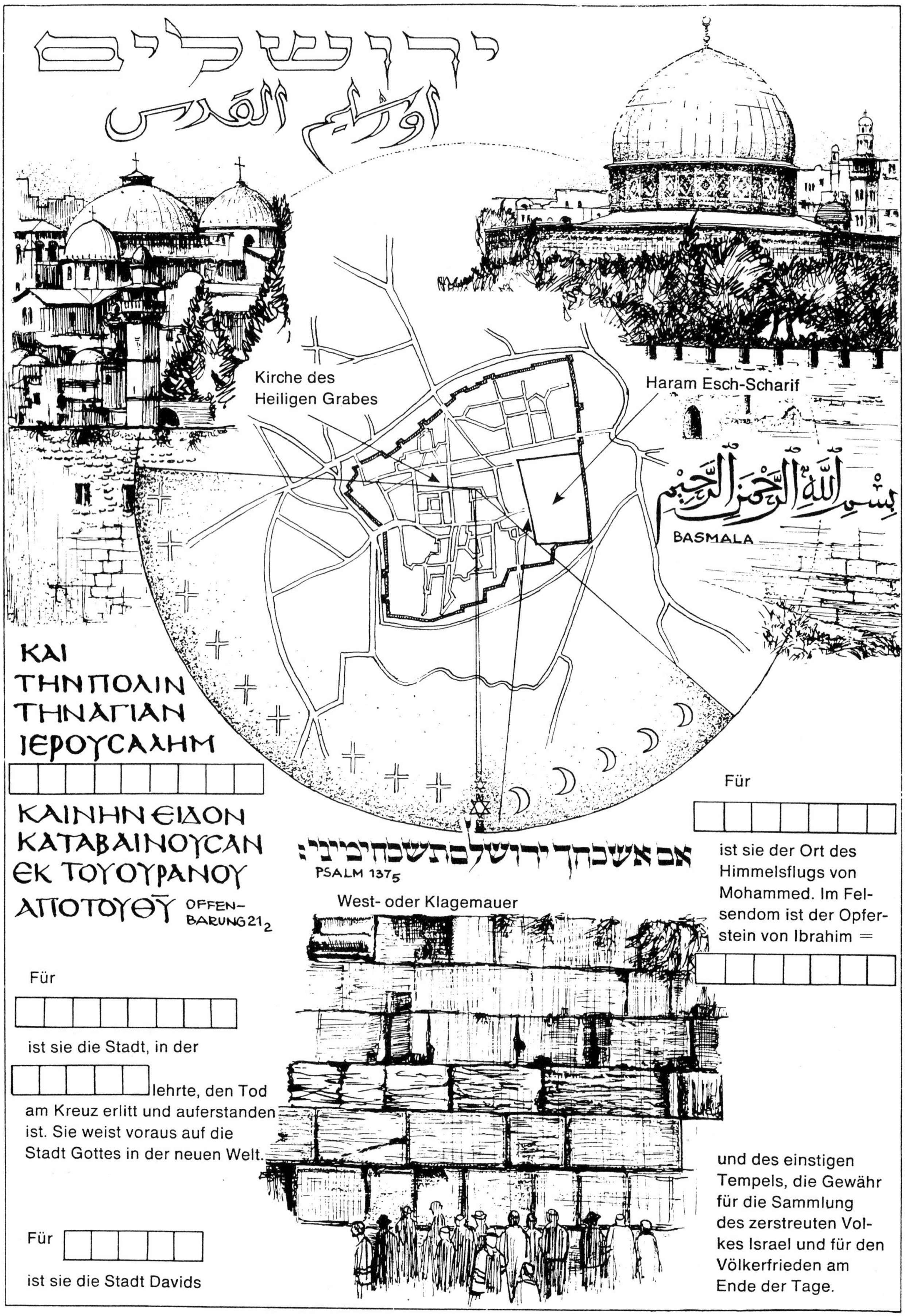

M 94 Der Gang nach Emmaus (Holzschnitt von Karl Schmidt-Rottluff)

M 95 Die jüdische Diaspora, Apostelgeschichte 2

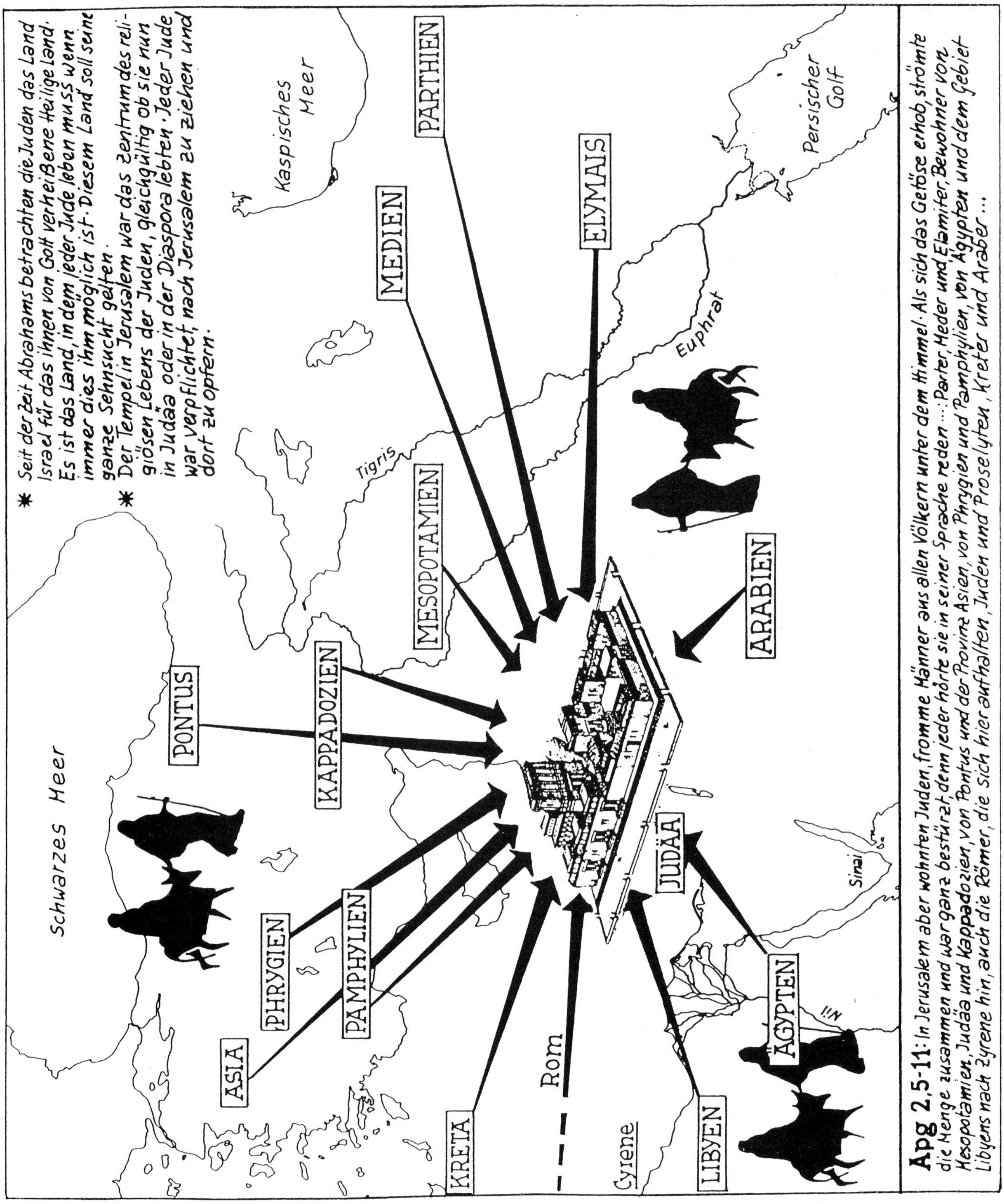

M 96 Die Ausbreitung des Christentums bis zum 3. Jahrhundert

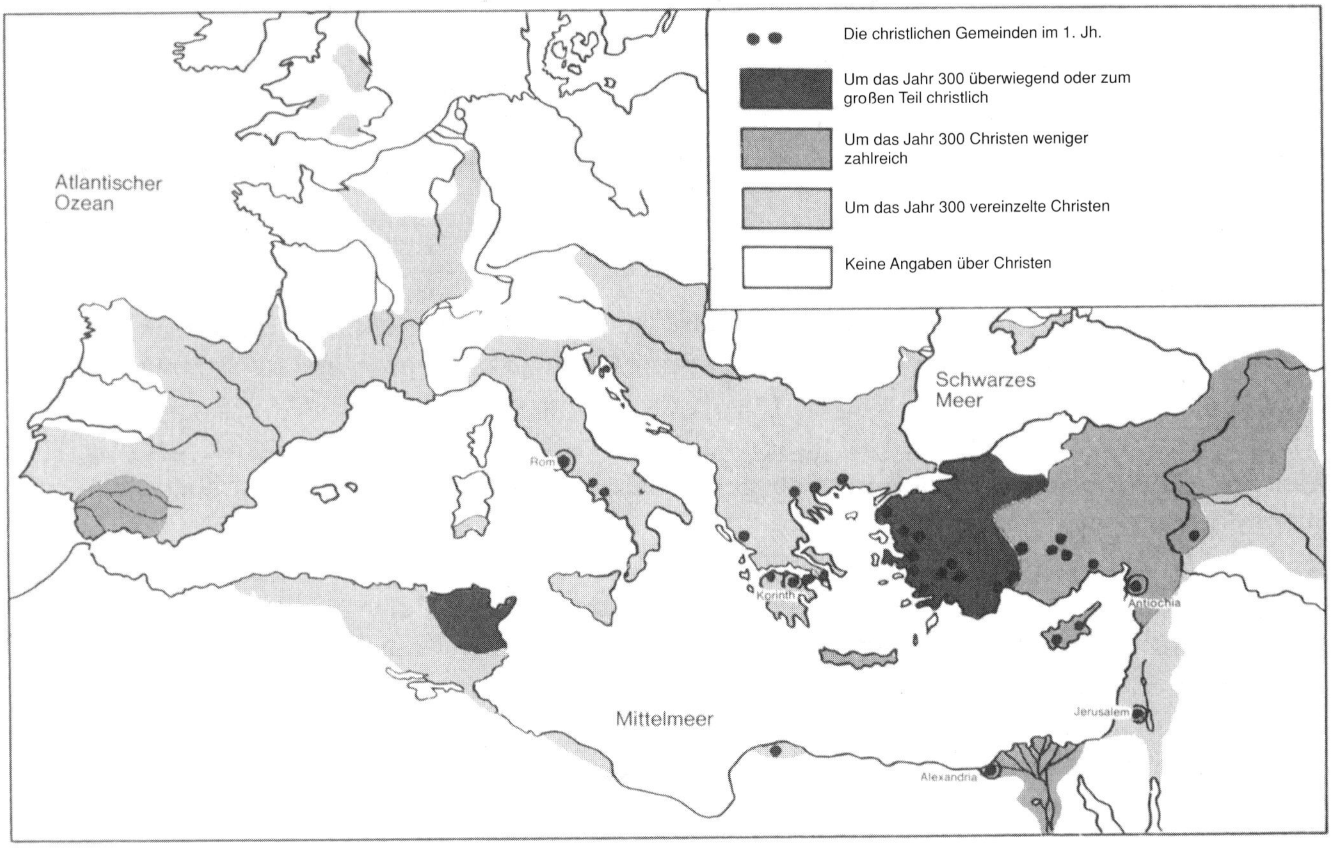

M 97 Rechtsbestimmungen im römischen Staat unter den Kaisern Trajan und Hadrian (100–250 n. Chr,)

Aus dem Jahre 112/13 ist uns ein Briefwechsel zwischen dem Statthalter Plinius und Kaiser Trajan (98 - 117) erhalten. Plinius fragt an, wie er mit den Christen in seiner Provinz Bithynien in Kleinasien verfahren solle. Er schildert sein bisheriges Vorgehen:

Angeklagte Christen wurden befragt, ob sie Christen seien. Bejahten sie diese Frage, forderte er sie auf, ihren Glauben zu verleugnen. Zum Beweis mussten sie dafür den Bildern der Götter und des Kaisers opfern und Christus verfluchen. Dann konnten sie straflos weggehen. Wer sich weigerte, wurde hingerichtet.

Die Antwort des Kaisers:

Bei der Untersuchung gegen die als Christen bezeichneten Personen hast Du, lieber Plinius, den richtigen Weg eingeschlagen; denn es lässt sich nichts im Allgemeinen, was gleichsam als bestimmte Regel aufgestellt werden könnte, verfügen. Man soll sie nicht aufspüren, wenn sie aber angezeigt und überführt werden, sind sie zu bestrafen, doch so, dass, wenn einer leugnet, Christ zu sein, und es durch die Tat beweist, nämlich durch Anflehung unserer Götter, ihm wegen seiner Reue Verzeihung zuteil werden soll, mag er auch früher noch so verdächtig gewesen sein. Anonyme Anzeigen aber dürfen bei keiner Anschuldigung berücksichtigt werden, denn das gibt ein sehr schlechtes Beispiel und ist mit dem Geist unseres Jahrhunderts nicht vereinbar.

Nach diesem Entscheid des Trajan – so widerspruchsvoll er war – wurde künftig im Römischen Reich verfahren. Christsein galt als unerlaubt. Immer wieder kam es auch zu einzelnen Verfolgungen.

Trajans Nachfolger, Kaiser Hadrian (117–38), erließ eine ähnliche Verfügung:

Wenn sich die Bürger bei ihren Anklagen gegen die Christen auf klare Gründe stützen, sodasss, sie auch vor dem Richterstuhl Rede und Antwort stehen können, dann mögen sie diesen Weg beschreiten, aber sich nicht allein auf Bitten oder Schreien verlegen. Denn es ist bei weitem angemessener, dass Du, wenn jemand eine Anklage erheben will, hierüber eine genaue Untersuchung anstellst. Wenn also jemand als Ankläger auftritt und nachweist, dass die Christen irgendwie gesetzwidrig handeln, dann fälle Dein Urteil nach der Größe des Vergehens; wenn er es aber in verleumderischer Absicht vorbringen sollte, wahrlich eine solche Schändlichkeit bring gehörig in Rechnung und sorge für ihre Bestrafung.

Aus: Herbert Gutschera / Jörg Thierfelder, Brennpunkte der Kirchengeschichte. © Verlag Schöningh, Paderborn

M 98 Das Römische Reich wird christlich

Bischof Eulogius, die Diakonin Johanna und der kaiserliche Beamte Lactantius stehen im Jahre 325 n. Chr. vor dem Konstantinsbogen in Rom und unterhalten sich über die Ereignisse der letzten 20 Jahre:

Eulogius: Wir können gar nicht dankbar genug sein, dass wir diesen Kaiser haben. Niemals werden wir vergessen, wie uns Kaiser Diokletian im ganzen Reich verfolgen ließ. Unsere Gotteshäuser wurden zerstört und wer dem Kaiser nicht opferte, wurde gefangen genommen und getötet. – Schaut her! Auf meinem Arm sieht man noch die Narben von der Auspeitschung. Mit knapper Not bin ich dem Märtyrertod entgangen!

Lactantius: Ja, da hat sich viel geändert, seit Konstantin die Schlacht gewonnen hat. Wie er das Christuszeichen auf die Feldzeichen seiner Soldaten heften ließ! Er dankte Christus für den Sieg, indem er uns erlaubte, uns offen als Christen zu bekennen. Und das ist jetzt ungefähr zehn Jahre her.

Johanna: Das war doch alles nur Berechnung! Er wollte die Christen für sich gewinnen. Er hoffte, sich dann keine Sorgen mehr um seine Herrschaft machen zu müssen. Sich selbst hat er ja bis heute nicht taufen lassen.

Eulogius: Ja, aber es bleibt dabei: Wir Christen brauchen uns nicht mehr zu verstecken. Wir dürfen ungehindert und ohne Angst unsere Gottesdienste feiern. Es wollen sich jetzt so viele Menschen taufen lassen, dass unsere Kirchen zu klein werden. Kaiser Konstantin hat erlaubt, dass wir neue, größere und prächtigere Kirchen bauen. Er gibt sogar Geld dafür.

Johanna: Ich finde es schön, dass wir nicht mehr verfolgt werden. Aber für mich bleiben Fragen: Warum kommen so viele Leute zur Taufe? Sind sie wirklich überzeugt von unserem Glauben? Oder meinen sie nur, im Leben besser voranzukommen, wenn sie Christen werden?

Lactantius: Sicher gibt es viele Mitläufer, aber auch viele ernsthafte Christen.

Eulogius: Wir können jetzt als Christen unseren Einfluss im Staat geltend machen und christliche Grundsätze durchsetzen. Der Kaiser hat erst kürzlich die grauenhafte Kreuzigungsstrafe abgeschafft und jetzt auch die Gladiatorenkämpfe verboten. Vielleicht wird nun auch das Los der Sklaven leichter.

Johanna: Wir vergessen zu leicht, dass wir Christen verfolgt wurden. Wir tragen sogar dazu bei, dass nun andere verfolgt werden. In Ephesus haben Christen eine Synagoge angezündet. Die Behörden haben nicht eingegriffen. Wenn man bedenkt, dass die Römer schon in Jerusalem den Juden so viel Leid angetan haben! – Aber nicht genug, in Athen wurden Anhänger der alten Götter verspottet und verprügelt. Kann man Menschen zu einem anderen Glauben zwingen?

Lactantius: Mir als Beamten ist es ein Dorn im Auge, dass Bischöfe und Priester so unbescheiden geworden sind. Bischöfe reisen auf Staatskosten über Land, Priester zahlen keine Steuern.

Eulogius: Das sind natürlich alles Auswüchse. Aber, Johanna, du musst auch sehen, dass wir jetzt endlich die Gelegenheit bekommen haben, dass das Evangelium auf dem ganzen Erdkreis gepredigt wird.

M 99 Katholische Kinder besuchen einen evangelischen Sonntagsgottesdienst

An einem Samstag im Spätsommer meinte unser Vater plötzlich, wir sollten am Sonntag einmal in die evangelische Kirche zum Gottesdienst gehen. Wir wunderten uns doch sehr über seinen Vorschlag. Wir gehen nämlich regelmäßig sonntags zur Messe in unsere katholische Kirche. Immerhin ist uns dabei schon oft aufgefallen, dass auch die Evangelischen in unserem Ort zur gleichen Zeit fast den gleichen Weg gehen. Sie sind nur immer früher da. Wir müssen dann gerade noch hundert Meter weiter bis zu unserer Kirche laufen. Noch nie waren wir auf den Gedanken gekommen, sonntags den Gottesdienst in der evangelischen Kirche zu besuchen. Nur einmal war ich, Tobias, bisher in der evangelischen Kirche. Da heiratete nämlich mein Fußballtrainer.

Nun verließen wir am Sonntagmorgen wie sonst auch kurz nach 9 Uhr das Haus. Etwas ungewöhnlich war das schon. Wir ließen nämlich unser Gebetbuch – das Gotteslob –, das wir zur Erstkommunion bekommen hatten, daheim. Auf dem Weg zur Kirche sahen wir Katholiken und Evangelische, überholten manche und überlegten bei uns, ob sie uns wohl ansähen, dass wir heute in die evangelische Kirche wollten. Jedenfalls sind wir in der Kirche dann doch manchen Leuten aufgefallen. Zum Beispiel den Eltern von Jörg, der in meiner Klasse ist. Die kennen mich sonst nur von den Geburtstagsfeiern her. Auch der Uhrmacher, bei dem wir immer die Batterie für unsere Uhren erneuern lassen, erkannte uns. Vater erklärte uns, dass der Mann Mitglied im Ältestenrat der evangelischen Gemeinde ist. Auch einige Schüler aus der 8. und 9. Klasse unserer Schule bemerkten uns und sahen sich mehrfach nach uns um. Sie saßen alle vorn auf beiden Seiten des Gangs in den ersten Bänken. Vater meinte, das seien wohl die Konfirmanden der Gemeinde: die Jungen und Mädchen, die im nächsten Frühjahr konfirmiert werden. Das ist so was Ähnliches wie bei uns die Firmung oder Erstkommunion und Firmung zusammen.

Übrigens, als wir in die Bänke gingen, machte mein Bruder Kilian gewohnheitsmäßig eine Kniebeuge. Erst als wir die anderen Leute, die nach uns kamen, beobachteten, merkten wir, dass dies hier gar nicht üblich ist. Ja, die Bänke: wir konnten uns hier nicht knien. Entweder saßen oder standen wir; das war uns auch einmal angenehm.

Für uns war der Beginn des Gottesdienstes ganz ungewöhnlich. Der Pfarrer erschien – ohne Ministranten – und begrüßte die Leute. Danach verlas er erst einmal eine Reihe von Ankündigungen für die kommende Woche. Dann fing es erst richtig an. An die einzelnen Gebete, die gesprochen wurden, können wir uns nicht mehr genau erinnern. Aber wir merkten, dass in Fürbitten, wie bei uns auch, für andere Menschen gebetet wurde, zum Beispiel für Kranke und alte Menschen, die einsam sind und nicht zum Gottesdienst kommen können. Außer den Gebeten wurde viel aus der Bibel vorgelesen. Wir erinnern uns noch an die Geschichte, wie Gott dem Mose die Gebote übergab und erklärte. Der Pfarrer hat diesen Text aber nicht einfach aus der Bibel vorgelesen. Er hat ihn praktisch in seine Predigt eingebaut. Er las jeweils einen kurzen Abschnitt, meist ein oder zwei Gebote, vor und erklärte ihn dann ausführlich. Dadurch wurde die Predigt doch ziemlich lang. Jedenfalls war die Predigt in diesem Gottesdienst die Hauptsache. Der Pfarrer stand dabei auf der Kanzel und so konnten ihn alle gut sehen und hören. In der übrigen Zeit stand er vor dem Altar und sprach die Gebete. Die Gemeinde betete gemeinsam nur das Vaterunser und sang fünf Lieder. Wir fanden das für unsere Gewohnheiten etwas wenig, auch waren uns die Lieder nicht bekannt. Wir haben deshalb die Texte im Gesangbuch, das wir in der Kirche an uns nehmen konnten, nur mitgelesen. Das Vaterunser haben wir natürlich mitgebetet.

Am Altar geschah an diesem Tag eigentlich nichts. Es gab ja keine Eucharistiefeier und so wurde auch kein heiliges Brot ausgeteilt. Vater erklärte uns, dass das Abendmahl in vielen evangelischen Gemeinden meistens einmal im Monat gefeiert wird. Das ist dann ein Abendmahlsgottesdienst, wohl weil Jesus mit seinen Freunden Abendmahl gehalten hat. Wenn wir wieder einmal in die evangelische Kirche gehen, suchen wir uns einen solchen Abendmahlsgottesdienst aus.

Nach dem Schlusslied gingen wir langsam hinaus. An der Tür war eine Kollekte, wie oft auch bei uns. Als wir auf die Straße traten, sahen wir auch die Katholiken von ihrem Gottesdienst nach Hause gehen. Nur wenige blieben stehen und sprachen mit den anderen; auch wir trauten uns nicht so recht, denn etwas unsicher waren wir noch immer. Ob das so bleiben wird?

Joachim Maier: Katholische Kinder besuchen einen evangelischen Sonntagsgottesdienst.

M 100 Gemeinsamkeiten und Unterschiede zwischen Katholiken und Evangelischen (A)

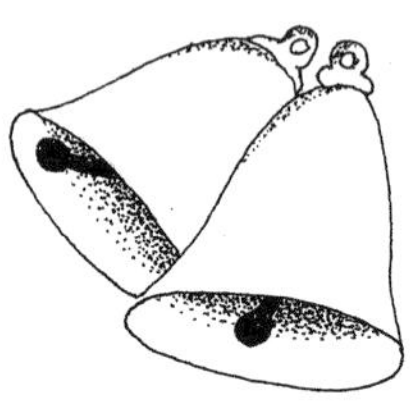

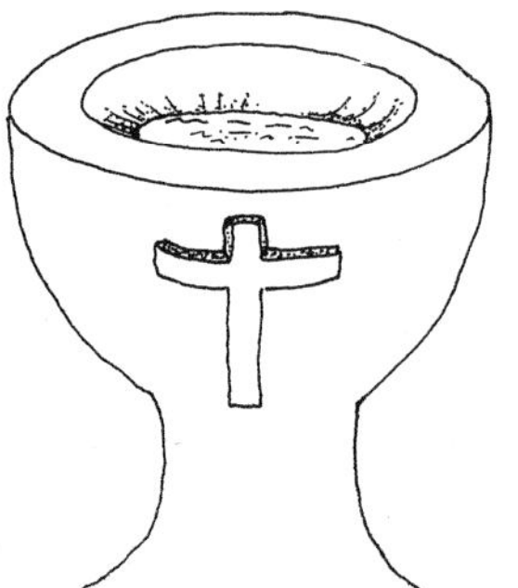

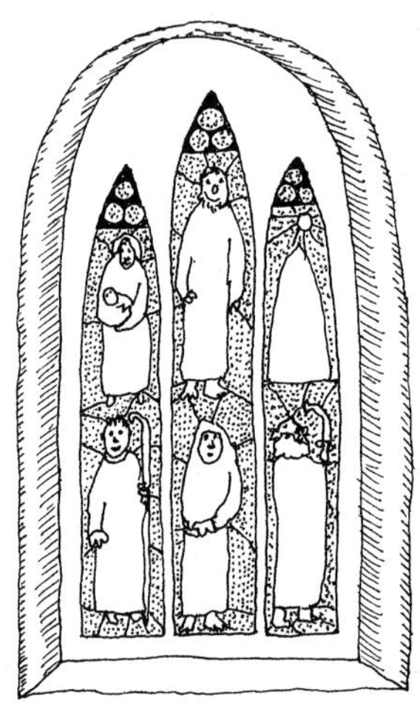

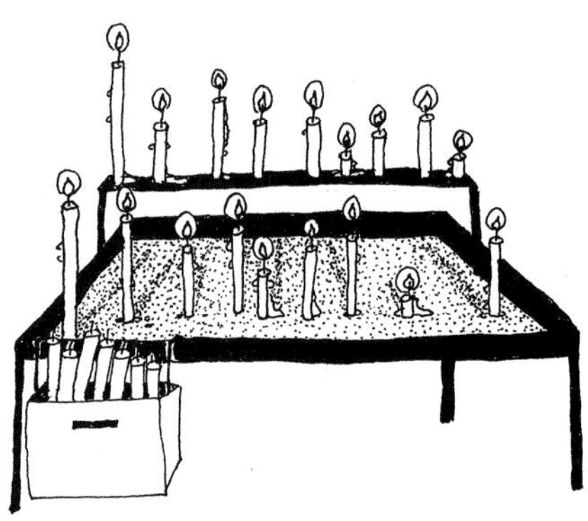

M 100 Gemeinsamkeiten und Unterschiede zwischen Katholiken und Evangelischen (B)

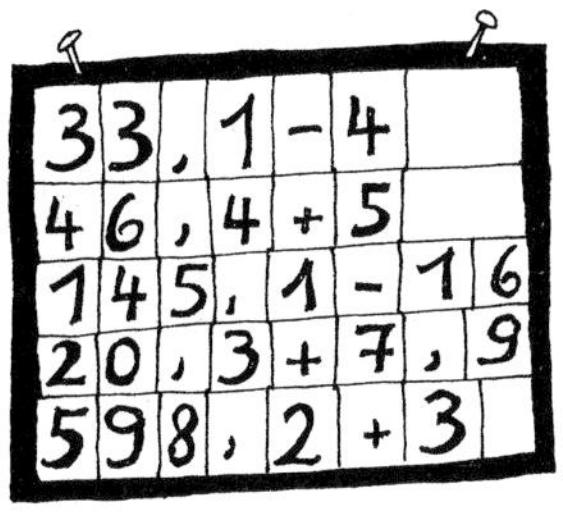

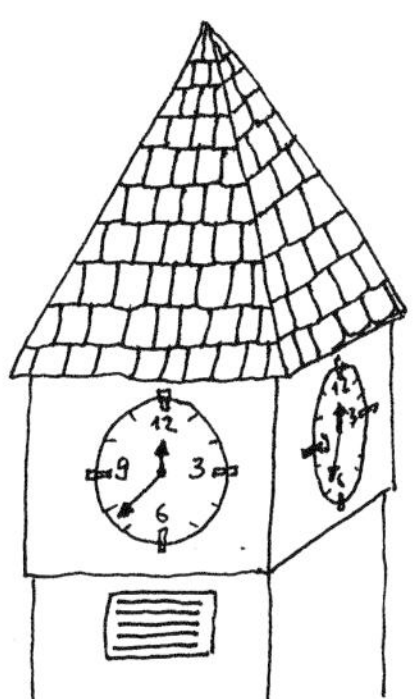

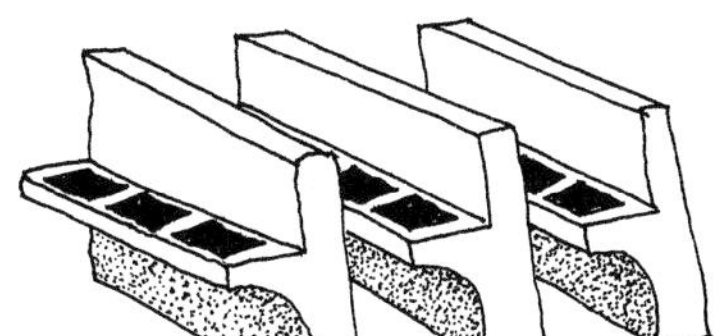

M 101 Ökumenische Aktivitäten an unserem Ort

An unserem Ort sieht die Zusammenarbeit zwischen katholischen und evangelischen Christen so aus:

	Ja	Nein
1. Ökumenische Gottesdienste		
2. Ökumenische Bibelwoche (Bibelsonntag)		
3. Weltgebetstag der Frauen		
4. Ökumenischer Arbeitskreis		
5. Ökumenische Vorträge oder Seminare (Erwachsenenbildung)		
6. Gemeinsame Sitzungen der Kirchengemeinderäte		
7. Gemeinsame Sitzungen der hauptamtlichen MitarbeiterInnen		
8. Gibt es katholische Mitarbeiter im evangelischen Kirchendienst?		
9. Gibt es evangelische Mitarbeiter im katholischen Kirchendienst?		
10. Sind katholische Jugendliche Mitglied in einer evangelischen Jugendgruppe?		
11. Sind evangelische Jugendliche Mitglied in einer katholischen Jugendgruppe?		
12. Gibt es eine ökumenische Sozialstation?		
13. Gibt es ökumenische Trauungen?		
14. Gibt es ökumenische Schulgottesdienste?		
15. Gibt es eine Zusammenarbeit zwischen den evangelischen und katholischen Religionslehrern?		
16. Gibt es gemeinsame Themen im Religionsunterricht?		
17. Gibt es einen gemeinsamen Religionsunterricht?		

M 102 Der Sederabend – aus einem israelischen Kinderbuch

M 103 Das Sedermahl

Beim Sedermahl feiert man symbolisch den Auszug aus Ägypten, die Befreiung aus der Sklaverei. Der Hausvater leitet die Feier. Er sitzt „wie ein König" in einem mit Kissen gepolsterten Stuhl.

Kiddusch	Der Vater spricht den Segensspruch (Kiddusch) über dem Wein. Nach dem Segensspruch trinken alle Teilnehmer (auf der linken Seite angelehnt) aus ihrem Becher feierlich den ersten Trunk, den „Trunk der Freiheit".
Händewaschen	Dem Vater wird (wie einem König) eine Schüssel und eine Kanne mit Wasser gereicht.
Verzehren der Kräuter	Die Kräuter (Petersilie, Radieschen oder Sellerie) werden in das Schälchen mit Salzwasser getaucht und gegessen.
Afikoman	Die mittlere der drei Matzen wird geteilt, eine Hälfte (Afikoman) wird in eine besondere Serviette eingewickelt, um am Ende des Sedermahls gegessen zu werden. Diese Matze wird von den Kindern versteckt.
Die Erzählung vom Auszug aus Ägypten	Der jüngste Teilnehmer stellt die „Vier Fragen": „Warum unterscheidet sich diese Nacht von allen anderen Nächten? In allen anderen Nächten können wir Gesäuertes und Ungesäuertes essen, in dieser Nacht nur ungesäuertes. In allen anderen Nächten können wir allerlei Kräuter essen, in dieser Nacht nur bittere Kräuter. In allen anderen Nächten müssen wir kein einziges Mal eintunken, in dieser Nacht zweimal. In allen anderen Nächten können wir frei sitzend oder angelehnt essen, in dieser Nacht sitzen wir alle angelehnt." Der Vater antwortet, indem er von der Sklaverei in Ägypten und vom Auszug erzählt. Der Vater erinnert an das Passahlamm (Knochen). Danach werden die symbolischen Speisen zur Erinnerung an das Elend in Ägypten verzehrt. Zuvor waschen sich alle Teilnehmer des Sedermahls die Hände: • Man verzehrt die Matze, das „Brot des Elends". • Bitterkraut wird in Charoset getaucht und gegessen. • „Belegtes Brot": Meerrettich wird zwischen zwei Matzen gestrichen und verzehrt.
Festliches Essen	Verborgenes: Man verzehrt die Matze, die man am Anfang beiseite gelegt hat (Afikoman), damit als letztes der Geschmack an Pessach noch lange im Munde bleibt.
Tischgebet nach dem Essen	
Hallel	(Beten von Psalmen)
Wohlgefälliger Abschluss	(endet mit dem Zuruf:) „Das kommende Jahr im aufgebauten Jerusalem".

M 104 Die Speisen des Sedertellers

מָרוֹר
MAROR

Bitterkräuter
Meerrettich, Lauch o.ä.
Erinnern an die bittere Zeit in Ägypten.
Das Bitterkraut wird in das Charosset getaucht und gegessen.

מֵי מֶלַח
MEJ MELACH

Salzwasser
Erinnert an die Tränen, die die Israeliten während ihrer Unterdrückung in Ägypten vergossen.

כַּרְפַּס
KARPASS

Kräuter
Sellerie, Petersilie oder gekochtes Gemüse.
Die Kräuter erinnern an die karge Sklavenmahlzeit in Ägypten.
Sie werden in das Salzwasser getaucht und gegessen.

חֲרוֹסֶת
CHAROSSET

Mus aus Früchten
Brei aus Mandeln, Äpfeln, Rosinen, Zimt, Zucker und etwas Rotwein.
Erinnert an den Lehm, aus dem die Israeliten in Ägypten Ziegel herstellen mussten.
Die Bitterkräuter werden in diesen Brei getaucht und gegessen.

בֵּיצָה
BETZA

Ei
Symbol der Fruchtbarkeit, aber auch der Trauer.

זְרוֹעַ
SRO'A

Knochen
Keule vom Lamm oder Huhn; angebraten mit wenig Fleisch daran.
Erinnert an das Passahlamm und das Passahopfer im Tempel.

Der Sederteller

בֵּיצָה

זְרוֹעַ

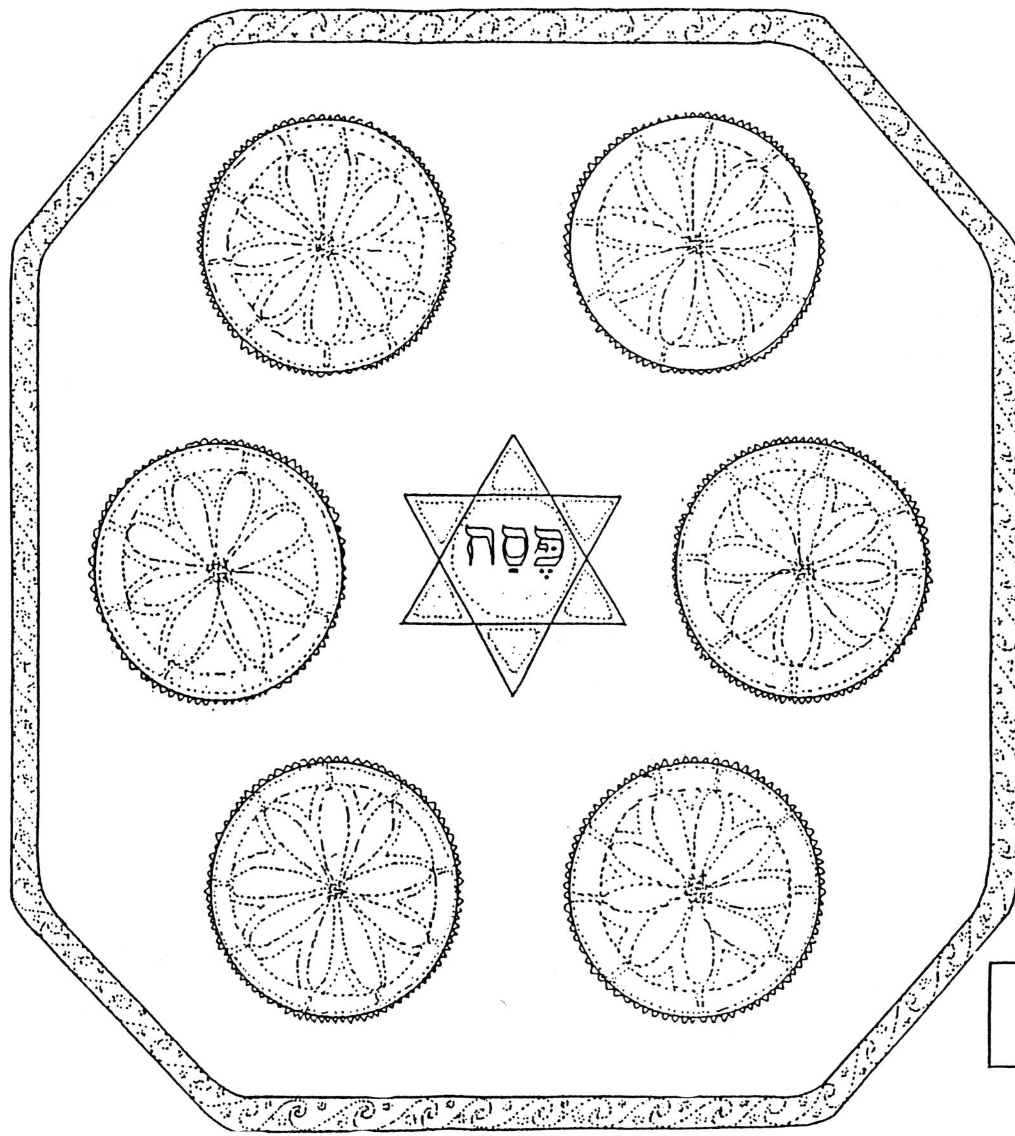

חֲרוֹסֶת

מָרוֹר

מֵי מֶלַח

כַּרְפַּס

M 106 Israel und die besetzten Gebiete

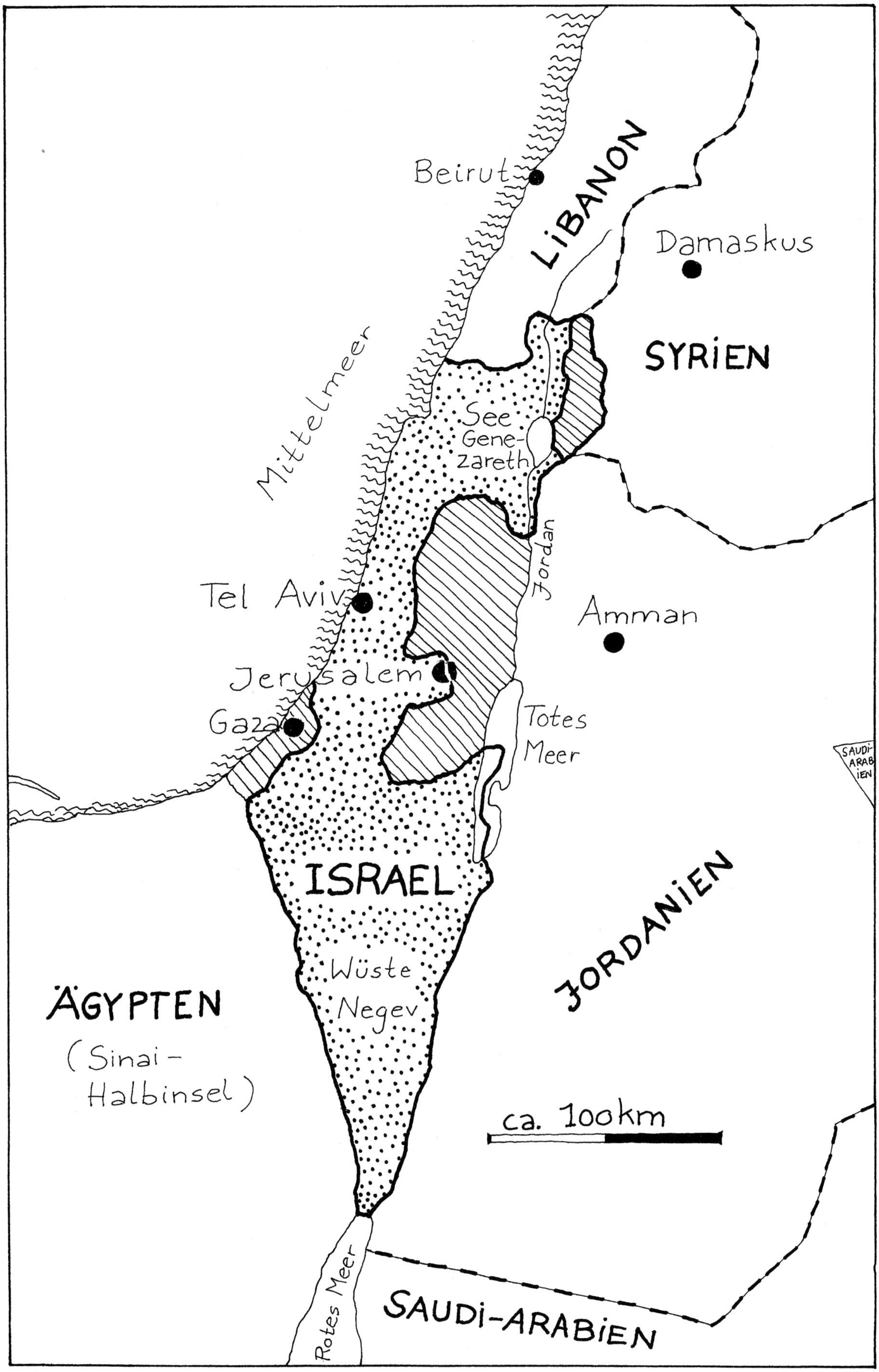

M 107 Der Sabbat

Es ist Freitagabend – es dämmert. Der Sabbat, der wöchentliche Ruhetag, beginnt. Wir brechen unsere Arbeit ab. Jede Art Arbeit, Haushalt, Schule und Beruf treten für einen Tag in den Hintergrund, denn der Sabbat soll der Erholung, dem Studium, dem Gebet und der Familie gewidmet sein. An diesem Tag haben wir füreinander Zeit.

Die Mutter entzündet zu Hause die Sabbatkerzen und spricht den Segen über das Licht. Früher waren es Öllampen, die das jüdische Heim am Beginn des Sabbat erstrahlen ließen.

Der Vater begibt sich zum Abendgottesdienst in die Synagoge und wenn er nach Hause kommt, segnet er die Kinder.

Bevor das festliche Sabbatmahl beginnt, spricht der Vater den „Kiddusch" – die Heiligung des Sabbat über einem Becher Wein. Kidduschbecher sind oft aus Silber, manchmal vergoldet und bisweilen kunstvoll graviert mit Hebräischen Inschriften, die den Sabbat preisen.

Unter einem bestickten Tüchlein liegen zwei Brote bereit – „Berches" genannt –, über die der Vater einen weiteren Segen spricht. Dann schneidet er eines der beiden Brote auf und gibt jedem ein salzbestreutes Stück.

Das folgende festliche Abendessen dient nicht nur dem leiblichen Genuss, sondern wir singen und führen ungezwungene Gespräche.

Am nächsten Morgen, also am Sabbatmorgen, ist der Gottesdienst in der Synagoge feierlicher als an anderen Tagen der Woche. Die Männer hüllen sich in den „Tallit", ein großes, viereckiges Tuch mit den Schaufäden an den Ecken. Sie heißen „Zizit".

Alle Gebete werden hebräisch gesprochen und aus dem Gebetbuch vorgetragen, das oft auch eine Übersetzung enthält. Das jüdische Glaubensbekenntnis „Schema Israel" ist auch am Sabbat ein wesentlicher Bestandteil des Gebetes. Meistens werden die Gebete von einem Vorsänger, dem „Kantor", vorgetragen. Es kann aber auch ein anderes Gemeindemitglied sein.

Mittelpunkt des Gottesdienstes am Sabbatmorgen ist die Vorlesung eines Abschnittes aus der Torarolle. Tora, das sind die fünf Bücher Moses – Geschichte und Grundgesetz des jüdischen Volkes. Sie bilden den Anfang des Alten Testaments.

Die Torarollen werden in der „Heiligen Lade", einem Schrank an der Ostseite der Synagoge, aufbewahrt. Die Lade ist mit einem farbigen, kunstvoll bestickten Vorhang aus Samt und Seide geschmückt.

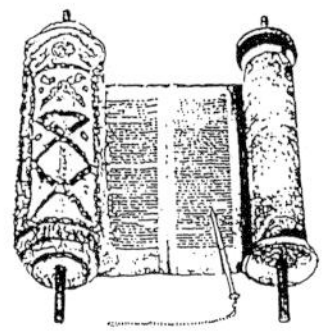

Auf Toravorhängen sind oft Darstellungen zu sehen, die symbolische Bedeutung für das Judentum besitzen. Eine Krone z. B. als Sinnbild der Tora und Löwen, die schon den Thron des Königs Salomo zierten und den Stamm Juda kennzeichnen.

Besonders feierliche Momente des Sabbatgottesdienstes sind das „Ausheben" der Torarolle aus der Heiligen Lade zur Vorlesung und später auch das Zurücktragen, das „Einheben" der Rolle in den Schrank. Dabei werden Verse aus der Tora und den Psalmen vom Vorbeter und der Gemeinde gesungen.

Die im Gottesdienst benutzten Torarollen sind bei uns aus Pergament, im Orient sind sie aus Wildleder. Die Schrift ist immer sehr sorgfältig von Hand geschrieben, denn der Text muss unbedingt fehlerfrei bleiben. Er wird in Wochenabschnitte unterteilt, sodass im Laufe eines Jahres die ganze Tora vorgetragen wird. Da sie die Grundlage der jüdischen Gesetze enthält, wird sie sehr ehrfürchtig behandelt. Und weil die Schrift nicht mit der bloßen Hand berührt werden darf, wird für die Vorlesung immer ein Torazeiger zur Hilfe genommen. Seine Spitze hat die Form einer Hand mit gestrecktem Zeigefinger. Daher der Name „Jad" – Hand.

Wenn die Vorlesung beendet ist, wird die Rolle geöffnet emporgehoben, damit die ganze Gemeinde sie sehen kann. Die Tora wird zusammengerollt und mit einem bestickten oder bemalten Band umwickelt, dem Torawimpel oder der „Mapa".

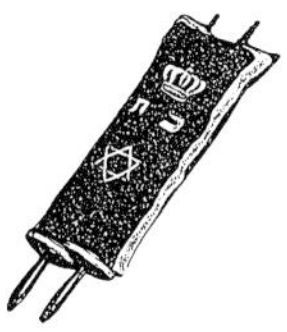

Schließlich wird die Torarolle mit einem Mantel bedeckt. Toramäntel können ganz verschieden geschmückt sein, mit Inschriften, mit Ornamenten und Verzierungen und ausnahmsweise auch mit bildlichen Darstellungen bestickt.

Der eigentliche Schmuck der Tora besteht aus einer der Rolle aufgesetzten Krone oder aus zwei turmförmigen mit Glöcklein behängten Aufsätzen, den „Rimmonin" und dem Toraschild.

Der siebenarmige Leuchter erinnert an den in der Bibel beschriebenen Leuchter, der im Tempel von Jerusalem stand. Dieser Leuchter ist heute nur noch ein Symbol und wird nicht mehr praktisch verwendet.

Nach der Toravorlesung kommt die „Haftara“ zum Vortrag, also ein Abschnitt aus den Prophetenbüchern. Meistens wird die „Haftara“ aus einem gedruckten Buch vorgelesen, aber manche Synagogen besitzen auch „Haftararollen“, die von Hand auf Pergament geschrieben sind.

Als Ruhetag hat der Sabbat von jeher auch eine soziale und kulturelle Bedeutung. Die freie Zeit wird zum Beisammensein und zur Weiterbildung genutzt, von den Männern vor allem zum Studium des „Talmud“, der ursprünglich mündlichen Lehre.

Mit Eintritt der Nacht am Samstagabend verlässt die „Königin Sabbat“ das jüdische Haus. Die „Hawdalakerze“ wird angezündet. Sie ist meistens aus verschiedenfarbigen Wachsbändern geflochten und brennt wie eine Fackel.

Der Vater spricht den Segen über einem vollen Becher Wein, dann über wohlriechende Gewürze, die „Besamin“, die sich in einer „Besaminbüchse“ befinden. Jeder Anwesende riecht daran, zur symbolischen Stärkung nach dem schmerzlichen Abschied vom Sabbat. Bei der Gestaltung der schönen Gewürzbüchsen konnten die Silberschmiede ihre Phantasie walten lassen. Sehr oft wählten sie die Form eines Thrones.

Nach einem Segensspruch über das Licht erhebt der Vater den mit Wein gefüllten Becher und spricht die „Haftara“, den Segen der Trennung zwischen Sabbat und Wochentag. Dann löscht er die Kerze mit etwas Wein und Abschiedsgesänge beschließen den Ruhetag.

Literatur

Literatur

Adam, A., Artikel „Freikirche", in: RGG, Tübingen, 3. Aufl. 1958, Bd. 2, Sp. 1110-1112

Alexander, Pat, Die Welt der Bibel, Wuppertal 1978

Amnesty International Deutschland (Hg.), Kinder sind kleine Menschen, Kinder haben Rechte, Mülheim a.d. Ruhr 1989, S. 16

André, Robert/Vogellehner, Dieter, Wir entdecken die Vorzeit, Herders Kinderpanorama, Freiburg 1971

Arbeitshilfen zum Lehrplan für das Fach Katholische Religionslehre in Baden-Württemberg, Hauptschule, hg. vom Bischöflichen Schulamt der Diözese Rottenburg-Stuttgart und vom Institut für Religionspädagogik der Erzdiözese Freiburg 1994

Baldermann, Ingo u.a. (Hg.), Wer hört mein Weinen? Kinder entdecken sich selbst in den Psalmen, Neukirchen-Vluyn, 5. Aufl. 1995

Barion, A., Artikel „Infallibilität", in: RGG, Tübingen, 3. Aufl. 1959, Bd. 3, Sp. 748 f.

Bast, Christa, Weibliche Autonomie und Identität, München 1991

Baxter, Nicola, Bibelatlas für Kinder, Augsburg 1991

Beck Susanne u.a. (Hg.), Vorlesebuch Ökumene, Geschichten vom Glauben und Leben der Christen in aller Welt, Lahr 1991

Becker, Jürgen, Paulus, Der Apostel der Völker, Tübingen 1989

Becker, Ulrich u.a., Orientierung Religion, Lehrerhandbuch zum Religionsbuch für das 5./6. Schuljahr, Frankfurt 1976

Berg, Horst Klaus/Weber, Ulrike, Benjamin & Julius, Stuttgart/München 1996

Berg, Horst Klaus/Weber, Ulrike, Mit Jesus beginnt etwas Neues, Stuttgart 1996

Berg, Horst Klaus/Weber, Ulrike, So lebten die Menschen zur Zeit Jesu, Stuttgart 1996

Berg, Sigrid, Biblische Bilder und Symbole erfahren, Stuttgart 1996

Berger, Klaus, Darf man an Wunder glauben?, Stuttgart 1996

Biehl, Peter, Symbole geben zu lernen, Bd. 1 und 2, Neukirchen-Vluyn, 2. Aufl. 1992/1993

Biehl, Uta (Hg.), Vorbereitungsmaterial für die Dekade-Gottesdienste in Nordelbien für den Gottesdienst am 2. Advent (6.12.1992) „Gemeinsam auf dem Weg mit Rut und Noomi" (zu beziehen über: Nordelbische Arbeitsstelle Ökumenische Dekade, Neue Burg 1, 20457 Hamburg)

Bihler, Elsbeth, Symbole des Lebens, Symbole des Glaubens, Limburg 1995

Boecker, Hans-Jochen, Recht und Gesetz, Der Dekalog, in: Altes Testament, hg. von Hans Jochen Boecker u.a. (Neukirchener Arbeitsbücher), Neukirchen-Vluyn, 3. Aufl. 1989

Bolliger, Max, David, Ein Hirtenjunge wird König, Ravensburg 1965

Bonhoeffer, Dietrich, Ethik, München, 3. Aufl. 1956

Brunner-Traut, Emma/Brunner, Hellmut/Zick-Nissen, Johanna, Osiris, Kreuz und Halbmond, Die drei Religionen Ägyptens, Mainz, 4. Aufl. 1984

Bubenheimer, Ulrich, Spielen im Religionsunterricht, Unterrichtsprojekt und U-Mitschaufilm, in: entwurf 2/81, Stuttgart 1981, S. 6-25

Bubenheimer, Ulrich, Spielformen, in: Adam, Gottfried/Lachmann, Rainer (Hg.), Methodisches Kompendium für den Religionsunterricht, Göttingen 1993, S. 327-349

Bucher, Anton, Symbol – Symbolbildung – Symbolerzählung, St. Otilien 1990

Bühlmann,Walter, Wie Jesus lebte, Luzern 1994

Büttner, Gerhard/Meier, Joachim, Maria aus Magdala – Ester – Debora, Stuttgart 1994

Caramel, Luciano u.a. (Hg.), Italiens Moderne, Ausstellungskatalog, Nuovo edicioni Gabriele Mazzotta/Museum Fridericianum und documenta, Milano/Kassel 1990

Cardenal, Ernesto, Zerschneide den Stacheldraht, Südamerikanische Psalmen, Wuppertal 1967

Carolsfeld, Schnorr von, Die Bibel in Bildern, 1860

Christiansen, Rolf, Fürchte dich nicht, Anregungen für die Gemeindearbeit zur Losung des 19. Deutschen Evangelischen Kirchentages, Beilage (Best. Nr. 1 8122-5) zum Heft 22 der Fundus-Reihe „Fürchte dich nicht", Hamburg 1980

Conolly, Peter, Das Leben zur Zeit des Jesus von Nazareth, Nürnberg 1994

Conrad, Elfriede u.a. (Hg.), Erzählbuch zum Glauben, Bd. 2 (Die Zehn Gebote), Zürich/Lahr 1983

Crüsemann, Frank, Bewahrung der Freiheit, Das Thema des Dekalogs in sozialgeschichtlicher Perspektive, Gütersloh 1993

Decker, J.W., Artikel „Baptisten", in: RGG, Tübingen, 3. Aufl. 1957, Bd. 1, Sp. 862-867

Deutsches Komitee für UNICEF, Kinderarbeit, Zur Situation der Kinder in der Welt 1997, Frankfurt 1996

Dietz, Walter u.a., Das Buch Rut, Unterrichtsvorschlag Klasse 5/6, in: entwurf 1/1991, S. 58-74 (mit Scherenschnitten zur Ruterzählung von Elisabeth Haack-Österle)

Dietz, Walter u.a., Du hörst mein Weinen! Unterrichtsvorschlag Klasse 5/6, in: entwurf, 3/92, S. 51-60

Dix, Otto, Bilder der Bibel und andere christliche Themen, Katalog zur Ausstellung in Albstadt, Veröffentlichung der Städtischen Galarie 72458 Albstadt (Ebingen) Nr. 101/1995

Domay, Erhard, Dein heiliger Engel sei mit mir, Lahr 1991

Domay, Erhard, Vorlesebuch Symbole, Lahr/Düsseldorf, 3. Aufl. 1994

Erb, Jörg, Schild des Glaubens, Karlsruhe 1954

Ermann, Adolf, Die Literatur der Ägypter, Leipzig 1923

Ev. Missionswerk im Bereich der BRD (Hg.), Wie leben Kinder anderswo, Schülerheft, Hamburg o.J.

Feiner, Johannes/Vischer, Lukas (Hg.), Neues Glaubensbuch, Der gemeinsame christliche Glaube, Freiburg 1973

Fontäne (Die Fontäne in blau), hg. von Schriftenniederlage des Evang. Jugendwerks in Württemberg, Häberlinstraße 1-3, 70563 Stuttgart

Forestier, Sylvie (Hg.), Die Großen Gemälde der Biblischen Botschaft, Stutttgart, 3. Aufl. 1992

Fowler, James W., Stufen des Glaubens, Gütersloh 1991

Frevel, Christian, Das Buch Rut, Stuttgart 1992

Fricke-Finkenburg, Renate (Hg.) Kinder in der Dritten Welt, Lesehefte Welt- und Umweltkunde, Stuttgart 1994

Friedenthal, Richard, Luther, Sein Leben und seine Zeit, München 1967

Frieling, Reinhard, Arbeitsmappen des Evangelischen Bundes, Nr. 4: Katholisch und Evangelisch, hg. vom Evangelischen Bund – Landesverband Hessen und Nassau, o.J.

Frieling, Reinhard/Ortmann, Ernst-Albert, Katholisch und Evangelisch, Informationen über den Glauben, Bensheimer Hefte 46, Göttingen, 6. Aufl. 1980

Früchtel, Ursula (Hg.), Mit der Bibel Symbole entdecken, Göttingen 1991

Funk, Joachim/Kratzer, Siegfried/Zwanzger, Walter (Hg.), Jesus-Bilder, Religionspädagogisches Zentrum, Heilsbronn 1955 (zu beziehen über: Religionspädagogisches Zentrum, Postfach 1143, 91556 Heilsbronn)

Fynn, Anna schreibt an Mister Gott, deutsche Fassung von Jörg Andreas, Bern/München, 18. Aufl. 1993

Geilsdörfer, Gertrud u.a., Mein bist du, Unterrichtsbuch für Katholische Religion, Klasse 3, Stuttgart 1993

GEO WISSEN 1991, Themenheft „Verkehr – Mobilität“, S. 118 ff.

Gese, Hartmut, Der Dekalog als Ganzheit betrachtet, in: Gese, Hartmut, Vom Sinai zum Zion, München 1974

Götz, Cornelia/Possinger, Volker/Spaeth, Friedrich, Die Bibel, Das Buch der Juden und Christen, Bausteine für einen Unterrichtsvorschlag in Klasse 5/6, in: entwurf 1/92, S. 39 - 49

Goldmann, Christoph, Bild-Zeichen bei Marc Chagall, Bd. 1: Alphabetische Enzyklopädie der Bildzeichen; Bd. 2: Enzyklopädie zu den Bildern der „Biblischen Botschaft“, Göttingen 1995

Goldmann, Christoph, Kinder entdecken Gott mit Chagall, Göttingen/Freiburg i.Br. 1978

Goldmann, Christoph, Marc Chagall, Botschaft der Bibel, Dias mit Bildinterpretationen, Freiburg/Gelnhausen 1979

Gollwitzer, Gerda, Botschaft der Bäume – gestern – heute – morgen?, Köln, 2. Aufl. 1985

Gressmann, Hugo (Hg.), Altorientalische Texte zum Alten Testament, Berlin/Leipzig 1926

Grethlein, Christian, Taufe und Tauferinnerung, Plädoyer für ein (vergessenes) Sakrament, in: Deutsches Pfarrerblatt 96. Jg., 1996, Heft 6, S. 322 - 326

Grollenberg, L.H., Bildatlas zur Bibel, Gütersloh 1957

Gutschera, Herbert/Thierfelder, Jörg, Brennpunkte der Kirchengeschichte, Paderborn 1976

Gutschera, Herbert/Thierfelder, Jörg, Evangelisch – Katholisch, Eine Diaserie, Stuttgart/Zürich, 2. Aufl. 1994

Gutschera, Herbert/Maier, Joachim/Thierfelder, Jörg, Kirchengeschichte – ökumenisch, 2 Bde., Mainz/Stuttgart 1995

Haas, Dieter, Der Bibel anders begegnen, Spiel- und Handlungsideen für Schule und Gemeinde, Lahr 1994

Haenchen, Ernst, Die Apostelgeschichte, Kritisch-exegetischer Kommentar über das Neue Testament, Göttingen, 13. Aufl. 1961

Halbfas, Hubertus, Das dritte Auge, Düsseldorf, 6. Aufl. 1995

Halbfas, Hubertus, Religion in der Grundschule, Lehrerhandbuch 2, Düsseldorf 1988

Hanisch, Helmut u.a., Den Glauben feiern, Feste im Kirchenjahr, Frankfurt/Leipzig 1994

Hanisch, Helmut u.a., Kursbuch Religion 5/6, Neuausgabe, Frankfurt 1995

Hanisch, Helmut/Harr, Dorothea/Müller, Werner/Taut-Müller, Friederike, Unterrichtshilfen für den Religionsunterricht in der Grundschule 3. und 4. Schuljahr (calwer materialien), Stuttgart 1996

Hanisch, Helmut, Die zeichnerische Entwicklung des Gottesbildes bei Kindern und Jugendlichen, Stuttgart 1996

Harnisch, Wolfgang: Die Gleichniserzählungen Jesu, Göttingen 1985

Hermisson, Hans-Jürgen, Bund und Erwählung, in: Altes Testament, hg. von Hans Jochen Boecker u.a. (Neukirchener Arbeitsbücher), Neukirchen-Vluyn, 3. Aufl. 1989

Hertzsch, Klaus-Peter, Der ganze Fisch war voll Gesang, Biblische Balladen und Gesänge, Stuttgart, 10. Aufl. 1984

Hoffmann, Ginette/Sethus, Michel, Zur Zeit der Pharaonen, Fellbach 1990

Honecker, Martin/Waldenfels, Hans, Zu Gast beim Anderen, Evangelisch-Katholischer Fremdenführer, Graz 1983

Huber, Wolfgang, Kirche, Bibliothek Themen der Theologie, Ergänzungsband, Stuttgart 1979

Jentsch, Werner u.a. (Hg.), Evangelischer Erwachsenenkatechismus, Gütersloh 1975

Jöcker, Detlef, Heut ist ein Tag, an dem ich singen kann, Folge 2, Münster 1987

Johannsen, Friedrich, AT-Arbeitsbuch für Religionspädagogen, 1987

Jost, Renate, Freundin in der Fremde, Rut und Noomi, Stuttgart 1992

Jürgensen, Eva, Erntedank, Lahr 1992

Kallauch, Daniel, Hurra für Jesus, Bd. 3, Wiesbaden 1994

Kalusche, Dietmar/Petri, Dieter/Simon, Karlheinz, Die Botschaft des Baumes, in: entwurf 2/91, S. 46 - 56

Keel, Othmar, Die Welt der altorientalischen Bildsymbolik und das Alte Testament, Am Beispiel der Psalmen, Zürich/Neukirchen-Vluyn 1972

Kett, Franz, Religionspädagogische Praxis (zu beziehen über: RPA-Verlag, Gaußstr. 8, 84030 Landshut)

Kippenberg, H.G/Wewers, G.A., Textbuch zur neutestamentlichen Zeitgeschichte, NTD Ergänzungsreihe 8, Göttingen 1979

Kirchenkanzlei der EKD (Hg.), Identität und Verständigung, Standort und Perspektiven des Religionsunterrichts in der Pluralität (EKD-Denkschrift), Gütersloh 1994

Kirchhoff, Hermann, Ursymbole und ihre Bedeutung für die religiöse Erziehung, München 1982

Klemm, Michael u.a. (Hg.), Tränen im Regenbogen, Phantastisches und Wirkliches – aufgeschrieben von Mädchen und Jungen der Kinderklinik Tübingen, Tübingen, 5. Aufl. 1991

Klindt, E. (Hg.), Tänze aus Israel, Bd. 2, Hamburg 1987

Knödler, Ottheinrich u.a., Das neue Kursbuch Religion 5/6, Stuttgart/Frankfurt, 2. Aufl. 1992

Knödler, Ottheinrich u.a., Das neue Kursbuch Religion 5/6, Lehrerhandbuch, Stuttgart/Frankfurt 1989

Köder, Sieger, Das Misereor-Hungertuch „Hoffnung den Ausgegrenzten“, Overheadfolien mit Meditationstext, Bischöfliches Hilfswerk Misereor e.V., Mozartstraße 9, 52064 Aachen

Kohlberg, Lawrence, Zur kognitiven Entwicklung des Kindes, Frankfurt 1974

Kolb, David – Geschichte und Deutung, Freiburg i.Br. 1990

Kollwitz, Käthe, Meisterwerke aus dem Käthe-Kollwitz-Museum Berlin, Ausstellungskatalog des Kunstkreises Südliche Bergstraße-Kraichgau e.V., Wiesloch 1995

Krombusch, Gerhard/Edelkötter, Ludger, Weil du mich so magst, Religiöse Kinderlieder und Gebete, Drensteinfurt, 2. Aufl. 1989

Lachmann, Rainer, Grundsymbole christlichen Glaubens, Göttingen 1992

Lähnemann, Johannes, Weltreligionen im Unterricht, Bd. 2: Islam, Göttingen 1986

Laubi, Werner, Geschichten zur Bibel, Bd. 3: Abraham, Jakob, Josef; Bd. 4: Mose, Mirjam, Aaron, Lahr/Zürich 1985/1994

Laubi, Werner/Fuchshuber, Annegert, Kinderbibel, Lahr 1992

Liedke, Gerhard, Im Bauch des Fisches, Ökologische Theologie, Stuttgart, 2. Aufl. 1981
Lohrbächer, Albrecht (Hg.), Was Christen vom Judentum lernen können, Freiburg, 4. Aufl. 1995
Lohse, Eduard, Umwelt des Neuen Testaments, NTD Ergänzungsreihe 1, Göttingen 1971

Maiberger, Paul, Das AT in großen Gestalten, Mainz 1990
Marggraf, Eckhart/Polster, Martin (Hg.), Unterrichtsideen Religion 5, Stuttgart 1996
Maschwitz, Gerda/Maschwitz, Rüdiger, Stilleübungen mit Kindern, München, 5. Aufl. 1995
Menschens Kinder Lieder, Ein Liederbuch zu den Kinderkirchentagen 1987 und darüber hinaus, hg. in Zusammenarbeit mit der Arbeitsstelle Kirchentag in Frankfurt von der Beratungsstelle für Gestaltung von Gottesdiensten und anderen Gemeindeveranstaltungen, Eschenheimer Landstraße 565, 60431 Frankfurt, 15. Aufl. 1994
Metzger, Martin, Grundriss der Geschichte Israels, Neukirchen-Vluyn, 5. Aufl. 1979
Misereor-Hungertuch „Biblische Frauengestalten" von Lucy D'Souza, Misereor Medienproduktion GmbH, Aachen 1991
Moll, Peter u.a., Religiöse Phänomene und Symbole, in: Handbuch für das Fach biblische Geschichte, Gott hat viele Gesichter, Zürich 1994
Musall, Peter (Hg.), Den Himmel erzählen, Offenbach/Freiburg 1984

Neue Schulbibel, Lahr 1973
Niederer, Otto/Petri, Dieter/Thierfelder, Jörg u.a., Arbeitsfolien Religion, Teil 1: Geschichte Israels, Zeit Jesu, Frühe Kirche, Stuttgart/München, 2. überarb. Aufl. 1989
Nipkow, Karl Ernst, Die Herausforderung aus Brandenburg, „Lebensgestaltung – Ethik – Religionskunde" als staatliches Pflichtfach, in: ZThK 93 (1996), S. 124 - 148
Noth, Martin, Geschichte Israels, Göttingen 1966

Ohler, Annemarie, Herrscher in Umbruchzeit, in: Bibel und Kirche 51, 1996, S. 2 - 5
Oser, Fritz, Wieviel Religion braucht der Mensch?, Gütersloh 1988

Panikkar, Raimon, Der neue religiöse Weg, Im Dialog der Religionen leben, 1990
Perlitt, Lothar, Dekalog im AT, in: TRE 8, 1981, 408 - 413.
Petri, Dieter/Thierfelder, Jörg, Arbeitsfolien Religion, Teil 3: Judentum, Stuttgart 1997
Petri, Dieter, Freiarbeitsmaterialien zum Thema Martin Luther und die Reformation, in: entwurf 3/95, S. 26 - 32
Petri, Dieter, Materialien zum Thema „Jesus", in: entwurf 1/93, S. 45 - 56
Petuchowski, Jakob J., Feiertag des Herrn, Die Welt der jüdischen Feste und Bräuche, Freiburg 1984
Petuchowski, Jakob J./Thoma, Clemens, Lexikon der jüdisch-christlichen Begegnung, Freiburg 1989
Pfeffer, Rüdiger, David und Saul (Comic), Stuttgart 1995
Piatti, Celestino, Eulenglück, Zürich/Hamburg 1993
Pioch, Wilfried, Die neue Kinderbibel, Hamburg/Würzburg, 4. Aufl. 1993
Prutzmann, Priscilla u.a., Das freundliche Klassenzimmer für einen kleinen Planeten (zu beziehen über: Fördergemeinschaft Friedensarbeit und Gewaltlosigkeit e.V.; Scharnhorststr. 6, 50733 Köln)

Rad, Gerhard von, Das Erste Buch Mose, Genesis, ATD 2/4, Göttingen, 11. Aufl. 1981
Rad, Gerhard von, Theologie des Alten Testaments, Bd. 1 und 2, München, 10. Aufl. 1992/1993
Radel, Jutta, Zu Gast in Israel, Eine kulinarische Reise, mit Bildern von Dan Rubinstein, Weingarten, 3. Aufl. 1994
Rahlwes, F. (Hg.), Die Bücher der Bibel, Zeichnungen von Ephraim Moses Lilien, Bd. 6, Die Liederdichtung
Rogerson, John, Das Land der Bibel, Würzburg 1993
Rommel, Kurt, Anker – Bibel – Christuszeichen, Wegweiser durch Kirche und Symbole, Stuttgart 1991
Rosewich, Gerhard/Schweizer, Rolf, Wir singen vor Freude, Lahr
Rotermund, Hans-Martin (Hg.), Rembrandt, Handzeichnungen und Radierungen zur Bibel, Lahr/Stuttgart, 2. Aufl. 1971
Rubinstein, Dan, Genesis, Glasfenster, Zürich 1995
Ruetz, Frauke/Rupp, Hartmut/Wallenwein, Wilfried, Gleichnisse Jesu, in: entwurf 1/95, S. 43 - 57
Rupp, Hartmut, Gleichnisse im RU – Schön! Aber wie?, in: entwurf 1/91, S. 39 - 42
Rupp, Hartmut/Rendle, Ludwig/Kraft, Gerhard/Hehl, Roland, Kunterbunte Pausen, Ökumenische Schulgottesdienste für die Grundschule, Stuttgart/Mainz 1996
Ryssel, Ingrid, Helfen ist wichtiger als Gebote einhalten, in: Gerts, Wolfgang, u.a. (Hg.): Religion spielen und erzählen, Gütersloh 1992, S. 48

Saville, David/Martin, Josephine, Die Entstehung unserer Erde, München 1992
Schmidt, Werner, H., Alttestamentlicher Glaube in seiner Geschichte, Berlin 1976
Schneider, Martin Gotthard, Sieben Leben möcht ich haben, Freiburg/Lahr 1975
Die Schöpfungsgeschichte, Nacherzählt in Bildern aus der Bibliotheca Apostolica Vaticana, Stuttgart 1995
Schroer, Silvia, Die Samuelbücher, Neuer Stuttgarter Kommentar AT Bd. 7, 1992
Schroer, Silvia, Saul – David – Jonathan – eine Dreiecksgeschichte, in: Bibel und Kirche 1 (1996), S. 1 ff.
Schweizer, Eduard, Das Evangelium nach Matthäus, NTD Band 2, Göttingen 1981
Schwikart, Georg, Gott hat viele Namen, Kinder aus aller Welt erzählen von ihrem Glauben, Düsseldorf 1996
Seim, Jürgen, Die große Entdeckung, Geschichten von Jesus, Göttingen 1980
Selmann, Robert F., Die Entwicklung des sozialen Verstehens, Entwicklungspsychologische und klinische Studien, Frankfurt 1984
Sorger, Karlheinz, Gleichnisse im Unterricht, Düsseldorf 1980
Stambaugh, J.E./Balch D.L., Das soziale Umfeld des Neuen Testaments, NTD Ergänzungsreihe 9, Göttingen 1992
Steinwede, Dietrich, Erzählbuch zur Kirchengeschichte, Bd. 1, Lahr 1982
Steinwede, Dietrich, Neues Vorlesebuch Religion, Bd. 1, Lahr 1996
Steinwede, Dietrich, Petrus, Sachbilderbuch mit Zeichnungen von Fulvio Testa, Lahr/Düsseldorf 1982
Steinwede, Dietrich, Von der Schöpfung, Ein Sachbilderbuch, Lahr/Düsseldorf 1972
Steinwede, Dietrich/Ruprecht, Sabine (Hg.), Vorlesebuch Religion, Bd. 2, Lahr/Göttingen/Zürich und Köln/Zürich 1973

Steinwede, Dietrich, Wo die Sonne übernachtet, Schöpfungsmärchen der Völker, Gütersloher Taschenbücher/Siebenstern 880, Gütersloh 1982

Strunk Rainer, Nachfolge Christi, München 1981

Teml, Helga/Teml, Hubert, Komm mit zum Regenbogen, Phantasiereisen für Kinder und Jugendliche, Linz, 4. Aufl. 1994

Tworuschka, Monika/Tworuschka, Udo, Vorlesebuch fremde Religionen, Bd. 1: Judentum, Islam, 1988

Tworuschka, Monika/Tworuschka, Udo, Die Weltreligionen Kindern erklärt, Wie andere leben – was andere glauben, Gütersloh 1996

Weiser, Alfons, Was die Bibel Wunder nennt, Ein Sachbuch zu den Berichten der Evangelien, Stuttgart, 4. Aufl. 1980

Westermann, Claus, Am Anfang, 1. Mose, Teil 1: Die Urgeschichte, Abraham, Neukirchen-Vluyn 1986

Westermann, Claus, Schöpfung, Themen der Theologie, Bd. 12, Stuttgart, 2. Aufl. 1976

Weth, Irmgard/de Koort, Kees, Neukirchener Kinderbibel, Neukirchen-Vluyn 1988

Widmann, Martin, Geschichte der Alten Kirche im Unterricht, Gütersloh 1970

Wisemann, D.J., Zwischen Nil und Wuphrat, Archäologische Erläuterungen zur Bibel, Wuppertal-Vohwinkel 1959

Wölfel, Ursula, Du wärest der Pienek, Spielgeschichten, Spielentwürfe, Spielideen, Mülheim a.d. Ruhr 1973

Ziegert, Alexander, So bunt ist unser Glaube, Leipzig 1982

Quellenverzeichnis der Materialien

Leider war es nicht möglich, alle Urheber zu ermitteln. Betroffene Inhaber/innen von urheberrechtlichen Ansprüchen bitten wir, sich beim Calwer Verlag, Stuttgart zu melden.

M 1: © Calwer Verlag, Stuttgart / Verlag Moritz Diesterweg, Frankfurt/M.
M 2: © Calwer Verlag, Stuttgart / Verlag Moritz Diesterweg, Frankfurt/M.
M 3: © Calwer Verlag, Stuttgart / Verlag Moritz Diesterweg, Frankfurt/M.
M 4: © Bischöfliches Schulamt der Diözese Rottenburg-Stuttgart / Institut für Religionspädagogik der Erzdiözese Freiburg (Hrsg.): Arbeitshilfen zum Lehrplan für das Fach Katholische Religionslehre in Baden-Württemberg, Hauptschule, S. 24
M 5: © Calwer Verlag, Stuttgart / Verlag Moritz Diesterweg, Frankfurt/M.
M 6: © Calwer Verlag, Stuttgart / Verlag Moritz Diesterweg, Frankfurt/M.
M 7: © Mona Manson, Duisburg
M 9: Lied: Bettina Wegener. © Anar. Musikverlag, Berlin
M 10: © Calwer Verlag, Stuttgart / Verlag Moritz Diesterweg, Frankfurt/M.
M 12: Ingrid Ryssel: Helfen ist wichtiger als Gebote einhalten. Aus: „Religion – spielen und erzählen, Band 1". © Gütersloher Verlagshaus, Gütersloh, 3. Auflage 1994
M 13: © Calwer Verlag, Stuttgart / Verlag Moritz Diesterweg, Frankfurt/M.
M 14: © Calwer Verlag, Stuttgart / Verlag Moritz Diesterweg, Frankfurt/M.
M 15: Siegfried Lenz: Ein Freund der Regierung. Aus: Siegfried Lenz: Das Feuerschiff. Erzählungen. © Hoffmann und Campe Verlag, Hamburg 1960
M 16: © Calwer Verlag, Stuttgart / Verlag Moritz Diesterweg, Frankfurt/M.
M 19: Zeichnungen von Bärbel Fauser. Entn. aus: Wie leben Kinder anderswo? Unterrichtsmaterial für Grundschule, Schülerheft. © Evang. Missionswerk in Deutschland, Hamburg o.J.
M 21: © Calwer Verlag, Stuttgart / Verlag Moritz Diesterweg, Frankfurt/M.
M 25: © Ludwigsburger Kreiszeitung
M 26: © Calwer Verlag, Stuttgart / Verlag Moritz Diesterweg, Frankfurt/M.
M 27: © Calwer Verlag, Stuttgart / Verlag Moritz Diesterweg, Frankfurt/M.
M 28: © Calwer Verlag, Stuttgart / Verlag Moritz Diesterweg, Frankfurt/M.
M 30: © Calwer Verlag, Stuttgart / Verlag Moritz Diesterweg, Frankfurt/M.
M 31: © Calwer Verlag, Stuttgart / Verlag Moritz Diesterweg, Frankfurt/M.
M 32: © Calwer Verlag, Stuttgart / Verlag Moritz Diesterweg, Frankfurt/M.
M 33: © Calwer Verlag, Stuttgart / Verlag Moritz Diesterweg, Frankfurt/M.
M 34: © Calwer Verlag, Stuttgart / Verlag Moritz Diesterweg, Frankfurt/M.
M 35: © Calwer Verlag, Stuttgart / Verlag Moritz Diesterweg, Frankfurt/M.
M 36: © Calwer Verlag, Stuttgart / Verlag Moritz Diesterweg, Frankfurt/M.
M 37: Karte aus: Helmut Hanisch u.a., Unterrichtshilfen für den Religionsunterricht in der Grundschule 3. und 4. Schuljahr, S. 13. © Calwer Verlag, Stuttgart / Kösel-Verlag, München
M 38: Ausschneidebogen Turm zu Babel, Idee und Entwurf: Marion Martens. © Staatliches Museum für Naturkunde und Vorgeschichte, Oldenburg
M 39: Werner Laubi, Geschichten zur Bibel, Bd. 3. © Verlag Ernst Kaufmann, Lahr / Patmos Verlag, Düsseldorf
M 40: 1989 © Estate of Keith Haring
M 42: Abbildung aus: Emma Brunner-Traut, Ägypten. © W. Kohlhammer GmbH, Suttgart
M 44: © Calwer Verlag, Stuttgart / Verlag Moritz Diesterweg, Frankfurt/M.
M 45: © Calwer Verlag, Stuttgart / Verlag Moritz Diesterweg, Frankfurt/M.
M 46: © Calwer Verlag, Stuttgart / Verlag Moritz Diesterweg, Frankfurt/M.
M 48: © Friedemann Regner, Ulm
M 49: © Calwer Verlag, Stuttgart / Verlag Moritz Diesterweg, Frankfurt/M.
M 51: Kinderzeichnungen (Bilder der linken Spalte und mittleres Bild der rechten Spalte) aus: Helmut Hanisch, Die zeichnerische Entwicklung des Gottesbildes bei Kindern und Jugendlichen. © Calwer Verlag, Stuttgart / Evangelische Verlagsanstalt, Leipzig
M 53: : © Calwer Verlag, Stuttgart / Verlag Moritz Diesterweg, Frankfurt/M.
M 54: Cornelia Götz u.a., Die Bibel, Bausteine für einen Unterrichtsvorschlag in Klasse 5/6. In: Entwurf 1/92, S. 45
M 55: Karte aus: Otto Niederer u.a., Arbeitsfolien Religion, Teil 1. © Calwer Verlag, Stuttgart / Kösel-Verlag, München
M 56: © Calwer Verlag, Stuttgart / Verlag Moritz Diesterweg, Frankfurt/M.
M 57: © Calwer Verlag, Stuttgart / Verlag Moritz Diesterweg, Frankfurt/M.
M 58: © Calwer Verlag, Stuttgart / Verlag Moritz Diesterweg, Frankfurt/M.
M 60 / M 61: Bild: Führung. Holzschnitt aus dem Jahre 1963. © Hans Georg Anniès, Moritzburg
M 64: © Impulse Musikverlag Ludger Edelkötter, Drensteinfurt
M 65: Bild: © Verlag Langewiesche Nachf., Königstein/Ts.
M 67: © Calwer Verlag, Stuttgart / Verlag Moritz Diesterweg, Frankfurt/M.
M 68: © Calwer Verlag, Stuttgart / Verlag Moritz Diesterweg, Frankfurt/M.
M 69: Regina Schmidt, Übermacht. Entnommen aus: Religionspädagogische Praxis, Arbeitsmappe, Handreichung für elementare Religionspädagogik, Jhg. 1992, Nr. II, „Ich entscheide mich". © RPA Verlag, Landshut
M 70: Text und Musik: Wolfgang Longardt. Arrangement: Siegfried Fietz. Aus: Vieles ist nicht selbstverständlich Nr.: 040. © ABAKUS Schallplatten & Ulmtal Musikverlag, Greifenstein
M 71: © Calwer Verlag, Stuttgart / Verlag Moritz Diesterweg, Frankfurt/M.
M 72: © Calwer Verlag, Stuttgart / Verlag Moritz Diesterweg, Frankfurt/M.
M 73: © edition KARTE'II, Anette Munk, Berlin
M 76: © Impulse Musikverlag Ludger Edelkötter, Drensteinfurt
M 77: Würfelspiel zum Buch Rut von Helga Mast; aus: E. Dieterich / A. Weidle (Hrsg.): Wie viele Farben hat das Jahr? (Das Kirchenjahr feiern, Band 3), 1988 (vergriffen). © Verlag Junge Gemeinde, Leinfelden-Echterdingen
M 78: © Calwer Verlag, Stuttgart / Verlag Moritz Diesterweg, Frankfurt/M.
M 79: © Calwer Verlag, Stuttgart / Verlag Moritz Diesterweg, Frankfurt/M.
M 80: © Calwer Verlag, Stuttgart / Verlag Moritz Diesterweg, Frankfurt/M.
M 81: © Calwer Verlag, Stuttgart
M 83 / M 84: © Dieter Petri, Bietigheim-Bissingen
M 85: © Calwer Verlag, Stuttgart
M 86: © Calwer Verlag, Stuttgart / Verlag Moritz Diesterweg, Frankfurt/M.
M 87: Melodie und Text: Martin Gotthard Schneider. Aus: Neue geistliche Lieder - Liedblatt 12 (BE 262). © Gustav Bosse Verlag, Kassel
M 89: Text: Rolf Krenzer, Aus den Legenden des heiligen Nikolaus. In: Krenzer / Fritz, 100 einfache Texte. © Verlag Ernst Kaufmann, Lahr / Kösel-Verlag, München. Bild: Nikolaus von Hartmut Schweitzer-Walldorf, aus: Rupp u.a., Kunterbunte Pausen. © Quell-Verlag, Stuttgart 1996 / Matthias-Grünewald-Verlag, Mainz 1996
M 90: Text: Regine Schindler, Martin teilt den Mantel. © Verlag Ernst Kaufmann, Lahr
M 91: Text: Aus: Reinhard Veit, Lebensbilder für den Religionsunterricht. © Verlag Ernst Kaufmann, Lahr / Patmos Verlag, Düsseldorf
M 92: © Calwer Verlag, Stuttgart / Verlag Moritz Diesterweg, Frankfurt/M.
M 94: © VG Bild-Kunst, Bonn 1997
M 95: © Calwer Verlag, Stuttgart
M 97: Aus: Herbert Gutschera / Jörg Thierfelder, Brennpunkte der Kirchengeschichte. © Verlag Schöningh, Paderborn 1978
M 99: Joachim Maier: Katholische Kinder besuchen einen evangelischen Sonntagsgottesdienst. Aus: Susanne Beck u.a. (Hrsg), Vorlesebuch Ökumene. © Verlag Ernst Kaufmann, Lahr
M 100: © Calwer Verlag, Stuttgart / Verlag Moritz Diesterweg, Frankfurt/M.
M 101: © Calwer Verlag, Stuttgart / Verlag Moritz Diesterweg, Frankfurt/M.
M 106: © Calwer Verlag, Stuttgart
M 107: Zeichnungen: © Calwer Verlag, Stuttgart

9 8 7 6 5 4